Indonesien

Verantwortlich für die Textbeiträge: Eric Oey
Fotografiert von den Fotografen der Apa Photo Agency
Künstlerische Gestaltung: Hans Johannes Höfer
Deutsche Übersetzung: Joachim von Beust, Cornelia Haferkorn,
Heinz Vestner, Dieter Vogel

NELLES VERLAG
1989

APAGUIDES

Titel in deutscher Sprache

LÄNDER & REGIONEN

Ägypten
Argentinien
Australien
Bali
Brasilien
Burma
Florida
Frankreich
Griechenland
Großbritannien
Hawaii
Hong Kong
Indien
Indonesien
Irland
Israel
Italien
Jamaika
Java
Kalifornien
Kanada
Kenia
Korea
Malaysia
Mexiko
Nepal
Neuseeland
New York
Philippinen
Portugal
Schottland
Singapur
Spanien
Sri Lanka
Taiwan
Thailand
Türkei
USA Südwest
USA

STÄDTE

Bangkok
Berlin
Istanbul
Lisabon
London
Paris
Rio
Rom
San Francisco
Venedig
Wien

Titel in englischer Sprache

COUNTRIES & REGIONS

Alaska
American Southwest
Australia
Bahamas
Bali
Barbados
Burma
California
Canada
Caribbean (The lesser Antilles)
Channel Islands
Continental Europe
Crossing America
East Asia
Egypt
Florida
France
Germany
Great Britain
Greece
Hawaii
Hong Kong
India
Indonesia
Ireland
Isreal
Italy
Jamaica
Kenya
Korea
Malaysia
Mexico
Nepal
New England
New York State
New Zealand
Northern California
Philippines
Portugal
Puerto Rico
Rajasthan
Scotland
Singapore
South Asia
Southern California
Spain
Sri Lanka
Taiwan
Texas
Thailand
The Pacific Northwest
The Rockies
Trinidad and Tobago
Turkey

CITYGUIDES

Bangkok
Berlin
Buenos Aires
Dublin
Istanbul
Lisbon
London
Paris
Rio de Janeiro
Rome
San Francisco
Venice
Vienna

ADVENTURE

Indian Wildlife

Nelles Verlag GmbH, D-8000 München 45

Indonesien: ISBN: 3-88618-944-9
Zweite überarbeitete Auflage 1987
Vierte unveränderte Auflage 1989

Satz: AdLitteras, Gauting
Druck: APA Press Pte Ltd
Printed in Singapore

Daß der Apa Guide Indonesien im 15. Jahr des Bestehens des Verlags erscheint, macht ihn zu einer Art Jubiläumsband. In der Reihe der preisgekrönten Apa Guides — mittlerweile gibt es mehr als 30 Bände davon — nimmt er deswegen eine Sonderstellung ein, weil der Herausgeber nach Ausflügen in andere Erdteile zu seinem Ausgangspunkt zurückgekehrt ist. Bali war es nämlich, die meistbesuchte Insel des indonesischen Archipels (was übrigens ihrem Reiz keinen Abbruch tut), die 1970 dem ersten *Apa Guide* zum Leben verhalf.

Hans Höfer, der Gründer der Apa Productions, kam damals nach Bali und war sogleich von den Reizen der Insel gefangen. Er richtete sich in Ubud häuslich ein. Indem er malte, Bali-Bücher las und mit dem Fahrrad kreuz und quer durch die Insel fuhr, lernte er die reiche und vitale Kultur Balis kennen und schätzen. Unter dem Einfluß von Miguel Covarrubias, Beryl de Zoete, Walter Spies und Vicki Baum, die in den 30er Jahren Bali-Bücher veröffentlicht hatten, reifte in Höfer die Vorstellung eines neuen Bali-Führers heran, der zum einen das einzigartige Erbe der Insel präsentieren, zum anderen den Bedürfnissen der Bali-Besucher von heute Rechnung tragen sollte. Es entstand ein neuer Typ von Reiseführer, der das „Warum" und nicht das „Wie" des Reisens in ferne Länder in den Mittelpunkt rückte.

Hoefer

Dem *Bali*-Band, der bei Kritikern und Lesern begeistert aufgenommen wurde, folgte *Java* auf den Fuß. 18 Monate bereisten Höfer und Peter Hutton die Insel, um Material für die Texte und die Bilder dieses Bandes zusammenzutragen. Das fotojournalistische Format des *Bali*- und des *Java*-Führers setzte die Maßstäbe für viele weitere Apa Guides, die danach in immer schnellerer Folge die bekanntesten Reiseziele der Welt vorgestellt haben. Abgesehen von Ergänzungen und geringfügigen Abänderungen des ursprünglichen Konzepts hat man seit 1970 am Bewährten festgehalten.

Der Apa Guide *Bali,* international zum Bestseller avanciert und mehrmals neu aufgelegt, wird weiterhin im Rampenlicht stehen. Der *Indonesien*-Führer stellt nun auch eine Reihe der bislang weitgehend unentdeckten Inseln des indonesischen Archipels vor. Wobei der letzte Band einen Gesamtüberblick über das Reiseland Indonesien gibt, während sich die beiden ersten Bände ausführlich mit Indonesiens bekanntesten Inseln befaßt hatten.

Gewiß, auch 1970 wäre ein *Indonesien*-Führer bereits ein lohnendes Unterfangen gewesen. Damals verfügte jedoch allein Bali über eine Infrastruktur, die das Reisen nicht nur für abenteuerlustige Naturen zum Vergnügen machte. Inzwischen hat sich einiges getan. Zwar bleiben die meisten Indonesienbesucher noch immer hauptsächlich auf Bali, doch mittlerweile entdecken immer mehr Menschen ihr Interesse an den vom Massentourismus abgelegenen Pfaden.

Oey

Indonesien wurde als exotisches südostasiatisches Reiseland zunehmend attraktiv. 1982 war es daher an der Zeit, daß **Eric Oey,** ein altvertrauter Kollege, den Auftrag bekam, das Material dieses Bandes zusammenzustellen.

1978 und 1979 hatte Oey in der Marketing-Abteilung des Verlages gearbeitet. Danach promovierte er an der Universität Berkeley in Kalifornien über malaysische Philologie und Linguistik. Da Oey auf vielen Reisen in Indonesien das Land auch selbst kennengelernt hatte, schien er der geeignete Mann für die Herausgabe des Apa Guide Indonesien.

Das nun vorliegende Buch ist ein Werk mehrerer indonesischer Experten, die Oey als Autoren von Einzelbeiträgen gewinnen konnte und die die Gewähr bieten, daß es im wesentlichen ein Buch über Indonesien von Indonesiern wurde. Kein vergleichbarer Indonesien-Führer vereint in dieser Weise das Wissen der „Insider" mit dem von „Outsidern".

Oey war dazu prädestiniert, mit seinen fachlichen und sprachlichen Kenntnissen die dreijährige Arbeit an diesem Buch zu überwachen und die Zusammenarbeit der verschiedenen Autoren zu koordinieren.

Im Teil Eins — Geschichte — kommen **Satyawati Suleiman** und **Dr. Onghokham,** zwei bekannte indonesische Wissenschaftler, zu Wort. Frau Suleiman leitet das Forschungsprogramm im Archaelogical Publishing Department in Jakarta und leitete zuvor den Archaeological Survey of Indonesia. Unter anderen veröffentlichte sie die Bücher: *A Con-*

cise History of Indonesia; Monuments of Ancient Indonesia und *The Art of Srivijaya.* Ihre Arbeiten werden in den bekanntesten Zeitschriften Indonesiens abgedruckt.

Onghokham — sein Spezialgebiet ist die Sozialgeschichte Javas — lehrt seit 1963 an der Fakultät für Geschichte der Universität von Jakarta. Er schreibt für indonesische Tageszeitungen und für die Zeitschriften *Tempo, Kompas, Sinar Harapan* und *Prisma.*

Am Teil Zwei — Die Inseln und ihre Bewohner — schrieben **Kathy MacKinnon, William Collins** und **Dewi Anwar.** McKinnon ist Zoologin und promovierte 1976 in Oxford; sieben Jahre war sie darauf für den World Wildlife Fund in Indonesien tätig. Mehrere Bücher und Artikel in Fachzeitschriften über die Tierwelt Asiens stammen aus ihrer Feder. Die vergangenen zehn Jahre verbrachte sie größtenteils in Indonesien und war daher die geeignete Autorin für den Abschnitt „Der riesige Archipel". „Die Tierwelt Indonesiens" (Teil IV „Essays") schrieb ebenfalls MacKinnon, die für den World Wildlife Fund zwei Jahre im Tangkoko Batuangus Reservat in Nordsulawesi zugebracht hatte.

Teil Drei — Die Inselwelt — stammt von verschiedenen Autoren. Die Beschreibung Jakartas besorgte Oey. Der *Apa Guide Java* aus der Feder von **Peter Hutton** war in seiner aktualisierten Form die Grundlage des Java-Kapitels in diesem Buch. Hutton kehrte Anfang 1985 nach zwei Jahrzehnten in Südostasien in seine australische Heimat zurück; zuvor hatte er sich in Queensland als Vieh- und Papayazüchter, in Neuseeland als Koch eines Schafscherers, in London als Tellerwäscher und in Paris und Rom als Verkäufer der *New York Herald Tribune* verdingt. Dazwischen hatte er sich immer wieder journalistisch betätigt, bevor er sich langfristig in der Werbebranche engagierte und 1967 nach Kuala Lumpur und 1969 nach Singapur umgesiedelt war.

Die Beiträge über Bali und Lombok verfaßten **Made Wijaya** und **Professor Willard Hanna**. Der Australier Wijaya lebte zuletzt zehn Jahre auf Bali und brachte 1984 den *Apa Guide Bali* auf den neuesten Stand. Oey konnte bei der Zusammenstellung des Bali-Teils auf seine Vorarbeiten zurückgreifen. Auch Hannas historische Einführung im Bali-Band von 1984 wurde in diesem Buch verwertet. Hanna ist Mitglied des American Universities Field Staff Inc. und schreibt seit 1930 über Asien.

Die Berichterstattung über Nusa Tenggara lag in den Händen von **Kal Müller,** der sich als weitgereister Fotograf, Doktor der Anthropologie und Mitverfasser des *Apa Guide Mexiko* (1982) einen Namen gemacht hatte. Seitdem bereiste er regelmäßig Indonesien. Seine Arbeiten über Nusa Tenggara sind in *National Geographic* und in *Geo* erschienen. Müller wird demnächst einen Bildband über Indonesien herausgeben. An den letzten beiden Kapiteln hat auch **Liz Mortlock** mitgearbeitet, die als freie Autorin in Bangkok lebt.

Zwei Autoren sind für das Sumatra-Kapitel verantwortlich: **Michel Vatin** und **Frederic Lontcho.** Als freier Journalist und Fotograf lebte und arbeitete Vatin in mehreren Ländern und hat in Indonesien viele Reisen unternommen. Lontcho, Verleger, Autor und Anthropologe in einem, hat zahlreiche Artikel über Sumatra und Sulawesi veröffentlicht.

Bob Monkhouse stammt aus Australien, kam vor zehn Jahren als Englischlehrer nach Indonesien und berichtet in diesem Buch

Onghokham

Suleiman

Abdurachman

MacKinnon

Collins

Hanna

über Kalimantan. Sein Wissen über die neue Heimat ist umfassend. Er ist bei einem LNG (Liquified Natural Gas)-Projekt in Ostkalimantan angestellt und hat Indonesien ausgiebig bereist. Vier der letzten zehn Jahre verbrachte er in Ostkalimantan und arbeitete in der Ölindustrie. Er ist der Verfasser von Zeitschriftenartikeln über verschiedene Bereiche des Lebens in Indonesien. Wenn es seine Zeit erlaubt, besucht er seine Familie, die auf Bali lebt.

Über Sulawesi, die Molukken und Indonesiens Textilien schrieb **Paramita Abdurachman,** eine der angesehensten Publizistinnen Indonesiens zu Fragen der Kultur und Geschichte des Landes. Im Indonesia Institute for Cultural Studies ist sie für die Erforschung von portugiesischen und spanischen Dokumenten aus dem 16. und 17. Jahrhundert, soweit sie sich auf die Geschichte Indonesiens und Südostasiens beziehen, zuständig. Die weitgereiste Frau gilt in ihrem Heimatland als Expertin in allen Fragen, die den Ostteil des Archipels betreffen. Abdurachman macht sich seit langem um die Kultur Indonesiens verdient und war bei der Gründung einer Stiftung für Kultur und einer Stiftung zur Förderung indonesischer Textilien führend beteiligt. Sie schrieb für die interessierte Allgemeinheit viele Beiträge für Fachzeitschriften, Bücher, aber auch viele populärwissenschaftliche Artikel — so zum Beispiel über historische Themen, Textilien und die indonesischen Tänze.

Den Essay über die Batik verfaßte Indonesiens bekanntester Batik-Designer **Iwan Tirta,** ein gelernter Jurist, der früher in Indonesien internationales Recht lehrte und anschließend für die Vereinten Nationen in New York tätig war. Im Rahmen einer Untersuchung über die Heiligen Tänze am Hofe

Wijaya

Müller

Tirta

Tenzer

Soedarsono

Monkhouse

der Susuhunan von Surakarta kam er mit javanischen Geweben, vor allem der Batik, in Berührung. Tirta beschäftigte sich näher mit dem Thema und 1967 erschien bereits sein Buch über die Batik. Nach der Rückkehr von einer USA-Reise 1970 entschloß sich Tirta, Batik-Designer zu werden und ein eigenes Atelier aufzubauen. Seitdem hat er sich in Modekreisen auf der ganzen Welt einen guten Namen gemacht. 1974 wirkte er bei einem Dokumentarfilm der staatlichen Öl-Gesellschaft über die Batik mit. Tirta entwirft nicht nur Batiken, sondern rührt kräftig die Werbetrommel. Auf Aufstellungen, in Vorträgen und Diavorführungen erläutert er die historischen und soziologischen Hintergründe der Batik.

Zu den darstellenden Künsten Indonesiens sind zwei Beiträge, einer über die Gamelan-Musik, einer über Tanz und Schauspiel, aufgenommen. Die Texte stammen von **Michael Tenzer, Bernard Suryabrata** und **Soedarsono.** Tenzer schloß 1985 sein Musikstudium an der Universität von Berkeley ab. Obwohl er auf klassische Musik spezialisiert ist, vertiefte er sich auf Bali zwei Jahre in die Gamelan-Musik. Sie faszinierte ihn so sehr, daß er das Sekar Jaya, ein eigenes Gamelan-Orchester gründete — nicht in Bali, sondern in San Francisco, wo er damit beträchtliches Aufsehen erregt. Um der Heimat dieser einzigartigen Musik Tribut zu zollen, plant Tenzer, mit seinem Orchester nach Indonesien überzusiedeln.

Suryabrata, Professor für Volksmusik an der School of Folk Art der Nationaluniversität von Jakarta, hatte die besondere Ehre, bei Jaap Kunst, dem bekanntesten Gamelan-Spezialisten, zu studieren. Als wissenschaftlicher Experte zur Geschichte der darstellenden Künste Südostasiens ließ Soedarsono sein Wissen in den Beitrag „Tanz und Schauspiel in Indonesien" einfließen. Der jetzige Dozent für Kunstgeschichte an der Gajah Macla Universität in Yogyakarta hat in vielen akademischen Zeitschriften veröffentlicht und drei Bücher über die darstellenden Künste in Indonesien geschrieben.

Der Kurzführer wurde von Oey und **Stuart Ridsdale,** Apa-Lektor in Singapur, zusammengestellt. Zurückgreifen konnte man auch auf die Nachforschungen von **Jeremy Allen.** In den sechs Monaten der Arbeiten am Kurzführer stand uns **Patricia Chin** vom Indonesischen Fremdenverkehrsbüro in Singapur hilfreich zur Seite, indem sie bereitwillig allen Anfragen nachging und ihrerseits die Resultate unserer Nachforschungen nach Indonesien übermittelte.

Nelles Verlag

INHALTSVERZEICHNIS

INHALTSVERZEICHNIS

Kartographie
— Nelles Verlag GmbH, München (Farbkarten)
— Apa Productions (einfarbige Karten)

„EINHEIT IN DER VIELFALT“

Indonesien. Insulinde. Nusantara. Die Ostindischen Inseln — 13.677 subtropische Inseln „reihen sich um den Äquator wie eine Kette von Smaragden“. Mehr als 160 Millionen Menschen sprechen hunderte verschiedene Sprachen — ein ethnisches Mosaik, bunt wie ein Kaleidoskop.

Für Anthropologen und Naturforscher ist Indonesien gleichbedeutend mit dem „Malaiischen Archipel“. In der Geschichte war es berühmt als die heiß begehrten „Gewürzinseln“. Heute ist Indonesien noch immer eine schier unerschöpfliche Schatzkammer an historischen Wundern und Kuriositäten der Natur, eine einzigartige Ansammlung von Menschen, Orten, Sehenswürdigkeiten, Geräuschen, Gerüchen und Naturwundern.

Wer heute nach Indonesien reist, wandelt auf den Spuren vieler, die vor ihm da waren. Der Reisebericht des chinesischen Mönches Fa Hsien, den dieser als Schiffbrüchiger auf Java verfaßte, stammt aus dem Jahre 412. Marco Polo hielt sich im Jahr 1292 an der Ostküste von Sumatra auf. Im 17. Jahrhundert plante Ferdinand Magellan seine berühmte Reise um die Welt, um die sagenumwobenen „Gewürzinseln“ zu erreichen. 1770 schließlich segelte Kapitän Cook in den Hafen von Batavia (Jakarta) ein, nachdem er die Küsten Neuguineas (Irian Jaya) kartographisch erfaßt hatte.

Und noch immer gibt es hier Neues zu entdecken. Die Besucherzahlen steigen zwar, doch keine Angst, man muß hier nicht auf ausgetretenen Pfaden wandeln. Dieser Archipel, heute eine der größten Nationen der Welt, bietet unzählige Möglichkeiten für individuelle Entdeckungsreisen und Abenteuer. Platz ist genug. Auf die Karte von Nordamerika projiziert, würde sich das Gebiet von Oregon bis zu den Bermudas erstrecken, in Europa reicht es von Irland bis zum Kaspischen Meer.

Die Landschaft Indonesiens ist dabei von einer atemberaubenden Vielseitigkeit: Rauchende blau-graue Vulkane, grüne Reisfelder, azurblaue Gewässer, leuchtende weiße Strände, unzählige Korallenriffe, unerforschte Regenwälder, dichte Mangrovensümpfe und fruchtbares, kühles Hügelland.

Das ist das Land von Krakatau und *kretek,* Borobudur und *batik.* Das moderne Treiben von Jakarta, die „steinzeitlichen“ Stämme von Irian Jaya, die stolze Aristokratie des zentraljavanesischen Hofes, die Rituale der Bauerndörfer Balis, die Drachen von Komodo und die buntgefiederten Paradiesvögel — sie alle haben ihren Platz in diesem Füllhorn, genannt Indonesien.

Einen Teil seiner Vielfalt verdankt Indonesien seiner langen Geschichte und seiner außergewöhnlichen geographischen Lage. Den größten Beitrag aber leisten die zahlreichen Stämme und ethnischen Gruppen — die Bewohner eines stolzen und unabhängigen Staates. Sein Motto ist natürlich *Bhinneka Tunggal Ika* — „Einheit in der Vielfalt“.

INDONESIENS STOLZE FRÜHGESCHICHTE

Neuere Ausgrabungen an zwei Stätten in Nordthailand haben ergeben, daß es dort bereits im 4. Jahrtausend v. Chr. eine Metallzeitkultur gab — also wesentlich früher als in Indien oder China. Dadurch mußte die Vorstellung revidiert werden, daß Südostasien damals praktisch nicht bewohnt gewesen sei. Heute nehmen manche Wissenschaftler sogar an, daß die Region eine der Wiegen der Entwicklung menschlicher Kultur gewesen ist.

In Indonesien wurden allerdings erst wenige neolithische Funde gemacht und genau da-

tiert. Man erwartet aber von gegenwärtigen Ausgrabungen neue und aufregende Entdeckungen.

Der Java-Mensch

Archäologische Funde in Indonesien haben auch bisher schon viel zur wissenschaftlichen Kontroverse beigetragen. 1890 fand der holländische Arzt Eugene Dubois auf Java den Kieferknochen eines Primaten, der eindeutig menschliche Merkmale aufwies. Der Knochen wurde zusammen mit Fossilien von Säugetierarten gefunden, von denen man annimmt, daß sie vor mehreren hunderttausend Jahren ausgestorben sind. Dubois nahm zunächst an, daß es sich dabei um den Knochen einer ausgestorbenen Affenart handle. Als er jedoch ein Jahr später zwei weitere hominide Fossilien in ähnlicher Umgebung fand, war er überzeugt, daß er als erster einen Überrest von Darwins langgesuchtem „fehlenden Kettenglied" gefunden habe. Er nannte seinen Fund *Pithecanthropus erectus* (aufrechter Affenmensch) und publizierte 1894 einen Bericht über seine Funde.

Unglücklicherweise waren jedoch die Evolutionstheorien Darwins damals noch heftig umstritten und so wurde Dubois' Entdeckung, der sogenannte „Java-Mensch", von religiösen Gruppen vehement angegriffen. Deprimiert zog er seine Funde zurück und gab seine paläoanthropologischen Arbeiten auf. Erst durch die Ausgrabung ähnlicher Überreste 1921 bei Peking wurde seine Theorie schließlich bestätigt.

Der „Java-Mensch" und der „Peking-Mensch" gelten heute als zur Art des *Homo erectus* gehörig, dem direkten Vorfahren des Menschen, der vor 1,7 Mio. bis 250 000 Jahren lebte. Das Skelett glich bereits im wesentlichen dem heutigen Menschen, aber sein Schädel war breit und lang, die Stirn niedrig mit stark gewölbten Brauenbögen. Seit Dubois' Zeiten sind auf Java viele Überreste gefunden worden, von denen einige über 1 Mio. Jahre alt sind. Im Geologischen Museum von Bandung und im Museum der Ausgrabungsstätte von Sangiran bei Surakarta können Nachbildungen besichtigt werden.

Neuere Forschungen haben ergeben, daß der *Homo erectus* wahrscheinlich noch nicht sprechen konnte, jedoch mit Hilfe von Lauten kommunizierte. Er war ein Allesfresser und Sammler, der sowohl in Höhlen wie auch in offenen Lagerstätten hauste und offensichtlich als erstes Wesen bereits das Feuer kannte. Er stellte auch bereits eine große Anzahl von Steinwerkzeugen her, darunter Steinhacken, Äxte und Handbeile. Im Bett des Baksoka River bei Pacitan (südliches

Vorhergehende Seiten: Legong-Tänzerin. *Kecak*-Tanz auf Bali. Reiter auf Sumba. Borobudur. Bohrturm im Südchinesischen Meer. Links: Rekonstruierter Schädel des Java-Menschen. Rechts: Neolithische Steinwerkzeuge aus Zentraljava.

Zentraljava), sind tausende solcher Steinwerkzeuge gefunden worden, die 500 000 bis 250 000 Jahre alt sind. Ähnliche Werkzeuge wurden auch in Flores und Timor entdeckt. Es ist also möglich, daß der *Homo erectus* auch auf den östlichen Inseln gelebt hat. Leider lassen sich jedoch diese Funde nicht genau datieren.

Homo sapiens

Die Einteilung hominider Überreste späterer Zeit ist noch nicht gesichert, besonders was die Übergangsformen zwischen dem *Homo erectus* und dem Menschen unserer Zeit betrifft. Dabei ist vor allem die Frage von Bedeutung, ob sich der Mensch an einem Ort entwickelt und von dort aus ausgebreitet hat, oder ob es an verschiedenen Orten unterschiedliche Entwicklungen gegeben hat.

Beide Theorien sind durch Interpretation von Funden zu stützen. In Indonesien geht die Auseinandersetzung im wesentlichen um die Frage der Datierung und Klassifizierung des sogenannten ,,Solo-Menschen", der zwischen 1931 und 1933 in der Nähe des Solo River bei Ngandong in Zentraljava gefunden wurde. Einige Wissenschaftler sehen in ihm eine etwa 250 000 Jahre alte Zwischenform und damit den Beweis für eine eigene südostasiatische Entwicklung vom *Homo erectus* zum Menschen. Andere wiederum betrachten den Solo-Menschen lediglich als eine etwas fortgeschrittenere Form des *Homo erectus,* der sich hier noch gehalten habe und schließlich ausgestorben sei. Die Frage läßt sich wohl nur mit Hilfe eindeutig datierbarer Funde lösen.

In China und dem südostasiatischen Festland hat man Überreste des *Homo sapiens* von vor 60 000 Jahren gefunden, was mit dem Auftauchen dieser Gattung in anderen Teilen der Welt übereinstimmt. Zwei Funde in Afrika werden allerdings auf ein Alter von 90 000 Jahren datiert. Vor ungefähr 40 000 Jahren oder vielleicht auch schon früher lebte der *Homo sapiens* auch in Indonesien, Neuguinea und Australien. Alle in Südostasien gefundenen Überreste des *Homo sapiens,* die auf etwa 5000 v.Chr. datiert werden, sind der australoiden Völkergruppe zuzuordnen, die sich bis heute in isolierten Gebieten in Malaysia und den Philippinen erhalten hat. Man geht daher davon aus, daß diese Australoiden die Ureinwohner dieser Region gewesen sind, die dann von den aufeinanderfolgenden Einwanderungswellen der Mongolen aufgesogen, bzw. ins Hochland

oder nach Osten vertrieben wurden. Australoide Merkmale, die sich heute noch bei der vornehmlich mongolischen Bevölkerung Indonesiens finden, weisen jedenfalls auf australoide Vorfahren hin, je weiter man in den Osten des Archipels kommt, desto deutlicher.

Die wenigen Zeugnisse, die wir haben, zeigen, daß der frühe *Homo sapiens* die Werkzeugherstellung des *Homo erectus* fortsetzte und verfeinerte und neben Stein nun auch Knochen, Muscheln und Bambus verwendete. Die Menschen waren Sammler und Jäger, aßen viele verschiedene Sorten von Früchten, Pflanzen, Schnecken und Tieren, darunter Tapire, Elefanten, Hirsche und Nashörner. Anscheinend waren sie Kannibalen, man hat jedenfalls zermalmte menschliche Knochen neben Muschelschalen und tierischen Resten gefunden. Vor etwa 20 000 Jahren gab es offensichtlich die ersten Begräbnisse und partielle Einäscherungen. Im Südwesten von Sulawesi und auf Neuguinea gefundene Höhlenzeichnungen (hauptsächlich Zeichen, aber auch Menschen- und Tierfiguren) sind wahrscheinlich mindestens 10 000 Jahre alt.

Im Neolithikum (Jungsteinzeit) gab es dann hier, wie anderswo auch, die ersten Dörfer, Haustiere, polierte Steinwerkzeuge, Tongefäße und den Anbau von Lebensmitteln.

Durch archäologische Funde können diese Neuerungen immer weiter vordatiert werden; weltweit gesehen geht man jedoch davon aus, daß sie aus der Zeit um 10 000 v.Chr. (also nach dem Ende der letzten Eiszeit) stammen. Neolithische Funde in Nordthailand konnten zuverlässig auf das 7. Jahrtausend v.Chr. datiert werden. Für Indonesien allerdings gibt es keine Überreste aus der Zeit vor dem 3. Jahrtausend, die meisten Funde stammen sogar aus noch jüngerer Zeit. Neue Ausgrabungen können natürlich diese Situation bald ändern. Man muß aber auch bedenken, daß die kulturelle Entwicklung in dieser Inselregion sehr uneinheitlich war; in Neuguinea leben isolierte Stämme noch heute auf der Stufe der Steinzeit.

Die ersten Bauern haben in Indonesien wohl Taro angebaut. Reis wurde in vielen Teilen des Landes überhaupt erst in den letzten Jahrhunderten bekannt und auf vielen der östlichen Inseln ist Taro neben Bananen, Yamswurzeln, Brotfrüchten, Kokosnüssen und Zuckerrohr immer noch ein Grundnahrungsmittel. Bis zum ersten Jahrtausend vor Christus waren Hunde, Ziegen, Büffel, Hühner und Schweine alle domestiziert, die meisten Tiere wurden aber wahrscheinlich nur für rituelle Opfer und gemeinsame Feste geschlachtet. Die Eingeweide von Hühnern wurden von Priestern und Schamanen verwendet, um damit günstige Tage für wichtige Ereignisse wie eine Hochzeit oder Jagd zu bestimmen. Mit Steinklopfern wurde aus Rinde

Oben: Das Foto von Anfang unseres Jahrhunderts dokumentiert das Überleben einer Megalithkultur auf Nias. Rechts: Trommel der *Dongson*-Bronzekultur.

Kleidung gefertigt, Töpferwaren wurden mit Hilfe von Holzschaufeln und Steinstößeln geformt. Es gab rechteckige und runde Steinäxte, auf Sumatra und Java hat man Spuren früher Werkstätten gefunden, in denen solche Äxte hergestellt wurden.

Wie ihre polynesischen Verwandten, die sich zu dieser Zeit über den Pazifik ausbreiteten, waren auch die Indonesier des Neolithikums zweifellos Seefahrer. In der ganzen melanesischen Sprachfamilie sind die nautischen Begriffe alle erstaunlich ähnlich und auf frühen Töpfereien und Bronzereliefs finden sich wie auf den Häusern und den heiligen Stoffen primitiver Stämme stilisierte Bootsmotive.

Am Ende der Jungsteinzeit wurden auf vielen Inseln Megalithen (große Steinblöcke) aufgestellt. Sie dienten als Gebets- und Grabstätten und hatten die Form von Dolmen, Steinsäulen, Terrassenheiligtümern, Stufenpyramiden, Sitz der Geister oder Ahnenstatuen. Die beeindruckendsten sind die Steinstatuen von Reitern und kämpfenden Tieren, die auf dem Pasemah Plateau auf Sumatra gefunden wurden. Die Megalithen können nicht genau datiert werden, man nimmt jedoch an, daß sie keine 2000 Jahre alt sind.

Die Dong-son-Bronzekultur

Zunächst glaubte man, daß die Bronzezeit in Südostasien mit der von China beeinflußten *Dong-son*-Bronzekultur (1. Jahrtausend v.Chr. in Vietnam) begann; die Entdeckung von 5000 Jahre alten Kupfer- und Bronzewerkzeugen in Ban Chiang und Non Nok Tha in Nordthailand läßt jedoch vermuten, daß ähnliche Entwicklungen auch in anderen Teilen der Region stattgefunden haben. Die bisher bekannten indonesischen Bronzen sind jedoch eindeutig alle dem *Dong-son*-Typ zuzuordnen und stammen vermutlich aus der Zeit zwischen 500 v. und 500 n.Chr.

Die schönsten zeremoniellen *Dong-son*-Bronzetrommeln und Äxte sind mit eingravierten geometrischen Mustern oder Menschen- und Tiermotiven verziert. Dieser eigene Stil der Verzierung hat einen großen Einfluß auf die indonesische Kunst ausgeübt und scheint sich mit der Bronzegußtechnik verbreitet zu haben. Man hat an verschiedenen Orten Steinformen für den Guß gefunden.

Wer hat nun in Indonesien diese *Dong-son*-Bronzen hergestellt? Man weiß nichts Sicheres, es hat aber wohl in der Region damals bereits kleine, auf Anbau von Reis und Handel basierende Königreiche gegeben. An mehreren prähistorischen Stätten hat man nämlich Gegenstände indischer Herkunft gefunden, eine auf Sangeang Island bei Sumbawa gefundene Bronzetrommel zeigt Figuren in alter chinesischer Kleidung. Auch in frühen Han-Texten werden die Gewürznelken anbauenden Inseln im östlichen Indonesien erwähnt und man weiß sicher, daß sich im zweiten Jahrhundert vor Christus (wenn nicht bereits vorher) der Handel auf den gesamten Archipel erstreckte.

EIN ZEITALTER GROSSER REICHE

Ab dem 2. Jahrhundert n.Chr. bildeten sich in Südostasien eine Reihe von hochentwickelten Gesellschaften heraus, deren Weltbild, Literatur, Architektur und politische Organisation sich eng an das indische Muster anlehnten.

Diese Königreiche sind heute vor allem durch die herrlichen Monumente, die sie geschaffen haben, bekannt: Borobudur, Prambanan, Angkor, Pagan und andere; einige wurden im 19. Jahrhundert „wiederentdeckt" und werden seitdem von Millionen von Menschen besucht. Über ihre Schöpfer weiß man jedoch kaum etwas, ebensowenig darüber, woher sie eine so tiefgehende Kenntnis der indischen Kultur besaßen.

Unsere Unkenntnis ist sicherlich zum Teil darauf zurückzuführen, daß man lange Südostasien als rückständige Region betrachtet hat und viele Wissenschaftler daher davon ausgingen, daß diese Entwicklung nur durch massive indische Invasion und Siedlungstätigkeit zustande kommen konnte. Tatsächlich aber war Südostasien bereits in prähistorischer Zeit ein blühendes Handels- und Kulturzentrum.

Die Entwicklung des indischen Einflusses in diesem Raum ist so komplex, daß sie auch nicht annähernd nachvollzogen werden kann. Die neueste und plausibelste Theorie ist die, daß die indonesischen Herrscher entweder indische Brahmanen ins Land geholt oder eigene Leute nach Indien geschickt haben, um sich dort die nötigen Kenntnisse anzueignen. Ihr Motiv ist dabei sicher gewesen, daß das Sanskrit sowie die komplizierten indischen Rituale und Bautechniken dem Herrscher eine bessere soziale Kontrolle, mehr Reichtum und einen höheren Status ermöglichten. Außerdem konnte er damit sein Reich in das sich immer weiter ausbreitende indische Handelsnetz einbinden.

Diese Hpyothese wird durch eingehendes Studium von Hindu-Tempeln gestützt. Man fand nicht nur viele verschiedene indische Bau- und Kunststile (die in einer Weise verwendet wurden, die in Indien völlig unbekannt war), sondern auch einheimische Konstruktionselemente aus der Vorhinduzeit.

Links: Loro Jonggrang, der größte Shiva-Tempel von Prambanan, errichtet von Rakai Pikatan im 9. Jahrhundert, kann als hinduistisches Gegenstück zum buddhistischen Borobodur angesehen werden.

Die ersten Königreiche

Über die frühen indonesischen Königreiche der klassischen und der Hindu-Periode weiß man nur das Wenige, was man alten Steininschriften oder vagen Hinweisen in alten chinesischen, indischen oder klassischen Texten entnehmen konnte. So wird z.B. die Insel Java im *Ramayana* (unter dem Namen Yawadwipa) und im *Almagest* des Ptolemäus (als Yabadiou) erwähnt. Die ersten genaueren Hinweise auf Indonesien und seine Herrscher und Königreiche finden sich jedoch erst in chinesischen Quellen und Steininschriften in Sanskrit aus dem frühen 5. Jahrhundert.

Die Steininschriften (in der südindischen *Palawa*-Schrift verfaßt) stammen von zwei indonesischen Herrschern aus zwei verschiedenen Gebieten, nämlich Kutei an der Ostküste von Kalimantan und Tarumanegara am Citarum River in Westjava (nahe Bogor). Beide Herrscher waren Hindus und ihre Macht scheint sich sowohl auf den Reisanbau wie auf den Seehandel gegründet zu haben.

Ebenfalls im frühen 5. Jahrhundert erlitt der chinesische, buddhistische Mönch, Fa Hsieng, bei Java Schiffbruch. In seinen Memoiren (in England unter dem Titel *A Record of Buddhistic Kingdoms* erschienen) bemerkt er, daß es auf Java viele Brahmanen und Ketzer gebe, das buddhistische Dharma dort jedoch nicht erwähnenswert sei. Wir verdanken ihm einige faszinierende Details über das von Indien beeinflußte Indonesien. So waren einige der frühen Königreiche hinduistisch, andere wieder buddhistisch. Im Verlauf der Zeit verwischte sich jedoch dieser Unterschied mehr und mehr.

Die Macht der hinduistischen Staaten Indonesiens gründete sich in erster Linie auf die Kontrolle über den Seehandel. Anscheinend übte zunächst Tarumanegara in Westjava 200 Jahre lang diese Kontrolle aus, bis dann Ende des 7. Jahrhunderts ein neues buddhistisches Königreich in Palembang die Herrschaft über die lebenswichtigen Straßen von Malakka und Sunda übernahm. Die nächsten 600 Jahre wurden die Meere daraufhin von diesem Königreich namens Srivijaya kontrolliert.

Srivijaya und der P'o-ssu-Handel

Srivijaya hat keine großartigen Tempel oder sonstigen Monumente hinterlassen, da es ein Reich war, das seine Existenz nicht auf die Landwirtschaft, sondern auf die Kontrolle des Handels gründete. Die meisten Untertanen waren daher Matrosen, die auf Booten lebten, wie es heute noch viele der Malaien an der Küste, die *orang laut* (Meerleute), tun. Man weiß daher nur sehr wenig über dieses Reich und es konnte von den Wissenschaftlern überhaupt erst 1918 identifiziert werden. Vier Steininschriften in Altmalaiisch, einige in Sanskrit und ein paar Statuen und Bronzebilder sind alles, was von diesem Reich, immerhin eine der größten Seemächte der Geschichte, übriggeblieben ist.

Prof. O. W. Wolters hat die These vertreten, daß Srivijaya seine hervorragende Stellung der Tatsache verdanke, daß man Handel mit teurem Weihrauch und Myrrhe, den sogenannten *P'o-ssu* (persische) Waren aus dem Nahen Osten trieb, die damals in großen Mengen nach China transportiert wurden. Wie dem auch sei, Srivijaya hatte jedenfalls eine strategisch ausgesprochen günstige Lage und soll außerdem bereits große Schiffe zwischen 400 und 600 Tonnen besessen haben.

Es ist jedoch sicherlich von Bedeutung, daß der *P'o-ssu*-Handel sich hauptsächlich um Weihrauch und andere seltene Substanzen für die Buddhisten in China drehte. Die Herrscher von Srivijaya waren ebenfalls Buddhisten und ein chinesischer Mönch namens I-Ching unterbrach hier seine Reise mehrere Monate lang, um buddhistische Texte zu studieren und zu kopieren. Er fand hier an die tausend buddhistische Mönche vor und stellte fest, daß das Reich ein Treffpunkt für Händler aus der ganzen Welt war.

Srivijaya kontrollierte zwar alle Häfen an den Straßen von Malakka und Sunda (Ostsumatra, Westjava und die Malaiische Halbinsel), doch nirgendwo konnte man dort Reis anbauen. Das nächstgelegene Reisanbaugebiet war Zentraljava, wo sich ab dem frühen 8. Jahrhundert große „indianisierte" Königreiche herausbildeten. Das erste belieferte Srivijaya mit Reis und kämpfte später mit ihm um einen Anteil am Seehandel.

Die Sailendras und die Sanjayas

Von Anfang an kam es zwischen den rivalisierenden buddhistischen und hinduistischen Herrscherfamilien in Zentraljava zu Spannungen. Die ersten Tempel und Inschriften aus dem Jahre 732 n.Chr. stammen von einem hinduistischen Herrscher namens Sanjaya. Kurz darauf scheint jedoch eine buddhistische Linie von der Nordküste Javas, genannt Sailendras (Herren der Berge), an die Macht gekommen zu sein, der sich Sanjaya und seine Nachkommen unterwerfen mußten.

Die Sailendras unterhielten mit Srivijaya (das ja ebenfalls unter buddhistischer Herrschaft stand) enge Beziehungen und herrschten etwa 100 Jahre lang auf Java. Während

Oben: Inschrift und Fußspuren von Purnavarman, dem hinduistischen Herrscher von Tarumanegara (Westjava), Mitte des 5. Jahrhunderts. Rechts: Tempelrelief des Borobodur.

dieser relativ kurzen Zeit erbauten sie die herrlichen buddhistischen Monumente von Borobudur, Mendut, Kalasan, Sewu und viele andere im Schatten des majestätischen Mount Merapi. Noch heute zeichnet sich das Gebiet durch seine fruchtbaren Böden aus. Es muß wohl schon damals eine große Bevölkerung ernährt haben, die auch am Bau der Monumente arbeitete.

Der Niedergang der Sailendras begann um 830 n.Chr. und endete schließlich 856 n.Chr. mit der Machtübernahme durch einen Nachkommen Sanjayas. Anscheinend hatte die Sanjaya-Linie die ganze Zeit als Vasallen der Sailendras über Außenbereiche des Reiches geherrscht und während dieser Zeit dort viele Hindu-Tempel erbaut, so zum Beispiel auf dem Dieng Plateau und an den Hängen des Mount Ungaran (südlich von Semarang). Um 850 n.Chr. heiratete ein Prinz der Sanjaya-Dynastie, Rakai Pikatan, eine Sailendra-Prinzessin und übernahm die Macht in Zentraljava.

Die Sailendras flohen nach Srivijaya, wo sie zu Wohlstand kamen und gut ein Jahrhundert lang den Javanesen die Schiffahrt im Südchinesischen Meer blockierten.

Der geheimnisvolle Umzug nach Ostjava

Rakai Pikatan feierte seinen Sieg mit dem Bau des herrlichen Tempelkomplexes von Prambanan, der als hinduistisches Gegenstück des buddhistischen Borobodur anzusehen ist. Beide sind Ahnensitze, reich geschmückte Versionen jener Bauwerke, die schon von indonesischen Herrschern prähistorischer Zeiten errichtet wurden.

Es folgt nun eine Reihe hinduistischer Könige in Zentraljava, bis um 930 n.Chr. die Hauptstadt plötzlich nach Ostjava verlegt wurde. Es gibt bisher keine befriedigende Erklärung für diese Verlagerung, die wohl verschiedene Ursachen hat.

Den Sailendras war es ja in Srivijaya gelungen, den lebenswichtigen Seehandel von der Nordküste Javas abzuschneiden, und möglicherweise hatten sie auch mit einer erneuten Invasion in Zentraljava gedroht. Außerdem könnte ein Ausbruch des Merapi um diese Zeit die Straßen zu den Häfen an der Nordküste unterbrochen haben und große Teile Zentraljavas mit vulkanischer Asche bedeckt haben. In Sambisar bei Prambanan hat man einen halbfertigen Tempel ausgegraben, der mit einer 5 m dicken Schicht Vulkanschutt bedeckt war. Vielleicht war aber auch eine Epidemie ausgebrochen oder es lockten die fruchtbareren Böden in Ostjava.

Welchen Grund dieser Umzug aber auch gehabt haben mag, das Reich in Ostjava hatte jedenfalls im 10. Jahrhundert eine Blütezeit und überfiel sogar 990 n.Chr. Srivijaya, das es zwei Jahre lang besetzte. Ein Vierteljahrhundert später rächte sich Srivijaya, indem es mit einer riesigen Flotte das Reich überfiel, die Hauptstadt zerstörte und den König Dharmanwangsa tötete. Das Reich wurde in viele kleine abhängige Fürstentümer aufgesplittert. Es sollte fast 20 Jahre dauern, bis es dem nächsten großen und mächtigen König, Airlangga, gelang, das Reich wieder vollständig zu einen.

Airlangga war der Neffe König Dharmawangsas und gelangte 1019 auf den Thron, nachdem sich die Armee Srivijayas wieder zurückgezogen hatte. Mit Hilfe loyaler Gefolgsleute und Berater gelang es ihm, das Reich zurückzuerobern und seinen Wohlstand wiederherzustellen. Er ist jedoch hauptsächlich als Asket und Förderer der Kunst in die Geschichte eingegangen. Unter seiner Herrschaft wurden klassische indische Schriften aus dem Sanskrit ins Javanische übersetzt, was als Beginn des Aufblühens der einheimischen javanesischen Kunst angesehen werden kann.

Kurz vor seinem Tod im Jahre 1049 änder-

te Airlangga seinen Namen und wurde Asket, ohne jedoch abzudanken. Um den Ehrgeiz seiner Söhne zu befriedigen, teilte er das Reich in zwei gleiche Teile: Kedire und Janggala (oder Daha und Koripan). Kediri wurde der mächtigere Staat und ist heute noch als Ursprungsland zahlreicher Werke der alten javanesischen Literatur — hauptsächlich Wiedergaben indischer Epen in der typisch javanesichen Versform *kekawin* — bekannt.

Singhasari und Majapahit

In den nun folgenden Jahrhunderten erreichte Java eine bis dahin nie gekannte Blüte. Die Herrscher der aufeinander folgenden Reiche in Ostjava konnten die Erträge aus der blühenden Landwirtschaft mit dem Einkommen aus dem einträglichen Überseehandel verbinden. Dabei entwickelten sich die Javanesen zu den besten Schiffbauern und Seefahrern Südostasiens. Während des 14. Jahrhunderts beherrschten sie die Seewege des gesamten indonesischen Archipels sowie ins ferne Indien und China.

Trotzdem wüßten wir nur sehr wenig über die beiden großen Reiche des 13. und 14. Jahrhunderts, Singhasari und Majapahit, wären nicht in unserer Zeit zwei alte Texte aus dem Java des 14. Jahrhunderts entdeckt worden. Das eine, das *Pararaton* (Buch der Könige) berichtet über die Gründung der Singhasari-Dynastie im Jahre 1222 durch Ken Arok.

Ken Arok war ein Abenteurer, dem es gelang, die schöne Ken Dedes, die Erbin des Thrones von Janggala, zu heiraten, nachdem er ihren Mann ermordet hatte. Als Herrscher von Janggala erhob er sich dann gegen seinen Souverän, den König von Kediri, und errichtet mit Unterstützung der Priester in Singhasari, in der Nähe des heutigen Malang, eine neue Hauptstadt.

Das *Pararaton* erzählt dann weiter von seinen Nachfolgern, besonders Kertanagara, dem letzten König dieser Linie, der 1292 schließlich vom König von Kediri ermordet wurde. Kertanagara war ein außergewöhnlicher Mensch, Gelehrter und Staatsmann zugleich, Angehöriger der buddhistischen Bhairawa-Sekte. 1275 und 1291 schickte er im Kampf um die Kontrolle des Seehandels zwei erfolgreiche Expeditionstruppen gegen Srivijaya.

Er wurde tatsächlich so mächtig, daß Kublai Khan, der mongolische Kaiser von China, immer wieder Gesandte zu ihm schickte, die ihn aufforderten, Tribut zu zahlen. Kertanagara weigerte sich und ließ den Gesandten verstümmeln, was den Khan so erzürnte, daß er 1293 eine mächtige Flotte nach Java schickte, um die Beleidigung zu rächen. Als die Flotte jedoch landete, stellte sie fest, daß Kertanagara bereits von Jayakatwang, einem seiner Vasallen, umgebracht worden war.

Die Chinesen blieben daraufhin ungefähr ein Jahr im Land, um Kertanagaras Schwiegersohn Wijaya gegen Jayakatwang zu unterstützen. Während dieser Monate wurden im Brantas-Tal viele Schlachten mit wechselndem Erfolg geschlagen, bis schließlich Wijaya und seine chinesischen Verbündeten siegreich blieben. Wijaya nahm nach seinem Sieg die mongolischen Generäle gefangen und jagte die ausländischen Truppen zurück auf ihre Schiffe. Die chinesische Flotte kehrte daraufhin nach China zurück, wo ihre Kommandanten vom großen Khan wegen ihres Versagens hart bestraft wurden.

Wijaya heiratete vier Töchter Kertanagaras und gründete 1294 an den Ufern des Brantas zwischen Kediri und dem Meer (in der Nähe des heutigen Trowulan) eine neue Hauptstadt. Dieses Gebiet war für seine bitteren (*pahit*) Maja-Früchte bekannt, und so wurde das neue Königreich Majapahit genannt. Die neue Stadt — von der heute nur noch die Grundmauern erhalten sind — wurde ausschließlich aus roten Ziegeln erbaut. Luftaufnahmen machen deutlich, daß sie ein ausgedehntes Netz von Kanälen besaß, auf denen Barken Reis und andere Güter den Fluß hinunter von Majapahit zu den Häfen an der Mündung des Brantas transportierten.

Majapahits Glanzzeit

Majapahit umfaßte als erstes indonesisches Königreich wirklich den gesamten Archipel, weshalb spätere Herrscher von Java dieses Reich gern als ihren sowohl geistigen als auch politischen Vorläufer betrachteten. Den Höhepunkt seiner Macht erreichte Majapahit Mitte des 14. Jahrhunderts unter König Hayam Wuruk, dem Enkel Wijayas, und seinem brillianten Premierminister *Pathih* Gajah Mada.

Unser Wissen über Majapahit stammt teilweise von Steininschriften, die in hunderten von Tempelruinen in der Umgebung der Hauptstadt gefunden wurden, hauptsächlich jedoch von einem Lobesgedicht des Hofdichters Prapanca, das dieser nach dem Tod von Gajah Mada 1365 geschrieben hat. Das Gedicht (*Negarakertagama*) berichtet viele interessante Einzelheiten über das Leben am Hof und die königliche Familie.

Eine der wichtigsten Passagen des Buches handelt von dem Eid Gajah Madas (*sumpah palapa*), die Hauptinseln des Archipels, die *Nusantara* (andere Inseln), unter die Herrschaft Majapahits zu bringen. Es wird behauptet, daß ihm dies vor seinem Tod noch gelungen sei, Historiker glauben jedoch, daß es sich dabei eher um eine Art Handelsunion gehandelt habe, in der allerdings Majapahit der dominierende Partner war. Die Handelshäfen von Sumatra, die Malaiische Halbinsel, Borneo, Sulawesi, die Molukken und Bali scheinen jedenfalls alle die Souveräntität Majapahits anerkannt zu haben.

Majapahits Niedergang setzte bald nach dem Tod Hayam Wuruks 1389 ein. Um einen Konflikt unter den Erben zu vermeiden, hatte Hayam Wuruk sein Königreich zwischen seinem Sohn und seiner Tochter aufgeteilt. Der schwelende Machtkampf um die Vorherrschaft führte aber trotzdem zwischen 1403 und 1406 zum Bürgerkrieg.

Links: Skulptur Ken Dedes, der Gattin von Ken Arok, als Göttin dargestellt. Oben: Tempelskulpturen im sogenannten *wayang-kulti*-Stil am Candi Jago.

DER ISLAM IN INDONESIEN

Der Islam kam nicht infolge Heiliger Kriege oder bewaffneter Revolten in den indonesischen Archipel, sondern im Zuge einer friedlichen wirtschaftlichen Expansion entlang den Haupthandelsrouten des Ostens. Zwar hatten schon seit Jahrhunderten moslemische Händler die Region besucht, doch begann der Übertritt indonesischer Herrscher zum neuen Glauben erst, nachdem das wichtige indische Handelszentrum Gujarat Mitte des 13. Jahrhunderts in die Hand der Moslems gefallen war. Die Handelshäfen Samudra, Perlak und Pasai an der Nordostküste Sumatras, die den wirtschaftlich wichtigen Zugang zur Straße von Malakka bewachten, wurden die ersten islamischen Königreiche Indonesiens, Perlak schon vor Marco Polos Besuch 1292. Sultan Malik as Saleh, der erste moslemische Herrscher von Samudra, starb, wie sein Grabstein zeigt, 1297.

Die dominierende islamische Sekte jener Zeit war die mystische Bruderschaft der Sufis. Diese waren umherziehende Medien und Mystiker, welche die charismatischen Traditionen der Ekstase, Askese, des Tanzes und der Poesie predigten. Ihre Lehren paßten offensichtlich gut zu dem herrschenden politischen und kulturellen Klima an den hinduistischen indonesischen Höfen — an den Gottkönige, brahmanische Gurus und tibeto-buddhistische Mystiker seit Jahrhunderten herrschten. Vielleicht hat deshalb der Islam die soziale und politische Struktur der Höfe kaum beeinflußt, auch wenn er in seiner Betonung der Gleichheit aller Menschen vor Gott doch egalitärer war als die kastenorientierten indischen Religionen, die vorher in Indonesien in vielfältigen Formen existiert hatten.

Handel und Islam

Der Übertritt zum Islam hatte jedoch auch wirtschaftliche Gründe: Die moslemischen Handelsleute wurden in jener Zeit gerade zur dominierenden Kraft im internationalen Geschehen. Sie hatten schon seit einiger Zeit den Überlandhandel von China und Indien über Persien und die Levante nach Europa beherrscht und begannen nun — nachdem sie die wichtigen stofferzeugenden Häfen Indiens in den Händen hatten — auch die Seerouten durch Süd- und Ostasien zu kontrollieren. Die indonesischen Herrscher versprachen sich daher den Anschluß an das wachsende Handelsnetz, aber auch Schutz vor den aggressiven Nachbarn, den Thais und Javanern.

Um den Prozeß der Islamisierung Indonesiens verstehen zu können, muß man einiges über die politische und ökonomische Struktur der Region in jener Zeit wissen. Es gab in der vorkolonialen Zeit im wesentlichen drei Arten von Königreichen: 1. Die Küstenstaaten an der Straße von Malakka, die wenig selbst herstellten oder anbauten und in erster Linie vom Handel und der Kontrolle des Meeres lebten, 2. die großen Binnenstaaten auf Java und Bali, die Reis im Überfluß produzierten und große Arbeitskräftepotentiale besaßen und 3. die winzigen Staaten auf den östlichen Molukken, die Gewürznelken und Muskat, aber nur wenig Lebensmittel erzeugten.

Alle Staaten importierten Luxusgüter aus dem Ausland, wie z.B. Stoffe, Porzellan, Edelmetalle, Arzneien und Edelsteine. Die Staaten an der Küste und auf den Gewürzinseln mußten außerdem auch Reis importieren. Dieser Handel wurde nicht nur zwischen

Links: Grabstein eines frühen islamischen Monarchen auf Sumatra. Rechts: Seite aus dem Koran in Aceh (Sumatra), über vier Jahrhunderte lang ein mächtiges islamisches Sultanat.

سورة الفاتحة

بسم الله الرحمن الرحيم
الحمد لله رب العالمين الرحمن
الرحيم مالك يوم الدين
اياك نعبد واياك نستعين
اهدنا الصراط المستقيم صراط
الذين انعمت عليهم غير المغضوب
عليهم ولا الضالين

سبع آيات

den Inseln abgewickelt, sondern es waren auch Ausländer — hauptsächlich Inder und Chinesen, aber auch Araber, Siamesen und Burmesen — beteiligt.

Die Abwicklung des Handels war zum Teil durch äußere Bedingungen vorgegeben. Die Segelschiffe waren von den jährlichen Monsunwinden abhängig, Seereisen von und nach China oder Indien konnten in jeder Richtung nur einmal im Jahr zurückgelegt werden. So wurden manche Häfen zu Zufluchtsstätten und Handelszentren, wo sich die Handelsleute versammeln konnten, um ihre Waren auszutauschen,

Malakka tritt zum Islam über

Den größten Auftrieb erhielt der Islam, als der kluge Herrscher von Malakka 1436 plötzlich nach einem längeren Aufenthalt in China zum Islam übertrat. Malakka war bis dahin ein Vasall Chinas gewesen und stand unter der Herrschaft der Nachkommen der hinduistischen Herrscher von Palembang (Srivijaya) und der Könige von Singapur, die im 14. Jahrhundert von Javanern und Thais angegriffen und verjagt worden waren. China hatte sich zwar als wertvolle Schutzmacht erwiesen, sein Einfluß war jedoch 1436 schon im Schwinden und die Thais verlangten wieder einmal Tribut. Durch die Hinwendung zum Islam erhielt der König von Malakka nun Schutz gegen die Thais. Die Herrscherdynastie Malakkas war im Umgang mit überseeischen Händlern sehr geübt. So fiel es Malakka nicht schwer, vom wirtschaftlichen Erfolg der islamischen Welt zu profitieren, ohne dabei den Kontakt zu anderen Handelsleuten zu verlieren. Bis 1500 sollte Malakka zum größten Handelszentrum des Ostens werden, mit den größten europäischen Städten vergleichbar. Während des 15. Jahrhunderts gerieten alle Handelshäfen des westlichen Archipels unter den Einfluß Malakkas. Die wichtigsten waren die Häfen an der nördlichen oder *pesisir*-Küste von Java. Traditionellerweise waren diese Häfen den großen Hindu-Königreichen im Inneren Javas untertan, für die sie praktisch als Export- und Importagenten tätig waren, indem sie javanischen Reis gegen Gewürze, Seide, Gold, Stoffe, Arzneien, Edelsteine und ähnliches eintauschten und dabei einen guten Profit

machten. Um 1400 herum begann jedoch die Macht dieser Reiche zu zerfallen und so suchten die Fürsten der Küstenstädte nach Wegen, ihre Unabhängigkeit zu behaupten und noch mehr vom Handelsprofit für sich selbst einstecken zu können. Nach und nach wurden die Beziehungen zu der islamischen Welt auf Malakka durch Heirat führender islamischer Handelsleute mit Adeligen der Städte gefestigt.

Der Islam auf Java

Die Islamisierung verlief also zunächst in den Küstenkönigreichen friedlich, ein Wendepunkt trat jedoch im frühen 16. Jahrhundert ein, als das neue islamische Königreich

Demak (an der Nordküste Javas) das letzte große hinduistisch-buddhistische Königreich Javas angriff und eroberte. Die Hindu-Herrscher wurden nach Osten verjagt und das landwirtschaftlich reiche javanische Hinterland annektiert. Demak festigte dann seine Macht über die Nordküste noch durch die Unterwerfung Tubans, Gresiks, Maduras, Surabayas, Cirebons, Bantens und Jayakartas. Im 16. Jahrhundert schließlich war Demak Herr über ganz Java.

Überlieferte Erzählungen stellen allerdings diesen Prozeß der Islamisierung Javas ganz anders, wenn auch nicht weniger interessant dar. Nach alten Chroniken predigten neun islamische Heilige (*wali sanga*) den Islam mit Hilfe eines javanischen Schattenspiels (*wayang kulit*) und *gamelan*-Musik. Sie führten das *kalimat shahadat,* das islamische Glaubensbekenntnis, und das Lesen des Korans während der Vorführung der Epen Ramayana und Mahabharata ein. Auf diese Weise wird sehr einleuchtend die Verschmelzung der beiden Kulturen auf Java erklärt.

Der Islam war in jener Zeit der Glauben der Handelsleute und Städter und damit in den Seehandelszentren des Archipels fest verankert. Diese Zentren waren damals bereits recht groß: Malakka hatte im 16. Jahrhundert wohl eine Bevölkerung von mindestens 100 000 Einwohnern und war damit so groß wie Paris, Venedig und Neapel, nur Peking und Edo (Tokio) mit jeweils 1 Mio. Einwohnern waren größer. Andere indonesische Städte waren ähnlich groß — Semarang hatte 2000 Häuser, Jayakarta eine Armee von 4000 Mann, Tuban war eine befestigte Stadt mit 30 000 Einwohnern. Diese Zahlen weisen darauf hin, daß im 16. Jahrhundert die städtische Bevölkerung Indonesiens mindestens ebenso groß war wie die Landbevölkerung. Der typische Indonesier war damals also nicht wie heute Bauer, sondern ein städtischer Handwerker, Seemann oder Kaufmann.

Die indonesischen Städte unterschieden sich auch äußerlich von denen Europas, des Nahen Ostens, Indiens oder Chinas. Sie hatten keine Mauern und lagen an Flußmündungen oder in großen Ebenen. Ihre Verteidigung mußten die umliegenden Dörfer gewährleisten. Ein Gesandter des Sultanats Aceh (Nordsumatra) an das Ottomanische Reich erklärte, daß die Verteidigung Acehs nicht auf Mauern, sondern „auf dem Mut gegenüber dem Feind und einer großen Anzahl Elefanten" beruhe. Die indonesischen Städte waren außerdem gewöhnlich sehr grün, überall wuchsen Kokospalmen, Bananenstauden und andere Obstbäume, und die meisten der geräumigen Holz- oder Bambushäuser hatten Gemüsegärten. Der Palastkomplex war auch das Verteidigungszentrum und war manchmal mit Mauern und einem Graben umgeben. Bei einer Bevölkerung von gerade 5 Mio. im gesamten Archipel hatte das Land selbst keine Bedeutung; es zählte nur das, was Menschen daraus machten. So mußten die Engländer 1613, als sie Land für den Bau der Burg in Makassar brauchten, die Eigentümer nicht für den Grund, sondern nur für die dort wachsenden Kokospalmen

entschädigen (einen halben spanischen Dollar pro Baum).

Im Verlauf des 16. Jahrhunderts breitete sich der Islam über den gesamten Archipel aus. Das islamische System wirtschaftlicher und politischer Allianzen brach jedoch nach der Eroberung Malakkas 1511 durch eine kleine Gruppe Portugiesen schnell zusammen. Obwohl diese, wie wir sehen werden, immer nur einen Teil des gesamten Handels in der Region beherrschen konnten, hatte der Fall Malakkas doch sehr weitreichende Konsequenzen. Kein islamischer Staat konnte noch einmal einen vergleichbaren Einfluß in der Region erlangen. Stattdessen konkurrierten mehrere Handelszentren miteinander und mit den Europäern, was schließlich dazu

Links: Druck einer historischen Moschee in Banten, eine der Städte, die die islamischen Herrscher von Demak unterwarfen. Rechts: Islamische Händler spielten bei der Verbreitung des Islam eine wichtige Rolle.

führte, daß die Holländer sie mit der Politik des ,,Teilen und Herrschen" allmählich alle unterwerfen konnten.

Das Sultanat Aceh konnte durch seine Lage an der Nordspitze Sumatras vom Fall Malakkas profitieren. Die islamischen Handelsleute zogen sich nach 1511 zunehmend in den Hafen von Aceh zurück und so konnten seine Herrscher langsam durch die Eroberung der kleineren Häfen an der Ostküste Sumatras ein neues Reich aufbauen. Ihre Angriffe auf das portugiesische Malakka und das islamische Johor hatten zwar keinen Erfolg, doch konnte sich Aceh unter der Herrschaft Sultans Iskandar Muda (1607—36) als Hauptseemacht des Archipels etablieren. Es blieb auch nach jenem ,,Goldenen Zeitalter" mächtig und unabhängig und konnte den

Holländern bis in unser Jahrhundert hinein Widerstand leisten. Heute ist es eine der am festesten im Islam verankerten Regionen Indonesiens.

In Java verlagerte sich in der zweiten Hälfte des 16. Jahrhunderts das Machtzentrum ganz plötzlich von der Nordküste nach Zentraljava, in das Gebiet von Borobudur, Prambanan und den anderen hinduistisch-buddhistischen Monumenten früherer Jahrhunderte. Das neue Königreich hieß Mataram, wie die Gegend und die klassischen javanesischen Königreiche, die einst hier bestanden hatten. Mataram eroberte zuerst Demak und unterwarf dann um 1625 herum die Osthälfte Javas und die Häfen an der Nordküste. Die Dynastie von Mataram war zwar moslemisch, orientierte sich aber an den großen hinduistischen Reichen Javas der vorhergehenden Jahrhunderte. Die Hofchronisten führten die Linie nicht so sehr auf die islamischen Herrscher Demaks sondern auf die *deva-rajas* von Majapahit zurück. So beschrieben sie die Unterwerfung Majapahits durch Demak als ,,das Verschwinden des Lichtes des Universums", für einen islamischen Geschichtsschreiber, der den Fall eines ungläubigen Reiches in die Hände eines islamischen Heiligen beschreibt, sicher ein etwas seltsamer Standpunkt. Ganz offensichtlich war die Identifizierung mit dem glanzvollen Königshaus von Majapahit wichtiger als die religiös bestimmte Solidarität mit den Staaten an der Küste. Der Islam der zentraljavanischen Höfe war dann auch recht exzentrisch, eine Mischung alter Mystik, europäischen Pomps und islamischer Staatsführung. Die übrigen Inseln Ostindonesiens erreichte der Islam nur hier und dort. Der Handelshafen Makassar, heute Ujung Pandang, im Süden Sulawesis, wurde ein bedeutendes islamisches Zentrum, das sich gegen Ende des 16. Jahrhunderts rasch ausbreitete. Es bemächtigte sich eines wesentlichen Teils des östlichen Gewürzhandels, bis es sich 1667 schließlich den Holländern unterwerfen mußte.

Auf den Gewürzinseln der Molukken — Ternate, Tidore, Hitu, Ambon und Banda — wandten sich die einheimischen Herrscher schon recht früh (im 15. Jahrhundert) dem Islam zu und unterhielten erst mit Malakka, dann mit Makassar enge Beziehungen. Im 16. und 17. Jahrhundert wurden diese Königreiche jedoch von verschiedenen europäischen Mächten nach und nach brutal unterworfen, die Menschen die dies überlebten, mußten zum Christentum konvertieren.

Auf anderen Inseln wieder trafen jesuitische Missionare vor den Moslems ein und schufen, wie auch später die holländischen Kalvinisten, viele christliche Bastionen. Die meisten Völker des östlichen Archipels sind heute entweder Anhänger von Naturreligionen oder Christen. Das Christentum stoppte im 17. Jahrhundert gewissermaßen den Vormarsch des Islam nach Osten. Die Philippinen z.B. wurden von den Spaniern kolonialisiert und zum Katholizismus bekehrt, so daß nur einige südliche Inseln islamisch wurden. Zahlenmäßig ist der Islam jedoch eine wachsende Kraft im Archipel.

Der Islam ist heute die treibende Kraft des religiösen Lebens in Indonesien. Links: Betende in der Moschee. Rechts: Junger Mann beim Koranstudium.

DIE ANKUNFT DER PORTUGIESEN

Als 1509, nur 12 Jahre nach Vasco da Gamas Reise nach Indien, die ersten portugiesischen Schiffe in indonesische Gewässer kamen, waren die Europäer dort keine Unbekannten mehr, waren doch europäische Mönche, Abenteurer und Kaufleute seit dem 13. Jahrhundert in großer Anzahl in den Häfen Südostasiens aufgetaucht.

Die ersten 4 portugiesischen Schiffe unter dem Kommando Diogo Lopes de Sequeira hatten aber kein Glück. Moslemische Kaufleute überzeugten den Sultan von Malakka, daß die Neuankömmlinge eine große Gefahr darstellten, und so wurde Sequeira verjagt. Zwei Jahre später kamen die Portugiesen wieder, diesmal mit mehr Schiffen und mehr Leuten. So gelang ihnen der Coup in der Geschichte Südostasiens, die Einnahme Malakkas.

In der Vergangenheit haben Historiker die Ankunft der Portugiesen gern als großen Wendepunkt der indonesischen Geschichte betrachtet, als den Beginn der „modernen" Zeit. Tatsächlich brachten die Portugiesen jedoch nur wenig Neues. Damit soll ihre Leistung nicht geschmälert werden, sie eroberten immerhin drei größere asiatische Stützpunkte (Goa, Malakka und Hormus) und errichteten in kurzer Zeit eine Kette von vierzig Handelsniederlassungen. Damit konnten sie fast das ganze 16. Jahrhundert hindurch den Seehandel im Indischen Ozean dominieren. All das mit weniger als 3000 Soldaten und trotz Epidemien, Korruption und einem chronischen Mangel an Schiffen! In Indonesien waren die Portugiesen jedoch nach ihren anfänglichen Erfolgen bald nur noch eine von mehreren konkurrierenden regionalen Mächten.

Die Eroberung Malakkas im Jahre 1511 durch eine portugiesische Flotte unter Alfonso de Albuquerque war Teil eines sorgfältig abgestimmten Plans zur Monopolisierung des Gewürzhandels und zur Untergrabung des islamischen Einflusses im Osten. Die Portugiesen stützten sich dabei in erster Linie auf den Kampf — zum einen, da sie der Papst zum Heiligen Krieg gegen die Ungläubigen verpflichtet hatte, zum anderen, weil nur so das enggeknüpfte Handelsnetz der Moslems zerrissen werden konnte. Sie waren noch nicht einmal militärisch oder technisch überlegen, Portugal war ja eines der kleinsten und rückständigsten Länder Europas,

Oben: Portugiesisches Schiff in Ternate. Rechts: Das linke Bild zeigt Alfonso de Albuquerque, den Eroberer von Malakka, das rechte den hl. Franz Xaver.

dem Asien damals im großen und ganzen ebenbürtig war. Portugals einziger Materialvorteil war, daß es einige große, seetüchtige Schiffe besaß, die mit lauten, aber nicht zielgenauen Kanonen, der ersten schwimmenden Artillerie also, bestückt waren. Aber auch Malakka hatte Feuerwaffen und das in weitaus größerer Zahl. Es war also eher der Entschlossenheit der Portugiesen zu verdanken, daß Malakka fiel: Mit nur 1200 Mann und 17 oder 18 Schiffen stürmte Albuquerque erfolgreich den größten und wohlhabendsten Handelshafen Asiens!

Obwohl die Portugiesen bis 1641 die Kontrolle über Malakka behielten und außerdem auf den Molukken und den Kleinen Sunda-Inseln einige Handelsniederlassungen gründeten, waren sie doch ständigen Angriffen ausgesetzt und konnten das erwünschte Monopol über den Gewürzhandel nie erringen. Dieser wurde größtenteils über moslemische Häfen wie Aceh, Johor, Banten, Demak, Jepara, Surabaya und Makassar abgewickelt. Malakka florierte zwar auch nach 1511, aber eher als befestigte Zwischenstation der portugiesischen Seefahrt denn als Treffpunkt des internationalen Handels.

Mit der Zeit wurden auch die Portugiesen selbst ruhiger und weniger aggressiv, bis ihnen schließlich im 17. Jahrhundert alle ihre Besitzungen (bis auf eine) nach und nach von den Holländern und Engländern abgenommen wurden.

Das portugiesische Erbe Indonesiens hat daher eher kulturellen als politischen oder ökonomischen Charakter. Portugiesisch-indonesische und portugiesisch-indische Nachfahren der ersten protugiesischen Ankömmlinge bildeten in vielen Küstenstädten eigene Gemeinschaften und zwei Jahrhunderte lang war eine portugiesische Kreolensprache die *lingua franca* des Archipels. Viele Wörter portugiesischen Ursprungs haben

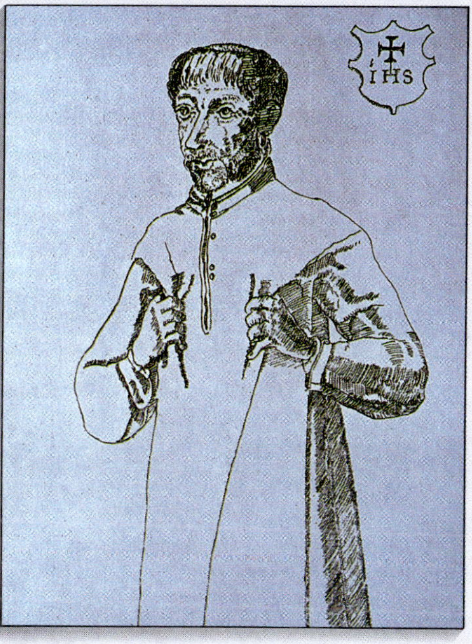

Eingang ins Malaiisch/Indonesische gefunden wie z.B. *sepatu* (Schuh), *pesta* (Fest), *sabun* (Seife), *meja* (Tisch) und *Minggu* (Sonntag).

Von noch größerer Bedeutung war die Bekehrung von ungefähr 20 000 Indonesiern zum Katholizismus (16. Jahrhundert). Wenn diese Christen auch zunächst nur in der Umgebung der portugiesischen Garnisonen lebten und viele später unter niederländischer Herrschaft protestantisch wurden, so läßt sich die Existenz der heutigen großen christlichen Gemeinden von Ambon, Flores und Timor doch auf die Bemühungen einer Handvoll früher portugiesischer Missionare zurückführen. An ihrer Spitze stand der heilige Franz Xaver (1506—52).

DIE HOLLÄNDER IN INDONESIEN

Die Geschichte der Holländer in Indonesien begann 1596, als vier kleine holländische Schiffe unter dem Kommando des unfähigen und arroganten Cornelis de Houtman in Banten, damals dem größten Pfefferhafen des Archipels, vor Anker gingen. Die Houtman-Expedition, immer wieder vom Sturm vom Kurs abgebracht und von Krankheiten und Zwistigkeiten geplagt, war von Anfang an ein unglückliches Unterfangen. In Banten ließ sich die holländische Mannschaft, des Seefahrens müde, vollaufen und mußte schließlich auf Befehl eines erzürnten Fürsten auf ihre Schiffe zurückgejagt werden. Der Prinz weigerte sich daraufhin, mit einem solchen Haufen Geschäfte zu machen. Bei seiner Weiterfahrt entlang der Nordküste Javas hielt Houtman deshalb seine Matrosen wohlweislich an Bord und konnte so doch noch einige Gewürze einkaufen. Bei der Ankunft in Bali verließ jedoch die gesamte Mannschaft die Schiffe und es dauerte Monate, bis Houtman wieder genügend Matrosen für die Rückfahrt anheuern konnte.

Trotz all dieser Fehlschläge wurde Houtmans Reise nach seiner Rückkehr 1597 in Holland als Erfolg gefeiert. Die Gewürze waren damals so teuer, daß der Verkauf seiner mageren Ausbeute genügend einbrachte, um die Kosten zu decken und sogar einen kleinen Profit zu erzielen. Dies verursachte ein wahres Spekulationsfieber und im folgenden Jahr schickten fünf Handelskonsortien insgesamt 22 Schiffe in den Indischen Ozean.

Die holländische Ostindische Gesellschaft

Die Niederlande entwickelten sich damals schnell zum Wirtschaftszentrum Nordeuropas. Seit dem 15. Jahrhundert dienten die zwei holländischen Küstenprovinzen Holland und Zeeland als Zwischenstation für Waren nach Deutschland und ins Baltikum. Viele holländische Kaufleute wurden dabei reich und begannen nach 1568, dem Ausbruch des Krieges mit Spanien, ihre Flotten rasch auszubauen.

Als also ein Holländer einen Bericht über seine Reise (1595/6) zu den Ostindischen Inseln veröffentlichte, wurden sofort Expeditionen losgeschickt. Das Interesse an direktem Handel mit dieser Region war immerhin so groß, daß die holländischen Handelsleute sogar sehr schnell die Notwendigkeit der Zu-

Oben: Frühe holländische Expedition nach Java. Rechts: Van Linschoten, Autor des ersten „Führers" zu den Ostindischen Inseln; Jan Pieterszoon Coen, Architekt eines holländischen Reiches im Osten.

sammenarbeit erkannten. 1602 gründeten sie daher die Vereinigte Holländisch-Ostindische Gesellschaft (bekannt unter den holländischen Initialien VOC), eine der ersten Aktiengesellschaften der Geschichte. Sie hatte ein Kapital von über 6 Mio. Gulden und war vom Statthalter bevollmächtigt, Verträge auszuhandeln, Armeen auszuheben, Festungen zu bauen und für die Niederlande in Asien Krieg zu führen. Wie vor ihnen die Portugiesen träumten die Niederländer davon, sich die absolute Kontrolle über den ostindischen Gewürzhandel zu sichern, der bis dahin durch viele moslemische und mediterrane Hände ging.

In ihren Anfangsjahren hatte die VOC nur begrenzten Erfolg. Sie gründete zwar mehrere Handelsposten und nahm 1605 den Portugiesen Ambon weg, aber die spanische und englische Konkurrenz, ganz zu schweigen von der moslemischen, hielt die Gewürzpreise in Indonesien hoch und in Europa niedrig. 1614 überzeugte dann ein junger Buchhalter namens Jan Pieterszoon Coen die Direktoren, daß nur ein etwas machtvolleres Auftreten die Profite der Gesellschaft steigern könne. Man gab ihm daraufhin das Kommando über die Operationen der Gesellschaft und er stürzte sich prompt in eine Reihe militärischer Abenteuer, die Vorbild für das Verhalten der Niederländer in dieser Region werden sollten.

Die Gründung Batavias

Coens erster Schritt war die Gründung eines ständigen Hauptquartiers in Jayakarta an der Nordwestküste Javas, in der Nähe Sumatras, wo der begehrte Pfeffer angebaut wurde, und an der strategisch wichtigen Sundastraße. 1618 bat er den Prinzen Wijajakrama von Jayakarta um Erlaubnis, den bestehenden Handelsposten ausbauen zu dürfen und

errichtete eine mit Kanonen bestückte Steinbarrikade. Als der Prinz einwandte, daß in dem Vertrag nicht von Befestigung die Rede sei, antwortete Coen mit dem Beschuß und der Zerstörung des Palastes. Daraufhin wurde die kleine holländische Festung belagert. Hilfe für den Prinzen kam aus dem mächtigen Banten und von einer gerade eingetroffenen englischen Flotte. Coen gab sich jedoch nicht so einfach geschlagen und floh nach Ambon. In der Festung ließ er nur ein paar Männer zur Verteidigung des Fort und seines wertvollen Inhalts zurück.

Fünf Monate später kam Coen wieder und fand seine Männer immer noch auf der Festung vor. Obwohl den anderen 30 zu 1 unterlegen, hatten sie es geschafft, die Feinde gegeneinander auszuspielen, indem sie auf alle Forderungen eingegangen waren, aufgrund des Mißtrauens und der gegenseitigen Furcht der drei angreifenden Parteien jedoch nie zur Übergabe aufgefordert worden waren. Durch eine Reihe mutiger Angriffe mit einer kleinen Armee von 1000 Mann, darunter einige furchterregende japanische Söldner, schlug Coen die Gegner in die Flucht. Die Stadt Jayakarta wurde dem Erdboden gleichgemacht und der Bau einer neuen holländischen Stadt begonnen, die allmählich auch Kanäle, Zugbrücken, Docks, Lagerhäuser, Kasernen, einen zentralen Platz, ein Rathaus und eine Kirche erhielt — alle durch eine hohe Steinmauer und einen Graben geschützt. Es entstand eine Kopie von Amsterdam selbst.

Doch es stellte sich heraus, daß sich einige der Holländer in den dunkelsten Tagen der Belagerung recht ungehörig betragen hatten. Sie hatten nächtelang gesoffen, gesungen und gehurt. Am schlimmsten aber war, daß sie das Lager der Gesellschaft aufgebrochen und den Inhalt unter sich aufgeteilt hatten. Coen, der auf strikte Disziplin hielt, ordnete die sofortige Hinrichtung der Beteiligten an. Die Erinnerung an die unrühmliche Belagerung verblaßte bald, nur eines nicht: Die Verteidiger hatten ihre Burg ,,Batavia" genannt, und dieser Name blieb.

Gewürze und Sklaven

Coens nächster Schritt war die Sicherung der Kontrolle über die fünf winzigen Muskatinseln, die Banda-Inseln. 1621 führte er eine Expeditionstruppe dorthin und tötete innerhalb weniger Wochen die meisten der 15 000 Bewohner. Auf drei der Inseln wurden dann Gewürzplantagen angelegt, auf der Sklaven unter der Leitung von holländischen Kolonialherren arbeiteten.

In den nun folgenden Jahren verstärkten die Holländer allmählich ihre Kontrolle über den Gewürzhandel. Von ihrem Posten in Ambon aus versuchten sie mit den Herrschern von Ternate und Tidore durch ,,Verhandlungen" ein Monopol über den Gewürznelkenhandel zu erlangen. Das Monopol wurde jedoch immer wieder durchbrochen. Daraufhin führten die Holländer jährliche Säuberungsaktionen im gesamten Gebiet durch, mit dem Ziel, alle Gewürznelkenbäume außerhalb Ambons und Cerams, wo sie das Sagen hatten, auszurotten.

Diese Aktionen waren so ,,erfolgreich", daß die Hälfte der Inselbewohner wegen der fehlenden Handelseinnahmen verhungerte, die andere dagegen zu tiefer Armut verdammt war.

Der Schmuggel von Gewürznelken und Gewürznelkenbäumen konnte jedoch nicht

Oben: Eingeborene bringen Muskat zum Handelsposten der Holländer in Banda Neira. Rechts: Die anstelle Jayakartas erbaute Stadt Batavia hatte viele Ähnlichkeiten mit Amsterdam.

gestoppt werden. Die Händler konnten sie und andere Waren im neuen islamischen Hafen Makassar im Süden Sulawesis erhalten.

Die Holländer verhängten wiederholt eine Blockade über Makassar und machten Verträge, die es theoretisch vom Handel mit anderen Nationen ausschließen sollten, mit der Durchsetzung hatten sie jedoch Schwierigkeiten. 1669 schließlich ergab sich Makassar nach dreijährigen harten und blutigen Kämpfen den überlegenen Truppen der Holländer und Bugi. Die Holländer übergaben daraufhin Makassar ihrem buginesischen Verbündeten Arung Palakka. Das Blutvergießen hatte damit jedoch noch kein Ende, da dieser eine Terrorherrschaft ausübte, um sich ganz Südsulawesi aneignen zu können.

Die Holländer auf Java

Durch solche ruchlosen Methoden war es den Holländern gelungen, bis zum 17. Jahrhundert den östlichen Teil des Archipels und seinen lukrativen Gewürzhandel unter ihre Herrschaft zu bringen. Im Westteil dagegen verstrickten sie sich zunehmend in fruchtlose Intrigen und Kriege. Vor allem in Java hatte die holländische Präsenz in Batavia nämlich das empfindliche Gleichgewicht der Kräfte gestört.

Bereits 1628 wurde Batavia von Javanern angegriffen. Sultan Agung (1613—46), der dritte und größte Herrscher von Mataram, erweiterte damals gerade durch Kriegszüge sein Reich und hatte eben die 5jährige Belagerung Surabayas erfolgreich beendet. Er beherrschte damit das mittlere und östliche Java und plante nun, die Holländer ins Meer zu jagen, Banten zu erobern und damit auch den Westen zu unterwerfen.

Dies wäre ihm auch beinahe gelungen. Seine große Armee konnte zunächst eine Bresche in die Verteidiung Batavias schlagen, wurde jedoch mit letzter Kraft unter dem Kommando des Generalgouverneurs Coen zurückgeschlagen. Die Javaner waren auf diesen Widerstand nicht vorbereitet und mußten sich aus Mangel an Verpflegung zurückziehen. Ein Jahr später (1629) sandte Sultan Agung sogar noch mehr Truppen, an die 10 000 Mann wird geschätzt, und stellte riesige Vorräte an Reis für die zu erwartende lange Belagerung bereit. Coen erfuhr jedoch, wo der Reis gelagert wurde und konnte die Vorräte beseitigen, bevor die Truppen überhaupt angekommen waren. Ohne Führung, Proviant und von Krankheiten befallen starben die Javaner zu tausenden vor den Mauern Batavias. Mataram war von da an nie mehr eine Gefahr für Batavia.

Unter der strengen Herrschaft Amangkurat I (1646—77) verbesserten sich die Beziehungen zwischen Holländern und Javanern; unter anderem hatten sie einen gemeinsamen Feind — die *pesisir* handelnden Königreiche im Norden Javas.

Ironischerweise hatte aber die Eroberung Makassars durch die Holländer später — wenn auch indirekt — den Tod Amangkurat I zur Folge.

Als Folge der Kriege mit Makassar zwischen 1666—69 kamen zahlreiche Flüchtlinge aus Makassar und auch viele Bugi nach Ostjava. Sie schlossen sich unter der Führung des Prinzen Trunajaya aus Madura zusammen. Mit Hilfe und Unterstützung keines geringeren als des Kronprinzen von Mataram zog Trunajaya siegreich durch Zentraljava und plünderte 1676/77 die Hauptstadt Matarams. Amangkurat I starb auf der Flucht vor den feindlichen Truppen.

Nach seinem Sieg kündigte Trunajaya sein Bündnis mit dem Kronprinzen auf und erklärte sich selbst zum König. Aus Mangel an anderen Verbündeten wandte sich der Kronprinz an die Holländer und versprach, ihnen alle Kosten zu ersetzen und wertvolle Handelskonzessionen zuzugestehen. Die Holländer gingen sofort darauf ein und rüsteten gegen Trunajaya. 1680 wurde der Kronprinz wieder eingesetzt, der nun als Amangkurat II den Thron bestieg.

Der neue König war jedoch nicht in der Lage, sein Versprechen zu halten — die Schatzkammer war geplündert und sein Reich ruiniert. Alles was er anbieten konnte, war Land, und obwohl er fast das ganze westliche Java an die VOC abtrat, hatte sie doch schwere finanzielle Verluste.

Am 31. Dezember 1799 erreichte eine verblüffende Nachricht die holländischen Finanziers, die VOC war bankrott! Im Verlauf des 18. Jahrhunderts waren die Profite im Gewürzhandel kleiner geworden, während die militärischen Aktionen in Java immer mehr Geld verschlangen.

Den empfindlichen holländischen Finanzen versetzte ein großer Krieg in Java (1740—55) den Todesstoß. Die Einzelheiten des Kampfes sind zu verworren, um sie hier näher zu erklären, er begann jedenfalls 1740 mit dem Massaker an den chinesischen Bewohnern von Batavia und endete 15 Jahre später nach vielen blutigen Schlachten, zerbrochenen Bündnissen und vielem Unglück, das fast jeden auf der Insel traf (und viele tötete). Java erholte sich nie mehr von diesem Krieg; durch den Vertrag von Giyanti 1755 wurde Mataram in zwei Teile mit feindlichen Herrschern und zwei benachbarten Hauptstädten, Yogyakarta und Surakarta, gespalten. Die VOC erholte sich finanziell ebenfalls nicht mehr von diesem Krieg, auch wenn sie zunächst als Vormacht in Java hervorging.

Daendels und Raffles

So mußten die Holländer erst alles verlieren, bevor sie ihre Kolonie richtig ausbeuten konnten. Die Beherrschung Javas, die mit dem Bankrott der VOC erkauft wurde, brachte den Holländern im 19. Jahrhundert einen schönen Profit.

Nach dem VOC-Bankrott herrschte zunächst Chaos und dann große Unsicherheit, welchen Kurs Holland in dieser Region einschlagen solle. Im Jahr 1800 übernahm die niederländische Regierung alle früheren VOC-Besitzungen.

Eine Art Neubeginn machte schließlich der strenge Generalgouverneur Marschall Daendels (1808—11), ein Anhänger Napoleons, der verschiedene Verwaltungsreformen durchführte, Batavia modernisieren und eine Poststraße quer durch Java legen ließ.

Ihm folgte eine kurze Periode englischer Herrschaft unter Thomas Stamford Raffles (1811—16). Raffles war in vieler Hinsicht ein außergewöhnlicher Mann: brillianter Wissenschaftler, Naturforscher, Sprachwissenschaftler, Diplomat und Stratege, ,,Entdecker" von Borobudur und Autor der monumentalen *Geschichte Javas*. 1811 plante und leitete er die erfolgreiche Invasion der Engländer in Java und wurde im Alter von 32 Jahren zum Gouverneur Javas ernannt. Sein Ideenreichtum und sein Eintreten für den freien Handel ließen ihn fast täglich neue Reformen starten, die jedoch nur zu bürokratischer Anarchie führten. Sein wesentliches Ziel war, das alte merkantilistische System (durch das über das Handelsmonopol überhaupt Geld in die Kassen der Kolonialherren floß) durch ein System zu ersetzen, bei dem das Staatseinkommen über Steuern erzielt wurde, der Handel aber frei war. Er hatte mit seiner Reform kaum begonnen, als aus London — nach Napoleons Niederlage 1815 bei Waterloo — der Befehl kam, Java den Holländern zurückzugeben. Raffles hat jedoch eine Erbschaft hinterlassen. Viele der von ihm geplanten Landsteuern wurden schließlich von den Holländern erhoben und machten die schreckliche Ausbeutung Javas in den späteren Jahren überhaupt erst möglich. Außerdem führte Raffles Invasion in Yogyakarta im Jahre 1812 letzten Endes zu dem alles umwälzenden Javanischen Krieg von 1825—30.

Vom Blutbad zur ,,Kultivierung"

So zahlreich waren die Mißstände, die zum Javanischen Krieg führten und so schrecklich waren die Gewalttaten, die die Holländer dabei verübten, daß sogar die holländische Geschichtsschreibung den Anführer der Javaner, Pangeran Diponegoro (1785—1855) als großen Held gefeiert hat. Er war eine charismatische Gestalt — Kronprinz, moslemischer Mystiker und ein Mann des Volkes —, der eine Reihe von Revolten gegen die Holländer und seine eigene Familie anführte. Seine Guerillataktik hätte wohl Erfolg gehabt, wenn die Holländer nicht zu Betrug gegriffen hätten: Er wurde zu Verhandlungen überredet, dabei jedoch gefangengenommen und nach Sulawesi ins Exil geschickt.

Zu dieser Zeit befanden sich die Holländer in einer verzweifelten ökonomischen Lage. Alle Reformbemühungen hatten nur zur Katastrophe geführt, die Staatsschulden hatten die 30-Mio.-Gulden-Grenze erreicht. Man brauchte neue Ideen und 1829 legte Johannes

Links: Zwei Drucke zeigen einheimische Befürworter des Kolonialismus. Oben: Indonesische Soldaten der holländischen Armee nach einem Sieg über Truppen aus Aceh.

van den Bosch der Krone seinen Entwurf für ein „Cultuurstelsel“ oder „Kultivierungssystem“ vor, das Steuern in Höhe von 20 % (später auf 33 % erhöht) auf alles Land in Java vorsah, die jedoch nicht in Reis, sondern in Arbeit oder Bearbeitung des Landes bezahlt werden sollten. Dies — so betonte er — würde den Holländern erlauben, Anbau zu betreiben und die Ernte in Europa zu verkaufen.

Van den Bosch wurde nach Niederländisch-Indien geschickt, wo sein System sofort Erfolg zeigte. Schon im ersten Jahr (1831) erbrachte es einen Profit von 3 Mio. Gulden und binnen eines Jahrzehnts flossen über 22 Mio. Gulden jährlich in die holländischen Kassen. Sie stammten im wesentlichen aus dem Verkauf von Kaffee, aber auch von Tee, Zucker, Indigo, Chinin, Kopra, Palmöl und Gummi.

Mit diesen durch den Verkauf indonesischer Erzeugnisse erzielten Geldern konnten die Holländer nicht nur ihre Schulden bezahlen, sondern auch neue Wasserwege, Deiche, Straßen und ein nationales Eisenbahnnetz bauen. Beobachter wie der Engländer J. B. Money, dessen Buch *Java, Or How To Manage A Colony* (1861) in Holland großes Aufsehen erregte, kamen sogar zu dem Schluß, daß das System ein Allheilmittel für alle Probleme in den Kolonien sei.

Tatsächlich waren jedoch die schädlichen Auswirkungen des Systems von Anfang an offensichtlich. Theoretisch sollten die Bauern nur einen Teil ihres Landes und ihrer Arbeitskraft zur Verfügung stellen, in der Praxis wurden jedoch bestimmte Ländereien ausschließlich für die Holländer in Zwangsarbeit kultiviert. Die Insel Java, eines der reichsten Gebiete der Erde, wurde so in eine riesige holländische Plantage verwandelt. Eine Reihe von Schriftstellern, allen voran Multatuli (Pseudonym eines desillusionierten holländischen Kolonialbeamten namens Douwes Dekker) mit seinem berühmten Roman *Max Havelaar* (1860) haben beschrieben, welche unvorstellbare Härte und Ungerechtigkeit dieses System für die Javaner bedeutete.

Die langfristigen Auswirkungen des Systems waren nicht weniger heimtückisch und sind sogar heute noch spürbar. Die Erschließung von immer mehr Land und der ständige Bedarf der Holländer an Arbeitskräften führten in Java zu einer Bevölkerungsexplosion: von geschätzten 3 bis 5 Mio. im Jahre 1800 auf 26 Mio. im Jahre 1900. Heute sind es 110 Mio. (auf einer Insel von der Größe des Staates New York oder Englands!), und die Bombe tickt immer noch.

Reden und Eroberung

Ab 1860 gab es auch in Holland scharfe Auseinandersetzungen, doch auch unter der liberalen Politik von 1870 wurden nur wenige tatsächliche Reformen durchgeführt; in den Kolonien gab es viel Gerede und wenig Fortschritt. Die Bauern wurden zwar für ihre Arbeit bezahlt und das Land gehörte offiziell ihnen, doch waren die Löhne verschwindend gering, die Steuern hoch, und das Land gehörte nur einigen wenigen. Nach 1870 ersetzten private Plantagen im wesentlichen die staatlichen, einige staatliche Kaffeeplantagen wurden jedoch noch bis ins 20. Jahrhundert durch Zwangsarbeit bewirtschaftet.

Außerhalb Javas unternahmen die Holländer das ganze 19. Jahrhundert hindurch Feldzüge, um auch die Macht über Gebiete, die noch von einheimischen Königen regiert wurden, zu gewinnen. Am erbittertsten wurde 30 Jahre lang um das mächtige islamische Königreich Aceh gekämpft. Beide Seiten mußten dabei riesige Verluste hinnehmen.

Auch der vorherige „Padri-Krieg“ zwischen den Holländern und den Minangkabau auf Sumatra (1821—38) war schon ähnlich blutig gewesen; auch hier hatten es die Holländer mit fanatischen Indonesiern zu tun gehabt. Im Osten fielen sie wiederholt auf Flores und Sulawesi ein, die schließlich 1905/6 erobert und besetzt wurden. Der Erfolg des Engländers James Brooke, der in den 40er Jahren des 19. Jahrhunderts im Nordwesten Borneos ein Privatreich aufgebaut hatte, veranlaßte die Holländer, auch den Süd- und Ostküsten dieser Insel mehr Aufmerksamkeit zu schenken. Aber die schrecklichsten Vorfälle ereigneten sich auf Lombok und Bali, wo sich 1894, 1906 und 1908 die Herrscher und ihre Höflinge, nur mit zeremoniellen Waffen bewaffnet, direkt ins Feuer der Holländer stürzten — nachdem sie alle Rituale für den *puputan* (königlicher Selbstmord) durchgeführt hatten, nur um der Schmach einer Niederlage zu entgehen. Diese tragischen *puputan* symbolisieren in gewisser Weise die abrupten Veränderungen, welche die Holländer herbeigeführt hatten. Bis zum Ende des ersten Jahrzehnts unseres Jahrhunderts hatten sie den gesamten indonesischen Archipel vereinigt und zwar auf Kosten der einheimischen Königreiche und ihrer Herrscher.

Rechts: Susuhunan Pakubuwana X von Surakarta zusammen mit einem hohen holländischen Kolonialbeamten. Das Bild verschleiert die tragischen Konflikte der Zeit.

DER STEINIGE WEG ZUR UNABHÄNGIGKEIT

Anfang des 20. Jahrhunderts waren die Zeichen der Veränderung überall in der Region zu spüren. Die Holländer weiteten ihre militärischen Expeditionen auf das Innere Sumatras und die östlichen Inseln aus. Die Eröffnung des Suez-Kanals (1869) hatte Europa näher gebracht und die Europäer auf Java wurden immer zahlreicher. Elegante neue Läden, Klubs, Hotels und Wohnhäuser gaben den Städten einen kosmopolitischen Anstrich; Zeitungen, Fabriken, Gasbeleuchtung, Züge, Straßenbahnen, Elektrizität und Autos vermittelten das Gefühl der Modernität. Die Tausende von holländischen Neuankömmlingen waren von den erträglichen Bedingungen, die sie in den Kolonien vorfanden, positiv überrascht und fühlten sich wie zu Hause oder sogar noch besser. Aber auch wenn Niederländisch-Indien zunehmend europäischer wurde, so brachte in anderen Ländern Asiens die Modernisierung um die Jahrhundertwende auch das Wachsen eines neuen Nationalgefühls mit sich — das sich in der Meiji-Restauration und dem Sieg der Japaner über Rußland (1898), der Revolution in China (1911) und den Chulalongkorn-Reformen in Thailand (1873—1910) widerspiegelte.

In Indonesien entwickelte sich dieser Nationalismus langsamer, aber ebenso unausweichlich. Eine kleine aber wachsende Anzahl von Indonesiern wurden in Holland ausgebildet. Um die Jahrhundertwende brachte die erstaunliche Raden Ajeng Kartini (1879—1904), Tochter eines modern denkenden javanischen Aristokraten, ihre Sehnsucht nach Befreiung in Briefen in holländischer Sprache zum Ausdruck (in Englisch unter dem Titel *Letter of a Javanese Princess* mit einem Vorwort von Eleanor Roosevelt erschienen).

Ironischerweise hat der europäische Idealismus des 19. Jahrhunderts mit die intellektuelle Basis für den indonesischen Nationalismus geschaffen. Schon 1908 gründeten Indonesier auf holländischen Schulen regionale Studentenorganisationen, die sich für die Verbesserung der Lage ihrer Kameraden einsetzten. Diese Gruppen waren zwar klein, aristokratisch und sehr idealistisch, brachten aber eine Führungselite hervor und bildeten ein Forum für das sich langsam entwickelnde Nationalgefühl.

Ein nationales Erwachen

1928 wurde auf der zweiten gesamtindonesischen Studentenkonferenz die Idee einer einzigen indonesischen Nation im sogenannten *sumpah pemuda* (Eid der Jugend) propagiert. Der Nationalismus und Idealismus dieser Studenten griff bald auf Zeitungen und nicht staatliche Schulen über.

In den 30er Jahren waren 130 000 Schüler in diesen „wilden“ (d.h. nicht-staatlichen) holländisch-malaiischen Mittelschulen eingeschrieben, doppelt so viele wie in den staatlichen.

Die Kolonialbehörden beobachteten dieses Entstehen einer europäisch erzogenen städtischen Elite mit Besorgnis, aber zwei politische Bewegungen jener Zeit bereiteten ihnen viel mehr Kopfzerbrechen. Die schwerwiegendere der beiden war die Panislamische Bewegung, die ihre Wurzeln in dem stetig wachsenden Strom von Pilgern, der seit Mitte des 19. Jahrhunderts nach Mekka zog, und in den religiösen Lehren der *ulama* (arabischen Gelehrten) hatte. Was 1909 in Java als kleine Vereinigung islamischer Kaufleute (*Sarekat Dagang Islamiyah*) begonnen hatte, wuchs bald zu einer nationalen Konföderation islamischer Gewerkschaften (*Sarekat Islam*) heran, die 1919 angeblich 2 Mio. Mitglieder hatte. Es wurden Versammlungen abgehalten, an denen teilweise bis zu 50 000 Personen teilnahmen, und viele Bauern sahen bald in dieser Bewegung ihre Hoffnung auf eine Verbesserung ihrer drückenden ökonomischen Situation.

Die indonesische kommunistische Bewegung wurde ebenfalls etwa um 1910 von einer kleinen Gruppe holländischer und indonesischer Radikaler gegründet. Sie berief sich bald sowohl auf den Islam wie auch auf die internationale kommunistische Bewegung. Viele ihrer Führer gewannen in lokalen islamischen Gewerkschaften großen Einfluß, unterhielten aber nach der russischen Oktoberrevolution (1917) auch enge Verbindungen mit der Komintern und übernahmen die Lehren des Marxismus-Leninismus.

Die Zeit zwischen 1910 und 1930 war turbulent. Streiks schlugen oft in Gewalt um, und die Kolonialregierung, die ursprünglich noch sehr liberal auf diese Aktivitäten reagiert hatte, griff immer härter durch. Viele indonesische Führer wurden verhaftet, gemäßigte moslemische Führer zogen sich bald von politischen Aktivitäten zurück. Das Fußvolk verweigerte den Gewerkschaften die Gefolgschaft und die Kommunisten kämpften zwar noch mehrere Jahre weiter, inszenierten auch einige schlecht organisierte lokale Re-

Vorhergehende Seiten: Sukarno verliest die Unabhängigkeitserklärung. Links: Eine holländische Familie. Oben: Eine Gruppe von Medizinstudenten, die den Unabhängigkeitskampf unterstützte.

volten auf Java und Sumatra, wurden aber 1927 schließlich auch zerschlagen.

Dann übernahm die studentische Elite wieder die Führung der antikolonialistischen Bewegung. 1927 gründete ein junger Ingenieur namens Sukarno zusammen mit seinem Bandung-Studienklub die erste größere politische Partei, die die Unabhängigkeit Indonesiens zum Ziel hatte. Binnen zwei Jahren hatte diese *Partai Nasional Indonesia* (PNI) über 10 000 Mitglieder, was im wesentlichen auf Sukarnos Beredsamkeit zurückzuführen war. Kurz danach wurde Sukarno wegen ,,offen staatsfeindlicher Äußerungen" verhaftet, in Bandung öffentlich vor Gericht gestellt und ins Gefängnis gesteckt. Er wurde zwar dann zunächst freigelassen, 1933 aber zusammen mit den anderen Studentenführern auf entfernte Inseln verbannt, wo sie fast zehn Jahre blieben. Bei ihrer Abfahrt hallte ihnen noch der Ausspruch des Generalgouverneurs de Jonge in den Ohren, daß die Holländer ,,seit 350 Jahren mit dem Stock und dem Schwert im Land seien und auch weitere 350 Jahre hier bleiben würden".

Die japanische Besetzung

Jayabaya, ein javanischer König des 12. Jahrhunderts, hat prophezeit, daß eines Tages weiße Herren herrschen würden, daß Java aber nach der Ankunft gelber Männer aus dem Norden, die nur so lange bleiben würden, wie der Mais bis zur Reife braucht, für immer die fremde Herrschaft abschütteln und in ein tausendjähriges goldenes Zeitalter eintreten werde.

Die japanische Invasion auf Java im Januar 1942 machte deutlich, daß die holländische Militärmacht nur Täuschung war. Denn die Japaner stießen auf wenig Widerstand und konnten innerhalb weniger Wochen alle Europäer einsammeln und in Konzentrationslager stecken. Die Indonesier jubelten zwar zunächst, merkten jedoch bald, daß die Japaner nicht zu ihrer Befreiung, sondern zu ihrer Ausbeutung gekommen waren.

Während der japanischen Besatzung waren zudem alle Importe abgeschnitten und durch die Beschlagnahme von immer mehr Reis durch die Japaner kam es zu Hungersnöten und kleinen Bauernaufständen, die aber von der japanischen Geheimpolizei, den gefürchteten *Kempeitai* gewaltsam unterdrückt wurden.

Trotzdem mußten sich auch die Japaner bis zu einem gewissen Grad auf die Indonesier stützen und förderten ihr Nationalgefühl, um dafür von ihnen das benötigte Kriegsmaterial zu erhalten. Viele Schlüsselstellungen, die vorher von Holländern eingenommen worden waren, wurden nun mit Indonesiern besetzt.

Als 1944 langsam deutlich wurde, daß Japan den Krieg verlieren würde, versprachen

Links und rechts: Demonstrationen und Versammlungen waren Teil des Kampfes um Unabhängigkeit, die 1950 gegen die Willen der Holländer erlangt wurde.

die Japaner den Indonesiern die Unabhängigkeit, um sich ihre Unterstützung weiterhin zu sichern. Nationalistische Slogans wurden zugelassen, es wurde die indonesische Nationalhymne gespielt (*Indonesia Raya*), die indonesische rot und weiße Fahne flatterte neben der ,,Aufgehenden Sonne". Die indonesischen Führer erhielten Einladungen zu Diskussionen, und hastig wurde eine paramilitärische Gruppe von etwa 200 000 jungen Menschen aufgestellt.

Die Revolution: 1945—1950

Am 9. August 1945, dem Tag, an dem die zweite Atombombe über Japan abgeworfen wurde, flogen drei indonesische Führer nach Saigon, um dort den japanischen Kommandanten für Südostasien, Marschall Terauchi zu treffen. Der Marschall versprach ihnen Unabhängigkeit für alle früheren holländischen Besitzungen in Asien und ernannte Sukarno zum Vorsitzenden des Vorbereitungskomitees und Mohammed Hatta zu seinem Stellvertreter. Sie kehrten am 14. August nach Jakarta zurück, und am nächsten Tag ergab sich Japan bedingungslos den Alliierten. Nach zwei Tagen Unentschlossenheit wurden Sukarno und Hatta überredet, am 17. August *merdeku*, die Unabhängigkeit, auszurufen.

Die nun folgenden Monate waren chaotisch. Die Nachricht von der Kapitulation der Japaner verbreitete sich mit Windeseile und Millionen Indonesier nahmen den Ruf nach *merdeka* auf. Die Holländer kehrten zwar schließlich zurück, doch waren sie zu dieser Zeit völlig am Boden und die Weltmeinung war gegen sie.

Aber auch die indonesischen Führer waren unentschlossen und uneinig, ob sie auf einen schnellen Sieg setzen oder einen Kompromiß aushandeln sollten. Die folgende Auseinandersetzung war daher eine merkwürdige Kombination von bitteren Kämpfen und ruhiger Diplomatie.

Die heroischen Opfer von Zehntausenden von indonesischen Jugendlichen auf den Schlachtfeldern brachten Holland aber zuletzt in eine unhaltbare Lage. Drei ,,Polizeiaktionen" gaben den zurückkehrenden holländischen Kolonialtruppen die Herrschaft über die Städte zurück, aber jedes Mal wehrte sich die zerlumpte indonesische Armee mutig, und es wurde für alle deutlich, daß die Revolution Jahre dauern würde, wenn man nicht eine politische Lösung fände.

Im Januar 1949 stoppten die USA daher die Zahlung der Gelder aus dem Marshall-Plan an Holland, und der UNO-Sicherheitsrat befahl dem Land, ihre Truppen zurückzuziehen und einen Vertrag auszuhandeln. Danach schwand der holländische Einfluß in Indonesien rapide, und am 17. August 1950 — am fünften Jahrestag der *merdeka*-Proklamation — wurden alle vorherigen Regierungen und Verträge einseitig durch die neue Regierung der Republik Indonesien für ungültig erklärt.

DAS UNABHÄNGIGE INDONESIEN

Nach dem Abzug der holländischen Truppen und der Erreichung der Souveränität breitete sich in den Städten Euphorie aus. Es wurden Massenveranstaltungen und Demonstrationen abgehalten, fahnenschwingende Menschenmengen zogen durch die Straßen und riefen „*Merdeka, Merdeka*“ (Freiheit!). Sie waren endlich unabhängig und wenn es auch noch viele Probleme zu lösen gab, glaubten sie doch, daß nichts unmöglich sei, jetzt wo ihr Schicksal in ihren eigenen Händen lag.

In Jakarta hatte inzwischen der langsame

und mühsame Prozeß der Regierungsbildung begonnen. Die Revolution hatte zwar dazu beigetragen, die einzelnen Teile des Landes zu einem Staat zusammenzuschmieden, doch blieben die großen ethnischen, religiösen und ideologischen Unterschiede bestehen. Darüber hinaus hatten der Kolonialismus und der Krieg dem Land schwierige wirtschaftliche und soziale Probleme hinterlassen. Fabriken und Plantagen waren geschlossen, es fehlte an ausgebildeten Arbeitskräften, die Reisproduktion war zu niedrig, die Indonesier waren Analphabeten und schrecklich arm, und die Bevölkerung wuchs mit beängstigender Geschwindigkeit.

Da keine einzelne politische Gruppe in der Lage war, die anderen klar zu dominieren, mußte eine Regierung gebildet werden, die vielen Interessen gerecht wurde. Vor allem wegen des großen Anteils von holländisch erzogenen Intellektuellen in der nationalistischen Bewegung wurde ein westlich geprägtes Staatssystem eingeführt.

Dieses System war jedoch von Anfang an durch das Vorhandensein von über 30 miteinander rivalisierenden Parteien gelähmt. Schwache Koalitionskabinette stürzten meist in Jahresfrist; Koalitionsbildungen wurden nicht nur wegen der wachsenden ideologischen Polarisation, sondern auch wegen religiöser und regionaler Loyalitäten immer schwieriger. Die Parteien waren immer mehr mit ihrem eigenen Überleben und immer weniger mit den dringenden ökonomischen und sozialen Bedürfnissen des Landes beschäftigt. Diejenigen, die sich von der Revolution greifbare Resultate erwartet hatten, waren enttäuscht. Am ungeduldigsten waren Sukarno, dessen Befugnisse als Präsident durch die vorläufige Verfassung von 1950 eingeschränkt worden waren, und die Armeeführung, die der Ansicht war, daß ihr aufgrund ihrer Schlüsselrolle in der Revolution ein größeres politisches Mitspracherecht zustünde.

Eine Reihe von Aufständen unzufriedener Gruppen in Sumatra, Nordsulawesi und Westjava in den späten 50er Jahren waren das Signal. Der populäre Sukarno verhängte das Kriegsrecht und ermächtigte die Armee, die Aufstände niederzuschlagen. 1959, als alles wieder unter Kontrolle war, setzte Sukarno die „revolutionäre" Verfassung von 1945 wieder in Kraft und rief die „gelenkte Demokratie" aus.

„Die gelenkte Demokratie": 1959—1965

Das neue System vereinigte die politische Macht in den Händen des Präsidenten und der Armeeführung, und zwar auf Kosten der politischen Parteien, die Sukarno jetzt als konterrevolutionär betrachtete. Ein militanter Nationalismus war Sukarnos Rezept für die nationale Einigung, die Schuld für die ökonomischen und politischen Probleme wurden dem ausländischen Imperialismus und Kolonialismus in die Schuhe geschoben. Auf der internationalen Bühne hatte Sukarno 1955 durch die Einberufung der Bandung-Konferenz der asiatischen und afrikanischen Länder großen Eindruck gemacht. Die Konferenz, an der Politiker wie Zhoi Enlai, Nehru und Nasser teilnahmen, führte zur losen Vereinigung der blockfreien Staaten und stellte Indonesien in die vordere Front der Staaten der Dritten Welt.

In den frühen 60er Jahren nahm Sukarnos antikolonialistische Haltung eine militante Wendung. Dem langen und erfolgreichen Kampf um West-Neuguinea gegen die Holländer folgte 1963 die militärische Auseinandersetzung mit dem erst kürzlich unabhängig gewordenen Malaysia. Sukarnos Verwegenheit und wachsende Ablehnung der Vereinigten Staaten („Geht doch zum Teufel mit eurer Hilfe") brachte ihm den Ruf des *enfant terrible* unter den asiatischen Politikern ein.

Sukarnos nationaler Elan war in mancher Hinsicht genau das, was Indonesien brauchte. Viele sahen in ihm eine Art Vaterfigur — den geborenen Führer, der den Traum eines starken und unabhängigen Indonesiens, wie es seit dem mächtigen Majapahit-Reich im 14. Jahrhundert nicht mehr bestanden hatte, verkörperte. Doch Sukarno verließ sich zu sehr auf sein Charisma und versäumte es, sich um die täglichen Regierungsgeschäfte zu kümmern, was dem Land großen Schaden brachte. Während Sukarno versuchte, dem wachsenden Einfluß der Militärs durch eine stärkere Hinwendung zur aktivsten Partei, der kommunistischen PKI, entgegenzuwir-

Links: Die Gunung Sahara Street in Jakarta während der 50er Jahre. Oben: Sukarno (Mitte) mit seinem ersten Kabinett, rechts von ihm Vizepräsident Hatta.

ken, brach die Wirtschaft zusammen. Das ausländische Kapital zog sich zurück, die Staatsschulden führten zum Bankrott und die jährliche Inflationsrate schnellte auf 680 %. 1965, das Jahr, das Sukarno „das Jahr des gefährlich Lebens" nannte, gärte es überall im Land.

Der Staatsstreich von 1965

Die Explosion kam, als am Morgen des 1. Oktober 1965 junge radikale Armeeoffiziere mit offensichtlicher Billigung der PKI 6 führende Generäle entführten und brutal ermordeten; ihre Begründung: diese hätten eine Verschwörung gegen den Präsidenten geplant. Da Sukarno sie jedoch nicht unterstützte, mußten die Offiziere die Initiative an General Suharto abgeben. Innerhalb weniger Stunden übernahm Suharto die Kontrolle über die Armee und schlug den Aufstand nieder.

Das Land war über die Hinrichtung der Generäle schockiert; und obwohl bis heute nicht ganz klar ist, inwieweit die PKI beteiligt war, wurden die Kommunisten beschuldigt, die Regierung stürzen zu wollen. Anarchie brach aus, die Gemäßigte, Moslems und Teile der Armee für ihre Ziele zu nutzen versuchten. Als sich die lang aufgestaute Enttäuschung in Ausschreitungen erst in Nordsumatra, dann auch in Java, Bali und Lombok Luft machte, mußten Tausende sterben. Das Blutvergießen dauerte Monate, und die Jahre 1965 und 1966 gelten heute als die schwärzeste Zeit in der Geschichte der Republik.

Währenddessen kam es in Jakarta zu politischen Auseinandersetzungen zwischen der Armee, unterstützt von Studenten, Intellektuellen, Moslems und anderen bürgerlichen Gruppen auf der einen, und Sukarno mit seiner beträchtlichen nationalistisch-populistischen Anhängerschaft auf der anderen Seite. Sukarno wurde schließlich am 11. März 1966 dazu überredet, ein Dokument zu unterzeichnen, das General Suharto große Machtbefugnisse einräumte.

Suharto wurde zwar erst 1968 zum zweiten Präsidenten Indonesiens ernannt, es wurden aber sofort Reformen unter seiner Leitung eingeleitet. Das Kriegsrecht wurde verhängt und die Ordnung wiederhergestellt.

Die kommunistische Partei und der Marxismus-Leninismus wurden verboten. Die Verwaltung wurde von Grund auf umstrukturiert und von Militärpersonal übernommen. In der Außenpolitik wurden die Beziehungen zu den Vereinigten Staaten und dem Westen wieder enger, während man sich von der Sowjetunion und China abwandte.

Die ökonomische „Neue Ordnung"

Da die politische Legitimation Suhartos auf dem Versprechen beruhte, die am Boden liegende Wirtschaft des Landes wieder aufzurichten, machte sich die neue Regierung sofort daran, die grundlegenden Probleme der Inflation und Stagnation anzugehen. Westliche Fachleute wurden gerufen, um das Land wieder in die Weltwirtschaft einzubinden, ausländische Investitionen gesetzlich erleichtert, monetäre Kontrollen eingeführt und westliche Hilfe zur Aufstockung der erschöpften Devisenreserven in Anspruch genommen. Dies waren die Ecksteine Suhartos „Neuer Ordnung". Es gelang tatsächlich, die Inflation drastisch zu senken und dem Land bis zu den frühen 70er Jahren ein schnelles Wirtschaftswachstum zu bescheren.

Der erste indonesische Fünfjahresplan, *Repelita I,* war darauf ausgerichtet, Wachstum durch ausländische Investitionen zu fördern. Er konnte im wesentlichen erfüllt werden — eine erste Welle ausländischer Investoren kam, um die riesigen Rohstoffvorräte an Kupfer, Zinn, Holz und Öl auszubeuten und in Sumatra, Sulawesi, Kalimantan und Irian Jaya Werke zu ihrer Gewinnung zu errichten.

Als die politische Stabilität der Region gesichert schien, kam ein zweiter Schub, hauptsächlich Japaner und Chinesen aus der Region, die eine vielseitige Industrie in den Städten aufbauten. Bis 1975 wurden allein in die Textilindustrie 708 Mio. US-$ investiert und das Wirtschaftswachstum ging immer noch steil nach oben.

Die größten Einnahmen wurden jedoch durch das Öl erzielt. Öl wurde erstmals 1883 auf Nordsumatra entdeckt, als ein Holländer während eines Sturms Schutz suchte und bei seinem einheimischen Gastgeber eine nasse Fackel hell brennen sah. Auf seine Frage hin, wurde er zu einer nahen Quelle geführt, bei der eine schwarze zähflüssige Substanz auf dem Wasser schwamm.

Die Exporte stiegen von 323 Mio. US-$ 1966 auf 5,2 Mrd. US-$ 1974, was zum Großteil auf die kletternden Ölpreise Anfang der 70er Jahre zurückzuführen ist. Heute machen die Einnahmen aus dem Öl etwa 60 % der Staatseinnahmen aus und wurden nicht nur zur Finanzierung verschiedener Arbeitsprogramme, sondern auch zur Verbesserung des riesigen öffentlichen Dienstes verwendet. Vor allem der Ausbildungssektor, insbesondere die Grundschulen, wurde wesentlich verbessert. Zwischen 1972 und 1978 baute man 26 677 Grundschulen und erhöhte so den Prozentsatz der Kinder, die zur Schule gehen können, von 69 auf 84 %. Grundschullehrer stellen heute ungefähr ein Drittel aller Angestellten im öffentlichen Dienst.

Der öffentliche Dienst Indonesiens ist jedoch nicht ohne Probleme. Trotz 100%iger Lohnsteigerungen Anfang der 70er Jahre ist das Lohnniveau immer noch niedrig. 1983 erhielten über 70 % der Beschäftigten im öffentlichen Dienst weniger als 20 US-$ in der Woche. Schlendrian und Korruption sind die Folgen, dazu kommen mangelnde Ausbil-

Links: Nehru (links) als Staatsgast bei Sukarno (1957). Oben: Sukarno verkündet die Machtübergabe an den neben ihm stehenden Suharto.

dung und Erfahrung. Nur 26 % aller Beschäftigten im öffentlichen Dienst (einschließlich der Lehrer) haben eine höhere Schule besucht.

Ein anderes Problem gab es bei den für das Öl verantwortlichen staatlichen Organisationen, der State Oil and Natural Gas Corporation, Pertamina. Anfang der 70er Jahre steckte die Pertamina unter der Leitung von Oberst Ibnu Sutowo riesige Summen in Projekte, die Indonesiens Abhängigkeit von ausländischer Technologie und Importen verringern sollten, darunter eine schwimmende Düngerfabrik, die über Erdgasfeldern im Meer verankert werden sollte, das riesige Stahlwerk von Krakatau auf Westjava, eine 3-Mio.-Tonnen-Tankerflotte, petrochemische Werke und Raffinerien sowie verschiedene Einrichtungen wie ein Krankenhaus erster Klasse, ein Sportstadion, eine Hotelkette, eine Luftfahrtgesellschaft und ein Golfplatz.

Ibnu Sutowos großzügige Ausgaben wurden 1975 plötzlich gestoppt, als die Pertamina ankündigte, daß sie einen ausländischen Bankkredit nicht zurückzahlen könne. Es stellte sich heraus, daß Sutowo unbekümmert Geld geliehen hatte, das er nie zurückzahlen konnte und dabei einen Schuldenberg von 10 Mrd. US-$ bei ausländischen Banken angehäuft hatte. Die indonesische Regierung sah sich einem der größten Verluste gegenüber, den je ein Land in Friedenszeiten hinnehmen mußte; viele Projekte mußten gestrichen oder wenigstens verkleinert werden.

Frieden und Fortschritt

Trotz dieser und anderer Probleme waren die 70er und frühen 80er Jahre durch relative politische Stabilität gekennzeichnet. Das Motto des Suharto-Regimes wird mit dem Slogan ,,Entwicklung ja, Politik nein" gut charakterisiert. Die Oppositionsparteien wurden behindert und überwacht und erreichten 1971 40 % der Stimmen, 1977 und 1982 sogar noch weniger. Der große Gewinner war dagegen die politische ,,Funktionsgruppe" der Regierung, *Golkar,* die aus Repräsentanten verschiedener religiöser, ethnischer, Armee- und Berufsgruppen besteht.

Die politische Auseinandersetzung war jedoch noch nicht völlig verschwunden. Ein Gesetzesvorschlag für eine Ziviltrauung mußte wegen der Empörung der moslemischen Mehrheit 1973 fallengelassen werden. Der Druck auf die Regierung, den Reichtum und Wohlstand besser zu verteilen, die Auslandsschulden zu verringern, die Inflation zu stoppen und die Korruption zu beseitigen, wuchs. Die Enttäuschung über Fehler in der Wirtschaftspolitik wurden immer wieder zum Ausdruck gebracht, besonders 1974 beim Besuch des japanischen Premierministers Tanaka, als zwei Tage lang Studenten in Jakarta Straßenschlachten lieferten.

Im einflußreichen Bürgertum wurde die Opposition dagegen durch die Erfolge der ,,Neuen Ordnung" zum Schweigen gebracht. Den meisten Indonesiern geht es heute besser als jemals zuvor, abzulesen an Konsumgütern wie Kassettenrekordern, Motorrädern, Autos, Telefonen und Fernsehern.

Erstaunliche Fortschritte wurden auch auf so wichtigen Gebieten wie der Geburtenkontrolle und der Landwirtschaft erzielt. 1980 hatte Indonesien 147 Mio. Einwohner. Java und Bali haben die größte Überbevölkerung, da sie mit 7 % der Gesamtfläche Indonesiens zwei Drittel der Bevölkerung aufnehmen — so als würde die gesamte Bevölkerung der USA in Kalifornien leben.

Die Regierung versuchte zunächst das Problem durch Umsiedlung von Javanern und Balinesen auf die nur spärlich bevölkerten Inseln Sumatra, Kalimantan und Sulawesi zu lösen. Dies erwies sich jedoch als zu langsam und teuer, und so wurde diese Politik seit 1970 durch eine intensive Kampagne zur Familienplanung ergänzt, durch die die Gebur-

Links: Das an die „Befreiung" Irian Jayas erinnernde Denkmal in Jakarta. Rechts: Einer der ersten Ölbohrtürme in Sumatra, wo ein Großteil der Ölreserven lagern.

tenrate immerhin von über 2 % auf ca. 1,8 % pro Jahr gesenkt werden konnte.

Mit der Bevölkerungssituation ist natürlich direkt das Problem der Nahrungsmittelproduktion verbunden. Reis steht dabei an erster Stelle. Durch Einführung neuer, ertragreicherer Sorten, besserer Bewässerung, chemischer Düngemittel und verbesserter Schädlingsbekämpfung ist es gelungen, den Reisertrag zwischen 1974 und 1984 um 50 % zu steigern. Durch ein staatliches Vorrats- und Verteilungsnetz wurde außerdem die Gefahr einer Hungersnot beseitigt und Preisstabilität erzielt; die Bauern werden durch Kredite und Subventionen unterstützt.

Dennoch ist das Problem noch nicht vollständig gelöst. Schlechtes Wetter und Schädlinge führten z.B. 1977 zu ernsten Rückschlägen, durch die Indonesien gezwungen war, ein Drittel der auf dem Weltmarkt erhältlichen Reisüberschußproduktion zu importieren. Seither konnte jedoch mit neuen Sorten der durchschnittliche Ertrag um 21 % gesteigert werden, so daß Indonesien heute keinen Reis mehr einführen muß.

Bei anderen Nahrungsmitteln und Ausfuhrgütern sieht die Lage weniger gut aus. So hat z.B. die Produktion von Kautschuk, Kopra, Erdnüssen, Ölpalmen, Sojabohnen, Tapioka und Mais im letzten Jahrzehnt praktisch stagniert, oder ist sogar zurückgegangen. Die Zuckerproduktion war dabei die große Ausnahme und kann als Modell für zukünftige staatliche Interventionen auf anderen Gebieten dienen. Während Indonesien 1981 noch 700 Mio. US-$ für Zuckerimporte ausgeben mußte, senkte sich diese Summe durch verstärkten Anbau und höhere Erzeugerpreise 1982 auf 261 Mio. US-$. Heute ist Indonesien bereits Zuckerexporteur.

Auf Java, mit seiner intensiven Landwirtschaft, schätzt man, daß nur ein Viertel der Bevölkerung Land besitzt. Mit dem Anwachsen der Bevölkerung nimmt die Landwirtschaft einen immer kleineren Anteil der Arbeitskräfte auf. 1960 waren noch über 75 %, heute sind nur noch ca. 55 % in der Landwirtschaft beschäftigt. Dies hat zu einer hohen Arbeitslosigkeit geführt und Millionen landloser Arbeitskräfte strömten auf der Suche nach Arbeit in die Städte.

Einige von ihnen konnten in der aufblühenden Industrie unterkommen. Aber obwohl der zweite Fünfjahresplan, *Repelita II,* das Schwergewicht auf die Entwicklung einer städtischen Industrie legte, konnten nicht genug Arbeitsplätze für die jährlich um etwa 1,4 Mio. anwachsende Zahl von Arbeitssuchenden geschaffen werden. Dies führte dazu, daß diese jungen Menschen in den Städten von der Hand in den Mund leben müssen und sich durch Rikschafahren oder den Verkauf von Nudeln und gebratenen Bananen, Zigaretten, durch Schuhputzen und Durchstöbern der Müllplätze über Wasser halten.

Oben und rechts: Indonesien ist der fünftgrößte Ölproduzent innerhalb der OPEC. Die Wirtschaft ist weitgehend vom Export von Öl und Erdgas abhängig.

Unglücklicherweise haben die weltweite Rezession und die Ölschwemme der frühen 80er Jahre zu einer finanziellen Situation geführt, die vorübergehend alle anderen Probleme verdrängt hat.

Indonesien mußte die Ölproduktion empfindlich drosseln und die Preise deutlich senken. Die dadurch verminderten Einnahmen, verstärkt durch die sinkenden Zahlen in anderen Schlüsselindustrien und das Nachlassen ausländischer Industrieinvestitionen haben zu einem bedrohlichen Mangel an Devisen geführt; so fiel die Wachstumsrate auf etwa 2 % pro Jahr.

Die gegenwärtige ökonomische Strategie der Regierung beruht auf Förderung der Exporte und Drosselung der Importe, d.h., es soll mehr im Ausland verkauft und weniger dort eingekauft werden. Auf dem Gebiet der Ölraffination wurden entscheidende Schritte hin zur Autonomie getan. Indonesien hat inzwischen 8 staatliche Raffinerien, die größten stehen auf Java und Kalimantan, und kann seinen eigenen Bedarf an Petroleum und Benzin selbst decken.

Auch durch den Aufbau einer eigenen Düngemittelindustrie konnten entscheidende Einsparungen erzielt werden. Das erste Werk mit einer Jahresproduktion von 100 000 Tonnen wurde 1961 in Palembang im Süden Sumatras eröffnet. Sie wurde mit Erdgasüberschüssen beliefert und der Staatsbetrieb ist inzwischen zum größten Harnstoffproduzenten der Welt (jährlich 1,6 Mio. Tonnen) herangewachsen.

Bei den Exporten ist das Erdgas Indonesiens vielversprechendste Einnahmequelle. Im Osten Kalimantans und in Aceh (Nordsumatra) wurden 1971 riesige Vorkommen entdeckt. Seither wurden zwei LNG (Flüssigerdgas)-Werke errichtet und Indonesien ist heute der größte Erdgasexporteur der Welt. Im Jahr 1982 wurden über 2,6 Mrd. US-$ auf diesem Sektor eingenommen.

Ein weiterer Schwerpunkt ist die Zementproduktion. Im vergangenen Jahrzehnt wurde die Zahl der Zementfabriken mehr als verdreifacht, die Produktion ist um das Zwölffache gestiegen.

Die übrigen Industriezweige befinden sich noch im Aufbaustadium. Fast 90 % der dort Angestellten arbeiten in winzigen Fabriken, die Grunderzeugnisse wie Salz, Kokosöl und Möbel herstellen. Größere Fabriken, die natürlich mehr auf importierte Maschinen und ausländisches Kapital angewiesen sind, haben in den letzten Jahren einigermaßen erfolgreich den einheimischen Markt mit Konsumgütern beliefert. 1982 z.B. wurden in Indonesien 847 000 Fernseher produziert, 210 000 Autos und Lastwägen sowie über 500 000 Motorräder gebaut.

Die Regierung setzt für die Zukunft auf arbeitsintensive, exportorientierte Industriezweige und rechnet für die zweite Hälfte der 80er Jahre mit einem Aufschwung der Industrieproduktion. Dadurch hofft sie, der indonesischen Bevölkerung, die im Jahr 2000 wohl an die 212 Mio. betragen wird, Arbeitsplätze und Wohlstand bieten zu können.

DER RIESIGE ARCHIPEL

Der indonesische Archipel ist der weitaus größte auf der Welt und umfaßt 13 677 Inseln, die über 5120 km tropischer See verstreut sind. In Amerika würde er von Oregon bis zu den Bermudas reichen, in Europa von Irland bis zum Kaspischen Meer.

Natürlich sind vier Fünftel der Fläche Meer und viele Inseln sind winzig, nicht viel mehr als eine Felsspitze, von ein paar Seevögeln bewohnt. Doch 3000 Inseln sind so groß, daß sie bewohnt werden können, und Neuguinea und Borneo sind die zweit- bzw. drittgrößten Inseln der Welt (nach Grönland). Sumatra ist etwas größer als Schweden oder Kalifornien, Sulawesi ist ungefähr so groß wie Großbritannien und Java ist so groß wie England bzw. der Staat New York. Mit einer Gesamtfläche von 2,02 Mio. qkm steht Indonesien größenmäßig an 14. Stelle.

Entsprechend seinem Ruf als berühmte Gewürzinsel des Ostens ist dieser Archipel auch eine der vielfältigsten und biologisch interessantesten Ecken unseres Planeten. Einzigartige geologische und klimatische Bedingungen haben ein tropisches Wunderland geschaffen, von den außergewöhnlich fruchtbaren Reisfeldern Javas und Balis bis zu den üppigen Regenwäldern Sumatras, Kalimantans, Sulawesis und der Molukken, der Savanne Nusa Tenggaras und den schneebedeckten Gipfeln Irians. Hier findet sich eine erstaunliche Vielfalt an Gewürzen, Holzarten (Gewürznelken, Muskat, Sandelholz, Kampfer, Ebenholz, Teak u.v.a.), viele ungewöhnliche Früchte (Durian, Rambutan, Lengkeng, Salak, Blimbing, Nangka, Manggis, Jambu), die größte Blume der Welt (*Rafflesia*), die größte Eidechse (der Komodo-Waran), viele seltene Tierarten, die es nirgends sonst gibt (Organ Utan, das Java-Nashorn und den *Anoa,* ein Zwergbüffel), tausende verschiedene Schmetterlingsarten und wilde Orchideen und viele herrliche Vögel, wie den Kakadu und den Paradiesvogel.

Die geologische Geschichte der Region ist sehr komplex. Alle Inseln sind relativ jung, die früheste geht auf das Ende des Miozäns zurück, ist also 15 Mio. Jahre alt — ein Nichts auf der geologischen Zeitskala. Seit dieser Zeit ist der ganze Archipel Schauplatz heftiger tektonischer Aktivitäten gewesen, Inseln wurden von den Superkontinenten abgerissen oder von zusammenstoßenden Platten im Ozean emporgeschoben und dann durch Vulkanausbrüche vergrößert. Dieser Prozeß setzt sich auch heute noch fort — Australien bewegt sich langsam nach Norden, während die riesige Pazifikplatte nach Süden und Westen drückt. Die indonesischen Inseln liegen an den Stoßlinien, was sich in ihrer Geographie und seismischen Instabilität widerspiegelt.

Die Inseln lassen sich in drei Kategorien einteilen. Erstens die großen Inseln im Westen: Sumatra, Kalimantan (Borneo) und Java, die zusammen mit einigen kleineren (der Riau-Kette, Bangka, Billiton, Madura und Bali) auf dem breiten Sunda-Kontinentalsockel aufliegen, der sich vom südostasiatischen Kontinent herunterzieht. Die dazwischen liegende Java See ist sehr seicht, nirgends tiefer als 100 m und die meisten Inseln waren tatsächlich während der Eiszeit miteinander und mit dem Festland verbunden, als der Meeresspiegel weltweit um 200 m

Vorhergehende Seiten: Der Galunggung in Westjava nach einer Eruption. Links: Der Gipfel des Mahameru oberhalb einer Wolkendecke. Rechts: Auf dem Weg durch den Regenwald im Land der Dayak (Borneo).

fiel und der ganze Sunda-Sockel als riesiger Subkontinent herausragte.

Das weite Neuguinea und die winzigen Inseln in der Arafura-See sind in ähnlicher Weise durch den Sahul-Kontinentalsockel mit Australien verbunden. Neuguinea wurde ja vor langer Zeit durch eine Bewegung der Erdkruste von Australien getrennt.

Zwischen diesen beiden Kontinentalsockeln liegen Sulawesi (Celebes), die Molukken und Nusa Tenggara (die Kleinen Sunda-Inseln) — mehrere zerklüftete Inselbögen, die aus einem tiefen Graben (bis zu 4500 m unter der Wasseroberfläche) emporwachsen.

Geologisch entstanden alle diese Inseln an Verwerfungslinien, an denen die verschiedenen tektonischen Schichten der Erdkruste zusammenstießen und an ihren Rändern aufgefaltet wurden. Später entstanden an einigen dieser Verwerfungslinien dann Vulkane.

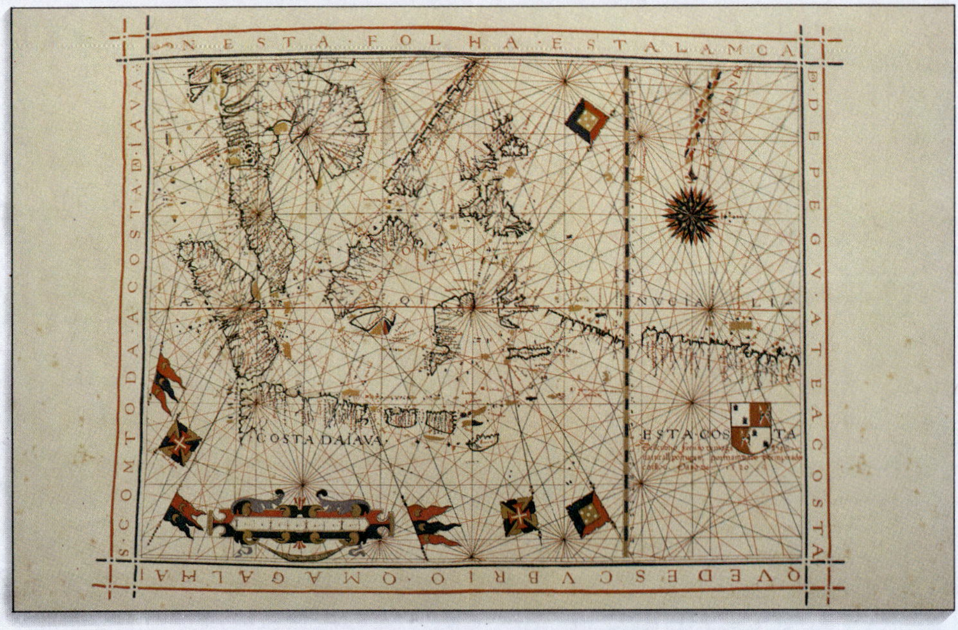

Es ist möglich, zwei symmetrische Faltensysteme bei jeder Inselkette des Archipels zu unterscheiden: eine ältere, äußere Falte nichtvulkanischen Ursprungs und eine jüngere, innere mit starker vulkanischer Aktivität. An der Westküste Sumatras zieht sich die nichtvulkanische Mentawei-Inselkette entlang. Diese setzt sich zunächst in den südlichen Küstengürteln Javas, Balis, Lomboks und Westsumatras fort und spaltet sich dann in die nichtvulkanischen Inseln Sumba, Roti, Sawu, Timor und Tanimbar weiter im Osten auf. Parallel dazu verläuft eine innere, stark vulkanische Falte, welche die Gebirgsgrate von Sumatra, Java, Bali, Lombok, Sumbawa und Flores bildet, und durch Alor und Wetar zu den Banda-Inseln im Osten verläuft.

Eine ähnliche, wenn auch weniger ausgeprägte, nichtvulkanische, äußere Falte bilden im Osten die zentralen Gebirge Neuguineas, Cerams, Burus und Ostsulawesis, während sich die innere vulkanische Falte an der westlichen und nördlichen Seite von Sulawesi und Halmahera bis zu den Philippinen hinzieht. Borneo (Kalimantan) bildet in diesem Schema zusammen mit der malaiischen Halbinsel und dem Festland einen alten und stabilen nichtvulkanischen Kern. Sulawesi ist, bedingt durch seine Mittellage, geologisch am meisten gemischt, hier ist ein junger vulkanischer Bogen (der südwestliche – zentrale – nördliche Gebirgszug) auf einen älteren, nichtvulkanischen (die östlichen und südöstlichen Ausläufer) aufgesetzt.

Das vulkanische Erbe

Die Bedeutung der Vulkane für Indonesien kann gar nicht überschätzt werden. Sie dominieren nicht nur die Landschaft vieler Inseln mit ihren majestätischen, rauchenden Kegeln, sondern sie verändern auch deren Größe und Boden, indem sie in unregelmäßigen Abständen Tonnen von Asche und Gestein über sie ergießen. Vieles davon wird nach

Oben: Portugiesische Karte von Südostasien aus dem 16. Jh., der indonesische Archipel ist unvollständig. Rechts: Holländisches Gemälde mit einem Vulkan auf Sumatra.

und nach davongeschwemmt und bildet sanft gewellte Anschwemmungsebenen. Wo das ausgestoßene Gestein sauer ist, ist der Boden unfruchtbar und für die Landwirtschaft praktisch nutzlos; ist es aber basisch, wie auf Java und Bali und einigen verstreuten Gebieten auf anderen Inseln, bringt es die fruchtbarsten Tropenböden der Welt hervor.

Von den hunderten von Vulkanen in Indonesien sind noch über 70 aktiv, und es vergeht kaum ein Jahr ohne größeren Vulkanausbruch. Auf so dicht bevölkerten Inseln wie Java bringen Vulkanausbrüche zwangsläufig Tod und Verwüstung. Als 1982 der Mt. Galunggung auf Westjava ausbrach, gab es viele Tote. Etwa 4 Millionen Menschen verloren Haus und Land und damit ihre Lebensgrundlage.

Dabei war die Eruption des Mt. Galunggung noch vergleichsweise harmlos. Der winzige Mt. Krakatau vor der Westküste Javas brach 1883 mit einer Wucht aus, die sich mit der mehrerer Wasserstoffbomben vergleichen läßt und erzeugte eine Flutwelle, die über 35 000 Menschen auf Java das Leben kostete. Der Knall der Eruption, 18 mal heftiger als der des St. Helen, war noch in Colombo und Sydney zu hören, und die in die Atmosphäre geschleuderten Geröllmassen verursachten noch drei Jahre lang leuchtende Sonnenuntergänge auf der ganzen Welt.

Doch auch dieser Ausbruch war nicht so schlimm — verglichen mit dem gewaltigen Ausbruch des Mt. Tambora auf Sumbawa im Jahre 1815, der größte, den die Geschichte kennt. Damals starben 90 000 Menschen; etwa 100 Mrd. m^3 ausgestoßenes Geröll verdunkelte die Sonne monatelang und verursachte so den berühmten ,,Sommer ohne Sonne" von 1816. Die Geologen meinen, daß noch größere Eruptionen den Toba-See und den Ranau-See auf Sumatra vor Millionen Jahren geschaffen haben.

Das Klima

Alle Inseln des Archipels liegen in den Tropen, und das Meer hat eine ausgleichende Wirkung auf Temperaturen und Feuchtigkeit, so daß Unterschiede mehr durch die Topographie, Höhe oder Regenmenge als durch Breitengrad oder Jahreszeit verursacht werden. Die Durchschnittstemperatur auf Seehöhe beträgt in der ganzen Region und das ganze Jahr über etwa 25 bis 28°C. In den Bergen dagegen fällt die Temperatur pro 200 m Höhe um etwa ein Grad, d.h., das Klima in den höher gelegenen Städten wie Bandung (Westjava, 900 m hoch) und Bukittinggi (Westsumatra, 1000 m hoch) ist kühl und angenehm.

Große Teile des Archipels liegen innerhalb der regenreichen Äquatorzone, in der jeden Monat mehrere Zentimeter Regen fallen. Die meisten Inseln liegen im Gebiet des Nordostmonsuns. Dieser nimmt auf seinem Weg über das Südchinesische Meer viel Feuchtigkeit auf, dreht dann nach Nordosten Richtung Äquator ab und bringt jedem Stück Land, das er berührt, zwischen November und

April überschwemmungsartige Regenfälle. Darüberhinaus erzeugen die Kombination von tropischer Sonne und Ozean überall eine durchgehend hohe Luftfeuchtigkeit; lokal begrenzte Windsysteme bringen dann einigen Orten, wie z.B. Bogor auf Westjava, täglich Regenfälle — jährlich etwa 400 cm!

Der Südostmonsun wirkt dieser allgemeinen Feuchtigkeit eher entgegen, indem er zwischen Mai und Oktober heiße, trockene Luft vom australischen Festland herüberbläst. Auch wenn dies je nach der örtlichen Topographie unterschiedlich ist, führt dies doch auf den meisten Inseln zu einer Trockenperiode mit deutlich verminderten Regenfällen. Je weiter man nach Süden und Osten kommt, desto deutlicher macht sich der Einfluß des austrocknenden Südostmonsuns bemerkbar. So haben z.B. Sumba und Timor (Nusa Tenggara) eine extrem lange Trockenzeit, mit z.T. zwei Jahre andauernden Dürreperioden. Ebenso ist die südliche Halbinsel Bukit auf Bali wesentlich trockener als der Rest der Insel, das gleiche gilt für die Teile Javas südlich und östlich Surakartas.

Das Baumdach

Die Vegetation in den verschiedenen Landesteilen variiert stark je nach Regenmenge, Boden und Höhe. Auf den feuchten Inseln in der Nähe des Äquators finden sich üppige Regenwälder, die einzigartig sind. Das Hauptdach der miteinander verwobenen Baumkronen ist etwa 40 m hoch über dem Boden, einzelne Bäume ragen aber bis zu 70 m hoch empor. Darunter wächst ein Dickicht von Palmen, Lianen, Farnen, Rohr- und Bambusgewächsen, bedeckt mit unzähligen Flechten, Moosen und sonstigen niedrigen Pflanzen.

Man würde annehmen, daß ein solch üppiges Wachstum nur auf sehr fruchtbarem Boden möglich ist, dies ist jedoch meistens nicht der Fall. Die Regenwälder auf Sumatra, Kalimantan, Sulawesi und Irian gedeihen im Normalfall auf einer sehr mageren und dünnen Bodenkrume, die von den ständigen Regenfällen völlig ausgewaschen ist. Werden die Wälder gerodet, tragen sie gerade zwei oder drei magere Ernten, bevor sie völlig ausgelaugt, erodiert oder im Unkraut erstickt sind.

Wie kann aber der Regenwald unter diesen Umständen existieren? Die Antwort liegt in der Natur dieses Ökosystems, das sich im Verlauf von Millionen von Jahren an diese Bedingungen angepaßt hat. Im wesentlichen liegen die meisten Mineralien und Nährstoffe bei diesem System in lebenden Pflanzen vor. Wenn diese absterben und zu Boden fallen, werden sie sofort zersetzt und in das System absorbiert. Der Regenwald ist daher eine Art „Selbstdünge-System", das vom Boden im wesentlichen unabhängig ist.

Oben: Mangroven entlang des Cihandeuleum River in Ujung Kulon (Westjava). Rechts: Bergwald bei Cibodas (Westjava). Ganz rechts: Früchte des Kakaobaumes.

Die verschiedenen Pflanzen auf den jeweiligen Ebenen haben ihre ganz besondere Rolle in diesem Ökosystem. Das Baumdach nimmt das Sonnenlicht auf und assimiliert es, während es für Kühlung und hohe Feuchtigkeit im darunter liegenden Bereich sorgt. Dort ist das Wachstum sehr langsam. Lianen winden sich vom Boden empor, Rattanrohr hakt sich an anderen Pflanzen fest, Epiphyten wurzeln einfach auf den Ästen großer Bäume.

Alle Pflanzen in diesem System müssen mit Mangel an Mineralien und Wasser fertigwerden und haben deshalb verschiedene Möglichkeiten zur Speicherung von Wasser entwickelt. So bieten einige z.B. Ameisen Schutz und Nahrung; diese deponieren dafür dort ihre nährstoffhaltigen Ausscheidungen.

Manche Pflanzen leben auch als Parasiten, wie z.B. die auffallende *Rafflesia,* die es nur im Süden Zentralsumatras gibt und die keine Blätter hat. Sie lebt auf den *Tetrastigma*-Bodenranken. Ihre kohlartigen Knospen werden immer größer und brechen dann zu riesigen Blüten mit fünf rot-braunen, weißgesprenkelten Blütenblättern auf, die bis zu einen Meter Durchmesser haben können und manchmal an die 9 kg wiegen.

Fleischfressende Pflanzen locken ahnungslose Insekten in ihre mit einer Flüssigkeit gefüllten Kelche, wo sie aufgelöst werden und als Nahrung dienen. Und die Würgefeige läßt sich auf einem hohen Ast nieder und streckt ihre Luftwurzeln nach unten und erwürgt damit schließlich ihren Gastbaum.

Die Regenwälder in den Ebenen bieten die größte Pflanzenvielfalt. Selten gibt es Baumbestände einer einzigen Art, meist bestehen diese Wälder aus einem phantastischen Mosaik verschiedenster Arten. Auf Borneo allein kennt man z.B. 3000 verschiedene Baumarten. Auf dieser und vielen anderen Inseln gedeihen viele wirtschaftlich wertvolle Hartholz- und Gewürzbäume — darunter Teak-, Ebenholz-, Sandelholz-, Kampfer-, Gewürznelken- und Muskatbäume und verschiedene exotische Obstbäume wie Durian, Rambutan, Salak, Jambu, Tamarinde, Brotfrucht sowie hunderte von Bananen- und anderen fruchttragenden Palmen. In den Regenwäldern Neuguineas wachsen über 2500 Arten wilder Orchideen, darunter die größte Orchidee der Welt, die Tigerorchidee (*Grammatophyllum Speciosum*) mit ihrem 3 m langen Zweig mit gelb-orangen Blüten.

Bergwälder und Mangrovensümpfe

In größeren Höhen fällt die Temperatur und die Wolkendecke wird dichter, so daß hier das Wachstum langsamer ist und es weniger Arten und weniger komplexe Strukturen gibt. Die Regenwälder weichen Bergwäldern mit Kastanien-, Lorbeer- und Eichenbäumen. Weiter oben finden sich Rhododendren und Krüppelwälder aus mit Flechten bewachsenen Zwergbäumen. Noch weiter oben dann Bergwiesen mit riesigen Edelweiß und anderen Pflanzen, die mehr an die Schweiz als an Indonesien denken lassen. Diese erstaunlich anmutende Vegetation gibt es z.B. im Mount Gede National Park, nur 100 km südlich des heißen, feuchten Jakarta. Indonesiens höchste Berge, die Lorentz Mountains auf Irian Jaya, sind über 5000 m hoch und ständig mit Schnee und Eis bedeckt, die einzigen Gletscher übrigens in den östlichen Tropen.

Andere besondere Waldarten gibt es auf besonders basischem Felsboden, auf verkarsteten Kalksteinböden, in den jüngeren vulkanischen Gebiete und den schlecht entwässerten Sümpfen, wo der Sauerstoffmangel zur Bildung von saurem Torf führt. In den breiten Flutbereichen an der Ostküste Sumatras, Kalimantans und der Südküste Irians gedeihen Mangroven mit ihren Wurzelschleifen und luftatmenden Knollen.

Der Mensch hat jedoch nicht nur negativ auf seine Umwelt eingewirkt. Seit seiner frühesten Geschichte hat er ausgesprochen fruchtbare landwirtschaftliche Gebiete auf Inseln wie Java und Bali geschaffen. Dies geschah vor allem durch die Einführung des bewässerten Reisanbaus in Gebieten, die sich bereits durch ideale klimatische und Bodenbedingungen auszeichneten.

Bali und Java gehören ja nicht nur zu den wenigen Inseln, auf denen das Vulkangestein basisch ist, so daß die häufigen Vulkanausbrüche jeweils zur Verbesserung und Anreicherung des Bodens geführt haben, sondern sie liegen auch in einer klimatisch ausgesprochen günstigen Mittelzone zwischen den ununterbrochenen Regenfällen am Äquator und den langen Dürren von Nusa Tenggara.

Kommt man von Zentraljava weiter nach Osten durch Bali und Nusa Tenggara, wird das Klima immer trockener und die Regenwälder weichen Monsunlaubwäldern und offener Savanne. Je nach Trockenheit bestehen die Wälder teilweise oder vollständig aus Laubwäldern mit weniger Arten und vielen breitblättrigen Bäumen, wie dem Teakbaum, der seine Blätter während der Trockenzeit abwirft. Dadurch sind sie sehr leicht brennbar und die meisten natürlichen Wälder auf Sumbawa, Komodo, Flores und Timor wurden auch in den letzten Jahrhunderten vom Menschen abgebrannt oder geschlagen. Das abgeholzte Land wurde von *alang-alang* (Elefantengras) überwuchert, so daß es heute nutzloses Grasland und Gestrüpp ist.

Java und Bali erhalten während der Trockenzeit ausreichend Sonne, während der Regenzeit genügend Niederschläge, jeweils abwechselnd im Halbjahres-Rhythmus.

Der Mensch mußte also diese günstigen Bedingungen nur noch für seine Zwecke ausnützen und ein Bewässerungssystem sowie die arbeitsintensiven Reisfelder anlegen. Das Ergebnis war phänomenal — die weitaus höchsten Reiserträge der Welt unter traditionellen Bedingungen.

Oben: Beim „Pflügen" eines Reisfeldes mit Wasserbüffeln (Sumba). Rechts: Tuak-„Ernte" auf einer Lontarpalme. Ganz rechts: Tee-Ernte im kühlen Hochland von Java.

Diese außergewöhnliche Fruchtbarkeit, die auf der einen Seite die zahlreichen kulturellen Leistungen der Javaner und Balinesen ermöglichten, hat auf der anderen Seite aber auch zu einem enormen Bevölkerungswachstum geführt. Java muß heute 100 Mio. Menschen ernähren, zwei Drittel der indonesischen Gesamtbevölkerung, und das auf nur 7 % der Gesamtfläche. Das heißt, es leben hier durchschnittlich über 750 Menschen auf einem Quadratkilometer, das ist mehr als doppelt soviel wie in den dichtbesiedelten Industrieländern Japan oder Holland. In manchen Gebieten Javas liegt dieses Verhältnis sogar bei der unglaublichen Zahl von 2000 Menschen pro Quadratkilometer.

Auf den anderen Inseln ist die Lage jedoch völlig anders. Die übrigen 50 Millionen Indonesier verteilen sich auf über 90 % der Fläche des Archipels mit einer durchschnittlichen Bevölkerungsdichte von nur 35 Menschen pro Quadratkilometer.

Teils wegen dieser ausgeprägten Unausgewogenheit, teils wegen der historischen Bedeutung Javas als politisches Zentrum des Archipels, unterscheiden manche zwischen einem inneren (d.h. Java und Bali mit Madura und Westlombok) und einem äußeren Indonesien (alle übrigen Inseln).

Während sich also das innere Indonesiens seit Jahrhunderten durch eine hohe Bevölkerungsdichte und arbeitsintensive Anbaumethoden auszeichnet, ist das äußere Indonesien die Heimat dichter Regenwälder, weniger, z.T. nomadisierender landwirtschaftlicher Gemeinschaften und flußgebundener Handelsnetze. Heute stammen von hier außerdem fast alle Exportgüter, wie Kautschuk und Palmöl (Sumatra), Erdöl, Kupfer, Zinn und Bauxit (Sumatra, Bangka, Billiton und Irian Jaya) sowie Holz (Kalimantan).

In gewissem Sinne werden heute die ernsten ökologischen Probleme des überbevölkerten Innerindonesiens in das äußere Indonesien exportiert. Java leidet schon seit einiger Zeit unter Erosion, Auslaugung des Bodens und Umweltverschmutzung. Jetzt, wo die Exportgüter der Nation in zunehmendem Maße für die Versorgung einer wachsenden Bevölkerung dienen sollten, beginnt man große Flächen abzuholzen, was zu Erosion und der Entstehung nutzloser Steppe führt.

Die indonesische Regierung hat diese Probleme bereits erkannt. So hat sie zum Beispiel in Kalimantan Maßnahmen zum selektiven Fällen der Bäume und zur Wiederaufforstung ergriffen, da klar wurde, daß bis zum Ende des Jahrhunderts kein Regenwald mehr vorhanden sein würde, wenn man weiter im bisherigen Umfang roden würde. Außerdem wurden etwa 6 % des Landes zu Naturschutzgebieten und Nationalparks erklärt. Diese sollen nicht nur einige Tierarten schützen, sondern vor allem ein genetisches Erbe bewahren, dem viele für den Menschen wertvolle Arten angehören, und nicht zuletzt als Wasserscheide wie als Erholungsgebiete dienen. (Siehe auch Teil IV ,,Die Tierwelt Indonesiens".)

SCHMELZTIEGEL INDONESIEN

Die Vielfalt der Völker, Sprachen, Bräuche und Kulturen auf dem indonesischen Archipel ist wirklich phänomenal, es leben hier über 100 verschiedene ethnische Gruppen, die eine jeweils eigene kulturelle Identität besitzen und insgesamt über 300 Sprachen sprechen. Dabei handelt es sich noch um vorsichtige Schätzungen, die von holländischen Wissenschaftlern in den 30er Jahren, basierend auf unzureichendem Zahlenmaterial, aufgestellt wurden. Es wird immer noch heftig diskutiert, wie diese einzelnen Gruppen zu definieren sind.

Dabei stellen sich eine Reihe von Fragen: Wie sind die einzelnen Gruppen zu charakterisieren, wie sind sie jeweils miteinander verwandt und wo stammen sie her. Auch nach jahrzehntelangen wissenschaftlichen Forschungen ist das Bild noch lange nicht vollständig, viele Gruppen und Sprachen müssen noch genau untersucht werden.

Die ersten ethnographischen Untersuchungen wurden im 18. und 19. Jahrhundert von Missionaren und Kolonialbeamten im Rahmen umfassenderer Studien über das Land und seine Bewohner angestellt. Konfrontiert mit dieser Vielzahl bisher unbekannter Völker, Orte und Dinge, registrierten die Pioniere erst einmal alles, was ihnen auffiel. Resultat waren eine Reihe wertvoller Bücher von enzyklopädischer Breite, die auch heute noch interessant zu lesen sind.

Francois Valentyns Abriß *Oud en Nieuw Oost-Indien* (1726) z.B. ist voller Anekdoten, Merkwürdigkeiten und genauen Beobachtungen aus seiner Zeit als Missionar auf den Gewürzinseln.

William Marsdens *History of Sumatra* (1783) entstand während der Zeit, als er bei einem winzigen englischen Außenposten, Bengkulu an der Südwestküste Sumatras, angestellt war und enthält eine ähnliche Vielzahl hübscher Details über Geographie, Flora und Fauna sowie über die Bewohner dieser abwechslungsreichen Insel.

Sir Stamford Raffles monumentale *History of Java* (1817) schließlich — Produkt jahrelanger Arbeit eines Teams von Schreibern, Ausstopfern und Künstlern, die der Autor selbst angestellt hatte — enthält den ersten umfassenden Überblick über die Kultur dieser Insel einschließlich solcher Einzelheiten wie das Rezept für die traditionelle javanische Garnelenpaste (*trasi*).

Vorhergehende Seiten: Spielende indonesische Kinder. Oben links: Javanerin. Oben rechts: Frau aus Südsumatra. Rechts: Minangkabau-Frau. Ganz rechts: Dayak-Frau.

Die Frage der Rasse

Gegen Ende des 19. Jahrhunderts lenkten die Europäer ihre Aufmerksamkeit bei der Untersuchung der indonesischen Völker und ihrer Kulturen fast ausschließlich auf die Frage der soziokulturellen Evolution und Typenlehre. Angesichts der Art dieser Untersuchungen und dem geistigen Tenor dieser Zeit war es wahrscheinlich unvermeidlich, daß diese Fragen größtenteils unter dem Blickwinkel der Rasse angegangen wurden.

Jeder, der durch Indonesien reist, wird bald feststellen, wie unterschiedlich die verschiedenen Völker in bezug auf Haartyp, Statur, Physiognomie und andere Dinge aussehen. Um diese leicht feststellbare Vielzahl verschiedener Typen zu erklären, entwickelten die Wissenschaftler die Theorie mehrerer Einwanderungswellen auf den Archipel. Nach dieser Theorie sollen die jeweiligen indonesischen Gruppen in einzelnen, aber durchaus großen Einwanderungswellen im Abstand von mehreren Jahrhunderten vom asiatischen Festland herübergekommen sein.

Die erste Welle, so dachte man, seien die primitiven, dunkelhäutigen Negritos mit den borstigen Haaren gewesen — Pygmäen, die heute in abgelegenen Waldgebieten auf der Malaiischen Halbinsel, auf den Andamanen nördlich von Sumatra und auf verschiedenen philippinischen Inseln leben. Wegen ihrer Ähnlichkeit mit den afrikanischen Pygmäen glauben manche, daß sie vor tausenden von Jahren irgendwie am eurasischen Kontinent entlanggewandert seien.

Auch die zweite Welle soll aus Afrika oder Indien gekommen sein. Diese Menschen — dunkelhäutig mit wolligem Haar, betonten Brauenbögen und breiten, flachen Nasen — wurden als ,,Australoide" bezeichnet und sind die einheimische Bevölkerung Neuguineas, Melanesiens und Australiens. Sie lebten traditionellerweise in halbfesten Siedlungen in abgelegenen Gebieten, wo sie jagten und Früchte sammelten, aber auch schon etwas Ackerbau und Viehzucht betrieben. Sie fertigten auch schon Tongefäße und Fasergewebe.

Die dritte Welle, die sogenannten ,,Protomalaien", sollen über Indochina aus China gekommen sein. Sie sind im Grunde ,,Mongolen" — hellhäutige mandeläugige Menschen, die aber auch bestimmte australoide Züge wie krauses Haar und braune Haut angenommen haben. Zu ihnen gehören die Batak und die Kubu-Stämme auf Sumatra, die Badui und Tenggeresen auf Java, die Aga-Stämme auf Bali, die Dayak auf Borneo, die Toalan und Toraja auf Sulawesi und verschiedene andere Völker im östlichen Archipel. Die meisten dieser Gruppen wohnen immer noch im Hochland oder in abgelegenen Inselregionen, sind aber keineswegs primitiv. Sie sind in alten hochentwickelten Kulturen verwurzelt, mit komplizierten religiösen Riten, Opferfesten, Tänzen, Musik, alten Handwerkskünsten wie Schnitzen, Stoffherstellung und Metallarbeit, Geschichtenerzählern und manchmal sogar einer eigenen Schrift.

Die letzte Einwanderungswelle, die ,,Deuteromalaien", werden als reinrassige Mongolen, damit den Chinesen verwandt und sehr ähnlich, beschrieben. Diese Völker bewohnen heute die Ebenen und Küstenregionen aller größeren Inseln und viele haben große hierarchische Königreiche hervorgebracht, deren vormoderne Kultur hinter keiner auf der Welt zurückstehen muß. Beispiele für die Gruppe, die heute die Mehrheit der indonesischen Bevölkerung ausmacht, sind die Acehnesen, die Minangkabau und die Malaien auf Sumatra, die Sundanesen, Javaner, Balinesen und Maduresen auf Java, Madura und Bali, die Sasak auf Lombok und die Makassar und Bugi auf Sulawesi. Bei ihrer Ankunft sollen diese Malaien alle früheren Völker in die unwegsameren Gebiete in den Bergen, im Dschungel und auf die trockenen östlichen Inseln zurückgedrängt und die besten Anbaugebiete und strategisch wichtigen Flußmündungen selbst in Besitz genommen haben.

Eine positive Seite dieser jetzt verworfenen Theorie ist, daß sie wenigstens versucht, die vielen unterschiedlichen äußerlichen Merkmale mit der ähnlichen breiten Palette an verschiedenen Kulturen in Indonesien zusammenzubringen. Doch sind ,,Rasse" und ,,Kultur" nicht so einfach aufeinander zu beziehen, wie man glaubte. Das Grundproblem ist, daß niemand genau weiß, was der Begriff ,,Rasse" eigentlich bedeutet. Für den Idealtypus ist er vielleicht brauchbar, doch gibt es in der Praxis natürlich keine scharfen rassischen Trennungslinien und so werden die entscheidenden Merkmale oft zu bedeutungslosen Abstraktionen. Man weiß heute, daß in Indonesien, wie anderswo, äußere Erscheinungsbilder nicht in systematischer Weise mit Sprache oder Kultur in Beziehung stehen.

Das wirkliche Bild ist viel, viel komplizierter. Erstens weisen die Funde des *Homo erectus* (Java-Mensch) in Indonesien darauf hin, daß sich die sogenannten Negritos und Australoiden mit ihrer sonneabschirmenden Pigmentierung zum Teil oder überhaupt in den tropischen Regenwäldern Südostasiens entwickelt haben, so wie die hellhäutigen Mongoliden in den kalten, gemäßigten Regionen Ost- und Zentralasiens entstanden sind. Während der letzten Eiszeit, als die größeren Inseln des Sundasockels durch Landbrücken mit dem Festland verbunden waren,

Oben links: Balinese. Oben rechts: Javaner. Rechts: Minang-*haji.* Ganz rechts: Batak aus dem Gebiet um den Lake Toba in Sumatra.

konnten diese Völker natürlich frei umherwandern, sie überquerten sogar den Ozean und besiedelten vor ca. 50 000 Jahren Australien. Es besteht kein Zweifel, daß auch die mongoliden Völker viel später in die Region eingewandert sind, die Frage ist nur wie.

Die Theorie koordinierter, zusammenhängender Einwanderungswellen erscheint aus mehreren Gründen unwahrscheinlich. In einer so zerstückelten Region wie dem indonesischen Archipel waren die Dorf- und Stammesgemeinschaften zumindest in der bekannten Geschichte immer in Bewegung, lösten sich auf oder schlossen sich mit anderen Gruppen zusammen. Es war daher wahrscheinlich eher so, daß kleine Gruppen mongolider Jäger, Sammler und nomadisierender Bauern langsam in die Region einsickerten

und dabei die australoide Urbevölkerung im Verlauf von mehreren Jahrtausenden absorbierten. Das Endergebnis kann am besten als Abstufung von Typen beschrieben werden, wobei die australoiden Züge in den Bewohnern der abgelegenen Berg- oder Dschungelgebiete, besonders gegen Osten hin, noch stärker ausgeprägt sind. Eine solche vielschichtigere Sicht der ethnischen Ursprünge der Indonesier wird auch durch vergleichende Sprachuntersuchungen unterstützt.

Das indonesische Babel

Die Indonesier sprechen eine Vielzahl verschiedener Sprachen, und der Bestimmung der exakten Anzahl müßte eine Definition, was man unter einer Sprache — im Unterschied etwa zum Dialekt — versteht, vorausgehen. Die meisten gehen von über 300 Sprachen aus, von denen erst einige wenige genauer erforscht wurden. Sprachen wie Javanisch, Balinesisch und Indonesisch (die Landessprache, die auf einen Literaturdialekt des Malaiischen zurückgeht) sind eng miteinander verwandt und gehören zum malayo-polynesischen Zweig der melanesischen Sprachfamilie, unterscheiden sich aber ebenso stark wie Französisch, Englisch und Spanisch.

Die melanesische Sprachfamilie umfaßt etwa 800 Sprachen von Madagaskar im Westen bis zu den ostpazifischen Inseln. Ungefähr 200 davon werden in Indonesien gesprochen, die übrigen sind hauptsächlich auf den Philippinen und den Inseln Ozeaniens beheimatet. Eine andere Sprachfamilie, die Papua-Sprachen, umfaßt ebensoviele verschiedene Sprachen, die allerdings nur von etwa 3 Mio. Menschen gesprochen werden, von denen die meisten auf der riesigen Insel Neuguinea leben.

Statistische Untersuchungen haben ergeben, daß die Sprachenvielfalt zunimmt, je weiter man auf dem Archipel nach Osten kommt, so daß es auf den östlichen Inseln nicht nur mehr Sprachen gibt, sondern diese sich auch stärker voneinander unterscheiden. Dies scheint mit der äußerlichen Erscheinung übereinzustimmen, hat aber noch eine andere, ziemlich überraschende Ursache.

Sprachforscher weisen seit langem darauf hin, daß große Sprachenvielfalt in einem Gebiet bedeutet, daß dieses seit langem besiedelt und stabil ist. Eines der Ziele lexikalisch-statistischer Untersuchungen (Vergleich verwandter Sprachen zur Bestimmung des Anteils gemeinsamer Wörter) ist es ja, das Ursprungsland einer Sprachfamilie festzustellen, das man dort vermutet, wo die größte Vielfalt herrscht. Bei der verstreuten melanesischen Sprachfamilie scheint die Heimat in Westmelanesien (einem Gebiet zwischen der Nordküste Neuguineas und den Soloman-Inseln) zu liegen — dies nimmt zumindest Isidore Dyen aufgrund seiner umfassenden, in den frühen 60er Jahren mit Hilfe von Computern durchgeführten Untersuchungen an.

Deshalb haben Wissenschaftler neuerdings die Theorie aufgestellt, daß die mongoliden Bewohner Indonesiens nicht über das südost-

asiatische Festland (Indochina), wie man bisher angenommen hatte, sondern eher aus Südchina über Taiwan, Hainan und die Philippinen nach Melanesien gekommen sind. Von hier aus, so diese Theorie, seien einige der melanesisch Sprechenden nach Osten zu den pazifischen Inseln gesegelt, andere nach Westen nach Indonesien gezogen, manche sogar über den Indischen Ozean bis nach Madagaskar gekommen. Für diese Wanderungen wird kein genauer Zeitrahmen gegeben, sie sollen aber wohl vor etwa 7000 Jahren begonnen haben und sich in den 3000 Jahren vor Christus verstärkt haben.

Dies ist zwar eine interessante Hypothese, die noch näher untersucht werden muß, doch gibt auch sie keine genaueren Informationen über die ethnischen Gruppen Indonesiens. Tatsächlich verwirrt die Frage der Sprachen manchmal eher, als daß sie zur Klärung des Problems der ethnischen Unterschiede dieser Gruppen beiträgt. Ganz einfach deshalb, weil eng verwandte Völker oft ganz unterschiedliche Sprachen sprechen (und umgekehrt einige sehr unterschiedliche Völker nah verwandte Dialekte). Wir müssen uns also daher bei der Kulturanthropologie nach einer klareren Erläuterung dieses Problems umsehen.

Die typologische Debatte

Bei der Definition und Klassifizierung ethnischer Gruppen gibt es im wesentlich zwei Schulen. Die eine geht davon aus, daß jede

Gruppe, jeder Stamm, jedes Volk als Einzelfall betrachtet und eine umfassende, ganzheitliche Sicht der betreffenden Kultur angestrebt werden solle. Nach dieser Schule können erst dann eine sinnvolle Typologie erstellt bzw. sinnvolle Vergleiche gezogen werden, wenn genügend indonesische Kulturen gründlich erforscht wurden.

Es spricht viel für ein solch vorsichtiges Herantasten. Das Problem ist natürlich, daß ethnographische Informationen von Natur aus nie vollständig sind. Was wir über eine fremde Kultur erfahren, hängt von den Fra-

Bildergalerie aus dem Osten des Archipels. Von links nach rechts: Mann aus Timor, Flores, Siberut und Trian Jaya.

gen ab, die wir stellen. Daher sagt die andere Schule, man solle erst bestimmte allgemeine Richtlinien für die Klassifizierung der indonesischen ethnischen Gruppen erarbeiten und diese dann vertiefen und verbessern.

Ein wichtiges Unterscheidungsmerkmal, das von Clifford und Hildred Geertz während ihrer Arbeit entwickelt wurde, bezieht sich auf die zwei Hauptarten der Landwirtschaft, die man in Indonesien fand — *ladang* und *sawah.* Die *ladang*-Wirtschaft, zu beschreiben mit dem Ausdruck ,,Schlagen und Verbrennen'', wird in den abgelegenen bzw. stark bewaldeten Gebieten, meist außerhalb Javas und Balis betrieben. Die *ladang*-Bauern benutzen neben ihren Äxten und Buschmessern auch Feuer, um einen Teil des Waldes zu roden. Indem sie den Zeitpunkt

des Niederbrennens kurz vor das Einsetzen der Regenfälle legen, wird gleichzeitig das Land gedüngt und von Unkraut befreit.

Je nach Bodenbedingungen und Geschmack pflanzen sie entweder eine Getreidesorte wie Reis oder Mais, Wurzeln wie Yams oder Taro oder stärkeproduzierende Palmen wie Sago oder Lontaran. Dabei werden auf den westlichen Inseln Reis, auf den östlichen und südöstlichen die Wurzeln und Sagopalmen bevorzugt. Neben diesen Hauptnahrungsmitteln bauen die Bauern noch viele andere Lebensmittel an und ahmen dabei das natürliche symbiotische System der Tropenwälder nach. Daneben schaffen sie sich selbst damit eine größere Nahrungsvielfalt. Nach einigen Jahren ist jedoch der Boden in diesen Gebieten, der sowieso nicht sehr fruchtbar ist (die meisten Nährstoffe stammen aus der Asche) ausgelaugt und es müssen neue Rodungen vorgenommen werden.

Es ist klar, daß diese Methode nur kleine Gemeinschaften ernähren kann. So leben auf Kalimantan, Heimat der bekannten Iban- und Dayak-Stämme, durchschnittlich weniger als 10 Menschen auf einem Quadratkilometer. Auch sind Größe und Struktur der sozialen Organisation dieser *ladang*-Gemeinschaften begrenzt. Die Kernfamilien sind gewöhnlich autonom, wo nötig, wird anderen Mitgliedern der Dorfgemeinschaft oder Verwandten bei der Arbeit zu genau festgelegten Bedingungen geholfen, Kriege, Kopfjägerei und Sklavenraubzüge hielten die einzelnen

Dörfer traditionell isoliert und auf gegenseitiger Distanz.

Während also diese *ladang*-Bauern weniger als ein Zehntel der indonesischen Bevölkerung ausmachen, sind sie über mehr als zwei Drittel der Gesamtfläche verstreut. Dagegen wohnt die Mehrheit der Indonesier auf den schmalen Ebenen und in den Küstenregionen der größeren Inseln, wo die bewässerte Reiskultur, *sawah,* die Hauptanbaumethode ist. Insgesamt leben ja zwei Drittel der Indonesier (über 100 Mio. Menschen) auf Java und Bali, die zusammen nur etwa 7 % der Gesamtfläche Indonesiens ausmachen.

Hier kann die Bevölkerungsdichte bis zu 2000 Menschen pro Quadratkilometer ausmachen, höher als irgendwo sonst auf der

Welt! Der *sawah*-Anbau ist eine sehr arbeitsintensive Methode, die nur unter ganz besonderen Voraussetzungen (fruchtbarer Boden, viel Wasser) erfolgreich betrieben werden kann, die aber scheinbar schier unbegrenzte Erträge liefern kann. Die seßhaften Reisbauern, die die Reisfelder anlegen und bepflanzen, wirken damit über einen Zeitraum von mehreren Generationen auf ihre Umgebung ein — sie roden das Land, legen Terrassen und Umfassungen für die Felder an und konstruieren komplizierte Bewässerungssysteme. Dies alles erlaubt mehrere Ernten im Jahr und sehr hohe Erträge, da die Produktivität eines Reisfeldes sehr stark auf besondere Sorgfalt und Pflege während des Anbauzyklus — Aussäen, Umsetzen, Jäten, Wasserstandsregelung und Ernte — reagiert.

Dementsprechend hat dieses Anbausystem ein hohes Maß an sozialer Kooperation zur Voraussetzung gehabt und belohnt. Besonders auf Java und Bali sind die großen Dörfer schon seit langer Zeit wirtschaftlich und kulturell mit Städten über ein hierarchisch bestimmtes System verbunden, das irgendwie die Arbeitskräfte dirigierte und koordinierte, so daß das anfällige Bewässerungssystem aufrechterhalten werden konnte. Der Nahrungsmittelüberschuß, der von diesen Dörfern erzielt wurde, erlaubte wiederum eine Kultivierung der Städte, die für dieses Gebiet einmalig ist.

Wie man erwarten kann, unterscheiden sich die *sawah*-Gemeinschaften auf Java und Bali deutlich von den *ladang*-Gemeinschaften der äußeren Inseln. So legen die Javaner z.B. großen Wert auf Zusammenarbeit und soziales Verhalten. Beschlüsse werden nicht durch Mehrheitsbeschluß oder autokratische Entscheidungen herbeigeführt, sondern durch Übereinstimmung der Dorfältesten oder hochgeschätzter Einzelpersonen. *Rukun* (Harmonie) ist das oberste Ziel, das dadurch erreicht wird, daß jeder seinen Platz in der Gemeinschaft kennt und die ihm zugedachte Rolle erfüllt. Gutes Benehmen zu haben (*sopan-santun*) ist eine feste soziale Norm, die durch eine ausgefeilte Etikette, die Körpersprache, Selbstkontrolle und subtile Riten der Achtung und des Stolzes umfaßt, erfüllt wird.

Die hier vorgenommene Unterscheidung zwischen den beiden Gemeinschaften ist natürlich stark vereinfachend. Es gibt natürlich auch zahlreiche andere Mittel der Nahrungsbeschaffung, z.B. Jagen, Fallenstellen, Fischen und Sammeln, um nur einige zu nennen, wobei jedes Gebiet und jedes Volk seine eigene Art entwickelt hat.

Beispielsweise wird auf verschiedenen fruchtbaren Hochebenen von Sumatra, der Heimat der Batak, Minangkabau und Besemah, die traditionell *ladang*-Bauern waren, schon seit mehreren Jahrhunderten Reisanbau betrieben und doch gleichen die Dörfer immer noch eher den alten *ladang*-Gemeinschaften.

Darüber hinaus ergänzen die *ladang*-Bauern ihre Ernte normalerweise noch mit anderen Nahrungsmitteln. Stämme wie die Punan in Zentralborneo und die scheuen Kubu in Westsumatra jagen oft Schweine und andere wilde Tiere, wobei sie Fallen, Netze und Blasrohre mit vergifteten Pfeilen benutzen. Zum Fischfang wird oft ein Stück *derris*Wurzel in einen Bach gehängt; die Fische werden dadurch betäubt und kommen an die Oberfläche, wo sie nur noch eingesammelt werden müssen. Die tägliche Ausbeute an wilden Früchten, Nüssen, Kräutern, Muscheln, Schnecken, Fröschen und Schlangen liefert die Zutaten für die Wurzel- oder Sagogerichte.

Die Jäger und Sammler sind oft extrem scheu, da sie lange von ihren höher entwickelten Nachbarn schlecht behandelt wurden. In der Vergangenheit wurden jedoch auch sehr wertvolle Handelswaren wie aromatische Hölzer und Harze, Rinden, Gewürze, Federn, Vögel, Wachs, Rhinozeroshorn und Bezoarsteine von den Urwaldbewohnern gesammelt und gegen Metallwerkzeuge, Glasperlen, Ohrringe und ähnliches an den Handelsposten entlang der Flüsse getauscht.

Daneben gibt es natürlich noch die *orang laut* (Meeresnomaden), die auf kleinen Einfamilienbooten leben, an den Küsten und Flußmündungen fischen und auch an den Stränden nach Nahrung suchen. Sie trocknen Fisch, tauchen nach Perlen und sammeln Schwalbennester in den Höhlen bestimmter Felsküsten.

Die farbigen Boote haben heute nur noch einen begrenzten Bewegungsbereich, doch die *orang laut* leben an allen Küsten und Inseln des Archipels, von der Mergui-Kette vor Burma über den Riau-Archipel südlich von Singapur, die Küsten von Borneo und Sulawesi entlang zur Sulu-Kette der südlichen Philippinen. Ihr Lebensstil ist wahrscheinlich dem der ersten melanesischen Siedler ähnlich, jenen mutigen Seefahrern, die vor Jahrtausenden große Entfernungen über das Meer zurücklegten und die Inseln des Archipels besiedelten.

Eine Dayak-Frau (Borneo) mit ihrem Sohn. Der ganze Familienbesitz ist an der Tragetasche befestigt.

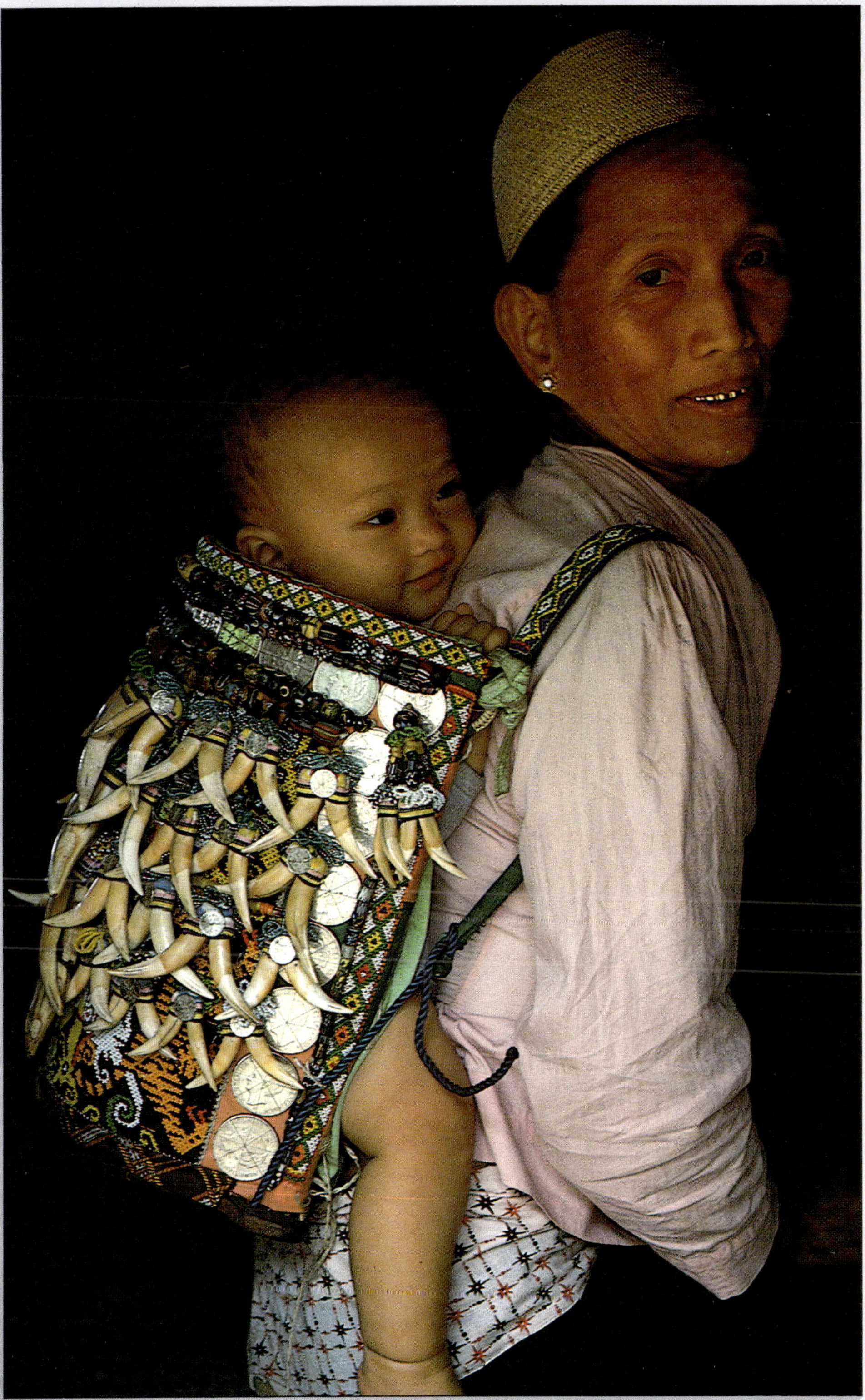

RELIGION UND BRAUCHTUM IN INDONESIEN

Die über 160 Mio. Einwohner Indonesiens sind offiziell alle Angehörige einer der vier großen Weltreligionen (Islam, Christentum, Hinduismus, Buddhismus), wobei die meisten, etwa 140 Mio., Anhänger des Islam sind (was Indonesien übrigens zur weitaus größten moslemischen Nation macht). Tatsächlich hängen die Indonesier jedoch einer Vielzahl verschiedener Glaubensrichtungen an. Das hat seine Ursache darin, daß hier, wie wohl überall, die religiösen Überzeugungen und Handlungen ganz stark, wenn nicht gar vollständig, von lokalen Traditionen beherrscht sind. Dieser Fundus privater Riten, öffentlicher Rituale, gemeinsamen Wissens und Gewohnheitsrechte wird von Generation zu Generation weitergegeben und macht das charakteristische Gepräge einer Gesellschaft aus; in Indonesien wird es als *adat* (Brauch) einer ethnischen Gruppe oder Gemeinschaft bezeichnet.

Die Identifikation der Indonesier mit ihrem jeweiligen *adat* und ihrer Religion ist so groß, daß diese allgemein als entscheidendes Merkmal der ethnischen Identität angesehen werden. Für einen Malaien z.B. ist der Übertritt zum Islam gleichbedeutend mit *masuk Melayu* — Malaie werden. So gilt ein Balinese, der Christ oder Moslem wird, nicht mehr als Balinese. Und bei den Javanern werden Kinder, die noch nicht mit den sozialen Werten und mystischen Gefühlen der Erwachsenen vertraut sind als *durung Jawa* — „noch nicht Javaner" bezeichnet.

Eine überlieferte Tradition

Zum großen Bedauern religiöser Puristen (und großen Verwirrung ausländischer Beobachter) sind *adat* und Religion der einzelnen Gruppen erstaunlich eklektisch. Klassisches Beispiel ist der durchschnittliche Javaner, der sich selbst als Moslem bezeichnet und doch fest an indische Gottheiten oder die im populären Schattenspiel *wayang kulit* dargestellten einheimischen Volkshelden sowie an eine Vielzahl von Göttinnen, Geistern, Dämonen etc., die alle seine Umwelt bevölkern sollen, glaubt. Deshalb wird er nicht nur die Gebote des Islam erfüllen, sondern darüber hinaus auch verschiedene andere Bräuche einhalten — Räucherstäbchen abbrennen, kleine Gaben für lokale Geister niederlegen, häufig Gemeinschaftsfeste feiern *(selamatan)* an Festtagen, bei Geburten, Hochzeiten oder

Vorhergehende Seiten: Teilnehmer an einem balinesischen Tempelfest in Trance. Oben: Schlußtag des Sekaten-Festes. Rechts: Prozession während des Eka-Desa-Rudra-Rituals (Bali).

Geschäftserfolgen und zur Abwehr der Folgen unangenehmer Ereignisse. Er wird den Rat lokaler *dukun* (Mystiker) in Unglückszeiten suchen und befolgen, auf die magische Kraft eines ererbten *keris*-Dolches oder anderer Talismane vertrauen und gelegentliche Pilgerreisen zu einer heiligen Quelle, einem heiligen Grab oder Hügelheiligtum durchführen, um die möglichen geistigen Strahlungen (*semangat*) in sich aufzunehmen, zu meditieren und sonstwie sein spirituelles „Kapital" zu vermehren.

Ähnlich bei den Balinesen: Sie sind Hindus (allerdings auch im Indischen kein klar definierter Begriff), deren Tempel voller Schreine sind, die nicht nur den drei wichtigsten Hindugöttern (Shiva, Brahma, Vishnu) geweiht sind, sondern auch einheimischen Berggeistern, zu Göttern gewordenen Ahnen, Reis- und Wassergöttinen, himmlischen „Boten" und anderen übernatürlichen Wesen. Die wenigsten Balinesen sind mit den höheren Hindu-Gottheiten vertraut, noch weniger mit ihrem Kult, dies wird den gelehrten Brahmanen überlassen. Für die meisten ist es ausreichend, an den vielen Dorf- und Inseltempelfesten teilzunehmen, die Rituale zu befolgen und die von Tempelpriestern und Dorfmedien vorgeschriebenen Opfergaben zu hinterlegen, sowie die komplizierten Riten bei Geburt, Eintritt in die Pubertät, Hochzeit und Tod durchzuführen, von denen viele sicherlich viel älter als der indonesische Hinduismus sind.

Auch bei den vielen christlichen Gemeinden in Indonesien stellt man fest, das Schamanen und Medien immer noch häufig konsultiert werden, daß Feste immer noch in der alten traditionellen Art begangen werden und daß auch die christlichen Messen und Feiern meist viele lokale Elemente mitaufgenommen haben, so zum Beispiel die berühmte Schwarze Jungfrau, die an der jährlichen Osterparade in Larantuka teilnimmt. (Siehe Teil III, „Nusa Tenggara").

Manche Wissenschaftler vergleichen diese synkretistischen *adat* und religiösen Bräuche mit kulturellen Schichtkuchen, wobei sie die einzelnen Schichten historisch deuten. Für sie ist die unterste Schicht der Animismus, Hinduismus, Islam oder Christentum kamen später dazu. Die Soziologen wiederum betrachten diese Muster lieber strukturell und klassifizieren die verschiedenen Überzeugungen und Bräuche nach den Menschen, die sie teilen und ausüben und nach ihrem offensichtlichen oder vermeintlichen Zweck. Viele kommen so zu dem Schluß, daß Aristokraten eher zur Mystik neigen, die Mehrheit der Bauern eher abergläubisch ist, während die städtische Bevölkerung mehr orthodoxe Moslems oder Christen sind.

Feste und Opfer

Es läßt sich jedoch nicht leugnen, daß es sich dabei nicht um akademische Vorstellungen, sondern um lebendige Traditionen handelt und es gerade das Fließende, Komplizierte und Widersprüchliche ist, die sie so faszinierend und lebendig macht. Natürlich sind viele lokale Riten auch hochdramatische Spektakel und außergewöhnliche Ereignisse im Leben der Gemeinschaft, einige zählen sogar sicher zu den großartigsten Ereignissen dieser Art auf der Welt.

Eine zentrale Rolle bei der Erfüllung des *adat* spielen rituelle Opfer und Gemeinschaftsfeste, bei denen Nahrungsmittel (darunter meist frischgeschlachtete Tiere) den Geistern und Heiligen dargeboten und dann verzehrt werden, um das Wohlergehen der Teilnehmer zu sichern und den Zusammenhalt der Gruppe zu stärken.

Das bekannteste Beispiel ist das gewöhnliche javanische *selamatan,* bei dem bestimmte Nahrungsmittel gegessen werden (meistens ein *tumpeng,* ein umgedrehter Kegel aus gefärbtem Reis mit verschiedenen Fleischgerichten), Weihrauch verbrannt, islamische Gebete gesungen und vom Gastgeber formelle Ankündigungen oder Aufforderungen verlesen werden. Ein *selamatan* kann jederzeit und aus einer Vielzahl von Gründen abgehalten werden, meistens aus Anlaß einer Geburt, Hochzeit, Beschneidung oder eines Jahrestags, der Erinnerung an einen Toten, der Inangriffnahme eines neuen Projekts, Einweihung eines neuen Gebäudes, zum Zweck der Vertreibung von Unglück oder der Beschwörung des Glücks.

Die Königshöfe von Yogyakarta und Surakarta in Zentraljava halten jährlich üppige *selamantan* ab. Das größte, das sogenannte Sekaten, fällt auf den Geburtstag des Propheten Mohammed. Schon einen Monat vor Beginn strömen die Javaner zu Zehntausenden in die Städte, um an den Volksfesten teilzunehmen, die auf dem Platz vor dem Palast stattfinden. Während der letzten Woche spielen in der nahen Moschee abwechselnd zwei heilige königliche *gamelan*-Orchester und die Bauern glauben, daß das Zuhören das Leben verlängern kann. Die kleinen Peitschen, die man hier kaufen kann, sollen das Vieh fruchtbar machen.

Am letzten Tag des Sekaten zieht eine lange Prozession von elegant gekleideten Adeligen, Hofbeamten, Palastwachen, Tänzern und Musikanten mit zwei eindrucksvollen *gunungan* — Bergen aus Reis und Gemüse in der Form von *lingga* und *yoni* (die die männlichen und weiblichen Geschlechtsorgane repräsentieren) — vom Palast zur Moschee. Hier werden die *gunungan* durch das Verlesen von Koransuren gesegnet und dann an

Oben: Hinduistische Verbrennung eines balinesischen Raja. Rechts: Die Heirat ist ein wichtiger Schritt im Lebenszyklus.

die versammelten Volksmassen verteilt. Der Ritus ist im wesentlichen ein vom Islam aufgenommener alter Fruchtbarkeitsritus. Die Bauern lassen einige Brocken übrig und legen sie auf ihre Felder, um eine gute Ernte zu erzielen.

Ein gemeinsamer Geburtstag

In Bali konzentrieren sich die festlichen Aktivitäten um den Dorftempel, in dem alle 210 Tage ein gemeinschaftliches Geburtstagsfest (*odalan*) am Jahrestag seiner Einweihung gefeiert wird. Schon Tage vorher ist das gesamte Dorf mit der kunstvollen Ausschmükkung und dem Aufstellen von Altären und Opfertischen beschäftigt. Man betet und der Tempelpriester (*pemangku*) besprengt alle mit heiligem Wasser. Am Tag des Festes werden feingeschnitzte Sandelholzidole aus ihren Spezialgehäusen geholt und in heilige Gewebe eingehüllt; dann wird ihnen der Schutzgeist des Dorfes eingegeben. Sie werden in einer feierlichen und farbigen Prozession zum Meeres- oder Flußufer geleitet, wo symbolische Waschungen vorgenommen und alle mit heiligem Wasser gesegnet werden. Anschließend kehrt die Prozession zum Tempel zurück, wo die Geister ihre Gaben erhalten und über Medien den Versammelten mitteilen, ob die Feiern und Opfer zufriedenstellend waren, Fragen beantworten und Ratschläge erteilen. Nun feiert das gesamte Dorf und die ganze Nacht hindurch wird etwas vorgeführt — eine Chance für junge Tänzer, Puppenspieler und *gamelan*-Musiker, ihre Kunst zu zeigen. Wenn schließlich die Morgendämmerung heraufzieht, führt der *pemangku* das Dorf zu einem Sonnenanbetungsritual und dann gehen alle nach Hause ins Bett.

Erhaltung der Lebenskraft

Diese und andere Feste haben häufig mit der Erhöhung der Fruchtbarkeit und des Wohlstandes der Teilnehmer zu tun, indem etwas, was die meisten Indonesier als *semangat* bezeichnen, gestärkt, gereinigt oder vermehrt wird. Semangat sind die Lebenskräfte oder Lebensgrundlagen, die nicht nur in den Menschen, sondern auch in Pflanzen, Tieren, heiligen Gegenständen und sogar ganzen Dörfern, Königreichen, Inseln oder Nationen

wohnen und diese beleben sollen. Sie sind sowohl negativ wie positiv, verursachen gute wie schlechte Folgen und man glaubt, daß der Mensch ein zerbrechliches Gleichgewicht erreichen und bewahren kann, wenn er sein eigenes lebensspendendes *semangat* stärkt.

Dieses soll sich im Kopf befinden und deshalb haben viele indonesische Völker (wie die Toraja auf Sulawesi, die Dayak auf Kalimantan und die Dani auf Irian Jaya) früher versucht, ihr eigenes *semangat* durch Kopfjägerei bei ihren Gegnern zu fördern. Schädeltrophäen wurden als mächtige Talismane betrachtet, die den Wohlstand der Gemeinschaft und die Fruchbarkeit der Felder fördern und alle Krankheiten, Kriege und Unglücksfälle fernhalten könnten.

Auch das Kopfhaar soll große Mengen von *semangat* enthalten. Deshalb wird ein kleines Kind oft durch ein rituelles erstes Haareschneiden in die menschliche Gesellschaft aufgenommen und das Austauschen abgeschnittener Haare oder das Zusammenknoten der Haare von Braut und Bräutigam sind Bestandteil vieler indonesischer Hochzeitsriten.

Fast überall werden abgeschnittene Haare (oder Nägel) sorgfältig vernichtet, damit sie nicht in die Hände von Zauberern fallen können. Auch bei den Kostümen übernatürlicher Wesen — so z.B. bei den riesigen Tanzmasken *Rangda* und *Barong* auf Bali — spielt menschliches Haar eine merkwürdige Rolle.

Die Macht des Blutes

Das *semangat* im Blut soll besonders leicht übertragen werden können. Auf vielen Inseln werden die Säulen eines neuen Hauses mit dem Opferblut eines Tieres bespritzt. Bei den Makassar auf Sulawesi wurden früher die königlichen Waffen und andere Insignien (*pusaka*) regelmäßig in Blut gebadet, damit sie sozusagen spirituell ,,geladen" bleiben. Die Sieger eines Kampfes sollen in vielen Teilen des Archipels das Blut oder die Galle des Gegners getrunken oder sich damit beschmiert haben, um ihr *semangat* durch das des Toten zu vermehren. Auch heute noch werden auf vielen Inseln rituelle Kämpfe ausgeführt (wie z.B. die *caci*-Peitschenduelle auf Flores, die Pasola-Kämpfe zu Pferd auf Sumba und die Perang Pandan von Tenganan auf Bali).

Die Seele der Pflanzen

Viele Indonesier glauben, daß auch die Pflanzen eine Seele bzw. ihr *semangat* haben, das z.B. im Fall der Reispflanze besonders stark und empfindsam sein soll. Es gibt viele Versionen der Legende über den Ursprung der Nutzpflanzen, die meisten erzählen jedenfalls von einer schönen Frau, die vor die Wahl gestellt wird, zu sterben oder ihrem Stiefvater, ihrem Zwillingsbruder oder einem schrecklichen Riesen zu Willen zu sein. Sie entscheidet sich für den Tod und aus ihrem Grab wachsen Reis, Palmen, Früchte und eßbare Wurzeln. In einigen Gegenden heißt sie Dewi Sri und wird entweder als Gattin von Vishnu oder Tochter von Batara Guru, der Beschützerin bzw. Verkörperung des geheiligten Reisgeistes, beschrieben. In Bali sind ihr viele Tempel geweiht und ihr Symbol, das dreieckige *cili*, aus Palmwedeln oder gefärbtem Reisteig hergestellt, schmückt die meisten Tempel und Gaben.

Während des ganzen Wachstumszyklus werden rituelle Vorsichtsmaßnahmen getrof-

Oben: Stiere halten sich die Toraja nur für rituelle Zwecke. Dieser Stier wird als Opfer bei einem Bestattungsritual geschlachtet. Rechts: Die Toraja bestatten ihre Toten in Höhlen, vor denen ihre Abbilder stehen.

fen, damit die Reisseele auch wirklich das Reisfeld erreicht und dort geschützt und erhalten wird. Denn stößt ihr etwas zu oder wird sie auch nur erschreckt, so könnte sie das Feld verlassen und es gäbe keine Ernte. Bei der Ernte wird die Reispflanze mit ihren Körnern besonders respektvoll behandelt. So werden oft kurze, gebogene Messer verwendet, die in der Hand verborgen werden können, so daß der Reisgeist nicht ,,merkt", daß ihm Gewalt angetan werden soll. Außerdem werden beruhigende Floskeln oder Entschuldigungen beim Reisschneiden gemurmelt und oft wurden früher während der Ernte in einigen Dörfern Musik- und Tanzdarbietungen vorgeführt. Körner, die als Samen wiederverwendet werden sollen, werden oft eingewickelt und wie Neugeborene behandelt. Oder es werden zwei Reisgarben miteinander ,,verheiratet" und bis zum Beginn des nächsten Pflanzzyklus in der Tenne aufgehängt.

Auch andere ökonomisch wichtige Pflanzen sollen eine Seele haben. Auf den Molukken wird ein Gewürznelkenbaum in Blüte wie eine schwangere Frau behandelt. Auf Sumatra sprechen diejenigen, die den Kampfer einsammeln, untereinander eine Geheimsprache, damit der Baum nicht seine wertvollen Kristalle versteckt. Auch beim Harz- oder Honigsammeln muß darauf geachtet werden, damit die Bäume, in denen diese Produkte zu finden sind, nicht zornig werden. Viele Blätter werden in Indonesien daher wegen der angeblichen Kraft ihres *semangat* zum Heilen verwendet.

Auch alle alten und ungewöhnlichen Gegenstände, Berge und Gewässer sollen ein *semangat* bzw. eine Seele haben. Einige Felskristalle werden z.B. als ,,Fenster" in die Geisterwelt angesehen und die neolithischen Steinäxte werden in manchen Gegenden als ,,Donnerzähne" bezeichnet. Bezoarsteine, Mineralablagerungen in Tieren und in den Knoten bestimmter Bambussorten werden für magische und Heilzwecke verwendet, und ganz allgemein wird jeder Gegenstand, der als *pusaka* oder heiliges Erbstück bestimmt ist, wegen seiner ihm innewohnenden Lebenskraft mit besonderer Ehrfurcht und Sorgfalt behandelt. Alte *keris*-Dolche, Lanzen, Speerspitzen, Kanonen, Edelsteine, Schmuck, Stoffe, Keramik, Manuskripte, Grabsteine, Skulpturen und Masken können alle als *pusaka* bestimmt werden und entweder eine eigene Seele oder die ihres früheren Besitzers haben. Diese Gegenstände werden unter der Obhut eines Königs, Priesters, Häuptlings oder Ältesten aufbewahrt, der Verbindungsglied zwischen Lebenden und mächtigen Ahnengeistern ist.

Seelen, Schamanen und Dämonen

Der menschliche Geist wird natürlich als wichtig angesehen und so konzentriert sich ein Großteil der Rituale einer Gemeinschaft auf den Umgang mit den Seelen der Lebenden und Toten. Dabei gibt es immer bestimmte Personen, die besonderes Wissen oder Fähigkeiten haben. Besondere Aufmerksamkeit gilt den Begräbnisriten, durch die die Toten geehrt und in Schutzgottheiten eines Clans oder Dorfes „umgewandelt" werden können.

Es wird z.B. allgemein geglaubt, daß sich die Seele eines Menschen schon zu seinen Lebzeiten loslösen kann, was zum Nachlassen seiner Kraft, zu Krankheit oder zum Wahnsinn führen kann. Schon unter normalen Bedingungen wandert die Seele während des Schlafs, wodurch die Träume verursacht werden. Durch Hexerei können nichtsahnende Seelen fortgelockt werden, ein plötzlicher Schreck kann sie verletzen oder desorientieren. Gewisse Bäume sollen die Seele Unachtsamer fangen können. In diesen Fällen muß der Schamane, oft auch eine heilkundige Frau, gerufen werden, damit die verlorene

oder verstörte Seele wieder zurückgeholt bzw. beruhigt wird.

Gute und böse Geister

Praktisch überall wird zwischen „guten" und „bösen" Geistern unterschieden, die durch „gute" und „böse" Todefälle entstehen. Ein „böser" Tod, gewöhnlich ein vorzeitiger oder gewaltsamer Tod, verursacht einen rachsüchtigen Geist oder *hantu,* der beträchtliches Unglück über eine Familie oder Gemeinschaft bringen kann. Die Seele einer im Kindbett gestorbenen Frau z.B. wird als ein Vogel mit langen Krallen dargestellt, der die Bäuche schwangerer Frauen zerfetzt. Dieser *pontianak* kann auch die Gestalt eines hübschen Mädchens annehmen, das in der Nacht Männern auflauert, um sie zu verführen und zu kastrieren. Es bedarf komplizierter Rituale des Schamanen, einen solchen bösen *hantu* zu besänftigen und zu vertreiben.

Auf Bali werden jedes Jahr Massenexorzismen durchgeführt, um böse Hexen und Dämonen aus den Dörfern zu vertreiben. Mehrere Tage vor der Tag- und Nachtgleiche im Frühjahr werden auf der ganzen Insel die Häuser geputzt, die Dorfgötter in einer Prozession zum symbolischen Bad geleitet, große Altäre und Opfertische vorbereitet und überall Hahnenkämpfe u.ä. durchgeführt. Am Tag vor dem balinesischen Neuen Jahr werden die bösen Geister von den Priestern in eine Opfergabe in der Form eines Sterns (*mecaru*) gelockt und dann ein Riesenlärm veranstaltet, um sie zu vertreiben. Danach folgt ein Tag absoluter Stille (*nyepi*), an dem kein Feuer brennt und alle normalen Tätigkeiten eingestellt werden, damit sie nicht zurückkehren.

Begräbnisriten

Auch „gute" Todesfälle müssen natürlich von einer Reihe komplizierter Begräbnisriten begleitet werden. Man glaubt, daß die Seele beim Tod eines Menschen zunächst verärgert und daher möglicherweise gefährlich ist. Einige Riten sind daher dazu da, sie zu verwirren und sie von einer Rückkehr in die Gemeinschaft der Trauernden abzuhalten. So ist es ein auf Sumatra, Kalimantan, Südsulawesi und auf Halmahera weitverbreiteter Brauch, die Leiche durch eine Öffnung in der Wand oder dem Boden eines Hauses hinauszubringen, die dann verschlossen wird, so daß die Seele nicht zurückfindet. Auch der Weg zum Friedhof ist oft mit Hindernissen bestückt, um die Rückkehr der Schatten ins Dorf unmöglich zu machen. Oft müssen nach einem Todesfall ungewöhnliche Speisen oder Kleidungsstücke gemieden werden.

Über das Schicksal der Seele eines Menschen nach dem Tod gibt es in Indonesien viele verschiedene Ansichten. Viele glauben, daß sich die Seele drei Tage lang ihres Todes nicht bewußt ist. Verläßt sie den Körper des Toten, dann normalerweise durch den Mund, oft in Gestalt eines Insekts oder Vogels. Allgemein glaubt man, daß sie die letzte Reise ins Land der Ahnen (oft als Bootsfahrt oder Flug auf dem Rücken eines heiligen Vogels dargestellt) erst antreten kann, wenn ein angemessenes Begräbnis stattgefunden hat, durch das zum einen der Tote geehrt und zum anderen die Seele für eine sichere und geordnete Reise ins Reich der Toten gerüstet wird.

Meist ist es schwierig und teuer, alles Notwendige für ein solches Begräbnis herbeizuschaffen, und die Familie muß ihre ganzen Mittel zusammenwerfen. Manchmal muß sie auch die Hilfe der Gemeinschaft in Anspruch nehmen und Schulden machen, um das bestmögliche Begräbnis auf die Beine zu stellen, was oft Monate, ja Jahre dauern kann. Während dieser Zeit bleibt die Leiche, in spezielle Leichentücher gehüllt, im Haus, einem Totenhaus oder auf einem Baum liegen.

Die Gebeine werden dann irgendwann ausgewickelt oder ausgegraben, gesäubert und in einer festlichen Zeremonie endgültig begraben oder verbrannt. Dazu gehören viele wertvolle Opfergaben — oft werden sogar ganze Herden geopfert — und ein Fest mit Tanz, Prozessionen, Musik und verschiedenen Riten, die von Begräbnisspezialisten ausgeführt werden. Die berühmtesten Begräbnisfeiern sind die der Toraja in Südsulawesi (siehe Teil III, ,,Reisen in Tanah Toraja"), obwohl viele Besucher die aufregenden und bunten Verbrennungszeremonien auf Bali noch eindrucksvoller finden.

Die endgültige Grabstätte kann eine Höhe (wie bei den Toraja), eine große Steinurne oder ein riesiger Sarkophag (wie im Batak-Land auf Niah und auf Sumba) sein. Nach einer Verbrennung wird die Asche entweder in einer Tonurne aufbewahrt oder ins Meer gestreut (wie auf Bali). Die Schädel und Knochen der Toten werden bei manchen Stämmen auf Kalimantan und Irian Jaya auch konserviert und verehrt. Viele Indonesier glauben auch, daß die Gräber oder Darstellungen der Toten (Statuen, Masken usw.) von wohlwollenden Geistern zeitweilig bewohnt werden.

Links: Christin zu Ostern (Flores). — Balinesisches Trance-Ritual. Rechts: Reinigungsritus mit Neugeborenen über einem Schweinekadaver.

D 52008

D 52052

REISEN IN INDONESIEN

Selamat Datang! Willkommen in Indonesien! Indonesien ist nicht bloß ein tropisches Paradies, in dem freundlich lächelnde Menschen leben. Es ist mehr, viel mehr. Indonesien kann von sich behaupten, daß es eine solch breite Spanne der menschlichen Zivilisation und Weltgeschichte umfaßt wie sonst kein Land der Welt. Sie reicht von den uralten hinduistisch-javanischen Tempeln bis zu den modernen Luxushotels, von der steinzeitlichen Lebensweise der Bergstämme in Irian Jaya bis zur modernen Metropole Jakarta. Deshalb bedeutet Reisen in Indonesien, ständig mit unerwarteten und oft verblüffenden Gegensätzen konfrontiert zu werden. Indonesien — das ist ein faszinierendes Nebeneinander von Ost und West, Armut und Reichtum, Altem und Neuem, Vertrautem und Exotischem. Es kann zu einem aufregenden Erlebnis werden oder in Verwirrung stürzen. Vor allem aber bedeutet es die Möglichkeit, zu lernen — nämlich komplizierte überlieferte Kulturen zu verstehen und zu beobachten, wie sie in die moderne Welt integriert werden.

Es waren schon viele da, um zu beobachten und zu lernen. Anthropologen, Künstler, Musiker, Schriftsteller und Politiker haben den Archipel besucht. Seit Ende der 60er Jahre kommen immer mehr Touristen — allein 1984 waren es bereits über 600 000, d.h. eine Vervierfachung innerhalb des letzten Jahrzehnts. Und sie steigt weiter an. Die Regierung hat kürzlich beschlossen, noch mehr Gewicht auf die Entwicklung des Tourismus zu legen, um mehr Devisen ins Land zu bekommen. Allein in Bali haben 1985 fünf neue Hotels ihre Pforten geöffnet.

Folgen des Tourismus

Gottseidank bedeutet all das nicht, daß Indonesien vom Tourismus überrolt wird. Indonesien ist ein riesiges Land, flächenmäßig und bevölkerungsmäßig. In den Weiten des Archipels verlieren sich selbst Zigtausende von ausländischen Besuchern. Bali, diese kleine Insel, die fast die Hälfte aller Touristen aufnehmen muß, hat immerhin 3 Mio. Einwohner, deren uralte und unverwüstliche

Kultur in der Vergangenheit schon mehreren ausländischen „Invasionen" standgehalten hat. Außerhalb ihrer beliebten und überlaufenen Treffpunkte sind Touristen ohnehin eine Seltenheit.

Die meisten Besucher folgen der erprobten und bewährten Reisestrecke von Jakarta durch Yogykarta (Zentraljava) bis nach Bali — nicht zuletzt, weil herausragende Sehenswürdigkeiten und hervorragende Verkehrsverbindungen diesen Reiseweg nahelegen. Aber es gibt auch andere, oft noch kaum erschlossene Inseln, die ebenso faszinierend sind, wenngleich das Reisen dort für den Durchschnittstouristen etwas beschwerlich sein kann.

Ständig verbessern sich die tourisitsichen Einrichtungen, Bequemlichkeit und Komfort werden immer mehr zur Regel. Heute hat jede Provinzhauptstadt oder andere bedeutende Stadt mindestens ein Firstclass-Hotel mit Aircondition und eine Reihe anderer Unterkunftsmöglichkeiten.

Mit dem Flugzeug sind alle Inseln täglich in wenigen Stunden erreichbar. Ein dichtes Flugnetz ermöglicht den problemlosen Besuch auch abgelegener Winkel des Archipels, wo wahrhaft abenteuerliche Ausflüge möglich sind. In den dicht besiedelten Gebieten gibt es viele schnelle und billige Busse und Taxis. Selbst die Sprache ist kein Problem mehr — Sie werden immer einen englisch sprechenden Indonesier finden, der sich Ihnen gern als Führer anbietet oder Ihnen hilft, irgendwelche Reiseprobleme zu lösen.

Aus all diesen Gründen wagen sich inzwischen mehr und mehr Besucher weg von den touristischen „Herzstücken" Java und Bali und fahren in abgelegenere Gebiete wie Tanah Toraja auf Sulawesi, zum Lake Toba in Nordsumatra, auf Lombok, die Nachbarinsel Balis, und auf die winzige Insel Komodo. Sogar in Java und Bali selbst entdecken viele aufregende Alternativen zu den ausgetretenen Reisepfaden. Buchstäblich Hunderte von Inseln und Reisezielen warten darauf, von Ihnen entdeckt zu werden.

JAYA
OIL CENTRE
BUILDING

JAKARTA: DIE METROPOLE INDONESIENS

Jakarta, Hauptstadt des bevölkerungsmäßig fünftgrößten Landes der Welt, hat 7 Mio. Einwohner und ist in jeder Hinsicht eine Metropole. Abgesehen von etlichen Wolkenkratzern und Monumenten im Stadtzentrum jedoch besteht es fast nur aus ein- und zweigeschossigen Gebäuden, die größtenteils während der letzten Jahrzehnte planlos aus dem Boden geschossen sind. Deshalb findet man zahlreiche Läden, Bürogebäude und Fabriken auch in den Wohnbezirken.

Die Leute wohnen überall, selbstgebaute *kampung*-Behausungen und Gemüsegärten bringen einen Hauch von dörflicher Atmosphäre in abgelegene Nebenstraßen.

So ist es nicht erstaunlich, daß die Stadt für Touristen keine große Anziehungskraft hat. „Jakarta ist ein herrlicher Platz zum Leben, aber ich würde es niemals besuchen", witzelte ein Einheimischer. Woher kommt dieser schlechte Ruf? Da ist zum Beispiel die Hitze, der Verkehr und die vielen Menschen. Der Hauptgrund aber ist die Größe der Stadt, auf die viele Besucher nicht vorbereitet sind.

Aber dennoch, Jakarta ist eine Stadt voller Attraktionen. Fragen Sie Einheimische!

Einige werden Ihnen viel über die Museen Jakartas, seine Kolonialarchitektur, sein reiches geistiges und kulturelles Leben erzählen. Wieder andere werden Sie mit Geschichten von alten Tempeln und geschäftigen Märkten in düsteren Winkeln der Stadt erfreuen. Lebenskünstler hingegen werden Ihnen von exquisiten Antiquitätenläden, hervorragenden Fischrestaurants und schicken Diskotheken vorschwärmen. Fast alle werden versuchen, Ihnen klar zu machen, daß hier wie sonst nirgendwo das Leben pulsiert, weil man im Zentrum des wirtschaftlichen, kulturellen und politischen Lebens des Inselstaates wohnt. Und jeder wird seine Freunde so beschreiben: heiter, lebensfroh, unkonventionell und nicht klein zu kriegen — das Faszinierendste an dieser Stadt sind ihre Menschen. Besuchen Sie Jakarta. Es lohnt sich!

/orher-
jehende
ieiten:
Präsident
Suharto und
seine Frau
m wieder
ugänglichen
Borobudur.
Zug bei
Cirebon.
.inks:
akarta.
Rechts:
Vational-
enkmal.

Die Königin unter den Städen des Ostens

Das Mündungsgebiet des Ciliwung, in dem Jakarta liegt, ist seit altersher von Menschen bewohnt. Während des 15. und 16. Jahrhunderts entwickelte es sich zu einem bedeutenden Ausfuhrhafen für Pfeffer.

1618 verlegte Jan Pieterszoon Coen, der Architekt des ostindischen Imperiums der Holländer, sein Hauptquartier hierher, ließ die alte Stadt Jayakarta niederreißen und unter dem Namen Batavia neu aufbauen.

In der Ära der holländischen Ostindiengesellschaft (VOC, 1602—1799) erlebte Batavia seinen Aufstieg und Niedergang. Im 17. Jahrhundert wurde die Stadt durch den Handel mit Zucker, Pfeffer, Gewürznelken, Muskat, Tee, Textilien, Porzellan, Harthölzern und Reis reich. Nach 1700 aber erschütterten sie eine Reihe ernsthafter Krisen: fallende Marktpreise, mehrere Epedemien, ein grauenhaftes Massaker an den in Batavia lebenden Chinesen (1740), kriegerische Auseinandersetzungen und die seit Gründung der VOC herrschende Korruption. All das führte zum Nieder-

der Stadt, die sich einst „Königin der Städte des Ostens" rühmen durfte.

Zu Beginn des 19. Jahrhunderts erhielt die Stadt unter dem „eisernen" Generalgouverneur Willem Daendels, einem Anhänger Napoleons, ein neues Gesicht. Die alte Stadt wurde abgerissen, um Baumaterial für eine neue im Süden zu gewinnen, die heutigen Stadtteile Medan Merdeka und Lapangan Banteng. Daendels ließ die Stadt im damals vorherrschenden Baustil des französischen Empire und des Neoklassizismus mit alleeartigen Boulevards und großzügigen Gartenanlagen wiederaufbauen, die ihr eine gewisse Anmut und Eleganz verliehen. Durch große Erfolge einer intensiven Landwirtschaft auf Java kam die Kolonie erneut zu Reichtum. Um die Jahrhundertwende hatten die Wohnhäuser, Hotels und Clubs in Batavia durchaus europäisches Niveau.

Während der japanischen Besatzungszeit (1942—45) erhielt Batavia wieder den Namen Jakarta und erlebte eine dramatische Umgestaltung von einer kleinen holländischen Kolonialstadt mit 200 000 Einwohnern zu einer indonesischen Großstadt mit mehr als einer Million Einwohner. Nach der Unabhängigkeit strömten Hunderttausende von Indonesiern aus dem Landesinnern und von den umliegenden Inseln in die Stadt; schon bald übertraf Jakarta alle anderen indonesischen Städte an Größe und Bedeutung und wurde zum unumstrittenen politischen, kulturellen und wirtschaftlichen Zentrum des neuen Staates.

Der alte Hafen

Den malerischen Hafen **Sunda Kelapa** sollte man am besten bei Sonnenaufoder Sonnenuntergang besichtigen. Seinen Namen hat er von einer Gewürzhandelsstation aus der Hindu-Zeit, die vor mehr als 450 Jahren erobert wurde und unter islamische Herrschaft geriet. Wie Überbleibsel aus vergangenen Tagen liegen hier die traditionellen *pinisi,* nur aus Holz gebaute Segelschiffe, die heute im Wirtschaftsleben Indonesiens eine ebenso wichtige Rolle spielen wie damals. Tag für Tag werden an einem seit 1817 benutzten 2 km langen Kai 70 bis 80 dieser Schiffe entladen, fast immer ist ihre Fracht Nutzholz aus Kalimantan (Borneo). Am frühen Morgen durch das quirlende Leben am Hafen zu

Die Kirche in Batavia (1811).

spazieren und zu beobachten, wie der Wind die riesigen Segel aufbläht, ist eines der unvergeßlichen Erlebnisse in Jakarta.

Um Sunda Kelapa findet man überall Spuren der Geschichte. Jenseits des Flusses steht der *Uitkijk,* ein Aussichtsturm aus dem 19. Jahrhundert, der auf dem Gelände des Pabean, der ehemaligen Zollbehörde von Jayakarta, erbaut wurde. Hier überreichten die Händler ihre Geschenke und entrichteten ihren Tribut an den Herrscher, der ihnen dafür erlaubte, ihre Geschäfte abzuwickeln. Manchmal ist der Turm zugänglich und man hat dann einen weiten Ausblick über Stadt und Küste.

Hinter dem Aussichtsturm steht ein langes zweigeschossiges Gebäude aus den Zeiten der VOC, das heute das *Bahari Museum* beheimatet. 1652 von den Holländern als Lagerhaus erbaut, diente es lange Zeit als Speicher für Kaffee, Tee und indische Textilien. Heute sind darin alle möglichen Segelschiffe aus dem ganzen Archipel und alte Karten von Batavia ausgestellt. Hinter dem Museum, am Ende einer engen Gasse, stößt man auf einen Fischmarkt (Pasar Ikan). In der Umgebung liegen zahllose Läden, die Schiffszubehör verkaufen.

Alt-Batavia

Batavia entstand im dritten Jahrzehnt des 17. Jahrhunderts als kleine, mauerbewehrte Stadt nach dem Vorbild Amsterdams. Der größte Teil des ursprünglichen Batavia wurde zu Beginn des 19. Jahrhunderts zerstört, nur der alte Stadtkern überlebte, wurde später restauriert und in **Taman Fatahillah** umbenannt. Drei der im Umkreis stehenden Kolonialgebäude wurden zu Museen umfunktioniert: das Jakarta History Museum, das Fine Arts Museum und das Wayang Museum. Geöffnet sind sie Dienstag bis Donnerstag von 8.30 bis 14.30 Uhr, Freitag von 8.30 bis 23 Uhr, Samstag von 8.30 bis 13 Uhr. Montags sind sie geschlossen.

Zunächst sollte man das **Jakarta History Museum** an der Südseite des Stadtplatzes besuchen. Es war früher das Rathaus von Batavia, das 1710 vollendet wurde und bis Ende der 60er Jahre als Regierungsgebäude diente. Heute findet man hier zahlreiche Erinnerungsstücke aus der Kolonialzeit, vor allem

Blick auf das heutige Jakarta.

Möbel aus dem 18. Jahrhundert und Porträts der holländischen Gouverneure, aber auch viele frühgeschichtliche, klassische und portugiesische Gegenstände. In den Kerkeranlagen, von der Rückseite des Gebäudes zu sehen, standen einst die Gefangenen in hüfthohen Abwässern und warteten wochenlang auf ihren Prozeß. Damals waren Hinrichtungen und Folterszenen tägliche öffentliche Schauspiele, von den Richtern aufmerksam verfolgt.

Das **Wayang Museum** an der Westseite des Platzes stellt viele, oft seltene Puppen und Masken aus. Hier finden sich *wayang kulit,* Schattenspielfiguren aus Büffelleder; *wayang golek,* dreidimensionale Puppen; *wayang klithik,* flache Puppen; *potehi,* chinesische Handspielpuppen; *wayang siam,* thailändische Schattenspielfiguren; *wayang suluh,* patriotische Schattenspielfiguren; *wayang wahyu,* biblische Schattenspielfiguren und sogar eine Puppe, die J. P. Coen, den Gründer Batavias, darstellt. Sehenswert sind auch die einfachen Puppen aus Reisstroh und Bambus. Außerdem gibt es eine Sammlung von *topeng*-Masken und Grabsteine verschiedener holländischer Gouverneure zu besichtigen. Jeden Sonntagvormittag zwischen 10 und 11 Uhr findet eine Puppenvorführung statt.

Das Fine Arts Museum, auch **Seni Rupa Museum** genannt, beherbergt im früheren Justizgebäude, an der Ostseite des Fatahillah-Platzes, eine Sammlung moderner indonesischer Malerei und Skulptur sowie seltenes Porzellan — darunter wertvolle Keramiken der Song-Dynastie, alte javanische Wasserkrüge (*kendhi*) und Terrakottaarbeiten aus der Majapahit-Periode (14. Jahrhundert).

Ehe man den Platz hinter sich läßt, sollte man zur Nordseite hinübergehen, wo eine Kanone aufgestellt ist. Man nennt sie Si Jago und hält sie für ein Fruchtbarkeitssymbol, vermutlich, weil in ihr hinteres Ende eine Faust eingegossen ist, die eine obszöne Geste symbolisiert — den zwischen Zeige- und Mittelfinger gesteckten Daumen. Ab und zu sieht man junge Liebespaare mit Opfergaben davor. Die jungen Mädchen setzen sich breitbeinig auf das Kanonenrohr, im magischen Glauben, dadurch bald schwanger zu werden.

Hinter dem Wayang Museum sind zwei holländische Häuser aus dem 18. Jahrhundert sehenswert. Auf der

Im Hafen von Jakarta.

anderen Kanalseite steht links ein rotes Ziegelsteinhaus (Jl. Kali Besar Barat, Nr. 11), das vom späteren Gouverneur Van Imhoff erbaut wurde. Die Fassade und vor allem die chinesisch beeinflußte Holzverkleidung ist typisch für die alten Bürgerhäuser Batavias. Drei Häuser weiter links steht das einzige Haus aus der gleichen Zeit, heute Sitz der Chartered Bank. Mehrere Häuserblocks nördlich erinnert eine alte hölzerne Zugbrücke, die den Kanal überquert, an die Zeiten, als Batavia eine holländische Stadt mit vielen Wasserstraßen war.

Wie auch in anderen ehemaligen Kolonial-Städten Asiens, grenzt die Chinatown Jakartas unmittelbar an das alte europäische Stadtzentrum an — in Jakarta heißt sie **Glodok** und liegt südlich der Stadtmitte. Nehmen Sie sich die Zeit für einen einstündigen Bummel durch den belebtesten Stadtteil Jakartas. Am besten geht man am Glodok Plaza City Hotel in der Jl. Pancoran los und durchquert das Gewirr von Gassen.

Das Zentrum Jakartas

Eine Rundfahrt durch das Zentrum von Jakarta beginnt am **National Monument** (Monas), einem 137 m hohen Marmorobelisken in der Mitte des Medan Merdeka, dem Platz der Freiheit. An der Spitze des Monumentes befindet sich eine Aussichtsplattform und eine 14 m hohe, mit 33 kg Gold überzogene Flamme aus Bronze. Es wurde von Sukarno in Auftrag gegeben und 1961 vollendet — eine Mischung von olympischer Flamme und amerikanischer Freiheitsstatue, in der die Phallussymbolik der uralten hinduistisch-javanischen *lingga* anklingt. Im Sockel werden Dioramen mit Szenen aus der indonesischen Geschichte gezeigt. Innerhalb weniger Sekunden rast ein Aufzug hinauf zur Beobachtungsplattform. (Geöffnet täglich von 9 bis 17 Uhr.)

Vom Nationaldenkmal aus die Jl. Gajah Mada in nördlicher Richtung gehend, kommt man zum **National Archives,** in der letzten Reihe von Villen untergebracht, die von reichen Beamten der holländischen Ostindiengesellschaft gebaut wurden. Leider braucht man für die Besichtigung des Archivs eine Sondererlaubnis. Aber selbst von der Straße aus kann man die herrlichen Tischlerarbeiten und die gepflegten Gärten be-

Im National-Museum.

wundern, die einst charakteristisch für Batavia waren.

Zum Medan Merdeka zurückgekehrt, gelangt man zum **Presidential Palace,** der zwischen der Jl. Medan Merdeka und der Jl. Veteran liegt. Der Präsidentenpalast besteht aus zwei neoklassizistischen Villen. Die ältere von beiden, Istana Negara, liegt nach Norden und wurde von einem reichen holländischen Kaufmann um 1800 erbaut. Sie diente lange Zeit als Stadtwohnung des Gouverneurs, dessen offizielle Residenz sich in Bogor befand. Die nach Süden liegende Istana Merdeka stammt aus dem Jahr 1879. Während Präsident Sukarno lieber im Palast wohnte und üppige Festbankette gab, lebt Präsident Suharto lieber in seiner wesentlich bescheideneren Wohnung in Menteng.

Östlich des Palastes erhebt sich die **Istiqlal Mosque,** eine eindrucksvolle Anlage aus weißem Marmor mit einer riesigen Kuppel und schlanken Minaretten.

Nach ihrer Fertigstellung wird sie die größte Moschee Südostasiens sein. Ihr gegenüber liegt das hochmoderne Verwaltungsgebäude der staatlichen Ölgesellschaft Pertamina, die ein Zehntel der Ölfördermenge der OPEC liefert und gut die Hälfte aller Staatseinnahmen erwirtschaftet.

Östlich der Moschee erstreckt sich **Lapangan Banteng.** Der Platz ist an seiner Nordseite von der neugotischen National Cathedral (vollendet 1901), an der Ostseite vom Obersten Gerichtshof (1848) und dem Finanzministerium (1982), an der Südseite vom bombastischen Borobudur-Hotel begrenzt. In der Mitte des Platzes steht die Statue eines muskelprotzenden Riesen, der seine Ketten zerreißt. Es ist das **Irian Jaya Freedom Memorial,** das Sukarno 1963 hier errichten ließ, um an die Annexion Irian Jayas zu erinnern.

An der Westseite des Medan Merdeka stößt man auf einen der großen Kulturschätze Indonesiens: das **National Museum.** Eröffnet wurde es 1868 von der Gesellschaft für Kunst und Wissenschaft Batavias, die 1778 gegründet wurde und die erste ihrer Art im kolonialisierten Asien war. Das Museum beherbergt eine ungeheure Fülle wertvoller Antiquitäten, Bücher und volkskundlicher Gegenstände, die von den Holländern zusammengetragen wurden. Die Ausstellungsstücke sind wirklich faszi-

Istiqlal Mosque.

nierend, aber leider schlecht beschriftet. Allein für die hinduistisch-javanischen Steinfiguren, die frühgeschichtlichen Bronzearbeiten und das chinesische Porzellan braucht man einige Stunden. Die Hauptattraktion jedoch ist im Treasure Room, der nur sonntags von 10 bis 12 Uhr geöffnet ist: ein zusammengeraubter Schatz königlicher Erbstücke aus ganz Indonesien. Die Öffnungszeiten des Museums: Dienstag bis Sonntag von 8.30 bis 14.30 Uhr (freitags nur bis 11 Uhr und samstags nur bis 13 Uhr). Montags ist geschlossen.

Kebayoran Baru

Mieten Sie ein Taxi und wappnen Sie sich für eine rasante Fahrt die Jl. Thamrin und Jl. Sudirman hinunter zur neuen Satellitenstadt **Kebayoran Baru.** Entlang des Weges werden Sie eine Menge Denkmäler der neuesten wirtschaftlichen Entwicklung Indonesiens zu Gesicht bekommen: Banken, Hotels, Einkaufszentren und Bürogebäude. Noch vor 20 Jahren war hier nichts zu sehen, heute reihen sich Hochhäuser aneinander.

Hochzeitskleidung aus Westsumatra (im Taman Mini in Jakarta).

Kebayoran ist das Wohnviertel für die Upper class Jakartas. Wenn Sie sich eine Vorstellung davon machen wollen, was sich wohlhabende Indonesier heute alles leisten können, sollen Sie einen Supermarkt oder ein Kaufhaus in diesem Stadtteil besuchen, am besten in der Nähe von **Blok M.** Nach Meinung der Weltbank ist Jakarta nach westlichen Maßstäben eine der teuersten Städte der Welt. Versäumen Sie nicht, in eines der schicken Restaurants oder in einen Pub zu gehen! Und vergessen Sie nicht, sich eine der Wohnungen im westlichen Stil mit Klimaanlage anzuschauen, für die man 1500 US-$ monatlich bezahlen muß, und zwar für drei Jahre im voraus!

Indonesien en miniature

Die Grundidee des **Taman Mini,** des „Parks mit dem schönen Indonesien im kleinen" ist, den ganzen Archipel en miniature vorzustellen. Natürlich ist das ein unmögliches Kunststück, aber zumindest sieht man in diesem Park einige der Abertausende von Inseln, die man nicht besuchen kann.

Taman Mini liegt 6 km südlich von Jakarta und umfaßt nahezu 100 ha, auf denen 27 Pavillons stehen — für jede indonesische Provinz einer. Sie stehen dicht gedrängt um einen See herum, in dessen Mitte sich eine dreidimensionale Reliefkarte des indonesischen Archipels befindet. Um den traditionellen Baustil jeder Provinz möglichst getreu wiederzugeben, hat man die Pavillons nur mit authentischem Baumaterial und von einheimischen Arbeitern bauen lassen. Im Innern sind jeweils Handwerksprodukte, traditionelle Kostüme, Musikinstrumente und vieles andere aus der jeweiligen Provinz ausgestellt. Vieles davon wird als Souvenir verkauft.

Es gibt in Taman Mini mindestens 30 weitere Attraktionen, darunter einen tropischen Vogelgarten, einen Orchideengarten, ein Modell von Borobudur im Maßstab 1:4 und das großartige **Museum Indonesia** — ein dreistöckiger Palast im balinesischen Stil, angefüllt mit traditionellen Kostümen, Häusern, Booten, Puppen, Juwelen und Hochzeitskleidern.

Am Sonntag finden in den Pavillons Tanz-und Theateraufführungen statt, die beim Publikum sehr beliebt sind.

JAVA: DAS HERZSTÜCK INDONESIENS

Die fruchtbare Insel Java, Heimat unserer frühesten Vorfahren, ist fast zu einer Welt für sich geworden. Auf einer Fläche der Größe wie Englands leben mehr als 100 Mio. Menschen, also durchschnittlich 800 auf jedem Quadratkilometer.

Beeindruckend an Java sind seine reiche Geschichte und sein einzigartiges Kulturerbe. Javanische Tanz- und Bühnenkunst, *wayan*-Puppen, *gamelan*-Musik und Batikstoffe sind ebenso weltbekannt wie die alten Tempel und Paläste.

Weniger bekannt dürfte die überwältigende Schönheit der javanischen Landschaft sein. Hier kann fast jeder etwas für seinen Geschmack finden, ob es nun die tropischen Regenwälder in Ujung Kulon, die Bergwiesen am Mt. Gede/Pangrango, die schwarzen Sanddünen von Parangtritis oder die unvergeßliche Mondlandschaft am Mt. Bromo ist.

Der Garten des Ostens

Seit Menschengedenken ist Java als ein üppiges Inselparadies bekannt. Hier — auf fruchtbaren vulkanischen Böden, getränkt vom Monsunregen und unter den Strahlen der Äquatorsonne — haben sich einst, bevor der Mensch sein Zerstörungswerk begann, die üppigsten tropischen Regenwälder der Erde ausgebreitet, ein Gewirr von exotischen Blumen, Palmen, Früchten, Farnen, Lianen, Epiphyten und riesigen Hartholzbäumen.

Seit Jahrtausenden leben hier Nashörner *(badak)*, Tiger, Wild *(banteng)*, der Zwerghirsch *(kancil)* und der javanische Gibbonaffe. Heute findet man sie nur noch in wenigen Dschungelgebieten, zusammen mit Zibetkatzen, fliegenden Hunden, Kokoseichhörnchen, Waranen, Krokodilen, Pythonschlangen, Eisvögeln, Silberreihern, Nashornvögeln, Seeschwalben, Staren und Pfauen. Der große Naturforscher Alfred Russel Wallace war von der Vielfalt und dem Reichtum der Flora und Fauna in Java so begeistert, daß er Java, „diese prächtige und fruchtbare Insel", den „Garten des Ostens" nannte.

Kennzeichnend für Java sind seine vielen Vulkane. Es gibt fast keinen Punkt auf der Insel, von dem aus man nicht einen der 121 Vulkankegel majestätisch in den Himmel ragen sieht, manchmal bis zu einer Höhe von 4000 m. Etwa 30 dieser Giganten sind noch aktiv und produzieren mancherorts brodelnde Sumpfkesseln, hochschießende Gasfontänen und heiße Schwefelquellen. Alle paar Jahre verursachen unterirdische Erdspannungen mächtige Eruptionen von Lava und Asche, bei denen giftige Gase, heiße Staubwolken *(ladoes)* und brodelnde Schlammlawinen *(lahars)* freigesetzt werden. Manchmal weden dabei ganze Dörfer ausgelöscht, Hunderte von Menschen getötet und Tausende obdachlos.

Links: Sri Sunan Pakubuwana XII am Jahrestag seiner Krönung. Rechts: Bauer aus Zentraljava, einem der fruchtbarsten Gebiete Indonesiens.

Aber trotz ihrer zerstörerischen Kraft sind die Vulkanausbrüche der Grund für die legendäre Fruchtbarkeit Javas. Denn im Gegensatz zu anderen Gebieten der Erde, in denen das ausgestoßene Material säurehaltig ist, ist es auf Java basisch und reich an löslichen Pflanzennährstoffen wie Calcium, Magnesium, Stickstoff und Phosphor. Deshalb bedeuten die Aschenwolken, die mit so zerstörerischer Gewalt in die Atmosphäre gespien werden und über der Landschaft niedergehen, in Wirklichkeit einen Segen. Denn überall, wo sich die Asche absetzt, die von den Monsunregen hingeschwemmt wird, erhöht sie die Bodenfruchtbarkeit.

Geologisch gesehen sind die Insel und ihre Vulkane außerordentlich jung, höchstens

3 Mio. Jahre alt. Sie sind durch tektonische Spannungen entlang einer Erdfalte zwischen zwei sich gegeneinander bewegenden Platten der Erdkruste entstanden. Auf der Erdfalte aufliegendes weiches Sedimentgestein wurde ebenfalls gefaltet und hochgeschoben. So kam die geologische Grundstruktur der Insel zustande: zwei fast parallele Längsfalten, dazwischen ein tiefer Mittelgraben, der im Westen schmal ist und sich nach Osten hin erweitert, ehe er schließlich in der Meerenge von Madura verschwindet.

Dieser Graben ist verantwortlich dafür, daß sich die Vulkane Javas nach oben geschoben haben und heute eine majestätische Phalanx von Gipfeln bilden, die immer wieder das Flachland durch ihre vulkanischen Ablagerungen verändern. Im Westen haben die eng aneinander gereihten Vulkane im Lauf der Zeit ein Gewirr von Hochländern und zwei Becken (bei Bandung und Garut) geschaffen, die lange Zeit kaum zugänglich waren; erst im 19. Jahrhundert wurden sie von den Holländern durch Straßen und Eisenbahnen erschlossen.

Im mittleren und östlichen Teil der Insel sind durch die Verbreiterung des Grabens und die im Umkreis von 30 bis 50 km stehenden Vulkangruppen eine beeindruckende Kette von fünf sanft ansteigenden Zwischentälern entstanden, die als eine der Wiegen der Menschheit gelten dürfen. Von der Nordküste sind diese Täler durch die Kendeng-Bergkette abgeschnitten, vom Indischen Ozean durch eine Gruppe hochliegender Kalksteinplateaus. Dennoch hat es immer Beziehungen zwischen den Tälern gegeben, und heute sind in allen große städtische Ballungsräume entstanden (Yogyakarta, Surakarta, Madiun, Kediri und Malang).

Angesichts der idealen klimatischen und landwirtschaftlichen Bedingungen auf der Insel ist es nicht erstaunlich, daß Java schon sehr früh besiedelt wurde. In Java liegt die Fundstätte des ältesten bekannten *homo erectus,* bekanntgeworden als ,,Java-Mensch''. (Siehe Teil I, ,,Frühgeschichte''.) Erstaunlich jedoch, wieviel Menschen die Insel ernähren kann.

Um 1800 hatte Java etwa 3,5 Mio. Einwohner. Gewiß — diese Zahl wurde niedrig gehalten durch Kriege und Hungersnöte. Aber alles in allem entspricht sie der Bevölkerungszahl der großen hinduistisch-buddhistischen Reiche. Der bewässerte Reisanbau war immer die Grundlage der javanischen Zivilisation, und solange die Bevölkerung relativ klein blieb, konnten selbst bei selektiver Landnutzung enorme Überschüsse erwirtschaftet werden.

Die Macht der ersten javanischen Herrscher beruhte auf diesen Reisüberschüssen, die es ihnen ermöglichten, sich Armeen von Soldaten und Arbeitern zu halten. Später, infolge der fortschreitenden Ausdehnung des Welthandels während der hinduistischen und islamischen Zeit, wurden Überschüsse verschifft und anderswo verkauft. Die Händler brachten dafür wertvolle Metalle, Edelsteine, Textilien, Keramiken und andere Waren zurück nach Java.

Das änderte sich grundlegend, als die Holländer das politische und wirtschaftliche Leben Javas beherrschten. *Cultuurstelsel*-System von Zwangsarbeit und Ertragssteuer (1830—1870) war der traurige Höhepunkt. Durch dieses System kam mehr und mehr Brachland unter den Pflug, und die Holländer konnten die Ernten mit fetten Profiten auf den Weltmärkten verkaufen.

Eine unvorhergesehene Nebenwirkung dieser kolonialistischen Politik war das nun einsetzende unkontrollierte Bevölkerungswachstum. 1900 war die Bevölkerungszahl bereits bei 28 Mio. angelangt, und heute liegt sie bei 110 Mio.

Nicht jeder Einwohner der Insel ist Javaner. Im Hochland von Westjava leben zum größten Teil Sundanesen, ein Volk mit eigener Sprache und Identität. Die Javaner selbst machen etwa zwei Drittel der Gesamtbevölkerung aus. Sie bewohnen die fruchtbaren Ebenen Zentral- und Ostjavas sowie Küstenstriche im Norden, mit Ausnahme der Insel Madura und der ihr nahegelegenen javanischen Küstengebiete (dort wohnen Maduresen). In den abgelegenen Hochländern der West- und Ostspitze der Insel leben die kleineren Volksgruppen der Tengeresen und Badui. In den Handelshäfen an der Nordküste schließlich sind wahrhaft kosmopolitische Gemeinschaften entstanden, wo eingewanderte Chinesen, Araber, Europäer, Händler und Seefahrer aus dem ganzen Archipel zusammenleben.

Jede dieser Gruppen hat ihr eigenes geschichtliches Erbe, ihre eigene Sprache und Kultur. Die Hauptstadt Jakarta hingegen ist inzwischen so sehr zum Schmelztiegel der Kulturen geworden, daß sie unter Indonesiern gar nicht mehr als Teil von Java gilt. Auf der ganzen Insel ist das vom Malaiischen abstammende *Bahasa Indonesia,* die indonesische Nationalsprache, lingua franca. Aber in fast allen Dörfern und Städten ist die Alltagssprache entweder Sundanesisch, Javanisch oder Maduresisch.

Auch kulturell ist Java ein riesiges Potpourri. Tanz- und Bühnenkunst leben von den Motiven aus alten hinduistischen Epen,

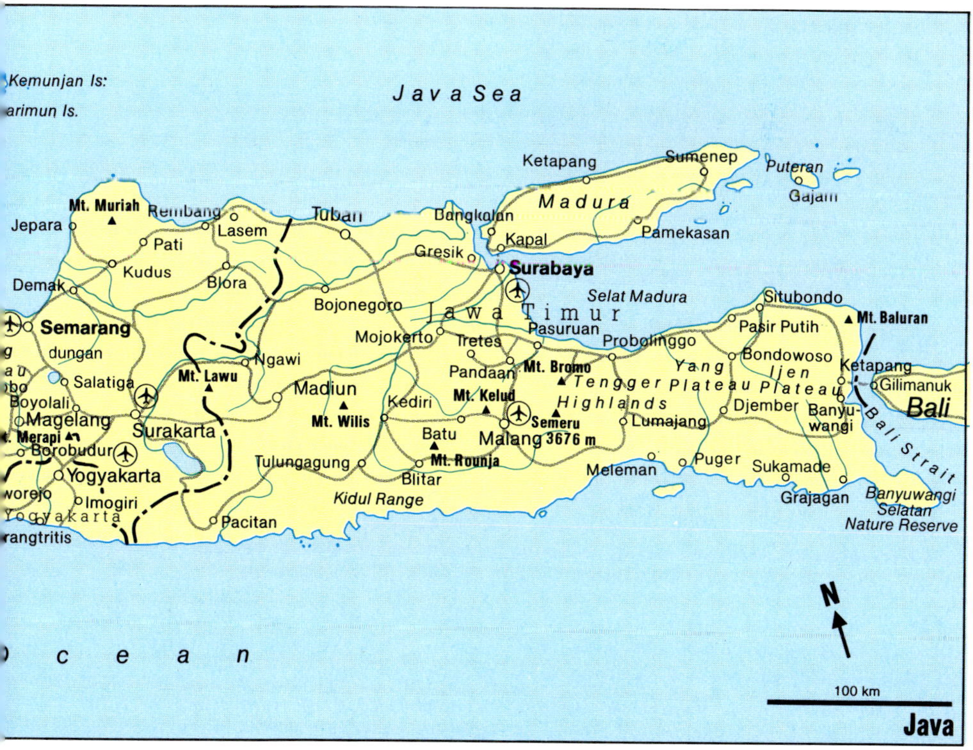

Heldensagen islamischer Krieger und Legenden entnommen, die sich um uralte javanische Volkshelden ranken. In den Moscheen findet man *hajis* mit weißen Kappen und Gebetsketten, vor chinesischen Tempeln passiert man Steinlöwen am Eingang, in den Kirchen hört man christliche Choräle. Es gibt Rituale, um sich in Trance zu versetzen, Puppen aus Holz und Leder, von denen sich das einheimische Publikum die ganze Nacht lang in Entzücken versetzen läßt, und schließlich die Klangwellen der Gongs und Glockenspiele.

Doch hat das Bild der Insel auch eine Kehrseite. Kein Land der Welt, das jahrhundertelang von einer fremden Macht unterdrückt war, kann in einem Vierteljahrhundert wirtschaftliche und soziale Gerechtigkeit schaffen. Zu behaupten, es gäbe im übervölkerten Java keine Probleme, wäre Augenwischerei. Die Kluft zwischen Arm und Reich ist unübersehbar. Es gibt zu wenig Arbeitsplätze, Schulen und medizinische Einrichtungen. Es gibt Anzeichen für eine Entfremdung der Jugend und religiöse Unzufriedenheit. Immer stärker werden überlieferte Wertvorstellungen abgelehnt, während aus dem Westen importierte nicht Fuß fassen können.

Aber trotz dieser wirtschaftlichen und sozialen Probleme scheint niemand die Hoffnung verloren zu haben. Wer so spontan lachen und sich über kleine Dinge freuen kann wie die Javaner, ist nicht verzweifelt.

Java ist der ideale Ort für alle, die abseits der ausgetretenen Pfade reisen sollen. Die Ankunft eines Ausländers in einem abgelegenen Ort ist immer wieder ein Ereignis im Leben der Einheimischen. Man wird Sie mit einem schrillen „Londo, Londo“ empfangen, der ursprünglich „Holländer“ bedeutete, aber heute für jedes Bleichgesicht gilt. Eine ausgelassene Kinderschar wird Ihnen durch die Dorfstraßen folgen und immer wieder „Hallo Mister“ rufen. Und wenn Sie in einer Garküche einen Berg gerösteten Reis essen, werden Dutzende von Augen auf Sie geheftet sein und ständig wird frech gekichert und gelacht.

Manchmal, wenn Sie nach einer anstrengenden Tagesreise müde und angespannt sind, ist Ihnen vielleicht zum Losbrüllen zumute. Aber immer, wenn die Stimme schärfer wird und sich die Gemüter erhitzen, ist der überreizte Westler daran schuld, weil er im engen Korsett verplanter Sekunden, Minuten und Stunden steckt — verständnislos für das sanfte Verfließen der Zeit auf Java. Auch vor dem körperlichen Kontakt schreckt fast jeder westliche Besucher zurück. Die Javaner nicht. Auf einem Platz für zwei kommen immer drei unter, denn Nähe bedeutet ihnen Freundlichkeit und menschliche Wärme.

Auch wenn Sie schon eine lange Liste zu besichtigender Tempel, Orte und Tanzvorführungen im Kopf haben oder nach Lektüre der folgenden Seiten zu planen beginnen wollen, sollten Sie immer daran denken, daß es in Java ein schwerer Fehler ist, sich zu viel vorzunehmen und nur noch nach Terminen von Flugzeugen, Zügen und Bussen oder nach Besichtigungszeiten und Veranstaltungskalender zu leben. Nehmen Sie sich lieber einige Tage frei und machen einen Ausflug in die kühlen Berge, zur abgeschiedenen Südküste oder der von Touristen noch kaum entdeckten Nordküste. Oder besuchen Sie einen der weniger bekannten hinduistischen Tempel auf der Insel. Aber vor allem sollten Sie sich Zeit lassen. Denn wie sonst wohl kaum in der Welt, hat man als Reisender in Java die Chance zu spontanem menschlichen Sichkennenlernen. Nutzen Sie sie. Dann werden Sie eintauchen können in eine Welt voller Vielfalt und Vitalität.

Oben: Reisernte in Zentraljava. Obwohl über 50 % der Bodenfläche Ackerland sind, muß Java Nahrungsmittel importieren. Rechts: Lächelnde javanische Kinder.

WESTJAVA

Nach einem kurzen Aufenthalt in Jakarta zieht es den Reisenden auf der Suche nach entspannenderen Landstrichen meist weiter nach Yogyakarta und Bali. Wenige Besucher würden vermuten, daß auch in Westjava, nur wenige Stunden von der Hauptstadt entfernt, sandige Strände und atemberaubende Landschaften zu finden sind, die keinen Vergleich mit den stärker frequentierten Zielen im Osten scheuen müssen.

Es mag zwar zutreffen, daß es den Sundanesen an höfischer Kultiviertheit und Architekturdenkmälern einer hochstehenden Zivilisation mangelt, Westjava ist deshalb noch lange kein kulturelles Armenhaus. Ihre rhythmisch-komplexe *gamelan*- und *angklung*-Musik, die weitverbreiteten *jaipongan*-Tänze, sowie das lebhafte *wayang golek*-Puppentheater haben mindestens ebensoviel Anerkennung erfahren wie ähnliche Kunstformen Zentraljavas und Balis.

Vor allem zählt das ,,Sunda-Land" zu den schönsten und zugänglichsten Hochländern Indonesiens. Wer also schöne Bergwanderungen und interessante Beobachtungen seltener Wildtiere dem endlosen Kreislauf der Tempel-, Palast- und Tanzbesuche vorzieht, sollte erwägen, einige Zeit in Westjava zu verbringen.

Das ,,Sunda-Land" (Tanah Sunda) umfaßt etwa ein Drittel Westjavas. Obwohl sich seine Einwohner, die Sundanesen, äußerlich nicht von den Jajvern Zentral- und Ostjavas abheben, unterscheidet sich ihre Kultur erheblich. Bezeichnend ist ihre weich-fließende Sprache, ihr ausgeprägter Individualismus und ihr unerschütterliches Festhalten am Islam.

Westjava kann man grob in zwei abgegrenzte Regionen einteilen; das vulkanische Hochland Parahyangan (Sitz der Götter) und die Ebene an der Nordküste Die Küstenregion war jahrhundertelang aufgrund ihrer Handelshäfen fremden Einflüssen ausgesetzt. Kulturell hat eine Vermischung stattgefunden, und um Jakarta und Banten wird heute mehr Javanisch und Indonesisch als Sundanesisch gesprochen.

Obwohl das sundanesische Hochland bis zum 19. Jahrhundert schwer zugänglich und nur spärlich besiedelt war, ist es

Reisfeld-Landschaft in Westjava.

doch schon seit Jahrtausenden bewohnt. In mehreren Gegenden sind Steinwerkzeuge, Tonscherben und Stufenpyramiden aus dem Neolithikum gefunden worden. Auch die hinduistischen Königreiche von Tarumanegara, Galuh und Pajajaran aus dem 5. Jahrhundert haben eine Handvoll Tempel und Inschriften hinterlassen.

Anfang des 16. Jahrhunderts eroberten islamische Streitkräfte aus Demak und Cirebon die Städte von Banten und Jayakarta (später Batavia und Jakarta), wodurch Banten zu einem größeren Handelszentrum aufstieg. Sein Wohlstand und Einfluß gründete sich auf der Kontrolle des Pfefferhandels; Pfeffer wurde damals in Südsumatra (Lampung) in großem Umfang angebaut.

Die Holländer versuchten bald nach ihre Ankunft, den Pfefferhandel unter ihre Kontrolle zu bringen, was für einige Jahre zu einem harten Wettbewerb zwischen Banten und Batavia führte, bis sie schließlich Banten angriffen und unterwarfen. Um diese Zeit trat auch der Herrscher Zentraljavas (Amangkurat II) das rauhe Hochland von Priangan (Parahyangan) an die Holländer ab. Für viele Jahre jedoch regierten dort noch örtliche Herrscher, da es den Holländern nicht gelang, in die unwegsamen Berggebiete vorzudringen.

Erst die zwischen 1808 und 1811 erbaute große Poststraße quer durch Java, die der damalige Generalgouverneur Daendels in Auftrag gab, öffnete das sundanesische Hinterland; sie verband Batavia (über Bogor und Sukabumi) mit dem heutigen Bandung. Nach 1830 wurde das Hochland von Westjava zu einem Eckpfeiler der Kolonialwirtschaft. Dies verstärkt nach 1870, als die Holländer einigen Engländern gestatteten, hier Tee-, Chinchona (Chinarinde)- und Gummibaumplantagen zu betreiben. Schließlich waren es 5000 ha oder 10 % der Fläche Westjavas, die gerodet und mit Nutzpflanzen bebaut waren; am wichtigsten war Kaffee.

Das kühle Klima zog die Europäer an und so wurde zunächst Bogor (Buitenzorg) holländisches Verwaltungszentrum, später auch Bandung. Auch heute noch locken diese Städte unverhältnismäßig viele Zuwanderer an, aber auch moderne Industrien. Textil- und Arzneimittelbetriebe und sogar eine Flugzeugfabrik haben sich hier niedergelassen; so ist die Provinz von Westjava, zusammen mit Jakarta, heute eines der wirtschaftlich entwickeltsten Gebiete Indonesiens.

Spielende Kinder auf der alten Stadtmauer von Banten.

Jakarta entfliehen

Es gibt mehrere Wege, Jakarta zu entrinnen, ohne Westjava verlassen zu müssen. Am einfachsten fährt man per Boot oder Flugzeug zu einer der 600 Inseln nördlich der Stadt, bekannt als **Tausend Inseln** (Pulau Seribu). Einige der nähergelegenen Inseln, erwähnenswert ist Onrust, wurden von der East India Company für Lagerhäuser und Trockendocks genutzt; Ruinen dieser Kolonialeinrichtungen aus dem 17. und 18. Jahrhundert können noch heute besichtigt werden.

Viele Inseln sind in Privatbesitz und dienen als Wochenenddomizile. Eine davon, **Pulau Putri**, ist zu einem Erholungsgebiet mit klimatisierten Bungalows und einer Landebahn ausgebaut worden. Alle Inseln sind von Korallenriffen umgeben und bieten ausgezeichnete Wassersportmöglichkeiten. Man kann schnorcheln, tauchen, Wasserski fahren, windsurfen und segeln.

Ein weiterer schneller Fluchtweg,

demnächst noch schneller durch die Eröffnung der Schnellstraße Jakarta—Merak, ist die Spritztour zu Javas sandigen und einsamen **Stränden an der Westküste.** Je nach Transportmittel, gewähltem Weg und Verkehrsaufkommen, kann man nach drei bis fünf Stunden ein Bad und den kühlenden Meereswind genießen.

Für geschichtlich Interessierte wird es sich lohnen, in dem Dorf **Banten** anzuhalten, das im 16. Jahrhundert einer der größten und weltoffensten Handelsplätze ganz Asiens war. Banten wurde 1808 auf Anordnung des holländischen Generalgouverneurs Daendels dem Erdboden gleichgemacht und ist heute nur noch ein kleines Fischerdorf an einem Meeresarm. Dennoch lohnen die Ruinen zweier Paläste und einer holländischen Festungsanlage sowie eine interessante Moschee (samt angeschlossenem Museum) und ein berühmter chinesischer Tempel den Umweg. (Siehe Kurzführer.)

Ungefähr 110 km westlich von Jakarta, biegt in Cilegon die Hauptstraße rechts ab und erreicht nach weiteren 13 km den kleinen Hafen von **Merak,** wo stündlich die Fähren nach Bakauheni auf Sumatra abfahren. Zwar gibt es in Merak einen schmalen Strand und ein gutgeführtes Motel, die breiteren Strände zwischen Anyer und Carita weiter südlich sind jedoch einladender. Die Gegend von **Cilegon** selbst beherrscht der gewaltige Krakatau-Stahlwerkskomplex mit angeschlossenem 18-Loch-Golfplatz und Gästehaus.

20 km südwestlich von Cilegon findet man hinter dem Dorf **Anyer** hübsche Buchten und kilometerweite, verlassene Sandstrände, aber auch einen Leuchtturm und ein luxuriöses Strandhotel mit Schwimmbad und Kegelbahnen. 6 km vom Strandhotel entfernt, bei **Karang Bolong,** bildet ein gewaltiger Felsen einen natürlichen Arkadendurchgang zum Meer; hierher kommen am Wochenende viele Jakarter zum Baden. 22 km weiter südlich bieten in der Nähe des Dorfes **Carita** zwei am Strand gelegene Bungalowanlagen gute Unterkunft, Schwimm-, Tauch- und Segelgelegenheit sowie Speisemöglichkeit.

Außer für Sonne, Meer, Sand und Einsamkeit ist diese Küste berühmt für seine Sonnenuntergänge und den Blick auf die unbewohnten Vulkaninseln (Rakata Islands) mit dem **Krakatau.** Dieser

Krakatau und Anak Krakatau.

Vulkan erlangte über Nacht eine traurige Berühmtheit, als er 1883, obwohl seit Jahrhunderten untätig, mit verheerender Gewalt ausbrach und ein riesiges Stück der Erdkruste ausriß, das einen unterseeischen Trichter im Ausmaß von 41 qkm hinterließ. Das hineinrasende Meereswasser hatte Flutwellen von bis zu 30 m Höhe zur Folge, die an der Küste mehr als 35 000 Menschenleben forderten. Auch in den folgenden Jahrzehnten kam der Vulkan nicht zur Ruhe. Inzwischen hat sich ein neuer Vulkankegel mit klaffendem Halbkrater aus dem Meer erhoben, der Anak Krakatau („Krakataus Sohn"). Im Hafen von **Labuan** kann man ein Boot mieten und vier kleine Inseln der Krakatau-Gruppe besuchen. Die ruhige Fahrt dauert etwa vier Stunden.

In Labuan kann man auch Boote zum **Ujung Kulon National Park** an der Südwestspitze Javas mieten. Dort bietet sich Gelegenheit, durch ursprüngliche, tropische Regenwälder zu wandern und einen Blick auf Javas seltene Wildtiere zu werfen. (Siehe Teil IV „Die Tierwelt Indonesiens".) Von Labuan aus führt Richtung Osten eine malerische Seitenstraße durch die Ausläufer des Parahyangan nach Rangkasbitung und Bogor. In der Gegend siedelt die geheimnisvolle Badui-Bevölkerung. (Zu allem siehe auch im „Kurzführer".)

Der Palast in Bogor.

Die dritte und vielleicht schönste „Fluchtroute" aus Jakarta ist der Anstieg in die dramatischen Parahyangan-Hochländer im Süden der Stadt. Auf der neuen Jagorawi-Schnellstraße, nur eine Fahrtstunde von Jakarta entfernt, liegt **Bogor.** Etwa 80 km landeinwärts und 290 m über dem Meeresspiegel gelegen, ist es hier angenehm kühler (und feuchter) als in Jakarta.

Hauptanziehungspunkt ist der herrliche **Botanical Garden** (Kebun Raya). 1817 von den Holländern eröffnet, wurde er im 19. Jahrhundert weltberühmt für seine tropischen Pflanzenarten sowie die Erforschung von Nutzpflanzen (Tee, Tabak, Chinarinde). Heutzutage wachsen hier über 15 000 verschiedene Arten von Pflanzen und Bäumen (einschließlich 400 Palmenarten), die sich mit weiten Rasenflächen, Teichen und Hainen abwechseln. In besonderen Gewächshäusern werden über 5000 verschiedene Orchideensorten aus Indonesien und dem Ausland gezüchtet. Es gibt auch ein ausgezeichnetes zoologisches Museum und eine mit reichillustrierter botanischer Literatur ausgestattete Bücherei. Am Nordende des Gartens steht der elegante, weißgetünchte Sommerpalast des Präsidenten, der 1856 für die holländischen Generalgouverneure errichtet wurde. (Täglich von 9 bis 17 Uhr geöffnet, an Sonntagen sehr voll.)

Östlich von Bogor steigt die Straße stetig zum **Puncak Pass** an und windet sich durch gepflegte Teeplantagen. Beim Rindu Alam Restaurant, rechterhand, kurz vor dem Pass, lohnt sich ein Stop, um die phantastische (an einem klaren Tag) Aussicht auf Jakarta und die Küste zu genießen. Über der Straße, ein Stück bergabwärts, beginnt ein Pfd, der zum kleinen **Telaga Warna** („See der vielen Farben") führt.

7 km hinter dem Pass zweigt rechts eine Straße zum **Cibodas Botanical Garden** ab, einer Erweiterung des Kebun Raya, die berühmt ist für ihre Flora aus Berggegenden und gemäßigten Klimazonen aus aller Welt. Hier ist auch der Ausgangspunkt für die sechsstündige Bergwanderung zu den Gipfeln des Gede und Pangrango mit ihren schönen Aussichten, heißen Quellen, Wasserfäl-

len und interessanten Wildtieren. (Siehe Teil IV „Die Tierwelt Indonesiens“.) In der nahen Berghütte von **Cipanas** ist ausgezeichnetes Essen und Unterkunft zu haben. Ein idealer Platz, um ein paar Tage mit Wanderungen durch den Hochwald und die Teeplantagen zu verbringen.

Die wunderschöne, aber gefährliche Südküste Westjavas ist von Bogor aus leicht (ungefähr 2 Stunden mit dem Wagen) zu erreichen. Eine gut ausgebaute Straße windet sich von Ciawi südwärts über den Pass zwischen Mt. Pangrango und Mt. Salak. Üppige Gärten mit Gummibäumen, Teeplantagen sowie Reisterrassen säumen den Weg. Eine malerische Seitenstraße zweigt in Cibadak rechts ab und schlängelt sich zum Fischerdorf von **Pelabuhan Ratu** hinunter, wo der aufgewühlte, windgepeitschte Indische Ozean schäumt und auf glatte, schwarzsandige Strände donnert.

Das Dorf selbst ist noch unverdorben und lebhaft. Wenn die Boote am Morgen eingelaufen sind, wird am Fischmarkt ein tösender Handel mit frischem Thunfisch, Garnelen, Haien, Sprotten, Stachelrochen und anderen Delikatessen begonnen. Hinter dem Städtchen erstrecken sich kilometerlange, gute Badestrände mit einigen Hotels. (Siehe „Kurzführer“.) Gewarnt sei allerdings vor der Brandung und den tückischen Unterwasserströmungen, die es angeraten sein lassen, sich nicht weiter als hüfttief hinauszuwagen. In Cisolok, 9 km hinter Pelabuhan Ratu, beginnt eine schmale Straße, die zu einer Schwefelquelle führt. Wer ein robustes Fahrzeug und Abenteuergeist hat, kann bis zu den Goldminen von Citokok und darüberhinaus weiterfahren, um irgendwann bei Labuan auf die Westküste zu stoßen.

Bandung, „Stadt der Blumen“

Nur drei Stunden mit dem Zug (vier und mehr Stunden mit dem Auto) fährt man von Jakarta aus nach **Bandung**, einer kühlen Alternative zu der drückend heißen Hauptstadt. Bandung liegt 700 m über dem Meeresspiegel in einem von allen Seiten mit hohen Gipfeln umgebenen Kessel. Es hat heute 1,5 Mio. Einwohner und ist das kulturelle und wirtschaftliche Zentrum des Sunda-Lands.

Abgesehen von der charmanten kolo-

Tangkuban Prahu.

nialen Atmosphäre durch holländische Bauten aus den 20er und 30er Jahren gibt es wenig Sehenswürdigkeiten. Ein Besuch im **Geological Museum** (in der Jl. Diponegoro gegenüber dem imposanten Sitz der Provinzregierung von Gedung Sate) lohnt sich auf jeden Fall. Die außergewöhnliche Sammlung von Gesteinsproben, Karten und Fossilien enthält auch Repliken des berühmten „Java-Menschen“ oder *homo erectus.* Übrigens verkauft die Abteilung für Öffentlichkeitsarbeit im ersten Stock des Rückgebäudes Kopien holländischer Landkarten von nahezu ganz Indonesien.

Interessant in Bandung ist auch das Gelände des **Institute of Technology** (ITB), der besten und ältesten technischen Universität Indonesiens. Die 1920 erbaute Universitätsbibliothek enthält ein Wabengebilde hölzerner Regalreihen, und ITB-Studenten sind für ihre Mitteilsamkeit bekannt. Ein Vergnügen ist es, durch das holländische Einkaufsviertel in der Gegend der Jalan Braga zu schlendern und sich das renovierte Jugendstil-Hotel Savoy Homann in der Jalan Asia-Afrika anzuschauen. Gleich in der Nähe, in der Jalan Wastukencana, befindet sich der ausgedehnte Blumenmarkt. Wer an sundanesischer Darstellungskunst interessiert ist, kann morgens Kursen am Konservatorium (Jl. Buah Batu 212) oder an der privaten *angklung*-Schule von Pak Udjo (Jl. Padasuka 118) in den Vororten Bandungs zusehen. Am Abend bieten örtliche Theater und Clubs traditionelle Tanz-, Musik- und Puppenspielvorführungen an (siehe Kurzführer).

Mit dem Motorroller durch Bandung.

„Wohnsitz der Götter“

Am lohnendsten ist jedoch ein Ausflug zu den benachbarten Vulkankegeln. Am nahegelegensten ist der **Tangkuban Prahu,** das „gekenterte Boot“, 32 km nördlich der Stadt. Eine steile, schmale Straße zweigt kurz nach **Lembang** rechts ab, und windet sich in Serpentinen bis zum 1830 m hohen Kraterrand hinauf. Kalte Bergnebel und Schwefeldämpfe ziehen über gezackte Grate, und Souvenirverkäufer verkaufen einem seltsame, affenähnliche Gegenstände aus Baumfarnfasern. Dann macht man sich besser schnell auf den Weg hinunter zu den heißen Quellen von **Ciater,** 7 km nach dem Ausgang vom Tangkuban Prahu, um sich dort an einem Sprung in einen der siedendheißen Tümpel zu laben. In Ciater findet man ebenso wie in Lembang und im nahegelegenen **Maribaya,** mit heißen Quellen und Wanderwegen, auch eine Unterkunft.

Einige der im Süden gelegenen Gipfel sind noch spektakulärer, da aber höher und wenig besucht, schwierig zu finden. Die Schmiedemeister in **Ciwidey,** 30 km südwestlich von Bandung, stellen eine faszinierende Auswahl handgefertigter Dolche und Messer her. Ein Besuch ist angebracht, bevor man sich zum malerischen Petenggang-See oder aber zum Ciwidey-Krater aufmacht.

Pengalengan, inmitten scheinbar endloser Hügelketten und 40 km südlich gelegen, ist der Ausgangspunkt für Ausflüge zu den Cileunca-Seen und zum Mt. Papandayan. Wenn man zusätzlich noch die alte holländische Bergerholungsstation von **Garut** mit ihrem wiederaufgebauten hinduistischen Tempel besucht, kann man gut und gern Wochen in den südlichen Parahyangan-Bergen verbringen.

DIE NORDKÜSTE JAVAS

Die Häfen an der Nordküste Javas zählten einst zu den reichsten und geschäftigsten Städten der Insel. Hier wurde der Export von Agrarprodukten aus dem fruchtbaren Hinterland abgewickelt, hier wurden die großen Gewürzhandelsschiffe gebaut und ausgestattet, hierher kamen Kaufleute aus allen Winkeln der Erde. Zwischen 15. und 17. Jahrhundert, als der Islam zu einer wachsenden Kraft im Archipel wurde, waren sie auch religiöse und politische Zentren, deren Herrscher das Wort des Propheten sowohl in der Heimat als auch in der fremde zu verbreiten suchten.

Die meisten dieser Häfen sind seit langem versandet und nur wenige Denkmäler sind erhalten geblieben. So kommen auch wenig Touristen an die Nordküste, obwohl das Kunsthandwerk dieser Gegend zu den besten Indonesiens zählt, und hier vieles anzuschauen ist, wie exzentrische Paläste, antike Moscheen, quirlige Märkte, heilige Grabmäler und bunte chinesische Tempel. In jedem Fall ist die Nordküste noch nicht vom Tourismus überlaufen.

Cirebon

Das alte Sultanat von **Cirebon,** einst ein mächtiges höfisches Zentrum, ist immer noch ein faszinierendes Potpourri sundanesischer, javanischer, chinesischer, islamischer und europäischer Einflüsse. Heute ist es ein verschlafener Ort mit einem kleinen Hafen und einer beachtlichen Fischereiindustrie. Cirebon ist bekannt für gute Meeresküche. Das besondere der Stadt erschließt sich in den seitengassen, wo seine bunte Vergangenheit schnell lebendig wird.

Cirebons zwei Hauptpaläste wurden beide 1678 erbaut, damit jeder der damaligen Prinzen einen eigenen Hof gründen konnte. Der **Kraton Kesepuhan** (Palast des ,,älteren Bruders") wurde auf der Stelle des Pakungwati-Palastes der früheren hinduistischen Herrscher aus dem 15. Jahrhundert errichtet. Einer der königlichen Pavillons im Vorhof trägt das Datum 1425. Zweifellos zählen das gespaltene rote Backsteintor *(candi bentar)* und die kunstvoll behauene Audienzhalle zu den herausragendsten Beispielen noch existierender hindu-javanischer Architektur.

Der Palast selbst ist in seiner Anlage javanisch, in der Ausführung jedoch eine Mischung verschiedenster Stilelemente. Ein mit chinesischen Felsstücken und Wolken geschmückter romanischer Arkadengang öffnet sich zu einer weiten Säulenhalle *(pendopo),* die mit französischen Rennaissancemöbeln bestückt ist. Die Wände des Dalem Ageng (Zeremonienzimmer) sind mit Delfter Kacheln eingelegt, die biblische Motive zeigen. Doch damit nicht genug: Im angeschlossenen Museum steht eine Kutsche in Form eines behuften, gehörnten und mit Flügeln versehenen Elephanten, der einen Dreizack im Rüssel hält. Eine herrliche Vereinigung javanischer, hinduistischer, islamischer, persischer, griechischer und chinesischer mythologischer Elemente.

Gleich neben dem Kesepuhan-Palast steht die **Mesjid Ageng** (Große Moschee), etwa um 1500 erbaut. Ihr zweistöckiges Dach ruht auf einem kunstvollen Holzgerüst, während innen Sandsteinportale und eine Kanzel aus Teakholz zu sehen sind. Zusammen mit der Moschee von Demak, ist sie eines der ältesten Wahrzeichen des Islam auf Java.

Über einen geschäftigen Marktplatz erreicht man den **Kraton Kanoman** (den Palast des ,,jüngeren Bruders"). Der friedvolle Palasthof wird von indischen Feigenbäumen beschattet, und auch hier sind die Möbel europäisch und die Wände mit Kacheln und Keramik aus Holland und China verziert. Das hiesige Museum enthält außer einem Paar schöner Kutschen und Relikten aus Cirebons Vergangenheit auch eine Sammlung von Pfahlstangen, mit denen jedes Jahr zu Mohammeds Geburtstag das Fleisch der Gläubigen ,,geopfert" wird.

An die Vergangenheit erinnern auch die wiederhergestellten Ruinen des **Taman Arum Sunyaragi,** etwa 4 km außerhalb der Stadt an der südlichen Umgehungsstraße gelegen. Diese Tollheit aus Stein, Mörtel und Korallen war ursprünglich 1702 als Festung gebaut worden und diente als Basis für den Widerstand gegen die Holländer, bevor sie 1852 von einem chinesischen Architekten als Palast und Refugium für die Rajas von Cirebon umgestaltet wurde. Seine vielen Winkel, Ecken, Tunnel, Teiche, Durchgänge, Gärten und der

Wachturm erinnern gleichzeitig an daoistische Meditationshöhlen und hinduistische Nirvana-Darstellungen.

5 km nördlich der Stadt, an der Hauptstraße nach Jakarta, befindet sich auf einem Hügel das **Grabmal von Sunan Gunung Jati.** Er herrschte im 16. Jahrhundert über Cirebon und war einer der neun *walis,* die viel zur Verbreitung des Islams auf Java beitrugen. Viele Pilger kommen hierher, um Räucherstäbchen abzubrennen und im Schrein am Fuße des Hügels zu beten. Die Wächter des Schreins sollen Nachkommen eines Kapitäns sein, der hier Schiffbruch erlitt, und der Wachwechsel wird wie auf einem Schiff durchgeführt. Scheich Datu Kahfi, der Ratgeber Gunung Jatis, liegt auf einem anderen Hügel auf der anderen Seite der Straße begraben. Dort wurde auch Gunung Jatis fünfte Frau, die chinesische Prinzessin Ong Tien bestattet; ihr Grabmal blickt auf die See hinaus.

Bevor man Cirebon verläßt, sollte man unbedingt eines der Handwerksdörfer im Westen der Stadt besuchen. Hier wird nach den unterschiedlichsten Traditionen gearbeitet: kalligraphische Malereien, *wayang*-Puppen, *gamelan*-Instrumente, *topeng*-Masken und einige einzigartige Batiken. (Siehe hierzu auch ,,Kurzführer''.)

In östlicher Richtung entlang der Küste sind die Reiseaussichten eher uninteressant. Gelegentlich tauchen hier kleine, an Meeresarmen gelegene Städtchen auf, wo bunte Boote auf den Wellen schaukeln und eingerollte Fischernetze im grellen Sonnenlicht wie riesige Kokons roher Seide schimmern. **Tegal** hat wenig Interessantes zu bieten. Hier biegt eine Straße nach Süden ab. Ausgezeichnete Ocker- und Messingwaren werden etwa 10 km südlich des Ortes hergestellt und verkauft.

Pekalongan, die Batik-Stadt

Das 220 km oder vier Stunden östlich von Cirebon gelegene **Pekalongan** kündigt sich schon auf Säulen am Stadteingang als ,,Kota Batik'', als Batik-Stadt an. Es gibt unzählige Fabriken und Verkaufsläden. In Pekalongan wird eine der schönsten und teuersten *batiken* hergestellt. Der Pekalongan-Stil, einzigartig wie der von Cirebon, verbindet muslimische, javanische, chinesische und europäische Motive in Pastellfar-

Taman Arum Sunyaragi.

ben (rosa, orange, blau und senf-, ocker-, oliven- und malvenfarben). Erkennungszeichen der Pekalongan-Batik ist ein Blumenstrauß mit Kolibris und Schmetterlingen, eine Zeichnung, die auf holländisches Tafelgeschirr aus dem 18. Jahrhundert zurückgeht. Wer die feinen *tulis* anschauen möchte, muß einzelne Batik-Künstler besuchen. (Siehe „Kurzführer".)

Weitere 90 km östlich breitet sich **Semarang,** eine recht große Stadt, auf einem schmalen Küstenstreifen bis hinauf zu einem Vorgebirge aus. Während islamischer Zeiten bekannt für seine geschickten Schiffbaumeister und reichlichen Nachschub an Harthölzern, wurde Semarang später zu einem holländischen Verwaltungs- und Handelszentrum. Heute ist die Provinzhauptstadt Dreh- und Angelpunkt des Wirtschaftslebens Zentraljavas und viertgrößte Stadt der Insel.

Die wenigen erhaltenen Zeugnisse der Vergangenheit weisen auf die einstmals große Anzahl holländischer Kaufleute und Verwaltungsbeamter sowie auf großzügige und reiche chinesische Händler hin. An der Jl. Suprapto steht die alte holländische Kirche, Dutch Church, mit ihrer kupferverkleideten Kuppel und griechischen Kreuzen. Sie wurde 1753 geweiht und bildet den Mittelpunkt des europäischen Handelsviertels aus dem 18. Jahrhundert. Entlang der Jl. Pemuda („Bojong") wurden im 19. Jahrhundert elegante Bürgerhäuser erbaut, die später jedoch meist abgerissen und durch Ladenfronten ersetzt wurden. Einer dieser Läden, **Toko Oen,** ist heute ein mit Schaukelstühlen und Deckenventilatoren ausgestattetes, reizendes Café, dessen Speisekarte seit Kolonialzeiten unverändert geblieben ist.

Geht man auf der Jl. Suari, von der alten Kirche aus, immer Richtung Süden zur Jl. Pekojan, erreicht man den interessantesten Stadtteil Semarangs, **Chinatown** (Pacinan). In dem Gewirr schmaler und versteckter Gassen stehen noch einige Häuser im Nanyang-Stil mit kunstvoll geschnitzten Türen und Fensterläden. Ein halbes Dutzend bunter chinesischer Tempel und Clan-Häuser drängen sich auf engstem Raum. Der größte und älteste Tempel, Thay Kak Sie, steht in der **Gang Lambok** (rechts an der Brücke in der Jl. Pekojan abbiegen). Er wurde 1772 erbaut und beherbergt mehr als ein Dutzend wichtiger

Löwentanz in Gedung Batu.

Gottheiten. Wer sich für Chinesisches interessiert, wird auch die berühmten Grotten **Gedung Batu** im Westen der Stadt besuchen, die dem zum Gott erhobenen Ming-Admiral Cheng Ho (Sam Po Kung) geweiht sind. (Siehe auch „Kurzführer".)

Auf dem Weg nach Surabaya und Bali oder auf Tagesausflügen können noch einige Städte entlang der Küste aufgesucht werden. **Demak** war im frühen 16. Jahrhundert die Hauptstadt des wichtigsten Königreiches an der Küste Javas. Heute ist nur noch die alte Moschee zu sehen. Das benachbarte **Kudus** war zu dieser Zeit Demaks heilige Stadt. Kunstvolle Teakholzschnitzereien an den Häusern und eine Moschee aus dem 16. Jahrhundert, deren rotes *candi bentar* aus Backstein und Minarett jedoch eindeutig hinduistisch-javanischen Stils sind, haben die Zeit überstanden. Heute ist Kudus besser als „Kota Kretek", als Hauptstadt der Kretek-Zigaretten auf Java bekannt.

Das 33 km nördlich von Kudus gelegene Dorf **Jepara** ist berühmt für seine Teakholzschnitzereien. Von alten Stühlen und Tischen werden originalgetreue Kopien ohne einen einzigen Nagel hergestellt. Anscheinend besteht auch eine große Nachfrage nach großen Holztafeln, die mit sehr ausführlichen Darstellungen aus dem Ramayana-Epos und anderen hinduistisch-javanischen Erzählungen überladen sind. Heute arbeiten an die 5000 Schnitzer und Schreiner in über 500 Werkstätten.

Zu den vermutlich ältesten chinesischen Niederlassungen auf Java zählen die Zwillingsstädte **Rembang** und **Lasem** weite im Osten. In den schmalen Gäßchen liegen anmutige chinesische Landhäuser, deren geschwungene Dächer über Hofgängen und weißgetünchten Mauern schweben. Auch gibt es in beiden Städten vortreffliche chinesische Tempel.

Von Semarang aus Richtung Süden führt eine schnell ansteigende Straße durch den stilvollen holländischen Vorort von **Candi Baru** hinauf in die Ausläufer des Mount Ungaran. Falls die Zeit bleibt, sollte man von Ambarawa aus unbedingt einen Abstecher nach Bandungan, einem Erholungsort in den Bergen, machen. Hier befinden sich einige der ältesten und sicherlich am schönsten gelegenen Altertümer ganz Javas.

Holzschnitzer in Jepara.

YOGYAKARTA

Der breite, grüne, halbmondförmige Teppich fruchtbaren Reislandes, der sich südlich des Mt. Merapi ausbreitet — mit Yogyakarta als Brennpunkt —, wird heute von ungefähr 10 Mio. Javanern bewohnt. Die Bevölkerungsdichte erreicht hier über 1000 Einwohner pro Quadratkilometer, und in manchen Gegenden ernährt ein Quadratkilometer Land erstaunliche 2000 Personen. Die Bewirtschaftungsintensität ist auf dieser Erde ohne Beispiel.

Der Landstrich bietet auch unverhältnismäßig viele kulturelle Attraktionen. Die dunkle Stille seiner wunderbaren hinduistischen und buddhistischen Tempel aus dem 8., 9. und 10. Jahrhundert findet man auch in den abgeschiedenen Höfen der islamischen Paläste aus dem 18. Jahrhundert, während die fließenden Tonfolgen der erhabenen *gamelan*-Musik Zentraljavas mit dem Lärm in den Straßen und auf den Märkten kontrastieren.

Die meisten ,,offiziellen" Touristensehenswürdigkeiten sind um und in den beiden Königsstädten von Yogyakarta (Yogya) und Surakarta (Solo) konzentriert. Denn hier war es, an den Ufern mehrerer angrenzender Flüsse, daß die beiden großen Mataram-Reiche (ein altes und ein neuzeitliches) blühten. Zwar ist die Rolle der javanischen Höfe als kulturelle ,,Schwerpunkte" seit langem anerkannt, mit der Entdeckung des Ausmaßes ihres künstlerischen Reichtums ist jedoch erst begonnen worden.

Obwohl das sich ausbreitende Yogyakarta (500 000 Einwohner) erst 1755 gegründet wurde, liegt es doch mitten im Herzen der als Mataram bekannten Gegend, wo die ersten zentraljavanischen Großreiche entstanden. Vom 8. bis ins frühe 10. Jahrhundert hinein wurde diese fruchtbare, abfallende Ebene zwischen den Flüssen Progo und Opak von indisch geprägten Königen regiert, dcn Erbauern des Borobudur, Prambanan und Dutzenden anderer kunstvoller Denkmäler aus Stein. (Siehe Teil I, ,,Ein Zeitalter großer Reiche"). Um das Jahr 928 jedoch verlegten diese Herrscher plötzlich und ohne ersichtlichen Grund ihre Hauptstadt nach Ostjava, wodurch Mataram für mehr als 6 Jahrhunderte relativ verlassen blieb.

Vorhergehende Seiten: *wayang kulit*-Schattenspie in Yogyakarta. Unten: Bedoyo-Tänzerinnen im Kraton von Yogya um 1860.

Erst Ende des 16. Jahrhunderts wurde die Gegend durch ein neues, in Kota Gede gleich östlich von Yogyakarta gegründetes islamisches Reich wiederbelebt. Begründer der Neuen oder Zweiten Mataram-Dynastie war 1584 Panembahan Senapati, dessen Nachkommen bis heute Zentraljava regieren, allerdings sehr unterschiedlich stark und mächtig.

Das muslimische Mataram erreichte seine größte territoriale Ausdehnung unter Senapatis Enkel, Sultan Agung (regierte von 1613 bis 1645). Danach jedoch wurde es in endlose, bittere und blutige Auseinandersetzungen rivalisierender Gruppen bei Hofe verwickelt, später auch in Kämpfe mit den Holländern und Maduresen. 1680 wurde die Hauptstadt 50 km nach Osten, ins Becken des Solo River nahe des heutigen Surakarta, verlegt, nachdem maduresische Streitkräfte Mataram erobert hatten. Die Palastintrigen und -kämpfe gingen jedoch weiter, bis schließlich 1755 Friede dadurch hergestellt wurde, daß das Königreich zweigeteilt wurde. Im von den Holländern vermittelten Vertrag von Giyanti (1755) wurden dem rebellischen Bruder des Mataram-Herrschers die Hälfte des Landes, der Apanagen und Einkommen des Hofes zugestanden. Er nannte sich nun Hämengkubuwana I (Regierungszeit 1749 bis 1792) und begann, bei den Gräbern der Dynastiegründer (in Yogyakarta) einen kunstvollen Palastkomplex zu errichten.

Später wächst im Sultanat von Yogyakarta stetig der Widerstand gegen die Zunahme kolonialen Einflusses in Zentraljava. Zweimal wurde Yogyakarta eingenommen — 1810 von holländischen und 1812 von britischen Truppen —, weil man Anordnungen der Kolonialmächte nicht befolgte. Höhepunkt der gewalttätigen Auseinandersetzungen war der Java-Krieg von 1825 bis 1830. Führer des Aufstands war der charismatische Kronprinz aus dem Herrscherhaus von Yogyakarta, Prinz Pangeran Diponegoro.

In jüngerer Zeit, von Januar 1946 bis Dezember 1949, war Yogyakarta die Hauptstadt der belagerten indonesischen Republik im Unabhängigkeitskrieg gegen die Holländer. In dieser Zeit außergewöhnlichen sozialen Aufruhrs verwandelten 6 Mio. Flüchtlinge, dazu 1 Mio. junger Freiwilliger und ein aufgeklärter junger Sultan (Hamengkubuwa-

Sultan Hamengkubuwana IX. im Jahr 1946.

na IX) die ehrwürdige Residenzstadt in eine Brutstätte revolutionären Eifers und Idealismus'.

Obwohl in sehr alten Traditionen verhaftet, ist Yogyakarta jung und ruhelos geblieben. Während des Unabhängigkeitskrieges gegründet, ist die Gajah Mada University heute die größte und weithin geachtete Lehranstalt der indonesischen Nation.

Im Herzen von Yogyakarta

Trotz der großen Umwälzungen in den vergangenen Jahrzehnten, sind es die überlieferten Zeugnisse javanischer Kultur, wie *batik*-Werkstätten, alte Tempel und Paläste, *gamelan*-Musik, höfische Tänze und *wayang*-Schattenspielaufführungen, die Touristen anziehen.

Erster Besichtigungspunkt ist der königliche **Kraton,** die zweihundert Jahre alte Palastanlage im Herzen der Stadt. Der überlieferte kosmologische Glaube sieht den javanischen Herrscher als ,,Nabel" oder zentrale ,,Achse" des Universums an, um den oder die das relative Weltgeschehen kreist, und der mit dem mystischen Reich der mächtigen Götter in Verbindung steht. Die sorgsam ersonnenen Anordnungsprinzipien des *kraton* bringen in ihm die Hauptstadt des Reiches und den Mittelpunkt des Universums zur Deckung. So beherbergte der Kraton nicht nur die königliche Familie, sondern auch die machtvollen dynastischen Krönungsinsignien, private Meditations- und Zeremonienzimmer, einen prachtvollen Thronsaal sowie mehrere Audienz- und Aufführungspavillons und eine Moschee. Eingebunden in den sorgsam geplanten Komplex von Mauern, Höfen, schmalen Gängen und massiven Toren, sind ausgedehnte königliche Lustgärten, Stallungen, eine Waffenschmiede und zwei mit heiligen Banyan-Bäumen bewachsene Paradeplätze. Die ganze Anlage ist von einer an jeder Seite 2 km langen Befestigungsmauer umgeben.

Mit dem Bau des Kraton wurde 1755 begonnen, seine Fertigstellung dauerte jedoch fast 40 Jahre und umfaßte somit nahezu die ganze Regierungszeit Hamengkubuwanas I. Nach seinem Tod im Jahr 1792 kam wenig Neues hinzu. Heute zählen nur noch die inneren Bezirke des Palastes zum eigentlichen Kraton, während das Labyrinth von Wegen,

Thronsaal im Kraton.

Höfen und Plätzen in die Stadt integriert ist. Große Teile der Befestigungsmauer *(beteng)* sind erhalten geblieben. Fast alle Wohnräume im Inneren sind heute noch im Besitz der königlichen Familie und werden von ihr bewohnt.

Kommt man in die mächtigen inneren Mauern des *kraton* (täglich von 8.30 bis 12.30 Uhr geöffnet, an Freitagen und Samstagen bis 11 Uhr), betritt man eine Welt voller Eleganz und Grazie. In der ersten Hälfte dieses Jahrhunderts wurde die klassisch javanische Ausgestaltung ziemlich unzeitgemäß mit italienischem Marmor, gußeisernen Säulen, Kristallüstern und Rokokomöbeln „angereichert". Am beeindruckendsten ist die Architektur des zentralen Thronsaales (Bangsal Kencana), eine *pendopo* oder freistehende offene Halle mit kühn geschwungenem Dach, das von vier mächtigen Holzsäulen gestützt wird. Hierbei handelt es sich um eine Entwicklung, die auf Versammlungshallen aus Stammeszeiten *(balai)* zurückgeht, und die man überall in der Welt des östlichen Pazifikbeckens, einschließlich Japan, findet. Die javanesische *pendopo* ist Ausdruck indischer Kosmologiekonzeptionen, nach denen sie gleichzeitig weltliche Autorität und das Universum symbolisiert, in dessen Mittelpunkt der mystische Berg Meru steht.

Sumur Gumuling.

Innerhalb des *kraton* ist jedoch noch viel mehr zu sehen: Das angeschlossene Museum, alte *gamelan*-Instrumente, zwei mit *kala*-Köpfen geschmückte Tore sowie überraschende Innenhöfe lohnen den Rundgang. Wenn möglich, sollte man versuchen, einen Besuch auf sonntags 10 Uhr zu legen, wenn Tänzer zu den Klängen der *gamelan*-Musik proben.

Ein kunstvoller Vergnügungspalast

Gleich westlich hinter dem Kraton liegen die Ruinen von **Taman Sari.** Diese üppigen und erfinderisch geplanten königlichen Lustgärten wurden jahrelang von Hamengkubuwana I erbaut, jedoch nach dessen Tod jäh verlassen. Holländische Konstrukteure am Hofe des Sultans schufen dies Wunderwerk. Ein künstlicher See, unterirdische Gänge und Wasserleitungen, Meditationsräume und eine Reihe von eingelassenen Badeteichen gipfeln in einem eindrucksvollen, zweistöckigen Haus im europäischen Stil. Dies nannten sie *watterkasteel* (Wasserschloß), da es anscheinend ursprünglich befestigt und zu allen Seiten von einem künstlichen See umgeben war.

Das **Wasserschloß** steht am nördlichen Ende des riesigen Taman-Sari-Komplexes auf einer Anhöhe und blickt heute auf einen bevölkerten Vogelmarkt und eine *batik*-Maler-Kolonie hinab. Obwohl die Stufen zerfallen sind, kann man auf die zerbröckelnde Mauer hinaufklettern, um den eindrucksvollen Blick auf Yogya und das Umland zu genießen.

Ein Tunnel hinter dem „Schloß" endet bei drei teilweise wiederhergestellten **Badeteichen** *(umbulumbul)*. Der große Teich in der Mitte, mit einem *naga*-Kopf als Brunnen, war einst für Königinnen, Konkubinen und Prinzessinnen gedacht, während der kleine, südliche Teich für seine Majestät reserviert war. Während des Tages ruhte der Sultan in den Räumen des Turmes, von dem aus er die Badeplätze der Frauen überblicken konnte.

Durch einen verzierten Arkadengang westlich des Badeplatzes stößt man auf einen links abzweigenden, gewundenen Pfad, der am königlichen Zufluchtsort

Pesarean Pertapaan endet. Der Hauptbau ist ein kleiner Tempel im chinesischen Stil mit einem Vorhof und Galerien auf beiden Seiten. Es wird berichtet, daß der Sultan und seine Söhne hier einmal sieben Tage und sieben Nächte lang meditierten.

Der bemerkenswerteste Bau des Taman Sari ist der **Sumur Gumuling** (kreisrunde Brunnen). Von den Einheimischen als *mesjid* Moschee) bezeichnet, ist es jedoch wahrscheinlicher, daß dieser Ort als Treffpunkt des Sultans mit der mächtigen Göttin des Südlichen Meeres, Kyai Loro Kidul, diente, der vom Gründer der Dynastie alle Herrscher von Mataram als Ehemänner versprochen worden waren. Von ihr beziehen sie auch ihre mystischen Kräfte. Zugänglich ist der Sumur Gumuling durch einen unterirdischen Gang (früher unter Wasser), der unmittelbar westlich des Wasserschlosses beginnt. Der ,,Brunnen" ist in Wirklichkeit auch ein abgesunkenes Atrium — rundherum führen Galerien auf einen kleinen runden Teich zu.

Bevor Sie das Gelände verlassen, bummeln Sie über den Pasar Ngasem, den **Vogelmarkt,** wo javanische Vogelliebhaber um Papageien, Kakadus, Aras, Sittiche, Lori, Menningvögel, Honigsauger, Perlhühner und andere Vögel feilschen.

Neben dem Markt liegt die **Kolonie der Batikmaler,** das Heim vieler junger, unbekannter Stoffkünstler. Zwei klar zu unterscheidende Motivgrupen werden hier zu Stoff gebracht. Einmal Szenen aus dem Ramayana (allerdings nicht in den überlieferten Farben), zum anderen Versuche in einem simplen Expressionismus. Das meiste ist Kitsch, wenn auch in einer besonders exotischen Variante. Talentierte Künstler, die Erfolg haben, suchen schnell das Weite und eröffnen Ateliers anderswo.

Die ,,Girlanden tragende" Straße

Yogyakartas Hauptverkehrsstraße, die **Jalan Malioboro,** beginnt direkt an der königlichen Audienzhalle vor dem Palast und endet 2 km nördlich an einem *lingga* (Phallussymbol)-Schrein des örtlichen Schutzgeistes Kyai Jaga. Sie wurde von Hamengkubuwana I als Prachtstraße für bunte Prozessionen angelegt, hatte aber auch symbolische Orientierungsfunktion als Meridian seines Reiches. Einheimische Volksetymologen bestehen darauf, daß der Name irgendwie mit Herzog von Marlborough zu tun hat, vielleicht als Folge der beschämenden Eroberung Yogyakartas durch die Engländer 1812. Tatsache jedoch ist, daß sich ,,Malioboro" aus einem Sanskrit-Begriff mit der Bedeutung ,,Girlanden tragend" herleitet. Der königliche Prozessionsweg war immer mit Blumengirlanden geschmückt.

Heute ist die Jalan Malioboro eine Einkaufsstraße, wo sich ein Laden an den anderen reiht und lärmende Fahrzeuge und Rikschas im wimmelnden Verkehr voranzukommen suchen. Es finden sich jedoch auch historische und kulturelle Sehenswürdigkeiten. An der nordwestlichen Seite des Stadtplatzes *(alun-alun)* liegt das **Sana Budaya Museum.** 1935 vom Java-Institut, einer Vereinigung reicher javanischer und holländischer Mäzene, eröffnet, enthält es heute eine wichtige Sammlung prähistorischer Artefakte, hinduistisch-buddhistischer Bronzen, *wayang*-Puppen, Tanzkostümen und javanischer Waffen. (Geöffnet Dienstag bis Donnerstag 8 bis 13.30 Uhr, Freitag bis Sonntag bis 10.30 Uhr, an Montagen und Feiertagen

Vogelmarkt

geschlossen). Die königliche Bibliothek befindet sich hinter dem Museum. Auch sollte man die nahegelegene **Grand Mosque** (Große Moschee, 1773 vollendet) besuchen und die beiden, umzäunten Banyan-Bäume in der Mitte des Platzes beachten. Sie symbolisieren das stabile Gleichgewicht der gegensätzlichen Mächte im javanischen Königreich.

Folgt man der Straße nordwärts durch die Haupttore hinaus über Yogyas große Straßenkreuzung, sieht man auf der rechten Seite die alte holländische Garnison, **Fort Vredeburgh,** die zu einem Kulturzentrum mit Ausstellungs- und Aufführungshallen umgebaut werden soll. Gegenüber auf der Linken steht das ehemalige holländische Statthalterhaus, das während der Revolution Präsidentenpalast war und heute als Gouverneurspalast genutzt wird. Weiter entlang der Straße auf der rechen Seite, hinter dem Fort, beginnen die Hallen des Zentralmarkts, das **Pasar Beringan,** eine schummerig beleuchtete Welt kleiner, meist von Frauen geführter Verkaufsstände.

Wieder auf der Jalan Malioboro, sind beide Straßenseiten von Handwerksläden gesäumt, die eine große Bandbreite traditioneller Stoffe, Lederwaren, Körbe, Schildkrötenpanzer, Schmuck und eine nie endende Palette von nutzlosen Kleinigkeiten anbieten. Viele der hiesigen Restaurants sind auf ausländische Touristen eingestellt und haben erfrischende, eisgekühlte Fruchtsäfte, sowie chinesische, indonesische und westliche Gerichte auf der Speisekarte. (Siehe „Kurzführer" für weitere Einkaufs- und Restaurantshinweise.) Im **Tourist Information Office,** nicht weit vom Hotel Mutiara, kann man ein Informationsblatt über die aktuellen Tempelrundfahren erhalten.

Yogyas einzigartige Kunst

Von allen Kunstformen Javas liegt das **wayang kulit** oder Schattenpuppenspiel den Javanern wohl am meisten am Herzen. Am wichtigsten ist der *dalang* oder Puppenspieler: Bühnenarbeiter, Schauspieler, Imitator, Orchesterdirigent, Historiker, Berater, Komödiant und Erzähler in einem. Die Grundzüge der alten Geschichten, meist Episoden aus dem Mahabharata-Epos, sind dem Publikum bereits bekannt. Der *dalang* haucht ihnen jedoch neues Leben ein,

Silberschmied in Yogyakarta.

indem er Gegenwartsbezüge durch unflätige Bemerkungen und frevelhaften Spott herstellt. Die Harmonie und Balance der widerstreitenden Charaktere wird dabei jedoch immer wieder aufs Neue gesucht, Ausdruck der javanischen Weltanschauung.

Trotz zunehmender Beeinträchtigung durch Film und Fernsehen bleibt das *wayang kulit* in und um Yogya lebendig. Aufführungen finden anläßlich ritueller Feste wie des *selamatan,* bei Hochzeiten und Beschneidungszeremonien regelmäßig und häufig statt, oft im bescheidenen Rahmen auf den Dörfern. Die Aufführung beginnt immer um 21 Uhr und dauert bis zum Morgengrauen.

Am nachhaltigsten wird Ihnen aber der weiche Klang der *gamelan*-Musik in Erinnerung bleiben. (Siehe Teil IV ,,Gamelan''.) Ihre einschmeichelnden, fließenden Melodien können über die Mauern einer ruhigen, sonnendurchfluteten Seitenstraße schwingen, oder aus Transistorradios in Verkaufsbuden am Straßenrand plärren. Sie mag auch auf einem Spaziergang im *kraton* (montags und dienstags finden dort zwischen 10 und 12 Uhr Proben statt) oder in der Hotelhalle zu hören sein. In den Läden an der Jl. Malioboro sind bespielte Kassetten zu erwerben, oder man kann in den *gamelan*-Gießereien Yogyas ganze Orchesterausstattungen bestellen. Mit altertümlichen Methoden und Werkzeugen werden hier diese alten Bronzeinstrumente gegossen, geschmiedet und poliert. (Siehe auch ,,Kurzführer''.)

Ein anderer Höhepunkt der Kulturszene in Yogya ist der **klassische javanische Tanz.** Höfische Tänze werden heute nicht mehr nur in den *kratons* (siehe auch Teil IV, ,,Tanz und Schauspiel''), wo sie immer noch lebendig sind, sondern auch in privaten Schulen und Kunstakademien gelehrt. Nicht versäumen sollte man eine Probe im *kraton* (sonntags 10 bis 12 Uhr); aber es gibt auch eine Anzahl regelmäßiger Abendvorstellungen, und interessierte Besucher sind bei Tanzkursen in den Schulen willkommen. (Weitere Hinweise siehe ,,Kurzführer''.)

Das vielleicht größte Erlebnis javanischer Tanzkunst bietet jedoch das **Ramayana Ballet,** eine moderne Fassung des prächtigen *wayang orang*-Tanzdramas. Während der Trockenzeit (Mai bis Oktober) wird es jeden Monat an

Unten links: *wayang klithik,* eine Art *wayang kulit* ohne Schatten. Unten rechts: In einer Batikfabrik in Yogyakarta.

vier Vollmondnächten hintereinander vor der eleganten Fassade des Loro Jonggrang, des meisterhaften Shiva-Tempels von Prambanan (9. Jahrhundert) aufgeführt.

Boutiquen und Batik

Die Liste traditioneller Handwerkskünste, die heute noch in den Vorstädten und Städten um Yogyakarta ausgeübt werden, hat praktisch kein Ende. Zum einen gibt es genügend geschulte, billige Arbeitskräfte, zum anderen war der Hof schon immer ein Förderer der dörflichen Handwerker. Die meisten Dörfer haben sich spezialisiert, die einen stellen irdene Töpferwaren her, andere Filigransilberarbeiten, andere wieder lederne Taschen, Webarbeiten, Körbe, Rohrmöbel und handgeschmiedete *keris*-Klingen. All diese Produkte kann man auch in Yogya in Läden und Boutiquen kaufen, aber doch ist es interessant, bei der Herstellung zuzusehen. (Siehe ,,Kurzführer''.)

Das berühmteste Handwerk Yogyakartas ist ohne Zweifel immer noch *batik,* und wer sich nicht gerade für einen Kenner dieser außergewöhnlich vielschichtigen Kunst hält, sollte vorher das **Batik Research Centre** (Balai Penelitian Batik) in der Jl. Kusumanegara 2, 15 Minuten zu Fuß vom Hauptpostamt Richtung Osten, aufsuchen. (Siehe auch Teil IV, ,,javanische Batik''.)

Batikstoffe werden überall in Yogya hergestellt und verkauft, insbesondere jedoch in der **Jl. Tirtodipuran** im Süden der Stadt. Die meisten der über 25 Manufakturen und Verkaufsläden, die die Straße säumen, gestatten gerne einen Blick in die Arbeitsräume. Das Geschäft mit der größten Auswahl an Batik von ganz Java ist das **Toko Terang Bulan** in der Jl. Malioboro (nahe beim Zentralmarkt). Hier kann man sich umsehen und zu vernünftigen Festpreisen aus einer großen Vielfalt von Tuchen, *sarungs,* Tischtüchern, Hemden und Kleidungsstücken auswählen.

Viele der bekannteren und aufstrebenden Künstler der Stadt stellen auch **Batikmalereien** her, die gerahmt und aufgehängt werden können. Die bekanntesten (und teuersten) Verkaufsateliers sind: Amri Gallery (Jl. Gampingan 67), Bambang Oetoro (Jl Taman Siswa 55) und Saptohudoyo (gegenüber dem Flughafen).

Tanzvorstellung im Dalem Pujokusuman.

ALTERTÜMER ZENTRALJAVAS

Für die Javaner sind *candis* oder alte Denkmäler in Stein der Beweis für die große Tatkraft und Kunstfertigkeit ihrer Vorfahren. Für die ausländischen Besucher bietet die Begegnung mit den tausend Jahre alten Tempeln die Gelegenheit, über die Errungenschaften einer anderen Kultur nachzusinnen. Für nahezu jedermann aber ist der Besuch eines der knapp hundert *candis*, die verstreut in der Vulkanlandschaft Zentraljavas liegen, ein unvergeßliches Erlebnis.

Seit der Jahrhundertwende sind erhebliche Anstrengungen unternommen worden, diese Zeugnisse der Vergangenheit auszugraben, die Reliefs wiederherzustellen und zu restaurieren, die Bildersprache zu studieren und die Inschriften zu entziffern. Doch immer noch bleiben Fragen hinsichtlich ihrer stilistischen Anlehnung an die indische Kunst und ihrer Funktion innerhalb der alten indonesischen Gesellschaft, ja sogar hinsichtlich ihrer zeitlichen Bestimmung offen. Immerhin wissen wir, daß sie zu den technisch vollkommensten Baudenkmälern der Vergangenheit zu zählen sind und daß die Ehrfurcht, die ihr bloßes Vorhandensein einflößt, schon immer wesentlicher Bestandteil ihrer Botschaft war.

Der Welt größtes buddhistisches Denkmal

Eine bequeme einstündige Fahrt durch die Reisfelder und über die Flußbetten der Kedu-Ebene führt zu den Stufen des sagenumwobenen **Borobudur,** 42 km nordwestlich von Yogyakarta. Dieser gewaltige Stupa wurde schon während der verhältnismäßig kurzen Regentschaft der Sailendra-Dynastie auf Zentraljava zwischen 778 und 856 erbaut (300 Jahre vor Angkor Wat und 200 Jahre vor Notre Dame). Nur 100 Jahre nach seiner Vollendung wurde der Borobudur, wie ganz Zentraljava, unerklärlicherweise verlassen. (Siehe Teil I, ,,Ein Zeitalter großer Reiche''.) Damals brach auch der benachbarte Mt. Merapi heftig aus und bedeckte den Borobudur mit Asche, die ihn ein Jahrtausend lang verbarg.

Sonnenuntergang am Borobudur.

Die Geschichte der „Wiederentdekkung" des Borobudur beginnt im Jahre 1814, als dem englischen Vizegouverneur von Java, Thomas Stamford Raffles, bei einem Besuch in Semarang Gerüchte über „einen Berg buddhistischer Steinskulpturen" in der Nähe von Magelang zu Ohren kamen. Raffles beauftragte seinen militärischen Ingenieur, H.C.C. Cornelius, der Sache nachzugehen. Cornelius entdeckte einen kleinen, mit Bäumen und Buschwerk bewachsenen Hügel, auf dem sonderbarerweise Hunderte von behauenen Blöcken aus Andesitgestein verstreut waren. Zwei Monate lang ließ er daraufhin die Gegend roden und eine Erdschicht entfernen, bis deutlich wurde, daß sich unter der Oberfläche ein ausgedehntes Bauwerk befinden mußte. Da Cornelius befürchtete, den Bau zu beschädigen, ließ er die Ausgrabungsarbeiten einstellen.

In den folgenden Jahren wurde der Borobudur völlig freigelegt, war aber dann für nahezu ein Jahrhundert Plünderungen und Mißbrauch ausgesetzt. Tausende von Steinen wurden von Dorfbewohnern „entliehen", und große Mengen wertvoller Skulpturen endeten als Schmuck in den Gärten der Reichen und Mächtigen. Bezeichnend für die Haltung der holländischen Kolonialverwaltung ist die Tatsache, daß dem zu Besuch weilenden König von Siam, Chulalongkorn, 1896 acht Wagenladungen mit Borobudur-Andenken, darunter 30 Reliefplatten, fünf Buddhastatuen, zwei Löwen- und eine Wächterfigur geschenkt wurden. Viele dieser unersetzbaren indojavanischen Kunstwerke endeten in privaten Sammlungen oder befinden sich heute in Museen auf der ganzen Welt.

Restaurationsarbeiten am Borobudur.

Im Jahre 1900 schließlich reagierte die holländische Regierung auf zunehmende Entrüstung in den eigenen Reihen und setzte eine Kommission für die Erhaltung und Restaurierung des Borobudur ein. Zwischen 1907 und 1911 nahm der holländische Militäringenieur Dr. Th. Van Erp den Wiederaufbau in Angriff; er hatte ein lebhaftes Interesse an javanischen Altertümern. Verstreute Steine wurden ersetzt, zusammengefallene Mauern und *stupas* wiederaufgerichtet, schwache Stellen verstärkt und das Entwässerungssystem verbessert. Dabei fand man heraus, daß der Borobudur lediglich aus einer Schicht von Steinblöcken um einen natürlichen Erdhügel bestand. Van Erp war sich bald darüber im klaren, daß dadurch seine Sanierungsanstrengungen keinen dauernden Erfolg haben würden. Das durch den Steinmantel eindringende Regenwasser wusch das Fundament von innen aus, während Mineralsalze im Zusammenwirken mit Sonne, Wind und Pilzwucherungen die Oberfläche zerstörten.

In den 50er und 60er Jahren wurde immer deutlicher, daß das Gesamtgefüge des Borobudur gefährdet war. Teile der Nordmauer auf der untersten Terrasse begannen sich zu wölben und zwei Erdbeben im Mai 1961 hinterließen schwere Schäden. Einige der niedrigeren Brüstungen wurden 1965 abgebaut, die Arbeiten jedoch aus Geldmangel bald wieder eingestellt. Auf dem internationalen Orientalistenkongreß 1967 in Ann Arbor richtete der Leiter des indonesischen Archäologie-Instituts, Professor Soekmono, einen Hilfsappell an die Delegierten. Zu seiner Überraschung wurde eine Resolution, die die indische Delegation daraufhin vorlegte und in der die UNESCO zu einer Rettungsaktion aufgefordert wurde, einstimmig angenommen. Der Hilferuf „Rettet den Borobudur" verbreitete sich wie ein Lauffeuer unter Kunstliebhabern auf der ganzen Welt. Technische und finanzielle Unterstützung wurde zur Verfügung gestellt und 1973 wurde offiziell mit der Sanierung begonnen.

Ein gigantisches Restaurierungsprojekt fing an. Zehn Jahre lang arbeiteten 700 Männer sechs Tage in der Woche, um 1 300 232 Steinblöcke abzutragen, zu katalogisieren, fotografieren, säubern, instandzusetzen und wieder zusammenzusetzen. Zusätzlich erstellte man ein völlig neues Fundament aus armiertem Beton, Teer, Asphalt, Epoxitharz und Zinn, das mit einem Entwässerungssystem aus PVC-Röhren versehen wurde. IBM stellte einen Computer zur Verfügung, um die Numerierung der Steinblöcke zu ermöglichen und die verschiedenen Arbeitsphasen zu koordinieren. Jeder einzelne Stein wurde begutachtet, abgebürstet und chemisch behandelt, bevor er wiedereingesetzt wurde.

Schließlich war das Werk in der veranschlagten Zeit beendet, die Kosten in Höhe von 25 Mio. US-$ waren jedoch dreimal so hoch wie geschätzt. In seiner Ansprache zur offiziellen Wiedereinweihung am 23. Februar 1983 erklärte denn auch Präsident Suharto, daß die indonesische Regierung die zusätzlichen Kosten übernehmen würde, um das indonesische Volk nicht seines alten und glorreichen Erbes zu berauben. „Es bleibt nun zu hoffen", sagte er, „daß Borobudur weitere tausend Jahre Bestand hat."

Die wahre Bedeutung des Borobudur als religiöses Denkmal wird wohl nie zu entschlüsseln sein. Man schätzt, daß 30 000 Steinschleifer und Bildhauer, 15 000 Träger und Tausende von Steinmetze zwischen 20 und 75 Jahre brauchten, um das Bauwerk zu errichten. Zentraljava hatte damals etwa 1 Mio. Einwohner. So wurden vielleicht für ein einziges Bauwerk etwa 10 Prozent aller Arbeitskräfte beansprucht. Was trieb all diese Menschen zur Erschaffung des Steinmonumentes? War es unerschütterlicher Glaube oder waren es Zwangsmaßnahmen? Wir werden es nie wissen.

Klar ist, daß die Bevölkerung den Sailendra-Herrschern Reisabgaben und Arbeitskräfte liefern mußte. Am einfachsten war es sicherlich, die Bevölkerung zu überzeugen, es sei zu ihrem eigenen Besten, den Göttern Tribut zu zollen. So gesehen, mag es Aufgabe des Boro-

Borobudur auf einer Radierung aus dem 17. Jahrhundert.

budur gewesen sein, gerade die Glaubensüberzeugungen zu verkörpern und zu verstärken, die Auslöser für seine Erschaffung waren.

Von der Luft aus gesehen, bildet der Borobudur ein *mandala,* d.h. eine geometrische Meditationshilfe. Aus der Entfernung gesehen, ist er ein *stupa*, ein Modell des Kosmos' in drei Ebenen. Auf einer rechteckigen Ebene ruht ein halbkugeliger Körper mit krönender Spitze. Nähert man sich von Osten, auf dem überlieferten Weg der Pilger, und erklimmt das Monument, indem man um jede Terrasse im Uhrzeigersinn herumgeht, wird durch jedes Relief und jede Bildhauerarbeit die Symbolkraft des Ganzen lebendig.

Von den ursprünglich zehn Ebenen des Borobudur war jede einem der drei Existenzprinzipien des Mahayana-Buddhismus zugeordnet. Dem *khamadhatu,* der niederen wirklichen Sphäre menschlicher Existenz, dem *rupadhatu,* der Sphäre (noch) körperlicher Existenz, und dem *arupadhatu,* der höheren Sphäre des Losgelöstseins von der Welt. Die unteren, jetzt bedeckten Galeriereliefs schilderten einst, wie das Leben in einer dieser Existenzformen wohl aussehen könnte.

Im Candi Mendut während der Feierlichkeiten zum Geburtstag Buddhas.

Die nächsten fünf Ebenen (die Prozessionsterrasse für Aufzüge und vier konzentrische Galerien) zeigen auf den Reliefs (beginnend an der östlichen Treppe und den Gängen im Uhrzeigersinn folgend) das Leben des Prinzen Siddharta auf dem Weg zur Buddhaschaft, Szenen aus den Jataka-Erzählungen über frühere Inkarnationen des Gautama Buddha und Szenen aus dem Leben des Bodhisattva Sudhana (nach dem *Gandavyuha*). In Stein gehauene Prinzen und Gemeine, Musiker und tanzende Mädchen, Schiffe, heilige Männer und himmlische Heerscharen illustrieren diese fesselnden und vergnüglichen Geschichten und geben Einblick in viele Details des javanischen Alltagslebens dieser Zeit. In Nischen oberhalb der Galeriegänge stehen 432 steinerne Buddhas, jede Figur mit einer der fünf *mudras* (Handhaltungen: Beweisführung, Mitleid, Meditation, Furchtlosigkeit und Lehren symbolisierend).

Oberhalb der Galerien ruhen auf drei weiteren Terrassen 72 durchbrochene *dagobas* (Miniatur-*stupas*), die einzigartig in der buddhistischen Kunst sind. Die meisten von ihnen enthalten einen meditierenden *dhyani*-Buddha. Zwei Statuen sind unverhüllt geblieben, und ihr Blick ist auf die nahen Menoreh-Berge gerichtet, wo eine Reihe von Kuppen den göttlichen Erbauer des Tempels, Gunadharma, darstellen soll. Diese drei Terrassen symbolisieren denn auch die Übergangsstufen zur 10. Ebene, zur höheren Sphäre der Formlosigkeit (*arupadhatu*), die in dem großen, krönenden *stupa* verkörpert ist; allerdings sind deren Spitze und Schattenspender nicht mehr vorhanden.

Mendut und Pawon

Zwei kleinere und weniger bedeutende *candi* liegen in der Nähe (östlich) des Borobudur. Nur etwa 1,7 km entfernt ist **Pawon** (bedeutet vielleicht „Küche" oder „Krematorium"), auf einer schattigen Lichtung gelegen. Wegen seiner Nähe zum Borobudur wird er oft als „Vorhalle" bezeichnet und mag letzte Station auf der ziegelsteingepflasterten Pilgerstraße gewesen sein. Die äußeren Mauern des Pawon sind mit himmlischen „Geldbäumen" und Musikanten bedeckt, ein bärtiger Zwerg über dem Eingang schüttet aus seinem Sack

Reichtümer aus, vielleicht für die Pilger. Ansonsten ist wenig über die eigentliche Funktion und Symbolik bekannt.

Nur 1,1 km weiter östlich, jenseits des Zusammenflusses der heiligen Flüsse Progo und Elo, liegt der wunderschöne **Candi Mendut.** Ein mächtiger indischer Feigenbaum (Banyan) beschattet den Vorhof, und während die meisten anderen javanischen Denkmäler nach Osten ausgerichtet sind, öffnet sich Mendut nach Nordwesten. Die mittlere und eine Reihe kleinerer *dagobas,* einst das Dach krönend, sind nicht mehr vorhanden, so daß die Anlage aus der Entfernung eher schlicht aussieht. Kommt man jedoch näher, erwachen Basreliefs auf den Außenmauern zum Leben.

Der Unterbau und beide Seiten der Treppe sind mit Szenen aus moralisierenden Fabeln und Volkserzählungen geschmückt, in denen Tiere eine Rolle spielen. Der Hauptbau enthält herrlich behauene Steinplatten, auf denen *bodhisattvas* und buddhistische Göttinnen dargestellt sind. In keinem anderen indonesischem Tempel sind größere Reliefs zu bewundern. Die Wände des Vorraums sind mit ,,Geldbäumen" und himmlischen Wesen verziert. Hier sind auch zwei eindrucksvolle Platten mit einem Mann und einer Frau inmitten einer spielenden Kinderschar zu sehen, von denen angenommen wird, daß sie durch die Bekehrung zum Buddhismus von kinderfressenden Ungeheuern zu Beschützern wurden.

Im überwältigenden Inneren befinden sich drei der schönsten Buddhastatuen dieser Welt: Ein 3 m hoher, prachtvoller, sitzender Sakyamuni-Buddha, eingerahmt zur Rechten und Linken von den Bodhisattvas Vajrapani und Avalokitesvara, jeweils 2,5 m hoch. Ein kleines Relief mit einem Rad zwischen zwei Hirschen und die Handhaltung (*dharmacakra mudra*) symbolisieren die erste Rede des Buddha nach seiner Erleuchtung im Hirschpark bei Benares, mit der das ,,Rad der Lehre" angedreht wurde. Die Bodhisattvas blieben, obwohl erleuchtet, aus freien Stücken in dieser Welt, um die Anhänger des Buddha zur Erleuchtung zu geleiten. Vier Nischen in den Wänden enthielten früher wohl *dhyani*-Buddhas. (Die Tempel auf dem **Dieng-Plateau** sind im ,,Kurzführer" beschrieben.)

Prambanan: ,,Das Tal der Könige"

Östlich von Yogyakarta, hinter dem Flughafen, durchschneidet die Yogya-Solo-Schnellstraße eine Ebene, die geradezu mit antiken Ruinen übersät ist. Da die Javaner diese *candis* als königliche Grabstätten ansehen, ist die Gegend als ,,Tal der Könige" oder ,,Tal der Toten" bekannt. In der Mitte der Ebene, 17 km von Yogyakarta entfernt, liegt das kleine Städtchen **Prambanan.** Ein Schild an der Kreuzung weist auf einen nördlich gelegenen hinduistischen Tempelkomplex gleichen Namens hin, den viele für den schönsten ganz Javas halten.

Prambanan wurde irgendwann um das Jahr 856 fertiggestellt, um den Sieg Rakai Pikatan's, Nachkomme von Sanjaya und Anhänger Shivas, über den letzten Sailendra-Herrscher Zentraljavas, Balaputra (der daraufhin nach Sumatra floh und Herrscher von Srivijaya wurde), zu feiern. Auch Prambanan wurde innerhalb weniger Jahre nach Fertigstellung verlassen und verfiel. Restaurierungsvorbereitungen begannen 1918, die Arbeiten selbst 1937; 1953 war die Restaurierung vollendet.

Tempel auf dem Dieng-Plateau.

Der zentrale Hof des Komplexes enthält acht Gebäude. Die drei größeren sind in nord-südlicher Richtung angeordnet: Der prachtvolle, 47 m lange Shiva-Tempel wird von zwei nur wenig kleineren Tempeln eingerahmt; der nördliche ist Vishnu, der südliche Brahma geweiht. Gegenüber stehen drei kleinere Tempel, die vormals die „Fahrzeuge" oder „Reittiere" enthielten: Shivas Stier (*nandi*), Brahmas Gänserich (*hamsa*) und Vishnus Sonnenvogel (*garuda*). Lediglich der *nandi* ist erhalten. Am nördlichen und südlichen Eingangstor stehen zwei 16 m hohe identische Hoftempel.

Meisterstück ist der größte der Tempel, der Shiva geweiht ist. Er wird auch als Loro Jonggrang („schlanke Jungfrau") bezeichnet, ein volkstümlicher Name, der manchmal dem gesamten Komplex gilt. Der Legende nach war Loro Jonggrang eine Prinzessin, die von einem unerwünschten Verehrer umworben wurde. Sie trug ihm auf, innerhalb einer Nacht einen Tempel zu bauen, verhinderte aber seine fast erfolgreiche Bemühung dadurch, daß sie das Morgengrauen durch Stampfen im Reismörser zu früh ankündigte. Der Freier verwandelte sie daraufhin im Zorn zu Stein, und sie steht seitdem als Statue der Begleiterin Shivas, Durga, im nördlichen Raum des Tempels. In den anderen drei Räumen stehen Statuen von Agastya, dem „himmlischen Lehrer" (südlich), von Ganesha, dem elefantenköpfigen Sohn Shivas (westlich) und eine 3 m hohe Statue von Shiva selbst (östlich).

Die ausgewogene Symmetrie und die feinfühligen Proportionen sowie der Reichtum bildhauerischer Einzelheiten machen die Anziehungskraft des Loro Jonggrang aus. Auf dem Unterbau der Hauptterrasse sind die sogenannten Prambanan-Motive abgebildet: Neben Nischen mit kauernden kleinen Löwen stehen Lebensbäume, die von einer liebenswerten Tiermenagerie bevölkert sind. Oberhalb sind an der äußeren Balustrade himmlische Wesen und 62 Szenen aus dem Handbuch klassischen indischen Tanzes, des Natyasastra, zu sehen. Schließlich erzählen Basreliefs, beginnend am östlichen Tor und im Uhrzeigersinn fortschreitend, die wundervoll lebendige und fesselnde Geschichte des *Ramayana* (die Fortsetzung findet sich auf der Balustrade des Brahma-Tempels).

Der Loro Jonggrang (Prambanan) während einer totalen Sonnenfinsternis im Jahr 1983.

SURAKARTA

Für das 60 km östlich von Yogyakarta gelegene **Surakarta** (auch als „Solo" oder „Sala" bekannt) interessieren sich wesentlich weniger Touristen als für Yogyakarta. Für einen Javaner ist das ziemlich unverständlich, denn für ihn ist Surakarta die ältere und vom höfischen Glanz vergangener Zeiten erfüllte Stadt, die Königin des traditionellen Kulturlebens in Java.

Vielleicht ist die Stadt weniger populär, weil sich schon die Herrscher von Surakarta nicht ins Rampenlicht der Geschichte gedrängt haben. Vor allem im stürmischen 18. Jahrhundert hatten sie dazu auch wenig Gelegenheit, denn das damals regierende Pakubuwana-Herrscherhaus war wirtschaftlich und militärisch völlig von den Holländern abhängig. Später verwandelte sich die königliche Familie in wohlhabende Großgrundbesitzer und Zuckerrohrmagnaten, die sich wie alle javanischen Adligen im 19. Jahrhundert nach dem Vorbild europäischer Könige kleideten. Eine antikolonialistische Bewegung während der indonesischen Revolution gab es in Surakarta nicht.

Unbekümmert um das Gemecker so manchen Einwohners von Yogyakarta kann der Susuhunan von Surakarta (ein islamischer Fürstentitel) mit gutem Recht behaupten, der rechtmäßige Nachfolger auf dem Thron von Mataram (Zentraljava) zu sein. Denn 1680 wurde der königliche Regierungssitz aus Yogyakarta ins Tal des Solo River verlegt — zuerst nach Kartasura und 1745 nach Surakarta. Von hier aus hat die Mataram-Dynastie ohne Unterbrechung regiert, auch wenn sie durch einen von den Holländern aufgezwungenen Frieden ihr halbes Reich 1755 an den Herrscher von Yogyakarta abtreten mußte.

Aber die eigentlichen Gründe für die geringe Attraktivität der Stadt dürften die schlechten Flugverbindungen und die größere Entfernung von Borobudur und Prambanan sein. Doch mit Zug oder Auto ist man von Yogyakarta aus in einer Stunde da. Schon ein Tagesausflug lohnt sich.

Der **Kraton** von Surakarta wurde zwischen 1743 und 1746 an den Ufern des mächtigen Bengawan Solo, dem längsten Fluß Javas, erbaut. Ähnlich wie der Palast in Yogyakarta bezeichnet der *kraton* nicht nur den Mittelpunkt der Stadt und des Reiches, sondern auch den des Universums. In der Tat gibt es auch sonst verblüffende Ähnlichkeiten zwischen beiden Palästen. Beide sind umschlossen von einer starken Außenmauer, die ein Netz von engen Gassen und kleineren Gebäuden, zwei große Plätze, eine Moschee und die eigentlichen Herrschergebäude einschließt. Ein wichtiger Unterschied ist, daß es in Surakarta keine Prozessionsstraße und keinen Vergnügungspavillon gibt.

Die am Nordeingang beginnende Straße überquert den Hauptplatz *(alun-alun lor),* zwischen zwei Banyanbäumen hindurch, und endet vor einem hellblauen Bühnenpavillon, der mit kühlen Marmorfliesen verkleidet ist. Hinter diesem Pavillon liegt der königliche Empfangspavillon *(Sitinggil),* hinter dem wiederum ein riesiges Tor den Weg zum Eingang des eigentlichen Palastes weist.

Als normaler Tourist steht man allerdings vor verschlossener Tür, denn dieser Eingang wird nur bei bestimmten Anlässen geöffnet. Otto Normalver-

Links: Hauptmann der Wache vor dem Palast in Surakarta. Rechts: Tari-Topeng-Tänzer in Surakarta.

braucher muß bis zur Ostseite des Palastes laufen, wo er für wenig Geld eine Führung durch das Museum und das eigentliche Heiligtum geboten bekommt. Hier, überschattet von Laubbäumen, durch die barschultrige Dienerinnen *(abdidalem)* huschen, befindet sich der Thronsaal des Susuhunan. Er fiel, wie auch ein großer Teil des *kraton sanctum,* am 6. Februar 1985 einem Feuer zum Opfer. Der Brand wurde von einem Kurzschluß in einer neu verlegten elektrischen Leitung verursacht. Glücklicherweise forderte er keine Todesopfer und verschonte weitgehend unersetzbare Erbstücke und Manuskripte. Nun bestehen Pläne, die zerstörten Gebäude originalgetreu wieder aufzubauen — bis dahin muß sich der Besucher mit einem Rundgang durch das anliegende Museum begnügen.

Das dem *kraton* angeschlossene Museum wurde 1963 eingerichtet und besitzt uralte hinduistisch-javanische Bronzearbeiten, traditionelle javanische Waffen und drei herrliche Kutschen. Die älteste stammt aus dem Jahr 1740 und war ein Geschenk der holländischen Ostindiengesellschaft an Pakubuwana II. Das Museum beherbergt auch einige bemerkenswerte Gallionsfiguren alter königlicher Barkassen, darunter Kyai Rajamala, ein Riese von unvorstellbarer Häßlichkeit, der einst den Bug des Privatschiffs des Susuhunan schmückte und von dem man behauptet, er stinke immer noch nach Fisch, wenn die täglichen Opfergaben ausbleiben.

Wenn Sie genug vom *kraton* haben, sollten Sie einen Bummel durch die außerhalb liegenden engen Gassen machen und auf keinen Fall einen Besuch im **Sasana Mulya** versäumen, dem Musik- und Tanzpavillon der Indonesian Performing Arts Academy (ASKI), westlich vom Haupteingang des Palastes. In dieser geschichtsträchtigen Kunstakademie wurde um die Jahrhundertwende die erste Notenschrift für *gamelan*-Musik entworfen. Hier kann man jeden Tag beflissene Studenten treffen, die zu Vorträgen oder Proben mit *gamelan*-Musik, traditioneller Tanzkunst oder *wayang kulit* eilen. Falls Sie nicht stören, können Sie gern daran teilnehmen.

Der „andere" Palast Surakartas

Etwa 1 km nordwestlich des *kraton* hat ein Nebenzweig der königlichen Fa-

Hauptsaal des einstigen Kraton in Surakarta.

milie einen eigenen, kleineren und intimeren Palast gebaut. Er wurde unter Mangkunegara II am Ende des 18. Jahrhunderts begonnen und 1866 vollendet. Auch der **Pura Mangkunegaran** ist öffentlich zugänglich. Am besten wenden Sie sich an das Büro am östlichen Eingang und bezahlen die niedrige Gebühr für eine Führung. Geöffnet ist täglich von 8.30 bis 12 Uhr.

Der äußere Empfangspavillon, *pendopo,* ist angeblich der größte seiner Art in Java. Er ist aus Teakholz in der traditionellen Bauweise, also ohne einen einzigen Nagel, gebaut. Sehenswert ist die in leuchtenden Farben bemalte Decke mit den acht mystischen Farben Javas in der Mitte, die um ein Flammensymbol gruppiert und von den javanischen Tierkreiszeichen umringt sind. Die *gamelan*-Instrumentensammlung im südwestlichen Teil des *pendopo* ist bekannt unter dem Namen Kyai Kanyut Mesem, zu Deutsch: Bezauberndes Lächeln. Soweit möglich, sollte man den Palast am Mittwochvormittag besuchen, weil dann eine Tanzprobe stattfindet.

Das Museum in der Zeremonienhalle des Palastes, unmittelbar hinter dem *pendopo,* zeigt vor allem Stücke aus der Privatsammlung von Mangkunegara IV: Tanzschmuck, *topeng*-Masken, Schmuck (unter anderem zwei silberne Keuschheitsgürtel), alte Münzen aus Java und China, Bronzefiguren und eine ausgezeichnete Sammlung von *keris,* rituellen Schwertern.

Antiquitätenhändler am Pasar Triwindu.

Surakarta ist ideal für alle, die ohne Hektik einkaufen wollen und auf der Suche nach unbekannten Schätzen sind. Hier gibt es zum Beispiel eine richtiggehende ,,Antiquitätenindustrie" — zahllose Händler sammeln und restaurieren alte Möbel und Nippessachen aus China, Java und Europa. Ausgangspunkt für jeden ,,Schatzsucher" ist der **Pasar Triwindu** südlich des Mangkunegaran-Palastes (hinter den Elektronikläden an der Jl. Diponegoro).

In Surakarta haben auch die bedeutendsten Batik-Hersteller ihren Sitz und drei davon verkaufen ihre Kollektion in Ausstellungsräumen zu akzeptablen Preisen. (Die Adressen finden Sie im ,,Kurzführer".) Entlang der Hauptstraßen finden Sie viele kleinere Batikläden. Wenn Sie jedoch wissen wollen, warum Surakarta sich die ,,Stadt des Batik" nennt, dann sollten Sie unbedingt dem **Pasar Klewer,** dem riesigen Markt für Textilien neben der Großen Moschee in der Nähe des *kraton,* einen Besuch abstatten. Hier treffen sich Hausfrauen und Händler aus den Dörfern, um ihre Stoffe zu verkaufen. Auf vollgestopften kleinen Verkaufsständen finden Sie ein fast unglaublich vielfältiges Sortiment von Batikstoffen mittlerer oder minderer Qualität. Aber überlegen Sie sich genau, was Sie kaufen wollen! Die Preise liegen zwischen 1 und 100 US-$ für die Meterware.

Surakarta gilt auch als das unumstrittene Zentrum für traditionelle javanische Bühnen- und Tanzkunst. Hier können Sie zu einer der abendlichen *wayang orang*-Tanzvorführungen, zu einem *wayang kulit*-Schattenspiel oder zu einem *gamelan*-Konzert gehen. Selbstverständlich können Sie hier auch die dazugehörigen Kostüme, Puppen und Instrumente kaufen. Reichverzierte Schattenspielpuppen, gräßlich verzerrte Holzmasken, vergoldeten Kopfschmuck und sogar riesige Gongs aus Bronze sind überall zu bekommen und eignen sich hervorragend als Geschenk oder Dekoration für Ihre Wohnung. (Einzelheiten finden Sie im Kurzführer.)

OSTJAVA UND MADURA

In Ostjava fehlen viele touristische und öffentliche Einrichtungen. Aber gerade deshalb ist es ein Paradies für Reisende, die das Ungewöhnliche lieben, für zu allem entschlossene Individualisten auf der ständigen Suche nach unbekannten Altertümern, die den Blick von einem einsamen Kraterrand genießen wollen.

Die Provinz läßt sich in drei Gebiete einteilen: die Nordküste einschließlich der Insel Madura mit alten islamischen Hafenstädten, das Tal des Brantas River mit Baudenkmälern und Erholungsorten aus der Kolonialzeit und den früher unter dem Namen Blambangan bekannten östlichen Teil mit atemberaubenden Vulkanen, Naturschutzgebieten und unvergeßlichen Landschaften.

Der breite Brantas windet sich in einem weiten Bogen durch die fruchtbaren Reisanbaugebiete des östlichen Zentraljava um mehrere hohe Berge wie den Mt. Arjuna, Mt. Kawi und Mt. Kelud herum. Ab 930 v.Chr. war dieses Tal fünf Jahrhunderte lang der unumstrittene Schwerpunkt der Zivilisation und Macht auf der ganzen Insel. Die großen Königreiche dieser Zeit — Kediri, Singhasari, Majapahit — haben ein reiches Erbe in Tempelkunst, Literatur, Musik und Drama hinterlassen.

Als sich im 15. Jahrhundert auf Java der Islam und ein aufblühender Handel mit Gewürzen und Textilien auszubreiten begannen, kam es zu gewaltsamen Auseinandersetzungen zwischen den reisanbauenden Königreichen im Landesinneren und den neuen islamischen Handelsmächten an der Küste. Vermutlich 1527 wurde das Brantas-Tal von islamischen Truppen erobert, viele Hindus flohen Richtung Osten nach Blambangan und Bali. Noch heute halten sich die Tenggeresen am Mt. Semeru für die Nachkommen dieser indo-javanischen Flüchtlinge; und natürlich führten die mächtigsten Herrscher auf Bali ihren Stammbaum bis auf die Majapahit-Könige des 14. Jahrhunderts zurück.

Surabaya, die Stadt der Helden

Bis zur Jahrhundertwende war die ostjavanische Hauptstadt **Surabaya** der

Surabaya — alte holländische Lagerhäuser am Kali-Mas-Kanal.

größte und bedeutendste Seehafen im ganzen Archipel. Heute ist er nach Jakarta nur noch der zweitwichtigste. Trotz der mehr als 400jährigen bewegten Geschichte der Stadt gibt es hier viel weniger Interessantes zu sehen, als man erwartet.

Der Aufstieg Surabayas begann 1525, als seine Herrscher zum Islam übertraten und in kurzer Zeit alle anderen Küstenstaaten unterwarfen. Ende des 16. Jahrhunderts jedoch dehnte sich das zentraljavanische Königreich von Mataram nach Osten aus und zettelte einen blutigen und langwierigen Krieg mit Surabaya an.

Die Holländer beschrieben die Stadt 1620 als einen wohl ernstzunehmenden Gegner, der von einem Kanal und schwer einzunehmenden Festungsanlagen mit einem Gesamtumfang von immerhin 37 km umgeben war. 30 000 Soldaten soll Surabayas Armee umfaßt haben. Das macht verständlich, daß die Stadt erst im Jahre 1625, nach der Verwüstung ihrer Reisfelder und der Umleitung des Flusses durch Sultan Agung, dem Ansturm erlag.

Mitte des 18. Jahrhunderts wurde Surabaya an die Holländer abgetreten und entwickelte sich schnell zum wirtschaftlichen Zentrum des Archipels. Es war die Zeit der Rahsegler, reicher chinesischer und arabischer Kaufleute, exzentrischer deutscher Hotelbesitzer und kräftiger Seeleute, die sich um die Schönheiten von Surabaya prügelten — eine Zeit, die in vielen Romanen Joseph Conrads verewigt ist.

Die heutige Realität ist vergleichsweise banal — Surabaya ist eine heiße, wildwuchernde Stadt mit über 2,5 Mio. Einwohnern. Man nennt sie die „Stadt der Helden", weil hier im November 1945 die bedeutungsvolle erste Schlacht um die Unabhängigkeit ausgetragen wurde. Obwohl die indonesischen Rebellen von den besser ausgerüsteten britischen Truppen aus der Stadt vertrieben wurden, fügten sie diesen schwere Verluste zu und bewiesen sich und der Welt, daß man um die Unabhängigkeit kämpfen konnte und mußte.

Die interessantesten Gegenden in Surabaya sind die alten Chinesen- und Araberviertel im Norden der Stadt, unweit des Hafens. Nehmen Sie sich die Zeit für einen Spaziergang durch die engen Gassen östlich der Jl. K. H. Mas Mansyur, wo sich die Moschee und das

tierrennen
Madura.

Heilige Grab des Sunan Ampel befinden, einem der „neun Heiligen", die den Islam auf der Insel verbreitet haben. An den Verkaufsständen um die Moscheen können Sie handgemachte Textilien aus ganz Java kaufen.

Südlich davon, in der Jl. Dukuh II/2, liegt der **Hong Tik Hian Temple,** in dem jeden Tag eine chinesische Handpuppentheateraufführung *(potehi)* stattfindet. Jenseits der Jl. Kembang Jepun, in der Jl. Selompretan, steht das älteste chinesische Heiligtum von Surabaya — der **Hok An Kiong Temple** aus dem 18. Jahrhundert, den einheimische chinesische Handwerker in der traditionellen Bauweise ganz aus Holz gebaut haben. Die Tempelgottheit ist Ma Co, Schutzgöttin der Seeleute.

Vom Chinesenviertel aus, die Jl. Kembang Jepun in westlicher Richtung entlang gehend, kommt man zur berühmten „Roten Brücke" über den Kali-Mas-Kanal. Sie liegt mitten im Geschäftsviertel des 19. Jahrhunderts, von dem eine Reihe baufälliger holländischer Lagerhäuser und Bürogebäude erhalten sind.

„Fetter Kerl" und ein Drache

Um zu sehen, wie sehr Surabaya sich ausgedehnt hat, muß man von der Roten Brücke aus den Fluß entlang fahren, vorbei am **Heroes Monument.** Wenn Sie von der Hauptgeschäftsstraße Jl. Tunjungan in die Jl. Pemuda einbiegen, kommen Sie zum früheren **Governor's Mansion,** das nach der Jahrhundertwende erbaut wurde und damals im Zentrum des kolonialen Surabaya stand. Heute stehen hier mehrere Hotels. Genau gegenüber, in einem kleinen Park, steht eine jahrhundertealte Statue des 1292 verstorbenen Königs Kertanegara offiziell **Joko Dolog,** im Volksmund liebevoll „fetter Kerl" genannt. Fährt man weiter in südlicher Richtung durch gepflegte Vororte, kommt man zum **Zoo** von Surabaya, der viele exotische Tierarten beherbergt, darunter den berühmten „Komodo-Drachen".

Biertrinkende Stiere

Die meisten Besucher versuchen, aus der Hitze und dem Gewimmel Surabayas in die kühlen Hügel südlich der Stadt zu entkommen. Aber manche überqueren die schmale Meerenge zur benachbarten Insel **Madura** — vor allem im August und September, wenn die aufregenden alljährlichen Stierrennen stattfinden.

Ein merkwürdiger Sport, dieses *kerapan sapi!* Den Maduranern zufolge maßen ursprünglich Pflugmannschaften über die Länge eines Reisfeldes hinweg ihre Kräfte miteinander. Die heutigen Stiere brauchen nicht mehr zu pflügen, sie werden speziell für die Rennen gezüchtet und sind der Stolz der ganzen Gegend. Teilnehmen dürfen nur Stiere, die hinsichtlich Kraft, Gewicht, Aussehen und Schnelligkeit bestimmten Ansprüchen genügen. Den ganzen August über finden überall in Madura und Ostjava Vorentscheidungsrennen statt, ehe es schließlich in **Pamekasan,** der Inselhauptstadt, zum großen Finale kommt.

Dann endlich ist der langersehnte Höhepunkt gekommen: ein donnernder 100-m-Sprint, vor den Augen brüllender Menschenmassen. Normalerweise bewegen sich die riesigen Tiere nur schwerfällig, aber „gedopt" durch eine Mischung von Bier, Eiern und Peperoni erreichen sie eine Geschwindigkeit von fast 50 km/h. Einige fanatische Zuschauer machen sich einen Sport daraus, sich

Badeteich aus dem 11. Jahrhundert in Belahan.

ans Ende der Rennstrecke, genau in die Bahn der anstürmenden Bullen zu stellen, so daß es immer wieder zu Unfällen kommt.

Schon immer waren die Maduresen bekannt für ihre Zähigkeit, die möglicherweise mit dem trockenen Kalksteinboden ihrer Heimat zusammenhängt. Ihre Haupterwerbszweige sind Fischen, Tabakanbau und Salzgewinnung. Hier und im Osten gibt es einige schöne Strände. Der bescheidene Palast in **Sumenep** hat ein kleines Museum und eine Sammlung von Manuskripten.

Die Suche nach Altertümern macht auf Madura ungeheuren Spaß. Selbst wenn Sie nichts für alte Steinhaufen übrig haben, werden Sie immer irgendwo abgelegene und schöne Landschaften entdecken, die noch kein Touristenbus erreicht hat. Ein guter Ausgangspunkt für die Suche nach einsamen Tempeln oder andere Erkundungstouren ist der herrlich gelegene Gebirgsort **Tretes,** 55 km südlich von Surabaya.

Hier ist die Luft frisch, die Nächte sind kühl und die Berglandschaft ist begeisternd. Ganz in der Nähe sind drei sehenswerte Wasserfälle, zu denen man vormittags laufen oder reiten kann. Anschließend können Sie den Nachmittag an einem von Quellen gespeisten Swimmingpool verbringen, versorgt mit einem guten Buch und einem riesigen Topf Tee oder Kaffee. Vielleicht treibt Ihr Tatendrang Sie sogar den 3340 m hohen **Mt. Arjuna** (hinter Tretes) hinauf und führt Sie dabei durch üppige wachsende Bergwälder. Vielleicht auch über das Lalijiwa Plateau auf einem schmalen Pfad zum benachbarten **Mt. Welirang,** wo die Einheimischen aus zischenden Quellen Schwefel gewinnen.

Die ganze Gegend ist übersät mit alten Baudenkmälern. Eines davon ist **Candi Jawi,** 7 km hinter Tretes, an der Hauptstraße. Dieses buddhistische Heiligtum (vollendet um 1300) ist einer der Bestattungstempel, die man dem 1292 verstorbenen König Kertanegara aus der Singhasari-Dynastie zu Ehren errichtet hat.

Vom Candi Jawi aus blickt man hinüber zum Mt. Penanggungan im Norden, einem vollkommen geformten Kegel, der von kleineren Gipfeln umgeben ist und wegen seiner Form als Kopie des heiligen Berges Meru gilt. Der Mt. Penanggungan ist übersät mit Dutzenden von Heiligtümern, Meditationsgrotten

Tretes — Candi Jawi.

und heiligen Weihern. Die meisten dieser insgesamt 81 Besichtigungsstätten liegen an der Nord- und Westflanke des Berges. Am bezauberndsten und leicht zugänglich ist **Belahan,** ein kleiner Badesee am östlichen Fuß des Berges, wo man die Begräbnisstätte des 1049 gestorbenen Königs Airlangga vermutet.

Spuren der Vergangenheit

Von Tretes oder Surabaya aus kommt man in knapp einer Stunde zum Dorf **Trowulan,** einstmals Hauptstadt des größten Reiches auf javanischem Boden — des Majapahit-Reiches des 14. Jahrhunderts. Leider sind von den Bauwerken dieser Zeit nur noch die Fundamente und einige Tore erhalten, weil die meisten aus weichen Ziegelsteinen und Holz gebaut waren. Dennoch bietet das **Trowulan Museum** (geöffnet täglich 8 bis 13 Uhr) eine faszinierende Sammlung von Terrakottafiguren und -fragmenten sowie ein Reliefmodell des ganzen Gebietes; hier kann man einige Sehenswürdigkeiten ausmachen: **Candi Tikus,** eine königliche Badeanstalt, **Candi Bajang Ratu,** ein großes Eingangstor aus Ziegeln, und **Wringin Lawang,** ein Palasttor. Auch den Friedhof bei **Iralaya,** 2 km südlich von Trowulan, sollten Sie besuchen — hier finden Sie die ältesten islamischen Gräber Javas.

Die eindrucksvollsten Statuen werden im **Mojokerto Museum** aufbewahrt, darunter auch die berühmte Skulptur von König Airlangga, dargestellt als Vishnu auf einem beeindruckenden *garuda* — einst Herzstück von Belahan.

Viele weitere Altertümer kann man in der Umgebung der attraktiven Stadt Malang finden, dem blühenden Zentrum des Tabak- und Kaffeeanbaus südlich von Surabaya. Wenden Sie sich am Garuda Cinema am nördlichen Rand von Singosari, 10 km nördlich von Malang, nach Westen und folgen Sie einer schmalen Straße bis zum **Candi Singhasari.** Wahrscheinlich sollte dieses unvollendete Baudenkmal der Hauptbegräbnistempel für König Kertanegara werden, dessen Palast ebenfalls in dieser Gegend gelegen sein muß. Bekannt ist er wegen seiner ungewöhnlichen Konstruktion (die Grabkammern sind in die Tempelfundamente eingelassen) und wegen zwei monströsen Wächterfiguren *(raksasas).*

Sundoro — Sonnenaufgang, vom Mt. Bromo aus beobachtet.

Malang

Malang selbst ist mit seiner Kolonialatmosphäre und seinem kühlen Klima sehr schön. (Siehe ,,Kurzführer".) Östlich der Stadt liegen zwei interessante Tempel. Vom Dorf Blimbing am Nordrand von Malang aus fährt man eine ausgeschilderte Straße nach Osten, etwa 20 km bis Tumpang. Kurz vor dem Marktplatz biegt eine enge Straße links ab zum **Candi Jago,** einem terrassenförmig angelegten Heiligtum, das 1268 als Gedenkstätte für den König Vishnuvardhana erbaut wurde. Jede der Terrassenstufen ist mit Reliefs im *wayang*-Stil, dem typisch javanischen Schattenspiel-Stil, versehen. Sie zeigen Szenen aus dem Mahabharata und eine furchterregende Prozession von Dämonen aus der Unterwelt.

Etwa 5 km südwestlich von Tumpang liegt **Candi Kidal,** ein hoher, schlank gebauter Tempel zu Ehren von Anushapati, einem anderen Singhasari-Herrscher, der 1248 starb.

Die einzige relativ große Tempelanlage Ostjavas ist **Candi Penataran.** Sie liegt 80 km westlich von Malang, unmittelbar im Norden der Stadt Blitar, zu der man lieber die längere, aber landschaftlich schönere Straße durch die Berge über Kediri nehmen sollte.

Malang.

Bemerkenswert ist, daß die Baumeister von Penataran auf die formale Symmetrie ihrer indischen Vorbilder verzichtet und ihre Tempelkonstruktion im wesentlichen an die landesüblichen Paläste angeglichen haben, also mit Empfangspavillons im Vorhof und einem kunstvoll gestalteten Badebecken im hinteren Teil. Der Haupttempel steht an der Rückseite der Anlage, möglichst dicht zum Berg hin (wie in Bali) und die Dachstufen tragen kühne *wayang*-Reliefs mit Szenen aus dem Ramayana und Krishnayana.

In der Nähe von Penataran, an der Straße nach Blitar, steht das **Präsident Sukarno Mausoleum,** die letzte Ruhestätte des 1970 verstorbenen ,,Vaters der indonesischen Unabhängigkeit". Auf dem Weg von oder nach Blitar (über die schöne Straße von Malang nach Kediri) empfiehlt sich ein Abstecher nach **Selekta,** einem für seine Kolonialvillen, Swimmingpools und Apfelgärten bekannten Erholungsort.

Die Tierwelt Ostjavas

Die östliche Landzunge Javas ist geprägt von drei noch tätigen Vulkanen, an denen jeweils ein Nationalpark oder ein Naturschutzgebiet liegt. Am meisten besucht ist der **Mt. Bromo,** ein Vulkankegel innerhalb des riesigen Tengger-Kraters, mit einem günstig gelegenen Hotel. (Siehe Teil IV ,,Die Tierwelt Indonesiens".) Die anderen beiden, **Yang Plateau** und **Ljen Crater,** sind zwar ebenfalls zugänglich, erfordern aber eine umfassendere Vorbereitung. (Siehe ,,Kurzführer".)

Es gibt drei weitere Tierreservate in Küstennähe, die man auf dem Weg nach oder von Bali aufsuchen kann. Leicht erreichbar ist der **Baluran National Park** an der Nordostspitze Javas. (Siehe Teil IV ,,Die Tierwelt Indonesiens".) Auch an der Südostspitze Javas befindet sich ein Reservat, das **Banyuwangi Selatan Reserve,** in das allerdings keine Straßen hineinführen. Am Westufer haben Surfer Bambushütten errichtet, die sie bewohnen, wenn sie von Bali herüberkommen, um hier auf den Brandungswellen zu surfen. Verlockender für alle Nicht-Surfer dürfte das **Meru Betiri Reserve** an der Südküste bei Sukamade sein.

BALI: DIE GRÜNE INSEL

Bali ist in vielerlei Hinsicht die schönste Insel im Archipel. Vor allem ist sie ein hinreißendes Kunstwerk der Natur. Von Ost nach West verläuft eine Kette von Vulkanen, die von den Gipfeln des Mt. Batur und des Mt. Agung überragt werden. Von Nord nach Süd ziehen sich tiefe Schluchten. Die vulkanischen Böden Balis sind außerordentlich fruchtbar und von Dezember bis April bringt der Nordwestmonsun reichliche Regenfälle.

Schon immer haben die Balinesen versucht, sich diese Gaben der Natur zunutze zu machen. Auch noch am steilsten Hang sind in mühevoller Arbeit Terrassenfelder angelegt worden. Jeder fruchtbare Fleck wird durch ein kunstvolles System von Aquädukten, Dämmen und Schleusen, das schon seit Jahrhunderten funktioniert und von *subaks,* dörflichen Arbeitsgemeinschaften, betrieben wird, bewässert. Die Natur belohnt all diese Anstrengungen mit reichen Ernten, die es den Balinesen ermöglichen, sich ihren ausgeprägten kulturellen Bedürfnissen zu widmen.

Die Balinesen sehen ihre Umwelt mit religiösen Augen. Reiche Ernten werden Dewi Sri zugeschrieben, der Göttin des Reis und der Fruchtbarkeit. Ihr Symbol ist *cili,* zwei Dreiecke, die in Gestalt einer wohlgeformten Frau zusammengefügt sind. Leicht abgewandelt taucht ihr Bild fast überall auf — auf Tempelgaben, Dächern und sogar auf Aschenbechern. In den Bergen wohnen gute Geister, im Meer lauern dunkle und feindliche Mächte. Die Welt der Menschen liegt zwischen diesen beiden Extremen. Deshalb ist in Bali jedes Haus, jedes Dorf und jedes Königreich entlang der Achse zwischen Meer und Bergen ausgerichtet.

Die Kinder des Mythos

Als die Erde als menschliche Wohnstätte geeignet war, besprach sich der Große Lehrer Batara Guru mit seinem anderen Ich über die Notwendigkeit und Beschaffenheit des Menschen. Sie beschlossen, in einen Wettstreit miteinander zu treten und Modelle aus Ton zu formen. Jeder von beiden gab zu, daß er dabei experimentiere und verspottete jeweils die Bemühungen des anderen. In der Tat ging so mancher Versuch daneben: Die ersten Menschen kamen zu hell aus dem Brennofen, die nächsten waren fast schwarz gebrannt. Erst die nächste Produktion — die Balinesen — waren rundum gelungen und goldbraun. Durch Meditation hauchten Batara Guru und Brahma den Balinesen Leben ein.

Diese humorvolle Schöpfungsgeschichte paßt gut zu den Balinesen, die in Wirklichkeit aus der Verschmelzung verschiedener mongolischer Stämme hervorgegangen sind, die vor Jahrtausenden auf der Insel einwanderten. Ihre Sprache ist eng verwandt mit der der Sasak auf Lombok, aber auch mit dem Javanischen. Bali wurde schon früh in der Geschichte besiedelt und zivilisiert, was Steinmegalithen wie Gunung Kawi und die ausgefeilte Bronzetrommel ,,Mond von Pejeng" bezeugen, die man auf einige Jahrhunderte vor Christus datiert.

Vorhergehende Seiten: Besakih, Balis heiligster Tempel, erstmals schriftlich erwähnt in einer Inschrift aus dem Jahr 1007. Links: Am Morgen in Tampaksiring. Rechts: Sanghyang-Dedari-Trancetänzerin.

Vor fast 1000 Jahren wurde Bali Vasall der großen hinduistischen Reiche auf Ostjava. Airlangga (Regierungszeit 1019—49), einer der frühesten Herrscher, war der Sohn Udayanas, eines balinesischen Königs und dessen javanischer Gattin. Aber schon vorher hatten die Balinesen in einem Jahrhunderte währenden Prozeß kultureller Osmose ihren ursprünglichen Animismus in die Riten, die

Kosmologie und das Wissen des Hinduismus integriert.

Seinen Höhepunkt erreichte der Einfluß des javanischen Hinduismus Ende des 16. Jahrhunderts, als angeblich fast der gesamte hinduistische Adel vor dem Islam nach Bali flüchtete. Tatsächlich gründet sich vieles von dem, was wir über Sprache und Bräuche des alten Java wissen, auf Texte und Traditionen, die nur in Bali gefunden wurden.

Dennoch hat die balinesische Kultur ihren eigenständigen Charakter bewahrt und ein hochstehendes und glanzvolles Niveau erreicht. Nach der islamischen Eroberung Javas kam es 1550 zur politischen Einigung Balis unter dem Herrscher Batu Renggong, dem vierten großen Gott-König oder *Dewa Agung* von Gelgel. Zwar hielt die politische Einheit

nur zwei Generationen lang, aber in dieser Zeit erlebte Bali sein Goldenes Zeitalter, in dem gesellschaftliches Leben und Künste in voller Blüte standen.

Unter Batu Renggong wurden die spirituelle und die irdische Welt Balis miteinander verschmolzen durch den Bau von neun großen Tempelanlagen (Pura Agung oder Sad Kahyangan). Haupttempel war der Pura Besakih an den Hängen des Mt. Agung. Zur gleichen Zeit wurden der *saka*-Kalender Javas und der 30wöchige balinesische *wuku*-Kalender miteinander kombiniert. Auf diese Weise entstand die heute noch gültige komplizierte Abfolge ritueller Vorschriften.

Die unumstrittene Herrschaft und Autorität des Dewa Agung nahm bereits unter Batu Renggongs Sohn und Enkel ab. Sie splitterte sich später in ein Dutzend von Raja-Reiche auf, die etwa drei Jahrhunderte Bestand hatten. Acht davon sind heute noch Regierungsbezirke: Bandung, Bangli, Tabanan, Gianyar, und Klungkung in Zentral- und Südbali; Buleleng, Karangasem und Jembrana im Norden, Osten und Westen.

Wegen ihrer Furcht vor dem Meer und ihrem ständig gegenwärtigen Mißtrauen gegenüber Ausländern lebten die Balinesen von 1600 bis 1900 isoliert von der restlichen Welt. Während dieser Zeit entwickelten und verfeinerten sie ihre Tanzkunst, Musik, Malerei, Skulptur, Dichtung, Baukunst und das Drama — immer zu Ehren der zahlreichen Götter und Gottkönige Balis.

Obwohl der Insel weitgehend (nicht zuletzt weil die Holländer den ausgeprägten Stolz der Balinesen respektierten) die Zerstörungen des 19. Jahrhunderts erspart blieben, wurde Bali um die Jahrhundertwende zum Schauplatz einer Reihe von grauenhaften Selbstvernichtungsschlachten (*puputan*), in denen sich die Könige und Adligen in ihre *keris* stürzten oder ungeschützt in die holländischen Gewehrsalven rannten, weil sie den Tod der Unterwerfung vorzogen.

1908 war die Eroberung Balis durch die Holländer abgeschlossen, die eine Reihe einheimischer Herrscher als Regenten unter ihrer Oberherrschaft einsetzten. Einigen, wie dem König von Karangasem in Ostbali, wurde sogar eine gewisse Unabhängigkeit zugestanden. Im wesentlichen blieb die Autorität und der Reichtum der einheimischen Herrscher bis in die 50er Jahre dieses Jahrhunderts erhalten, ehe sie durch die Landreform und die republikanische Staatsform ihrer Ländereien und feudalen Rechte beraubt wurden. Dennoch genießen die balinesischen Adligen auch heute noch hohes Ansehen, allerdings nur noch als *pengamong*, als Hüter der über 5000 Tempel auf der Insel.

Auf dem Weg in die moderne Welt

Seit seiner Entdeckung durch holländische Gelehrte und westliche Künstler zu Beginn des 20. Jahrhunderts ist Bali gleichgesetzt worden mit Shangrila, dem letzten Paradies auf Erden. Hollywoodfilme, exotische Zigarren, Restaurants und Weine benutzen den Namen der Insel, um etwas von dem Zauber wachzurufen, der sich mit der Kultur dieser

Oben: Eine der zahllosen Skulpturen im weichen Vulkangestein Balis. Rechts: Nahaufnahme eines kunstvoll gestalteten Speiseopfers aus Reisbrei.

Insel verbindet. Inzwischen ist Bali so sehr als „Wunderinsel“ abgestempelt, daß bei denen, die nach dem Paradies suchen, gewisse Zweifel aufkommen. Wie echt ist heute noch der Glanz einer der glanzvollsten traditionellen Kulturen der Welt?

Die rasche Eingliederung Balis ins 20. Jahrhundert und die touristische Invasion der 60er und 70er Jahre fand in anderen tropischen Idyllen unglückselige Parallelen, die fast immer zum Verlust der kulturellen Identität und Ursprünglichkeit führten. Aber Bali hat in der Vergangenheit fast immer kultureller Überfremdung widerstanden, indem es fremde Einflüsse einem Prozeß der Assimilation und Integration in seine eigenen lebendigen Traditionen unterworfen hat.

Ein schlagendes Beispiel für die Fähigkeit zur Einverleibung und Anverwandlung ist die balinesische Kunst, in der sich indische, hinduistisch-javanische, chinesische, islamische und europäische Einflüsse niedergeschlagen haben. Charakteristisch ist auch die Eigenschaft, alles auszuscheiden, das unvereinbar mit der balinesischen Lebensphilosophie ist.

Fälschlicherweise glauben viele Ausländer, daß die balinesische Kunst weitgehend ihre Ausstrahlungskraft verloren habe, daß die *gamelans* in den Pavillons verrosten und daß die Tänzer der Bühne den Rücken kehren. Nichts davon ist wahr. Bali erlebt in vielerlei Hinsicht eine kulturelle Renaissance — die Tempelfeste werden größer und farbenfroher, alte Kunstformen werden wiederbelebt und es gibt mehr Musikgruppen als jemals zuvor.

Ein Glaube an Harmonie

Religion, Riten und Feste begleiten einen Balinesen von der Geburt bis zum Tod und sogar darüber hinaus. Sie sind die verbindende Kraft innerhalb der Familie und Grundlage für Zusammenleben und Zusammenarbeit in den Dörfern. Religiöse Bräuche bestimmen die Stadtplanung, die Architektur eines Tempels, die Bauweise eines Hauses und die Verteilung der Verantwortlichkeiten innerhalb der Gemeinschaft. Ob es nun der Urlaub, die Freizeitgestaltung oder das gesellige Beisammensein ist — alles hängt ab vom religiösen Kalender und ist mit religiösen Vorschriften verküpft.

Jeder Balinese wird in ein kompliziertes soziales Gefüge hineingeboren. Kinder genießen fast unbegrenzte Privilegien, weil man glaubt, daß ihre Seelen noch rein und sie dem Himmel noch näher seien. Babys dürfen die unreine Erde nicht berühren und werden überall herumgetragen. Balinesische Kinder sind nie allein, werden nie geschlagen und sind selten quengelig. In Abständen sind Zeremonien vorgeschrieben, vor allem am ersten Geburtstag (nach 210 Tagen), an dem ein Priester Opfergaben darbringt. Damit beginnt ein lebenslanger Kreislauf von Riten, die Wendepunkte im Leben markieren wie Pubertät, Eheschließung, Geburt eines Kindes oder Tod. Dazwischen liegen regelmäßige Opfergaben für die Vorfahren. In jedem Dorf gibt es drei Tempel: *Pura Puseh* (Tempel des Ursprungs) ist Vishnu geweiht; *Pura Desa* dient Zeremonien für die Lebenden;

Pura Dalem ist die heilige Stätte der Vorfahren.

Innerhalb der *desa,* der Dorfgemeinschaft, existieren kleinere Gemeinschaften, die *banjar.* Es sind Nachbarschaftskooperativen zur gegenseitigen Unterstützung bei Heiraten, Festlichkeiten und vor allem bei Todesfällen. Jeder Erwachsene ist Mitglied sowohl der *desa,* wie seiner *banjar.* Die *banjar* hat die Verfügungsgewalt über das Gemeineigentum, ein *gamelan*-Orchester und Tanzutensilien. Sie verfügt über eine Gemeinschaftsküche für Festlichkeiten, einen Trommelturm (*kulkul*) zur Einberufung von Zusammenkünften und einen Gemeinschaftstempel. Die Versammlungshalle der *banjar* ist ein offener Pavillon mit einem großen Vordach (*bale*). Hier treffen sich die Männer, um mit ihrem *gamelan*-Ensemble zu üben, Tanzproben anzuschauen oder zu beratschlagen.

Erfreulicherweise ist für jede neue Generation die überlieferte Lebensweise so neu und voll innerer Kraft wie für die vorhergehende. Deshalb machen sich die Balinesen auch keine Sorgen um ihre Religion, die sie nur als *adat,* als Brauch betrachten.

Schon der mexikanische Künstler Covarrubias bemerkte in seinem 1937 erschienen Buch *Bali* scharfsinnig: ,,Was in einem Dorf die Regel ist, kann im anderen schon die Ausnahme sein.'' All diese Besonderheiten machen Bali für Besucher immer wieder faszinierend.

SÜD- UND WESTBALI

Der Süden ist das mit Abstand belebteste Gebiet, denn er ist das touristische, wirtschaftliche und politische Zentrum Balis. Tagtäglich strömen Hunderte von Touristen aus den Düsenjets, die auf dem Ngurah Rai International Airport landen, der auf der schmalen Landenge liegt, die die südliche Halbinsel *Bukit* mit der Hauptinsel verbindet. Die meisten dieser Paradiesbesucher ziehen sich sofort in einen der drei Badeorte in der Nähe zurück: Kuta, Sanur oder Nusa Dua. Nicht zuletzt durch den enormen Touristenstrom hat Denpasar, die Provinzhauptstadt, während des vergangenen Jahrzehnts ein beispielloses Wirtschafts- und Bevölkerungswachstum erlebt.

Aber lassen Sie sich nicht vom modernen Anstrich täuschen. Nach wie vor sind die Tempelfeste Südbalis wegen ihrer Trancetänze und Riten legendär. Die Palastzeremonien in Denpasar sind würdevoll wie ehedem und in Kuta Beach finden Nacht für Nacht perfekt inszenierte Tanzvorführungen statt. Währenddessen halten die bärtigen Priester von Sanur die kosmische Ordnung auf der Insel aufrecht.

Der wegen seiner Lage und Schönheit berühmteste Tempel der ganzen Gegend ist der Pura Uluwatu. Er liegt fast 100 m hoch auf einem Felsen über dem Meer, den die Balinesen für das versteinerte Schiff der Meeresgöttin Dewi Danu halten und unterhalb dessen riesige Meerschildkröten schwimmen. Der nahegelegene Strand ist bei Surfern einer der beliebtesten.

Vor allem an Nyepi, dem balinesischen Neujahr, ist Südbali überschwemmt von Abertausenden von Dorfbewohnern in ihren Festtagsgewändern, die mit Opfergaben an die Strände strömen, um die *melis*-Reinigungsriten zu begehen.

Der Luxusstrand von Sanur

Die südlichen Strände vor allem locken seit Generationen ausländische Touristen an. **Sanur,** 10 km südöstlich von Denpasar, liegt an einer Lagune am Ende des fruchtbaren Reisanbaugebietes Renon-Kepaon-Legion. Früher war es eine Enklave für Fischer und heilige Brahmanen und eher berühmt wegen seiner Dämonen und Magie als wegen seiner landschaftlichen Schönheit. Seit den 30er Jahren jedoch haben die einzigartigen Strände von Sanur ganze Kolonien westlicher Intellektueller und Künstler angelockt, darunter die Anthropologin Margaret Mead und den Maler Walter Spies.

Mit dem Bau des pompösen **Bali-Beach-Hotels** begann in den frühen 60er Jahren der Massentourismus, aber erst in den 70ern kam der eigentliche Touristenboom durch den Bau von mehr als einem Dutzend Luxushotels in Gang. Sie sind unterschiedlich groß; der Komplex des **Bali Hyatt** breitet sich in einer geschmackvoll gestalteten Strandlandschaft aus; das mittelgroße **Sanur Beach** hat eine freundliche Atmosphäre; das im Bungalow-Stil gebaute **Tanjung Sari** liegt in einem traumhaften Garten mit einmaligen balinesischen Altertümern und Grotten; 1982 hat es den Aga-Khan-Preis für herausragende Leistungen in islamischer Architektur halten. (Im „Kurzführer" finden Sie Detailinformationen zu Hotels und Restaurants.)

Angeschmiegt an einen Berg nördlich

Links: Traditionelle Ausleger boote transportieren heute Touristen. Rechts: Im Sanur Beach Hotel.

des Bali-Beach-Hotel, wo der Sand merkwürdigerweise schwarz wird, liegt das **Le Mayeur Museum.** Einst Studio und Wohnung des belgischen Impressionisten Le Mayeur und seiner dem Tanz verschriebenen Frau Ni Pollock, beherbergt es heute eine Reihe farbenfroher Ölgemälde. Von hier aus bietet sich ein atemberaubender Blick über die Bucht von Sanur bis hinüber nach Ostbali und dem majestätischen Mt. Agung im Hintergrund.

Nachbarinseln

Sanurs Hauptattraktion jedoch ist die Freizeitgestaltung. Man kann den ganzen Tag ausfüllen mit einem Spaziergang am Strand, um ihn schließlich mit einem ausgezeichneten Essen und einer Tanzvorführung am Abend zu beschließen. Wenn Sie mehr Aktivität entfalten wollen, sollten Sie eines der *prahus* mieten, die vor den Hotelstränden kreuzen, damit in zwei Stunden über die schmale Meerenge bis zur Insel Lembongan fahren und dort in der kristallklaren See schnorcheln. Beeindruckend ist die mittelalterliche Architektur und Kultur, die man in Dörfern auf der Insel findet.

Fahren Sie anschließend hinüber zur größeren Nachbarinsel Nusa Penida und machen dort einen Spaziergang durch die fast vergessenen Bergdörfer der früheren Strafkolonie Balis — der Blick hinüber nach Bali wird Ihnen unvergeßlich bleiben. Die Insel gilt als Heimat des Dämonenkönigs Ratu Gede Mencaling, der einst weite Teile Südbalis in Angst und Schrecken versetzt haben soll. Er lebt fort in den Legenden und Festen der Insel — vor allem in dem Riesenpuppentanz *Barong Landung,* der an bestimmten Festtagen auf Tempelplätzen und Dorfstraßen aufgeführt wird. Übrigens werden bei Nusa Penida die besten Hummer Balis gefangen.

Weiter südlich kommt man nach Desa Tanjung, einem malerischen Fischerdorf. Hier werden in einem Nebengebäude des ältesten chinesischen Tempels ganz Balis noch immer Bronzebilder angebetet, Überreste eines Schiffbruches im 15. Jahrhundert.

Wenn man nach Sanur zurückkehrt und den Belanjong-Tempel besucht, entdeckt man auf einer Säule eine Inschrift, die an die Siege des großen Königs Sri Kesari Warmadewa im Jahr 913 erinnert.

In Sanur kann man Ausflüge auf *prahus* organisieren zum eindrucksvollen Pura Sakenan auf *Pulau Serangan* (Schildkröteninsel). Zweimal jährlich während des Kuningan, der die festliche Galungan-Zeit abschließt, versammeln sich hier Hunderttausende Balinesen, die Opfergaben wie *barong*-Masken oder sogar komplette *gamelan*-Orchester mitbringen. Am Strand legen nachts riesige Schildkröten ihre Eier ab, die von Dorfbewohnern eingesammelt und ausgebrütet werden, um später von Schildkrötenfleisch und -panzern zu profitieren. Auch wunderschöne Seemuscheln werden an Besucher verkauft.

Balis Südspitze

Südlich des Flughafens geht die schmale Landzunge in die Halbinsel Bukit über, einstiges Jagdgebiet der Rajas von Denpasar. Geologisch und klimatisch ist es vergleichbar mit dem Mittelmeerraum — ein trockenes, weitgehend unfruchtbares Plateau hoch über dem Meeresspiegel. Entlang der Süd- und Ostküste ragen Klippen steil aus dem Meer. Hier liegt auch **Pura Uluwatu,**

Klippen beim Pura Uluwatu.

von dem aus man herrliche Sonnenuntergänge beobachten kann.

Entlang der Nordostküste der Halbinsel wichen die Mangroven, die den Hafen von Benoa säumen, allmählich herrlichen Stränden. Wir befinden uns in der Nusa Dua Tourist Development Area, die 1970 mit Unterstützung der Weltbank geschaffen wurde. Eine neue Schnellstraße verbindet das Dorf Bualu mit dem Flughafen, Kuta und Sanur. Entlang der Straße haben inzwischen elf Luxushotels eröffnet — als erstes 1983 das palastartige Nusa-Dua-Hotel und das luxuriöse 50-Betten-Hotel Bualu Beach.

Spaß am Strand von Kuta

Sanur und Nusa Dua bieten dem Besucher in erster Linie ruhige Abgeschiedenheit und Bequemlichkeit. **Kuta** an der Südostküste Balis hingegen hat sich in letzter Zeit zu einer Art kommerzieller Stranddauerparty entwickelt.

Anfangs der 70er Jahre von australischen Surfern ,,entdeckt", zeichnet sich Kuta heute durch seinen breiten, welligen Strand, seine Surfwellen und seine spektakulären Sonnenuntergänge aus. Die Unterkunftsmöglichkeiten sind einfach — oft ist es nur ein schnell hingesetzter Betonkasten hinter dem Haus eines Dorfbewohners, in dem die Übernachtung nur 1 US-$ kostet. Inzwischen werden immer mehr Ferienbungalows angeboten. Die Straßen in Kuta und dem benachbarten Legian sind vollgestopft mit Restaurants, Cafés, Pubs, Boutiquen, Diskos, Fahrradläden, Kunstläden und kleinen Reisebüros. Hauptsaison ist zwischen Juli und Januar.

Einsame Strände oder ein Stück heitere balinesische Landschaft ist aber nie weit entfernt. Nehmen wir zum Beispiel die Strecke von Kuta über Legian nach Seminyak und weiter. Schon bald bleiben belebte Strände und lärmender Verkehr hinter Ihnen zurück und Sie fahren durch menschenleere Gegenden. Am **Bali-Oberoi-Hotel** vorbei, das im traditionellen Stil aus Korallenfelsen gebaut wurde, kommt man zum Tempel von Peti Tenget. Das Schicksal wollte es, daß an dieser Stelle sowohl der erste hinduistisch-javanische Priester als auch der erste holländische Missionar landeten.

Ein Stück weiter die Hauptstraße ent-

Laissez fair am Strand von Kuta.

lang liegt das Dorf **Kerobokan,** ein Außenposten mit dörflichem Charme, der sich Ihnen so präsentiert, wie Sie sich Bali schon immer vorgestellt haben. Die zum reich verzierten Palast führende Hauptstraße ist von 10 Tempeln gesäumt. Auch den „art nouveau"-Tempel im nahegelegenen **Kaji** an der Straße nach Sempidi sollten Sie sich nicht entgehen lassen.

Stadtbummel in Denpasar

Seit **Denpasar** 1945 die nördliche Hafenstadt Singaraja als Hauptstadt der Insel abgelöst hat, ist es zu einer kleinen Metropole mit fast 200 000 Einwohnern angewachsen. Vor allem das letzte Jahrzehnt hat enorme Veränderungen gebracht — Dutzende neuer Läden im Stadtzentrum florieren und einst selbständige Dörfer werden zu Vororten der Stadt.

Aber auch in Denpasar gibt es eine Menge zu sehen. Sollten Sie das Glück haben, eine Zeremonie in der Innenstadt mitzubekommen, dann halten Sie an und beobachten Sie, wie gut die vom Landleben geprägten Balinesen in der Stadt zurechtkommen. Wenn Sie nachts etwas Besonderes erleben wollen, sollten Sie zum *pasar malam* gehen, dem Nachtmarkt auf dem Parkplatz des Kusumasari-Einkaufszentrum. Probieren Sie *babi guling* (geröstetes Spanferkel), javanisches Ziegen-*sate* oder chinesische Nudeln.

Der Hauptplatz Denpasars war Schauplatz des grauenhaften Massenselbstmordes (*puputan*) im Jahr 1906, als nahezu das ganze Königshaus von Denpasar, bewaffnet mit Zeremoniendolchen und -lanzen, ganz in Weiß gekleidet, in das mörderische Gewehrfeuer der Holländer rannte. Zum Gedenken an dieses Ereignis haben spätere Regierungen Denkmäler errichtet. In der Mitte einer Kreuzung an der Nordwestecke des Platzes befindet sich eine 5 m hohe Statue von Bhatara Guru, dem Lehrer und Verweser des Königreiches. Genau auf dem Platz steht eine Skulpturengruppe aus Bronze, die Sukarno errichten ließ. Sie symbolisiert die Rolle des einfachen Bürgers im indonesischen Unabhängigkeitskampf.

An der Ostseite des Platzes steht der aus weißen Korallen gebaute neue Pura Jagatnata, in dessen Innern die allmächtige Gottheit Tintya thront. Das **Bali**

Das neue Kulturzentrum in Denpasar.

Museum nebenan zeigt eine sehenswerte Ausstellung archäologischer Funde und Beispiele balinesischer Handwerkskunst.

Am Vormittag sollten Sie Balis führendes Konservatorium für Musik, Tanz und Puppentheater kokar/SMKI in der Jalan Ratna besuchen. Hier können Sie Balis anmutige und graziöse Nachwuchsstars bei den Proben in Polyestermidis und Röhrenjeans beobachten.

ASTI, die Oberstufe der Schule, befindet sich auf dem weit auseinandergezogenen Gelände des am Abian Kapas liegenden Werdi Budaya, dem Performing Arts Centre. Dieser Gebäudekomplex ist ein Meisterwerk barocker balinesischer Architektur, in den Museen, Freibühnen und Vortragssäle integriert sind. Besucher in den Musik- und Tanzklassen sind gern gesehen. Hier fand 1979 das erste **Arts Festival** der Insel statt, mit einem Riesenprogramm: *gamelan*-Wettbewerbe, Kunstwettbewerbe neben Theateraufführungen, Kunsthandwerksausstellungen und eine siebenteilige Inszenierung des allseits beliebten Ramayana-Ballett. Seither ist das Festival zu einer ständigen Einrichtung geworden, die jedes Jahr von Mai bis Juli stattfindet und zu dem Kunstliebhaber aus aller Welt strömen.

Darbringung von Opfergaben im Pura Taman Ayun.

Westbali

Verglichen mit den dicht beieinanderliegenden, tempelreichen Tälern Zentral- und Südbalis, bietet die Landschaft des Westens ein ungemein dramatisches Bild. Ein ständiges Bergauf, Bergab und zahlreiche Biegungen und Windungen prägen den Charakter der drei westlichen Distrikte **Mengwi, Tabanan** und **Jembrana** in unterschiedlicher Weise. Zusammen nehmen sie fast die Hälfte der Inselfläche ein und sind bekannt für ihre schönen Gartentempel, *gamelan*-Orchester, Tänzer, Stierrennen und traditionellen Webarbeiten.

Versuchen Sie auf keinen Fall, den Westen auf einem Ausflug kennenzulernen. Schlagen Sie lieber Ihr Quartier im Süden auf und machen von dort aus kurze Ausflüge zu einzelnen Sehenswürdigkeiten wie z.B. dem **Affenwald** von Sangeh, dem **Pura Taman Ayun** oder dem Inseltempel **Tanah Lot.** Längere Tagesausflüge führen zum Bergheiligtum bei **Batukau** oder zu den Stierrennen in **Negara.**

Die benachbarten Ortschaften **Sempidi, Lukluk** und **Kapal** westlich von Denpasar sind bekannt wegen ihrer interessanten Tempelreliefs mit Alltags-, aber auch mythische Szenen in lebendigen Farben. Der bedeutendste Tempel der Gegend, **Pura Sada,** steht in Kapal und stammt aus dem 12. Jahrhundert. Seine 64 Steinplätze haben Ähnlichkeit mit megalithischen Ahnenschreinen, und man glaubt, daß sie zu Ehren gefallener Krieger errichtet wurden.

Mengwi

Hinter Kapal zweigt ein Straße ab nach **Mengwi,** bis 1981 Hauptstadt des mächtigen Königreiches Gelgel. Hier steht der großartige Gartentempel **Taman Ayun,** den der Raja I Gusti Agung Anom 1634 bauen ließ. Die weiträumige Tempelanlage ist von einem Wassergraben umgeben und grenzt an einen Lotosteich, im geräumigen Vorhof befindet sich eine pagodenähnliche Versammlungshalle (*wantilan*). Inmitten der *pelinggih,* Reihen von hölzernen Schreinen, die bei Tempelfesten als Throne der Gottheiten dienen, steht ein nach Osten blickender Altar der Vorfahren aus Ziegelsteinen (*paibon*). In den umliegenden Pavillons tragen Priester ihre vedischen Gesänge vor, die Dorfältesten halten ihre Beratungen ab, Opfergaben werden vorbereitet und das *gamelan*-Orchester musiziert.

Nordöstlich von Mengwi, bei Sangeh, erstreckt sich der berühmte **Affenwald** von Bali. Der balinesischen Fassung des Ramayana zufolge sind hier Teile der Affenarmee Hanumans gelandet, als der Affenkönig den heiligen Berg Mahameru hochhob, um damit Rawana zu zerschmettern. Die großen Muskatbäume in der Umgebung gelten als heilig. Tief im Dschungel versteckt liegt ein moosbewachsener Tempel, der **Pura Bukit Sari** aus dem 17. Jahrhundert, in dessen Innenhof eine große Statue des mythischen Vogels *garuda* steht.

Höhlen mit Wächterschlangen

Wenn man die Hauptstraße in Richtung Tabanan entlangfährt und bei der Stadt Kediri links abbiegt, kommt man auf ein schmales, aber gut ausgeschildertes Sträßchen, das nach einigen Kilometern zu einem Parkplatz führt, von dem aus ein Gehweg hinunter zum Strand führt. Hier thront pittoresk auf einem Felsen vor der Küste der Tempel von **Tanah Lot,** den der Hindu-Heilige Naratha während seiner Pilgerschaft gegründet hat.

Die weiter westlich gelegene Bezirkshauptstadt **Tabanan** war einst Hauptstadt eines mächtigen, im 17. Jahrhundert entstandenen Königreiches. **Puri Tabanan,** die ehemalige Residenz des Raja, erinnert auf eindrucksvolle Weise an den ungeheuren Reichtum, über den die früheren balinesischen Herrscher verfügten. Die Stadt selbst steht wirtschaftlich im Schatten von Denpasar, aber sie rühmt sich noch immer ihrer Musikensembles, Tanzgruppen und ihres belebten Nachtmarktes. Das Kulturzentrum Gedung Mario hat seinen Namen von dem gefeierten Tänzer der 30er und 40er Jahre, dem legendären I Nyoman Mario.

Erstaunlich unbekannt scheinen die traumhaft schönen Strände Tabanans zu sein, obwohl sie auf zahlreichen Nebenstraßen mühelos zu erreichen sind. Eine dieser Straßen führt in südöstlicher Richtung durch die Ortschaft Kerambi-

Tanah Lot.

tan, die für ihre schönen Mädchen und *joged*-Tänzer berühmt ist. Der örtliche Palast **Puri Kerambitan** ist ein weiteres Beispiel für die ornamentale Baukunst in dieser Gegend.

Kerambitan wird heute von zwei Enkelsöhnen des letzten Raja verwaltet, die 1974 einen neuen Tanz kreiert haben — den *Tektekan,* bei dem sich das Geklapper eines die Geister besänftigenden Bambus-Ensembles mit der Dramatik eines *Calonarang*-Theaterstückes verbindet. Der Tanz wird im Vorhof des Palastes aufgeführt und im Schlußakt ist das ganze Orchester in Trance, mit *keris* bewaffnet und stürzt sich auf den bösen Rangda.

Batukaro und Negara

In allen Tempeln Westbalis stehen Heiligtümer, die dem Geist des Mt. Batukaro geweiht sind, dem höchsten Vulkan im Westen. Wenn man einige Kilometer westlich von Tabanan nach rechts abbiegt, kommt man, vorbei an den heißen Quellen von Yeh Panas, nach Wongaya Gede, dem Dorf, das dem Tempel Pura Luhur an den Hängen des Batukaro am nächsten liegt.

Unbewohnbarer Dschungel umgibt diesen einsam daliegenden Tempel, dessen siebengeschossiger *meru* als Sitz der Berggottheit gilt. Nicht weit davon ist ein rechteckiger Teich, der den Ozean symbolisiert. Von der angrenzenden Ortschaft Jati Luwih aus hat man einen phantastischen Blick über die Küste und das Meer.

Wenn Sie wieder zur Hauptstraße zurückkehren und etliche Kilometer weiter nach Westen fahren, kommen Sie in die Bezirkshauptstadt Negara, die vor allem wegen ihrer Stierrennen berühmt ist. Diese finden alljährlich zwischen Juli und Oktober statt und sind im vorigen Jahrhundert von Java und Madura übernommen worden.

Während man auf die Westspitze Balis zufährt, ähnelt die Landschaft immer mehr einer Savanne. Hier ernährt sich die Bevölkerung weitgehend von der Jagd oder vom Fischfang. Die Korallengärten rund um die Insel **Menjangan** im **Bali Barat National Park,** nördlich von Gilimanuk, sind ein wahres Paradies für Sporttaucher. Von Gilimanuk aus kommt man mit der Fähre in einer halben Stunden nach Banyuwangi auf Java.

Tempel am Mt. Batukaro.

ZENTRALBALI

Das zauberhafte mittlere Königreich ist exotischer und künstlerischer als alles andere in Bali — hier findet man mehr Blattgold als in China, mehr Künstler als auf dem Montmartre und die prunkvollste traditionelle Kultur der heutigen Welt. Seit der großen hinduistisch-balinesischen Renaissance im 17. Jahrhundert ist dieses Reich, im Umkreis von 15 km um die Ortschaft Ubud, das Zentrum der Kunst Balis.

In den Ortschaften Singapadu, Batubulan und Batuan gibt es ein breites Spektrum an Theater- und Tanzgruppen, wohingegen Ubud und Mas allein im letzten Jahrzehnt soviele Maler und Bildhauer hervorgebracht haben, daß noch im nächsten Jahrhundert die Sammler und Kunstliebhaber voll auf ihre Kosten kommen werden. Der Glaube der Balinesen an die Wiedergeburt ist eine der Quellen der Inspiration, die sich immer wieder neu mit ihrem bemerkenswerten künstlerischen Talent verbindet und nie zu versiegen scheint.

Von Denpasar aus windet sich, zunächst in östlicher, dann in nördlicher Richtung die Straße auf Ubud zu, vorbei an Reisfeldern und Tempeln, hinauf zu Dörfern mit fröhlich lächelnden Menschen.

Bei Tohpati überquert die Hauptstraße den Sasagan (Grenzfluß zwischen den Bezirken Badung und Gianyar) und führt in das Dorf **Batubulan.** Obwohl der *barong*-Tanz des Dorfes tagtäglich vor ganzen Busladungen von Touristen aufgeführt wird, ist er bis heute nicht nur ein überzeugendes Beispiel professioneller Theaterkunst, sondern auch eine anschauliche Zusammenfassung des moralischen Theaters, das eine so große soziale Rolle auf Bali spielt. Der Überlieferung zufolge will der *barong* jeden Tag tanzen und deshalb hört man sein zorniges Rasseln, wenn die Vorstellung wegen Regen oder Touristenmangel abgesagt werden muß.

Eine glaubwürdige Geschichte, die man in Batubulan erzählt, berichtet von der Entstehung des beliebten *kecak*-Tanzes. 1928 waren der deutsche Künstler Walter Spies und Baron von Messon, der Regisseur des ersten Filmfeature über Bali, Augenzeugen eines *Sanghyang Dedari*-Trancetanzes, in dessen

Reisfelder bei Batubulan.

Verlauf einer der Sänger plötzlich in einen spontanen *baris*-Tanz verfiel. Spies war davon so begeistert, daß er die Anregung gemeinsam mit der frisch von der Martha-Graham-Tanzschule in New York eingetroffenen Kathryn Myerson weiter entwickelte zum *kecak*-Tanz, einer Verbindung von formalem Tanz und *Sanghyang*-Chor.

Batubulan ist auch wegen seiner herrlichen Tempel bekannt. Der in nahegelegenen Steinbrüchen gewonnene weiche Speckstein ist ein ideales Material für die Bildhauer Balis, die so gern ihre Tempel und Heiligtümer mit reichverzierten Reliefs bedecken. Besonders interessant ist der **Pura Puseh** (nahe der Hauptstraße). In das massive Tempeltor sind auf einer Seite das hinduistische Götterpantheon und auf der anderen ein meditierender Buddha eingemeißelt.

Gold, Silber, Puppen und Tänze

In **Celuk,** einem Zentrum für Gold- und Silberwaren, können Sie ein Armband in Form eines silbernen Drachen kaufen, der sich zweimal um das Handgelenk windet. Originalentwürfe feinster Filigranarbeiten geben dem balinesischen Schmuck sein besonderes Gepräge.

Angesichts der kunstvollen Gegenstände ist man erstaunt, wie primitiv die Herstellungsmethoden sind. Die Handwerker benutzen meist einen Baumstumpf mit einer vorstehenden Metallspitze als Amboß, und die zum Schmelzen und Schmieden notwendigen Temperaturen erzeugen sie mit einem handbetriebenen Blasebalg. Wie fast alle Handwerkskünste in Bali wird auch das Gold- und Silberhandwerk von Generation zu Generation weitergegeben. Schon früh werden die Söhne angelernt und mit 12 Jahren beherrschen sie ihr Handwerk bereits wie kleine Meister.

Nach Überquerung des Oos River kommt man in die Ortschaft **Sukawati,** einst Regierungssitz eines Königreiches und während der Dalem-Dynastie Umschlagplatz der chinesischen Kaufleute. Eine Phalanx von Läden und ein Markt verwehren den Blick auf den Puri Sukawati hinter dem einige der bedeutendsten Meister des Schattenspieltheaters wohnen. Der Palast gilt als Mekka des balinesischen *wayang kulit*-Schattenspiels und der Auftritt eines *dalang* aus

Ankündigung einer *kecak*-Tanzveranstaltung.

Sukawati bei einer Hochzeit oder bei einem Tempelfest ist ein Ereignis.

Je näher man der Ortschaft **Batuan** im Norden von Sukawati kommt, desto eindrucksvoller wird der Ausblick auf den Mt. Agung. Die besondere Stärke der Einwohner von Batuan liegt in Malerei und Tanz. Unter der Schirmherrschaft von Walter Spies entstanden in Batuan während der 30er Jahre die ersten epochemachenden balinesischen Gemälde — halbrealistische Dorfszenen und einfühlsame Studien von Musikern und Tänzern.

Mit schöner Regelmäßigkeit gewinnen die jungen Tänzer aus Batuan die in Denpasar stattfindenden Wettbewerbe. Wenn Sie das Glück haben sollten, während der *odalan*-Riten im Dorftempel anwesend zu sein, können Sie hervorragende *Baris-*, *Legong-*, *Aria-* und *Gambuh*-Tänze miterleben und Vorstellungen mit *topeng*-Masken und Schattenspielpuppen beiwohnen. Die ganze Zeit spielen dabei bis zu sechs Musikgruppen und im Vorhof unterziehen sich Scharen von Großmüttern in Trance dem *medek*-Ritual, um die Götter willkommen zu heißen. Dies zu erleben, ist zweifellos einer der Höhepunkte im balinesischen Festkalender.

Holzschnitzer, Tänzer und Maler

Jedes Dorf hat sich auf eine bestimmte Kunst spezialisiert. Aus historischen Gründen ist die Ortschaft **Mas** bis heute weitgehend eine Enklave der Brahmanen geblieben, was sich sowohl im Charakter der Ortschaft als auch in der Besonderheit ihrer Festlichkeiten ausdrückt. Es ist das Dorf der Holzschnitzer. Früher haben die Holzschnitzer nur im religiösen oder königlichen Auftrag gearbeitet, heute stellen sie auch bloße Dekorations- und ,,Kunst''-Artikel für den Export her. Der berühmteste Holzschnitzer des Dorfes war Ida Bagus Nyana, dessen visionär-modernistische Skulpturen der 40er Jahre heute in der riesigen Galerie seines ebenfalls sehr begabten Sohnes Ida Bagus Tilem ausgestellt sind. Weiter nördlich befindet sich die Galerie von Ida Bagus Anom, dessen ausdrucksstarke *topeng*-Masken bei den mehr als 100 *topeng*-Tanzgruppen der Insel sehr begehrt sind.

Das stille Dorf Pengosekan ist bekannt wegen seiner 1969 von Dewa Ny-

Lotosteich im Herzen von Ubud.

oman Batuan gegründeten **Malerkooperative.** Sie wird ideell und materiell von ausländischen Mäzenen unterstützt und entnimmt ihre Motive der Natur und dem Alltagsleben. Allerdings hat sich das Interesse der meisten Künstler im Laufe der Zeit verschoben: von der Dekorationskunst hin zur Gebrauchskunst. Der inzwischen blühende Handel mit Gemälden, Wandschirmen und Haushaltswaren erstreckt sich auch auf Schirme bis zu einer Spannweite von 2 m mit aufgemalten Szenen aus dem Ramayana. Dewa Mokoh, der Bruder des Gründers der Kooperative, hat dessen wundervoll einfache Beschreibungen der balinesischen Flora und Fauna fortgesetzt.

Das Dorf **Peliatan** am Ortsrand von Ubud ist der Wohnsitz einer besonders aktiven **Tanztruppe** und ihres *semar pegulingan*-Orchesters. Im Zuge der Vorbereitungen für eine 1953 stattfindende Tournee in Europa und Nordamerika (organisiert, nachdem die Truppe im Lamar-Hope-Crosby-Film *Road to Bali* mitwirkte) kreierte der berühmte Tänzer und Choreograph Mario eigens für den weiblichen Star der Peliatantruppe, Gusti Ayu Raka, den *Oleg*-Tanz, mit dem sie die Herzen der Pariser im Sturm gewann.

Junges Mädchen aus Bali.

Im *Puri* (Palast) des Dorfes wird die Tradition der Bühnen- und Tanzkunst forgesetzt. Hier werden unter Leitung von A. A. Mandera junge Talente ab fünf Jahren zu Tänzern ausgebildet. Es ist ein echtes Vergnügen, eine anmutige *legong*-Lehrerin über die Tanzfläche gleiten zu sehen — hinter sich einen Schwarm junger Mädchen, die eifrig bemüht sind, jede ihrer Tanzbewegungen nachzuahmen.

Ubud

Seit langer Zeit ist **Ubud** das Mekka für ausländische und einheimische Künstler, die von der schöpferischen Atmosphäre in diesem Teil Balis profitieren wollen. Heute ist die Hauptstraße von Ubud gesäumt von Läden, die jede Art von Malerei, Schnitzerei, Weberei und Nippessachen verkaufen. Aber die umliegenden Dörfer und die Landschaft hat nichts von ihrem Charme verloren, und in den Werkstätten der meisten Künstler sind Besucher jederzeit willkommen.

Seit den 30er Jahren fühlen sich Künstler in Ubud wohl. Damals gründete ein ortsansässiger Adliger namens Cokorda Sukawati zusammen mit dem Deutschen Walter Spies und dem Holländer Rudolf Bonnet die Pita-Maha-Kunstgesellschaft. Im **Puri Lukisan Museum** sind viele der besten Werke aus dieser Zeit ausgestellt, in denen sich deutlich der Übergang von der traditionellen zur modernen balinesischen Malerei ausdrückt.

Der wohl bedeutendste unter den Pita-Maha-Künstlern war I Gusti Nyoman Lempad. Noch heute bewundert man seine Federzeichnungen von Verbrennungstürmen, *Barong*-Köpfen und Tempelreliefs. Er starb 1978 im Alter von 121 Jahren. Ein Teil seiner Werke ist in seinem Wohnhaus am östlichen Ende der Hauptstraße von Ubud ausgestellt. Weitere Werke befinden sich in der ausgezeichneten Neka Gallery im westlichen Teil der Stadt.

Aber auch viele andere bekannte Künstler leben in Ubud — zum Beispiel der Amerikaner Antonio Blanco, der Holländer Hans Snel, der Javaner Abdul Azziz und der balinesische Bildhauer Wayan Cemul. Wenn man die Hauptstraße entlang über die Brücke geht und am Campuan Hotel links abbiegt, kommt man nach einem 10minütigen Spaziergang durch die Reisfelder ins Dorf **Penestanan.** Hier lebt und arbeitet eine Gruppe junger Maler um den Holländer Arie Smit. Ihre Bilder sind im Stil der „naiven" Malerei gehalten und zeigen Tänzer, Ernte- und Dorfszenen.

Altertümer Zentraljavas

Die meisten Überreste der balinesischen Geschichte findet man in dem schmalen Landstreifen zwischen den beiden heiligen Flüssen Pakrisan und Petanu. Wenn man, der Straße nach Bedulu folgend, unmittelbar östlich von Peliatan den Petanu überquert, erblickt man unterhalb der Straße, gegenüber einer Reihe von Souvenirständen, die geheimnisvolle **Goa Gajah** (Elefantenhöhle). Der Eingang ist ein weitaufgerissenes Maul mit einzigartig gestalteten Blättern, Felsen, Tieren, Wellen und Dämonen verziert, weshalb diese Reliefs 1923 von ihren Entdeckern fälschlicherweise als Elefanten gedeutet wurden (daher der Name). Im näheren Umkreis entdeckte man 1954 noch Badeanlagen. Mit ziemlicher Sicherheit dürfte sich hier eine Einsiedelei hinduistisch-buddhistischer Mönche befunden haben, worauf auch die drei *linggas* in der Höhle deuten. Nicht weit davon hat man auch zwei Buddhastatuen gefunden, die vermutlich ebenfalls aus dem 8. oder 9. Jahrhundert stammen. Nach dem Höhlenbesuch empfiehlt sich ein Imbiß im nahegelegenen Restaurant Puri Suling.

Das hinter Goa Gajah an einer Kreuzung liegende Dorf **Bedulu** war einst Mittelpunkt des mächtigen und hochzivilisierten Pejeng-Reiches. Vom Südrand der Ortschaft aus führt ein Weg zu den selten besuchten Ruinen von Yeh Pulu, einem Erbe aus dem 14. Jahrhundert. Man erzählt, das 2 m hohe und 25 m lange einzigartige Felsrelief sei mit dem Daumennagel eines Riesen eingeritzt worden. Am hinteren Ende befinden sich eine kleine Nische und eine Quelle.

2 km nördlich von Bedulu liegt an der Hauptstraße das **Archäologische Museum,** in dem neolithische Äxte, Sarkophage, Waffen, Bronzeschmuck und chinesische Keramiken gesammelt sind. Als 1981 Dorfbewohner zufällig die

Links: Balinesischer Holzschnitzer. Rechts: Eingang zur Gao Gajah.

Spitze eines Steinturmes ausgruben, kam etwas Licht in das Dunkel der Geschichte der Pejeng-Dynastie.

In mehreren Tempeln nördlich des Museums sind interessante Objekte zu finden. Im Pura Kebo Edan steht eine 3,6 m hohe Statue. Im Pura Pusering Jagat findet sich ein steinernes Schiff mit der eingemeißelten Erzählung von Göttern und Dämonen, die auf der Suche nach *amrta,* dem Lebenselixier, den Ozean aufwühlten.

Der Pura Penataran Sasih beherbergt den bedeutendsten indonesischen Fund aus der Bronzezeit, die 2000 Jahre alte Trommel mit dem Namen **Mond von Pejeng.** Sie hat die Form einer Sanduhr und ist wundervoll graviert. Sie ist die größte aus einem Stück gegossene Trommel der Welt. Der Legende zufolge ist sie vom Himmel gefallen, aber die Entdeckung einer ähnlichen Steinform beweist, daß die Kunst des Bronzegusses in Bali schon früh hochentwickelt war.

Ein Grab und eine Quelle

Gunung Kawi.

Von Pejeng aus windet sich die Straße hinauf zum Krater des Mt. Batur. Etwa auf halbem Weg, genau an der Quelle des heiligen Flusses Pakrisan, liegen zwei der heiligsten Orte Balis. Der erste, **Gunung Kawi,** ist ein einzigartiges uraltes Königsgrab in einem feuchten Canyon, zu dem man über eine lange, steile Treppe hinab durch einen steinernen Torbogen gelangt. Die aus dem Fels herausgehauenen Schreine wurden wahrscheinlich zu Ehren des vergötterten balinesischen Herrschers Anak Wungsu aus dem 11. Jahrhundert geschaffen.

Die Balinesen verstehen ihre Religion als *Agama Tirta* — die Religion des Wassers. Deshalb ist es keineswegs überraschend, daß die Pilgerreise zur Quelle Pura Tirta Empul bei **Tampaksiring,** 2 km stromaufwärts von Gunung Kawi, eine der wichtigsten balinesischen Kulthandlungen ist. Denn der Überlieferung zufolge hat der Gott Indra diese Quelle geschaffen, als er den feindlichen König Maydanawa, der vorgab ein Stein zu sein, durchbohrte, um mit dem daraus sprudelnden *amrta* seine vergiftete Armee wieder zum Leben zu erwecken. Bis heute werden dem Wasser von Tampaksiring magische Heilkräfte zugesprochen.

RUNDFAHRT DURCH NORDBALI

Eines der hervorstechendsten Merkmale Balis ist das enge Nebeneinander von Verschiedenartigem. Hier können Sie am Vormittag an einem der Sandstrände baden und am Nachmittag bereits am Kraterrand eines 1450 m hohen noch tätigen Vulkans stehen.

Der Mt. Batur

Zwei Paßstraßen führen durch das zentrale Hochland Balis, die eine über Kintamani, die andere über Bedugul. Beide treffen sich an der Nordküste Balis. Die meisten organisierten Ausflüge dauern nur einen Tag und führen nach Kintamani und zurück. Wesentlich mehr Spaß macht es jedoch, die Insel in aller Ruhe auf einer Rundreise zu erkunden. Normalerweise dauert eine solche Rundreise drei Tage, mit Übernachtungen in Ubud und Lovina Beach (westlich von Singaraja). Aber man kann auch gut und gerne eine Woche oder länger herumfahren; für viele wird es der denkwürdigste Teil ihrer Bali-Reise werden.

Links: Reich verzierte *kala*-köpfige Torbögen sind charakteristisch für balinesische Tempel. Unten: Mt. Batur.

Den Aufstieg auf den Mt. Batur sollten Sie so früh wie möglich beginnen, weil sonst die unvermeidlich aufziehenden Nebelschwaden die Sicht erschweren. Hinter Tampaksiring steigt die Straße steil an, bis man plötzlich einen der überwältigendsten Anblicke ganz Balis hat: der 100 m tiefer liegende **Lake Batur** mit dem rauchenden, schwarzen Kegel des Mt. Batur im Hintergrund.

Der lavabedeckte Batur selbst ist ein noch junger und tätiger Vulkan in der Mitte eines vulkanischen Beckens, das zu einem Drittel von dem mondförmigen See ausgefüllt wird.

Die Hauptstraße von Penelokan aus verläuft entlang des Kraterrandes in Richtung Norden. Es gibt aber auch eine kleine Straße hinunter zum Seeufer. Unten angelangt, kann man — falls nicht schon Nebel im Tal liegt — ein Motorkanu mieten und quer über den See hinüberfahren zu dem merkwürdigen Dorf Trunyan, einer der wenigen prä-hinduistischen Ortschaften der Insel, in der die Bali Aga, Angehörige der balinesischen Urbevölkerung, leben. Bei ihnen gelten noch viele der uralten Bräuche, zum Beispiel beerdigen oder verbrennen sie ihre Toten nicht, sondern setzen sie auf einem Friedhof am See den Naturelementen aus. Auf dem Rückweg können Sie in den heißen Schwefelquellen von **Toya Bungkan** am Fuß des Mt. Batur ein Bad nehmen.

Weiter im Norden liegt **Kintamani,** die dem bedrohlichen Batur-Kegel am nächsten liegende Ortschaft. 1917 kam es hier zu einem verheerenden Vulkanausbruch, der 1000 Todesopfer forderte und ein ganzes Dorf auslöschte. Wie durch ein Wunder blieb jedoch der Dorftempel unversehrt.

Die Überlebenden hielten dies für ein göttliches Zeichen und beschlossen, weiterhin hier zu leben. Aber schon 1926 begrub ein neuer Vulkanausbruch das Dorf unter Lava und Asche — diesmal auch den Tempel. Nur das der Göttin Dewi Danu geweihte Heiligtum blieb erhalten. Daraufhin siedelten sich die Überlebenden weiter oben an. Heute steht das Heiligtum im dortigen Pura Ulun Danu.

Kurz hinter Kintamani wendet sich die Straße nach links und führt steil hinunter zur Nordküste. Vorher jedoch sollten Sie anhalten und die zahlreichen

Stufen rechts der Straße hinauf zum Gipfel des **Mt. Penulisan** erklimmen. Dort oben liegt der höchstgelegene Tempel Balis, der vermutlich das Bergheiligtum der Könige von Pejeng war. Meistens liegt der Tempel im Nebel, aber bei klarem Wetter hat man einen überwältigenden Blick bis hinüber nach Java.

Die Nordküste

Das heutige Netz von Pflasterstraßen in Bali wurde erst in den zwanziger Jahren von den Holländern angelegt. Bis dahin waren die Einwohner von Buleleng weitgehend isoliert von ihren südlichen Verwandten. 1948 wurde Nordbali, schon immer ein Zentrum des Außenhandels, von den Holländern annektiert und die Herrscher von Buleleng traten zum Christentum über. Das war 60 Jahre bevor ganz Bali unter holländische Herrschaft geriet.

Deshalb ist die Kultur des Nordens anders: die Sprache ist weniger kultiviert, die Musik ist mehr allegro, die Tempelverzierungen sind bizarrer. In der Hafenstadt **Singaraja,** ehemalige holländische Hauptstadt Balis, leben viele Moslems und Chinesen.

Hinter Penulisan scheint die gewundene Straße förmlich vom Himmel herab zu steigen, ehe sie mehrere Kilometer vor der Ortschaft **Kubutambahan** in flaches Gelände übergeht. Der wichtigste Tempel des Ortes ist der Pura Maduwe Karang; er ist guten Erdgeistern geweiht, die für reiche Ernten sorgen sollen. Der örtliche Raja trat Anfang des 20. Jahrhunderts zum Christentum über und überließ alle Tempelangelegenheiten den Dorfbewohnern. Wohl deshalb sind die Tempelreliefs in gewisser Weise so „volkstümlich" — sie zeigen Menschen mit schaurigen Gelüsten, Szenen aus dem Alltagsleben, Liebende und sogar einen Beamten auf dem Fahrrad.

Auch andere Tempel in der Gegend fallen durch ihre ungewöhnlichen Reliefs auf. Der ein Stück landeinwärts gelegene Tempel **Jagaraga** ist mit Reliefs verziert, auf denen man Europäer in einem Ford Modell T, ein ins Meer stürzendes einmotoriges Propellerflugzeug und ein von Meeresungeheuern angegriffenes Dampfschiff sehen kann. Der Pura Beji in **Sangsit** westlich von Kubutambahan ist bekannt wegen seiner Ra-

Das Zeitalter des Automobils in einem Tempelrelief verewigt.

belaise-artigen Bilder — einem Inferno von Flammen, Arabesken und Spiralen auf rosafarbenem Sandstein.

Von Kubutambahan aus können Sie auch einen Abstecher nach **Air Saneh** machen, wo Sie entweder im Meer baden oder die heilige Quelle besichtigen können. Angeblich ist die Quelle ein Jungbrunnen für Liebende — nutzen Sie die Gelegenheit!

Die besten Unterkunftsmöglichkeiten aber bietet Lovina Beach, 11 km westlich von Singaraja an der Küstenstraße. Hier plätschert die ruhige See an die Sandstrände und ein einwandfreier Bungalow kostet pro Übernachtung nur ein paar Dollar. Es ist das ideale Refugium für müde Reisende.

Die einstige Geschäfts- und Verwaltungsstadt **Singaraja** (25 000 Einwohner) macht heute einen etwas verschlafenen Eindruck. Zwar lassen die breiten Boulevards und Kolonialvillen den Glanz früherer Zeiten erahnen, aber ansonsten bietet die Stadt wenig Sehenswertes. Das **Gedung Kertya** an der Il. Veteran unweit vom Hotel Singaraja, dem ehemaligen Gouverneurspalast, beherbergt eine Sammlung von Manuskripten auf Palmblättern, *lontar* genannt. Im Hafen kann man beim Entladen der Segelschiffe zusehen, die Kaffee, Reis und Getreide bringen.

Anschließend verläuft die Straße weiter durch dichtes Dschungelgelände, das den **Lake Bratan** umsäumt, einen meist in Nebel gehüllten Kratersee. Im Tempel von Ulu Danu, auf einer kleinen Landzunge am Westufer, verehren die Dorfbewohner der Umgebung die Göttin Dewi Danu. Am Südufer steht ein von der Regierung unterhaltenes Gästehaus mit einem Restaurant. Seit kurzem kann man hier auch Motorboote und Wasserski mieten. Hier ist es friedlich und kühl. Die Kinder fangen Elritzen und über das Wasser gleiten Kanus mit Brennholz für die Dörfer am fernen Ufer.

Unterhalb des Sees liegt das Dorf **Bedugul,** auf dessen Marktplatz Bukit Mungsu man wilde Orchideen, Baumfarne und frisches Gemüse kaufen kann. Wenn man entlang einer ausgeschilderten Seitenstraße nach Westen fährt, kommt man zum botanischen Garten Lila Graha, in dem Bergorchideen gezüchtet werden. Von Bedugul führt die Straße wieder hinunter in die fruchtbaren Ebenen um Mengwi.

trand ei ingaraja.

OSTBALI

Die Himmelsrichtung „Osten" genießt in Bali große Verehrung, denn dort liegt das Reich des Sonnengottes Surya, einer Inkarnation des hinduistischen Gottes Shiva. Ein balinesischer Mythos erzählt, daß die Götter im Osten den Mt. Agung formten und ihren Thron auf seinem Gipfel errichteten. Jahrtausende später führte die göttliche Vorsehung und tiefer Glaube eine Gruppe javanischer Adliger, Priester, Baumeister und Handwerker dorthin; sie bauten das Heiligtum von Besakih, in dem alle balinesischen Religionen und Kasten den Göttern dienen können, hoch oben an den Hängen dieses heiligen Berges.

Auch die mächtigsten Königreiche lagen früher in Ostbali. Die Höfe in Gelgel, Klungkung und Karangasem waren Stätten der Kultiviertheit und der Pracht, an denen Rajas und Adlige die Künste förderten und Musik- und Tanztraditionen begründeten, die heute noch in voller Blüte stehen. Daß hier im Osten noch immer das frühere aristokratische Hochbalinesisch als *lingua franca* gilt, gibt Ostbali sein unverwechselbares Gepräge.

Die große Rundreise durch Ostbali beginnt im Palast von Klungkung, führt hinauf zum „Mutter"-Tempel von Besakih, von dort die Küste entlang vorbei an Goa Lawah (Fledermaushöhle) zum abgeschiedenen Dorf Tenganan und dem Wasserpalast von Karangasem. Auf dem Rückweg fährt man durch die atemberaubend schönen, smaragdgrünen Hügel um den Mt. Agung. Um alles sehen zu können, braucht man mindestens zwei Tage und muß einmal in Candi Dasa übernachten.

Himmel und Hölle in Klungkung

Alle von Ubud oder dem Süden ausgehenden Straßen nach Klungkung führen durch **Gianyar**, das Zentrum der berühmten balinesischen Webindustrie. Noch immer werden in den zahlreichen Fabriken und Werkstätten handgewebte und -gefärbte Textilien hergestellt, die in Qualität, Farbgebung und Design den maschinell produzierten und chemisch gefärbten Stoffen weit überlegen sind.

Neben dem Stadtplatz von Gianyar befindet sich der königliche Palast, ei-

Bima Suarga — ein balinesisches Epos von Verbrechen und Strafe verziert die Kerta Gosa.

ner der wenigen, in dem tatsächlich noch immer eine Königsfamilie wohnt. Seine Holzsäulen mit den komplizierten Schnitzereien, seine Steinmetzarbeiten und die großzügig angelegten Innenhöfe sind typisch für den Baustil, den alle balinesischen Herrscher einst bevorzugten. Auf dem Markt gibt es viele Läden mit dem traditionellen Goldschmuck. Eines der kleinen Restaurants ist in ganz Bali bekannt wegen seinem *babi guling gianyar,* speziell zubereiteten gerösteten Spanferkel.

Die 20 km östlich gelegene Stadt **Klungkung** war früher der politische Mittelpunkt ganz Balis. Im 15. Jahrhundert ließen sich hier nach der Flucht aus Java die Nachkommen des hinduistisch-javanischen Königshauses von Majapahit nieder. Zuerst war das 3 km weiter südliche gelegene Gelgel ihre Hauptstadt, aber 1710 wurde der Palast nach Klungkung verlegt. Seiner Herkunft wegen galt der Raja von Klungkung immer als der verehrungswürdigste unter allen balinesischen Herrschern und spielte in der Verwaltung ebenso wie in der Kunst stets eine große Rolle.

Genau im Zentrum des heutigen Klungkung befinden sich die Gerichtshalle Kerta Gosa aus dem 18. Jahrhundert und der schwimmende Pavillon Bale Kambang. Kerta Gosa ist bekannt wegen ihrer Deckengemälde im traditionellen *wayang*-Stil. Die unteren Bilder schildern in blutrünstiger Weise die Bestrafung der Bösen in der Hölle, während man auf den oberen Bildern die Belohnung der Tugendhaften im Himmel sehen kann.

Auf dem Hauptmarkt von Klungkung können Sie günstig Körbe und Haushaltswaren kaufen. 4 km südlich, hinter Gelgel, liegt das Dorf **Kamasan,** das bekannt ist für seine Gold- und Silberarbeiten sowie Gemälde im *wayang*-Stil mit Motiven aus den klassischen hinduistisch-javanischen Epen.

Besakih: Das heiligste der Heiligtümer

Nördlich von Klungkung windet sich die Bergstraße fast eine Stunde lang durch herrlich gelegene Terrassenreisfelder und mehrere Ortschaften hinauf zum heiligsten Ort der ganzen Insel, dem **Pura Besakih.** Mit dem gewaltigen Massiv des balinesischen Olymp, dem Mt. Agung im Hintergrund, den breiten, abgestuften Granitterrassen und

ura-Besakih — Schau-latz des ka-Dasa-udra-ituals.

den schlanken Pagoden ist dieser 60 Tempel umfassende Komplex eine würdige Wohnstätte für die Götter.

Seit frühgeschichtlichen Zeiten gilt dieser Ort als eine heilige Stätte, wenngleich erst eine Inschrift aus dem Jahr 1007 n.Chr. die Existenz von Besakih ausdrücklich erwähnt. Spätestens im 15. Jahrhundert wurde Besakih zum Heiligtum der vergöttlichten Vorfahren der Gottkönige von Gelgel und ihrer weitverzweigten Familien bestimmt. Seither gilt Besakih als der wichtigste, als ,,Muttertempel'' der ganzen Insel. Hier ist das umfangreiche Pantheon der balinesischen Götterwelt versammelt, zu dem alle Balinesen ihre regelmäßigen Pilgerfahrten unternehmen.

Jede der vielen Kasten Balis, sogar die nicht-hinduistischen Bali-Aga-Stämme, haben einen eigenen *pedarmaan*-Schrein, der jeweils zum Hauptinnenhof hin liegt. Für jeden Schrein gibt es besondere *odalan*-Jahresrituale und jeder nimmt an der allgemeinen *turun kabeh*-Zeremonie teil, die an dem Tag des Vollmonds abgehalten wird, der den Jahrestag der Weihung Basakihs bezeichnet.

Einmal im Jahrhundert findet in Besakih das *Eka Dasa Rudra*-Ritual statt — eine Zeremonie von wahrhaft kosmischem Ausmaß, deren Ziel die Reinigung und Aufrechterhaltung des ganzen Universums ist. Sie verschlingt Millionen von Arbeitsstunden für die Herstellung der Opfergaben und Tausende von Tieren als Schlachtopfer. Kein Brahmane und kein Balinese darf bei den sich über drei Monate hinziehenden Riten und Kulthandlungen fehlen. 1963 konnte die Zeremonie nicht abgehalten werden, weil kurz vorher der jahrhundertelang untätige Mt. Agung heftig ausbrach. 2000 Menschen wurden getötet, Abertausende wurden obdachlos und der Tempel war monatelang in schwarze Aschenwolken gehüllt. Deshalb fand das *Eka Dasa Rudra* erst 1979 statt, diesmal ohne Zwischenfälle und sechs Monate lang.

Ostküste

Östlich von Klungkung fällt die Straße ab hinunter zur Küste bei **Kusambe**, wo in großen Trockenbecken Meersalz gewonnen wird. Palmen wiegen sich am Ufer der Meerenge, die Bali von der fer-

Fischer am frühen Morgen.

nen Insel Nusa Penida trennt, und den Strand säumen zahllose Fischerboote.

Mehrere Kilometer hinter Kusambe, am Fuß eines felsigen Steilhanges, klafft der Eingang zur **Goa Lawah** (Fledermaushöhle), einem der neun großen Tempel in Bali. Angeblich besteht zwischen Goa Lawah und dem fernen Tempel Besakih eine unterirdische Verbindung. Den meisten balinesischen Tempeln werden jeweils bestimmte dort lebende Tiere zugeordnet, die sogenannten *duwe.* Hier sind es nicht nur Tausende von Fledermäusen, sondern angeblich lebt hier auch Naga Basuki, die sagenhafte heilige Schlange des Mt. Agung. Eine der interessantesten Geschichten über Naga Basuki berichtet von einem Trupp holländischer Soldaten, die sie in der Höhle erschossen. Sie wurden schnell weggebracht, ehe die entsetzten Einheimischen sie zu Tode steinigen konnten. Aber noch in der selben Nacht erhellte ein leuchtend weißer Lichtstrahl den Hof des Denpasar-Hotels und die Soldaten lösten sich in Nichts auf.

15 km hinter Goa Lawah biegt rechts eine Nebenstraße ab zum malerischen Hafenstädtchen **Padang Bai.** Hier — in einer traumhaft schönen Bucht mit Sandstränden und grünen Hügeln — legt die Fähre nach Lombok ab und ankern Kreuzfahrtschiffe.

Balinesin in einem *kain geringsing.*

Von hier kommt man in östlicher Richtung zum idyllischen Küstendorf Manggis, in dem Holzpuppen und Wasserspeier von weißgetünchten Mauern herabstarren. Kurz hinter der Straßenkreuzung von Tenganan sollten Sie in **Candi Dasa** eine Rast einlegen, schwimmen, oder einen der 10 Tempel besichtigen. Candi Dasa entwickelt sich zur Zeit zu einem immer beliebteren Erholungsort. Die geräumigen Strandhütten an der romantischen Lagune sind einfach, ruhig und billig. Ein Geheimtip für anspruchsvolle Inselkenner.

Tenganan

Von Candi Dasa kann man eine Erkundungsfahrt in das faszinierende Dorf **Tenganan,** den Wohnort eines prähinduistischen Bali-Alga-Stammes, machen. Tenganan liegt mehrere Kilometer landeinwärts in einem hügeligen Gebiet mit üppig wachsenden Bambuswäldern und geheimnisumwobenen Banyanbäumen. Erstaunlicherweise war Tenganan nie Teil der hinduistisch-balinesischen Kultur, sondern hat seine eigenen Traditionen der Verwandtschaftsbeziehungen, der Verwaltung, der Religion, der Musik, des Tanzes und der Baukunst bewahrt.

Der Ortskern ist rechteckig und von Mauern umgeben, die vier Hauptpunkte haben große Tore. Innerhalb dieser Mauern leben höchstens 200 Familien, und alle Wohnhäuser stehen symmetrisch entlang von zwei terrassenförmig ansteigenden Pflasterstraßen. In den zentral gelegenen Versammlungspavillons drückt sich ein starker Gemeinschaftssinn und eine starke Abwehrhaltung gegenüber allem Fremden aus. Jedenfalls blieben Fremde bis vor kurzem von allem ausgeschlossen und die Dorfbewohner scheinen dem Touristenstrom gegenüber sehr skeptisch zu sein, auch wenn einige in ihren Läden sogar alkoholische Getränke an die Touristen verkaufen.

Den Einwohnern von Tenganan gehören gemeinsam große Flächen von Ackerland, aber bearbeitet werden die Felder von Bewohnern anderer Dörfer. Ihre eigene Arbeitszeit verwenden die Tenganesen lieber auf die Herstellung von *tuak bayu,* einem Palmbier, und *kamben geringsing*-Stoffen. Diese Stoffe sind in ganz Bali sehr gefragt, denn angeblich schützen sie vor Krankheiten und bösem Zauber. (Siehe Teil IV ,,Indonesische Stoffe''.) Berühmt ist auch das jährliche *usaba sembah*-Fest von Tenganan mit seinen vielen ungewöhnlichen Zeremonien, Tänzen und musikalischen Darbietungen, darunter *perang pandan* und *gamelan selunding.*

Lassen Sie sich Zeit, das Dorf zu erkunden und nutzen Sie die Gelegenheit, einem der weisen Dorfältesten dabei zuzuschauen, wie unter seinen Händen eines der bebilderten *lontar*-Palmblattbücher in der alten balinesischen Schrift entsteht. Solche Bücher waren früher in ganz Indien und Südostasien in Gebrauch. Hinter der Ortschaft liegt im Schatten von zwei riesigen Banyanbäumen ein alter Tempel mit schwarzem Dach. Lohnenswert sind auch Spaziergänge zu den umliegenden Dörfern.

Die Paläste von Karangasem

25 km weiter östlich durchquert die Straße ein breites Lavafeld, ehe sie nach **Amlapura** kommt, einer mittelgroßen Stadt, die früher Karangasem hieß und die Hauptstadt des kunstbegeisterten Königs von Bali war. Nach der blutigen Eroberung der Insel durch die Holländer um die Jahrhundertwende durfte der Herrscher von Karangasem als einziger balinesischer Raja seinen Titel und seine Machtbefugnisse behalten. Er beteiligte sich am Kolonialhandel und vermehrte seinen Reichtum, so daß er seinen Palast in Karangasem erweitern und zwei neue Vergnügungspaläste außerhalb der Stadt bauen konnte.

Puri Agung Karangasem, die traditionelle Residenz der Könige von Karangasem, ist ein schmuckloser Gebäudekomplex, umgeben von einer roten Ziegelsteinmauer, durch die ein dreistöckiges Haupttor führt.

8 km südlich, in **Ujung,** stehen die Ruinen seines ersten Palastes — ein riesiger Teich, begrenzt von kleinen Pavillons, die Sonne und Mond symbolisieren. In der Mitte ,,schwimmt'' der mit bemalten Glasfenstern ausgestattete Steinbungalow des Königs. Wenn es stimmt, daß er den inmitten des hinduistischen Kosmos ruhenden heiligen Mt. Meru versinnbildlicht, dann hat sich der Raja offenbar selbst damit symbolisch

In Tenganan, Wohnort eines prähinduistischen *Bali* Aga-Stammes.

als Bewohner des heiligen Berges verewigen wollen. Der Palast wurde 1921 fertiggestellt. In seinen alten Tagen zog sich der König zu religiösen Studien hierher zurück. 1963 wurde der Palast durch den Vulkanausbruch und das Erdbeben schwer beschädigt.

1946 wurde ein weiteres Bauvorhaben des Königs fertiggestellt: Tirta Gangga (Wasser des Ganges), ein 15 km nördlich von Amlapura liegender Teich in der Nähe einer heiligen Quelle und eines früher unter dem Namen Embukan bekannten Tempels. Es wurde damals als ein hydraulisches Meisterwerk gefeiert und war der ganze Stolz des Raja und seiner Frauen. Wie der Palast in Ujung steckt auch er voller verrückter königlicher Einfälle. Auch heute noch kann man in den drei klaren Teichen baden, deren Zufluß unter einem riesigen Banyanbaum liegt, von dem aus sich ein herrlicher Blick über die Hügel im Osten bis zum Mt. Agung bietet. Von hier führt ein Weg nach Norden entlang der unfruchtbaren und unbewohnten Nordostküste bis Singaraja, aber er ist nicht zu empfehlen.

Von Subagan aus, einem Dorf inmitten der erstarrten Lavafelder am Westrand von Amlapura, klettert die Bergstraße in Richtung Westen bis hinauf nach **Sibetan,** einer für ihre *salak* berühmten Ortschaft — eine tränenförmige Frucht mit dem Geschmack eines süßsauren Apfels und einer Schale, die aussieht wie die Haut einer Kobra. Hinter Sibetan wird es wieder flacher und die Straße windet sich durch eine aufregende Landschaft mit Terrassenfeldern und traumhaft schönen Tälern.

Am besten legen Sie in **Putung** eine kleine Rast ein. Hier biegt eine Straße links ab zu einem kleinen staatlichen Gästehaus und Restaurant in malerischer Lage auf einem Kliff über dem Meer. Hinter Putung gabelt sich die Straße. Sie können entweder geradeaus über Selat nach Rendang und von hier hinauf nach Besakih fahren, oder linksabbiegend die Straße über Iseh nach Klungkung nehmen.

Im idyllischen Bergdorf **Iseh** hat einige Zeit der Maler Walter Spies gewohnt. Nach seinem frühzeitigen Tod lebte der Schweizer Maler Theo Meier jahrelang in diesem Haus. Hier hat man immer den majestätischen Mt. Agung vor Augen — für viele das schönste in ganz Bali.

'irta Gangga
n
<arangasem
Amlapura).

LOMBOK

Östlich von Bali, jenseits einer tiefen Meerenge mit gefährlichen Strudeln und ausgelassenen Delphinen, liegt Lombok — eine Insel, deren Geschichte und Kultur eng mit der Balis verflochten ist. Trotzdem unterscheidet sich Lombok in vielen wichtigen Punkten erheblich von der Nachbarinsel. Das Klima ist trockener und die Landschaft zerklüfteter. Lombok ist nur halb so dicht besiedelt und die Mehrheit seiner 1,6 Mio. Einwohner sind Moslems.

Wie auf Bali zieht sich auch auf Lombok eine hohe Vulkankette im Norden entlang, in

deren Mitte sich der 3800 m hohe Mt. Rinjani, der zweithöchste Berg Indonesiens, erhebt. Eine weitere, nichtvulkanische Bergkette durchzieht den unfruchtbaren Süden der Insel (analog zur balinesischen Halbinsel Bukit). Der größte Teil des fruchtbaren Ackerlandes liegt in dem schmalen Landstreifen zwischen den beiden Bergketten, wo auch die Mehrheit der Bevölkerung lebt.

Bergflüsse und artesische Brunnen bewässern etwa ein Drittel dieser Ebene, die in manchem Ostbali ähnelt. Die fruchtbaren, alluvialen Hügel am Fuß des Mt. Punikan hinauf ziehen sich weitgeschwungene Terrassenreisfelder, angelegt von Sasak und Balinesen. In malerischen Dörfern wetteifern hinduistische Tempel mit weißleuchtenden Moscheen. Hier liegen auch die zwei großen Städte der Insel, Mataram und Ampenan, in unmittelbarer Nähe zur altehrwürdigen Residenz Cakranegara. Nur eine Stunde entfernt liegen der Hafen, die abgeschiedenen Erholungsorte und die begeisternden Strände von Lombok.

Einblick in die Geschichte

Aus frühen einheimischen Chroniken geht hervor, daß Lombok von Ostjava aus besiedelt wurde, und daß die Sasak wahrscheinlich ihren Namen ableiteten von *sesek,* einer bestimmten Art von Bambusflössen, mit denen sie die Meerenge überquerten. Einem 1894 gefundenen *lontar*-Manuskript aus dem 14. Jahrhundert zufolge — dem berühmten *Negarakertagama,* der wichtigsten Informationsquelle über die alten ostjavanischen Reiche — geriet die Insel durch Pati Gajah Mada, den mächtigen Ministerpräsidenten von Majapahit, unter javanische Oberherrschaft, bevor er 1365 starb. Daran erinnern heute allenfalls einige Stämme, die noch oben an den Hängen des Mt. Rinjani in der Nähe von Sembalun leben und behaupten, Nachfahren Hindu-javanischer Siedler zu sein. Noch heute pflegen sie das Grab eines Bruders des Majapahit-Königs.

Im 17. Jahrhundert wurde Lombok gleich aus zwei Richtungen erobert und kolonisiert. Der Westen wurde von den balinesischen Königen von Karangasem erobert, die bis zum Sieg der Holländer im Jahr 1894 diesen Teil der Insel kontrollierten. Etwa zur gleichen Zeit geriet die Ostküste, damals politisches Zentrum der Sasak, unter den Einfluß von islamischen Kaufleuten aus Makassar, die es verstanden, die Aristokratie der Sasak zum Islam zu bekehren.

1677 besiegte eine Armee aus Sasak und Balinesen die Makasar und vertrieb sie aus Ostlombok. Anschließend konnte der Sasak-Adel 150 Jahre lang alle balinesischen Angriffe abwehren und etliche unabhängige islamische Königreiche im Osten der Insel aufrechterhalten. In Westlombok war das 18. Jahrhundert ein von Bali beeinflußtes ,,Goldenes Zeitalter''. Die Hindu-Tempel wurden verschönert und der herrschende Ra-

Oben: *kecodak*-Tanz. Rechts: Fischerboote in Lombok in der Morgendämmerung.

ja Agung Made Gege Ngurah entwickelte einen Baustil und ein glanzvolles höfisches Leben, das dem balinesischen in nichts nachstand. 1744 verlegte er seinen Palast nach Cakranegara, wo er einen imposanten Staatstempel, den Pura Meru, und ein herrliches Wasserschloß, Taman Mayura, bauen ließ.

1849 wurde ganz Lombok und Ostbali unter der Herrschaft des balinesischen Raja von Karangasem, Ratu Agungagung K'tut vereint. Doch schon 1894 landeten in Ampenan holländische Truppen, die die Insel unter ihre Kontrolle brachten. Unterstützt wurden sie von Sasak-Führern in Ostlombok, die damit versuchten, sich von der Vorherrschaft zu befreien. Die Eroberung Lomboks forderte einen hohen Blutzoll — von 4400 Holländern fielen 1000 Mann, die Balinesen verloren etwa doppelt so viele Soldaten und die gesamte Königsfamilie von Sasari in dem berühmten rituellen Massenselbstmord *(puputan)*.

Heute sind nur 10 % der Inselbewohner Hindu-Balinesen und fast alle leben in den Dörfern und Städten der schmalen Ebene im zentral-westlichen Teil der Insel.

Die überwältigende Mehrheit der Inselbewohner sind Sasak, die sich selbst in zwei unterschiedliche Gruppen einteilen: die Waktutelu und die Waktu-lima. Die Waktu-telu leben in den Bergdörfern und standen lange unter islamischer Herrschaft, was aber nur wenig an ihren heidnischen Gebräuchen geändert hat. Die Waktu-lima hingegen leben im Tiefland und an der Küste und sind heute gläubige Moslems.

Im bunten Nebeneinander der Hindu- und Sasakgemeinschaften in Westlombok wird der Reisende nur schwer die vorhandenen Gegensätze erkennen können (bestellen Sie in einem islamischen Sasak-Restaurant auf keinen Fall Alkohol!). Auffallend jedoch ist das breite Spektrum der Gebräuche und das Nebeneinander verschiedener Baustile. Einerseits stößt man auf mauerumgebene balinesische Dörfer mit ihren *kulkul*-Trommeltürmen, Versammlungspavillons und ihrem *banjar*-Sozialsystem. Andererseits trifft man ständig auf die offene Bauweise der weißgetünchten *kampungs* der islamischen Sasak.

Bei den Bergstämmen der Waktu-telu wiederum — z.B. in Pujung und Sengkol in Südlombok — findet man einen völlig anderen Dorftyp: hyperbelartige, strohgedeckte Hütten aus grob behauenen Holzstämmen und Zäune aus miteinander verflochtenen Baumästen und Bambusfasern.

REISE DURCH LOMBOK

Verglichen mit dem unter seiner Überbevölkerung nahezu zerberstenden Java und dem hochzivilisierten, neuerdings kosmopolitischen Bali, wirkt Lombok ruhig und ländlich. Es ist eine Insel der Kontraste und Widersprüche. In islamische Zeremonien sind hinduistische Rituale integriert worden. Üppige Regenwälder grenzen an trockene Ebenen. Lombok wurde bisher weitgehend vor einer Überschwemmung westlicher Kultur bewahrt. Die vielsprachige Bevölkerung Lomboks — Sasak, Balinesen, Chinesen und Araber — geht weiterhin ruhig und bedächtig ihren Geschäften nach. Hier steckt der Tourismus noch in den Kinderschuhen und eine an Attraktionen reiche Kultur ist noch weitgehend intakt.

Ein großer Vorteil für den Reisenden ist die Tatsache, daß fast alle Sehenswürdigkeiten Lomboks — Tempel, Paläste und Dörfer — in Westlombok konzentriert sind, und zwar im Umkreis von 15 km um Cakranegara, der früheren Königsresidenz. Genießen Sie die Morgendämmerung im Puri Mayura in Cakranegara und bewundern Sie den Teppich von Seerosen und die Spiegelung der Pagode des Pura Meru auf dem Wasser. Besuchen Sie den Hafen und das Maritime Museum in Ampenen, um sich anschließend in den kühlen Bergort Suranadi zurückzuziehen. Oder machen Sie einen Tagesausflug zum südlichen Strand von Kuta und sehen sich traditionelle Sasak-Dörfer am Weg an. All das ist in drei Tagen zu schaffen. Für die Besteigung des einzigartigen Mt. Rinjani, dem zweithöchsten Berg Indonesiens, allerdings brauchen Sie noch etwas mehr Zeit.

Ampenan, Mataram und Cakranegara

Die drei größten Städte auf Lombok — Ampenan, Mataram und Cakranegara — liegen dicht an dicht auf nur 6 Kilometern einer von der Küste landeinwärts führenden Straße. Der Hafen von **Ampenan,** einst wichtiges Bindeglied des Gewürzhandels, ist heute eigentlich nur noch ein halbverrotteter Kai mit verlassenen Lagerhäusern. An der Hauptkreuzung steht das **Maritime Museum,** in dem versucht wird, die bewegte

Geschichte der Hafenstadt ins Gedächtnis zu rufen. Im Regional Tourist Office (Diparda, Jl. Langka 70) können Sie erfahren, wann und wo wichtige Feste auf der Insel stattfinden.

Das benachbarte **Mataram,** die moderne Provinzhauptstadt, ist geprägt von Regierungsgebäuden und großen, gepflegten Häusern. Aber außer für den Touristen wichtige Dinge wie Banken, Fahrkartenschalter usw. hat es wenig zu bieten.

Cakranegara, ein Stück östlich von Mataram, ist die interessanteste Stadt der Insel. Es war bis zur Jahrhundertwende die königliche Hauptstadt und ist heute noch immer wichtigster Umschlagplatz Lomboks. Vor allem im arabischen Viertel herrscht ein geschäftiges Gewimmel — hier sollte man unbedingt einen der wunderschönen Baumwoll-*sarungs* kaufen. Im Balinesenviertel, jenseits des Flusses Ancar im Nordteil der Stadt, findet man einzigartige Häuser im Lombok-Bali-Stil.

Vom **Pura Meru,** dem Haupttempel der Hindus auf Lombok, überblickt man das Zentrum Cakranegaras. Er wurde 1720 erbaut, um die Einheit der verschiedenen Hindugruppen auf der Insel zu dokumentieren. Die drei Innenhöfe des Tempels symbolisieren *tri loka,* die drei Ebenen des hinduistischen Kosmos: die Erde, das Reich der Menschen und das Göttliche. Die drei Pagoden versinnbildlichen die Dreieinigkeit von Brahma, Vishnu und Shiva. Jedes der 33 kleineren Heiligtümer des Tempels wird von einer anderen Hindugemeinschaft in Lombok betreut.

Gegenüber dem Tempel liegt ein von einem Seerosenteich umgebener Pavillon, zu dem man über einen Steindamm gelangt. Es ist der 1744 angelegte königliche Garten **Puri Mayura.** Der unter dem Namen Bale Kambang bekannte Pavillon diente früher als Gerichtshalle und als Versammlungsraum für den Adel von Lombok. Hier wurde 1894 der Anführer der holländischen Militärexpedition, General Van Ham, zusammen mit seinen Männern getötet.

Der **Königspalast** hinter dem Garten ist erstaunlich bescheiden — ein teils im balinesischen, teils im holländischen Stil gebauter Bungalow, der von einem Wassergraben umgeben ist. Heute dient er als eine Art Museum mit zahlreichen Fotos und Erinnerungsstücken aus der Kolonialzeit.

Unten: *kecodak*-Tanz in Tanjung. Rechts: *Odalan*-Ritual im Purameru.

Nördlich und südlich von Mataram und Ampenan gibt es etliche Sehenswürdigkeiten zu entdecken, falls man sich dafür etwas Zeit nimmt. 7 km südlich von Mataram blinken weiße Schreine an den Felsnasen des **Mt. Pengsong** wie Kalkstalagmiten. Man erreicht sie über eine lange Treppe, die unten an der Straße zwischen uralten Banyanbäumen beginnt. Der Rundblick von oben lohnt den mühsamen Anstieg. An den Hängen spielen Affenhorden, die Tempelwächter.

Früher konnte man im kleinen Dorftempel des nahegelegenen **Pagutan** ein unschätzbares Palmblattmanuskript des *Negarakertagama* aus dem 14. Jahrhundert besichtigen — die wichtigste Informationsquelle über das große Reich von Majapahit. Das Manuskript wurde 1898 von einem holländischen Gelehrten entdeckt (heute im Nationalmuseum von Jakarta).

Von Ampenan führt eine kleine Straße nach Norden über Flußarme und durch Kokoshaine zum Tempel **Batu Bolong.** Er liegt hoch oben auf einem Felsvorsprung, der weit in die Meerenge von Lombok hineinragt, und ist nur über eine natürliche Felsbrücke erreichbar. Von diesem unvergleichlichen Aussichtspunkt aus können Sie erleben, wie sich das Licht der untergehenden Sonne in den bunten Segeln dahingleitender Schiffe fängt.

Eine große Versuchung für Sporttaucher dürfte der Strand von **Pemenang** an der Nordwestküste sein, etwa eine Stunde von Mataram entfernt. Tauchen Sie in den Korallengärten vor der Küste oder mieten Sie ein Boot zur Insel **Gili Air,** wo noch herrlichere Korallengärten und ein einzigartiges Meeresleben auf Sie warten.

Narmada und Suranadi

Kleine weiße Moscheen sprenkeln die Terrassenreisfelder zwischen Cakranegara und **Narmada,** 10 km östlich. Der Markt rechts von der Straße gilt als der größte von ganz Lombok und ist bekannt für seine Körbe, Tonwaren und andere Handwerkswaren aus den Dörfern.

Die Kleinstadt Narmada wird von einem künstlichen Plateau, auf dem ein vom König von Karangasem entworfener und gebauter Sommerpalast aus dem späten 19. Jahrhundert steht, dominiert.

Kratersee am Mt. Rinjani.

Der Tempel in **Suranadi,** 7 km oberhalb von Narmada, ist wegen seiner heiligen Quellen eine hinduistische Pilgerstätte auf Lombok. Suranadi ist der Name des Flusses quer durch das Nirwana. Wie im balinesischen Tampaksiring kommt man wegen wichtiger Reinheitsrituale an den heiligen Wassern hierher. Die Legende berichtet, daß die heiligen Quellen von dem Hindu-Heiligen Niratha geschaffen wurden, der eine Gruppe von Dorfältesten hierher führte und seinen Wanderstab fünfmal auf den Boden stieß.

Das angrenzende **Suranadi Hotel** liegt in einem ehemaligen königlichen Vergnügungsgarten und ist das anspruchsvollste Hotel der Insel mit einem großen, von Quellen gespeisten Swimmingpool und einem hervorragenden Restaurant. Von hier aus führen Pfade zu den Bergdörfern, deren Pfahlbauten am Rande von Lichtungen, inmitten des Regenwaldes, errichtet wurden. Wenig westlich schwimmen in den Teichen des innersten Heiligtums des Tempels von *Lingsar* Albinofische — nach altem javanischen Glauben ein Zeichen höchster Geistigkeit.

Narmada.

Auf dem Weg zur Südküste

Von Narmada aus kommt man in südlicher Richtung, durch Mangang und Praya fahrend, zu den Sandstränden an der Südküste. Die Fahrt dauert etwa vier bis fünf Stunden, weshalb man früh aufstehen sollte, um unterwegs einige Male halt machen zu können, ehe man sich ins Meer stürzt. In **Sukarere** sollte man unbedingt die *ikat-* und *lambung*-Stoffe begutachten.

Bei rechtzeitiger Voranmeldung in Ihrem Hotel können Sie in **Bayan** an den wilden *cekapung-* und *cupak*-Tänzen teilnehmen und ein Konzert des *tawa tawa*-Orchesters hören. Mr. Martinom in **Tanjung** kann eine *kecodak*-Kriegstanz-Aufführung arrangieren.

Weiter südlich zieht sich die Straße kilometerweit durch ein Reisanbaugebiet — je nach Jahreszeit sattgrün oder trocken und braun. Schließlich kommen Sie nach **Kuta,** einem kleinen, abgelegenen Dorf am Beginn eines herrlichen, 100 km langen goldenen Sandstrandes.

Auf dem Rückweg von Kuta oder auf dem Weg nach Osten sollten Sie das ehemalige holländische **Tetebatu** besuchen. Hier steht inmitten von Obst- und Gemüsegärten eine Vorkriegsvilla mit einem quellengespeisten Teich, heute Hotel.

Auf große Höhe hinauf

Der Aufstieg auf den 3800 m hohen **Mt. Rinjani** ist ein Erlebnis. Er ist anstrengend und gewiß nicht jedermanns Sache. Man muß sich, auch für die Vorbereitung, viel Zeit nehmen. Möglich ist es nur während der Trockenzeit, also von April bis Oktober.

Als erstes brauchen Sie eine polizeiliche Erlaubnis vom Büro in Mataram. Als nächstes müssen Sie sich um warme Kleidung, Essen und Wasser für eine zweitägige Expedition kümmern. Die beliebteste Aufstiegsroute beginnt im Dorf **Sapit** in Ostlombok, wo man einen Führer und Träger engagieren kann. Steigen Sie die Hänge bis unterhalb des Kraterrandes hinauf, kampieren Sie dort und bewältigen Sie das letzte Stück in den Stunden vor Sonnenaufgang — dann werden Sie den unvergeßlichen Anblick genießen, wie sich die gesamte östliche Inselwelt des Archipels vor Ihren Augen enthüllt.

NUSA TENGGARA (KLEINE SUNDA-INSELN)

Als Nusa Tenggara (altjavanisch: „südöstliche Inseln“) wird die dichte Kette kaum bewohnter Inseln östlich von Bali bezeichnet. Zu holländischen Zeiten nannte man sie die „Kleinen“ oder „Östlichen“ Sundas, eine Inselgruppe zu der damals auch Bali gerechnet wurde. Bali erhielt jedoch 1951 von der neuen Republik Indonesien den Status einer eigenen Provinz, während die anderen Inseln in zwei getrennte Provinzen eingeteilt wurden. Das westliche Nusa Tenggara umfaßt Lombok und Sumbawa, das östliche Nusa Tenggara Sumba, Flores, Timor und nahegelegene Inseln. Eine 27. Provinz verschaffte sich Indonesien 1976 durch Annexion der ehemaligen portugiesischen Kolonie Ost-Timor.

Die Inseln von Nusa Tenggara werden von den aus dem Wasser ragenden Gipfeln eines Gebirgsmassivs gebildet, das von der Nordspitze Sumatras über Java und Bali ostwärts reicht. Eigentlich sind es zwei Gebirgszüge. Ein südlicher, der älter und nichtvulkanischen Ursprungs ist (Sumba, Sawu, Roti und Timor) und ein nördlicher, vulkanischer Gebirgszug, der Sumbawa, Flores und eine Kette kleinerer Inseln umfaßt.

Während Java, Sumatra und Borneo (die „Großen Sunda-Inseln“) von einer sehr seichten See umgeben sind (maximale Tiefe 100 m), ragen die Inseln östlich von Bali aus tiefem Meeresgrund auf.

Je weiter man ostwärts in den Sunda-Archipel vordringt, desto fühlbar trockener wird das Klima; Ursache sind die heißen austrocknenden Winde, die vom australischen Kontinent herwehen. Der feuchte, nordwestliche Monsun kämpft im November und Dezember gegen die trockenen Winde an und erreicht relativ spät und oft nur für ein paar Wochen die östlichen Inseln Nusa Tenggaras. So sind jahrelange Trockenperioden auf Sumba und Timor nicht ungewöhnlich. Die an den Luvseiten der Berghänge niedergehenden Regenfälle haben inmitten ausgedehnter und ausgedörrter Busch- und Graslandschaft Flecken üppiger Wälder und Vegetation geschaffen.

Nusa Tenggara (Lesser Sundas)

Die seltsamen Tiere von Wallacea

Die See um die Inseln ist derart tief, daß selbst auf dem Höhepunkt der Eiszeit, als weltweit der Meeresspiegel 200 m tiefer lag, keine Landverbindungen zwischen den Inseln entstanden. Der große Naturforscher des 19. Jahrhunderts, Sir Alfred Russel Wallace, verbrachte mehrere Jahre mit Studien im indonesischen Archipel und bemerkte einen ausgeprägten Unterschied zwischen der eurasischen Tierwelt der Großen Sunda-Inseln (Affen, Elefanten, Tiger, Schweine, Nashörner, Büffel, Hirsche usw.) und den australischen Arten der östlichen Inseln.

Zwischen Bali und Borneo auf der einen Seite und Lombok und Sulawesi auf der anderen zog er eine Linie als Grenze zwischen den beiden Faunagruppen (Wallace-Linie genannt).

Neuere Studien haben jedoch gezeigt, daß auch viele eurasische Arten, insbesondere Vögel und Insekten, auf den Kleinen Sunda-Inseln vorkommen und nur in Neuguinea und Australien nicht mehr anzutreffen sind. Bei den östlichen Inseln handelt es sich demnach um eine Übergangszone (als Wallacea bekannt), in der sowohl eurasische als auch australische Arten vorkommen.

In dieser Zone leben neben australischen Beuteltieren, bunten Papageien und Kakadus aus Neuguinea auch große urtümliche Reptilien, deren spektakulärster Vertreter der sogenannte Komodo-Waran *(varanus komodoensis)* ist.

Eine spärlich besiedelte Region

Nusa Tenggara ist die ärmste und unfruchtbarste Gegend Indonesiens. Die Bevölkerung verteilt sich sehr ungleichgewichtig. So leben auf der großen Insel Timor wegen des gebirgigen Geländes, der schlechten Böden und des trockenen Klimas nur 1,3 Mio. Menschen. Dank der intensiven Kultivierung der *lontar*-Palme, deren Saft reich an Kohlehydraten ist, bietet das winzige Sawu dagegen über 10 000 Einwohnern eine wichtige Lebensgrundlage.

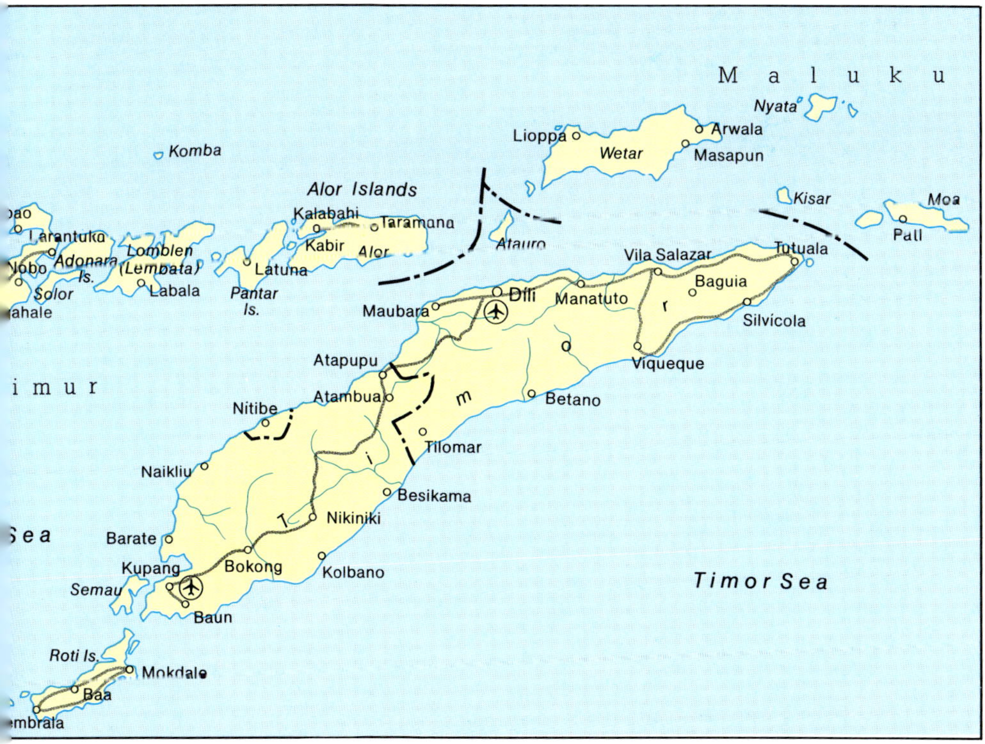

Die meisten der 10 Mio. Bewohner Nusa Tenggaras sind Bauern und Fischer. Einige Agrarprodukte wie Kaffee, Kopra, Reis, Bohnen und Zwiebeln sowie Nutztiere und Fische werden auf andere Inseln exportiert, und einige Lebensmittel, meist aus Java, eingeführt.

In letzter Zeit hat die indonesische Regierung große Anstrengungen unternommen, um die Nachrichtenwege zu verbessern, Schulen zu bauen und Gesundheitseinrichtungen zu schaffen. Dies hat in einigen städtischen Gegenden zu einem raschen Wandel geführt. Viele der im Hinterland gelegenen Dörfer sind jedoch aufgrund ihrer isolierten Lage abgeschieden und verhältnismäßig unberührt geblieben von der modernen Zivilisation.

Nusa-Tenggara-Kette. Da sich heute aber nur wenig Belege einer ,,Hinduisierung'' finden lassen, handelte es sich ohne Zweifel lediglich um eine Vasallenbeziehung im Hinblick auf den Handel und nicht um irgendeine Form politischer Kontrolle. Im 15. und 16. Jahrhundert gewann der Islam, zunächst von Java und Ternate (Molukken), später auch von Makassar aus, zunehmend an Einfluß, und Sklaven wurden zu einem wichtigen ,,Exportgut''.

Der erste portugiesische Entdecker, Antonio de Abreu, segelte 1512 an Flores vorbei und gab ihr den heutigen Namen. Während des 16. Jahrhunderts mischten sich die Portugiesen in den Sandelholzhandel von Timor ein und errichteten Festungen auf Flores und

Geschichte

Seit frühen Zeiten waren die Küstengegenden Nusa Tenggaras am Handel im Archipel beteiligt. Zwar gibt es keine Gewürze, Sandelholz und andere aromatische Harthölzer sind jedoch seit fast 2000 Jahren begehrte Exportartikel. Kleine Küstenkönigreiche entstanden an den Flußmündungen und tauschten diese Hölzer gegen Metallwaren, Textilien und Keramikprodukte ein. Chinesische und arabische Händler wagen sich über Borneo und Sulawesi hinaus und erreichten Nusa Tenggara vermutlich im 11. oder 12. Jahrhundert.

Im 14. Jahrhundert erhob das Majapahit-Reich auf Java Anspruch auf die gesamte

Solor. Dominikanische Mönche bekehrten viele Inselbewohner in der Nähe der Handelsniederlassungen zum katholischen Glauben, so daß heute noch große christliche Gemeinden auf Flores und Timor fortbestehen.

Mit Hilfe ihrer überlegenen Schiffe gelang es den skrupellosen Holländern im 17. Jahrhundert, den größten Teil des Handels an sich zu reißen, der Sandelholznachschub war zu jener Zeit jedoch schon fast erschöpft. Bis Mitte des 19. Jahrhunderts zeigten sich die

Vorhergehende Seiten: Die dünn besiedelten Inseln östlich von Bali. Oben: Menschen aus dem Archipel. Rechts: Katholischer Missionar in Lela, Südflores.

Holländer deshalb wenig an Nusa Tenggara interessiert. Es waren statt dessen Portugiesen, Mestizen und muslimische Makassar, die im 18. Jahrhundert auf den Inseln den Ton angaben.

Die holländische Zurückhaltung endete jedoch abrupt um die Jahrhundertwende, als eine Reihe militärischer Expeditionen ausgesandt wurden, um die gesamten Ostindischen Inseln unter Kontrolle zu bringen. Auf einigen Inseln stießen sie auf bewaffneten Widerstand, der nach 1910 jedoch bald zum Erliegen kam. Trotz des Baus von Straßen, Schulen und Verwaltungseinrichtungen durch die Holländer blieben viele Dörfer und abgelegene Gegenden bis in neuere Zeit ohne Kontakt zur Außenwelt.

Wesen steuern die Ernte, bringen Krankheit oder schützen vor Mißgeschick. Oft werden den Geistern Geflügel, Schweine und Büffel geopfert und anschließend auf großen Gemeindefesten verzehrt. Anläßlich von Hochzeiten, Aussaat und Ernte fließt bei Ritualkämpfen auch menschliches Blut.

Bis vor kurzem noch waren die Bewohner in drei klar voneinander getrennte Klassen von hohen Adeligen, Gemeinen und Sklaven eingeteilt. Der Herrscher eines Handelshafens bezeichnete sich oft als ,,Raja'' oder ,,Sultan'', in den meisten Gegenden herrschte jedoch eine Art Stammesorganisation vor, deren Führer sich meist nicht von anderen Stammesmitgliedern unterschieden.

Ritualpraktiken und Besitzstatus hoben

Die Bevölkerung Nusa Tenggaras mag zwar in vieler Hinsicht rückständig sein (Gesundheitsversorgung, Ernährung und Ausbildung), sie ist deshalb aber in keiner Weise ,,unzivilisiert''. Ihre soziale, wirtschaftliche und spirituelle Kultur steht auf einem hohen Niveau, Musik-, Tanz-, Literatur- und Handwerkstraditionen bestehen überall, und das komplexe Clansystem baut auf strengen Regeln auf.

Die Kraft der Tradition

Der Glaube an Natur- und Ahnengeister ist auf Sumba und Timor noch weitverbreitet. Anderswo verdeckt ihn lediglich ein Anstrich von Christentum oder Islam. Übernatürliche

die Noblen von den anderen ab. Der Brautpreis war dabei ein wesentlicher kultureller und ökonomischer Faktor. Um der Braut einen hohen sozialen Status zu gewährleisten, mußte ein adeliger Bräutigam Geld und exotische Gegenstände wie Bronzetrommeln (auf Alor), Elfenbeinstoßzähne (auf Flores und Lembata), elfenbeinerne Armreifen und Wasserbüffel (auf Sumba) liefern. Die Familie der Braut übergab im Gegenzug fein gewobene *ikat*-Stoffe, die oft auch rituelle Bedeutung hatten. *Ikat*-Webereien aus Nusa Tenggara sind denn auch weithin gerühmt im Archipel, und Textilsammler auf der ganzen Welt zahlen dafür hohe Preise (siehe auch Teil IV, ,,Indonesische Stoffe: Gewebte Tradition'').

SUMBAWA

Die Insel ist größer als Bali und Lombok zusammen. Ihre Form ist das Ergebnis mehrerer Vulkanausbrüche, die sie auf der Karte als zufälligen Zusammenwurf zweier oder dreier Inseln erscheinen lassen. Die heutigen Verwaltungsbezirke entsprechen in etwa dem Gebiet der ehemaligen Sultanate. Bima im Osten, Sumbawa im Westen und Dompu in der Mitte.

Die meisten der 800 000 Einwohner sind Bauern oder Fischer. Agrarprodukte wie Reis, Erdnüsse, Bohnen, dazu Nutzvieh und neuerdings auch Rohholz im Rahmen einer Zusammenarbeit mit den Philippinen, werden exportiert.

Die Bewohner Sumbawas sind fromme Moslems. Der Bezirk Bima hält den höchsten Anteil an Mekkapilgern in ganz Indonesien. Dies spiegelt außer Frömmigkeit auch Wohlstand wieder. Denn eine von der Regierung geförderte einmonatige ,,haj" nach Mekka kostete 1983 immerhin 3500 US-$ oder den Gegenwert von 10 Wasserbüffeln. In den Straßen von Bima überwiegt der Anblick von orthodox mit dem *kerundung* gekleideten Frauen, und leistungsfähige Lautsprecher verstärken in allen größeren Orten der Insel den Ruf des *muezzin* zum 4-Uhr-Gebet.

Trotz der festen Verankerung des Islam auf Sumbawa gibt es dennoch starke Strömungen traditioneller Bräuche und Glaubensüberlieferungen. Der Glaube an die Macht des *dukun* oder Schamanen, der Krankheiten heilt, Wasserbüffel schneller laufen läßt oder einem jungen Mann bei den Ernte-Boxkämpfen zum ,,100-Tonnen-Schlag'' verhelfen kann, ist ungebrochen.

Sumbawa Besar und Bima

Nur wenige Besucher verbringen längere Zeit in Sumbawa Besar und Bima, den größten Orten auf Sumbawa (30 000 bzw. 40 000 Einwohner). Dabei haben beide Städte ein Palastmuseum, in denen die heiligen *pusaka,* die Machtinsignien des Sultans, ausgestellt sind. In den Häfen außerhalb der Stadt kann man zudem geschickten Schiffbauern zusehen, wie sie mit einfachsten Werkzeugen große hölzerne Boote konstruieren.

Markt in Sape.

Die ehemalige Residenz des Sultans in **Sumbawa Besar** wurde 1885 in traditioneller Holzbauweise errichtet. Der Dalem Loka genannte Pfahlbau wird von zwei ungewöhnlichen Holzschnitzarbeiten gekrönt. Eine vollständige Restaurierung ist im Gange und soll 1986 beendet sein.

Der Palast in **Bima** wird demnächst eine außergewöhnliche Sammlung mit der königlichen Krone und einer großen Anzahl kostbarer *keris,* deren goldene und elfenbeinerne Griffe mit Edelsteinen besetzt sind, aufnehmen. Zur Zeit ist die Sammlung nur zu besichtigen, wenn man sich zuvor mit der Stadtverwaltung in Verbindung setzt und eine Gebühr aushandelt. Im nahegelegenen Dorf von Tolobali liegt das Dantara, Grabmal des ersten zum Islam bekehrten Sultan.

Das Hinterland

Fruchtbare Flußtäler mit schimmernden samtgrünen Reisfeldern umgeben die beiden Städte. Entlang der einzigen befestigten Straße durch die Insel jedoch wird die endlose Folge versengter, brauner Hügel nur gelegentlich von einem spektakulären Küstenstreifen unterbrochen. Zweimastige Katamarane *(bagans)* ankern hier in malerischen Buchten und Häfen.

Verblichener Königsglanz im Dalem Loka.

Die meisten Häuser außerhalb der Städte sind hölzerne Pfahlbauten, um dem Wasser und Schlamm der Regenzeit zu entgehen. Männer und Frauen tragen kunstvoll geschlungene *sarungs,* und in der Gegend von Sape, an der östlichsten Küste, leuchten dem Reisenden des öfteren buntbemalte, konische Sonnenhütten aus geflochtenen Palmblättern entgegen.

Für die dreistündige Fahrt zur Insel **Moyo** kann man in Sumbawa Besar ein Motorboot chartern. Die Jagd auf das dortige Wild, insbesondere Hirsche und Wildschweine, ist mit polizeilicher Genehmigung erlaubt. Für Nichtjäger bestehen ausgezeichnete Tauchmöglichkeiten. Mangels Einrichtung auf der Insel sind Essen, Trinken und Schlafsachen für das Boot mitzubringen. Eventuell kann man in kleinen Dörfern frischen Fisch und Kokosnüsse kaufen.

Wanderer und Kletterer können zum Krater des **Gunung Tambora** hinaufsteigen, Ort der größten vulkanischen Eruption der Erde. 1815 wurden hier rund 100 Mrd. m^3 Asche und Steine in die Atmosphäre geschleudert, mit einer Kraft, die mehreren Wasserstoffbomben gleichkommt, wodurch es 1816 zum berühmten „Jahr ohne Sommer" kam. Heute bietet der klaffende, 2820 m hohe Trichter eine überwältigende Aussicht auf das Meer und die Insel. Von Dempu ist es ein Tagesmarsch zum Kraterrand, Teile des Weges können auch mit einem Jeep befahren werden.

In der Nähe des Dorfes von **Batu Tering,** östlich in den Hügeln von Sumbawa Besar, finden Archäologie-Interessierte große Steinsarkophage. Mit menschlichen Figuren und Krokodilen verziert, nimmt man an, daß sie königliche Grabstätten einer späten neolithischen Kultur sind, die hier vor vielleicht 2000 Jahren existierte. *Bemos* fahren regelmäßig nach Batu Tering, und die Dorfbewohner führen Sie gerne auf der eineinhalbstündigen Besichtigungstour.

Während man in **Sape** auf die wöchentliche Fähre nach Komodo wartet, kann man für die 25 km Fahrt zu einigen nordwärts am Meer gelegenen Dörfern einen Minibus mieten.

KOMODO: DIE „DRACHEN-INSEL“

Inmitten der mit Inseln übersäten Meeresenge zwischen Sumbawa und Flores liegt **Komodo,** die Heimat eines der größten Reptilien dieser Erde, des Komodo-Warans, auch Komodo-Drachen genannt *(varanus komodoensis).* Diese riesige Waranechse (von den Bewohnern *ora* genannt) gehört zu den ältesten Arten der Erde und ist ein naher Verwandter der Dinosaurier, die vor 100 Mio. Jahren lebten.

Komodo liegt 500 km östlich von Bali, ist in Nord-Süd-Richtung 30 km und am breitesten Punkt 16 km weit. Auf ihren zerklüfteten Hügeln (höchster Punkt 735 m) wachsen dürre *lontar*-Palmen und buschiges Unterholz.

Auf Komodo gibt es nur ein kleines Dorf mit 500 Einwohnern. Manche behaupten, sie seien vor Hunderten von Jahren aus Sumbawa eingewandert, andere glauben, sie seien Nachkommen ausgesetzter Verbrecher. An der trockenen Küste der unfruchtbaren Insel wächst wenig, so daß sich die Einheimischen dem Fischfang zuwandten, nachdem sie die Regierung aufforderte, die Gärten im Inneren zu verlassen.

Abgesehen von den berühmten Echsen gibt es auf Komodo noch andere exotische Arten, wie den Hügel bauenden *megapode*-Vogel, den gelbbrüstigen Kakadu und den lärmenden Mönchsvogel. Die auf der Insel auch anzutreffenden Wildschweine, Wasserbüffel und das Rotwild dienen den Waranen als Beute.

Von den mehreren Hundert erwachsenen Echsen auf der Insel werden die Männchen bis zu 3 m lang und wiegen bis zu 150 kg. Weibchen erreichen 2 Drittel dieser Größe und legen zur Brutzeit bis zu 30 Eier.

Höhepunkt eines Besuches auf Komodo ist die Beobachtung der Warane in ihrer natürlichen Umgebung. Mit Glück mag man beim Spaziergang um die Insel eine Echse entdecken, sicherer und ungefährlicher ist es, sich einen Besuch von der Naturschutzbehörde (bekannt als PPA nach den indonesischen Anfangsbuchstaben) arrangieren zu lassen. Vom PPA-Lager auf Komodo sind es 2 km Fußweg zu einem Aussichtspunkt, zu dem man für 30 Dollar gebracht wird. Hier wird eine Ziege (im Preis inbegriffen) geschlachtet. Von einer erhöhten Hütte aus kann man die Warane beim Fressen fotografieren. Eine sichere Entfernung (Teleobjektiv!) ist ratsam, denn ihre Schwänze sind tödliche Waffen und ihr Speichel außerordentlich giftig.

Abgesehen von der „Drachen-Tour“ bieten sich Wanderungen in den Hügeln, insbesondere zum **Mt. Ara** an. Schöne Aussichten auf die smaragdgrüne See lohnen den Weg. Trotz markierter Pfade sollte man nie ohne Führer losgehen. Die ausgezeichneten Schwimm- und Schnorchelbedingungen am **Red Beach** östlich von Loho Liang, und bei der **Lasa Island,** gegenüber von Komodo-Ort, kann man mit einem gemieteten Boot erkunden.

SUMBA

Sumba liegt südlich der anderen Inseln der Nusa-Tenggara-Kette. Von äußeren Einflüssen weitgehend unberührt, bietet das im wesentlichen flache, während der Trockenzeit unfruchtbare und kaum auf Touristen eingestellte Sumba Gelegenheit, die Überbleibsel einer alten, heidnischen Kultur in Indonesien kennenzulernen.

Sumba hatte nie große historische Bedeutung und entging deshalb den Wellen hinduistischen, moslemischen und christlichen Einflusses, die nacheinander über die benachbarten Inseln schwappten. War Sumba für Jahrhunderte nur als Quelle von Sandelholz, Sklaven und Pferden bekannt, ist es heute berühmt für seine behauenen megalithischen Grabmale, für die Kriegsspielrituale der Stämme und die *igat*-Stoffe.

Sumba hat eine fast ovale Form, ist ungefähr 300 km lang bzw. 80 km breit und sowohl politisch als auch klimatisch von zwei sehr unterschiedlichen Hälften geprägt.

Links: Eine Ziege als Köder hat diese „Drachen" angelockt. Unten links: An solchen Webereien wird oft monatelang gearbeitet. Unten rechts: Behauener Megalith.

Der Osten und der Westen

Das während der Regenzeit üppige und grüne **Westsumba** zählt 300 000 Einwohner, ist kulturell vielfältig und weist zwei ausgeprägte Sprachgruppen auf, die insgesamt acht Dialekte sprechen.

Seine Bewohner leben in traditionellen Pfahlhütten mit strohgedeckten, runden Dächern. In den blühenden Dörfern ist die Verehrung der Ahnen und des Grund und Bodens sehr lebendig.

Zwei Drittel der Bevölkerung befolgen noch die überlieferten religiösen Riten, insbesondere den gemeinsamen Bau von Steinplattengräbern und das *pasola*-Ritual (Hunderte von berittenen Kriegern schleudern sich hierbei Speere entgegen).

Das trockene, felsige und unwirtliche **Ostsumba** hat 250 000 Einwohner, die alle dieselbe Sprache sprechen. Die meisten leben an oder in der Nähe der Küste, wo sich über Jahrhunderte eine ausgedehnte Stoffmanufaktur entwickelt hat, die hochwertige *ikat*-Webereien herstellt.

Megalithen in Westsumba

Über ganz Westsumba verstreut findet man traditionelle Dörfer mit kunstvoll behauenen megalithischen Gräbern. Allein in **Waikabubak,** der kleinen 8000 Einwohner zählenden Bezirkshauptstadt, sind drei solcher Gräber: Kadung Tana, Hatu Karagate und Bulu Puka Mila (nach ihrer Lage benannt) zu sehen.

Nur einen kurzen Spaziergang westlich von Waikabubak liegt auf einem Hügel das Dorf von Tarung, ein wichtiges rituelles Zentrum. Hier befinden sich weitere Gräber, und die vielen traditionellen Häuser sind mit Wasserbüffelhörnern geschmückt, Überbleibsel vergangener Opferfeste.

Im Bezirk von **Anakalang,** 22 km östlich von Waikabubak an der Hauptstraße nach Waingapu, liegt im Dorf Pasunga ein Grabmal mit ungewöhnlichen Steinschnitzereien.

Ein wenig weiter östlich, ein paar Minuten abseits der Straße, liegt in einem der größten dieser Gräber (Resi Moni) der ehemalige Raja von Anakalang begraben. Im nahegelegenen Dorf Lai Tarung findet alle zwei Jahre die bedeutungsvolle *Purunga Ta Kadonag*-Zeremonie statt.

18 km südlich von Waikabubak, im Bezirk Wanukaka, rühmt sich das Dorf Prai Goli der ältesten Megalith-Gräber der Gegend, der sogenannten *Hatu Kajiwa* (Geistersteine).

Das vielleicht interessanteste Dorf in der Nähe der Südküste, 25 km südwestlich von Waikabubak bei Lamboya gelegen, ist **Sodan.** Wie in Tarung findet hier während des Oktobervollmondes eine wichtige Neujahrs-Zeremonie statt. Das Dorf besitzt eine heilige Trommel, die mit Menschenhaut bespannt ist.

Mit den üblichen *bemos* gelangt man in all diese Ortschaften, wobei es vielleicht am besten ist, danach zu fragen, welches Dorf gerade seinen Wochenmarkt abhält.

Abenteuerlustige Besucher können abseits der Straßen auch zu entlegeneren Dörfern wandern. Am besten, Sie fahren in die südlich von Waikabubak gelegenen Orte von Hanokaka, Lamboya oder Padedewatu, da diese günstige Ausgangspunkte sind: Von hier aus können Sie die Dörfer in einer halben Stunde zu Fuß erreichen. Wem danach ist, kann in drei oder mehr Stunden zum

Traditionelles Dorf in Sumba.

tatsächlichen Ende der Zivilisation wandern.

Pasola

Das spannendste Ritual in Westsumba ist das *pasola,* bei dem Hunderte buntgekleideter Reiter einander mit Lanzen von ungesattelten Pferden aus bekämpfen. Im Februar wird es in **Lamboya** und **Kodi** (an der Westspitze der Insel), im März in **Gaura** und **Hanokaka** abgehalten. Es beginnt einige Tage nach Vollmond. Zwar hat die Regierung jetzt verordnet, daß die Speere stumpf sein müssen, dennoch gibt es gelegentlich Tote.

Am weißen Sandstrand von Rua, 21 km südlich von Waikabubak, oder in den quellengespeisten Teichen bei Haikelo Sawah, 10 km westlich, kann man zur Entspannung baden gehen, während man auf das *pasola* oder andere Rituale wartet. Beide Orte sind mit dem *bemo* erreichbar.

Webstoffe Ostsumbas

Ostsumba ist seit Jahrhunderten für seine *ikat*-Stoffe bekannt. Hierbei werden die Kettfäden eingefärbt, bevor die Schußfäden verwebt werden. Der langwierige und ermüdende Herstellungsvorgang nimmt oft mehrere Monate für ein einziges Tuch in Anspruch.

Viele Hände werden gebraucht, wenn zunächst die Baumwolle gekämmt und gesponnen wird, bevor die Kettfäden auf den Rahmen gespannt und mit farbabweisenden Fasern abgebunden werden, um das Muster zu erzeugen. Daraufhin taucht man das gewebte Stück in Töpfe voller Farbe, etwa örtlich angebautem Indigo, und trocknet es an der Sonne.

Im Dorf Praliu, gleich außerhalb von **Waingapu,** kann man den Frauen beim Färben und Weben zuschauen. Andere größere *ikat*-Zentren gibt es an der Südostküste. Von Waingapu fährt ein Bus ins 69 km entfernte, südöstlich gelegene **Rende,** wo zudem ungewöhnlich behauene Megalith-Gräber zu sehen sind. In der Nähe von Ngallu und Baing, 125 km von Waingapu entfernt, produzieren ganze Dörfer die berühmten *hinggi kombu*-Webereien. Am nahen **Strand von Kalala,** 5 km von Baing, kann man zwischen Dezember und Mai ausgezeichnet surfen.

Das *Pasola.*

FLORES UND DIE ÖSTLICHEN INSELN

Am östlichen Ende des Sunda-Archipels liegen die großen Inseln Flores und Timor sowie eine Reihe kleinerer wie Solor, Adonara, Lembata, Pantar und Alor (östlich von Flores). Südlich und westlich von Timor liegen Sawu und Roti. Die Bewohner haben seit uralten Zeiten miteinander Verbindung gehabt, so daß sich über die Jahrhunderte hochstehende Kulturen entwickelten, die sich auf den Anbau von Palmen und Tarowurzeln sowie den Handel mit Sandelholz und Sklaven gründeten.

Da Flores sehr viel leichter bereist werden kann, ist ihr mehr Platz gewidmet als Timor und den kleineren Inseln, die nur kurz erwähnt werden.

Eindringlinge und Missionare

Flores, die größte Insel im östlichen Nusa Tenggara, bekam ihren Namen 1512 von vorbeisegelnden portugiesischen Entdeckern, die sie *Cabo das Flores* (Kap der Blumen) nannten. Den javanischen Händlern war sie als Steininsel bekannt.

Über Jahrhunderte war Flores ein lebenswichtiges Glied in der Handelskette zwischen den östlichen Inseln. Im 14. Jahrhundert wurde sie in die wirtschaftliche und politische Einflußsphäre des hindu-javanischen Majapahit-Reiches miteinbezogen. Handelskontakte mit dem Sultanat von Ternate führten im 15. und 16. Jahrhundert zur Bekehrung einiger Küstengemeinden zum Islam.

Mitte des 16. Jahrhunderts kamen die Portugiesen. Sie richteten in Larantuka eine Missionsstation ein und erbauten 1566 auf der östlich gelegenen Insel Solor eine Festung, um ihre Handelsinteressen in Timor zu schützen. Bereits 1570 gab es in Larantuka ein Priesterseminar und der Katholizismus breitete sich schnell aus.

1664 brachten moslemische Eindringlinge aus Goa (Südsulawesi) die Stadt Ende unter Kontrolle, um das Vordringen des Katholizismus zu stoppen. Als sich dann in Ende viele Makassar ansiedelten, wurde die Stadt zu einer islamischen Hochburg, die Sandelholzhandel mit Timor und Sklavenraub auf Sumba betrieb.

Mädchen aus Flores mit Armringen aus Elfenbein. Flores ist ein Zentrum für Elfenbeinschnitzereien.

1859 überließen die Portugiesen ihre Niederlassungen den Holländern unter der Bedingung, daß die katholische Kirche weiterhin gefördert werde. Ende wurde zweimal angegriffen, doch erst nach Niederschlagung eines blutigen Aufstands 1907/1908 gelang es den Holländern, ganz Flores zu kontrollieren. Katholische Missionare kamen daraufhin verstärkt und lösten eine neue Bekehrungswelle aus, die bis heute andauert.

Eine katholische Tradition

90 % der 1 Mio. Einwohner auf Flores bekennen sich heute zur katholischen Kirche, die sich bemüht, die Lebensbedingungen durch Schulen, Gesundheitsversorgung und landwirtschaftliche Programme zu verbessern. Vom Klerus geduldet sind eine Vielzahl an tradierten Bräuchen noch heute lebendig und machen den Besuch der Insel so interessant.

Nitu, die Geister der Ahnen, leben in Bäumen, Steinen, Flüssen und Bergen. Wahrscheinlich wird diesen Geistern noch heute geopfert. Die Ahnen zeigten sich erkenntlich, indem sie ihre Nachkommen mit Hilfe von Schlangen vor drohenden Gefahren warnten. Schlangen werden deshalb seit jeher angebetet, und die Insel trug früher den Namen „Schlangeninsel".

In vielen Gegenden hat der Brautpreis immer noch überragende soziale Bedeutung. Die Gaben für den Brautvater sind je nach Sozialstatus feine handgewebte Stoffe, Geld, Wasserbüffel, Pferde, Schweine oder elfenbeinerne Stoßzähne. Ohne Bezahlung des Brautpreises und der Ausführung bestimmter alter Rituale findet keine Hochzeit statt, sei nun eine kirchliche Trauung vorausgegangen oder nicht.

In verschiedenen Teilen von Flores findet man noch die im überlieferten Stil gebauten *kada*-Häuser, in denen Opfergaben dargebracht und Reliquien aufbewahrt werden. In die Balken sind meist Schlangen und lebensgroße weibliche und männliche Gestalten eingeschnitzt, die entweder als Jesus und die Jungfrau Maria oder als männliches Sonnenprinzip und weibliches Erdenprinzip gedeutet werden; so bestehen Katholizismus und überlieferte Kosmologie nebeneinander fort.

Von Labuhan Bajo im Westen nach Larantuka im Osten führt eine 667 km lange, nur ganz selten einmal gepflasterte Straße quer durch die Insel.

Manggarai heißt das westliche Drittel der Insel, in dem fast die Hälfte der Einwohner lebt. Der Reisanbau des Gebietes deckt den Eigenbedarf, Kaffee und Vieh werden sogar exportiert. Die Landwirtschaft leidet zwar etwas unter dem Mangel geeigneter Straßen, was man auf der Fahrt schmerzhaft zu spüren bekommt, Fortschritte sind aber zu erwarten.

Labuhan Bajo ist die westlichste der drei größeren Hafenstädte der Insel. Im wunderschönen Hafen tummeln sich viele Katamarane.

Von hier aus windet sich die Straße zum angenehm kühlen, 1100 m hoch in den westlichen Hügeln gelegenen **Ruteng** hinauf. Es gibt einige ganz gute Hotels, und auf dem Markt kann man buntbestickte *sarungs* finden.

Mit Glück kann man Zeuge eines der spektakulären *caci*-Peitschenduelle werden, die gelegentlich als Teil einer Hochzeits- oder anderen Zeremonie stattfinden. Die Kämpfer tragen Kopftücher und Schilde aus Büffelhaut, während sie mit ledernen Peitschen aufeinander losgehen. Zweck ist es, die physische und psychische Verteidigungsfähigkeit des Gegners zu brechen. Striemen und Narben als Folge des *caci*-Kampfes werden bewundert, und das geflossene Blut den Ahnengeistern geopfert.

Nächster Halt, nach einer malerischen, aber Rückenschmerzen verursachenden, 8stündigen Fahrt, ist **Bajawa,** Ort der jährlichen Maha-Kudus-Messe. Die Messe ist zwar nach Form und Inhalt im wesentlichen katholisch, dennoch führen Schwertkämpfer die lebhafte Prozession tanzender Dorfbewohner durch die Stadt an. Das Datum der Messe bestimmt sich nach dem traditionellen Kalender und geht unmittelbar einer rituellen Hirschjagd in benachbarten So'a voraus.

Die Hirschjagd ist ein Fruchtbarkeits- und Pubertätsritual. Die Jungen werden beschnitten und den Mädchen die Zähne gefeilt. Während der Jagd sind starke sexuelle Enthaltsamkeitstabus in Kraft, selbst eben geschlossene Ehen dürfen nicht vollzogen werden. Nach der Jagd tauchen junge Frauen ihre Hände in das

Kelimutu.

Blut des erlegten Hirsches, um ihre Fruchtbarkeit zu erhöhen.

In der Gegend um Bajawa sind sehr viele Traditionen erhalten geblieben, unter anderem einige Megalithen. Auch findet man schöne, gelb auf schwarz bestickte *sarungs.* Unterkunft und Essen in Bajawa allerdings sind einfach; Hundefleisch ist eine örtliche Spezialität.

Von Bajawa sind es 125 km oder 5 Stunden Fahrt nach **Ende,** der wichtigsten Stadt auf Flores. Vom späten 17. Jahrhundert bis hinein ins 19. Jahrhundert zählte sie zu den bedeutenden islamischen Handelshäfen. Noch heute ist eine ausgeprägt islamische Atmosphäre zu spüren. Während der japanischen Okkupation war Ende regionale Hauptstadt des östlichen Archipels. Sukarno lebte hier eine Zeitlang im Exil und es gab auch einige Bombenangriffe der Alliierten. Heute ist der Handel weitgehend in chinesischer Hand.

In der Stadt stehen gute Übernachtungsmöglichkeiten zur Verfügung und die köstliche chinesische Küche bietet Abwechslung.

Kelimutu, drei nebeneinander liegende, verschiedenfarbige vulkanische Seen, mehrere Stunden nördlich von Ende (abseits der Hauptstraße nach Maumere), werden als die Haupttouristenattraktion auf Flores erachtet. Die Seen sind nur durch niedrige Bergkämme getrennt und ihre Wasser haben eigenartigerweise verschiedene Farben. Vor kurzem noch waren zwei der Seen burgunderrot, während der andere hell türkisgrün leuchtete. Wie ein Chamäleon seine Farben wechselt, scheinen sich auch die Farben der Seen ständig zu verändern.

Zauberer, Sünder, Kinder und Jungfrauen

Eine wissenschaftliche Untersuchung der Seen hat noch nicht stattgefunden, eine mögliche Erklärung ist jedoch, daß die Färbung von gelösten Mineralien herrührt. Es könnte sein, daß das Wasser aufgrund wechselnden Säuregehaltes in immer neue Mineralschichten vordringt. Für die Bewohner der Gegend aber tummeln sich in den beiden roten Seen die Seelen von Zauberern und Sündern, während im türkisgrünen See die Seelen von Kindern und Jungfrauen leben.

Jnten:
<rieger.
Rechts:
Oster-
rozession.

Von Ende nach Larantuka

12 km östlich von Kelimutu biegt man in Wolowara südlich zur Küste nach **Japo** ab, wo herrliche Webarbeiten, oft noch mit Naturfarben, hergestellt werden. Ähnliche Erzeugnisse sind auch in Ende erhältlich, meist aber zu höheren Preisen bei minderer Qualität.

Von Ende nach **Maumere** schneidet die Straße diagonal durch die Insel zur Nordküste hin. Zwar sind es nur 148 km, aber die Fahrt kann gut und gerne sieben Stunden dauern.

Die letzte Etappe nach **Larantuka** an der Ostspitze von Flores, ist ein 137 km langes Stück heißer und staubiger Straße, für das man eine Fahrtzeit von 10 Stunden einkalkulieren muß.

Larantukas Geschichte ist eng mit dem Geschick der Portugiesen und der Verbreitung des iberisch geprägten katholischen Glaubens verbunden. 300 Jahre lang war die Stadt in portugiesischem Kolonialbesitz. Während der Osterprozession tragen Männer den schwarzen Sarg des Heilands durch die Straßen der Stadt. Eine weitere Prozession während der Nacht folgt einer Art *Via Dolorosa:* Immer wieder hält der Zug an und singt und betet. Auch einige spezifische christliche Elemente haben sich herausgebildet: Eine schwarze Statue der Jungfrau Maria soll an den Strand gespült worden sein; eine schöne Frau soll einem Einheimischen im Traum die entsprechende Stelle gezeigt haben. Eine Jesus-Statue wird jedes Jahr vor Ostern gewaschen, und das Wasser zur Heilung von kranken Kindern und zur Erleichterung schwerer Geburten aufbewahrt.

Die Inseln östlich von Flores

Larantuka ist das Ausfallstor zu den unzähligen Inseln im Osten. Boote aller Formen und Größen befahren die Handelswege zwischen den Inseln und Dörfern. Um diese Gegend zu erforschen, ist zwar viel Zeit und Geduld nötig, die Fahrpreise sind dafür niedrig. Im Nachfolgenden erwähnen wir nur einige der interessanteren Inseln.

Auf **Solor** ist eine alte, 1566 erbaute, portugiesische Festungsanlage zu sehen, die erstaunlicherweise noch in gutem Zustand ist. Mächtige Steinmauern, einige 2 m dick und 4 m hoch, umschließen das rechteckige Innere. Über dem

Portugiesische Kanone auf Solor.

Eingang wölbt sich ein eindrucksvoller Torbogen, und in einer Ecke der Anlage stehen noch verrostete Kanonen, die einst an der Meerseite Wache hielten.

Die Insel **Lembata** (auch Lomblen genannt) ist vor allem für den primitiv betriebenen Walfang bekannt. Hierzu werden hölzerne Segel- oder Ruderboote mit wenig Tiefgang eingesetzt. Ist ein Wal gesichtet, balanciert der Harpunier bedenklich auf einem schmalen Steg am Bug des Bootes und stürzt sich dann mit der Harpune in der Hand auf den Rücken des Tieres. Die Inselbewohner weben zudem aus selbstgesponnenen Garnen unvorstellbar schöne *ikat*-Stoffe.

Bemerkenswert an den weiter östlich gelegenen Inseln **Pantar** und **Alor** sind die bronzenen Kesseltrommeln, die heute noch zu Hunderten, wenn nicht zu Tausenden, von den Bewohnern als Erbstücke aufbewahrt werden. Sie werden *moko* genannt und zur Zahlung des Brautpreises verwendet. Sie sind den 2000 Jahre alten *Dong-son*-Trommeln nicht unähnlich, die man auf den Inseln ausgegraben hat. Die örtliche Bronzekultur und ihre Bräuche scheinen sich seit Urzeiten kaum verändert zu haben.

Turbulentes Timor

Timor war in seiner Geschichte immer für sein wohlriechendes Sandelholz bekannt. Über viele Jahrhunderte hinweg kamen chinesische, islamische und javanische Händler nach Timor, um das Holz einzukaufen.

Ost-Timor blieb auch nach der Unabhängigkeit Indonesiens bis 1975 im Besitz Portugals. Die politischen Ereignisse überschlugen sich, als 1976 eine linksgerichtete Bewegung ein unabhängiges Ost-Timor ausrief, und sich Indonesien dazu entschloß, einzuschreiten und das Gebiet zu annektieren. Immer wieder flammen Kämpfe auf, so daß Ost-Timor noch immer für Reisende gesperrt ist. Theoretisch möglich, aber in der Praxis schwer zu verwirklichen, sind Besuche in **Kupang,** der Hauptstadt West-Timors. Wenn Timor eines Tages wieder frei zugänglich sein sollte, wird es zum faszinierenden Erlebnis werden, dort zu reisen. Von Darwin in Australien ist es nur ein kurzer Flug nach Kupang, von dem man auch zu den berühmten *ikat*-Inseln **Sawu** und **Roti** gelangen kann.

…in
…arpunier
…on der Insel
…embata kurz
…or dem
…bsprung.

SUMATRA: INDONESIENS RÜCKGRAT

Sumatra, Indonesiens drittgrößte Insel, zugleich die fünftgrößte der Welt (etwa von der Größe Schwedens oder Kaliforniens), ist in vielerlei Hinsicht das bedeutendste Territorium des Staates. Sowohl strategisch als auch wirtschaftlich und politisch fiel Sumatra stets die Vorreiterrolle eines ,,Rückgrats" des Landes zu. Der Einwohnerzahl nach (30 Mio.) nimmt Sumatra die zweite, dem Exportvolumen nach (Öl, Erdgas, Gummi, Zinn und Palmöl, aber auch Tabak, Tee, Kaffee, Edelhölzer) die erste Stelle ein und steht am Scheideweg Asiens: Erbe einer großen, ruhmreichen Vergangenheit und Heimat eines breiten Spektrums dynamischer und auf ihre Selbstständigkeit pochender Völker. Inzwischen ist Sumatra nach Bali und Java auch das meistbesuchte Reiseziel Indonesiens.

Eine Kette von Vulkanen

Wie Java wird Sumatra von einem langgezogenen Gebirgszug gebildet — durch eine zweifache Faltung der Erdkruste haben sich Vulkane nach oben geschoben. Die sogenannte **Bukit Barisan Range** erstreckt sich von Nordwesten nach Südosten auf etwa 1600 km Länge und wird bis zu 3800 m hoch (die Mehrzahl der Gipfel hat um die 2500 m). Von den 90 Vulkanen des Gebirgszuges sind 15 noch aktiv; anders als auf Java und Bali schleudern diese ihre Eruptionen säurehaltig, so daß sie nicht zur Verbesserung der Bodenfruchtbarkeit beitragen. Ausnahmen bilden das Hochland Nordsumatras (im Bereich des Lake Toba) und das Land der Minangkabau um Bukittinggi, wo vorwiegend basisch-neutrales Material ausgestoßen wird. Die Vulkane sorgen hier dafür, daß das Land erheblich bessere Erträge abwirft als in anderen Teilen der Insel.

Das Gebirge fällt nach Westen hin steil ins Meer ab, so daß sich keine Küstenebene bilden konnte. Nach Osten hin läuft es dagegen über eine Anzahl von Vorbergen in einer weiten Ebene aus. Im Laufe der Jahrtausende entstand an Sumatras Ostküste eine weite Schwemmlandebene, die von Norden nach Süden zu immer breiter wird. Leider ist diese Ebene zu wenig entwässert (die angrenzende Straße von Malakka und das Südchinesische Meer sind lediglich 50 m tief); über die Hälfte (fast ein Drittel ganz Sumatras) davon nehmen daher unwirtliche Mangrovensümpfe ein — ein malariaverseuchter Streifen säurehaltiger Torfböden, der im Norden nur wenige Kilometer, im Süden jedoch 160 bis 240 km breit ist, bildete sich.

So kommt es, daß Sumatras Vorgebirge und Hochebenen im allgemeinen fruchtbarer sind als die Tiefebenen. Eine wichtige Ausnahme bildet das sogenannte *Culturgebied* (Plantagengebiet) im Umkreis der Großstadt Medan in Sumatras Nordosten. In diesem Bereich ist der Sumpfgürtel an der Küste schmal, die Schwemmlandböden, die vom Hochland (Umfeld des Lake Toba) ins Tal gespült werden, sind sehr fruchtbar. Das erkannten bereits die holländischen und britischen Pflanzer, die 1863 damit begannen, das Land zu roden und Tabak, später auch Kaffee, Gummi, Tee und Ölpalmen anzupflanzen. Aus Java, China und Indien ließen sie Arbeitskräfte für ihre Plantagen heranschaffen; Batak, Malaien und Minangkabau ließen sich bald darauf hier nieder. Der Nordosten ist dadurch die am dichtesten besiedelte Region Sumatras geworden.

Nachdem 1883 in diesem Gebiet auch Erdöl entdeckt worden war, gründeten die Holländer 1902 die Royal Dutch Shell Company. Auch an anderen Stellen im Bereich der Ostküste stieß man auf Öl. Das Sumatra-Öl deckt heute drei Viertel des indonesischen Rohölbedarfs; Produkte der ölverarbeitenden Industrie (Benzin, Kerosin, Urea, selbst Plastikstoffe) entstehen hier. Die großen Städte an der Küste wie Medan, Pekanbaru, Jambi und Palembang, in denen die ausländischen Ölgesellschaften sowie die Pertamina (das staatliche Ölmonopol) Niederlassungen haben, erlebten einen kräftigen Aufschwung.

Schiffbau, Seehandel und Fischfang bilden im übrigen das Rückgrat der Wirtschaft Sumatras. Bereits im 7. Jahrhundert n. Chr. hielt das größte Handelsreich Südostasiens, das buddhistische Königreich Srivijaya, die Südostküste Sumatras besetzt. Seine Hauptstadt lag in der Nähe des heutigen Palembang. Angebaut wurde damals nur wenig; Srivijaya lebte ausschließlich von der Kontrolle über den Schiffs- und Warenverkehr

Vorhergehende Seiten: Die Große Moschee in Banda Aceh. Links: Sonnenaufgang am Lake Toban. Der See liegt inmitten eines Kraters, der vor undenklichen Zeiten durch eine gigantische Vulkanexplosion entstanden ist.

durch die Straßen von Sunda und Malakka, damals wie heute strategisch wichtige Durchfahrtstraßen zwischen dem Pazifischen und dem Indischen Ozean.

Daß Srivijaya eine erfolgreiche Seemacht werden konnte, hatte seine guten Gründe. An der Ostküste Sumatras lebten nämlich seit Jahrtausenden Malaien und Orang Laut („Meeresnomaden"), Völker, die noch heute im sumpfigen Küstenbereich von ihren zerbrechlichen Segelbooten aus Fische fangen. Während die Orang Laut als Nomaden auf ihren Booten leben, sind die Malaien seßhaft geworden. In ihren auf Stelzen gebauten Häusern siedeln sie im Bereich der Flußmündungen, inzwischen auch fernab der Küste im Südosten Sumatras, auf dem Riau-Archipel und auf der malaiischen Halbinsel. Manche Dörfer haben sich zwar im Ackerbau versucht; die meisten Bewohner leben jedoch nach wie vor am und vom Meer. Das Malaiische war bei ihnen wie bei den großen Handelsvölkern im Westen des Archipels die *lingua franca* (heute die Staatssprache Indonesiens und Malaysias).

Über sieben Jahrhunderte konnte Srivijaya die Kontrolle über die Meerengen aufrechterhalten. Nach wiederholten Auseinandersetzungen und schweren Rückschlägen unterlag es jedoch 1377 der Majapahit-Armee aus Ostjava. Damit war dem raschen Vordringen des Islam aus Indien der Weg bereitet; bis ins 19. Jahrundert hielten islamische Handelsreiche die Küsten Sumatras in ihrer Hand. Keinem dieser Reiche gelang es, die gesamte Insel unter seine Kontrolle zu bringen.

Die Anhänger des Islam errichteten bereits gegen Ende des 13. Jahrhunderts auf Sumatra ihre ersten Stützpunkte. Mehrere kleine Handelshäfen an der Küste im Nordosten wurden zum Islam bekehrt. Von einem dieser Häfen, Samudra, leitet sich der Name der Insel ab. Ab Ende des 16. Jahrhunderts formierte sich in diesem Teil der Insel das mächtigste Reich in moderner Zeit auf indonesischem Boden — das Sultanat Aceh.

Aceh zog wie Srivijaya aus seiner strategischen Lage Gewinn; Schiffe, die die Straße von Malakka passierten, mußten ihm Tribut zollen. In einem „goldenen Zeitalter" unter Sultan Iskandar Muda (Regierungszeit 1607 bis 1636) expandierte Aceh kräftig und vereinigte schließlich sämtliche großen Häfen Ostsumatras und weitere Häfen der malaiischen Halbinsel unter seiner Herrschaft. Lange halten konnte Aceh die eroberten Gebiete nicht, obwohl es über viele Jahrhunderte eine starke Flotte und einen aktiven Seehandel unterhielt und den Holländern sehr zu schaffen machte.

Diese marschierten schließlich 1873 mit der größten Streitmacht, die sie je in dieser Gegend eingesetzt hatten (über 10 000 Mann) in

Oben: Holländische Offiziere während einer Schlacht in den Aceh-Kriegen, durch die Holland Tausende von Soldaten verlor. Rechts: Der wiederaufgebaute Palast von König Adityawarman in Batusangkar.

Aceh ein und konnten auch bald die Hauptstadt Banda Aceh einnehmen. Die Verluste an Menschen und Material, die sie im Verlauf eines über 25 Jahre andauernden *jihad* (heiliger Krieg), den die vom Islam inspirierten Guerilla-Kämpfer der Aceh führten, hinnehmen mußten, waren enorm hoch. Die heutigen Einwohner von Aceh sind wie ihre Vorfahren fromme Moslems, die auf ihre Unabhängigkeit pochen. Aufgrund des langandauernden Widerstandes gegen die Holländer erhielt Aceh wie Yogyakarta den Status einer Autonomen Region.

Das Hochland urbar gemacht

Die Bewohner Sumatras leben in ihrer Mehrheit nicht im Berich der Küste, sondern als Subsistenzbauern in der langen Kette von Hügeln, Hochebenen, Flußbecken und Plateaus im Zentrum der Insel. Die zwei wichtigsten Volksgruppen, Batak und Minangkabau, sowie eine Anzahl kleinerer Gruppen (Gayo, Alas, Kubu, Kerinci, Rejang, Lampung u.a.) siedeln hier auf einem Landstrich, der einst von dichtem Regenwald bedeckt war und zahlreichen exotischen Tierarten eine Heimat bot (Elefanten, Tigern, Nashörnern, Gibbons, Languren, Orang-Utans, Zwergböckchen, Tapiren, fliegenden Füchsen, Pangolin etc.), inzwischen aber gerodet und bewirtschaftet wird.

Die traditionelle Brandrodung (*ladang*-Wirtschaft) kurz vor der Regenzeit wird zugunsten der Bewirtschaftung mit dem Pflug und des Einsatzes von Bewässerung und Düngemitteln aufgegeben. Die Stämme der Minangkabau im westlichen Hochland Sumatras betreiben seit langem den Ackerbau nach diesen entwickelten Methoden.

Die Minangkabau, seßhafte, mit den Malaien an Sumatras Ostküste verwandte Völker, werden für Nachkommen eines Srivijaya-Reiches im Inselinneren bzw. im Westen gehalten. Ihre Sprache weist Ähnlichkeiten mit dem Malaiischen auf. Die Giebel ihrer reich verzierten Häuser sind wie ein Schiffsbug nach oben gezogenen. Auch buddhistischen Plastiken und Monumenten aus dem 12. bis 15. Jahrhundert sind in diesem Gebiet zu finden.

Andererseits unterscheiden sich die Minangkabau jedoch stark von den anderen

Völkern Sumatras. Sie gehören zu den wenigen noch verbliebenen matriarchalischen Gesellschaften; die Besitztümer und Verantwortlichkeiten werden über die Familie der Mutter verteilt, weshalb die Männer für die Kinder ihrer Schwestern mehr Verantwortung tragen als für ihre eigenen. Dieses System wurde seit dem Übertritt zum Islam im 16. Jahrhundert immer mehr ausgehöhlt. Mehr als 4 Mio. Minangkabau leben heute in den größeren Ortschaften und Städten auf ganz Sumatra und anderswo in Indonesien. Nur noch 3 Mio. leben in den traditionellen Stammesgebieten in den Bergen um Padang.

Dies geht zum Teil auf eine weitere Besonderheit des Lebens der Minangkabau zurück: Während die Frauen zu Hause bleiben und die Felder bearbeiten, ziehen die Männer als Händler und Handwerker durchs Land. Da überdurchschnittlich viele Minangkabau lesen und schreiben können und ein großes Organisationstalent besitzen, spielten sie im politischen, wirtschaftlichen und geistigen Leben Indonesiens stets eine wichtige Rolle.

Das zweite der großen Bergvölker Sumatras, die Batak, ist auf dem fruchtbaren vulkanischen Hochland, das sich nördlich der Inselmitte, mit dem Lake Toba als Kern, erstreckt, beheimatet. Dieser See liegt in 900 m Höhe, ist 2100 qkm groß und nimmt einen riesigen Krater ein. Die üppig-grüne Insel Samosir liegt mitten im See. Der Kratersee bildete sich angeblich bei einer der größten vulkanischen Explosionen, die die Welt erlebte, heraus.

Als die Holländer die Batak entdeckten, galten sie als kannibalisches Urvolk, das viele Jahrhunderte ein isoliertes Dasein gefristet hatte. Tatsächlich waren sie ein seßhaftes, erfahrenes Bauernvolk, das handwerkliche Fähigkeiten, einen eigenen Kalender und ein indisches Alphabet besaß. Buddhistische Stupas und Statuen aus dem 11. bis 14. Jahrhundert wurden in den südlichen Randgebieten des Hochlands entdeckt; offensichtlich hatten die Batak enge Beziehungen zu den Hindu-Reichen auf Sumatra und Java.

Die Batak sind in zahlreiche Stämme mit eigenen Dialekten, Bräuchen und Baustilen untergliedert. Ihre Häuser sind wie die der Minangkabau und der anderen Stämme des indonesischen Berglands massiv gebaut, stehen auf Stelzen, sind mit Stroh gedeckt und bieten Platz für mehrere Familien. Der Ruf der Batak als aggressives Volk geht auf die nicht allzu ferne Vergangenheit zurück, als Batak-Gruppen unablässig mit ihren Nachbarn rituelle Kriege führten und Kopfjägerei und Kannibalismus gang und gebe waren. Seit 1860 sind in diesen Breiten Missionare am Werk, und die meisten Batak gelten nun als Christen. Nach wie vor aber spielt das traditionelle *adat* (Gesetze und Bräuche) eine wichtige Rolle.

Provinzen und Inseln

Sumatra teilt sich in acht Provinzen: Aceh, Nordsumatra, Westsumatra, Riau, Jambi, Bengkulu, Südsumatra und Lampung. Diesen sind vielfach kleinere Inseln angegliedert, die der Küste vorgelagert sind. Die Provinz Riau in Ostsumatra umfaßt z.B. nicht nur den Riau-Archipel südwestlich Singapurs (die Heimat vieler interessanter Stammesgruppen), sondern auch die ölreichen Anambus- und Natuna-Inseln im Südchinesischen Meer zwischen Ost- und Westmalaysia. Zur Provinz Südsumatra gehören die beiden „Zinn-Inseln" Banka und Belitung (Billiton), wo rund 20 % des Weltbedarfs an Zinn gefördert werden und wo die Nachfahren der chinesischen Kulis leben, die die Holländer im 19. Jahrhundert zur Arbeit in den Bergwerken auf die Insel geholt hatten.

Die lange Kette von Inseln, die vor Sumatras Westküste liegen — Simeulue, Nias, die Mentawai-Kette und Enggano — sind geologisch weit älter als Sumatra selbst und von Völkern bewohnt, die bis vor kurzem Steinwerkzeuge erstellten und megalithische Monumente errichteten. Leider wurden diese Völker die Opfer europäischer Missionare, die Seuchen einschleppten, die viele Menschen dahinrafften. Auch der Verlust ihrer Sprache und kulturellen Identität ist ebenfalls den Missionaren zuzuschreiben. Die felsige, bewaldete Insel Nias ist ein Stützpunkt der *adat*-Lebensformen geblieben: Schiffsladungen von Touristen zücken die Kameras, wenn die alten Kriegstänze aufgeführt werden.

Karo-Batak-Frau. Die Holländer hielten die Batak zunächst für primitive Kannibalen. In Wirklichkeit waren sie hochzivilisierte Ackerbauern.

Sumatra
200 km
N
Great Channel
Gulf of Siam
Strait of Malacca
Indian Ocean
Jawa Sea
Thailand
Malay Peninsula
Malaysia (West)
Malaysia
Sumatra
Aceh
Sumatera Utara
Riau
Sumatera Barat
Jambi
Bengkulu
Sumatera Selatan
Lampung
Mentawai Archipelago
Riau Archipelago
Lingga Archipelago
Sabang
Banda Aceh
Sigli
Calang
Bireuen
Lhokseumawe
Pantonlabu
Takingeun
Meulaboh
Langsa
3407 m
Kutacane
Pangkalanberandan
Tapaktuan
Binjai
Medan
Bohorok
Brastagi
Tebingtinggi
Kabanjahe
Trumon
Urung
Simeulue
Singkil
Lake Toba
Pangururan
Prapat
Pematangsiantar
Tanjungbalai
Banyak Islands
Balige
Labuhanbilik
Sifahandra
Gunung Sitoli
Tetehosi
Nias
Sibolga
Telukdalam
Singkuang
Padangsidempuan
Bantaian
Natal
Tanobato
Tanahmasa
Pini
Batu Islands
Tanahbala
Sasak
Lubuksikaping
Bukittinggi
Lake Meninjau
Padangpanjang
Payakumbuh
Sawahlunto
Padang
Solok
Siberut
Painan
Taluk
Rengat
Tembilahan
Indragiri R.
Basu
Kotabaru
Muaralabuh
Muarabungo
Batanghari R.
Kualatungkal
Sipura
Sungaipenuh
Tapan
Muaratebo
Pagai Utara
Pagai Selatan
Mukomuko
Bangko
Tembesi R.
Muararupit
Penuguan
Lubuklinggau
Musi R.
Lais
Curup
Bengkulu
Lahat
Perabumulih
Palembang
Pagaralam
Manna
Baturaja
Mesudji
Bintuhan
Barhau
Enggano
Kotabumi
Tanjungkarang
Telukbetung
Sukadana
Panjang
Kalianda
Bakauheni
Rupat
Dumai
Rokan
Meskum
Bengkalis
Siak
Padang
Pekanbaru
Rantau
Kampar R.
Kukup
Singapore
Singapore Strait
Batam
Bintan
Tanjung Pinang
Lingga
Singkep
Muntok
Belinyu
Bangka Strait
Pangkalpinang
Bangka
Toboali
Tanjungpandan
Belitung
Huai Yot
Kantang
Phatthalung
Batong Group
Songkhla
Satun
Pulau Langkwai
Pattani
Alor Setar
Rangae
Betong
Kota Baharu
Penang
Bukit Mertajam
Taiping
Ipoh
Gua Musang
Kuala Terengganu
Kampar
Telok Anson
Jerkoh
Kuala Dungun
Kelang
Kuala Lumpur
Maran
Kuantan
Seremban
Nenasi
Melaka
Kuala Roupin
Tioman
Muar
Jemaluang
Batu Pahat

MEDAN UND ACEH

Mit der Industriemetropole Medan, dem bewaldeten vulkanischen Tal des Alas River (der Zuflucht primitiver Stämme) und der leidenschaftlich um seine Selbständigkeit ringenden islamischen Bastion Aceh ist der äußerste Norden Sumatras alles andere als eintönig.

Die Anlaufstelle für Touristen ist die 1,5-Mio.-Stadt Medan. Aus dem sumpfigen Vorort eines alten Gerichtsortes wurde ein wirtschaftliches Zentrum, nachdem 1872 die Holländer das Sultanat Deli überwältigt und 1886 in Medan eine regionale Hauptstadt eingerichtet hatten.

Zahlreich sind die architektonischen Anachronismen aus kolonialer Zeit, Baudenkmäler des Rokoko, Art-deco und Art Nouveau, die der Spitzhacke entgangen sind. Die meisten modernen Zweckbauten stehen an der Jalan A. Yani und um den Merdeka-Platz: das Hauptpostamt, die einstige Witte Societet (jetzige Negara Bank), das Hotel de Boer (jetzt Dharma Bhakti), das Grand Hotel Medan (jetzt das Granada Medan) und die Plantagenbüros von Harrison & Crossfield's (das heutige P.T. London Sumatra Indonesia).

Links: Wachposten im Medan-Palast. Unten: Große Moschee in Medan.

Chinesische Läden säumen die Jalan A. Yani, an der auch die Villa des Millionärs Chong Ah-tie steht, der sich angeblich das Leben nahm, indem er Goldstaub verschluckte. In Wahrheit starb er an Unterernährung in einem japanischen Gefangenenlager auf der Insel. Sein Mausoleum steht auf dem Friedhof von Pulau Brayan.

Das Hauptgeschäftsviertel grenzt an die Altstadt an. Ein unablässiger Strom von Bussen, Lastwagen, PKWs, Motorrädern und Fahrradtaxis wälzt sich durch die großen Märkte: Pasar Kampung Keling, Pasar Ramas, Pasar Hong Kong und den Hauptmarkt.

Am südlichen Ende der längsten Straße Medans erhebt sich die imposante **Masjid Raya.** Die Moschee wurde 1906 im Rokokostil gegenüber dem **Istana Maimun** errichtet. Dieser Sultanspalast wurde 1888 nach den Plänen eines italienischen Architekten erbaut; die Nachfahren des Sultans wohnen noch heute hier.

Auf der anderen Seite des Deli River, im Westen der Stadt, liegt das Viertel der Europäer. An den breiten Straßen mit den protzigen Kolonialbauten wurden blühende Bäume gepflanzt. Die protestantische **Immanuel Church,** 1921 im Art-deco-Stil errichtet, ziert die Jalan Diponegoro, während **Vihara Gunung Timur,** Indonesiens größter chinesischer Tempel, an der Jalan Hang Tua steht. Angeblich wirken hier so starke Kräfte, daß Bilder, die im Tempel gemacht werden, nicht belichtet sind. Fotografieren ist ohnehin nicht gestattet. Buddhisten und Daoisten benutzen einträchtig den Tempel, während Vihara Borobudur neben dem Hotel Danau Toba nur von Buddhisten aufgesucht wird. Die Tempelgeistlichen stammen aus Java. Der Hindu-Tempel bei der Jalan Arifin ist das geistliche Zentrum der indischen Gemeinde Medans.

Während im Zoo **Taman Margasatwa** die Tiere Sumatras zu sehen sind, findet man im **Medan Fair** Kultur- und Landwirtschaftsausstellungen sowie einen Vergnügungspark. Im **Bukit Kubu Museum** wird auf anschauliche Weise vorgeführt, wie die Stämme auf Sumatra leben.

Im Norden Medans, 26 km den Fluß

abwärts, liegt **Belawan,** Indonesiens drittgrößter Hafen. Mit Hilfe ausländischen Kapitals wird er ausgebaut, damit der Export landwirtschaftlicher Produkte und der Import von Industriegütern zügiger abgewickelt werden können.

Fährt man von Medan über die Plantagenstadt **Binjai** (berühmt für ihre Rambutan- und Durianfrüchte) nach Westen, erreicht man nach 97 km **Bohorok,** wo der World Wildlife Fund eine Orang-Utan-Rehabilitationsstation unterhält.

Die widerspenstigen Acehnesen

Aceh, Sumatras und Indonesiens nördlichste und westlichste Provinz, war schon immer Eingangstor für äußere Einflüsse. Indische Kaufleute brachten im 7. und 8. Jahrhundert den Hinduismus und den Buddhismus ins Land, den Islam führten im 13. Jahrhundert arabische und indische Moslems ein.

Zu Beginn des 16. Jahrhunderts gingen hier die Portugiesen an Land; ihnen folgten die Briten. Mit Ausnahme des sogenannten „Goldenen Zeitalters" unter Sultan Iskandar Muda (1604 bis 1637), als Aceh kurzfristig seinen Einfluß auf die malaiische Halbinsel ausdehnte, standen die folgenden Jahrhunderte im Zeichen des Widerstandes gegen den holländischen Kolonialismus, den man durch Handel, Diplomatie und auch Guerilla-Aktionen zu schwächen suchte.

1873 erklärten die Holländer Aceh offiziell den Krieg, in dem sie 10 000 Soldaten einsetzten. Nach verlustreichen Kämpfen nahmen sie die Festung des Sultans in Banda Aceh ein. Der nachfolgende „Heilige Krieg" gegen Holland endete 1878 mit einer Niederlage. Der Guerillakrieg verlagerte sich ins Stammesgebiet der Gayo; Waffen für die Rebellen lieferten gegen Pfeffer die Briten. Die Holländer rekrutierten schließlich Verbände von Stammeskriegern zum Kampf gegen die Guerillas; mit Gewehren und *klewang*-Säbeln stürzten sich diese auf ihre Feinde und schlugen ihnen den Kopf ab.

Diese *mareechausse*-Verbände ermöglichten es den Holländern, nach und nach die Eisenbahnlinie von Medan über Langsa, Sigli und Bireuen nach Banda Aceh an der Küste zu bauen. In diesen Orten setzten sich die Kolonialbehörden fest und bauten sie zu Stützpunkten aus. Trotz eines kurzen Wiederaufflackerns — 1896 lief Tungku Omar, ein Häuptling, der das Vertrauen der Holländer genoß, zu den Guerillas über (er wird in Aceh als Nationalheld verehrt) — war der Widerstand in Aceh 1903 gebrochen. Bis zur Invasion Japans 1942 herrschten die Holländer im Schutze starker Truppenstützpunkte. In Anerkennung seines langen Widerstandskampfes wurde Aceh der besondere Status einer Daerah Istimewa (Provinz mit begrenzter Autonomie) zugestanden.

Aceh: eine Rundreise

Die Küstenstraße nach Aceh ist zwar besser ausgebaut und kürzer als die hier vorgeschlagene Tour durch das Alas Valley über den faszinierenden Nationalpark am Mt. Leuser, dafür aber auch sehr verkehrsreich und monoton. Wir unterbrechen die Fahrt zum erstenmal in **Brastagi,** einem Ferienort und Marktflecken, 68 km südlich von Medan. Die Holländer hinterließen hier Pensionen, Villen und das imposante Hotel Bukit Kubu, in einem Parkgelände am Orts-

Obstmarkt in Brastagi.

eingang. Das kühle Klima Brastagis eignet sich vorzüglich für den Anbau von grünen Bohnen, Karotten, Tomaten, Passionsfrüchten, Blumen und Orangen.

Die nächste Ortschaft heißt **Kabanjahe** und liegt am Schnittpunkt der Provinz Aceh und der Toba-See-Region. Süd-Aceh und Teile des Batak-Hochlands sind mit fruchtbaren sumpffreien vulkanischen Böden gesegnet, auf denen Gummi- und Ölpalmen, Tee und Tabak gedeihen.

Die Batak-Dörfer **Barus Jahe** und **Lingga** sowie die eindrucksvollen Wasserfälle **Sikulap** und **Sipisopiso** liegen in diesem Gebiet.

In **Kutacane** betreten wir das Land der Gayo und der Alas. Die Batak waren Vasallen dieser Bergstämme, als der Sultan von Aceh im 17. Jahrhundert das Gebiet eroberte, ihm den Islam aufzwang und die Gayo und Alas unterwarf. Einige Gayo, die **Orang Lingga**, halten an ihren animistischen Vorstellungen und Verhaltensweisen fest. Sie leben abseits der Hauptstraßen hoch oben in den Bergen und glauben daran, daß sie durch Büffel- und Vogelopfer, durch Früchte- und Gemüseopfer an die Geister der Bäume, Felsen, Berge, Seen und Flüsse die Harmonie der Natur bewahren können.

Kutacane, ein kleiner Marktflecken mit alten Geschäften an seiner Hauptstraße und einem Busbahnhof, ist von Reisfeldern, Kokoshainen und hohen dschungelbedeckten Bergen umgeben.

Nach Norden zu windet sich ein Sträßchen im Alas Valley durch dichten Dschungel zum **Mt. Leuser National Park**. Es wurde um den 3466 m hohen Mt. Leuser, Sumatras zweithöchsten Gipfel, angelegt, erstreckt sich bis zur Westküste und ist eines der am leichtesten zugänglichen Schutzgebiete Indonesiens.

In **Blangkeseren,** nördlich des Parkgeländes, sind zahlreiche 100jährige Gayo- und Alas-Häuser zu sehen. In den langen flachen Bauten wohnen bis zu 60 Menschen aus mehreren Familien mit einem gemeinsamen männlichen Vorfahren; unverheiratete Männer, pubertierende Knaben und Fremde finden im Gemeindehaus Unterkunft. Den Anbau des hochwertigen Haschisch in dieser Gegend versuchen die Behörden mit Blitzaktionen, den *Operasi Narkotika,* zu unterbinden.

Sipisopiso-Wasserfall.

Ein Fußweg, den die Japaner im Zweiten Weltkrieg von Zwangsarbeitern anlegen ließen, verbindet Blangkeseren mit der Gayo-Hauptstadt **Takingon.** Dieser Ort liegt an den Ufern des 25 km langen Danau Laut Tawar, dessen Wasser sauber und erfrischend kühl ist. Dennoch baden die Einheimischen lieber in den Bädern und Thermalquellen von **Kampong Balik,** da sie sich vor einer verführerischen Unterwasserfee fürchten.

Hauptumschlagplatz für den Gayo-Kaffee, für Zimt, Nelken und Tabak, ist **Bireuen** an der Ostküste, auch ein von den Acehnesen angelegter Ort. Die Dörfer in Aceh sind traditionellerweise von Reisfeldern und Kokosplantagen umgeben. Die rechteckigen Häuser stehen auf Stelzen aus *bangka*-Holz und haben ein Dach aus *nipa*-Palmen. Der Rauch zieht durch ein Loch im Dach ab. Die Großfamilien errichten ihre Häuser innerhalb desselben Anwesens; jedes Dorf hat seine Moschee und ein *balairong* (Gemeindehaus), das tagsüber als Versammlungsort und nachts als Schlafhaus dient.

Die Aceh-Gesellschaft ist patriarchalisch aufgebaut, doch leben die Männer nach der Heirat bei der Familie ihrer Frau. Dieser Brauch widerspricht moslemischen Gepflogenheiten (nicht jedoch dem traditionellen *adat* der Acehnesen).

Bürgerkrieg und Eisenbahnruinen

Sigli, im Mündungsbereich der Flüsse Krong Baru und Krong Tuka, hieß einst Padri, als hier noch die *hajis* (Pilger) nach Mekka ablegten. 1804 begann hier der tragische Padri-Krieg. Die Holländer nahmen die Stadt ein und machten sie dem Erdboden gleich. Ruinen der Festung *padri kraton* sind an der Straße nach Banda Aceh zu sehen. Im nahe gelegenen Kampong Kibet ist das Grab des Sultans Maarif Syah, des ersten moslemischen Sultans von Aceh, zu sehen, der 1511 starb.

Sigli wurde wiederaufgebaut und bekam einen wichtigen Bahnhof. Obwohl seit zwanzig Jahren keine Züge mehr auf der Strecke die Küste entlang verkehren, ist der Bahnhof nach wie vor das eindruckvollste Gebäude am Ort: ein kolonialer Holzbau, bei dem Ziegen zwischen den Gleisen grasen und Kinder im leeren Kohlenhof spielen.

Die Große Moschee in Banda Aceh.

Das Klima in Sigli ist mild; man fühlt sich in einen europäischen Kurort um 1900 versetzt. Die von Villen gesäumte Promenade wird auf einer Seite von einem Kiosk, auf der anderen von den Ruinen des Hauses des Hafenmeisters begrenzt. Drei Friedhöfe — ein islamischer, ein christlicher und ein chinesischer —, deren weiße und graue Grabsteine zwischen Kokospalmen verstreut sind, liegen auf einer Landenge auf der anderen Seite des Krong Baru.

Auch **Banda Aceh,** die Provinzhauptstadt, ist an zwei Flüssen, dem Krong Aceh und dem Krong Daroy, angelegt. Obwohl die Festung und der Palast des Sultans zusammen mit der großartigen Moschee im Verlauf der holländischen Invasion von 1874 zerstört wurden, sind Zeugnisse aus der ruhmreichen Vergangenheit Acehs erhalten geblieben. An der Jalan Tungku Umar steht der **Gunungan,** ein Palast, der unter Iskandar Muda oder dessen Sohn zu Beginn des 17. Jahrhunderts errichtet wurde sowie die Bäder der königlichen Prinzessinnen aus der gleichen Zeit. An der Jalan Kraton sind die Gräber der Sultane von Aceh aus dem 15. und 16. Jahrhundert zu sehen. Umgeben von Königsgräbern, darunter das Grabmal Iskandar Mudas, ist das **Rumoh Aceh Awe Gentah Museum,** das *keris,* Dolche, Stoffe und Juwelen zeigt (Jalan Mansur).

Die im Aceh-Krieg gefallenen Holländer sind größtenteils auf dem christlichen Friedhof an der Jalan Iskandar Muda begraben. Am Eingang sind zwei Marmortafeln mit den Namen aller in Aceh gefallenen Soldaten aufgestellt. Viele kunstvolle Gräber, vor allem die eindrucksvolle Grabsäule zu Ehren der *mareechaussee,* die die Vereinigung der Tabakpflanzer von Ostsumatra errichten ließ, fallen ins Auge.

Die **Mesjid Raya** (Große Moschee) ist ein Holzbau, der ohne einen einzigen Nagel gezimmert wurde. Bei Nacht ist der riesige weiße Bau mit seinen schwarzen Kuppeln angestrahlt. Im Inneren verwendete man Marmor. Der Markt und das Chinesenviertel beginnen hinter der Moschee an der Jalan Perdagangan.

Das Dorf **Kampung Kuala Aceh** ist ein Wallfahrtsort. Zwischen Mangroven und Fischteichen liegt, mit Blick zum Meer, das Grab des Tungku Scheich Shah Kuala (1615 bis 1693), der den Koran ins Malaiische übertrug und religiöse Bücher verfaßte.

Die von starken Winden und Wellen heimgesuchten Strände von **Lohong, Lampuk** und **Lhokinga,** 20 km westlich von Banda Aceh sind keine Badestrände. Die Brandung des Indischen Ozeans und die Unterströmung sind so heftig, daß man sich kaum aufrecht halten kann, wenn man auch nur bis zum Knie ins Wasser geht.

Schiffbrüchige Portugiesen

Die Einwohner des etwa 60 km entfernt gelegenen Dorfes Lamno sollen von Portugiesen abstammen, die vor 300 Jahren vor der Küste Schiffbruch erlitten. Die grünen Augen und die Gesichtszüge weisen sie tatsächlich als Iberer aus.

Banda Aceh ist nicht Indonesiens „Ende der Welt". Diese Auszeichnung gebührt **Pulau Weh,** zu der Flugzeuge und Fährschiffe verkehren. **Sabang,** der Insel größte Ortschaft, besitzt einen zollfreien Hafen mit Anschlüssen nach Kalkutta, Melaka, Penang und Singapur. Der chinesische Tempel Tua Peh Kong Bio ist der nördlichste Indonesiens; das Wasser vor Pulau Weh ist kristallklar und ideal zum Tauchen.

Hochzeits-tracht der Acehnesen.

DAS LAND DER BATAK UND DER LAKE TOBA

Die landschaftliche Schönheit des Lake Toba und seiner Umgebung, vor allem die Insel Samosir, machen ihn zum lohnendsten Ausflugsziel auf Sumatra. Der See breitet sich auf einer Hochebene, 160 km südlich Medans, im Zentrum des Batak-Landes aus. Mehr als 3 Mio. Angehörige sechs großer Batak-Stämme sind in diesem Bergland zu Hause, das sich vom Lake Toba 500 km in nord-südlicher und 150 km in ost-westlicher Richtung erstreckt. Die Toba, Karo, Pakpak, Simalungun, Angkola und Mandailing unterscheiden sich nach ihrem Brauchtum und ihren Dialekten.

Vor 1500 Jahren wanderten die Batak vom burmesischen Vorgebirge des Himalaya und aus Thailand ein und ließen sich in diesen Bergen, die sie an das Land ihrer Ahnen erinnerten, nieder. Von den Völkern im Küstenbereich lernten sie den bewässerten Reisbau und machten sich mit Pflug, Wasserbüffel, Baumwolle und Spinnrad, mit Wortschatz und Schreibweise des Sanskrit, und mit einer pantheistischen Hierarchie von Göttern vertraut.

Eingekeilt zwischen den Minangkabau und den Acehnesen, beide glühende Verfechter des Islam, lebten die Batak unbehelligt ihr animistisches und kannibalisches Leben, bis Mitte des 19. Jahrhunderts deutsche und holländische Missionare viele von ihnen zu einer mystischen Spielart des Christentums bekehrten. (Die Batak im Norden sind noch heute Animisten, im Süden hängen vor allem die Mandailing-Batak dem Islam an.) Auf den Friedhöfen sind Steinskulpturen der Toten aufgestellt; die Schamanen kommunizieren mit den Geistern, und die Priester befragen astrologische Tafeln, bevor sie Entscheidungen für ihre Clans treffen.

Ein Batak-Clan (*marga*) besteht aus mehreren Familiengemeinschaften (*huta*), die von einem einzigen männlichen Vorfahren abstammen. Die verwandtschaftlichen Bande sind wie überall in Indonesien stark; bei Hochzeiten und Begräbnissen strömen 1000 und mehr Menschen zusammen. Die 500 Jahre zurückreichenden Stammbäume spielen bei der Bestimmung der Stellung des einzelnen im Familienverband und bei Zeremonien eine wichtige Rolle.

Links: Ankunft der Fähre in Samosir in der Abenddämmerung.

Die traditionellen Batak-Häuser sind etwa 18 m lang und für mehrere Familien gebaut. Nicht Nägel, sondern Seile und Holzstifte halten sie so gut zusammen, daß sie 100 Jahre und länger stehen. Das Dach ist an den Enden höher als in der Mitte. Statt mit Stroh deckt man es jetzt häufiger mit Wellblech; das hält länger, tötet aber bei Regen jede Unterhaltung ab. An den Giebelenden sind Mosaiken und geschnitzte mystische Muster und mythologische Gestalten angebracht.

Von Medan zum Lake Toba

Die Hauptstrecke von Medan zum Lake Toba verläuft in Küstennähe durch **Tebingtinggi** und Pematangsiantar. Nebenstraßen führen auf den ersten 50 km zu den schönen Stränden **Pantai Cermin** (Spiegel-Strand) und **Sialangbuah,** bekannt für seine Schlammspringer, die wie ein Fisch schwimmen und auf Bäume klettern können.

Pematangsiantar, 128 km von Medan, Nordsumatras zweitgrößte Stadt, ist ein Zentrum der Gummi- und Palmölproduktion. Im Simalungun Museum (geöffnet täglich außer sonntags) an der Jalan Sudirman sind Arbeiten der Batak, u.a. Holzschnitzereien, ausgestellt.

Nach **Prapat,** wo die Straße den Lake Toba erreicht, sind es von Medan genau 176 km. Dieses Touristenzentrum (Hotels, Golfplatz, Wasserski etc.) mit einem Samstagsmarkt und einer erfrischenden Brise schmiegt sich eng ans östliche Seeufer an.

Die Strecke **Medan-Prapat** über Brastagi und das Hochland der **Karo-Batak,** die im vorigen Abschnitt beschrieben wurde, ist länger. Mit dem Bus ist es von Kabanjahe nur ein kurzes Stück zu einem Aussichtspunkt am Nordende des Lake Toba, von dem aus man bis zum fernen Tongging Valley und dem Sipisopiso Waterfall sehen kann. Ab hier folgt die Straße dem Ostufer des Sees; über **Haranggaol** (Montagsmarkt) geht es nach Prapat.

Sumatras schönster Fleck

Der **Lake Toba** ist mit 1707 qkm Südostasiens größter See. Er bildete sich nach einem prähistorischen Vulkanausbruch und ist mit 900 m einer der höchstgelegenen und mit 450 m einer der tiefsten Seen der Erde. An den Berghängen und Felsen um den See gedeihen Pinien; das Klima ist kühl und feucht, jedoch niemals naßkalt.

Den Zauber des Sees erfährt man am besten auf der 1055 qkm großen Insel Samosir. Täglich um 9 Uhr legen in Prapat die Schiffe ab, die die Besucher direkt zum Hotel Tuk Tuk oder zu einem der vielen *losmen* in Tomok, Ambarita und auf der Halbinsel Tuk Tuk bringen.

Die meisten *losmen* am See haben keinen Stromanschluß; Fahrzeuge sind selten. Auf Samosir sollen sich die ersten Batak Sumatras niedergelassen haben; die Toba-Batak gelten als der „reinste" Batak-Stamm. Die Touristen kommen meist nicht über den Ostküstenstreifen hinaus, obwohl es an der Westküste und im zentralen Hochland viele unberührte Dörfer zu sehen gibt.

Die wichtigste Anlegestelle für die Boote aus Prapat ist Tomok (30 Minuten Überfahrt). Das Grab des animistischen Königs Sidabuta, das wie ein Boot geformt ist, weist ein schönes Vorderteil auf und ist verdächtig blutrot gefärbt. In einer Umzäunung gegenüber dem Grab stehen Ritualplastiken eines Büffelopfers mit *gondang*-Musikanten, einem *raja* und einer Königin sowie mit Henkern, die ihre Messer verloren haben. Ein kleines Museum in einem königlichen Haus wird von einem würdevollen alten Aristokraten geführt. Den Weg von der Bootsanlegestelle säumen Souvenirbuden, die *ulos kain* (schöne gewebte Tücher), Musikinstrumente, Holzschnitzereien und Batak-Kalender verkaufen.

Tuk Tuk ist ein Touristenort, und das gleichnamige Hotel ist Samosirs bestes Nachtquartier mit Stromversorgung, Tennisplätzen und eigenem Strand. Auf der Halbinsel wurden ein neuer Gemeindesaal für Tanzvorführungen sowie zahlreiche *losmen* gebaut, das bekannteste und teuerste ist Carolina.

Die Bataker sind ein musikalisches Volk und singen mit Begeisterung die Kirchenlieder, die die Missionare (ab 1848) mitbrachten. Zu hören sind sie bei den Sonntagsgottesdiensten, aber auch bei vielen anderen Anlässen, bei denen in den Dorfcafés (*warung*) die Stammesballaden (*ture ture*) erklingen.

Von Tuk Tuk geht man eine Stunde bis **Ambarita** mit seinen drei megalithi-

Amarita auf Samosir.

schen Baudenkmälern. Das erste steht über dem Bootshafen: 300 Jahre alte Steinsitze mit dem Grabmal Laga Siallagans, des ersten *raja* von Ambarita. Wurde in Ambarita ein Feind gefangen genommen, lud man die benachbarten *rajas* hierher ein. Nach gemeinsamer Beratung zogen sie zum zweiten Stein und entschieden über das Schicksal des Gefangenen. Der Versammlungsort ist heute von einem großen Hof umschlossen. Auf einem Hügel der Terrasse werden animistische Gebete verrichtet. Der dritte megalithische Komplex, südlich Ambaritas, besteht aus einem kannibalischen Frühstückstisch. Hier tötete man den Gefangenen, enthauptete und zerlegte ihn auf einem flachen Stein und kochte ihn mit Büffelfleisch. Mit Blut spülte der *raja* sein „Frühstück" hinunter.

Simanindo, an Samosirs Nordspitze (eine Halbtageswanderung von Tuk Tuk), liegt 16 km von Ambarita entfernt und ist von Tigaras am Ostufer, nördlich von Prapat, aus mit der Fähre zu erreichen. Ein riesiges ehemaliges Königshaus ist heute Batak-Museum. Man beachte die Büffelhörner und die schönen Plastiken im Außenbereich. In zehn Minuten ist man mit dem Boot von Simanindo auf der kleinen Insel **Tao,** wo man sich in einem der winzigen Bungalows von der Hektik auf Samosir erholen kann.

Pangururan an Samosirs Westküste ist auf dem Uferweg von Simanindo in einem halben Tag zu erreichen; die Wanderung über das bewaldete Hochland ist zwar länger, bietet dafür aber unvergeßliche Ausblicke. Von Tomok dauert der Anstieg auf die Hochebene über das Königsgrab drei Stunden. Nach Pangururan sind es dann noch 13 km, eine Wanderung von kaum mehr als zehn Stunden. Oben empfiehlt es sich, vor dem Weitermarsch nach Roonggurni Huta und zum Badesee in einem der Dörfer zu übernachten. Zur Sicherheit fragt man immer wieder nach dem Weg. In der Regenzeit ist der steile Anstieg schlammig und rutschig. Einfacher ist es dann, mit der Fähre nach Pangururan zu fahren und zurück nach Tuk Tuk zu wandern.

Pangururan ist über eine Steinbrücke mit Sumatra verbunden. Zu seiner Hauptsehenswürdigkeit, den *air panas* (Thermalquellen), ist man eine Stunde unterwegs.

oba-Batak-
anz.

WESTSUMATRA

Ist Nordsumatra das Land der Batak und der Acehnesen, so wird Westsumatra von den Minangkabau beherrscht. Von Bukittinggi bis zur Hafenstadt Padang steht die Insel im Zeichen der feinen Minangkabau-Kultur, die sich deutlich von der etwas rauheren Kultur der Batak-Stämme abhebt.

Die Minangkabau halten treu am islamischen Glauben fest und sind zugleich die größte matriarchalische Gesellschaft der Welt. Sie leiten ihren Namen vom Sieg (*menang*) in einem Kampf zwischen Wasserbüffel (*kerbau*) aus Sumatra und Java um den Besitz des Landes her. Damals sollen die Vertreter Sumatras ein Büffelkalb zehn Tage vor dem Kampf nicht mehr gefüttert und eine Eisenspitze an seiner Nase befestigt haben. Das Tier habe sich, außer sich vor Hunger, auf sein javanisches Gegenüber gestürzt und es getötet. Der Büffel ist jetzt das Stammessymbol der Minangkabau.

Die Minangkabau sind gute Reisbauern, geschickte Handwerker und verstehen sich aufs Handeln. Mehrere Familien leben in einem traditionellen Langhaus (*rumah gadang*). Männer wie Frauen bleiben lebenslang in ihrem mütterlichen *rumah*-Verband. Die Kinder leben im Langhaus der Mutter. Der Mann hat zwar wenig im Langhaus seiner Frau zu sagen, kann jedoch über seine Mutter das Familienvermögen erben und es durch sein Geburts-*rumah* zu einer Führungsposition, sogar zum Häuptling des Clans (*pangulu*) bringen. Obwohl also die Besitzrechte offiziell nach islamischem Gesetz geregelt sind und die männlichen Erben gegenüber den weiblichen im Vorteil sind, halten sich die Minangkabau nur selten daran; normalerweise beerben Töchter ihre Mütter und das Familienvermögen wird unter den weiblichen Mitgliedern aufgeteilt.

Die Clans der Minangkabau heißen u.a. Melayu, Tanjung, Chaniago und Jambak. Durch weitere Untergliederungen sind an einzelnen Orten selbständige Clans entstanden, die teilweise das Stammesbrauchtum negieren. Der *pangulu,* der seine Stellung von einem Bruder oder einem Onkel mütterlicherseits erbt, entscheidet für seinen Clan in allen, die Eigentumsverhältnisse, Rituale

Charakteristische Landschaft im Hochland von Padang.

und ehelichen Beziehungen betreffenden Fragen.

Im Hochland der Minangkabau

Fährt man auf dem Trans-Sumatra-Highway vom Lake Toba aus nach Süden, stößt man bei der Hafenstadt **Sibolga,** 73 km südlich von Prapat, an die Westküste. In diesem Gebiet leben vorwiegend Mandailing-Batak. Der nächste größere Ort weiter südlich heißt Padangsidempuan, der in erster Linie für seine saftigen *salak*-Früchte berühmt ist.

Runde zwei Stunden östlich Padangsidempuans und 15 km vom Marktflecken Gunung Tua entfernt stehen die 39 verlassenen **Padanglawas**-Ruinen — Hindu-Tempel aus roten Ziegelsteinen (11. und 12. Jahrhundert). Vier Tempel sind noch in gutem Zustand, andere werden restauriert; Fragmente religiöser Plastiken und andere Gegenstände sind in der ganzen Gegend verstreut.

In **Bonjol** verweisen eine große Weltkugel und ein Schild am Straßenrand auf die Überquerung des Äquators. An dieser Stelle ist die Insel Sumatra am breitesten. Das Dorf diente übrigens im 19. Jahrhundert als Hauptquartier des Padri-Anführers Tunku Imam Bonjol, der einen blutigen Aufstand gegen die Holländer anzettelte.

Jhrturm in
Bukittinggi.

Südlich Bonjols beginnt das Land der Minangkabau. Unterhalb Padangs erreicht es seinen höchsten Punkt im Mt. Kerinci, Sumatras höchstem Berg (3850 m). Die zahllosen Verwerfungen ließen immer wieder Seen entstehen; die schönsten sind Maninjau, Singkarak und Kerinci.

Das wunderschön auf einem Berg gelegene **Bukittinggi** (920 m über dem Meer) gilt als „Hauptstadt" der Minangkabau. Staatliche Behörden, ein Museum und eine kleine Universität machen es zum administrativen und kulturellen Zentrum der Region. Es ist ein kühler aber sonniger Ort, dessen Bewohner dem Gast freundlich begegnen. Aus Taxis und Ladengeschäften dringt Musik, während hübsche, von Pferden gezogene *dokars* die steilen Straßen beleben.

Der Markt ist der richtige Ort, um etwas Kunstgewerbliches, eine Antiquität oder ein Reiseandenken zu erwerben. Samstags dehnt sich das Marktgeschehen auf das gesamte Ortszentrum aus. Sogar auf den steilen Treppenstufen am Berg werden Waren zum Verkauf angeboten. Hinter den Riesenkörben mit Obst und Gemüse zeigen Händler aus Kota Gadang bunte Schals mit Stickereien sowie Gold- und Silberfiligranschmuck.

Das Wahrzeichen Bukittinggis ist der Uhrturm, dessen stilisiertes Dach den Stadtplatz überragt. Das höchste Gebäude ist das **Rumah Adat Baandjuang Museum** („*Bukittinggi*" bedeutet „Hoher Berg"; das Museum ist der Gipfel.) Das 140 Jahre alte Gebäude ist ein klassisches *rumah adat* (Clanhaus). Zu sehen sind alte und traditionelle Hochzeits- und Tanzgewänder, Kopfbedeckungen, Musikinstrumente, kunstgewerbliche Produkte aus verschiedenen Dörfern sowie historische Waffen.

Auf dem Museumsgelände ist auch der Zoo von Bukittinggi untergebracht. Die Vielfalt der in Käfigen gehaltenen Säugetiere und Vögel Sumatras ist beeindruckend, die Pflege der Tiere und das Verhalten der Zoobesucher dagegen beklagenswert. Tiger und Orang Utans sind in so enge Käfige gesperrt, daß ihre Muskeln verkümmern und die Tiere wehrlos den Gummigeschossen übermütiger Schulkinder ausgeliefert sind.

Auf einem Berg im Westen der Stadt steht das von Holländern 1825 erbaute **Fort de Kock.** Die Festung selbst verdient weniger Interesse als der Blick über das umliegende Land und auf den 2400 m hohen Gunung Merapi und den Ngarai Canyon.

Diese felsige, tiefe Schlucht ist 4 km lang und wurde schon als ,,Indonesiens Grand Canyon'' bezeichnet. Ein schmaler Weg führt von einem Aussichtspunkt an der Südseite Bukittinggis durch die Klamm nach **Kota Gadang,** wo sehr kunstvoller Silber- und Goldschmuck sowie handgestickte Schals gefertigt werden.

Riesenblumen und Stalaktiten

Von Bukittinggi ist es ein bequemer Tagesausflug zum 36 km westlich gelegenen Lake Maninjau, einem stillen, freundlichen Kratersee. Kanus und Motorboote sind zu mieten. Etwa 12 km nördlich der Stadt blühen bei **Batang Palapuh** im Juli und August die riesigen Rafflesia. 15 km weiter erreicht man die

2 km lange Höhle **Ngalau Kamang** mit herrlichen Stalagmiten- und Stalaktiten-Formationen. Von **Payakumbuh** aus (39 km östlich) hat man Zugang zu den Felsen und Wasserfällen des **Harau Canyon.**

Mit dem Wagen sind die 92 km von Bukittinggi nach Padang in zweieinhalb Stunden zurückzulegen. Der Zug braucht 8 Stunden. Bahn wie Straße führen durch **Padangpanjang** mit einem Tanz- und Musikkonservatorium der Minangkabau.

Etwas weiter südlich liegt der Lake Singkarak, der größer und (mit Bahn und Wagen) leichter zugänglich als der Lake Maninjau ist; Solok ist ein Bergort, der für seine Holzschnitzereien und Dächer mit hohen Giebeln berühmt ist.

Batusangkar, die ehemalige Residenz der Minangkabau-Könige, liegt im Osten von Padangpanjang. Ein wunderschönes, gut erhaltenes *rumah adat* (Clanhaus) ist ebenfalls zu sehen, während 5 km weiter östlich die Nachbildung eines Palastes entsteht.

Padang ist mit nahezu 250 000 Einwohnern die drittgrößte Stadt der Insel und zugleich Hauptstadt der Provinz Westsumatra. Die breiten Straßen, betagten Gebäude und die *dokars* (Pferdewagen) machen den Eindruck verschlafener Rückständigkeit — dabei ist der beliebte Seehafen Teluk Bayur nur 6 km vom Stadtzentrum entfernt. Das scharf gewürzte *nasi padang* machte die Stadt weithin berühmt; es ist eine Zusammenstellung kalter Vorspeisen, zu denen Reis gegessen wird.

Nach etwa 10stündiger Fahrt erreicht man das neu eingerichtete, 1,5 Mio. ha große **Kerinci-Seblat Reserve,** in dessen Mittelpunkt der Vulkankegel des Gunung Kerinci aufragt. Bei Tapan kann man von der Küstenstraße abbiegen und (mit Allradantrieb) bis **Sungaipenuh,** dem Hauptort im Schutzgebiet, vordringen.

Wanderwege führen von hier zum Gunung Tujuh und seinem Kratersee, zu den Hochsümpfen von Danau Bentu und den wilden Regenwäldern um Gunung Seblat, dem letzten Waldgebiet dieser Art in Südsumatra. Elefanten, Nashörner, Tiger, Tapire, gefleckte Bengalkatzen und Malaienbären halten sich in diesem Gebiet auf. Orang-Utans sieht man keine, dafür hin und wieder den rätselhaften *orang pendek* und den *cigau* (halb Löwe, halb Tiger).

Links: Würzige Padang-Küche.

DIE INSEL NIAS

Rund 100 km der Westküste Sumatras vorgelagert ist eine Kette von Inseln, die Gipfel einer untermeerischen Bergkette, die von Sumatra durch einen tiefen Graben getrennt sind. Die Inseln Simeulue, Nias, die Batu- und Mentawai-Gruppen sowie Enggano bildeten eine halbe Million Jahre lang eine Welt für sich.

Nias ist die größte, bekannteste und zugänglichste Insel. Sie ist 100 km lang, 50 km breit und die Heimat einer der markantesten Kulturen Südostasiens, die sich heute vornehmlich in der überkommenen Bauweise, in Steinskulpturen und dem Ritual des Steineüberspringens ausdrückt.

Seit alters wird auf Nias Reis angebaut. Einflüsse der Dong-son-Kultur von Annam (Bronzezeitalter) und hinduistischer, chinesischer und islamischer Kaufleute machen sich bemerkbar. 1865 setzten die ersten Missionare ihren Fuß auf die Insel; heute sind die Hälfte der Bewohner Christen.

Steine-überspringen auf Nias.

Auch Tanzvorführungen gibt es — die Touristen bezahlen dafür. Am bemerkenswertesten ist eine *Fahombe*-Vorführung: die Sprünge der Männer über eine 2 bis 2,5 m hohe und 50 cm breite Steinsäule erfordern akrobatisches Können. *Tulotolo* heißt ein Kriegstanz, bei dem die jungen Männer Riesensätze machen und rituelle Kämpfe ausfechten. Die Dörfer auf Nias sind wahre Festungen mit großen gepflasterten ,,Fahrbahnen'' in der Mitte. Pfahlbauten reihen sich an den Berghängen; eine Bambusbarrikade schützt sie gegen Angriffe von außen.

Der Norden war jahrhundertelang Ziel von Überfällen der Sklavenhändler von Aceh; deswegen ist von der alten Kultur kaum etwas zu finden. Doch liegt hier Gunungsitoli, die Hauptstadt von Nias. Dafür ist das abgelegene Zentrum der Insel reich an Kulturschätzen: Die Ruinen von Dörfern mit großen Standbildern stehen mitten im Dschungel. Im Süden findet man noch traditionelle Dörfer.

Die Boote von Sibolga und Padang legen in **Telukdalam** (Touristenbüro) an. Von hier kann man per Bus in die Dörfer fahren.

In **Bawomataluwo,** 15 km von Telukdalam entfernt, steht ein 150 Jahre alter Königspalast. Die reiche Ornamentik der Pfeiler und Vertäfelungen zeigt schöne Krokodile, Bootsfahrer und Prinzessinnen. Vor dem Palast und überall im Dorf stehen behauene Stein-Megalithen

Die 4500 Einwohner von **Hilisimaetano** leben in 140 traditionellen Häusern; ihr ,,Großhaus'' fiel allerdings dem Krieg zum Opfer. Das Großhaus von **Hilimondegaraya** wurde abgetragen und 1922 von einem dänischen Professor weggeschafft, der auch eine Nias-Frau geheiratet hatte. **Gomo** war die erste Siedlung auf Nias,

Von den anderen Inseln vor Sumatras Westküste sei **Siberut** in der Mentawai-Kette hervorgehoben. Die Tätigkeit der Missionare und die rasante Rodung der Wälder haben das Antlitz der Insel für alle Zeiten verändert. Der World Wildlife Fund setzt sich dafür ein, daß die Menschen und die einzigartige Tier- und Pflanzenwelt Siberuts erhalten bleiben.

DER SÜDEN UND DER OSTEN SUMATRAS

Die Südhälfte Sumatras ist der reichste und zugleich am wenigsten erschlossene Teil der Insel. In der Öl- und Gummiproduktion der Provinz Lampung erwirtschaftet Indonesien 40 % seiner Staatseinnahmen; und auf den Fernstraßen wird hin und wieder ein menschenfressender Tiger gesichtet. Während zugewanderte Javaner entlegene Dschungelgebiete roden und neue Siedlungen errichten, durchstreifen die Kudu, Sakai und andere animistische Stämme auf der Jagd nach Vögeln und Affen das Moorland.

Die Südhälfte der Insel ist in 4 große Provinzen aufgeteilt: Lampung, Südsumatra, Bengkulu und Jambi. Jambi und die östlichen zwei Drittel Lampungs bestehen aus Schwemmlandebenen, die kaum 30 m über dem Meeresspiegel liegen und bis zu 200 km breit sind. Zahlreiche Flußläufe, darunter der Batang Hari, der über fast 500 km schiffbar ist, sowie der Musi, Sumatras größter Fluß, bewässern dieses Gebiet. Der Westen Lampungs ist gebirgig; bis auf 3000 m Höhe steigen die Vulkangipfel an und fallen beim einstigen britischen Außenposten Bengkulu jäh zum Indischen Ozean hin ab.

Der neue Trans-Sumatra Highway durchzieht von Telukbetung bis Aceh die Insel auf voller Länge. Nachdem nun auch die letzten Streckenabschnitte in Südsumatra fertiggestellt sind, ist die Insel verkehrsmäßig gut erschlossen.

Die Schiffe, die von Westjava über die Sunda-Straße Sumatra anfahren, legen in Bakauhuni, dem Hafen Telukbetungs, an. Von der Fähre kann man den gewaltigen Inselvulkan Krakatau sehen, bei dessen Ausbruch im Jahre 1883 30 000 Menschen getötet wurden. Die Auswirkungen auf das Klima in der ganzen Welt machten sich ein Jahr lang bemerkbar.

Rund zwei Drittel der Bewohner der Provinz Lampung (vor allem im Zentrum und im Süden) sind eingewanderte Bauern aus Java. Teils freiwillig gekommen, teils auf Betreiben der Regierung umgesiedelt, sollen diese Menschen den großen Bevölkerungsdruck Javas mindern. Vor 50 Jahren verfolgten bereits die Holländer solche Pläne, seit 1970

Ölraffinerie an der Ostküste.

werden sie von Indonesiens Regierung forciert — mit zweifelhaftem Erfolg: Viel zu viele Javaner sind nach wie vor in den Reisanbaugebieten konzentriert.

Eine Bahnlinie führt von **Tanjung Karang,** der Zwillingsstadt Telukbetungs, nach Norden bis Palembang; eine westliche Linie geht nach Lubklinggau. Viel zu sehen ist in diesem Teil Sumatras nicht; die wenigen interessanten Ruinen liegen abseits der Hauptverkehrswege, viele Ortschaften sind javanisch.

Von Tanjung Karang gelangt man in das Way Kambas Reserve, an dessen Flußmündungen, Sümpfen und offenem Grasland entlang der Südostküste man am ehesten wilde Elefanten zu Gesicht bekommt. Hier halten sich auch noch Tiger und Wildschweine, und das Beobachten der Vögel bereitet viel Freude. (Siehe Teil IV „Die Tierwelt Indonesiens".)

Es müssen harte Kämpfe ausgefochten werden, wenn diese wertvolle Küstenlandschaft erhalten bleiben soll. Zugewanderte Arbeiter, Holzfäller, Hoteliers und andere Unternehmer aus Jakarta haben Zehntausende von Hektar Land in ihren Besitz gebracht; drei katastrophale Großbrände haben die wertvollen Tropenwaldgebiete nahezu zerstört; bis 1974 war sogar noch die Tigerjagd erlaubt. Die Parkverwaltung in Tanjung Karang nimmt die Besucher auf eine vierstündige Bootsfahrt von **Labuhan Meringgi,** 12 km südlich des Schutzgebietes, in den Mündungsbereich des Way Kambas, der 25 km weit ins Landesinnere schiffbar ist.

Ölboom

Palembang, Südsumatras Metropole, ist mit 600 000 Einwohnern die zweitgrößte Stadt der Insel. Etwa 200 km von der Küste hat es sich an den Ufern des Musi ausgebreitet. Seit 1200 Jahren ist Palembang ein bedeutender Hafen; bis ins 13. Jahrhundert war es das Handelszentrum des gesamten indonesischen Archipels und ein großer internationaler Markt. Tausende von Mönchen des Mahayana-Buddhismus studierten hier und machten die Stadt zu einem bedeutenden Zentrum des geistlichen Lebens.

Den Holländern diente Palembang als Umschlagplatz für das Zinn, das in den Zinnbergwerken auf der Insel Bangka, vis-à-vis der Musi-Mündung, gefördert wurde. Die Edelhölzer, Gummibaum- und Kaffeeplantagen des Umlands stärken heute die städtische Wirtschaft; die eigentliche Quelle des Wohlstands, die Palembang zu Indonesiens reichster Stadt gemacht hat, ist das Erdöl. Für 200 Mio. US-$ entstand in Plaju ein petrochemisches Kombinat, in Sungei Gerong eine mächtige Raffinerie (Tageskapazität: 75 000 Barrel). Pertamina, das staatliche Ölmonopol, stattete Palembang mit einem Fernsehsender, einem Sportstadion, einem Uhrturm und die Hauptmoschee der Stadt mit einem neuen, eleganten Minarett aus.

Die Häuser der Stadt sind auf Stelzen über dem Musi gebaut. Verkäufer bieten von Booten aus ihre Waren an, ähnlich wie auf den *klongs* von Bangkok. Am besten kauft man in der Jalan Sudirman ein, die Restaurants stehen an der Jalan Veteran. Der Rotlicht-Distrikt der Stadt ist in Kampung Baru zu finden. In und um Palembang werden feine Stoffe gewebt; Tänze wie der Gending Srivijaya, vergleichbar einem klassischen Thai-Tanz, sind einzigartig. In mehreren Gebäuden beherbergt das **Rumah Bari Museum** bedeutende Steinskulpturen, hinduistische und buddhistische Plastiken, Handwerk und Waffen der Urvölker, chinesisches Porzellan und eine naturgeschichtliche Abteilung.

Jambi, ein Flußhafen am Batang Hari mitten im Dschungel, etwa 200 km nördlich von Palembang, ist eine erstaunlich kosmopolitische Stadt: 160 000 Chinesen, Japaner, Araber, Inder, Malaysier, Javaner und Angehörige anderer Staaten leben hier zusammen. Gelegentlich verirrt sich ein Tiger aus dem Dschungel in die Stadt und holt sich ein unvorsichtiges Opfer. Wie in Palembang bildet Erdöl das Rückgrat der Wirtschaft. Im Westen der Provinz sind Bohrtrupps von Caltex, Japex, Jambi Oil und Huffco dabei, nach neuen Ölquellen zu suchen.

Ob zu Wasser oder zu Land, der Weg zwischen Jambi und Palembang ist zeitraubend und beschwerlich. Das Flugzeug ist daher das empfehlenswerteste Verkehrsmittel. Wer aber mit Wagen oder Schiff fährt, kommt mit erstaunlich isoliert lebenden Stämmen in Berührung. In den Sümpfen an den Flüssen Batang Hari, Musi, Rawas und Tembesi leben die Kubu in Bambushütten mit Blätterdächern. Obwohl sie vom

Wasser eingeschlossen sind, suchen sie es aus Furcht vor Krankheiten zu meiden. In Bambuskörben sammeln sie Bananen und andere Früchte und stellen Wildschweinen und Affen nach.

Nördlich von Jambi hausen in der Nähe der Flüsse Kuantan und Indragiri die Orang Mamaq in Pfahlbauten über den Sümpfen. Diese Jäger und Fischer holen sich auch Früchte aus dem Dschungel und haben damit begonnen, Reis anzubauen.

Megalithen und Forts

Westlich von Palembang liegt unweit der Bahnlinie nach Lubuklinggau der Ort Lahat. Von hier aus kann man zu den behauenen Megalithen, Gräbern, Säulen und Steinruinen auf dem Pasemah Plateau vordringen, die etwa auf 100 n.Chr. datiert werden. Es sollen mit die besten Zeugnisse der prähistorischen Steinskulptur Indonesiens sein. Eigenartig verformte Felsen sind zu bewaffneten Krieger-Gestalten auf Elefanten, zu ringenden Büffeln und kämpfenden Schlangen gehauen. Steingrabmäler (Dolmen), Heiligenscheine und andere Kunstwerke sind im Umkreis des vulkanischen Mt. Dempo zu sehen.

Endstation der Bahn im Nordwesten ist **Lubuklinggau,** Schauplatz eines großangelegten Umsiedlungsprogramms. Mit dem Bus kann man nach Padang oder Bengkulu an der Westküste Sumatras weiterfahren.

Bengkulu (Bencoolen) ist eine Gründung der Briten (1685). Das Fort York (1690) wurde geschleift, dafür ist das Fort Marlborough (1762) glänzend erhalten. Das als Schloß angelegte Fort besitzt ein altes Wachhaus mit englisch beschrifteten Grabsteinen. Das Fort wird heute von der indonesischen Armee genutzt.

Sir Stamford Raffles, der spätere Gründer Singapurs, war von 1818 bis 1823 Vizegouverneur von Bengkulu. Er förderte den Anbau von Kaffeesträuchern und Zuckerrohr, gründete Schulen und widersetzte sich 1824 einer Anordnung des Königs, Sumatra den Holländern zu überlassen. Seinem naturwissenschaftlichen Forscherdrang ist die Benennung der größten Blume der Welt, der Rafflesia, zu verdanken, zu bewundern im **Dendam Taksuda Botanical Garden** in Bengkulu.

Fort Marlborough in Bengkulu.

RIAU

Die tausend kleinen Inseln zwischen der Ostküste Zentralsumatras und Singapur bilden zusammen mit den Tiefländern Ostsumatras die Provinz Riau.

Ihre Bewohner leben vom Fischfang und der Holzwirtschaft; Bauxit, Zinn und Erdöl gewinnen an Bedeutung. Ethnographisch gesehen ist es ein interessantes Gebiet. Vom 16. bis ins 18. Jahrhundert bildete die Riau-Kette das Zentrum der malaiischen Zivilisation.

Auf dem Festland siedeln Küstenmalaien, auf den Inseln neben Malaien *orang laut*, Bugi und Chinesen. Da Malaiisch in der Region am verbreitetsten war, hat man es als Bahasa Indonesia zur indonesischen Staatssprache gemacht.

Das berühmte seefahrende Volk der Bugi lebt hier auf den *pinisi*-Holzseglern im selbstauferlegten Exil (Heimatinsel ist Sulawesi) und treibt auf dem gesamten Archipel und in den angrenzenden Meeren Handel. Die *orang laut* sind seefahrende Nomaden, die ihr gesamtes Leben auf ihren kleinen Booten verbringen. Sie haben zwar von Burma bis zu den Molukken feste Niederlassungen; am liebsten bewegen sie sich jedoch mit ihren Segelschiffen im Labyrinth der Kanäle und Mangrovensümpfe zwischen den einzelnen Inseln.

Tanjung Pinang ist die größte Stadt des Riau-Archipels auf Pulau Bintan. Dieser belebte Hafen liegt strategisch günstig am Schnittpunkt der Schiffsrouten zwischen Singapur, Sumatra, Java, Madura und Sulawesi. Alle möglichen Schiffstypen geben sich im Hafen von Tanjung Pinang ein Stelldichein: Dschunken, Frachtschiffe, Fischerboote, alte Segler aus Sulawesi und Madura sowie die *nade* aus Sumatra, Frachtschiffe mit großen Segeln, die den Karavellen der Portugiesen und Spanier nachgebaut sind.

Dem Hafen vorgelagert ist eine kleine Insel mit dem chinesischen Tempel Snake River („Schlangenfluß"). Mit einem Wassertaxi — *kapal motor* bzw. *spetboat* (Beiboot mit Außenbordmotor) kann man jederzeit übersetzen.

Die einstige Hauptstadt des Königreichs Malaya auf der kleinen, runden Insel Pulau Penyengat erreicht man nach 20 Minuten Fahrt vom Hafen Tanjung Pinang aus. Die 2000 Fischer am Ort sprechen noch die malaiische Hochsprache. Mitten im Dschungel stehen, von Banyanriesen überwuchert, die Ruinen des Sultanspalastes von 1808. Nicht weit davon entfernt ist das Mausoleum der malaiischen Fürsten und eine Moschee, beide aus der zweiten Hälfte des 16. Jahrhunderts, zu sehen.

Auf **Pulau Batam** sollen Industriebetriebe entstehen, die Landebahn für Flugzeuge aus Jakarta ist bereits angelegt. Ein Country Club wurde eröffnet, an den weißen Sandstränden im Nordosten ist der Bau von Hotels geplant.

Der Hafen von Tanjung Pinang.

Die größte Stadt der Provinz heißt **Pekanbaru**, ein Flußhafen 160 km von der Küste entfernt. In dem freundlichen Ort leben viele Ausländer. Er eignet sich gut zu Ausflügen in den Dschungel, der Heimat der behaarten Sumatra-Nashörner, der Tiger, Elefanten und vieler Vogelarten. Vier Stunden flußabwärts erreicht man das Dorf **Siak Sri Indrapura**; der Palast Balai Rung Sari (1723) wurde bis 1968 von Sultan Syarief Kasim II. bewohnt.

KALIMANTAN: INDONESIENS BORNEO

Dichter Dschungel, dampfende Sümpfe. Kopfjäger und Flußboote. Der Wilde von Borneo. Manch exotische und schreckliche Vorstellung ist mit Kalimantan, dem unermeßlich großen indonesischen Teil Borneos, verknüpft. Dabei ist Kalimantan längst nicht mehr der gottverlassene Außenposten von einst.

Die großen Öl- und Erdgasvorkommen, die Edelhölzer und Diamanten der Insel (Kalimantan ist von den malaiischen Worten für ,,Diamantenfluß'' abgeleitet) werden längst ausgebeutet, steigern die Exportrate des Landes erheblich und versorgen auch den Binnenmarkt. Es besteht ein reger Flugverkehr zu den Städten im Küstenbereich, wo Touristenhotels und Restaurants entstanden sind. Aber der interessierte Besucher wird auch heute keine Schwierigkeiten haben, Dayak-Dörfer zu finden und wilde Orang-Utans im abgelegenen Dschungel zu erspähen.

Borneo ist die drittgrößte Insel der Welt. Zu Kalimantan gehören etwa zwei Drittel davon, der Süden und der Osten. Im Nordwesten liegen die malaiischen Bundesstaaten Sarawak und Sabah sowie das unabhängige Ölsultanat Brunei. Mit insgesamt 743 000 qkm ist Borneo um ein Drittel größer als Frankreich. Doch leben hier nur 7 Mio. Menschen, etwa so viele wie in der Hauptstadt Jakarta. Borneo ist damit das am dünnsten besiedelte Gebiet Südostasiens. In Kalimantan leben rund 5,5 Mio. Menschen, die meisten im Uferbereich großer Flüsse.

Geologisch gesehen ist Borneo eine der ältesten Inseln des indonesischen Archipels. Im Gegensatz zu den meisten Inseln des Staates weist sie keine Vulkane auf. Der Kern der Insel wird von einer Auffaltung der Erdkruste gebildet — einem zentralen Gebirgszug, der seit Jahrmillionen der Erosion ausgesetzt ist. Dieses von Westen zum Zentrum verlaufende Gebirge ist nicht sehr hoch — höchster Berg Kalimantans ist mit 2205 m Mount Raya in der Schwaner Range. Diese Berge speisen jedoch die großen Flußsysteme Kalimantans, lange und breite Wasserstraßen mit zahlreichen Nebenflüssen, die seit jeher das Verkehrsnetz der Insel bilden. Die Flüsse transportieren enorme Mengen Schlick und Ablagerungen in das seichte Südchinesische Meer, wodurch neues Land aufgeschüttet wird und sich die Insel ständig vergrößert. Aufgrund

Vorhergehende Seiten: Regenwald in Kalimantan. Oben: Eingeborene auf Borneo (Holländischer Stich). Rechts: Im Klima Borneos sind Kunstwerke aus Holz der Zerstörung ausgesetzt.

geringer Entwässerung bei häufigem Niederschlag bildet sich im gesamten Küstenbereich um die Insel herum ein breiter Streifen dichten, unwirtlichen Mangrovensumpfes, auf dem nichts angebaut werden kann und der den Schiffsverkehr erschwert.

Die eingeborene Bevölkerung lebt daher vorwiegend im Inland. Die großen Städte wurden meist 20 bis 50 km vom Meer entfernt an den großen Flüssen angelegt. Chinesen, Malaien, Javaner und andere Händler, deren Vorfahren vor Jahrhunderten als Bergleute, Händler, Fischer oder auch als Piraten auf die Insel kamen, leben hier. Seinen Lebensunterhalt sichert man durch alle möglichen Handelsgeschäfte oder als Handwerker. Landwirtschaft gibt es praktisch nicht; Kalimantan ist auf Lebensmittelimporte aus Java und Singapur angewiesen. Im Rahmen eines Umsiedlungsprogrammes der indonesischen Regierung sind Tausende von Familien aus Bali und Java nach Kalimantan gekommen. Einigen ist es gelungen, Reis und Gemüse anzubauen und in den Städten zu verkaufen. Weiter flußaufwärts leben im abgelegenen und unerschlossenen Hinterland etwa 1 Mio. Angehörige der mehr als 200 Eingeborenenstämme Borneos. Diese ältesten Bewohner der Insel ziehen meist als Nomaden durch die Wälder, oder sie bewirtschaften das Land nach der Brandrodungsmethode. Man faßt diese verschiedenen Stämme unter dem Begriff der „Dayak" zusammen.

Geschichte auf Sockeln und Keramiken

Die erste schriftliche Aufzeichnung aus Kalimantan findet sich auf einem Steinsockel aus dem frühen 5. Jahrhundert, der bei Kutai an der Ostküste der Insel gefunden wurde. Verfaßt in der südindischen Pallawa-Schrift, erinnert die Inschrift an ein „indisiertes" Königreich, das wahrscheinlich ein wichtiges Glied in der Kette der Häfen auf der Gewürzhandelsroute bildete. Ebenso fand man auf Kalimantan römische und hindu-javanische Spuren und Münzen sowie alte chinesische Keramik.

Gegen Ende des 1. Jahrtausends scheinen an der Nordwestküste Borneos blühende chinesische Siedlungen bestanden zu haben. Mehrere Jahrhunderte lang wurde dieses Gebiet unter der Song-Dynastie ein Zentrum der Töpferkunst. In späteren Jahrhunderten ließen sich auch an der Süd- und der Westküste Chinesen nieder, diesmal als Gold- und Diamantengräber.

Im 15. und 16. Jahrhundert gerieten die Hafenstädte an der Küste unter den Einfluß des Islam; lange Zeit florierten kleine, selbständige Sultanate (Kutai, Banjar, Pontianak u.a.) als kosmopolitische Gemeinschaften, die von Malaien, Bugi, Makassar und eine Elite von Kaufleuten aus dem Nahen Osten beherrscht wurden und die enge Beziehungen zu den islamischen Häfen Javas und des östlichen Archipels unterhielten. Doch Ende des 19. Jahrhunderts wurden die heimischen

Herrscher von den Holländern in Verträge gezwungen, die ihnen die wichtigsten Einnahmequellen aus der Hand nahmen. Diese Phase der Sultanate Borneos und der Vormarsch der europäischen Handelsmächte sind stimmungsvoll eingefangen in Romanen Joseph Conrads, besonders in *Lord Jim*.

Dann wurde es ruhig um Borneo und seine reichen Rohstoffvorkommen; erst seit wenigen Jahren werden sie in großem Maße ausgebeutet. Die Insel ist eine wichtige Stütze der indonesischen Wirtschaft. Vor allem in Balikpapan und Bontang an der Ostküste entstanden ganze Kolonien, in denen ausländische Spezialisten wohnen, die ins Land geholt wurden, um die enormen Öl-, Gas- und Holzvorkommen möglichst effektiv auszunutzen. Die Atmosphäre von Boomstädten breitete sich im Küstenbereich aus; fieberhaft legt man neue Straßen und Wasserwege an und baut den Flugverkehr aus.

Die Dayak

Fährt man die Flüsse aufwärts, stößt man auf die Dörfer der Stammesgruppen, an deren Leben sich seit Jahrhunderten nichts geändert hat. Der Sammelbegriff „Dayak" ist bei den Stämmen selbst nicht in Gebrauch. Da jeder Stamm einen eigenen Namen und einen eigenen Dialekt hat und da ein breites Spektrum unterschiedlicher Bräuche und Lebensformen zu finden ist, wird der Ausdruck Dayak als Kränkung empfunden.

Daß diese Menschen eine helle Hautfarbe haben, liegt an ihrer Abstammung von mongolischen Einwanderern, die um etwa 5000 v.Chr. auf die Insel kamen und daher sehr starke chinesische Gesichtszüge tragen. Seit dieser Zeit haben sie sich jedoch eigenständig entwickelt. Als Malaien und Chinesen die Küstenregion besiedelten, zogen sich die Dayak weiter ins Landesinnere zurück. Je weiter die „Zivilisation" ins Hinterland von Kalimantan vordrang, desto stärker wurde der Druck auf die Dayak, sich zu assimilieren. Die Behörden ermuntern sie, Gewürznelken und Pfeffer für den Verkauf anzubauen. Viele Stammesangehörige haben sich am Rand der Großstädte, in den Dörfern und bei den Öl- und Holzfällerlagern in der Hoffnung niedergelassen, dort Arbeit zu finden. Ein typisches Dorf der Dayak besteht aus einem einzigen langen Haus *(lamin)*, einem massiven Holzbau auf Stelzen, in dem bis zu 50 Familien wohnen. Es gibt bis zu 20 m breite und 180 m lange Häuser. Jeder Stamm baut wieder anders; die meisten Langhäuser bestechen jedoch durch die herrlichen Türrahmen, Balken und Geländer, in die Drachen, Schlangen, Vögel und Dämonen geschnitzt sind. Jedes Haus besitzt einen heiligen Kräutergarten und eine Sammlung von Steinbildnissen der Ahnen. Auf den großen Veranden werden Paddel, Netze, Fallen, Blasrohre und andere Gebrauchsgegenstände gelagert. Die Küche ist meist in einem anderen Bau, der durch eine Holzbrücke mit dem Haupthaus verbunden ist, untergebracht.

Die Dayak haben einen ausgeprägten Sinn für geometrische Muster. Am gebräuchlichsten sind menschenähnliche Figuren und stilisierte Tiermuster, vor allem Reptilien und Vögel. In jeder Abbildung tauchen Spiralen, Haken und Schlangenlinien auf. Rindenstoffe sowie *ikats* aus Gemüsefasern werden hergestellt. (Siehe auch Teil IV „Indonesische Stoffe".)

Auch die Perlenstickereien und Korbwaren der Dayak sind berühmt. Tausende von kleinen Glaskügelchen werden zu Geld- und Tabakbeuteln, Schwertscheiden, Korbdeckeln, Mützen und Kopfbändern verarbeitet. Verschiedene Arten von Schultertaschen und Rucksäcken aus Rattan und Bambusstreifen, meist in zwei Farbtönen gehalten, entstehen bei den Dayak.

Bis vor kurzem hingen in gewebten Körben unter der Veranda eines Langhauses menschliche Schädel; in entlegenen Dörfern findet man sie noch heute, doch gibt es in Kalimantan heute keine Kopfjägerei mehr. Doch früher war die Erbeutung eines Kopfes Grund zum Feiern. Dem menschlichen Schädel, der in einen Korb gelegt und über dem Feuer getrocknet wurde, sprach man besondere magische Kräfte zu. Er sollte das Dorf vor allem Bösen beschützen; deshalb brachte man ihm auch Opfer in Form von Lebensmitteln dar. Mit der Zeit erloschen die magischen Kräfte eines Schädels und man brauchte neue. Stämme ohne Schädel galten als schwach und seuchenanfällig.

Links: Tätowierte Hände und Arme einer Dayak-Frau. Rechts: Die graphischen Muster der Dayak sind bemerkenswert; ihre Perlenstickereien sind weithin bekannt.

Kalimantan (Indonesian Borneo)
200 km
Palawan
Quezon
Malabuñgan
Iwahig
Balabac
Sulu Sea
Balabac Strait
Mahalu
Cagayan Sulu
Kudat
Senaja
South China Sea
Kinabalu
4101 m
Lingkabau
Tuaran
Labuk Bay
Kota Kinabalu
Ranau
Sandakan
Mempakul
Bingkor
Sabah
Baka
Lahad Datu
Banda Seri Begawan
Muara
Brunei
Bangar
Malaysia
Pensiangan
Badas
Semporna
Miri
Tawau
Lumbis
Sibuti
Marudi
Nunukan
Bunyu Is.
Kepulauan
Natuna
Tarakan
Hulu Bahau Nature Reserve
Bintulu
Long Akah
Mukah
Tatau
Belaga
Lemutan
Kajan R.
Tanjung Selor
Long Murum
Daro
Bahau R.
Sibu
Sarawak
Tanjung Redep
Kayan R.
Longsegan
Rajang
Kapit
Berau R.
Paloh
Lundu
Kabong
Pakan
Kuching
Baleh
Longnawan
Dumaring
Simanggang
Sambas
Lupar
Rengkang
2998 m
Kelolokan
Singkawang
Putussibau
Kapuas R.
Talok
Bengkajang
Mualang
Bunut
Kalimantan Timur
Temangga
Nangaraun
Mandor
Sidas
Selimbau
Longpahanghai
Kutei Nature Reserve
Sanggau
Silat
Longbangun
Pontianak
Tayan
Sintang
Bontang
Sebedau
Longiram
Muarakaman
Limbung
Nangamuntatai
Tenggarong
Mahakam R.
Kapuas R.
Pati
Melak
Samarinda
Selat-pampang
Melawi
Kalimantan Barat
Raja
2278 m
Samboja
Mt. Palung Nature Reserve
Simpang
Tewah
Butong
Sandai
Balikpapan
Karimata Islands
Sukadana
Barito R.
Bakumpai
Ketapang
Panahan
Memala
Buntok
Serengka
Tanahgrogot
Kuala Pesaguan
Kalimantan Tengah
Tanjung
Sukaraja
Tuanan
Amuntai
Jangeru
Arut R.
Makasar Strait
Kendawangan
Sampit
Pilang
Barabai
Barito R.
Bawal Is.
Pangkalanbun
Kumai
Kandangan
Galam Is.
Cape Puting Nature Reserve
Rantau
Pantai
Matua
Kampungtengah
Kalimantan
Kotabaru
Banjarmasin
Martapura
Pagatan
Batibati
Selatan
Laut
Pleihari
Karambu
Batakan
Jorong
Laut Kecil Is.
Matasiri
Lima
Java Sea
Karimun Is.
Bawean
Masalembo

STÄDTE AN DER KÜSTE VON KALIMANTAN

In den Küstengebieten von Kalimantan hat das 20. Jahrhundert bereits Einzug gehalten. Die drei wichtigsten Städte — Pontianak im Westen, Banjarmasin im Süden und Balikpapan im Osten — sind die bedeutendsten Häfen der Insel und Ausgangspunkte für Reisen ins Landesinnere. Wer nur wenig Zeit hat sollte zumindest den Süden und Osten der Insel besuchen. Reisen ins Innere der Insel beginnt man am besten von Banjarmasin oder Balikpapan aus (siehe Seite 233). Alle drei Städte haben einen Flugplatz, von dem aus regelmäßige Flugverbindungen mit Jakarta und Surabaya bestehen.

Pontianak, das Kautschukzentrum Westkalimantans, liegt am Äquator, nur 200 km von der Grenze zu Malaysia (Sarawak) entfernt. Die 250 000 Einwohner sind überwiegend Chinesen. Die Handelsstadt liegt direkt am Landak River; nur 25 km südlich fließt der breite Kapuas River.

Mit seinem über 1000 km langen Flußlauf ist er der längste Fluß Indonesiens. Obwohl die indonesischen Behörden davon abraten, fahren gelegentlich Reisende den Fluß hinauf, durchqueren den Dschungel und kommen dann den Mahakam River hinunter bis nach Samarinda in Ostkalimantan.

Von Pontianak aus verläuft nach Norden eine gut ausgebaute Straße nach **Sambas**, das für seine handgewebten *kain-sambas*-Stoffe bekannt ist. Auf der Fahrt dorthin fährt man durch Singkawang, wo man neben chinesischen Tempeln goldene Strände findet, ansonsten eine Seltenheit in Kalimantan. Nur 40 km nordöstlich von Pontianak entfernt — ein Tagesausflug also — liegt das **Mandor Nature Reserve,** ein 2000 ha großes Areal mit Orchideengärten und einem Kriegerdenkmal in der Nähe.

Das Venedig Indonesiens

Banjarmasin, die größte Stadt Südkalimantans, liegt auf einer Insel, die sich im Zusammenfluß von Martapura und Barito gebildet hat; 22 km südlich mündet der Barito ins Meer. Mit den beiden Flüssen verbunden sind unzählige Kanäle, auf denen täglich Tausende von Wasserfahrzeugen in die Stadt kommen. Das Bild der Stadt ist davon geprägt — Banjarmasin trägt den Beinamen „Venedig Indonesiens". Das Wasser ist blutrot gefärbt von den Torfmooren, durch die der Barito auf seinem Weg zum Meer fließt. Denn fast 25 % der Fläche Südkalimantans sind von Mooren und Sümpfen bedeckt.

Die meisten der einheimischen Banjaresen — bis vor ca. 30 Jahren waren sie noch Piraten — sind gläubige Moslems, die streng auf die Einhaltung des Fastenmonats Ramadan achten. In keiner anderen indonesischen Stadt dürfte es pro Kopf der Bevölkerung soviele *hajis,* Mekkapilger, geben wie hier. Sie spielen eine äußerst wichtige wirtschaftliche Rolle, weil viele von ihnen auf ihre alljährliche Mekkareise Edelsteine mitnehmen und gegen Waren aus aller Welt eintauschen.

Banjarmasin ist Zentrum des Edelsteinhandels in Indonesien. Hier sind Halbedelsteine wie Amethyste, Saphire und Achate günstig zu bekommen. Diamanten werden zwar zahlreich angeboten, doch kauft man sie besser im nahe-

Rechts: Orchideenblüten im Mandor Nature Reserve.

gelegenen Martapura. Mehrere empfehlenswerte Souvenirläden entlang der Jalan Simpang Sudimampir bieten Kunsthandwerk der Dayak an, handgewebte Stofftragetaschen und Messingwaren im hinduistisch-javanischen Stil. Für einen Museumsbesuch empfiehlt sich das Keramikmuseum in der Jalan Kuripan, mit einer eindrucksvollen Sammlung von altem japanischen, chinesischen und Delfter Porzellan.

Zwei Bootsstunden westlich von Banjarmasin liegt der Ort **Mandomai,** Ausgangspunkt für Reisen zu den Dayak-Siedlungen bei **Kandangan.** Kunsthandwerk ist hier wesentlich billiger als in Banjarmasin. Wer auch noch das nahegelegene **Pandu** besucht, kann fest damit rechnen, einige der berühmten wildlebenden Orang-Utans auf Borneo (*orangutan* heißt soviel wie ,,Urwaldmensch'') zu Gesicht zu bekommen.

Von Banjarmasin aus sind mehrere Tierschutzreservate mühelos erreichbar, wie z.B. das **Kaget Island Reserve.** Es liegt 12 km stromabwärts von Banjarmasin, auf einer Insel im Barito River, und ist Heimat zahlreicher langnasiger Proboski-Affen. Das 50 km östlich von Banjarmasin gelegene **Pleihari Martapura Reserve** umfaßt 30 000 ha bergiges Land. Man erreicht es auf einer Straße, die bis zum Wasserreservoir Riam Kanan führt, für dessen Überquerung die Nationalparkbehörde (National Park Authority) PHPA zuständig ist. Etwa 350 km westlich beherbergt das **Cape Puting Reserve,** 305 000 ha Sumpfgebiet mit einer reichen Fauna, die Camp Leakey Orangutan Rehabilitation Station. (Siehe Teil IV ,,Die Tierwelt Indonesiens''.) Falls man eines der Reservate besuchen will, wende man sich am besten an das PHPA-Büro in Banjarmasin.

Die Diamanten von Martapura

Um nach **Martapura,** Kalimantans Diamantenzentrum 40 km östlich von Banjarmasin, zu gelangen, mietet man sich am besten ein Motor-Kanu. Mit ihm fährt man die verschlungenen Wasserwege entlang bis zu den Kais von Martapura, an denen heute leichte Küstenfrachter und Segelschiffe anlegen, deren Mannschaften Bugi aus Südsulawesi bilden.

In den Diamantenminen von Martapura arbeiten mehr als 30 000 Men-

Banjarmasin.

schen. Daneben sind Hunderte in den Schleifwerkstätten beschäftigt, die noch heute mit jahrhundertealten Techniken betrieben werden. Martapura liegt an einem der wichtigsten Straßenknotenpunkte Südkalimantans, an dem sich Straßen aus Banjarmasin und Batakan, der südlichsten Stadt Borneos, schneiden. Von hier aus kann man weiterreisen nach Balikpapan, der wichtigsten Stadt Ostkalimantans.

Barabai, 165 km von Banjarmasin entfernt, ist günstiger Startpunkt für einen Ausflug in das wunderschöne Hügelland um Batu Benawa. Weitere 25 km entfernt liegt **Amuntai;** dort frage man nach einem Büffelopfer, einem unerläßlichen Bestandteil jeder Begräbnisfeierlichkeit bei den ansässigen Dayak. Vom nördlich gelegenen Magantis aus kommt man nach einem 2 km langen Fußmarsch dann nach **Tamianglayang.** In den Dayak-Dörfern dieser Gegend werden noch immer die jahrhundertealten Bestattungsriten praktiziert. Selbst wenn gerade kein Begräbnis stattfindet, lohnt sich allemal ein Besuch der uralten Begräbnisstätten. In Tamianglayang findet auch ein Wochenmarkt statt, auf dem sich in hellen Scharen Stammesangehörige aus den umliegenden Dörfern treffen.

alikpapan.

Geschäftiges Balikpapan

Balikpapan, auch Kalimantans Ölumschlagplatz, ist der geschäftige, lebenssprühende Mittelpunkt Ostkalimantans. Hier befindet sich eine moderne Ölraffinerie und ein Hafen. Hier leben Tausende von ausländischen Ölarbeitern in Wohnblöcken der Ölgesellschaft, gehen in modernen Supermärkten einkaufen, schicken ihre Kinder auf Privatschulen und nutzen die gut ausgestatteten medizinischen Einrichtungen. Durch die Gewinne aus dem Ölgeschäft konnten auch die sozialen Einrichtungen für die einheimische Bevölkerung verbessert werden. Zu den verfügbaren öffentlichen Errungenschaften zählt auch ein Hotel internationalen Standards, eine Vielzahl von Klubs, Bars und Diskotheken und sogar eine Bowlingbahn.

Die meisten Touristen bleiben jedoch nicht lange in Balikpapan, denn es zieht sie landeinwärts zu abgelegenen Handelsposten, Urwäldern und Dayak-Dörfern. Erste Station ist meistens Samarin-

da, 200 km nördlich von Balikpapan und etwa 60 km stromaufwärts von der Mündung des Mahakam gelegen. Eine neue Fähre transportiert Fahrzeuge über den breiten Fluß hin zu dem weitverzweigten Netz von Holztransportwegen und Pipelines (Öl/Gas), die sich bis nach Bontang erstrecken. Für nur zwei US-$ kann man die regelmäßig verkehrenden Busse zwischen Balikpapan und Samarinda benutzen. Mehrmals täglich fliegen kleinere Flugzeuge zwischen den beiden Städten hin und her. Eine Alternative dazu sind Taxis oder Busse von Balikpapan nach **Handil II** im Mündungsdelta des Mahakam, von wo aus man mit einem Schnellboot flußaufwärts fahren kann.

Samarinda wurde 1730 als Handelsstation gegründet und ist bis heute die Provinzhauptstadt, obwohl es wirtschaftlich schon längst von Balikpapan überflügelt worden ist. Entlang des Flusses stehen Sägemühlen, Eigentum zahlreicher, oft ausländischer Holzverwertungsgesellschaften, die hier ihren Sitz haben. Überall auf dem Mahakam sieht man Schiffe mit Nutzholzladungen und Baumstämmen auf dem Weg nach Java und anderen indonesischen Inseln. Die meisten der Baumstämme kommen auf riesigen Flößen vom Oberlauf des Flusses nach Samarinda.

Die Stadt selbst liegt am Nordufer des Mahakam, gegenüber dem Busbahnhof auf der anderen Seite des Flusses. Sie ist schmutzig und hat wenig Interessantes zu bieten, so daß die meisten Touristen am Busbahnhof gleich umsteigen nach **Tenggarong.** Diese Stadt wurde vor fast 200 Jahren gegründet und war bis zur Unabhängigkeit Indonesiens Regierungssitz des Sultans von Kutei. Dessen ehemalige Residenz ist heute das **Mulawarman Museum** mit einer erstaunlichen Sammlung von Keramiken aus China, Japan und Vietnam. Hier findet man auch Erbstücke der Kutei-Dynastie sowie Schmuck und Perlenstickereien verschiedener Stämme. Der Palast ist umgeben von einem Garten mit Holzschnitzereien der Dayak.

Erdgas in Bontang

Ungefähr 80 km von Samarinda entfernt und nur wenige Kilometer nördlich des Äquators liegt **Bontang,** das Hauptquartier eines riesigen Projekts zur Verflüssigung von Erdgas, das ge-

Samarinda.

meinsam von ausländischen Firmen und dem staatseigenen Konzern Pertamina betrieben wird. Der Wert einer Tagesproduktion liegt bei 1 Mio. US-$. Am Rand des riesigen Industriekomplexes wurden mehrere Barackenstädte aus dem Boden gestampft, in denen die Arbeiter wohnen und verpflegt werden. Im nahegelegenen **Lokh Tuan** befindet sich eine kürzlich fertiggestellte Düngemittelfabrik, ebenfalls ein joint venture.

Es gibt zwischen Bontang, Lokh Tuan und Samarinda Straßen, aber keine regelmäßigen Verkehrsverbindungen. Während der Regenzeit sind die Straßen zudem unpassierbar. Am besten nimmt man eines der Schnellboote, die jeden Morgen um 6 Uhr in Samarinda abfahren (je nach Boot 5—10 Fahrstunden).

Bei einer der Ölgesellschaften in Balikpapan kann man Flüge nach Bontang und Sanggala mit einer Cessna ,,Skyvan'' buchen, falls ein Platz in einer Maschine frei ist. Auskunft darüber erhält man am Flugplatz von Balikpapan.

Der Kutai National Park

Bontang und Lokh Tuan sind die Pforten zum Kutai-Nationalpark, einem Gebiet von 200 000 ha Küstenwald mit reicher Flora und Fauna. Die Dipterocarpus-Wälder des Tieflandes von Kutai gelten als die größten Regenwaldgebiete ihrer Art auf der Erde, bedeutender als alles Vergleichbare, in Afrika oder im Amazonasgebiet. Das Tierreservat beherbergt eine Vielzahl von Arten: Orang-Utans, Affen, Gibbons, Wildschweine, Büffelherden, Wildkatzen, mehr als 300 Vogelarten — und vielleicht sogar das seltene Sumatra-Nashorn, das allerdings schon lange nicht mehr gesichtet wurde.

Trotz seiner ungeheuren Fülle kann der Nationalpark nicht unbedingt als eine touristische Attraktion gelten. Exotische Tiere kann man auch entlang verlassener Straßen und an Anlegeplätzen immer wieder beobachten.

ɜamelan-
ıstrumente
n
/Iulawarman
/Iuseum.

Die Insel Tarakan

Die an Öl reiche Insel **Tarakan** liegt vor der Ostküste von Kalimantan, nahe der Grenze zu Malaysia (Sabah). Sie ist eine wichtige Station auf dem Weg in dieses Land oder — durch die Makassar Strait — nach Sulawesi. Man kann täglich von Balikpapan aus nach Tarakan fliegen. In Tarakan legen Schiffe von und nach Samarinda, Balikpapan, Banjarmasin, Manado und Ujung Pandang an.

Außer einem sehenswerten Markt, auf dem viele Waren aus Sabah (Malaysia) verkauft werden, hat Tarakan nicht viel zu bieten. 57 km oder vier Bootsstunden südlich von Tarakan entfernt liegt **Tanjung Selor,** eine Stadt am Kayan River, von der aus man Flußreisen ins Gebiet der Dayak unternehmen kann. Der Nachbarort **Tanjung Palas** ist bekannt wegen einer aus dem 16. Jahrhundert stammenden Kanone und dem *Jepen*-Tanz, den die Dorfmädchen für Besucher aufführen.

Südlich von Tanjung Selor, 59 km den Berau River stromaufwärts, liegt **Tanjung Redep,** heute eine kleine Hafenstadt, früher Hauptstadt eines wohlhabenden Königreiches. Von hier aus regierte vom 14. Jahrhundert bis 1960, als das Königtum durch Parlamentsbeschluß abgeschafft wurde, ein selbständiger Herrscher (seit 1883 sogar zwei Herrscher). In den Palästen von Sabaliung und Gunung Tabur kann man kleine Privatmuseen besichtigen.

ZU BESUCH BEI DEN DAYAK

Eine Reise ins Gebiet der Dayak ist ein unvergeßliches Erlebnis. Man kann als Tourist in den berühmten Langhäusern wohnen, die Perlenstickereien und Holzschnitzereien bewundern, den religiösen Riten beiwohnen, einem *wadian* (Schamanen) begegnen und vielleicht sogar bei einem der traditionellen Tänze mitmachen. Alles was man braucht, ist Zeit, ein bißchen Geld und Abenteuerlust. Es empfiehlt sich, eine Campingausrüstung mitzubringen (Moskitonetze und Insektenschutzmittel sind unverzichtbar!) und ein *surat jalan,* ein Empfehlungsschreiben einer Regionalbehörde, daß man sich entweder in Jakarta, in Provinzhauptstädten oder bei Polizeibehörden besorgen kann.

Die Fahrt auf dem Mahakam flußaufwärts — zweifellos eines der beliebtesten Abenteuer — beginnt man in der Regel in **Tenggarong,** nahe bei Samarinda in Ostkalimantan. Aber von Banjarmasin und Pontianak aus kann man ähnliche Touren auch auf dem Barito und Kapuas machen, ebenso wie auf dem Kayan und Bahau von Tarakan und Tanjung Selor aus.

Als Einzelreisender hat man die Möglichkeit, jederzeit eines der regelmäßig auf dem Fluß verkehrenden Passagierschiffe zu buchen und an jedem interessanten Platz von Bord zu gehen. Aber man braucht viel Zeit, denn die meisten Schiffe sind langsam — vor allem bei der starken Strömung während der Regenzeit.

Wer eine durchorganisierte Gruppenreise vorzieht, kann in Tenggarong ein Arrangement buchen. Angeboten werden 3- bis 7tägige Touren auf Flußbooten, die an die *African Queen* erinnern und auf denen für alles, sei es Übernachtung oder Verpflegung, gesorgt ist. Das Tourismusbüro neben dem Mulawarnam Museum in Tenggarong (siehe S. 234) hält Informationen über Flußreisen und lokale Festlichkeiten bereit.

Ob Sie nun allein oder als Mitglied einer Gruppenreise aufbrechen — in jedem Fall dürften die folgenden Vorschläge eine akzeptable Reiseroute garantieren:

1. Tag: Nehmen Sie in Balikpapan den Bus nach Samarinda oder Loa Janan (unmittelbar vor Samarinda) und steigen Sie dort um in Richtung Tenggarong, wo es nur begrenzte Unterkunftsmöglichkeiten gibt. Man kann auch versuchen, eines der Flußboote direkt nach **Muara Muntai** zu erreichen, einem kleinen Dorf stromaufwärts, wo sogar die Straßen aus Holz sind. Schlafen kann man entweder auf dem Boot oder im Dorf selbst.

Viele der Dayak-Langhäuser sind heute verlassen, weil ihre Bewohner in kleine *kampung*-Häuser umgezogen sind. Aber schon bei Ihrer ersten Begegnung mit einer Dayak-Gemeinschaft wird Ihnen auffallen, daß der Geist der Solidarität unverändert geblieben ist. Die Dayak sind monogam. Ein Mann sucht sich eine Frau in einem anderen Dorf und gründet dort einen neuen Hausstand. Die Mahlzeiten werden mit der Familie eingenommen. Man hockt zusammen, häuft dampfenden Reis auf Bananenblätter und nimmt sich Getreidekörner, Fisch, Gemüse und Fleisch mit Sauce aus gemeinsamen Töpfen.

Tanz am Seeufer

2. Tag: Hinter **Longbangun,** etwa 140 km stromaufwärts von Tengga-

Flußreise im Land der Dayak.

rong, fließt der Mahakam zwischen zwei großen Seen hindurch: dem Jempang und dem Somayang. Beide sind so seicht, daß sie im Mai und Juni, auf dem Höhepunkt der Trockenzeit also, häufig nicht mehr mit Motorbooten befahren werden können.

Wenn Sie den 6000 ha großen **Lake Jempang** mit einem Boot oder Kanu überqueren, werden Dutzende der hier lebenden Süßwasserdelphine Sie bis zum Uferdorf **Tanjung Isuy** begleiten. Hier wohnen Banuaq-Dayak, die für ihre farbenfrohen *ulap-doyoh*-Webereien, ihre Tänze und ihre Gastfreundschaft berühmt sind. Die Banuaq begrüßen ihre Gäste mit Tänzen, die von jungen Mädchen in traditionellen Kostümen vorgeführt werden. Es kann durchaus sein, daß der Dorfhäuptling Sie einlädt, mit ihm zu essen und unter seinem Dach zu schlafen.

Im allgemeinen finden die Tänze nachts statt und werden von zahlreichen Musikinstrumenten begleitet. Dazu gehören der *kledi,* eine Art Bambus-Dudelsack, *gamelan*-ähnliche Schlaginstrumente und eine Laute mit zusammengedrehten Rattansaiten. Die rituellen Tänze sind überschwenglich mit viel Lärm und Aufregung gefeierte Ereignisse. Die Männer haben Tierhäute an und tragen Federschmuck, während sie malerische Schwerter, Rasseln und Stöcke über ihren Köpfen schwingen. Vor allem im Landesinnern sind diese Tänze sehr beliebt und es gibt für sie jede Menge Anlässe — eine Siegesfeier, das Erwachsenwerden eines jungen Stammesmitglieds, die Ernte im Februar oder März, Heiraten, Geburten, die Ankunft von Gästen oder das Anflehen um Schutz gegen Naturkatastrophen und böse Geister.

Mitten im Lake Jempang liegt das schwimmende Dorf **Tanjung Haur** — ein malerischer Fleck, wo die Menschen gemeinsam mit Hunderten von Reihern leben.

Orchideen und Totempfähle

3. Tag: Nehmen Sie ein Boot oder Kanu nach Jantur und von dort nach **Melak,** der Heimat der Tanjung-Dayak. Ganz in der Nähe, beim Dorf **Kersik Luwai,** wachsen im 2000 ha großen Orchideenschutzgebiet die sehr seltenen schwarzen Orchideen *(Cologeneia pandurata)* in verschwenderischer Fülle. Im

)as /orwärts-kommen im .and der)ayak ist angsam und gefährlich.

Dorf **Sekolak Darat** bleiben die meisten Besucher eine Zeitlang.

Halten Sie Ausschau nach den riesigen Phallussymbolen. Diese Totempfähle *(belawang)* werden außerhalb des Dorfes aufgestellt, um böse Geister fernzuhalten, die angeblich Angst vor allem Sexuellen haben. Die Pfähle sind verziert mit teuflisch blickenden Figuren. Sie werden *hampatong,* Sklaven der Toten, genannt, haben entstellte Gesichter, weit herausgestreckte Zungen und Raubtiere, meist Tiger, auf ihren Köpfen.

Trotz aller Bemühungen der christlichen Missionare sind die Dayak Anhänger des Animusmus geblieben. Die meisten Stämme verehren Belare, den Donnergeist. Er reitet auf den Sturmwolken; wenn er den Mund öffnet, entsteht der Donner, wenn er blinzelt der Blitz.

Eine wichtige Rolle bei den Dayak spielen die *wadian* oder auch *balian,* weibliche Hexenmeister. Die meisten der Dayak-Schamanen sind ältere Frauen. Sie heilen die Kranken, singen und tanzen nach dem Ritus. Wenn sie sich selbst in Trance versetzt haben, können sie angeblich mit den Geistern reden. Oft tanzen die *wadian* zum schwermütigen Klang des *kledi* tagelang bis zur Erschöpfung.

Ohrringe und Tätowierungen

4. Tag: Entweder man fährt zurück nach Tenggarang oder weiter stromaufwärts bis **Muara Wahau,** vorbei an den Dörfern Tanjung Manis, Long Noran und Long Segar, den Wohnorten der Kenyah- und Bahaus-Dayak. Auffällig sind gewisse Unterschiede im Kunsthandwerk, bei den Tänzen und Zeremonien der einzelnen Dörfer. Die beste Besuchszeit sind die Monate Februar und März, weil dann die meisten Feste stattfinden. Noch weiter flußaufwärts liegt **Tanjung Jone,** ein Gebiet mit sechs Dayak-Dörfern, die bekannt sind für ihre Webarbeiten *(sarung).*

In diesem Gebiet wird die Reise auf dem Fluß beschwerlicher und die Boote verkehren nur noch unregelmäßig. Aber trotzdem kann man bis hinauf nach **Longnawan** fahren und von dort aus dann auf dem Landweg ins Tal des Kayan River gelangen, wo die Stämme der Apo-Kayan in völliger Abgeschiedenheit leben. Auf dem Kayan kann man wieder zur Küste bei Tarakan zurückfahren.

Kriegstanz der Dayak.

Wenn man sich bis in diese entlegenen Gebiete vorwagt, trifft man mit ziemlicher Sicherheit Dayak-Frauen, die große und schwere Silberohrringe in den Ohrläppchen tragen. Je älter die Frauen sind, desto mehr Ringe haben sie. Man hat schon Frauen im mittleren Alter gesehen, deren Ohrläppchen bis zu den Schultern oder gar bis auf die Brust reichten. Manchmal haben Missionare Frauen dazu überredet, sich ihre monströsen Ohrläppchen zum Zeichen ihrer Bekehrung zum Christentum abschneiden zu lassen.

Fast alle Dayak kauen Betelnüsse und *sirih,* ein narkotisierendes Blatt, weil sie glauben, daß nur Tiere weiße Zähne haben dürfen. Wenn dadurch ihre Zähne nicht dunkel genug werden, helfen sie mit einer lackähnlichen Paste nach.

Sowohl Männer als auch Frauen betrachten Tätowierungen als Zierde. Sie werden mit hölzernen ,,Druckstöcken'' auf die Haut aufgetragen, was meistens die Frauen machen. Einige der Tätowierungen haben nur dekorative Funktion, andere sollen die gesellschaftliche Stellung deutlich machen.

Der meistbefahrene Fluß ist zweifellos der Mahakam, aber in Banjarmasin oder Mandomai in Südkalimatan kann man auch Boote mieten, die den Barito hinauf bis nach **Mauratewe** fahren. Von hier aus kommt man mit dem Kanu bis zum Oberlauf des Flusses, wo man vier bis sechs Tage lang durch Sumpfgebiet und Urwald trekken kann und über Intu nach **Longiram** am Mahakam gelangt, von dem aus die Reise flußabwärts bis nach Samarinda führt. Alles in allem braucht man dafür mindestens zwei Wochen.

'agd mit dem
3lasrohr.

Die Stämme der Kayan- und Kenyah-Dayak leben am Oberlauf des Kayan in Ostkalimantan, den man von **Tanjung Selor** aus, südlich von Tarakan, gut erreichen kann. Von hier aus verkehren regelmäßig Boote nach Mara I und Mara II, den Wohnorten der Kenyah. Dieser Stamm feilt noch immer die Zähne ab und seine Kunst ist unter den Dayak bemerkenswert. An Häusern, Mauern, Säulen und Schilden findet man als vorherrschenden Schmuck den *aso*-Drachen, ein Symbol für Wohlstand und Ringelmuster.

Es ist in der Regel kein Problem, mit einem der Missionsflugzeuge von Tarakan aus zu Orten wie **Longbawang** oder **Longberini** zu fliegen. Diese entlegenen Siedlungen sind in der Nähe des **Hulu Bahau-Sungai Malinau Reserve,** einem 950 000 ha großen Gebiet mit steilen und waldigen Bergrücken entlang des zerklüfteten Oberlaufes des Bahau, einem der Nebenflüsse des Kayan. Hier kann man Angehörige des Stammes der Punan-Dayak anheuern, die für nur 2 US-$ am Tag als Führer durch die Wildnisse des Reservats fungieren. Falls Sie ein Dorf der Punan besuchen, sollten Sie daran denken, daß dieser Stamm in ganz Kalimantan berühmt für seine gelbschwarzen Perlenstickereien ist.

Von Pontianak in Westkalimantan aus ist der Kapuas mehr als 900 km weit für kleinere Boote schiffbar. Wer besonders unerschrocken ist und bis zu 6 Wochen Zeit dafür übrig hat, kann stromaufwärts bis zum Dorf **Putussibau** fahren, wo noch eine alte holländische Missionsstation steht. Von hier aus kommt man auf dem Landweg durch den Dschungel in etwa 2 Wochen zum Oberlauf des Mahakam. Von dort kann man mit einem Flußboot bis hinunter nach Samarinda fahren. Nur wenige trauen sich das zu — es ist eines der wenigen großen Abenteuer in der modernen Welt.

Sulawesi ist vor allem als Heimat von zwei außergewöhnlichen Volksstämmen bekannt — den Toraja im Hochland und den seefahrenden Bugi. Aber diese eigenartig geformte Insel hat noch mehr exotische Völker, eine außerordentliche landschaftliche Vielfalt und zahlreiche Naturwunder aufzuweisen.

Sulawesi — das sind steile Berge, tiefe Schluchten, schnell fließende Flüsse, blaue Bergseen, üppige Regenwälder, mit *lontar*-Palmen bestandene Savannen und weiße Sandstrände. Hier stößt man auf eine faszinierende Fülle seltener Flora und Fauna; einige Arten sind sonst nirgendwo anzutreffen. Dazu gehören schwarze Makaken, *babirusa*-Wildschweine, *anoa*-Zwergbüffel, exzentrische *maleo*-Vögel, glotzäugige Lemuren und viele herrliche Schmetterling. Ebenso verschieden sind die 9 Mio. Einwohner der Insel, die fast 50 verschiedene Sprachen sprechen.

Diese erstaunliche Vielfalt ist teilweise in der merkwürdigen Geografie der Insel begründet. In gewisser Weise sind die vier ausgestreckten „Arme" selbständige Einheiten. Zwar erheben sie sich alle aus einem tiefen Graben, der von Auffaltungen der Erdkruste umgeben ist, aber sie sind durch tiefe Schluchten, unzugängliche Gipfel und dichte Wälder voneinander abgetrennt. Anders als auf vielen anderen Inseln Indonesiens sind nur die nordöstlichen und südwestlichen Spitzen Sulawesis (Minahassa- und Makassargebiet) vulkanischen Ursprungs. Hier ist nichts zu sehen von sanften Hügellandschaften oder weiten Ebenen. Der größte Teil der Insel besteht aus zerklüfteten Hochländern und mehr als 500 m über dem Meeresspiegel liegenden Plateaus. Die höchsten Gipfel in Zentralsulawesi erreichen bis zu 3400 m.

Ein weiterer Grund für die Heterogenität Sulawesis ist seine zentrale Lage innerhalb des Inselarchipels. Der nördliche Archipel Sangihe-Talaud bildet eine natürlich Brücke zu den Philippinen, während die östlichen Archipele Banggai und Sula Sulawesi mit den Molukken verbinden. Das im Westen liegende Borneo und die Kleinen Sunda-Inseln im Süden (Flores, Sumbawa, Lombok) sind zwar durch tiefe Meeresstraßen von Sulawesi getrennt, aber innerhalb weniger Schiffstagereisen von den natürlichen Häfen im Süden Sulawesis aus leicht erreichbar. Jahrhundertelang wurde die Insel deshalb von außen beeinflußt und war eine Art Drehscheibe für Völkerwanderungen und Handelsbeziehungen innerhalb der indonesischen Inselwelt.

Vorhergehende Seiten: Landschaft in Sulawesi. Links: Pfahlbauhaus der Bugi. Rechts: Der Helm dieses Reiters erinnert an die portugiesische und spanische Kolonialzeit.

Ein Blick in die Geschichte

Vor kurzem wurde an der Westküste von Sulawesi eine neolithische Siedlung entdeckt,

die zusammen mit zahlreichen Höhlenzeichnungen, Megalithen, Sarkophagen und anderen frühgeschichtlichen Gegenständen Zeugnis davon abgelegt, wie lange schon Menschen auf der Insel gelebt haben. Hochentwickelte Fertigungsmethoden bei Textilien, Holzarbeiten, im Schiffsbau und in der Metallverarbeitung weisen ebenfalls auf einen weit zurückreichenden Zivilisationsprozeß hin.

Im Süden Sulawesis hat man buddhistische Bronzestatuen aus dem 4. oder 5. Jahrhundert gefunden. Gerade dieses Gebiet mit seinen zahlreichen Ankerplätzen war mehr als ein Jahrtausend lang die wichtigste Station entlang der Routen des internationalen Gewürzhandels. Noch heute gelten die Bugi in

Südsulawesi als hervorragende Schiffsbauer und Seeleute.

Die Küstenstaaten im Süden von Sulawesi haben zwar erst im 17. Jahrhundert den Islam zur Staatsreligion erhoben, aber schon seit dem 16. Jahrhundert müssen sie Handelsbeziehungen mit den aufstrebenden islamischen Königreichen an der Nordküste Javas unterhalten haben. Ebenfalls in dieser Zeit festigte das „Gewürznelken"-Sultanat von Ternate auf den benachbarten Molukken seine Macht und brachte den Norden und Osten Sulawesis unter seinen Einfluß.

Als Ende des 16. Jahrhunderts die Islamisierung begann, gab es auf der Insel bereits ein gutes Dutzend bedeutende Häfen. Es waren wahrhaft kosmopolitische Umschlagplätze für Händler aus China, Indien, Siam, Malaya, Java und Portugal, die hier ihre sorgfältig ausgesuchten Textil- und Metallwaren gegen ebenso kostbare Gewürznelken, Muskatnüsse, Perlen, Gold, Kupfer und Kampfer tauschten.

Als erste Besucher aus dem Westen kamen die Portugiesen, die sich kurz nach der Eroberung von Malakka (1511) bis hierher vorwagten.

Den Portugiesen folgten spanische Missionare und predigten im Minahassa-Gebiet und auf den Inseln in der Umgebung. Zu Beginn des 17. Jahrhunderts tauchten die Holländer auf und verdrängten schließlich alle europäischen und asiatischen Konkurrenten. Zunächst versuchten die Holländer erfolglos, den durch ihren Handel mächtigen Sultanaten in Südsulawesi Monopolverträge aufzuzwingen. Erst 1666/67 gelang es Admiral Cornelis Speelman, Sultan Hasanuddin zu besiegen und den „Schmuggel" mit Gewürzen zu unterbinden.

Obwohl die Holländer nun ihr Ziel — ein Handelsmonopol — erreicht hatten, gelang es ihnen erst im 20. Jahrhundert durch entsprechende Verträge mit lokalen Herrschern, auch das Inselinnere politisch unter Kontrolle zu bekommen.

Die meisten anderen Völker an der Küste in Gorontalo, Kendari, Buton und im Süden sind jedoch überzeugte Moslems geblieben. Im zentralen und südlichen Hochland leben heute noch einige heidnische Stämme, die unter den Namen Toalon und Toraja bekannt sind. Schon immer haben ihre farbenfrohen Bestattungsriten und Opferzeremonien Besucher fasziniert.

Heute sind Sulawesi und die angrenzenden Inseln in vier Provinzen aufgeteilt.

Südsulawesi, die am weitesten entwickelte Region, umfaßt die dicht besiedelten Küstengebiete von Luwu und Bone im Osten der Halbinsel, Bantaeng und die Insel Salayar im Süden, Ujung Pandang (das frühere Makassar, heute Provinzhauptstadt) und Pare-Pare an der Westküste. In den zentral und nördlich gelegenen Hochländern leben die berühmten Toraja. (Siehe auch „Die Toraja im Hochland".)

Südostsulawesi umfaßt auch die Inseln Buton und Muna und ist relativ dicht besiedelt von Völkern, die mehr als ein Dutzend verschiedene Sprachen sprechen. Die Provinzhauptstadt ist Kendari; bei Kolaka an der Westküste wird Nickel abgebaut.

Zentralsulawesi ist eine sehr unterentwickelte Region, zu der auch der Banggai-Archipel gehört. Es besteht aus den zerklüfteten zentralen Hochländern und dem Östlichen „Arm" der Insel. Seine Hauptstadt ist Palu, das durch eine kürzlich fertiggestellte Schnellstraße mit dem weiter südlich gelegenen Lake Poso verbunden ist.

Obwohl **Nordsulawesi** weniger entwickelt ist als Südsulawesi, ist es wohl die landschaftlich schönste und kultivierteste Gegend auf der ganzen Insel. Hier gibt es atemberaubende Vulkanlandschaften, waldumsäumte Hochlandseen und eine reiche exotische Tierwelt. Die Provinzhauptstadt Manado ist für ihre Sauberkeit bekannt; ihre Bewohner sind teils indonesisch, teils chinesisch, teils europäisch.

Sulawesi ist Lebensraum für eine artenreiche, zum Teil endemische Flora und Fauna, darunter viele Schmetterlinge.

Sulawesi (The Celebes)

UJUNG PANDANG UND SÜDSULAWESI

Beeindruckende Landschaften und außergewöhnliche Volksstämme — das sind die Kennzeichen von Südsulawesi, einer Provinz, die immer mehr zu einem der beliebtesten Reiseziele Indonesiens wird. Es ist ein Gebiet mit steilen Vulkankegeln, schnell fließenden Flüssen, fruchtbaren Ebenen, weiten Savannen, abwechslungsreichen Küsten und weißen Sandstränden.

Südwulawesi ist eine der am dichtesten besiedelten Provinzen Indonesiens mit einer durchschnittlichen Bevölkerungsdichte von über 125 Einwohner pro qkm. Das ist zwar um einiges weniger als in Java oder Bali, aber wesentlich mehr als in anderen Regionen. Das Grundnahrungsmittel ist Reis, der auf künstlich bewässerten Feldern in den Niederungen angebaut wird.

Im Hochland wird überwiegend Mais, in manchen Gebieten auch Maniok angebaut. Große Pandanus-, Lontar- und Bananenpalmen gibt es ebenso reichlich wie wilde Ananas. So sind zum einen Nahrungsmittel, zum anderen Grundstoffe für die hochentwickelte Kunst des Webens und Flechtens sichergestellt.

Schon früh in der Geschichte siedelten sich seefahrende Völker in den vielen natürlichen Häfen Südsulawesis an. Das Alter der bei Leang-Leang, nördlich von Ujung Pandang, entdeckten Höhlenmalereien schätzt man auf 5000 Jahre. Oft kam es vor, daß fremde Eindringlinge die früheren Siedler ins Hochland vertrieben.

Das Seefahrervolk der Bugi

In den Küsten- und Flachlandgebieten der Provinz lebt heute eine Reihe austronesischer (malaiischer) Volksstämme, bekannt unter dem Namen Bugi. Man nimmt an, daß sie sich vor mehr als 1000 Jahren an den Küsten niederließen. Kaum eine der ethnischen Gruppen Indonesiens kann auf eine so bewegte Geschichte zurückblicken.

Schon immer waren sie bedeutende Schiffbauer und Seefahrer. Vermutlich segelten sie schon vor Jahrhunderten bis nach Madagaskar und Australien, wo man auf Gegenstände und Lehnwörter ihrer Kultur gestoßen ist, und kehrten mit Handelsgütern und Schätzen zurück. Bugi dürften mit ziemlicher Sicherheit auch in einigen der Hafenstädte der hinduistischen Zeit gelebt haben, wie zum Beispiel in Srivijaya auf Sumatra (7.—13. Jahrhundert) oder in den javanischen Städten Kediri, Daha und Majapahit (11.—14. Jahrhundert). Von dort brachten sie neue religiöse Inhalte und Praktiken nach Sulawesi.

Solche Beziehungen bestanden jahrhundertelang; so konnten verschiedene buginesische Königreiche wie Luwu (Palopo), Bone, Soppeng, Goa, Suppa und Mandar zwischen dem 12. und 15. Jahrhundert beträchtliche Macht und Größe entwickeln. Seit 1500 verstärkten sich die Handelsbeziehungen mit den islamischen Sultanaten an der Nordküste Javas. Anfang des 17. Jahrhunderts schließlich, als das Königreich der Makassar die Vorherrschaft gewann, konvertierte ganz Südsulawesi offiziell zum Islam.

Obwohl die buginesischen Königreiche später von den Holländern unterworfen wurden, blieb ihr Einfluß noch lange in der malaiischen Welt spürbar. Noch im 18. und 19. Jahrhundert gründeten Bugi auf der malaiischen Halbinsel und im Riau-Archipel neue Sultanate. Es gibt heute kaum eine Mündung oder Bucht in den Gewässern Indonesiens, wo man nicht auf eine buginesische Siedlung trifft.

Das historische Erbe der Bugi wird heute nur noch teilweise in den Dörfern von Südsulawesi bewahrt. Viele Besucher mögen ihre ungestüme, freimütige, beharrliche und stolze Art nicht und meiden deshalb ihre Gebiete, um möglichst schnell zu den Toraja im Norden zu kommen. Doch es gibt auch im Süden einen Menge zu sehen und — soweit es die wirtschaftliche Entwicklung der Provinz betrifft — kommt den Bugi ihre Dynamik sehr zugute.

Ujung Pandang

Die moderne, lebenssprühende Stadt mit ihren 700 000 Einwohnern ist das wirtschaftliche und politische Zentrum Sulawesis. Nachdem die Holländer das Königreich von Goa erobert und 1667 hier einen befestigten Handelsposten errichtet hatten, nannten sie die Stadt Makassar. Ihren heutigen Namen erhielt sie erst wieder in den frühen 70er Jahren dieses Jahrhunderts — er bedeutet

„Kap des Pandang" (Schraubenpalme). Wie alle wichtigen Städte Indonesiens hat sich auch Ujung Pandang in den letzten Jahren in schmerzlicher Weise verändert. Die moderne Farblosigkeit von Beton, Straßen und Entwässerungsgräben verweist ganz nüchtern auf die Gegenwart.

Ihre Blütezeit erlebte die Stadt als Hafen und Handelszentrum des mittelalterlichen Königreichs von Goa. Die alte Festung in Ujung Pandang war ursprünglich nur eine von elf Befestigungsanlagen dieses Königreiches, als sie 1545 erbaut wurde. 1667 wurde sie von den Holländern erobert, wiederaufgebaut und umbenannt in **Fort Rotterdam**. Heute beherbergt sie Handelsbüros und eine Kirche und vermittelt ein anschauliches Bild von der holländischen Festungsarchitektur des 17. Jahrhunderts. Hier kann man auch im **Ujung Pandang Provincial Museum** alte Keramiken, Manuskripte, Münzen, Musikinstrumente und Kleidungsstücke besichtigen. Das Konservatorium für Musik und Tanz ist ebenfalls hier untergebracht, man sollte sich keinesfalls eine der Aufführungen entgehen lassen. Außerdem kann man den Kerker besichtigen, in dem einer der indonesischen Nationalhelden, Prinz Diponegoro von Yogyakarta (1785—1855), 27 Jahre lang gefangengehalten wurde.

Die Grabstätten des Prinzen, seiner Familie und seiner Anhänger liegt an der nach ihm benannten Straße in der Stadtmitte. Er hatte sich sowohl seiner eigenen königlichen Familie wie auch den Holländern widersetzt und zwischen 1825 und 1830 eine Reihe von Volksaufständen in Zentraljava angeführt, wofür er in die Verbannung geschickt wurde. Seither ist niemals einer seiner Angehörigen nach Java zurückgekehrt. Heute ist sein Grab eine Art Pilgerstätte für viele Indonesier.

Lohnenswert ist auch eine Besichtigung des Hauses des Deutschen C.L. Bundt in der Jalan Mochtar Lutfi 15. Hier findet man einen großen Garten, eine Muschelsammlung, Korallen und seltene Orchideen.

Am Spätnachmittag schlendere man an der Makassar Strait entlang, um vom **Paotere Anchorage** den Sonnenuntergang zu beobachten; dieser Anlegeplatz für zahlreiche *pinisi*-Schoner erstreckt sich an der Jalan Penghibur im Norden der Stadt.

Prahu in der Java-See.

Südlich von Ujung Pandang liegt **Sungguminasa,** die frühere Hauptstadt des Sultanats von Tallo. Heute dient der aus Holz gebaute Palast als **Ballompoa Museum,** in dem viele Waffen und königliche Kleidungsstücke aufbewahrt werden.

In der Nähe von Sungguminassa sind die Könige von Goa begraben. Der berühmteste ist Sultan Hasanuddin (1629—1670) wegen seiner Tapferkeit und Führung im Kampf gegen die Holländer. Unmittelbar vor den Mauern der Grabanlage, innerhalb einer eingezäunten Stelle, befindet sich der **Tomanurang Stone,** der Stein, auf dem die Könige von Goa gekrönt wurden.

Eine Rundreise im Süden

Wenn man der feuchten Hitze in Ujung Pandang entfliehen will, fährt man am besten 71 km weit nach **Malino** an den Hängen des Bawakaraeng-Berges, der sich etwa 760 m über den Meeresspiegel erhebt. Dieser ruhige und kühle Erholungsort inmitten eines Kiefernwaldes ist bekannt wegen seiner *markisa*-Bäume, deren Passionsfrüchte hier ausgepreßt und in ganz Indonesien als Erfrischungsgetränk verkauft werden. Nur 4 Kilometer südlich der Stadt kann man den Wasserfall **Takapala** bewundern.

Von Malino aus führt eine Straße nach Sinjai an der Ostküste der Halbinsel, gegenüber dem Golf von Bone. Eine wegen ihrer schroffen Abgründe und spektakulären Ausblicke atemberaubende Küstenstraße verläuft von hier aus nach Süden zur Landspitze **Cape Bira,** dem Zentrum der buginesischen Schiffbauindustrie. Hier baut man noch immer die bauchigen *prahu*-Segler mit uralten Werkzeugen, völlig ohne Metall und Nägel. Man behaut Teakholzstämme zu dicken Brettern, die dann mittels Holzzapfen miteinander verbunden werden — eine tradierte Konstruktionsmethode. Anfangs wurden die Segel aus geflochtenen Bananen- und Ananasfasern hergestellt, später aus gewebter Baumwolle und gebügelter Seide. Alle Arbeitsvorgänge — vom Fällen der Bäume bis zum Stapellauf — sind von bestimmten Riten begleitet. Die bis zu 200 Tonnen schweren *pinisi* und die leichteren *bagos* sind unbeladen plump und schwer zu lenken, aber wenn sie mit Holz oder Kopra vollgeladen sind, fahren sie manch anderem Schiff davon.

Dieses buginesische prahu wird nach jahrhundertealten holländischen Plänen gebaut.

Entlang der südlichen **Bulukumba-Küste** kommen Sie auf der Straße Richtung Westen zurück nach Ujung Pandang. Man führt durch kleine Städte wie Bantaeng, Jeneponto und Takalar, die schon vor 600 oder 700 Jahren in chinesischen Texten erwähnt wurden. Das folgende Barombong ist ein beliebter Seebadeort mit herrlichen weißen Sandstränden.

Auf einer 180 km langen, bergigen Straße erreicht man von Ujung Pandang aus **Watampone,** die ehemalige Hafen- und Hauptstadt des Königreiches Bone. Am Weg liegt das Agricultural Research Centre bei Maros und eine Kette von Wasserfällen bei Bantimurung. In den nahegelegenen Leang Leang Caves kann man mit blutrotem Henna gezeichnete Felsbilder besichtigen, die über 5000 Jahre alt sind. Weiter östlich atmet man die frische Bergluft von **Camva,** genießt herrliche Aussichten und kann geheimnisvolle Höhlen besuchen. Nördlich von Camba zweigt eine Nebenstraße nach **Ujunglamuru** ab, wo die heiligen Gräber der frühen islamischen Lehrer und Herrscher von Bone liegen.

Das Museum **Lapawawoi** besitzt die Insignien der Könige von Bone und eine Kopie des 1667 mit den Holländern abgeschlossenen Vertrages von Bonggaya, der die wirtschaftliche Macht der Könige beendete. Beides wird nur auf Wunsch gezeigt. Der Hafen dient noch immer als Drehscheibe für den interinsularen Schiffsverkehr.

Höhlen von Laeng-Laeng.

Etwa 30 km entfernt liegt **Goa Mampu,** das größte Höhlensystem in Südsulawesi. Seine Stalagtiten und Stalagmiten zeigen Menschen- und Tierformen.

Auf einem Bergplateau nordwestlich von Watampone, liegt am Ufer des Lake Tempe **Sengkang,** ebenfalls frühere Hauptstadt eines alten Königreiches. Heute ist sie in erster Linie wegen ihrer handgewebten Seidenstoffe bekannt. Das einstmals florierende Fischereiwesen der Stadt ist in den letzten Jahren drastisch zurückgegangen, weil der See allmählich austrocknet.

Im Hügelland südlich von Sengkang liegt die Schwesternstadt **Watang-Soppeng.** Die Insignien der Könige von Soppeng werden in einem kleinen Pavillon aufbewahrt und auf Verlangen gezeigt.

Von Watang-Soppeng führt eine Straße in nordwestlicher Richtung zur Hafenstadt **Pare-Pare.** Hier erstreckte sich einst das mächtige Königreich von Supa, das Ujung Pandang im Süden und die nördlichen Häfen des Königreiches von Mandar mit dem Hochland verband. In den Tagen der *pinisi*-Segler und portugiesischen Galeeren spielte der tiefe Hafen von Pare-Pare eine größere Rolle als der von Ujung Pandang.

Nördlich und westlich breitete sich in früheren Tagen entlang der heutigen Bucht von Mandar das Königreich von Mandar aus. Auch die Mandaresen, die trotz ihrer Andersartigkeit oft mit den Bugi verwechselt werden, sind große Seefahrer. Ihre Schiffbauwerkstätten liegen heute zum größten Teil um **Balangnipa** herum, zwischen Polewali und Majene, und sind eine ernstzunehmende Konkurrenz für die buginesischen Nachbarn im Süden.

Die letzte Festung der Moslem im Nordosten von Pare-Pare, an der Schwelle zum Land der Toraja, ist **Enrekang,** das von den umliegenden Städten durch eine tiefe Schlucht getrennt ist. Der engste Nachbar der Toraja an der Ostküste der Halbinsel ist die Bugi-Königsstadt Luwu mit der Hafenstadt **Palopo.**

DIE TORAJA IM HOCHLAND

Verstreut über die fruchtbaren Plateaus und die zerklüfteten Berge im südlichen Zentralsulawesi leben zahlreiche Volksstämme, die mit den seefahrenden Bugi, Mandar und Makassar verwandt sind und wegen ihrer abgeschiedenen Lage viele uralte Gebräuche bewahrt haben. Die Küstenbewohner sprechen von diesen Stämmen immer als den Toraja oder nennen sie einfach ,,Hochlandvölker''.

Der Überlieferung nach haben die Toraja vor etwa 25 Generationen die im Südwesten gelegene Insel Pongko verlassen und den Ozean in Kanus *(lembangs)* überquert. In Sulawesi angekommen, fuhren sie den Sa'dan hinauf und ließen sich an seinen Ufern nieder.

Die Toraja sind bis heute in diesem geografisch abgeschlossenen Gebiet geblieben und bauen hier Reis und Gemüse an, seit Beginn des 20. Jahrhunderts auch Kaffee und Gewürznelken. Obwohl es zu begrenzten Kontakten mit Händlern und Missionaren kam, haben sich die Sozialstruktur und die Stammesbräuche der Toraja bis heute kaum verändert.

Die Toraja leben in kleinen Siedlungen, die früher meistens auf kleinen Hügelkuppen lagen und mit Steinmauern umgeben waren. In jedem Dorf wohnen mehrere Großfamilien, die Häuser *(tongkonan)* sind ringförmig um einen leeren Platz angeordnet. In der Mitte befindet sich ein heiliger Stein oder ein Banyanbaum für die rituellen Opfergaben. Gegenüber den Wohnhäusern stehen die *lumbung,* die Getreidespeicher.

Zu den Giebelseiten hin wölben sich die *tongkonan*-Dächer nach oben wie Bug und Heck eines Schiffes — weshalb sie noch heute in den rituellen Gesängen mit den Schiffen der Vorfahren verglichen werden. In die Häuser sind herrliche Tiermotive und geometrische Muster eingeschnitzt und in den heiligen Farben Weiß, Rot, Gelb und Schwarz bemalt. Das Haus gilt als Symbol des Universums. Das Dach wird als Himmel angesehen und ist immer von Nordosten nach Südwesten ausgerichtet; in diesen beiden Himmelsrichtungen lagen der Toraja-Kosmologie zufolge die Reiche der Vorfahren.

Obwohl die einzelnen Dörfer weitgehend autonom waren, oft sogar miteinander im Krieg lagen, kam es schließlich doch zur Bildung von größeren politischen Verbänden, die man *wanua* nannte. An ihrer Spitze stand ein Ältestenrat, der *puang.* Zeitweise standen bis zu 40 *wanua* unter der Oberherrschaft des mächtigen *wanua* von Sangalla im Südosten. Dieser mächtige Toraja-Staat pflegte enge Beziehungen mit den buginesischen Königreichen an der Küste und trat später sogar zum Islam über.

Im frühen 20. Jahrhundert drangen holländische Missionare bis zum *Tana Toraja* (Land der Toraja) vor und 1905 standen viele Toraja-Dörfer unter holländischer Kontrolle. Die Toraja wurden gezwungen, ihre hochgelegenen Dörfer zu verlassen und sich in leichter zugänglichen Tälern und Ebenen niederzulassen. Um diese Dörfer ziehen sich jetzt keine Steinmauern mehr, sondern nur noch Hecken. Als Indonesien unabhängig wurde, faßte man alle Toraja in einem einzigen *kabupaten* (Bezirk) zusammen, dessen Hauptstadt Makale ist.

Links: Ein „Friedhof" der Toraja mit den Abbildern der Verstorbenen. Rechts: Typischer Baustil im Dorf Ke'te.

Reisen in Tanah Toraja

Seit Ende der 70er Jahre kann man dank neuer Straßen und Transportmittel viel besser durchs Toraja-Land reisen. Die Anreise erfolgt von Ujung Pandang aus über Pare-Pare und Enrekang. Dann führt die Straße durch eine Landschaft mit steilen terrassierten Hügeln, Bambuswäldern und hohen Berggipfeln. Bei der Überquerung des Sa'dan River fährt man unter einem bootsähnlichen Bogen hindurch, der als Tor zum Land der Toraja gilt. Die Straße führt weiter durch das Bambapuang-Tal und vorbei an den wohlgeformten Buttu Kabobong („Erotische Hügel"). Nach etwa 8 Stunden (310 km) erreicht man die Bezirkshauptstadt **Makale.**

11 km nördlich liegt das Touristenzentrum **Rantepao** mit kleinen Hotels, Restaurants und Läden. In den geschäftigen Dörfern der Umgebung kann man Märkte besuchen und traditionelle Häuser anschauen. Hier findet man Torajas beim traditionellen Weben und Holzschnitzen. Für Touristen und für sich selbst führen sie ihre Rituale und Volkstänze auf. In der Umgebung kann man mehrere Felsengräber *(liang)* besichtigen, von deren Balkonen verschiedene Figuren wie Wächter herabblicken.

Die bekannteste Grabstätte liegt bei **Londa,** knapp 2 km abseits der Hauptstraße zwischen Makale und Rantepao. Sie wird von Bildnissen verstorbener Adliger und anderer hochrangiger Stammesführer „bewacht". Ähnliche Gräber findet man bei **Lemo,** etwa 5 km von Rantepao entfernt, wo man die Grabkammern in den Felsen hineingehauen hat. Auf einem Hügel in der Nähe von **Ke'te** werden die Toten von lebensgroßen Statuen bewacht.

Besonders schöne Toraja-Häuser zieren das Dorf **Palawa,** etwa 9 km von Rantepao entfernt; auf einem kleinen Hügel gegenüber stehen *lumbung* (Getreidespeicher).

Eine Reise von Makale nach **Sangalla** ist die Mühe wert. Ältere Toraja-Häuser vermitteln hier eine traditionelle Atmosphäre. Und ein Abstecher über 80 km nach Westen durch die Berge bis **Mamasa** oder 120 km nach Norden bis **Rongkong** ermöglicht dem Reisenden noch ganz andere Einblicke in das Leben der Toraja. Mamasa ist der einzige Ort in Sulawesi, an dem Kupfer verarbeitet wird. Hier wird eine erstaunliche Viel-

Bestattungsprozession der Toraja.

falt von Schmuckgegenständen im einzigartigen *dongson*-Stil hergestellt. Die Webereien von Rongkong sind bekannt wegen ihrer charakteristischen Farben und kraftvollen Motive.

Die Totenfeier der Toraja

Die Toraja sind für ihre rituellen und farbenfrohen Totenfeiern weithin bekannt, mit denen sie sicherstellen wollen, daß die Seelen der Verstorbenen entsprechend ihrer Rolle im Leben ins *puya,* das Jenseits eingehen können. Sie glauben, daß nur nach sorgfältiger Durchführung der Totenriten die Vorfahren den Lebenden ihren Segen spenden und daß nur dadurch das empfindliche Gleichgewicht zwischen den verschiedenen Reichen im Kosmos erhalten bleibt.

Diese Feiern verschlingen ungeheure Reichtümer — manchmal muß die Verwandtschaft jahrelang dafür arbeiten und sparen. Deshalb finden die meisten auch im Anschluß an die Erntezeit — August, September, Oktober — statt. Als Besucher sollte man der Familie mit mitgebrachten Lebensmitteln, Zigaretten, Seife und Geld helfen.

Ein Sarg wird die Felswand hochgezogen, n der er beigesetzt wird.

Bei den Toraja gilt jemand erst dann als tot, wenn seine Totenfeier abgehalten wird. Bis dahin wird der Verstorbene lediglich als ,,krank'' betrachtet und seine Leiche wird am südlichen Ende des *tongkonan* aufbewahrt.

Sobald man genügend für den Toten zusammengebracht hat, beginnen die Bestattungszeremonien, die in 2 Phasen ablaufen und sich bis zu einer Woche hinziehen können. Geleitet werden sie von einem *tomabalu,* dem entsprechenden ,,Spezialisten''. Als erstes werden Büffel und Schweine geschlachtet, Betelnüsse, Früchte und *tuak* (Palmwein) angeboten. Anschließend wird der Körper nach Norden gedreht und gilt dadurch offiziell als tot. Die Verwandten müssen eine Reihe von Tabus beachten, während Tänze und Gesänge aufgeführt werden — z.B. eine mehrtägige Fastenkur mit Reis.

Dann folgt die *ma'bolong*-Zeremonie, für die erneut ein Büffel und ein Schwein geschlachtet werden. Die Verwandten tragen jetzt Schwarz. Die Leiche wird in einen Sarg aus Sandelholz in Form eines *tongkonan* gelegt. Umhüllt von einem glitzernden Leichentuch wird sie aus dem Haus und zu einer Plattform unterhalb des Getreidespeichers getragen. In der Zwischenzeit werden ein Abbild des Toten *(tau-tau)* und ein Beerdigungsturm *(lakkian)* vorbereitet. In der Mitte des Festplatzes *(rante)* wird ein großer Stein aufgestellt.

Die zweite Phase der Bestattung findet auf dem *rante* statt, der zu diesem Zweck mit Fahnen und dem Begräbnisturm geschmückt wird. Der Sarg wird nun zum Festplatz getragen und am Begräbnisturm aufgehängt.

Die Begräbnisfeier gipfelt in der rituellen Schlachtung von bis zu 50 Büffeln, wobei jeder mit einem einzigen Schwertstreich getötet werden muß. Das Blut wird in Bambusgefäßen gekocht und unter den Gästen verteilt. Am letzten Tag der Feierlichkeiten läßt man den Sarg vom Begräbnisturm herab und trägt ihn unter viel Geschrei und Aufregung zur Familiengrabstätte in den Bergen. Von hier aus steigt die Seele des Verstorbenen hinauf zu den göttlich gewordenen Vorfahren *(deata).* Sein *tau-tau,* sein Abbild, wird auf einem Balkon befestigt, von dem aus es die herrlichen grünen Täler des Toraja-Landes überblickt.

MANADO UND NORDSULAWESI

Der Norden von Sulawesi ist so etwas wie eine Anomalität. Weit hinaus in die Molukken-Seen erstreckt sich die schlangenförmige, fruchtbare Vulkanhalbinsel, die mehr als 1000 km vom nächstgelegenen Ballungsgebiet entfernt und trotzdem eine der am stärksten vom Christentum geprägten Regionen Indonesiens ist.

Hier leben etwa 2,3 Mio. Menschen, über 200 000 allein in der übervölkerten Provinzhauptstadt Manado. Sie liegt am Rand des gebirgigen **Minahasa-Gebietes** mit seinen tätigen Vulkanen, klaren Hochlandseen, heißen Quellen und Sandstränden. Kilometerweit ziehen sich Kokospalmplantagen die Küste entlang — Monat für Monat werden in Nordsulawesi 18 000 Tonnen Kopra gewonnen!

Im Landesinnern findet man terrassierte Reisfelder, Gemüsegärten und gelegentlich Maisanbau. Die Minahasan lieben Blumen und immer wieder beleben leuchtend bunte Sträuße entlang der Straße das Grau des Asphalts.

Die Minahasan

Die Minahasan-Völker sind mongolischen Ursprungs und wie die meisten Küstenvölker Indonesiens vor mehreren Jahrtausenden hier eingewandert. Ihre Sprache ähnelt der philippinischen sehr stark. Während der letzten Jahrhunderte haben sich Chinesen und Europäer zahlreich in ihrem Gebiet niedergelassen und sind mit der einheimischen Bevölkerung teilweise verschmolzen.

Angeblich lag der erste Hafen der Minahasan auf Manado Tua, einer erloschenen Vulkaninsel im Nordteil der Bucht von Manado. Vor vermutlich 500 Jahren wurde die Stadt in die Gegend des heutigen Manado verlegt und erlebte eine Blütezeit als Station auf der Gewürzhandelsstraße.

Im frühen 16. Jahrhundert tauchten die ersten portugiesischen Kaufleute auf, denen von Manila aus schon bald spanische Missionare folgten, die in Manado landeten und viele Minahasan zum Katholizismus bekehrten. Die meisten von ihnen traten im 19. Jahrhundert unter dem Einfluß holländischer Missionare zum Protestantismus über. Im gleichen Zeitraum machten die Kolonialherren Manado zur Hauptstadt der Region Ternate und versuchten, von hier aus die Macht der nordmolukkischen Sultanate zu brechen. Seither ist die Bedeutung der Stadt ständig gewachsen.

Viel traditionellen Handwerk der Minahasan ist in Vergessenheit geraten, auch die einst berühmten Bentenan-Webereien. Lebendig geblieben sind Volkstänze, wenngleich sie viel von ihrem Sinn und ihrer Schönheit verlieren, wenn sie ohne wirklichen Anlaß nur für Touristen aufgeführt werden. Die heute oft gezeigten Cakalele-Kriegstänze lassen nur schwach ahnen, was sie einmal gewesen sind. Die in den Dörfern noch beliebten Erntetänze Maengket und die koketten „Schleiertänze" sind vermutlich malaiischen Ursprungs.

Überall dort, wo Landwirtschaft betrieben wird, gibt es verschiedene jahreszeitlich bedingte festliche Ereignisse. Zu Beginn der Aussaat und zur Erntezeit ziehen die Dorfbewohner singend auf die Felder, ein Festival namens Mapalu. Nach der Ernte wird mehrere Tage und Nächte lang das Erntedankfest gefeiert. Es wird mit einer religiösen Versammlung eingeleitet, geht aber schon bald über in ein Festgelage mit Tanz und *saguer* (Palmwein). Die Älteren bevorzugen Walzer, Polka und Quadrille, die jungen Leute frönen etwas moderneren Verrenkungen. Ein Tanzsaal ist überflüssig — eine Kokospalmenlichtung oder ein Sandstrand genügen völlig.

Manado

Früher war Manado eine ruhige, gepflegte Stadt mit breiten Boulevards und sanft schaukelnden Palmen. Heute ist es eine der unpersönlichen modernen Städte, von denen es so viele gibt. Gewiß, man hat zahlreiche Häuserfassaden aus der Kolonialzeit renoviert, um das alte Stadtbild wiederherzustellen. Aber selbst der große Marktplatz, auf dem alle möglichen Waren aus der Umgebung sowie von den Sangihe- und Talaud-Inseln feilgeboten werden, ist nicht mehr der alte und ähnelt eher einem modernen Supermarkt. Die einheimischen Hausfrauen kaufen lieber in **Ranotana** im Außenbezirk der Stadt ein. Auch für Reisende ist Ranotana der richtige Ort, um die traditionelle Lebensweise der Minahasan zu beobachten.

Manado selbst bietet keine Sehenswürdigkeiten wie Museen oder kulturelle Ereignisse. Aber es eignet sich gut als Ausgangspunkt für Ausflüge zu den landeinwärts gelegenen Bergen und den Koralleninseln vor der Küste. Die Stadt ist über mehrere Hügel oberhalb des Meeres verstreut und verfügt über gute Verkehrsverbindungen.

Von Manado aus führt eine interessante Straße nach Osten durch das Tonsea-Gebiet zur Hafenstadt **Bitung** an der Ostküste der Halbinsel, insgesamt eine Strecke von 55 km. Man kommt dabei durch **Airmadidi** und die Küstenstadt **Kema,** in der vorwiegend *burgher,* Nachkommen aus Verbindungen zwischen Minahasan und Holländern, die alle holländische Familiennamen haben, leben.

Südlich von Kema erstreckt sich ein schöner Küstenstreifen mit idealen Wassersportmöglichkeiten und Korallenbänken in der Umgebung der Insel **Nona.** Jenseits Bitung liegt **Aertembaga,** das Zentrum des Thunfischfangs. In Bitung kann man ein Boot mieten und die Küste hinauf zum Dorf Batuputih fahren, dem Tor zum **Tangkoko-Batuangus-Dua Saudara Reserve** (Näheres siehe Teil IV ,,Die Tierwelt Indonesiens").

Von **Lembeyan** in der Nähe von Airmadidi schlängelt sich eine Straße durch das Minahasa-Hügelland bis zur Bezirkshauptstadt **Tondano,** einer sehenswerten Stadt mit breiten Boulevards.

Kurz vor Tondano, bei **Sawangan,** kommt man durch einen Park mit zahllosen *waruga,* d.h. 1,5 m langen Steinsärgen, geschmückt mit Reliefs und Statuen. Seit frühgeschichtlichen Zeiten bis ins 20. Jahrhundert hinein haben die Minahasan ihre Toten zusammen mit ihren Habseligkeiten in kauernder Stellung in diesen Steinsärgen begraben. Der Tradition folgend wurden sie im Umkreis der Familienhäuser bestattet. Man hat sie in den letzten Jahren an einem Platz zusammengetragen, um sie der Nachwelt zu erhalten.

Auf einem Hügel unmittelbar vor Tondano liegt das Mausoleum des Javaners Kyai Maja.

Bis heute ist dieses **Kampung Jawa** eine islamische Enklave in einem ansonsten christlichen Gebiet.

In Nordsulawesi leben sehr viele Chinesen. Das Bild zeigt das chinesische Toapekong-Fest.

Rund um den **Lake Tondano** liegen eine Reihe sehenswerter Städte: **Passo, Rembokan** (beide berühmt für ihre Thermalquellen und Keramiken), **Tandengan** und **Eris.** An der Südspitze des Sees liegt das Dorf **Kolongan Kawangkoan.** Hier finden häufig *kolintang*-Aufführungen und Ochsenkarrenrennen statt.

Südwestlich des Lake Tondano weist bei Langowan ein Schild den Weg zum **Watung Pinabetengan,** einem uralten Megalithen dicht neben der Hauptstraße. Noch immer werden hier vorchristliche Helden verehrt.

Strände und Quellen

Westlich von Tondano überwindet die Straße viele Hügel und erreicht **Tomohon,** ein betriebsames Handels-, Schul- und Missionszentrum. Thermalquellen findet man in **Lahendong** und in **Kinilow.** Von hier aus führt die Straße hinunter zur Küste, auf die man bei **Tanawangko,** einem beliebten Badeort, stößt.

Reist man der Küste in südlicher Richtung entlang, kommt man schon bald nach **Amurang,** einer kleinen Hafenstadt, 80 km entfernt von Manado. Hier wird ein reger Handel mit Ostkalimantan betrieben. Umgeben von sanften Hügelketten, ist sie das Tor zum südlichen Minahassan-Gebiet und nach **Gorontalo,** das man über den kürzlich fertiggestellten Trans-Sulawesi Highway (Richtung Westen) an einem Tag erreichen kann. Im **Mt. Ambang Reserve** bei **Kotamobagu** (2 Fahrstunden nach Süden), einem Gebiet mit Bergwäldern, Seen und Kaffeeplantagen, sind erlebnisreiche Wanderungen möglich.

Wählt man für den Rückweg von Amurang nach Manado die Küstenstraße, fährt man durch zahlreiche Dörfer am Meer, ideale Flecken, um zu schwimmen oder ein Picknick zu machen. Das Fischerdorf **Malalayang** entwickelt sich immer mehr zum Badeort; hier mietet man ein Boot für Ausflüge zu den Küsteninseln mit ihren Riffen und Korallenbänken. Am günstigsten für einen kurzen Besuch ist die Insel **Bunaken.** Inmitten eines erloschenen Vulkans auf **Manado Tua** liegt ein Kratersee.

Ab **Pineleng** liegen Dörfer und Häuser immer enger beisammen; von hier aus führt eine Seitenstraße zum Mausoleum von Tuanku, **Imam Bonjol.**

Kriegstanz aus Nordsulawesi.

SÜDOST- UND ZENTRALSULAWESI

Sulawesis südöstliche Provinz Tenggara und die in Zentralsulawesi gelegene Provinz Tengah werden selten besucht und sind touristisch kaum erschlossen. Aber ihre Abgelegenheit von den ausgetretenen Pfaden hat vieles von dem Charme und den Traditionen überleben lassen.

Die Hauptstadt Südostsulawesis ist **Kendari,** dessen Kunsthandwerker für ihre Silberfiligranarbeiten berühmt waren. Sie liegt an der Ostküste am Banda-See und ist mit ihrem Hafen das Tor zu den Molukken. Da sie von Myriaden von Inseln umgeben ist, hat man vom Meer aus den Eindruck, als läge sie an einem See.

Unbedingt zu empfehlen ist die Bootsfahrt von Kendari nach **Wolio** auf der Insel Buton. Es wird Ihnen bestimmt viel Freude machen, zwölf Stunden lang durch Meeresengen zwischen zahllosen Inseln hindurch zu fahren.

Auf einem Hügel über der Stadt liegt **Kraton** — eine mächtige, Jahrhunderte alte Festung mit phantastischem Blick auf das Meer und die umliegenden Inseln. Die Bewohner leben auf abgelegenen Küstenstrichen bis hinauf zu den nördlichen Salabangka-Inseln und jagen den riesigen Stachelrochen, dessen giftigen Stachel sie als Harpunenspitze verwenden.

Von Kendari aus führt eine gut ausgebaute Straße quer über die Halbinsel zum Kupferbergbaugebiet von **Kolaka,** wo man mit der Fähre über die Bay of Bone nach Watambone in Südsulawesi übersetzen kann.

An der Nordseite der Bucht, dicht an der Grenze zwischen Zentral- und Südostsulawesi, liegen die von Nickelgruben umgebenen Städte **Malili** und **Saroako,** Sitz der International Nickel Co. (INCO). In der Umgebung werden jährlich bis zu 45 000 Tonnen Nickel abgebaut, das sind fast 10 % der Weltproduktion.

Eine Reise in dieses Gebiet lohnt sich allein schon wegen der zwei dort gelegenen Seen. Am **Lake Matana** hat die INCO ein Erholungsgebiet geschaffen, wo man schwimmen, segeln, Wasserski fahren oder an Bootsrennen teilnehmen kann. Um den See herum gibt es uralte Grabhöhlen, vor allem in der Nähe von Saroako.

Lake Towuti, der größte See Sulawesis, ist umgeben von bergigem Regenwald. Falls man bei INCO keinen Ausflug buchen kann, fährt man am besten mit dem Bus von Malili über Timampu dorthin.

Provinzhauptstadt von Zentralsulawesi ist **Palu.** Diese Handelsstadt liegt an der Westküste, am Ausläufer einer schmalen und tiefen Bucht. Man kann täglich von vielen Städten aus hierher fliegen. Nachtschiffe nach Samarinda (Kalimantan) fahren einmal wöchentlich vom 25 km nördlich gelegenen Hafen. Palu ist zugleich das Eingangstor zum herrlichen Lore Lindu National Park (siehe Teil IV ,,Die Tierwelt Indonesiens"). Nur 35 km entfernt, am Ausgang der Bucht, liegt **Donggala,** ein malerischer Hafen.

Das Bild Zentralsulawesis ist geprägt von einsamen Berggipfeln, Regenwäldern und abgelegenen Dörfern. Heute verbindet eine Schnellstraße **Tentena** und **Pendolo** oberhalb des aufregend schönen Lake Posso miteinander, so daß man die Gesamtstrecke von Ujung Pandang nach Manado innerhalb einer Woche zurücklegen kann.

:in Pferdevagen ist noch immer in gängiges Verkehrsnittel.

B O E R O
Boero
Amblauw
Kelang
het Nassausche Gat
Drooge Rystehoek
De Drie Gebroeders
Duiven Eiland
uitsche mylen in een Graad

KAART
DER
Ambonsche Eilanden.
R
A
M
R. Mohirou
Lomoradore Eil.n
P.t Arat
Ketingan
Kin
Coram Laut
Keffing
P.t Goeess
Goram
Tenimbar
Manabacu
BANDASCHE EILANDEN
Capal
P.t Frampon
P.t Swangi
P.t Ay
Neira
Goenong Api
P.t Rhum
Lonthoir
Rosengyn
Het Strand Lelan
Het Moleshou Rif

MALUKU: DIE GEWÜRZINSELN

Jedes Schulkind hat schon von den legendären Gewürzinseln gehört — jenen Inseln weit im Osten, von denen seit Jahrhunderten Gewürznelken, Muskat, Zimt und Pfeffer kommen und die den Lauf der Geschichte verändert haben. Die Suche nach einem Seeweg dorthin hat das Zeitalter der Entdeckungen eingeleitet und der damit einsetzende einträgliche Gewürzhandel wurde sehr schnell Grundlage für die Entwicklung der europäischen Handels- und Kolonialreiche, die das Bild der modernen Welt so sehr geprägt haben.

Weniger bekannt dürfte sein, daß auf dem Höhepunkt der europäischen Gier nach Gewürzen im 16. und 17. Jahrhundert immer zwei verschiedene Schauplätze gemeint waren, wenn von „Gewürzinseln" die Rede war. Zimt und Pfeffer wurden damals vor allem auf Ceylon und Sumatra gewonnen — übrigens auch in Java und Indien —, während Gewürznelken, Muskatnüsse und Nelken in erster Linie von bestimmten Inseln der östlichen Molukken kamen, winzigen Landflecken vulkanischen Ursprungs, die heute zu einer Provinz namens Maluku (Molukken) zusammengefaßt sind.

Muskat, Gewürznelken und Handel

Die Bezeichnung Molukken geht auf das arabische Wort Maluku zurück und bedeutet „Land der Könige". Ursprünglich bezog es sich nur auf die Inselkette Ternate, Tidore, Moti, Mare und Makian — kleine Inseln, die der Westküste der vergleichsweise riesigen Insel Halmahera vorgelagert sind. Dieser Mini-Archipel, knapp nördlich des Äquators, ernährte früher auf einer Gesamtfläche von nicht einmal 525 qkm immerhin fast 25 000 Menschen (heute sind es etwa 60 000), die fast alle mit Gewürzanbau und Handel beschäftigt waren.

Eine Schlüsselstellung im Gewürzhandel nahmen die eng nebeneinander liegenden Inseln Ternate und Tidore ein (beide 104 qkm). Die fast symmetrischen Vulkankegel, sind von Korallenriffen eingerahmt und erheben sich bis 1600 m über den Meeresspiegel. Im 15. und 16. Jahrhundert waren die Inseln rivalisierende Königreiche, deren Einflußbereich sich Hunderte von Kilometern in alle Richtungen erstreckte. Schon Jahrhunderte vorher waren sie Stationen für chinesische, javanische und arabische Kaufleute. Als 1512 die ersten portugiesischen Seefahrer ihren Fuß auf die Inseln setzten, war absehbar, daß sie zum Schauplatz blutiger Auseinandersetzungen im pazifischen Raum werden würden.

650 km weiter südlich stießen die Portugiesen auf die noch kleinere Gruppe der Banda-Inseln: Neira, Lonthor, Run, Ai und Rosengain. Wenig später erzeugten hier etwa 15 000 Menschen (heute 25 000) fast die gesamte Weltproduktion an Muskatblüten und -nüssen. 1621 kamen die Holländer, die den Gewürzhandel unter ihre Kontrolle bringen wollten, und unterwarfen die Banda-Inseln mit brutaler Gewalt. Von da an wurden sie mit unnachsichtiger Strenge von den Holländern verwaltet.

Vorhergehende Seiten: Karte und Zeichnung von den Molukken aus dem Jahr 1818. Links: Mädchen aus Ambon in ihrem Tanzkostüm mit einem Willkommensimbiß. Rechts: Diese Festung in Ambon bauten die Portugiesen 1574.

160 km nördlich der Banda-Inseln und 480 km südlich von Ternate und Tidore stießen die Portugiesen auf die wesentlich größere Insel Ceram (auch Seram) und ihre winzige Nachbarinsel Ambon. Damals spielte der Gewürzhandel auf beiden Inseln kaum eine Rol-

le, und deshalb interessierte sich bis ins späte 16. Jahrhundert hinein außer einigen portugiesischen und spanischen Missionaren — unter ihnen der heilige Francis Xavier — kaum jemand aus dem Westen für sie. Aber als 1574 die portugiesische Vorherrschaft in Ternate und Tidore gefährdet war, bauten die Portugiesen in der gut geschützten Bucht von Ambon eine neue Festungsanlage, die zum Kern der später um sie herum wachsenden Stadt Ambon wurde. 1605 jedoch vertrieben die Holländer die Portugiesen, legten ausgedehnte Gewürznelkenplantagen an und trieben die Besiedlung der Insel voran, so daß sie schließlich zu einem Stützpunkt der holländischen Herrschaft über die östlichen Inseln wurde.

Weniger bedeutsam war die geschichtliche Rolle der anderen Inseln der Molukken. Gilolo, das heutige Halmahera, blieb das große Hinterland für Ternate und Tidore. Aber es lieferte nur geringe Mengen minderwertiger Gewürze und wenig Waren für die Märkte. Deshalb hatten selbst die methodisch vorgehenden Holländer kein Interesse an einer effektiven politischen Kontrolle über die Insel. Ceram war die Heimat der stolzen Alfusu, Kopfjäger, die von den Holländern im wesentlichen in Ruhe gelassen wurden. Auf der Insel Buru, westlich von Ambon, wurde Eukalyptusöl hergestellt, die Aru- und Kai-Inseln (südöstlich der Banda-Inseln) lieferten Perlen und Trepang. Alles in allem jedoch haben diese Inseln während der holländischen Herrschaft kaum jemals Aufmerksamkeit erregt. Erst in jüngster Vergangenheit haben die Bodenschätze, die Waldbestände und die reichen Fischgründe der Molukken auch internationales Interesse hervorgerufen.

Während des Zweiten Weltkrieges gerieten die Namen einiger schon fast vergessener Gewürzinseln in die Schlagzeilen der Weltpresse, als sie 1942 zunächst von den Japanern besetzt und ein Jahr später von den Alliierten zurückerobert wurden. Zu einem Paradoxon der Geschichte kam es unmittelbar nachdem die Molukken Teil der unabhängigen Republik Indonesien geworden waren — jetzt erhoffte sich die Bevölkerung ausgerechnet von den ehemaligen Kolonialherren Hilfe gegen den indonesischen Nationalismus. So kam es auch, daß heute etwa 40 000 Molukker im selbstgewählten Exil in Holland leben. Die meisten sind in Holland geboren und haben ihre Heimat nie gesehen. Dennoch versuchen einige, den Traum von einer selbständigen Molukken-Republik zu verwirklichen. Sporadische Aktionen sollen die Welt darauf aufmerksam machen; z.B. besetzten sie 1977 gleichzeitig das indonesische Konsulat und einen holländischen Pendlerbus.

Trotz ihrer glorreichen Vergangenheit bilden die 999 Inseln der Molukken heute eine der abgelegensten und unbekanntesten indonesischen Provinzen. Sie sind verstreut über

Oben: Frauen auf Ambon beim Willkommenstanz. Rechts: Musikalischer Empfang mit Trompetenschnecken.

ein Gebiet, das größer ist als Borneo, obwohl ihre Gesamtfläche mit etwa 87 000 qkm nur knapp zwei Drittel der Größe Javas ausmacht. Die beiden größten Inseln, Halmahera und Ceram, sind immerhin jeweils 17 000 qkm groß und haben damit die dreifache Fläche Balis. Aber Hunderte von anderen Inseln sind eigentlich nur winzige, unzugängliche und nur dünn besiedelte Atolle, umgeben von Meeresuntiefen, Korallenriffen, Mangrovensümpfen und bewachsen mit dichten Urwäldern.

Administrativ gliedert sich die Provinz Maluku in drei Regionen. Nordmaluku umfaßt die 5 eigentlichen Gewürzinseln, das tintenfischförmige Halmahera, den für seinen Kakao bekannten Bacan-Archipel und die waldbestandenen Archipele Obi und Sula,

die sich nach Westen Richtung Sulawesi erstrecken.

Zentralmaluku besteht aus den relativ großen und urwüchsig schönen Inseln Buru und Ceram, der Insel Ambon mit der Provinzhauptstadt Ambon und den Muskat liefernden Banda-Inseln im Süden.

Südostmaluku (in diesem Band nicht behandelt) ist eine lange Kette kleinerer und kaum besuchter Inseln, die sich von der östlichen Spitze Timors bis vor die Küste Neuguineas hinziehen, von Wetar im Westen bis zum Aur-Archipel im Osten.

Die Molukken haben heute eine Gesamtbevölkerung von 1,5 Mio. Die Vielzahl der Stämme und Sprachen ist kaum überschaubar oder klassifizierbar. Das Aussehen der Molukker liegt etwa in der Mitte zwischen den hellhäutigen, glatthaarigen, mongoliden Völkern in Westindonesien und den dunkelhäutigen, kraushaarigen Australoiden in Neuguinea.

Kulturell deutlich abgegrenzt sind die islamischen und christlichen Mehrheiten in den alten Städten des Gewürzhandels von den zahllosen Stämmen in den entlegeneren Gebieten. Auf Halmahera z.B. leben über 30 Stämme mit jeweils verschiedenen Sprachen. Hinzu kommen etliche Gruppen von *orang laut* (Meeresnomaden), die auf Booten wohnen und im Archipel umherkreuzen.

Die zentralen und nördlichen Inseln sind feucht, grün und häufig vulkanischen Ursprungs. In ihren dichten Urwäldern findet sich eine reiche Flora und Fauna — viele exotische Orchideen, Beuteltiere, Schmetterlinge und Vögel. Gewürze zählen nach wie vor zu den Hauptprodukten.

Eigentlich wäre hier ein ideales Urlaubsgebiet — das Klima ist gut, es gibt Sandstrände, viele Sehenswürdigkeiten, eine faszinierende Meereswelt und die Menschen sind freundlich und unbeschwert. Trotzdem ist der Tourismus unterentwickelt. Ein Grund dafür ist, daß die Molukken noch immer wenig bekannt sind und abseits des Tourismuspfades zwischen Java und Bali liegen, was einen Ausflug dorthin auch teuer macht. Aber wer weiß — vielleicht werden die Gewürzinseln, die in der Geschichte eine große Rolle gespielt haben, noch ein zweites Mal vom Ausland entdeckt, diesmal friedlich.

AMBON UND ZENTRALMALUKU

Regierungssitz, Handelszentrum und Verkehrsknotenpunkt der weit auseinander gezogenen Inselprovinz Maluku ist **Ambon,** ein winziges tropisches Idyll, das lange unter islamischer, portugiesischer und holländischer Herrschaft stand und dessen Einwohner heute zumeist Christen sind. Die Insel besteht aus zwei parallel liegenden Halbinseln namens Leihitu und Leitimor, die an einem Ende durch einen schmalen Isthmus verbunden sind. (Siehe Karte von Ambon im Kurzführer.)

Ambon City

Kota Ambon, die geschäftige Provinzhauptstadt, hat 220 000 Einwohner und liegt auf der Südseite der Bucht. Gegründet 1574 von den Portugiesen, entwickelte sie sich zu einer hübschen Stadt, deren kopfsteingepflasterte Straßen von vielen großen Bäumen gesäumt waren. 1945 wurde Kota Ambon schwer bombardiert. Zwar hat es sich von den Schäden wieder erholt, aber heute ist sein Gesicht ebenso von Betonkästen geprägt wie das anderer aufstrebender Städte Indonesiens. Trotzdem lassen manche Ecken der Stadt noch früheren Charme erahnen, und noch immer ist das Leben hier beschaulicher als im städtisch geprägten Java.

Am deutlichsten an die koloniale Vergangenheit Ambons erinnert **Victoria Fort** im Stadtzentrum, eine alte holländische Festungsanlage, die von den Portugiesen begonnen wurde. Da es heute militärisch genutzt wird, muß man sich vor der Besichtigung im örtlichen Touristenbüro einen Ausweis besorgen. Auf dem Platz vor der Festung zeigt ein Standbild Kapitän Pattimura, der 1817 einen Aufstand gegen die Holländer angeführt hat. Ein Standbild seiner Mitkämpferin Martha Tiahahu befindet sich gegenüber dem Parlamentsgebäude, das die Bay of Ambon überblickt.

Weitere Denkmäler der Kolonialzeit finden sich entlang der Jl. Batu Gajah: die frühere Residenz des holländischen Gouverneurs und des javanischen Prinzen Diponegoro, der einige Zeit hier im Exil lebte, und schließlich das Mausoleum von Sunan Pakubuwana VI von

Surakarta, einem javanischen Herrscher, der hier im Exil 1849 starb.

Wesentlich interessanter dürfte das **Siwalima Museum** sein, auf einem Hügel im östlichen Stadtviertel Karang Panjang. Dort findet man eine umfangreiche Sammlung traditioneller Stammeskunst, vor allem von den Kai- und Tanimbar-Inseln: geschnitzte Kanubugspriete, Figuren der Vorfahren, Kultgegenstände, Talismane, chinesische Keramiken und andere wertvolle Gegenstände. Am besten vereinbart man im Erziehungsministerium (PDK) in der Jl. Ahmad Yani einen Besuchstermin.

Quer durch die Insel

Eine malerische Straße führt von der Stadt Richtung Westen an der Küste entlang durch eine Reihe alter Dörfer wie **Amahusu, Eri** und **Latuhalat,** deren Gewürznelkengärten, Kirchen und portugiesische Familiennamen allesamt Erbe des 16. und 17. Jahrhunderts sind. Hier findet man auch schöne Strände, vor allem an der Südspitze der Halbinsel. In der riffgeschützten Bucht von **Namanlatu,** einem ehemaligen Ausflugsort der Rajas, kann man schnorcheln.

Eine weitere Straße verläßt Ambon in südöstlicher Richtung und windet sich steil hinauf zu dem sehenswerten alten Dorf **Soya,** in dem sich eine holländische Kirche aus dem Jahr 1817 und die frühere Residenz eines Raja befindet. Soya liegt auf dem wegen seiner prähistorischen Megalithen berühmten Mount Sirimahu. Oberhalb des Dorfes, unter dem Gipfel, steht ein Felsentisch, der ,,Thron der Vorfahren''.

Am Fuß der Hügel in der Nähe von Soya stößt man auf zahlreiche riesige Felsbrocken und einen von Steinen eingegrenzten Platz. Angeblich stand hier einmal eine Art Versammlungshalle *(baileu).* Eine angrenzende Steintreppe benutzen die hier lebenden Schamanen, um mit den in nahegelegenen Gräbern bestatteten Vorfahren zu ,,sprechen''. Am zweiten Freitag im Dezember findet hier ein Fest statt, in dessen Verlauf Kirche und *baileu* rituell gesäubert werden.

Der hinter Soya bergauf führende schmale Weg kreuzt ständig Trampelpfade, die als ,,Straßen von Golgatha'' bekannt sind und zu den Dörfern **Ema, Kilang, Naku** und **Hatalai** an den Südhängen des Sirimahu führen. In jedem dieser Dörfer steht ein uralter heiliger

Hafen von Ambon.

Megalith. Der anstrengende Fußmarsch wird belohnt durch atemberaubende Ausblicke über die ganze Insel. In diesen sauberen, freundlichen Dörfern hat sich fast nichts verändert, seit der heilige Francis Xavier im 16. Jahrhundert hier das Christentum gepredigt hat. Die Höhlen bei **Kusukusu Sereh** sind voll von Megalithen und bezeugen die lange Anwesenheit von Menschen in diesem Gebiet.

Unweit von Ambon liegt im Nordwesten, an der Straße nach Passo, das Moslemdorf **Batumerah,** das bekannt ist wegen seiner alten Moschee und seinen Muschelarbeiten.

An der Landenge, wo die äußere in die innere Bucht von Ambon übergeht, liegt die Stadt **Galala,** Sitz der Pattimura-Universität und Anlegeplatz der Fähre hinüber nach **Pokka** auf der Leihitu-Seite. Die Studenten allerdings mögen lieber die Einbaumkanus mit ihren bunten Segeln.

Alle Straßen führen nach **Passo** und **Baguala,** die sich auf der schmalen Landenge gegenüberliegen, die die beiden Hälften der Insel Ambon miteinander verbindet. **Natsepa Beach,** im Osten von Baguala, eignet sich hervorragend zum Schwimmen und Picknicken. Weiter im Osten, jenseits des Leihitu-Plateaus, liegt **Tulehu,** eine geschäftige islamische Hafenstadt, von der aus man nach Ceram und zu der Inselgruppe ,,The Lease" gelangt.

An der Küste im Norden von Tulehu liegt **Waai** (,,Wasser"), ein blühendes Dorf mit christlicher Bevölkerung, das bekannt ist für seine den großen Dorfteich bevölkernden heiligen weißen Aale. Hinter Waai, im östlichsten Zipfel der Insel, kann man Boote für einen Ausflug zur Insel **Pombo** (,,Taube") mieten, einem Naturschutzgebiet, das von herrlichen Korallengärten umgeben ist. (Vorher einen Besucherausweis im Ozeanographischen Institut in Pokka beschaffen.)

Die Halbinsel Leihitu hat ihren Namen von der Ortschaft **Hitu,** die man erreicht, wenn man von Passo zunächst in westlicher Richtung und dann quer durch die Insel zur Nordküste fährt.

An der Küste im Osten von Hitu liegt **Mamala,** wo alljährlich eine Woche nach dem Ramadan die Dorfbewohner das traditionelle *baku pukul sapu* aufführen. Während dieses rituellen Kampfes, der von Gongschlägen begleitet wird, schlagen die Gegner mit Peitschen aus Kokosnußfasern aufeinander ein. In regelmäßigen Abständen behandelt ein Schamane ihre offenen Wunden mit einer Salbe und am Abend feiert das ganze Dorf ein Fest.

Nordöstlich von Mamala, hinter Morela, schlängelt sich ein schmaler Pfad durch die Hügel und entlang einer tief abfallenden Schlucht zur alten Festung **Kapahaha,** die auf drei Seiten durch steile Abhänge geschützt und nur über eine Steintreppe zugänglich ist. Im Innern befinden sich eine Quelle und die Gräber der letzten Verteidiger von Leihitu.

Westlich von Hitu führt eine belebte Straße zu den beiden Dörfern **Hila** (Moslems) und **Kaitetu** (Christen). In Hila steht auch die älteste, 1646 erbaute Moschee der Insel. In Kaitetu kann man die unter dem Namen **Fort Amsterdam** bekannt gewordene portugiesische Festung aus dem 16. Jahrhundert besichtigen, die allerdings schon verfällt und teilweise zugewachsen ist.

Die Nachbarinseln

Die drei im Osten von Ambon verstreuten Inseln **Haruku, Saparua** und **Nusalaut** sind unter dem gemeinsamen Namen ,,The Lease" bekannt. Viele der Küstendörfer auf diesen Inseln sind 500 Jahre alt und waren früher wichtige Stationen des Gewürzhandels. Deshalb stößt man auch ständig auf holländische Festungsanlagen. Das vor kurzem restaurisierte **Fort Duurstede** in Saparua ist berühmt, weil es damals von der Armee Pattimuras angegriffen wurde.

Die Berge auf der großen Insel **Ceram** ragen bis zu einer Höhe von 3000 m auf. Überall verstreut liegen Dörfer und Festungsanlagen, während es nur wenige Städte und Straßen gibt. Man glaubt, daß hier die Heimat des Hitu-Adels war. Das Innere der Insel ist noch nicht erforscht und bis vor kurzem waren die hier lebenden Stämme der Nalulu und der Alfuru noch Kopfjäger.

Ähnlich unerforscht ist die ziemlich große Insel **Buru** im Westen. Sie ist von Riffen und Sümpfen umgeben, dicht bewaldet und Lebensraum riesiger Insekten.

Da es seit 1969 auf Buru zahlreiche Straflager für politische Gefangene gibt, braucht man für den Besuch eine Sondererlaubnis der Militärbehörden.

BANDA: DIE MUSKATINSELN

160 km südöstlich von Ambon, weit über das Meer verstreut, liegen die **Banda-Inseln.** Obwohl sie winzig klein und dünn besiedelt sind, haben sie jahrhundertelang eine große Rolle in der Weltgeschichte gespielt. Denn von den frühgeschichtlichen Tagen bis hinein ins späte 18. Jahrhundert haben diese kleinen Inseln den Weltmarkt mit Muskatblüten und -nüssen beliefert.

Vermutlich haben hinduistisch-javanische Kaufleute diese beiden Gewürze international verbreitet. Nach Europa gelangten sie erstmals im 6. Jahrhundert n.Chr. und wurden schnell begehrt. Deshalb zogen die Portugiesen ein Jahrtausend später schnurstracks zu den Bandas. Lange Zeit waren die Inseln Spielball im Kampf miteinander rivalisierender Handelsmächte, bis schließlich 1621 die Holländer mit einer großen Flotte von Kampfschiffen die Sache zu ihren Gunsten entschieden und sich die Kontrolle über die Inseln sicherten. Aber es gelang den Franzosen und Engländern, Muskatsämlinge herauszuschmuggeln, so daß die Muskatexporte der Bandas immer mehr zurückgingen.

luskat-
äume auf
en
anda-Inseln.

Die Banda-See ist sehr tief und unglaublich blau. Alle Farben wirken hier besonders intensiv und über den Inseln liegt ein solch unwirklicher Glanz, daß man sich an die Küste Süditaliens versetzt glaubt.

Die Hauptinsel **Banda Neira** ist voller Geschichte. Die gleichnamige Stadt zieht sich vom Meeressaum aus eindrucksvoll einen Hügel hinauf und überragt eine schmale Meerenge, auf deren gegenüberliegenden Seite die Insel **Gunung Api** liegt. Gut erhalten sind die Wohnsitze der holländischen Plantagenverwalter *(perkeniers)* und der wohlhabenden chinesischen und arabischen Kaufleute, die manchmal 200 oder 300 Jahre alt sind. Im Stadtzentrum steht eine alte holländische Kirche, deren verwitterte Grabsteine 350 Jahre holländischer Herrschaft über die Inseln ins Gedächtnis rufen.

Einen herrlichen Ausblick hat man von dem oberhalb der Stadt liegenden **Fort Belgica.** Neben der Kirche steht eine weitere holländische Festungsanlage, **Fort Nassau.**

Die im mediterranen Stil gestalteten Steinhäuser sind absichtlich niedrig gebaut, weil es in diesem Gebiet häufig Erdbeben gibt. Mehrere waren einst Wohnsitz indonesischer Nationalisten; z.B. lebte hier Mohammed Hatta, der erste Vizepräsident der Republik Indonesien, in den Dreißiger Jahren im Exil. Die Familie Baadillah, Nachkommen arabischer Seekapitäne, hat ihren Wohnsitz umgewandelt in ein kleines Museum mit einer bunten Vielzahl von Erbstücken.

Per Boot kann man die benachbarten Inseln erreichen. In nur wenigen Stunden gelangt man auf den 650 m hohen rauchenden Gipfel der Insel **Gunung Api,** von dem aus sich ein herrlicher Blick über die ganze Inselkette der Bandas bietet. Die Meerenge zwischen den zwei Inseln sieht aus wie ein großer Kratersee, in dem einige der schönsten Korallengärten der Welt liegen. Die hinter Banda Neira liegende größere Insel **Lonthor** ist von Muskatbaumgärten bedeckt und wird von dem auf einem Hügel stehenden **Fort Hollandia** überragt.

TERNATE UND TIDORE: DIE GEWÜRZNELKENINSELN

Obwohl sie heute kaum bekannt sind, haben die Zwillingsinseln Ternate und Tidore jahrhundertelang wegen ihrer Gewürznelken eine Schlüsselrolle in der Machtpolitik um den östlichen Teil Indonesiens gespielt. Diese winzigen Inseln sind vollkommen geformte Vulkankegel mit nicht ganz 10 km Durchmesser, die sich bis zu einer Höhe von 1700 m über dem Meeresspiegel erheben.

Schon im alten Ägypten spielten Gewürznelken (von den Molukken *cengkeh* genannt) eine Rolle beim Einbalsamieren. Chinesische Höflinge benutzten sie schon vor 2000 Jahren als Mund-,,Deo", Jahrtausendelang wurden Gewürznelken auf einer begrenzten Fläche im westlichen Halmahera und auf den benachbarten Inseln angebaut. Aber seit dem 14. Jahrhundert konzentrierte sich der Handel mit diesem außerordentlich wertvollen Gewürz, der Trockenblüte eines Baumes, auf Ternate und Tidore, zwei miteinander rivalisierenden Königreichen, die später zum Islam konvertierten.

1512 kamen die Portugiesen von Ambon aus nach Ternate — an Bord von königlichen *kora-koras,* großen Eingeborenenbooten mit bis zu 100 Ruderern. Kaum hatten sie die Insel betreten, verkündeten sie eine ,,Allianz" mit dem König von Ternate. Die Landung Magellans auf der Insel Tidore im Jahr 1521 war der Beginn blutiger Auseinandersetzungen zwischen fremden Mächten in der ganzen Region.

Ende des 16. Jahrhunderts konnte Ternate unter den Sultanen Baabullah und Said eine Zeitlang seine Unabhängigkeit wiederherstellen und die Portugiesen vertreiben (1574). Ternate schickte große *kora-kora*-Flotten bis nach Cebu und Flores, um Bündnisse zu schmieden und Tribut zu fordern. Aber schon 1606 eroberten die Spanier von Manila aus beide Inseln.

Bald mischten sich auch die Holländer und Engländer in den Machtkampf ein. Der Sieg der Holländer hat das Gesicht der Inseln bis heute geprägt.

Alte Radierung, die den König von Tidore zeigt, wie er ausländische Kaufleute bewirtet und unterhält.

Verfallende Festungen

Die bedeutendste Stadt ist **Ternate,** ein kleiner Hafen und ein aufblühendes Handelszentrum an der südöstlichen Küste gegenüber von Tidore. Sie ist um **Benteng Oranje,** eine befestigte Handelsstation der Holländer aus dem frühen 17. Jahrhundert, herumgewachsen.

Der **Kedaton** oberhalb der Stadt, von dem man einen herrlichen Blick über die Meerengen hat, wurde im 19. Jahrhundert von einem Engländer entworfen. Deshalb hat er mehr Ähnlichkeit mit einer Kolonialvilla als mit einem Sultanspalast. Der letzte Sultan ist 1974 ohne Nachfolger gestorben. Heute dient der Palast als Museum für verschiedene Kunstgegenstände aus vier Jahrhunderten. Die angeblich 700 Jahre alte Königskrone (aus Menschenhaar hergestellt und mit Juwelen verziert) von Ternate wird dem Besucher auf Wunsch gezeigt.

An einem Tag kann man mühelos die ganze Insel erkunden und z.B. an vergessenen Festungen und schönen Stränden Halt machen. Am Meer südlich der Stadt Ternate verwittert eine alte Schanzanlage der Engländer mit dem Namen **Kayu Merah.** Noch weiter im Süden stößt man auf die unterirdische Festung **Kota Janji,** in der die Portugiesen 1570 Sultan Harun ermordeten.

Frauen beim Pflücken von Gewürznelken.

Nach einer kurzen Fahrt von Ternate aus, vorbei am lotosbewachsenen Lake Laguna, windet sich die Straße hinauf nach **Foramadiaha,** dem einstigen Sitz des Hofes von Ternate. Heute sieht man nur noch die Fundamente des Palastes und die Gräber der Sultane. Weiter westlich, entlang der Hauptstraße, liegt unten am Meer **Kastela,** früher eine der wichtigsten Festungen der Portugiesen und Spanier, heute nur noch eine überwucherte Ruine.

Unmittelbar an der nahegelegenen heiligen Quelle **Akerica** haben Portugiesen und Holländer angeblich den ersten Gewürznelkenbaum der Molukken gefunden. Von hier aus schlängelt sich die Straße an Kiesstränden und steilen Klippen entlang bis zum Dorf **Aftador,** Schauplatz japanischer Greueltaten im Zweiten Weltkrieg.

Vom nördlichsten Punkt Ternates aus, in **Sulamedeha,** fahren Boote zur Insel Hiri ab. Vom nahegelegenen **Batu Angus** („Verbrannter Felsen") herab bis zum Meer zieht sich eine schwarze Lavaspur. 1983 brach der Vulkan hier aus. Unten bei **Dufa-Dufa** an der Nordküste locken weiße Sandstrände und Korallenriffe Taucher und Strandgutsammler an. Zwischen Dufa-Dufa und Ternate steht die guterhaltene Festung **Toloku,** in der sich ein 400 Jahre altes und noch gut lesbares portugiesisches Siegel befindet.

Die 20minütige Bootsfahrt von Ternate nach **Tidore** ist ein unvergeßliches Erlebnis und führt in eine ganz andere Welt: die Menschen auf Tidore wirken viel entspannter als ihre Verwandten in Ternate. Mit Taxis kann man von der alten Hafenstadt **Rum** aus, die wegen ihres Sonntagsmarktes und einer portugiesischen Festung bekannt ist, zur Ostküste hinüberfahren.

Soa-Siu, die wichtigste Stadt auf Tidore, sieht aus wie ein mediterranes Fischerdorf. Die weißgetünchten Häuser sind die Hänge des Mount Tidore hinaufgebaut und haben Türen in der Form gegabelter iberischer Torbögen — ein Erbe aus den Zeiten der Spanier. Oberhalb der Stadt liegen die Ruinen des alten Sultanspalastes und die restaurierte Moschee.

IRIAN JAYA: DAS ABGELEGENE INDONESIEN

Irian Jaya, die westliche und indonesische Hälfte der gewaltigen Insel Neuguinea, ist ohne Zweifel das abgelegenste und unterentwickeltste Gebiet der Welt. Die weitläufigen Küsten sind zum großen Teil eingesäumt von undurchdringlichen Mangrovensümpfen.

Das Landesinnere ist von dichten Urwäldern und zerklüfteten Bergen beherrscht und zergliedert, deren Gipfel bis auf 5000 m reichen und teilweise schneebedeckt sind. Straßen gibt es so gut wie keine, See- und Luftverbindungen sind spärlich, die meisten Dörfer im Innern kann man nur auf gefährlichen

Trampelpfaden in oft wochenlangen Fußmärschen erreichen. Die mehr als ungewöhnliche Topographie des Landes ist einer der Gründe für die nahezu unübersehbare Mischung von Völkern und Kulturen in dieser Provinz. In Irian werden mehr als 100 einander fremde Sprachen von zahllosen völlig verschiedenen Stämmen gesprochen, die teilweise noch leben wie in der Steinzeit.

Australien nicht mitgerechnet, ist Neuguinea nach Grönland die zweitgrößte Insel der Erde mit einer Gesamtfläche von rund 785 000 qkm. Der östliche Teil war früher eine englische und deutsche Kolonie, später australisches Protektorat. Seit 1975 ist es ein selbständiger Staat mit 3 Mio. Einwohnern, der den Namen Papua-Neuguinea trägt. Der westliche Teil der Insel, früher unter dem Namen Holländisch-Neuguinea bekannt, fiel 1963 nach einem kurzen, aber blutigen Annexionskrieg unter Präsident Sukarno an Indonesien, dessen Staatsgebiet sich dadurch um 25 % vergrößerte.

Auf der ganzen Insel findet man eine eindrucksvolle Flora und Fauna. Epiphytenfarne, Orchideen und Kletterlianen verschlingen sich miteinander unter dem grünen Baldachin des Dipterocarpus-Regenwaldes. Über 700 Vogelarten hat man bis heute entdeckt, darunter der riesige, aber flugunfähige Kasuar und der legendäre Paradiesvogel (*Paradisea apoda*), dessen leuchtend goldene Federn jahrhundertelang immer wieder Jäger und Sammler angelockt haben. Beuteltiere wie das Baumkänguruh und das Wallaby bevölkern die Wälder und das Grasland. Immer wieder verbreiten gefährliche Reptilien wie das Krokodil und die „Todesviper" bei den Eingeborenen Furcht und Schrecken.

Papuas und Melanesier

Die Urbevölkerung Irians umfaßt etwa eine Million Menschen, die man aus sprachlichen Gründen in zwei Hauptgruppen unterteilt: die Melanesier im Küstenbereich und die Papuas im Hochland. Beide Gruppen sehen sich sehr ähnlich. Sie sind dunkelhäutig, kraushaarig und bärtig. Ihre Gesichtszüge ähneln denen der verwandten australischen Aboriginals. Man nimmt an, daß diese australoiden Völker seit über 40 000 Jahren hier leben und vor der Einwanderung mongolider Völker einen großen Teil Südostasiens bewohnt haben.

Siedlungen der Melanesier, deren Sprachen mit den Sprachen anderer Völker Indonesiens und Polynesiens verwandt sind, finden sich entlang der Nord- und Westküste — in der Nähe von Jayapura (Provinzhauptstadt im Nordosten von Irian Jaya), im oberen Teil der Vogelkop-Halbinsel bei Manokwari und auf dem benachbarten Biak und den Inseln des Schouten-Archipels.

Die verschiedenen Sprachen der Papuas

Vorhergehende Seiten: Die Schilde dieser Asmat-Krieger werden von Liebhabern „primitiver Kunst" hochgeschätzt. Oben: Pfeil und Bogen, immer noch Waffe und Werkzeug. Rechts: Viele Stämme leben in den südlichen Flußgebieten.

nachten (in Wonorejo biegt man von der Hauptstraße nach Norden ab) und die wundervolle Aussicht über die Weidegebiete der *banteng,* wilder Büffel und von Hirschrudeln genießen.

Bali und Nusa Tenggara

Bali Barat National Park. Im Westen Balis gelegen, ist er über die Straße Gilimanuk—Singaraja (Nordküste) zugänglich. Terima Bay, 20 km östlich des Fährhafens Gilimanuk, hat einen Parkwächter und provisorische Nachtquartiere. Die letzten der vom Aussterben bedrohten Rothschild-Stare und Bali-Rinder finden hier noch Lebensraum. Die Gewässer um die Terima-Bay und die Insel Menjangan, vor allem in deren nördlichem Uferbereich, sind wegen der phantastischen Korallenriffe ebenfalls geschützt. Die Strömung ist nicht stark. An der Westspitze Menjangans finden Taucher einen Schutzraum, weitere Einrichtungen sind geplant.

Komodo Island National Park. Dieses Refugium der berühmten Komodo-Warane wird nun dem Tourismus erschlossen. Der Zugang ist noch immer beschwerlich; zwei Wochen mindestens sind für Komodo zu veranschlagen. (Siehe Teil III ,,Komodo".)

Links: Javanisches Nashorn. Die letzten Exemplare leben in Ujung Kulon. Oben: Sumatra-Tiger.

Sumatra

Mt. Leuser National Park. Die Wälder um das Tal des Alas, im Westen Nordsumatras, gehören zu den schönsten der Insel. Zu sehen sind: Orang-Utans, Sumatra-Nashörner, Gibbons, Makaken, Elefanten, Tiger und unzählige andere Tiere, Vögel, Schmetterlinge und Pflanzenarten. Von Medan empfiehlt sich der Tagesausflug ins Bohorok Orang-utan Rehabilitation Centre bei Bukit Lawang (ab Medan über Binjai zwei Stunden Fahrt), wo beschlagnahmte zahme Orang-Utans auf das Leben in freier Wildbahn vorbereitet werden. Mit einem Erlaubnisschein der PPA in Medan (J. Sisingamangaraja Km 5,5) dürfen die Besucher zweimal am Tag der Fütterung der Tiere zusehen. Das PPA-Büro ist bei der Planung weiterer Ausflüge ins Schutzgebiet behilflich.

Way Kambas Reserve. An der Südostküste Sumatras, nur wenige Stunden von Jakarta entfernt, gelegen. Obwohl ein Großteil des ursprünglichen Sumpfwaldes gerodet und in Weideland verwandelt wurde, ist das Reservat einer besten Plätze, wilde Elefanten zu sehen. Außerdem im Reservat: Gibbons, Tapire, Makaken, Ottern und zahlreiche Vögel.

Entweder Sie fliegen von Jakarta nach Tanjung Karang, oder Sie nehmen die Fähre Merak-Bakauhuni, melden sich bei PPA in Tanjung Karang und fahren über Sukadana direkt zum Gästehaus des Reservats in Way Kanan. Mit dem gemieteten Kanu können Sie die Flußlandschaft erkunden; fahren Sie zur

JAYAPURA UND DIE KÜSTE

Obwohl sich viele Einwohner Irians dem Übergang in die Eisenzeit und erst recht ins 20. Jahrhundert hartnäckig widersetzen, hat sich das Gesicht der Provinz in vielen Teilen einschneidend verändert. Besonders in den Küstengebieten hat der Fortschritt dramatisch Einzug gehalten. Denn hier gibt es wertvolle Bodenschätze, riesige Wald- und reiche Fischbestände, die in wachsendem Maß von indonesischen und ausländischen Firmen ausgebeutet werden. Auf der Insel werden Häfen und Flugplätze angelegt, um all diese Schätze besser zugänglich zu machen. Aus allen Teilen Indonesiens und der Region strömen Arbeiter und Einwanderer hierher.

Wachsende Städte

Vor 50 Jahren haben die Holländer an der Westspitze Neuguineas Öl entdeckt. Seither hat sich die Hafenstadt **Sorong** sprunghaft von einer Siedlung mit einigen tausend Einwohnern zu einer Stadt mit 40 000 Einwohnern entwickelt, in der viele ausländische Arbeiter leben. Zahlreich sind Hotels und Bars. Mit dem Boot kann man von Sorong aus zum **Raja Empat Islands Nature Reserve** fahren. Jede dieser Inseln hat ihre eigenen endemischen Arten von Vögeln und kleinen Beuteltieren; besonders zu erwähnen ist Waigeo. Hier kann man am besten den legendären Paradiesvogel in seiner natürlichen Umwelt beobachten.

Das Gebiet um **Manokwari**, einer Stadt, die malerisch auf der Vogelkopf-Halbinsel liegt, ist seit mehreren Jahrhunderten bewohnt von Irianern, Chinesen, Filipinos, Bugi und Molukkern, die heute fast alle Christen sind. Inzwischen ist auch Manokwari eine Ölstadt; in zunehmendem Maße arbeiten hier auch Sägewerke.

Die schnell wachsende Stadt **Biak** liegt auf einer dicht bevölkerten Insel gleichen Namens 200 km vor der Nordküste Irians. Sie dient als Versorgungsbasis für die Offshore-Ölbohrungen in den Küstengewässern und für den Thunfischfang. Hier gibt es einen faszinierenden Wochenmarkt, eine indonesische Marinebasis, Dörfer, Strände und Landschaften von wilder Schönheit. Ein

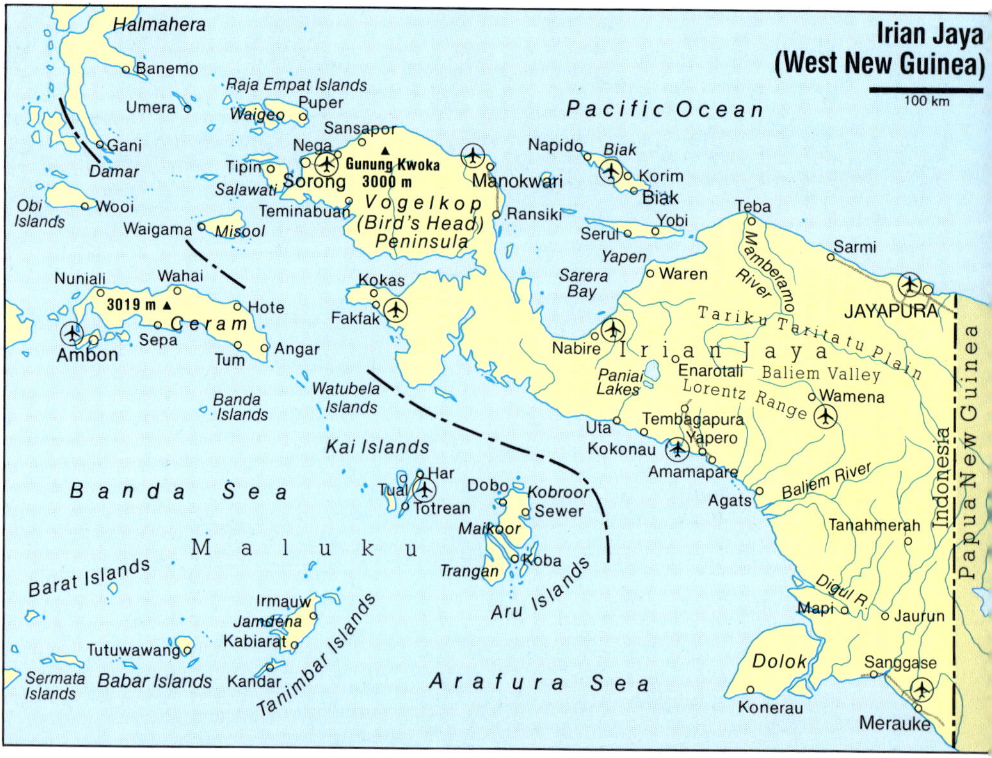

Trampelpfad führt von der Stadt zur Nordküste der Insel, wo das **North Biak Nature Reserve** viele farbenfrohe Papageien und Kakadus beherbergt. Mehrere Bootsstunden entfernt liegt die Insel **Superiori** mit ihrem großen Naturschutzgebiet. Aufgrund der großen Populationen ist Biak zum Zentrum des illegalen Handels mit seltenen Vogelfedern geworden.

Zwar ist **Amamapare** an der Südküste immer noch klein, aber zweifellos wird sich diese Stadt schnell entwickeln, weil in den nahegelegenen Sudirman Mountains reiche Kupfervorkommen entdeckt wurden. Die Freeport Copper Company hat Millionen von Dollars in dieser Gegend investiert und einen Tiefwasserhafen, einen Flugplatz und eine spektakuläre Autostraße von der Küste bis zur neuen Kupferstadt **Tembagapura** gebaut; die Stadt liegt am höchsten Berg Irians, dem schneebedeckten Mount Jaya, der 3700 m hoch aufragt.

Aber die Entwicklung der Städte hängt nicht immer von Bergbau, Fischerei und Forstwirtschaft ab. **Jayapura,** mit 50 000 Einwohnern die größte und Hauptstadt Irians, wurde ursprünglich von den Holländern hier gegründet, um politischen Einfluß über die schöne Nordküste Neuguineas zu gewinnen.

Eingeborener aus Irian Jaya.

Die Hügel um Jayapura haben die Form eines riesigen Amphitheaters, von dem aus man über die Stadt hinweg aufs Meer blicken kann. 1944 und 1945 befand sich hier das Pazifik-Hauptquartier von General MacArthur; die alte Basis G heißt heute „Bestiji" und sein Befehlsstand liegt heute auf dem Gelände einer Fischfarm. Im **Yotefa Nature Reserve,** östlich von Jayapura an der Yos Sudarso (Humboldt) Bay, gibt es herrliche Strände, seltene Vögel, Schmetterlinge und sogar Wracks von Schiffen aus dem Zweiten Weltkrieg. In **Hamadi,** 5 km östlich von Jayapura, kann man Boote mieten, um zum Strand von Holteken und weiter hinaus zu fahren. Die hier lebenden Sepik sind bekannt für ihre primitiven Rindenbilder und geschnitzten Figuren ihrer Vorfahren.

Westlich von Jayapura, an den Ufern des **Lake Sentani** (wo der Flughafen liegt), lebt ein Stamm, dessen Angehörige hervorragende Töpfer und Bildhauer sind. Sie tauchen in den See hinunter, um Fischfallen aufzustellen. Die Häuser der Häuptlinge sind kunstvoll verziert mit Schnitzereien, die Fische, Vögel, Reptilien und Menschen zeigen.

Die verschiedenen Stämme Irians stellen bemerkenswerte Holzschnitzereien und Gebrauchsgegenstände her: Schilde, Speere, Masken, Körbe, Boote und Kleidungsstücke. Vieles davon ist ausgestellt im **Anthropological Museum** der Cendrewasih-Universität von Abepura, die zwischen dem Flughafen Sentani und Jayapura liegt. Hauptattraktion ist eine Sammlung von auffällig roten, weißen und schwarzen Gegenständen der Asmat, die durch Unterstützung der Rockefeller Foundation erworben werden konnten. Überall in der Welt werden die Waffen und Figuren der Asmat wegen ihrer Ausgewogenheit und Schönheit von Liebhabern „primitiver" Kunst hochgeschätzt. Seit 1969 versucht die indonesische Regierung im Rahmen eines UN-Projekts, Asmat-Künstler auszubilden und zu unterstützen. Obwohl die Asmat mehr als 800 km von Jayapura entfernt an der Südküste Irians im Umkreis der Stadt **Agats** leben, kann man in Läden oder im Asmat Handicraft Project Warehouse in Jayapura eine der Asmat-Schnitzereien kaufen.

IM ZENTRALEN HOCHLAND

Die unzugänglichen Gebiete Irian Jayas sind die ältesten Siedlungsgebiete der Insel. Der Grund wird beim Flug von der feuchtheißen Küste ins gebirgige Landesinnere klar. Während des Fluges weichen dichte Urwälder und undurchdringliche Mangrovensümpfe waldbestandenen Hügeln und zerklüfteten, wolkenumjagten Gipfeln. Und dann, während die Maschine dicht über eine Bergschlucht fliegt, zerreißt die Wolkendecke und gibt den Blick frei in eine andere Welt — ein leuchtend grünes Tal mit Feldern, gesprenkelt mit strohgedeckten Hütten, bewässert von seichten Flüssen. Jetzt erst versteht man, daß die westlichen Entdecker, die in den 30er Jahren unseres Jahrhunderts in dieses abgelegene Bergland kamen, glaubten, sie hätten das verlorene Paradies Shangri-La wiedergefunden.

Das größte und heute zugänglichste Berggebiet ist das **Grand Baliem Valley** im Herzen Irian Jayas, ein 1000 m hoch gelegener und 72 km langer, vom Baliem River gebildeter Korridor. Hier leben etwa 100 000 Angehörige des Dani-Stammes, gleichmäßig verstreut in winzigen Dörfern am Talboden. Man kommt nur mit dem Flugzeug hinein und hinaus, es sei denn, man nimmt einen Fußmarsch von einem Monat in Kauf. Dank der Anwesenheit von Missionaren und Regierungsbeamten gibt es eine regelmäßige Flugverbindung zwischen Jayapura und einem kleinen Flugplatz im Dorf Wamena.

Kannibalen und Missionare

In diesem Gebiet sind christliche Missionare besonders aktiv, obwohl ihre Tätigkeit einen unglücklichen Anfang nahm. 1933 fielen nämlich die ersten holländischen Kirchenmänner dem Kannibalismus der soeben zum Christentum bekehrten Dani zum Opfer, weil sie offenbar versucht hatten, den Eingeborenen ihre Schrumpfköpfe, Ahnenfetische und Penishüllen wegzunehmen. Heute gibt es in Irian Jaya etwa 25 verschiedene christliche Gruppen, die den Bräuchen und Mythen der Einheimischen gegenüber wesentlich toleranter sind als früher. Sie unterhalten Schulen, Kliniken und Kirchen und eine eige-

Rundhütten im Baliem Valley.

ne Fluggesellschaft. Trotz allem gibt es immer wieder Berichte von Auseinandersetzungen zwischen feindseligen Stämmen und fanatischen Missionaren, vor allem amerikanischen Protestanten. Nicht immer geht es ohne Gewalt — am Weihnachtsabend 1974 wurden vier holländische Familien südöstlich des Baliem Valley getötet und aufgefressen.

Aber heute besteht kaum die Gefahr, im Baliem Valley aufgefressen zu werden, auch wenn sich so mancher an Bücher und Filme aus den 50er und 60er Jahren erinnert, in denen es als berüchtigtes Tal der Kannibalen geschildert wurde. Damals waren die Dani ständig in Kriege untereinander verwickelt und frönten noch dem Kannibalismus. Durch Heirat oder verwandtschaftliche Beziehungen gebildete Gruppen lebten in ständiger Fehde mit anderen Gemeinschaften, bauten hohe Wachtürme und unternahmen in regelmäßigen Abständen Raubzüge in feindliches Gebiet, bei denen ahnungslose Opfer getötet wurden. Mittlerweile hat die Regierung all das unterbunden.

Selbst bei niedrigen Temperaturen — in dieser Höhe kann das Thermometer auf 5°C sinken — haben die Dani fast nichts am Leib. Junge Mädchen tragen Schilfröcke, verheiratete Frauen umwickeln sich mit einer geflochtenen Schnur, die Männer haben nur röhrenförmige Penishüllen aus getrockneten Flaschenkürbissen. Armbinden und Halsbeutel aus Schweinehoden, Baumrinde oder Spinnweben sollen böse Geister fernhalten.

Dani-Männer mit Penishüllen aus getrockneten Flaschenkürbissen.

Die Dörfer im Tal sind durch Trampelpfade und eine wachsende Anzahl befahrbarer Wege mit Wamena verbunden. Man muß unbedingt warme Kleidung, festes Schuhwerk und einen Rucksack dabei haben. In den Hotels von Wamena kann man Träger und Führer engagieren, die auch bereit sind, Feste oder rituelle Tänze für den Besucher zu arrangieren.

Von Wamena aus sind interessante Tageswanderungen möglich. Gleich südlich des Flugplatzes spannt sich eine wackelige Hängebrücke über den Baliem. Wenn man, ohne sie zu überqueren, mehrere Stunden lang dem Flußlauf folgt, kommt man zum Salzsee **Hetigima,** an dem die Dani Salz gewinnen, indem sie Bananenblätter ins Wasser tauchen, anschließend trocknen und schließlich verbrennen. Weiter im Süden, bei **Kurima,** verengt sich das Tal zu einer tiefen Schlucht, mit spektakulären Stellen.

Viele Besucher, die von Wamena nach Norden wollen, überqueren den Fluß und machen einen dreistündigen Treck nach **Akima,** wo der mumifizierte Großvater des Häuptlings gegen eine kleine Gebühr besichtigt werden kann. Mehrere Stunden Fußmarsch weiter liegt **Ywika,** der Wohnort eines bekannten Häuptlings und Sitz einer katholischen Mission mit bequemen Unterkünften. Das Dorf **Woogi,** etwas weiter nördlich am Westufer des Flusses, ist bekannt für seine Hochzeitstänze. Zwei Stunden hinter Woogi liegt ein gleichmäßig geformter Hügel namens **Pyramid,** von dem aus man einen phantastischen Ausblick über das ganze Tal hat.

Wer will, kann von hier aus nach Norden und Westen weiter. Wochenlang geht es abenteuerliche Bergpfade durch das Bokodini Valley hinauf und hinunter, ehe man nach **Illaga** und schließlich nach **Enrotali** am Ufer des bezaubernden Lake Paniai kommt. Weniger beschwerlich kann man diese Orte mit den Missionsflugzeugen erreichen (Einzelheiten im Kurzführer).

DIE TIERWELT INDONESIENS

Während in den dicht besiedelten Gebieten Sumatras, Javas, Balis und Nusa Tenggaras massive Umweltzerstörungen zu beklagen sind, blieben weite Teile Indonesiens, von Menschenhand unberührt, in ihrem unverfälschten Urzustand. In der Erkenntnis, daß dieses kostbare Erbe zu erhalten ist und daß im Bergland allein der Wald die Bodenerosion und Überschwemmungen verhindern kann, hat die indonesische Regierung ein ehrgeiziges Programm zum Schutz von Umwelt und Natur entwickelt.

Für den Touristen von besonderem Interesse ist das System der mehr als 300 Nationalparks, Natur- und Waldschutzgebiete, die eine Fläche von 120 000 qkm, rund 6,5 % der Landmasse Indonesiens, umfassen. Sechzehn Schutzgebiete sind als Nationalparks ausgewiesen und zunehmend mit Freizeit- und Erholungseinrichtungen ausgestattet. Auch die kleineren ,,Nature Reserves'' und ,,Protected Forests'' (Waldschutzgebiete) sind zugänglich und lohnen einen Besuch.

Die Nationalparks sind sehr unterschiedlich in Größe, Flora und Fauna sowie touristischen Einrichtungen. Für den Besuch einiger abgelegener Nationalparks braucht man mehrere Wochen, andere sind problemlos zu erreichen.

Der riesige bewaldete Mt. Leuser National Park in Nordsumatra zum Beispiel, die Heimat von Elefanten, Tiegern, Orang-Utans und einer Menge anderer Säugetiere, liegt nur wenige Stunden von der Stadt Medan entfernt. Kaum zwei Autostunden südlich Jakartas haben die Holländer vor 100 Jahren einen Botanischen Garten angelegt, nach dessen Besichtigung Sie auf den Mt. Gede mit seinen Almwiesen und Edelweiß steigen und die Aussicht über das gesamte westliche Drittel Javas genießen können.

Die Erforschung des kleinen Ujung Kulon National Park an der Westspitze Javas dauert dagegen eine Woche. Ujung Kulon ist die Zuflucht der letzten Herde des javanischen Nashorns und weist Reste des dichten Regenwaldes auf, der einst die ganze Insel bedeckte, bevor er für landwirtschaftliche Zwecke gerodet wurde.

Vorhergehende Seiten: Eine Straße durchschneidet den Urwald. „Operation Ganesha" des World Wildlife Fund in Sumatra. Links: Orang-Utan im Mt. Leuser National Park. Rechts: Aufruf zum Tierschutz.

Überwältigend ist der Anblick der vulkanischen Urlandschaft im Bromo-Tengger National Park in Ostjava — von Surabaya bzw. von Bali aus ein Zweitagesausflug. Am Rand eines mächtigen Kraters hoch über den Wolken wurde eine Lodge errichtet. Wenn die Sonne über dem berühmten ,,Sandmeer'' aufgeht, glaubt man, den ,,Schöpfungsmorgen'' zu erleben.

Höhepunkt für den Naturliebhaber ist aber die zweiwöchige Wallfahrt in den Nationalpark der Insel Komodo (zwischen Flores und Sumbawa) mit den legendären Komodo-

Waranen, Nachfahren des Dinosauriers, in ihrem trockenen, felsigen Lebensraum.

In mehrere Parks wurden Meeresabschnitte eingegliedert. Dort kann man in den phantastischen Korallenriffs tauchen und Seite an Seite mit einem Wal schwimmen.

Exotische Pflanzenarten

Die Pflanzenwelt Indonesiens, die fast ausschließlich vom asiatischen Festland herstammt, ist unglaublich reichhaltig, exotisch und vielfältig — 40 000 Arten, die zu 3000 Familien gehören; etwa 10 % der Pflanzen, die weltweit registriert sind, kommen hier vor. Die meisten gedeihen in den ungewöhnlich artenreichen äquatorialen Regenwäldern mit ihren Tausenden von wilden Orchideenarten, Palmen, Farnen, exotischen Früchten, Gewürzbäumen und Besonderheiten wie der *Rafflesia* — der Welt größter Parasitenblume. (Siehe auch Teil II „Der riesige Archipel".) In den Botanischen Gärten von Bogor und Cibodas südlich Jakartas sind viele dieser Pflanzen zu sehen; eine Wanderung durch den tropischen Urwald können sie jedoch nicht ersetzen.

Die Fauna Indonesiens kommt aus zwei verschiedenen zoologisch-geographischen Zonen. Vom Westen des Archipels stammen die asiatischen bzw. orientalischen Säugetiere — Menschenaffen, sonstige Affen, Zibetkatzen, Schweine, Katzen, Tapire und Elefanten. Diese Tiere leben vorwiegend auf Sumatra, Java, Borneo und Bali — den Inseln, die

in der Eiszeit durch eine Landbrücke mit Festland-Asien verbunden waren.

Vom Osten kommen die Beuteltierarten und buntgefiederten Vögel, die wir aus Australien kennen. Ihre Heimat sind Irian Jaya und die Aru-Inseln des Sahul-Kontinentalschelfs, die alle einmal mit Australien verbunden waren.

Auf diese Tatsache ist der auf der Welt einmalige Artenreichtum des indonesischen Archipels zurückzuführen. Zu den mehr als 500 Säugetieren zählen nicht allein die Tiger, Orang-Utans und die Elefanten von Sumatra, sondern auch die Süßwasserdelphine und Nasenaffen Kalimantans sowie die Kängu-ruhs und Wallabies von Irian Jaya.

Hier nur einige der 1500 bekannten Vogelarten Indonesiens: Neben den schönen, seltenen australasischen Tieren wie dem flugunfähigen Kasuar, dem Kakadu und zahlreichen Papageien sind dies die mehr als 40 verschiedenen Arten von Paradiesvögeln, die auf den Molukken und auf Irian Jaya beheimatet sind. Daneben bevölkern unzählige Reptilien, Amphibien und wirbellose Tiere Meere und Küstengewässer, so die Riesenschildkröten, die an den Stränden Indonesiens ihre Eier legen, oder die fleischfressenden Warane, die seit Millionen Jahren auf der Insel Komodo leben.

Die Grenzen zwischen den Lebensräumen der asiatischen und der australasischen Spezies innerhalb Indonesiens sind fließend. Sulawesi, die Molukken und Nusa Tenggara

sind als Übergangsgebiete für Zoologen besonders interessant. Auf diesen Inseln kommen neben zahlreichen heimischen sowohl die asiatischen als auch die australasischen Tierarten vor, die sonst nirgends zu sehen sind. Dieses Übergangsgebiet heißt nach dem Tierschützer Sir Alfred Russel Wallace, der im Osten Borneos und Balis als erster eine „Tierartengrenze" ausmachte, Wallacea.

Sulawesi ist biologisch gesehen die interessanteste Insel Wallaceas. Die meisten Säuge-

Links: *Lorius lory lory* mit schwarzer Kappe. Oben: Kleiner Paradiesvogel (*Paradisea minor*). Rechts: Blaukehliger Bienenesser (*Merops viridis*).

tiere (Hirsch, Schwein, Zibetkatze, Eichhörnchen und Koboldmakis) stammen von Asien her, während wir die beiden Arten von Kuskusen (Kletterbeutler) von Australien kennen.

Manche anderen Tiere kann Sulawesi ganz sein eigen nennen: den Zwergbüffel *(anoa)* etwa, oder den *babirusa,* ein Hirscheber mit gebogenen Eckzähnen, die ihm oben aus der Schnauze wachsen; die große Palmen-Zibetkatze und der schwarze Makake, der zwar wie ein Mini-Gorilla aussieht, jedoch mit dem Makaken von Borneo verwandt ist. Aus der reichen Vogelwelt Sulawesis seien erwähnt: Nashornvogel, Drongo, Eisvogel, Schwätzer, Honigsauger, Kakadu und der erstaunliche *maleo*-Vogel, der seine Eier im warmen Sand vergräbt und wie die Reptilien seine Brut sich selbst überläßt.

In den Parks und Schutzgebieten

Die indonesischen Nationalparks und Naturschutzgebiete unterstehen der Verwaltung des PPA (Anfangsbuchstaben der indonesischen Bezeichnung für Natur- und Umweltschutzbehörde) mit Sitz in Bogor. Manche Schutzgebiete dürfen gegen eine kleine Eintrittsgebühr betreten werden (Pangandaran im südlichen Zentraljava zum Beispiel); der Besuch der meisten Gebiete muß jedoch bei der Hauptverwaltung der PPA, Jl. Juanda 9 in Bogor, links vom Haupteingang des Botanischen Gartens, angemeldet werden (Paß nicht vergessen). In allen 27 Provinzen Indonesiens unterhält PPA eigene Büros, in denen die Ausflugsreisen in die Parks zusammengestellt und gebucht werden können.

Ob man die genannten Tiere dabei auch zu Gesicht bekommt, steht auf einem anderen Blatt. Da viele Schutzgebiete nur schwer und nur zu Fuß zugänglich sind, muß man eine gute körperliche Verfassung und eine entsprechende Ausrüstung (unbedingt vernünftige Schuhe!) mitbringen. In einigen Parks (z. B. Lore Lindu auf Sulawesi und Bromo-Tengger auf Ostjava) stehen Pferde zur Verfügung. Andere wiederum sind nur per Flugzeug oder Schiff zu erreichen. Mietboote sind teuer; 100 US-$ pro Tag kostet ein Boot nach Ujung Kulon an der Westspitze Javas. Gruppenreisen sind zu empfehlen.

Die Unterkünfte sind, sofern überhaupt vorhanden, meist primitiv; Bettwäsche und oft auch Proviant sind mitzubringen, außerdem: Verbandpäckchen, Moskitonetz, Insektenschutzmittel. Malariaprophylaxe ist ebenso wichtig wie die erforderlichen Impfungen einige Wochen vor Antritt der Reise in den Dschungel.

KURZFÜHRER ZU DEN WICHTIGSTEN NATIONALPARKS

Im folgenden sind einige der schönsten Schutzgebiete und Parks Indonesiens aufgeführt. Zusätzliche Informationen enthält die Broschüre *Indonesia, National Parks & Nature Reserves,* die vom Directorate-General of Tourism, Jl. Kramat Raya 81, Jakarta, herausgegeben wird.

Java

Der **Ujung Kulon National Park** an der Westspitze Javas war nicht nur der erste Nationalpark des Landes, sondern ist auch sein

bedeutendster. Nur wenigen ist der Anblick des seltenen javanischen Nashorns vergönnt; andere faszinierende Tiere entschädigen dafür reichlich: Leoparden, Gibbons, Langschwanz-Makaken, Krokodile, Muntjakhirsch, Zwergböckchen und die äsenden Herden des *banteng* (Wildrind).

Parkbesucher haben die Wahl zwischen den neuen Gästehäusern auf der Insel Peucang und der Übernachtung in den älteren Gästehäusern auf der Insel Handeleum. Von dort aus kann man zum Cigenter-River, einem bevorzugten Gebiet der Nashörner, vordringen. Beide Unterkünfte stellen Bettwäsche, Mobiliar und Kochutensilien, die Lebensmittel muß man mitbringen. Zimmerreservierungen nimmt das PPA-Büro in Labuan, einer von Jakarta bzw. von Bogor mit Bussen oder Taxis leicht erreichbaren Hafenstadt an der Westküste, entgegen.

Nach Ujung Kulon selbst gelangt man von Labuan aus mit dem Motorrad über Samur und Taman Jaya (6 Stunden Fahrt), wo die Parkverwaltung ihren Sitz hat. Es sind dann noch zwei bequeme Tageswanderungen an der Südküste bis Kalejetan und zur Insel Peucang. Mit dem Boot kann man von Labuan aus direkt nach Peucang bzw. Handeleum fahren. Diese Anfahrt dauert hin und zurück je 4 bis 5 Stunden.

Man sollte die Gelegenheit nutzen und die 40 km nordwestlich von Labuan in der Sunda-Straße, zwischen Java und Sumatra, gelegene Vulkaninsel Krakatau aufsuchen. (Siehe Teil III ,,Westjava".)

Berghütte am Sattel zwischen Mt. Gede und Mt. Pangrango die Nacht verbringt und das letzte Stück zum Gipfel in der Morgendämmerung zurücklegt, wird man oben den herrlichen Sonnenaufgang erleben können. Vorzügliche Übernachtungsmöglichkeiten stehen im Botanischen Garten und bei Cipanas zur Verfügung.

Bromo-Tengger National Park. Ein unwahrscheinlich reizvolles vulkanisches Gebiet, rund 4 Stunden von Surabaya entfernt (Ostjava). Die meisten Besucher kommen von Nordosten (westlich Probolinggos geht es gleich nach Süden ab) auf einer Nebenstraße, die nach Ngadisari, 3 km unterhalb des Kraterrands, führt. Ein Lodge mit Restaurant, wo man Führer engagieren und Pferde mieten kann, steht oben. Gönnen Sie sich

Cibodas/Mt. Gede-Pangrango National Park. Er liegt in den Bergen, zwei Stunden südlich Jakartas, an der Hauptverbindung Bogor—Bandung. (In Pacet hinter dem Puncak Paß und kurz vor Cipanas biegt man ab.)

Der sorgfältig angelegte Botanische Garten von Cibodas ist auf Pflanzen aus dem unteren Vegetationsgürtel der Berge spezialisiert. Vom Garten aus steigt man in 5 bis 6 Stunden auf den Mt. Gede. Der Weg führt durch mehrere interessante Vegetationszonen, u. a. Bergwiesen und, in Gipfelnähe, zu dichten Beständen von Edelweißen. Etwa auf halber Höhe zweigt ein Weg zum Cibeureum-Wasserfall ab, bei dem häufig Affen und Gibbons gesichtet werden. Im Bergwald nisten mehr als 245 Vogelarten. Wenn man in einer

den Ritt in den Tengger-Krater und den kurzen Aufstieg zum Mt. Bromo, um über dem Sandmeer vom Kraterrand aus die Sonne aufgehen zu sehen. Warm anziehen!

Baluran National Park. Er liegt an der Nordostspitze Javas, 32 km nördlich der Fähre Java—Bali in Ketapang, 4 Stunden von Denpasar (inklusive Überfahrt) und 2 Stunden von Surabaya entfernt. Zunächst müssen Sie sich im PPA-Büro in Banyuwangi (Jl. Jenderal A. Yani 108), 8 km südlich der Anlegestelle, melden. Das Naturschutzgebiet mit seinen Regenwäldern, Akazienbüschen und offenem Grasland, über denen der Vulkankegel des Mt. Baluran thront, erinnert stark an Afrika. 12 km innerhalb kann man in Bekol (Aussichtsturm) im Gästehaus übergehören alle zu einer Sprachfamilie, die sich nur in Neuguinea, Australien und einigen Nachbarinseln findet. Heute leben die Papuas verstreut in kleinen Dörfern im Hochland und in den sumpfigen Flußbecken der Insel. Die einzelnen Dörfer haben kaum miteinander zu tun, was an den schwierigen Geländebedingungen und der geringen Bodenproduktivität liegt. Hinzu kommt eine lange Geschichte von Stammesfehden, Kopfjägerei und Kannibalismus. Aus all dem hat sich eine in der Welt einmalige sprachliche und kulturelle Vielfalt entwickelt. In der Regel hat ein Dorf nur einige hundert Einwohner, manchmal bilden mehrere Dörfer zusammen einen Stammesverband mit einer eigenen Sprache und spezifischen Bräuchen.

Die materiellen Lebensbedingungen dieser Stämme werden weitgehend von der Umwelt diktiert. Die Asmat an der Südküste zum Beispiel leben in Holzpfahlbauten inmitten der Mangrovensümpfe. Hier gibt es keine Steine, aus denen man Werkzeuge machen könnte. Ihre traditionellen Steinäxte haben sie von Händlern im Austausch gegen Trockenfisch und Waldprodukte bekommen. Ihr Grundnahrungsmittel ist das hier üppig wachsende Sago.

Die Asmat sind geschickte Holzschnitzer und berühmt für ihre erstaunlich plastischen Schilde, Masken, Totems und geschnitzte Kriegskanus.

Ein ganz anderes Bild zeigt sich bei den Dani-Stämmen im Hochland des Great Baliem Valley. Sie sind erfahrene Ackerbauern, die wahrscheinlich schon seit Jahrhunderten Terrassenfelder anlegen und künstlich bewässern und Hausschweine halten. Aber auch sie unterscheiden sich wiederum ganz wesentlich von ihren Nachbarstämmen, die meistens noch Jäger und Sammler sind oder Pfeilspitzen, Kaurimuscheln, Tierhäute, Schweinezähne und Paradiesvogelfedern tauschen.

Auch in das Hochland dringt die moderne Welt ein — meist vertreten durch Regierungsbeamte und ausländische Missionare. Da die großen Entfernungen und das zerklüftete Gelände einen Straßenbau nicht zulassen, hat die Regierung Tausende von Grundschulen und medizinischen Einrichtungen in den Dörfern geschaffen, die aus der Luft versorgt werden; das Netz ist entsprechend dicht. Viel zur Erschließung des Landes leisten auch die ausländischen Missionare, die zahlreiche Schulen und Kliniken betreiben und über eine kleine Cessna Flotte verfügen. So sind Lebenserwartung und Bildungsgrad in vielen Dörfern erheblich gestiegen.

Mündung des Kambas oder in die Sümpfe bei Wako, wo Elefanten weiden und sich Schnepfenvögel tummeln.

Kalimantan

Mt. Palung Nature Reserve. Eines der besten Schutzgebiete der Insel (im Westen) ist auch am leichtesten zugänglich. Hier gedeiht eine typische Regenwaldvegetation, darunter Mangroven und Pflanzen des Sumpfwaldes. Es ist gut möglich, daß man auch Orang-Utans, Gibbons und den eigenartig roten und silberfarbenen Nasenaffen zu Gesicht bekommt. Zuständig ist das PPA-Büro in Pontianak. Von dort geht es im Boot die Küste entlang zur Melanu Bay (eine Tagestour). Mit einem Kahn fährt man etwa 4 Stunden flußaufwärts. Dann hat man den Ausgangspunkt für die Besteigung des Mt. Palung (10 Stunden) erreicht.

Cape Puting Reserve. Es liegt an der Südküste Kalimantans, ist etwas abgelegener, doch ebenfalls leicht zugänglich. Am Nordausgang des Schutzgebiets errichteten Tierschützer an den Ufern des Sekunir das Camp Leakey — ein Orang-Utan-Rehabilitationszentrum mit Gästehaus und einem ausgebauten Netz von Waldwegen. Neben den Orang-Utans sieht man hier Gibbons, Makaken und Krokodile. Über Banjarmasin fliegt man zunächst bis Pangkalanbun (PPA-Büro); mit dem Wagen geht es dann ins 15 km entfernte Kumai und weiter per Boot in etwa 3 Stunden zum Camp Leakey. Mit Proviant muß man sich selbst eindecken und ab Banjarmasin wenigstens vier Tage veranschlagen.

Sulawesi

Tankoko-Batuangus-Dua Saudara. Das nur wenige Stunden von Manado in Nordostsulawesi entfernt gelegene Reservat bietet die Gelegenheit, einer Auswahl der einzigartigen Tiere Sulawesis zu begegnen: Celebes-Makaken, Koboldmakis, Kuskusen, Zwergbüffeln *(anoas)* und *maleo*-Vögeln, deren Lebensraum das Umfeld von Vulkankratern und heißen Quellen ist. Nach der Anmeldung beim PPA-Büro in Manado fährt man bis zur Hafenstadt Bitung, etwa eine Stunde weiter östlich. Ab Bitung geht es im Mietboot nach Batuputih, einem 25 km entfernten Dorf an der Nordgrenze des Reservats, wo für Übernachtungen ein Gästebungalow (keine Bewirtung) zur Verfügung steht. Für Wanderungen innerhalb des Schutzgebiets sollte man sich mehrere Tage Zeit nehmen.

Mt. Ambang Reserve. Dieses malerische Bergwaldgebiet mit Kraterseen und Schwefel-Fumarolen (heiße Schlammteiche) liegt 1100 bis 1800 m über dem Meeresspiegel. Die Wälder mit Baumfarnen, *Pigafetta*-Palmen und blühenden Sträuchern sind mit gut ausgebauten Wegen durchzogen. Übernachten sollten Sie in Kotamobagu (2 Stunden mit dem Bus von Manado) und von dort Tagesausflüge zu den Kraterseen Moaat, Alia und Payapaya sowie zu den Kaffeeplantagen der Umgebung machen.

Lore Lindu National Park. Mit 2500 qkm ist es das größte Naturschutzgebiet Sulawesis, nur wenige Stunden südlich Palus, der Hauptstadt der Provinz Zentralsulawesi. Lore Lindu bietet alles: hohe Gebirgswälder und einen großen Hochlandsee (Lake Lindu) im Norden sowie sanft abfallendes, offenes Grasland in den südlichen Tälern, die Heimat der Toraja sind. Aus der Tierwelt seien die schwarzen Makaken sowie die vielen Vogelarten, der Zwergbüffel *(anoa)* und die *babirusa* (Hirscheber) erwähnt.

Wenn Sie sich bei PPA in Palu (Jl. S. Parman) gemeldet haben, könnten Sie entweder die Berge im Norden oder die Täler im Süden aufsuchen; zu erreichen über Sidaunta an der Westseite des Parks bzw. über Wuasa im Osten, jeweils in etwa 3 Stunden ab Palu. Campingausrüstung, Lebensmittel und einen Träger/Führer braucht man, um an den vielen ausgezeichnet geeigneten Stellen an den Flüssen übernachten zu können. Für Besoa- und Bada-Tal im Süden sollte man eine Woche Zeit haben (zu sehen sind alte Megalithen und Wasserzisternen). Man kann den Park aber auch mit dem Boot auf dem Lake Lindu von Sidaunta nach Wuasa in zwei bis drei Tagen durchqueren.

Molukken und Irian Jaya

Die Schutzgebiete sind nur mit großem Geld- und Zeitaufwand zu erkunden. Einzelheiten erfährt der Unerschrockene bei PPA in Ambon (Jl. Kapatia) bzw. in Jayapura, und zwar über die Schutzgebiete Manusela auf Ceram, Aru und Banda sowie das 5000 m hoch gelegene Lorentz Reserve auf Irian Jaya.

Eine ausgefallene Seltenheit des indonesischen Regenwaldes — die *Rafflesia*, die größte Parasitenblume der Welt.

GAMELAN: MUSIK SO REIN WIE MONDENSCHEIN

Gamelan-Musik ist allein mit zwei Dingen zu vergleichen: mit Mondschein und fließendem Wasser. Sie ist rein und rätselhaft wie das Licht des Mondes und wie Wasser beständigem Wandel ausgesetzt.

Jaap Kunst, *Music of Java*

Seit 1893, als Claude Debussy auf der Pariser Weltausstellung eine Musikantengruppe aus Java hörte, faszinieren die ergreifenden, hypnotisierenden Töne des *gamelan* westliche Ohren. Zunächst haftete dieser Musik das Etikett primitiv an, bewundert wurde sie aufgrund ihrer Exotik. Inzwischen befaßten sich Jaap Kunst, Colin McPhee und andere Musikwissenschaftler mit dem Gamelan, das nun als eine der entwickeltsten Formen musikalischen Ausdrucks anerkannt wird. In Indonesien dagegen war die *gamelan*-Musik seit jeher Kunst schlechthin, der Klang der Zivilisation.

Karawitan lautet der indonesische Begriff, den Ki Sindusawarno, der erste Direktor des Musikkonservatoriums in Surakarta, in den 50er Jahren unseres Jahrhunderts prägte, um damit die ganze Bandbreite der darstellenden Künste auf Bali und Java — den Tanz, das Theater, die Puppenspiele und die gesungene Dichtung — zu denen stets *gamelan*-Musik erklingt, zu erfassen. Spielt das Gamelan-Orchester meist zur Begleitung von Tanz- und Theateraufführungen, so wird die Musik zunehmend auch Bestandteil königlicher und religiöser Feste. Heute treten *gamelan*-Orchester in Rundfunk und Fernsehen und bei allen wichtigen offiziellen Anlässen auf. Überall erhältlich sind *gamelan*-Kassetten, und der Besucher Javas dürfte schwerlich eine Seitenstraße entdecken, auf Bali kaum ein Dorf-*warung,* wo nicht *gamelan*-Musik zu hören sein wird. Trotzdem ist gamelan vor allem die Musik für festliche und rituelle Anlässe geblieben.

Das Wort *gamelan* leitet sich vom altjavanischen *gamel* für Handgriff bzw. Hammer ab, denn ein *gamelan*-Orchester spielt fast nur auf Schlaginstrumenten. Die sich gegenseitig durchdringenden Rhythmen und Melodien der Gamelan-Musik sollen vom Rhythmus des *lesung* abgeleitet sein — dem Stein- bzw. Holzmörser, mit dem der Reis geschält wurde. Eine andere Theorie schreibt diese Klangmuster dem rhythmischen Gesang der Frösche im Reisfeld und dem Konzert krähender Hähne in der Morgendämmerung zu.

Vorhergehende Seiten: *wayang kulit*-Vorstellung mit *gamelan*-Begleitung. Links und rechts: *gamelan*-Spieler in Surakarata.

Niemand vermag genau zu sagen, wann das erste *gamelan*-Orchester spielte. Metallophone (Instrumente mit tönenden Bronze-, Messing- oder Eisenstäben) gab es schon in frühgeschichtlicher Zeit; Bronze-Gongs und -Trommeln werden mit der Dong-Son-Bronzekultur in Verbindung gebracht, die etwa im 3. Jahrhundert v. Chr. auf Indonesien Fuß

faßte. Seitdem bilden die großen Bronze-Gongs den Pulsschlag dieser eigenartigen Musik; der tiefe, durchdringende Klang ist in einer ruhigen Nacht kilometerweit zu hören.

Das javanische Gamelan

Auf Java erlebten das *karawitan* und die dazugehörigen Künste ihren Höhepunkt an den islamischen Höfen im 18. und 19. Jahrhundert, obwohl es in Ostjava schon Jahrhunderte zuvor in der Majapahit-Zeit die entsprechenden Instrumentengruppen gab, einzelne Instrumente sogar schon im 10. Jahrhundert n. Chr.

Die aristokratische Verfeinerung des *gamelan* brachte eine langsame, gemessene Musik hervor, die mystische Gefühle ansprechen und Ehrfurcht und Würde ausstrahlen sollte. Sie wurde in den großen Audienzsälen der Aristokratenhäuser aufgeführt.

Ein *gamelan*-Orchester setzt sich aus fünf bis 40 Instrumenten zusammen, von denen nur die wenigsten auch Soloinstrumente sind. Die beiden Instrumente, die immer wieder außerhalb des *gamelan*-Verbandes gespielt werden, das *rebab* (eine zweisaitige Laute, die vermutlich aus dem Nahen Osten eingeführt wurde) und die *suling*-Bambusflöte, sind keine Schlaginstrumente und wurden später ins Gamelan-Orchester integriert. Soloinstrumente kommen nur in der Volksmusik, nicht jedoch bei Aufführungen am Hofe vor.

Stamm ist die Melodie, und Äste, Blätter und Blüten repräsentieren das feine Gerüst der Ausschmückung.

In Zentraljava wird das Hauptthema *(balungan)* eines Stückes auf den diversen *saron* (kleinen bis mittelgroßen Metallophonen mit sechs bis sieben Bronzeschlüsseln, die über einer Holzmulde als Resonanzkörper liegen) und auf den *slentem* (Metallophonen mit Bambus-Resonanzkörpern) gespielt. Schnellere Variationen auf den *balungan* werden gleichzeitig auch von den Instrumenten gespielt, die die Melodie ausgestalten: *bonang* (ein Satz kleiner, horizontal aufgehängter Gongs), *gender* (ähnlich wie die *slentem*), *gambang* (Holzxylophon) und *celempung* (Zither mit Metallsaiten). Diese Instrumente erzeugen zusammen mit den *rebab* und den

Die der *gamelan*-Musik zugrundeliegende Methode der Orchestrierung geht davon aus, daß das Register der einzelnen Instrumente die Dichtheit der gespielten Töne bestimmt — die höheren Instrumente spielen mehr Töne als die niederen. Außerdem sind die Instrumente nach ihrer Funktion angeordnet. Die Gongs geben die Grundstruktur des Musikstücks an, die Metallophone übernehmen das Thema und die übrigen Instrumente die Variationen. Die *kendhang,* Holztrommeln, über deren Ende Felle gespannt sind, führen das Orchester, indem sie das Tempo des Stücks bestimmen. Indonesische Musiker vergleichen den Aufbau des *gamelan* mit einem Baum: Die Wurzeln, kraftvoll und standhaft, sind die unteren Register; der

Vokalisten den komplizierten, sinnlichen Klang, der die *gamelan*-Musik auszeichnet.

Erst seit dem 19. Jahrhundert treten auch Sänger auf, obwohl Solo- und Chorgesang bei Gedichtrezitationen, Volksliedern und in religiösen Zeremonien schon lange üblich waren. Inzwischen gehören Chor und Gesangssolisten zu einem *gamelan*-Ensemble, wobei Frauen *(pesinden)* beliebter als Männer *(gerong)* sein sollen. Allerdings gilt eine Stimme traditionellerweise als zusätzliches Musikinstrument und kann keinen Solopart

Oben: Das *gamelan*-Orchester Kyahi Bermoro aus Surakarta. Rechts: *gamelan*-Orchester in einem balinesischen Dorf.

beanspruchen. Die Texte versteht man deshalb kaum, weil sie meist in einer archaischen Literatursprache abgefaßt sind.

Das Mißverständnis, daß Gamelan-Kompositionen improvisiert werden, ist auch deshalb verbreitet, weil selten Partituren verwendet werden. Dieser Eindruck ist grundfalsch, denn die meisten Stücke *(gendhing)* sind thematisch festgelegt und exakt ausgefeilt. Jede Region hat ihr eigenes Repertoire an Lieblingsstücken. Jedes *gendhing* hat eine Bezeichnung und ein Thema *(balungan),* das meist auf das spezifische *wayang,* den Tanz oder das Ritual zugeschnitten ist, zu dem es aufgeführt wird. Vor allem an den Palästen von Yogyakarta und Surakarta hatte man für jeden Anlaß eigene Kompositionen. Man unterschied ,,laute" Stücke, bei denen die Metallophone dominierten, von den ,,leisen" Stücken, bei denen der Gesang und das *rebab* im Vordergrund standen. In Westjava kennt man diesen Unterschied nicht; hier zieht man Gesang, *rebab* und feine Trommeln den Bronze-Instrumenten vor.

Neben den Stilrichtungen West-, Zentral- und Ostjavas hat sich an der Nordküste (Cirebon, Semarang, Madura) aufgrund der vielfältigen Einflüsse von außen eine eigenständige *gamelan*-Musik entwickelt. Bis Borneo und zur Malaiischen Halbinsel reichte der Einfluß des *gamelan.* Dort nahm er, wie in der Region Batavia (Jakarta), chinesische Einflüsse an.

Das balinesische Gamelan

Gamelan-Orchester auf Bali spielen in den unterschiedlichsten Zusammensetzungen, zum Teil überall auf der Insel, zum Teil nur in einzelnen abgelegenen Gebieten. Diese Vielfalt auf einer so winzigen Insel erscheint eigenartig. Die Ursache liegt teilweise in der Topographie der Insel; zahlreiche Flüsse und tiefe Schluchten gliedern Bali in acht eigenständige Regionen, die im Laufe der Jahrhunderte auch ihre spezifischen kulturellen Ausdrucksformen entwickelten. Das 20. Jahrhundert brachte zwar eine Vermischung der regionalen Kunststile, doch hat sich der westliche Bezirk Jembrana sein traditionelles *jegog*-Orchester bewahrt (es setzt sich aus vier mächtigen Bambusrohren zusammen, auf denen kontinuierlich vier Töne gespielt werden), und in Renon, einem aufstrebenden Verwaltungszentrum, tritt noch immer das *gong bheri gamelan* auf, dessen Gongs chinesischen Tamtams ähnlich sind und den selten aufgeführten *baris cina*-Tanz begleiten. Gerade da, wo man es am wenigsten vermutet, leben die musikalischen Traditionen weiter. So wird der Streifzug durch die Musikszene Balis zum faszinierenden Abenteuer.

Eines der verbreitetsten Ensembles auf Bali ist das *gamelan gong kebyar.* Der Begriff *kebyar* bezeichnet einen sehr auffälligen, grellen Musikstil, der um 1915 im Norden der Insel praktiziert wurde. Inzwischen haben jedoch die Ensembles ihr Repertoire um andere Stile erweitert. Im *gong kebyar* intonieren

vier verschiedene Gongs die Melodie. Es sind dies in der Reihenfolge ihrer Größe: *gong, kempur, kempli* und *ekmong*. Die Themamelodie übernehmen zwei Paare großer Metallophone, *jegogan* und *calung*. Eine Gruppe von zehn *gangsa* (hohe Metallophone) malt das Thema aus und das *reong* (die balinesische Version des javanischen *bonang*) wird von vier Musikern gespielt, die einen dahinplätschernden Strom synkopischer Verzierungen hervorbringen. Ein Paar *kendhang*-Trommeln, deren Spiel ineinandergreift, führt die Gruppe an. Der Trommler der unteren *kendhang* ist meist auch der Leiter, Lehrer, Komponist und oft Choreograph des Ensembles. Ein Satz schwach glänzender Zimbeln *(cengceng)* und eine Reihe Bambusflöten vervollständigen das Orchester.

Orchesters wachen eifersüchtig darüber, daß jeder Instrumentensatz einen anderen Klang hat. Das Grundschema geben die beiden eigenständigen Stimm-Systeme *slendro* und *pelog* an: In der *slendro*-Tonleiter unterscheidet man grob nach fünf gleichen Teilen, während im *pelog*-System große und kleine Intervalle nebeneinander stehen. Während das javanische *pelog* meist sieben Töne umfaßt, gibt man auf Bali einem Fünf-Tonsystem den Vorzug. Auf Java entwirft man für jedes Orchester eigene *slendro*- und *pelog*-Sätze, auf die die Instrumentalisten während der Aufführung beliebig zurückgreifen können. Balinesische Ensembles verwenden jedoch nie beide Tonleitern. Die *kebyar*-Instrumente werden z.B. ausschließlich nach *pelog*, das *gamelan gender wayang* (das bei Schatten-

spiel-Aufführungen auftritt) immer nach *slendro* gestimmt.

Von den langsamen und maßvollen *gamelan*-Aufführungen auf Java unterscheiden sich die balinesischen durch die schrillen, kapriziösen Töne und die Vitalität des Rhythmus. Die balinesischen Metallophone werden außerdem mit ungepolsterten Schlegeln bearbeitet, die einen schärferen Klang erzeugen. Hinzu kommt, daß das Ineinandergreifen der Rhythmen, die Präzision, mit der die einzelnen Instrumente ihren Part spielen, nirgendwo so komplex wie auf Bali sind.

Die Feinheiten des Stimmens

Das Stimmen der Instrumente ist kompliziert, denn die Mitglieder des *gamelan*-

Da jedes Instrument einen anderen Klang hat, gibt es auch keine standardisierten *pelog*- bzw. *slendro*-Tonleitern. Jedes Orchester bringt ein Stück auf andere Weise zum Klingen; zusätzliche Variationsmöglichkeiten erschlossen sich die Musiker auf Bali durch

Oben: Noch heute werden *gamelan*-Instrumente auf ähnliche Weise hergestellt wie im 10. Jahrhundert. Rechts: Ein komplettes *gamelan*-Orchester.

das „paarweise Stimmen", bei dem immer Paare von Instrumenten leicht unterschiedlich gestimmt werden, um Schwingungen zu erzeugen, die die Klangwirkung entsprechend erhöhen.

Obwohl es mehrere Notensysteme gibt, spielen die meisten Berufsmusiker ohne schriftliche Partituren, wie es seit jeher der Ausbildung von Gamelan-Musikern entspricht. Zu Beginn des Jahrhunderts erhielten die Musiker an den Höfen Zentraljavas ein spezielles Training für ihre Verpflichtungen am Hofe. Früher, und heute noch auf Bali, übten und spielten die Musiker in ihrem Heimatdorf und kamen nur zu speziellen Anlässen in die Stadt. Seit der Unabhängigkeit wurden einige Musikakademien gegründet, die auch auf die formale Ausbildung Wert legen.

In den *gamelan*-Orchestern auf dem Land sind Berufsmusiker von Amateuren kaum zu unterscheiden. Manche Dorfmusiker beherrschen die Musik ihrer Region sehr gut, ohne dafür einen besonderen Status zu genießen oder bezahlt zu werden. Manche *gamelan*-Musiker ziehen durchs Land und spielen turnusmäßig auf traditionellen Festen und *wayang kulit*-Aufführungen. Viele bekannte Musiker führen dieses Leben, ohne jedoch ihren Lebensunterhalt damit bestreiten zu können. Die Aussichten, als Lehrer an einer Musikschule unterzukommen oder an einer staatlich finanzierten Auslandstournee teilnehmen zu können, bewog viele junge Indonesier, Musiker zu werden.

Die großen Orchester sind nach wie vor das Erbe der Königshäuser, deren Musikstil das jeweilige *gamelan*-Ensemble kennzeichnet.

Auf Java befinden sich die Instrumentensätze auch auf dem Land in Familienbesitz und werden offen als eine Art Statussymbol zur Schau gestellt. Typische javanische Hof-Gamelan-Instrumente sind im Sasono Budaya Museum in Yogya sowie im Mangkunegaran Palace in Solo zu sehen. Einmal im Jahr treten anläßlich des Geburtstags des Propheten Mohammed die Hof-*gamelans* von Yogya und Solo vor Tausenden von Zuhörern in der Moschee auf, ein Verstoß gegen islamisches Gesetz, der dokumentiert, daß sich auf Java eine Mischkultur gebildet hat.

Die balinesischen *gamelan*-Orchester werden meist von den dörflichen Musikklubs *(sekaha)* unterhalten. Der balinesische Religionskalender zwingt den Orchestern eine hektische Abfolge von standardisierten Auftritten bei Tempelfesten auf. Die Provinzregierung sah sich daher veranlaßt, gegen das drohende Aussterben bestimmter Musikstile einzuschreiten. Inselweit werden Musikwettbewerbe veranstaltet, die für Komponisten wie Künstler einen Anreiz darstellen, ihre Ausdrucksmöglichkeiten ständig zu erweitern.

TANZ UND SCHAUSPIEL IN INDONESIEN

Tanz, Geschichtenerzählung und jede Art von Theater sind in Indonesien allgegenwärtig. Sie sind Elemente eines allumfassenden, tradierten Kulturlebens und befriedigen eine große Bandbreite religiöser und profaner Bedürfnisse. Tänzer, Schamanen, Schauspieler, Puppenspieler, Priester, Geschichtenerzähler, Dichter und Musiker spielen lebensnotwendige Rollen, indem sie ihre Mitmenschen informieren, unterhalten, beraten und sie in den Regeln der Tradition unterweisen. Ohne sie ist für den Indonesier ein soziales Zusammenleben völlig undenkbar.

Es finden sich derart viele Tanz- und Schauspieltraditionen in der Inselwelt, daß man unmöglich von einer gemeinsamen Tradition sprechen kann. Jede ethnische und sprachliche Gruppierung Indonesiens nennt eine Form der darstellenden Künste ihr eigen. Nichtsdestotrotz hat es eine Reihe von Anleihen gegeben, so daß alle Gruppierungen einige Dinge gemeinsam besitzen. Ritual- und Trancetänze etwa gibt es als soziale Tanzform überall. Erzähler, seien sie Dorfälteste oder berufsmäßige Puppenspieler, berichten in allen Gemeinden von der Vergangenheit, den unsichtbaren Welten der Ahnen und mächtigen Gottheiten.

In den verschiedenen, historisch gewachsenen Königreichen haben sich gleichzeitig höfische und dörfliche Überlieferungen entwickelt. In den stark javanisch beeinflußten Gebieten (hauptsächlich auf Java und Bali, aber auch auf Sumatra, Lombok und an der Küste von Kalimantan) ist die *wayang* Darstellungskunst verbreitet, für die Indonesien bestens bekannt ist: Scherenschnittspiele, verschiedene Arten von Puppentheatern, stilisierte Dichtungslesungen, Maskentänze und Tanzdramas. Oft von *gamelan*-Musik und rituellen Opfergaben begleitet, werden die alten indischen und javanischen Epen dargeboten.

Leider ist wenig über die geschichtliche Entwicklung dieser vielen Ausformungen bekannt. Nur unvollständig sind die Kenntnisse und Aufzeichnungen über das enorme Repertoire darstellender Kunst des heutigen Indonesien, zumal es ständiger Abnutzung durch die moderne, städtische Massenzivilisation ausgesetzt ist. In der Hoffnung, daß Besucher dadurch zur Beobachtung, Würdigung und Unterstützung angeregt werden, können wir deshalb lediglich einen kurzen Überblick über die lebendigsten und ehesten verständlichen Tanz- und Theaterkünste geben.

Tanz und Ritual

Es scheint, daß Tanz und Ritual in allen frühen Gesellschaftsformen dieser Erde untrennbar sind. Offensichtlich ist ein solcher Zusammenhang bei den sogenannten „primitiven" Stämmen in Indonesien, deren Schamanentänze von Medizinmännern oder Priesterinnen zur Austreibung und Besänftigung von Geistern getanzt werden. Der *dutuk* (Zauberer) bei den Batak im Hochland Sumatras hält einen Zauberstab in der Hand, während er über zuvor auf den Boden gemalte magische Zeichen tänzelt. Auf dem Höhepunkt des Tanzes trippelt und hüpft er hin und her, wobei er mit dem angespitzten Ende seines Stabes ein am Boden liegendes Ei durchbohrt.

Die meisten Stämme haben auch rituelle Gruppentänze, die anläßlich wichtiger Lebensereignisse wie Geburt, Tod, Hochzeit

Überall im Archipel gibt es Tänze. Links: Legong-Tänzerin aus Bali. Rechts: *zaiwo* (Männertanz) mit Schwert und Schild in Anakalang (Sumba).

und Pubertät, jährliche Aussaat und Ernte aufgeführt werden. Getanzt wird auch bei der Amtseinführung von Stammesältesten, wenn der Stamm ein neues Dorf gründet, immer wenn ein neues Vorhaben ansteht. Selbstverständlich sind Tänze zur Austreibung von Krankheit und bösen Geistern zur Vorbereitung auf Kämpfe und um Siege zu feiern. Ausgenommen zur rituellen Werbung tanzen Männer und Frauen getrennt.

Manchmal ist nur eine ausgewählte Gruppe, meist jedoch sind alle Männer oder Frauen eines Dorfes beteiligt. Die Bewegungen der Frauen sind langsam, die Schritte klein, die Handbewegungen anmutig. Männer dagegen imitieren oft Kampfestechniken *pencak silat,* wobei Hände und Knie als ,,Waffen" eingesetzt werden.

Gottes *Banaspati,* wie er in alten javanischen Tempelskulpturen dargestellt ist) und *Rangda,* der bösen Hexe, dargestellt.

Eine Gruppe mit Schwertern *(keris)* bewaffneter Männer versucht *Rangda* zu töten. Sie werden jedoch von ihr verhext und wenden die Schwerter gegen sich selbst. Dank des Eingreifens des guten *Barong* werden sie aber gerettet. Am Ende der Aufführung sind einige der Tänzer oft derart in Trance versetzt, daß ihnen mit Hilfe eines über ihnen geopferten Hahns und abgebrannter Räucherstäbchen die Geister ausgetrieben werden müssen. Das *Barong*-Drama wird heutzutage täglich für Hunderte von Touristen aufgeführt, hat aber dennoch nichts von seiner Faszination verloren.

Zur Begleitung wird gesungen, Bambusflöte gespielt oder eine Art Glockenspiel aus Bambus geschlagen, während der Reismörser *(lesung)* dumpf den Rhythmus angibt. In islamischen Gegenden Sumatras, Westjavas und Sulawesis wird auch *rebab,* ein mit dem Bogen zu spielendes Zitherinstrument, verwendet.

Die rhythmische Musik versetzt viele Tanzende in einen Trancezustand. Margret Mead hat dem balinesischen Trancetanz *Barong* in ihrem Film *,,Trance und Tanz in Bali"* zur Unsterblichkeit verholfen.

Im *Barong*-Tanzdrama wird die Auseinandersetzung zwischen Gut und Böse, zwischen *Barong* (einer Art chinesischer Löwe, jedoch offensichtlich ein Abkömmling des Hindu-

Eine andere balinesische Tanzform ist der *Sanghyang.* Auch hier sind die Tänzer von Göttern und Göttinnen oder Tiergeistern besessen. Am bekanntesten ist der *Sanghyang Dedari* oder ,,himmlischer Nymphentanz". Zwei weißgekleidete junge Mädchen betreten einen von 40 bis 50 singenden Männern gebildeten Kreis, den sogenannten *kecak*-Chor. Sie beginnen sich im Rhythmus der Gesänge zu bewegen, wobei die geschlossenen Augen die Besessenheit durch eine Göttin anzeigen.

Oben: Dieser Tanz in Mollo (Timor) findet vor einem Kampf statt. Rechts: Bedoyo Ketawang — der heiligste und geheimnisvollste javanische Tanz.

Schließlich werden sie in glitzernde Kostüme gehüllt und auf den Schultern von Männern durchs Dorf getragen, um Krankheiten und böse Einflüsse auszutreiben.

Während auf Bali Trancetänze wie der *Barong* oder *Sanghyang Dedari* ihre Bedeutung und ihren Einfluß nicht verloren haben, sind sie auf dem islamischen Java zu kommerziellen Spektakeln herabgesunken. Hier bekannt als *Kuda Kepang, Kuda Lumping, Reog* und *Jatilan,* nehmen an den Aufführungen ein oder mehrere Reiter auf Spielpferden aus Leder oder Bambus, Musiker, maskierte Clowns und vielleicht auch eine Löwen-, Tiger- oder Krokodilmaske, ähnlich wie beim Barong, teil.

Einst waren solche Spielpferdtruppen häufig auf Wochenmärkten und Stadtplätzen während der Festtage zu sehen, heutzutage findet man sie jedoch nur noch selten. Die Reiter bewegten sich im Kreis, bis einer von ihnen in Trance fiel und sich wie ein Pferd zu verhalten begann, indem er wild hin- und hergaloppierte und gar Gras oder Stroh fraß. Die anderen folgten nach und nach seinem Beispiel, zuweilen gab es auch ein Kampfspiel zwischen den Reitern und den Tiermasken.

Derartige Spielpferdtänze wurden früher auch auf Sumatra und Sulawesi bei Beerdigungen getanzt. Das Pferd (manchmal auch ein Vogel) hatte hier die symbolische Funktion, die menschliche Seele in die andere Welt zu bringen.

Höfische Tänze Zentraljavas

Noch vor der Jahrhundertwende hatte nahezu jeder indonesische Herrscher ein eigenes Theater- oder Tanzensemble an seinem Hof. Infolge der holländischen Eroberungen gerieten jedoch die meisten höfischen Überlieferungen in Vergessenheit. Lediglich in Zentraljava sind einige höfische Darbietungsformen von Tanz, Schauspiel und Musik erhalten geblieben.

Java besitzt die weitaus ältesten Theater- und Tanztraditionen Indonesiens. Steininschriften aus dem 8. und 9. Jahrhundert beschreiben häufig Tänze, Masken, Musiker und Schauspiele. Auf den Mauern der großen javanischen Tempel dieser Zeit — Borobudur, Prambanan und anderen — finden sich zahllose Reliefdarstellungen von Tänzern und Unterhaltungskünstlern, seien es einfache Bänkelsänger und wegelagernde Zecher oder sinnliche Hofkonkubinen und einherstolzierende Prinzessinnen.

Wie die neueren javanischen und balinesischen Tänze, verraten diese Reliefs starken indischen Einfluß. So finden sich an der Außenseite der Hauptbalustrade in Prambanan die 62 Illustrationen des *Natyasastra* (Handbuch des klassischen indischen Tanzes) eingemeißelt. Große Betonung haben hier die Haltung des Kopfes und die Stellung der Hände. Im klassischen indischen Tanz wurden mit den Händen durch eine komplexe Zeichensprache ganze Geschichten erzählt. Jede Handstellung *(mudra)* hatte einen genau definierten Bedeutungswert. Obwohl im javanischen ebenso wie im balinesischen Tanz die „wörtliche" Bedeutung der *mudras* verlorengegangen ist, bleibt die reiche Ausdruckskraft der Handgestik beim Tanz ein prägendes Element in ganz Südostasien.

Die meisten Tänze Zentraljavas werden dem einen oder anderen islamischen Herr-

scher, besonders den Dynastiegründern des 16. bis 18. Jahrhunderts, zugeschrieben. Zweifellos sind die Bewegungen und Musikformen jedoch älteren Ursprungs. Aus dem 19. Jahrhundert ist bekannt, daß viele Tänze und Stücke zu besonderen Gelegenheiten geschaffen wurden. Meist bedeutete dies jedoch lediglich, daß der Tanzmeister des Hofes angewiesen wurde, eine vorgegebene Musik mit einem bestimmten Stück zu kombinieren. Einige Herrscher waren jedoch selbst vorzügliche Tänzer und Musiker.

Der berühmteste aller javanischen Hoftänze ist der *Bedoyo Ketawang.* Er wird alljährlich im Palast von Surakarta zum Jahrestag der Krönung von Susuhunan aufgeführt. Es wird berichtet, daß dieser heilige Ritualtanz von Sultan Agung (Regierungszeit 1613 bis 1645), dem größten der Mataram-Könige, eingeführt wurde. *Bedoyo Ketawang* preist die Wiedervereinigung der Nachkommen des Dynastiegründers Senopati mit der machtvollen Göttin des südlichen Meeres Kyai Loro Kidul.

Neun weibliche Palastwachen in königlichen Hochzeitskleidern führen diesen erhaben-prächtigen Ritualtanz aus. Nur an einem vorgegebenen Tag, einmal in fünf Wochen, darf der Tanz geprobt werden, damit das heilige Ritual nicht geschändet wird. Bis vor kurzem durften keine Fremden dem Tanz beiwohnen, da Loro Kidul selbst erscheinen würde, um sich mit dem König zu vereinigen. Auch im Palast von Yogyakarta wurde früher einmal der *Bedoyo* getanzt. Man nimmt an, daß der Tanz auf alte javanische Fruchtbarkeitsriten zurückgeht.

Der andere wichtige javanische Hoftanz, der *Serimpi,* wurde nur von Prinzessinnen und Töchtern der Herrscherfamilie getanzt. Er zeigt den Zweikampf eines Amazonenpaares, das sich im Bewegungseinklang anmutig mit winzigen Dolchen und Pfeil und Bogen bekämpft. Ein Relief des Borobodur zeigt zwei Tänzerinnen in gleicher Haltung, und in Prambanan ist eine tanzende Kriegerin zu sehen, so daß angenommen wird, daß der *Serimpi* auf diese Traditionen zurückgeht. Nachdem zu Beginn des Jahrhunderts auch außerhalb der Paläste Tanzschulen entstanden, ist der *Serimpi* zu einem Standardtanz geworden, der allen jungen Frauen gelehrt wird.

Es gibt jedoch zusätzlich einige höfische Tänze Javas, die ausschließlich für Männer gedacht sind, so etwa der *Beksan Lawung.* Meist sind es Kriegs- oder Prozessionstänze, die heute allerdings nur noch selten aufgeführt werden.

Die Reliefs des Borobudur legen den Schluß nahe, daß einst der Tanz eine entscheidende Rolle im javanischen Leben spielte. Davon ist heute, abgesehen von unberührten Dörfern, nicht viel übriggeblieben. Dies ist vermutlich auch auf den Einfluß des Islam seit dem 17. Jahrhundert zurückzuführen. Die holländische Kolonialherrschaft und die einsetzende Bevölkerungsexplosion taten ihr übriges.

Heute gibt es kommerzielle javanische Tanzvorführungen, wie die der *Ronggeng*-Straßentänzer, außerdem die der *Talèdèk*-Tanzmädchen oder die der erwähnten Spielpferdensembles. Sie mögen ein Nachhall früherer dörflicher Tanztraditionen sein, wie sie heute noch auf Bali zu finden sind.

Prachtvolle balinesische Tänze

Das traditionelle balinesische Gemeinwesen hat man als „Theaterstaat" beschrieben. Wenn auch Balis lebendige und lebhafte Kultur sicherlich Veränderungen unterworfen war, ist sicher, daß Tanz und Theater seit Menschengedenken eine zentrale Rolle im Leben der Balinesen gespielt hat. Nach dem

Niedergang der Königreiche zu Beginn dieses Jahrhunderts verlagerte sich der Schwerpunkt von Tanz und Theater aus den Palästen in die Dörfer.

Auch im balinesischen Tanz ist der indische Einfluß offensichtlich. Seine Tänzer ähneln ihren Vorbildern auf den Tempelreliefs Ostjavas weit mehr, als es die Palasttänzer Javas tun. Die Kostüme, die glitzernden Kopfbedeckungen und der feingearbeitete Schmuck sind hindu-javanischen Ursprungs. Wie auf Java ist die Tanzhaltung auf Bali „indisch": Die Knie sind angewinkelt, die Füße nach außen gestellt, der Oberkörper gerade, der Kopf schräg, die Gestik der Hände ausdrucksvoll, die Fingerbewegungen flatternd.

Ein Tempelfest auf Bali ohne eine Tanz- oder Theateraufführung zur Unterhaltung der Götter (und natürlich der Besucher) ist undenkbar. Es wird jedoch fein unterschieden zwischen den sog. religiös-heiligen *(wali)*, zeremoniell-rituellen *(bebali)* und lediglich unterhaltenden *(bali-balihan)* Tänzen. Letztere, ursprünglich der Aristokratie vorbehalten, haben heute auch in das zeremonielle Repertoire der Dorfbewohner Eingang gefunden.

Der zum königlichen Vergnügen entstandene *Legong Keraton*-Tanz ist heute häufig auf dörflichen Tempelfesten zu sehen und wird zusehends zu einer Attraktion für Touristen. Zwei sehr junge Mädchen werden von einem Zeremonienmeister *(condong)* vorgestellt, die in golden glitzernde Kostüme gekleidet sind und deren Frisuren mit Frangipani-Blüten geschmückt sind. Die beiden tanzen dann eine Geschichte vor, von denen es etwa ein Dutzend verschiedene gibt. Diese traditionellen Form wird heutzutage dadurch abgeändert, daß auch mehr als zwei Tänzerinnen teilnehmen, die nicht unbedingt jung sein müssen.

Balinesischer Tanz vermittelt jedoch völlig andere Eindrücke. Entwickelte sich auf Java ein langsamer, kontrollierter, fließender Bewegungsstil, bei dem die Augen niedergeschlagen und die Glieder am Körper gehalten werden, so ist der balinesische Tänzer mit Energie geladen, hat die Augen weit aufgerissen, springt hier und dorthin, schreitet mit weitausholenden Schritten, wirft die Arme in die Höhe und bewegt sich schnell und katzengleich; ein Javaner würde bei diesem Anblick zurückprallen.

Links: Die Sriwedari-Truppe bei einer *wayang orang*-Vorstellung in Surakarta. Rechts: I Nyoman Mario, legendärer Tänzer der 30er Jahre, bei einer Kebyar-Vorführung.

Die *Baris* oder Kriegertänze dagegen haben sich anscheinend aus alten, rituellen Kampfestänzen entwickelt. Der überlieferte *Baris Gede*-Tanz wird von Männergruppen ausgeführt. Die Männer erwarten angespannt, mit weit aufgerissenen Augen und bereitgehaltenen Lanzen oder Schilden, den Angriff des Feindes. Ohne Waffen wird der Solo-*Baris* getanzt, dessen konzentrierte Abläufe Selbstvertrauen und geistige Kontrolle suggerieren. Eine gute *Baris*-Aufführung ist eine echte Herausforderung für Tänzer und Musiker, da sie exakt auf die Signale ihrer Mitspieler achten müssen, um die vibrierenden Ausbrüche synchroner Energie abgeben zu können, die die Höhepunkte dieses Tanzes ausmachen.

Ununterbrochen entstehen neue Tanzformen. Der machtvolle *Kecak*-Tanz entwickelte sich Anfang des Jahrhunderts aus dem *Sanghyang Dedari.* In Szenen aus dem indischen Ramayana-Epos spielt der Chor nun die Rolle der Armeen des Affengottes Hanuman.

In den 30er Jahren schuf der legendäre Tänzer und Choreograph I Nyoman Mario

den *Kebyar*-Tanz. Zu den Klängen einer neuen Art *gamelan*-Musik, die um 1915 im Norden Balis entstand, bewegt der ausschließlich sitzende Künstler den Oberkörper im kapriziösen Rhythmus dieser schillernden Musik. Eine andere Kreation Marios ist der *Oleg Tambulillingan,* in dem das Liebesleben zweier Hummeln in einem Blumengarten geschildert wird!

Überlieferte Theaterformen auf Bali und Java

Traditionelles Theater ist in Indonesien schon immer eine enge Bindung mit örtlichen Musik-, Tanz- und Erzählformen eingegangen. In Java etwa scheint jedes Theater seine Wurzeln im *wayang*-Puppenspiel zu haben, insbesondere im *wayang kulit,* einer Kombination aus Schattenspiel und Puppentheater. *Wayang* nennt man auf Java jede Theaterdarbietung, seien die Akteure nun Schauspieler oder Puppen. *Wayang* heißt eigentlich „Schatten" und bezieht sich im engeren Sinn nur auf das Schatten-Puppenspiel. In einem weiteren Sinn bezieht es sich auch auf konventionelles Theater mit Schauspielern. Am bekanntesten sind das *wayang topeng,* ein Maskenschauspiel, und das *wayang orang,* ein Tanzdrama. Auch hier sind viele der Geschichten und charakteristischen Bewegungen vom Schattenspiel ausgeborgt.

Das *wayang topeng*-Maskenspiel ist offensichtlich die älteste von den noch existierenden Theaterformen. Erste Spuren finden sich in Ostjava bereits im 14. Jahrhundert. Themen des *wayang topeng* sind Geschichten aus dem Panji-Zyklus, Erzählungen von der Gründung der *Singhasari*-Dynastie im 13. Jahrhundert. Es scheint auch der Vorläufer des balinesischen *gambuh*-Dramas zu sein. Gelegentlich wird dies heute noch mit Masken und altertümlichen *Gamelan*-Instrumenten gespielt; die Dialoge — in altjavanisch — versteht allerdings niemand.

Während in Bali Maskenschauspiel noch sehr populär ist, hat es sich auf Java nur spärlich in Dörfern der nördlichen Küste (insbesondere um Cirebon) erhalten; in Zentraljava verschwand es bereits ab dem 16. Jahrhundert unter den islamischen Herrschern. Auch die Konkurrenz durch Tanzdramen scheint zum Niedergang beigetragen zu haben.

Die Beantwortung der Frage, wer das *wayang orang* (auch *wayang wong)*-Tanzdrama eingeführt hat, hat zu einer Rivalität zwischen den Einwohnern Surakartas und den Einwohnern Yogyakartas geführt. Surakarta schreibt es dem Prinzen Mangkunegara I. zu, Yogyakarta ihrem Prinzen Hamengkubuwana I.

Tanzdramen gab es jedoch schon lange vor dem 18. Jahrhundert. Allerdings waren beide Herrscher äußerst engagiert, neue Stücke entstehen zu sehen und deren Aufführungen zu fördern. Und schon zu damaliger Zeit bestand eine starke Konkurrenz zwischen verschiedenen Höfen bezüglich der neuesten Stücke und besten Aufführungen. Es war fast eine Fortsetzung des Bürgerkriegs zwi-

Das javanische Theater hat seine Wurzeln im Puppenspiel. Links: *wayang golek*-Vorstellung. Rechts: ASTI-Absolventen bei einem Tradition und Moderne verknüpfenden Fächertanz.

schen 1740 und 1755, nur diesmal auf der Bühne. Der Wettbewerb verstärkte sich gar noch im 19. Jahrhundert, als sich javanische Herrscher mehr und mehr kulturellen Prestigevorhaben zuwandten; Zeit und die entsprechenden Mittel waren reichlich vorhanden.

Im Laufe der Jahre wurde das *wayang orang* zu einem festen Bestandteil des staatlichen Protokolls in diesen Königreichen. Anläßlich des Jahrestages der Dynastiegründung, bei Königskrönungen oder prunkvollen königlichen Hochzeiten wurde es in offenen Pavillons aufgeführt. Die große Zeit des *wayang orang* kam dann in den 20er und 30er Jahren dieses Jahrhunderts, als die Aufführungen mehrere Tage dauerten und zwischen 300 und 400 Akteure eingesetzt wurden. Bei diesen Aufführungen stand Musik und technisch exakte Ausführung von Tanzbewegungen im Vordergrund. Stilisierung und Abstraktion wurden über Dialoge und Handlungsabläufe gestellt.

Die heutigen Aufführungen sind weniger aufwendig und dauern nur wenige Stunden. Bühnenscheinwerfer, Schminke und bunte Kulissen gehören nun zum Standard der meist in freistehenden Hallen stattfindenden Vorführungen. Es gibt auch drei professionelle *wayang wong*-Ensembles — in Surakarta, Semarang und Jakarta. Die Betonung der allabendlichen Stücke liegt eher auf langatmigen Dialogen und komödienhaften Szenen als auf den tänzerischen Elementen.

Der Tanz heute

Das traditionelle indonesische Theater läuft heute Gefahr, von den modernen, städtischen Vergnügungen überrollt zu werden. Selbst die Paläste sind nicht mehr in der Lage, für den Unterhalt der Musik- und Tanzgruppen aufzukommen. Zwar gibt es einige private Theaterensembles, doch scheint die allgemeine Bereitschaft, die alte ,,Palast"-Kunst zu unterstützen, nicht gerade groß zu sein.

Von Regierungsseite bemüht man sich, Abhilfe durch die Einrichtung von Kunstakademien (ASTI) in verschiedenen Städten zu schaffen. Aufführungen sind jedoch selten, und die finanzielle Ausstattung ist dürftig. Zudem haben die Absolventen dieser Akademien wenig Berufsaussichten. Nichtsdestotrotz werden sie von vielen willigen Studenten besucht.

Neuerdings hat der Tourismus die Rolle eines Impulsgebers übernommen, was nicht immer im traditionellen Rahmen stattfindet (etwa am Hotelswimmingpool). Eine Ausnahme bildet Bali, wo seit jeher die Tanztraditionen tiefverwurzelt war. Doch auch hier beeinflußt der Tourismus die in jedem Dorf bestehenden Tanztruppen, die ihr Repertoire erweitern und verbessern. So tanzt die Truppe von Batubulan morgens den *Barong* für Busladungen von Touristen, während sie abends den *Topeng* oder *Arja* vor hingerissenen Dorfbewohnern im Tempel zum besten gibt.

Auch ist inzwischen eine neue Generation indonesischer Choreographen herangewachsen, die gut ausgebildet und mit westlichem klassischen und modernen Tanz vertraut ist. Seit den 50er Jahren versuchen Künstler wie Bagong Kussudiardjo in Yogyakarta, Wayan Dibia in Bali und der aus Sulawesi stammende Wiwiek Siepala in Jakarta traditionelle Tänze in eine moderne Form zu bringen.

Ein Resultat von Bearbeitungen überlieferten Tanzgutes war der *Sendratari,* ein altes Tanzdrama, ohne Dialoge aber mit neuen Bewegungsabläufen und modernen Kostümen. Die erste Aufführung des *Sendratari,* einer abgewandelten Fassung des javanischen *wayang orang,* fand in den frühen 60er Jahren angeblich auf Drängen eines Reiseleiters statt. Während der Vollmonde in der Trokkenzeit (Juni bis September) wird dieses spektakuläre Ramayana-Ballett mit über 200 Mitwirkenden vier Nächte lang auf einer eigens vor dem elegantgen Prambanan-Tempel aus dem 9. Jahrhundert errichteten Bühne, in Szene gesetzt.

INDONESISCHE STOFFE: GEWEBTE TRADITION

Jeder Kenner von Textilien wird sofort darauf hinweisen, daß Indonesien weltweit die größte Mannigfaltigkeit an traditionellen Stoffen aufzuweisen hat. Die Anzahl verschiedener Stoffe und technische Virtuosität der Herstellung sind unübertrofen. Erwähnt seien nur die farbenprächtigen Kleidungsstücke aus Rinde von Borneo, Irian Jaya und Sulawesi oder die schlichten Webereien und exquisiten Seiden Sumatras *(songket),* aber auch die wunderschönen Batiken Javas und die berühmten *ikats* der östlichen Inseln.

Feine Stoffe sind in Indonesien mehr als Material für Kleidung. Sie können Macht und Status symbolisieren, werden als Ritualobjekte, als Geschenke im Handelsverkehr und nicht zuletzt als eine Art Währung und Sparkasse verwendet.

Weitverbreitete Kunstfertigkeit

Jede der über 350 ethnischen und sprachlichen Gruppierungen Indonesiens hat anscheinend zu irgendeinem Zeitpunkt eine eigene, klar abgegrenzte Stoffherstellungstradition besessen. Einige dieser Traditionen sind möglicherweise über 2000 Jahre alt und in unwegsamen Gebirgsgegenden erhalten geblieben. Viele sind auch von auswärtigen Einflüssen (insbesondere indischen) geprägt. Seit dem 14. Jahrhundert werden indische Stoffe im großen Stil importiert, im 16. und 17. Jahrhundert vor allem *patola*-Stoffe. Später begannen die Europäer hier mit indischen Stoffen zu handeln; sie hinterließen ihre Spuren in den verschiedenen Mustern (einige europäische Motive von Münzen und Porzellan wurden übernommen).

Auswanderer und Händler haben bei der Verbreitung von Techniken und Motiven ebenso eine Rolle gespielt. So findet man beispielsweise an den Nordküsten von Ceram und Irian Jaya traditionelle Weber-Gemeinschaften, deren Ursprünge auf den Banggai-Inseln (Sulawesi im Osten vorgelagert) vermutet werden. Hier leben auch Alune-Stämme (wörtlich: ,,Leute, die weben") inmitten von Gruppen, die Rindenstoffe und Flechtarbeiten herstellen, aber keine traditionellen Weber sind.

Vorhergehende Seiten: Königliche Insignien — Symbole der Macht. Links: Frauen im traditionellen *hinggi* (*kat* von Sumba). Rechts: *ikat*- und *songkei*-Stoffe aus Limar.

Und es wird die Geschichte der Prinzessin von Wolio, dem alten Königreich auf Buton (dem südöstlichen Sulawesi vorgelagert) erzählt. Als diese Mitte des 17. Jahrhunderts den Sultan von Ternate (Molukken) heiratete, waren drei *kora-kora*-Auslegerboote mit bis zu 100 Ruderern erforderlich, um ihr Gefolge aufzunehmen. Unter diesem war auch eine Gruppe von Webern, die ihre Heimat in Koloncucu verließ. In Ternate gab man ihnen ein Stück Land, und sie nahmen ihre Webarbeit für den neuen Hof wieder auf. Das Sultanat von Ternate erstreckte sich damals von

Mindanao im Norden bis Flores im Süden, so daß man heute noch in Halmahera und benachbarten Inseln Webarbeiten im Koloncucu-Stil finden kann.

Rituale und Symbolik

Das Spinnen, Färben und Weben von Stoffen wurde ursprünglich als symbolischer Schöpfungsakt, gleich der Geburt eines Menschen, angesehen. Gewebt wurde ausschließlich von Frauen. Männer durften, entsprechend ihrem Beitrag zur Zeugung, nur bestimmte Färbearbeiten an den Fäden vornehmen. Das Färben selbst erfolgte in absoluter Abgeschiedenheit. Färbende durften nicht vom Tod sprechen und schwangere, kranke oder menstruierende Frauen waren ausgeschlossen.

Der Faden wurde nur an günstigen Tage auf den Webstuhl gespannt, um zu verhindern, daß er reißt. An der Küste wurden Vollmondtage und die Stunden der Flut als günstig angesehen. Bei einem Todesfall wurden sämtliche Webarbeiten sofort eingestellt, damit sich der Geist des Verstorbenen nicht rächen würde.

Ein fertiges Erzeugnis war derart mit metaphysischen und psychologischen Assoziationen beladen, daß es der Überlieferung nach als machtvoller Gegenstand angesehen wurde. Nicht nur konnte er den Webenden schützen, sondern auch bei den magischen Lebenszyklusritualen Verwendung finden.

Im Laufe der Zeit entwickelte sich eine richtige ,,Stoffsprache''. Bei den Batak auf Sumatra zum Beispiel legen Verwandte einer im 7. Monat mit dem ersten Kind schwangeren Frau das braun-weiße *ragidup* (,,Lebensmuster'') als ,,Seelentuch'' *(ulos ni tondi)* um. Das Muster wird dann von einem eingeweihten Ältesten ,,gelesen''.

Bei den Toraja auf Sulawesi ist für jedes größere Ritual das heilige *maa*-Tuch notwendig. Den Fäden wird göttlicher Ursprung zugeschrieben, und es wird sorgfältig in besonderen Körben aufbewahrt. Einige *maa*-Tücher sind für die Anrufung von Fruchtbarkeitsgeistern geeignet, die Entfaltung von anderen soll sofortigen Regen bringen.

Auf vielen Inseln sind bestimmte Stoffe erforderlich, um den Brautpreis entrichten zu können. Auf Buton wurden kleine Rechtecke aus Stoff über Jahrhunderte als Währungseinheit benutzt.

Die bekanntesten indonesischen Ritualstoffe sind die sogenannten ,,Schiffs-Tücher''. Diese einst in Südsumatra hergestellten Stoffe zeichnen sich durch ein Schiffs-, manchmal auch ein Vogelmotiv aus. Ähnlich einer Arche Noah sind menschliche Figuren zusammen mit Tieren und Pflanzen sowie wertvollen Gegenständen darauf abgebildet. Das Schiffsmotiv ist in der indonesischen Kunst und Architektur oft anzutreffen und scheint, was naheliegt, Veränderung und Vergänglichkeit zu symbolisieren.

Bestimmte Stoffarten, Farben und Motive waren ausschließlich den Königen und der Aristokratie vorbehalten. Solche Verwendungsvorbehalte sind typisch für fast alle früheren Gesellschaftsformen. Das Tragen von Markenzeichen kann selbst heute noch als Versuch interpretiert werden, seinen sozialen Rang anzuzeigen. Bestimmte Gewebearten bezeichneten einst in Indonesien nicht nur gesellschaftliche Stellung, sondern auch bestimmte höfische Funktionen.

,,Primitive'' Stoffe

Textilien aus allen Perioden der indonesischen Geschichte werden heute noch in einer

Oben: Frau am Handwebstuhl. Rechts: Frau aus Lembata beim Baumwollspinnen. Ganz rechts: Handwebstuhl mit „koffo"-Gewebe aus Sangihe (Nordostsulawesi).

lebendigen Weiterführung der Traditionen hergestellt. Allerdings ist hier mit dem Aufkommen neuer Stoffe ein starker Rückgang zu beobachten.

Die Rindenstoffe aus Kalimantan (Borneo), Sulawesi (Celebes) und Irian Jaya (Neuguinea) gehen auf prähistorische Entwicklungen zurück. Dennoch weisen sie ein hohes Niveau handwerklicher Fertigkeiten auf.

Die Toraja zum Beispiel stellen außerordentlich weiche und geschmeidige Stoffe aus der Innenrinde der Schraubenpalme (Pandanus oder Pandang) des Maulbeerbaums und anderer Bäume her, indem sie die gewonnene Pflanzenmasse mit speziellen Schlegeln aus Stein oder Holz flachschlagen. Anschließend wird der Stoff *(fuya)* mit natürlichen Farben

koloriert, bemalt oder gestempelt. Die daraus hergestellten Kopftücher, Blusen, Ponchos und Taschen werden oft mit Stickereien und Applikationen verziert.

Webtechniken waren wohl schon zu prähistorischen Zeiten weit entwickelt. Dies dokumentieren die einfachen Gewebe aus Pflanzenfasern, die man noch in einigen Gegenden findet. Viele dieser Webstücke erfordern zur Herstellung keinen Webstuhl und sind als Mischform von Web- und Flechtarbeit zu bezeichnen. Bis vor kurzem noch stellen einige Stämme auf Kalimantan, Sulawesi und Timor Kriegerumhänge aus Bast- und Rindenfaserzwirn her, indem sie abwechselnd oben und unten einen Querfaden um einen Längsfaden schlangen.

Kleidungsstücke aus geflochtenen Gräsern, Pandanus- oder Sagopalmenblättern, Bambus, Palmen und anderen Pflanzenfasern sind auch heute nicht unbekannt. Auf dem nordöstlichen Sulawesi (Minahassa) und auf den nahegelegenen Sangir- und Talaud-Inseln findet man anspruchsvollere Webarbeiten aus Wildbananen- und Ananasfasern. Sie werden hier *hote* genannt (früher auch *koffe* oder ,,Manilahanf"). Die meisten haben geometrische Muster (Schnörkel, Sterne, Karos), die entstehen, indem man kurze Faserabschnitte einfärbt und dann mit verarbeitet.

Die Verwendung von anderen Grundstoffen als Baumwolle muß nicht unbedingt eine ältere Entwicklungsstufe der Textilherstellung sein. Viele der ,,primitiven" Stoffe zei-

gen ein außergewöhnliches Maß an hochentwickelter Kunstfertigkeit. Weil Baumwolle bei den meisten fortgeschrittenen Textilien verarbeitet wird, was einen Anbau, ein Verspinnen und einen Webstuhl voraussetzt, wird allgemein angenommen, es handle sich hier um ein späteres Entwicklungsstadium. Baumwolle jedoch ist in der Region seit langem heimisch und wird von vielen sogenannten ,,Primitiven" angebaut und verarbeitet.

Mit der einsetzenden Baumwollverarbeitung in Indonesien kam auch das Kettfäden-*ikat* auf. Hierbei handelt es sich um eine überlieferte Gestaltungsmethode, bei der das Kettfädengarn eingefärbt wird, ehe man es verwebt. In vielen indonesischen Sprachen bedeutet *ikat* ,,knüpfen". Meistens wird der nicht zu färbende Abschnitt der Fäden mit farbresistenten Fasern abgebunden, um die Muster zu erzeugen. Ein Meister der *ikat*-Technik kann wahrhaft komplizierte Muster und Motive in satten Farben in den Stoff zaubern.

Solche *ikat*-Webarbeiten finden sich heute hauptsächlich auf den östlichen Inseln des Sunda-Archipels (von Sumba bis Flores), aber auch in unzugänglicheren Gegenden Sumatras, Borneos und Sulawesis. Ihre Herstellung setzt ein ungeheures Maß an Geduld und Kunstfertigkeit voraus. Die Garne zu spinnen und die Farben vorzubereiten, die Kettfäden abzubinden und diese immer wieder einzutauchen und zu trocknen, um die erwünschten Farben zu erzielen, stellt keine geringeren Anforderungen als der eigentliche Webvorgang.

Zwischen acht und zehn Jahren dauerte es, ein feines Tuch mit Naturfarben herzustellen. Rezepte zur Produktion dieser Farben sind außerordentlich kompliziert; bei einigen müssen hochentwickelte Träger- und Beizflüssigkeiten verwendet werden. Hauptfarben waren Indigo, *mengkudu* (eine rote Farbe aus einer Wurzel) und *soga* (aus braunen Wurzeln und Rinden). Islamische Händler verbreiteten aber auch Türkischrot und Koschenille.

Alle Kettfäden-*ikats* zeichnen sich durch horizontale oder vertikale Streifen von Muster- und Motivgruppen aus. Eine natürliche Folge des Färbungsprozesses.

Das berühmteste *ikat* ist der *hinggi* von der Ostküste Sumbas. Reiche Farben, genaue Details und kühne, waagerechte Felder stilisierter menschlicher und tierischer Figuren charakterisieren diese *ikats*. Sie werden im Regelfall paarweise hergestellt, wobei das eine um den Körper geschlungen und das andere um die Schultern drapiert wird. Über Jahrhunderte waren *hinggis* wertvolle Handelsgegenstände, die auch von den Holländern im 19. Jahrhundert in großem Umfang ausgeführt wurden.

Während mittlerweile alte, echte *hinggis* selten und nur zu astronomischen Preisen zu haben sind, hat die Produktion von billiger, chemisch gefärbter Massenware eingesetzt, die auf Bali und Java als ,,Sumba-Tücher'' an Touristen verkauft werden.

Auch auf den kleinen, unfruchtbaren Inseln Roti und Sawu (zwischen Sumba und Timor) überlebt eine besondere *ikat*-Art. Sie ist an den schmalen Längsstreifen zu erkennen, auf denen weiße und rote, zart gestaltete Blumen, Sterne oder Karos symmetrisch auf Indigogrund angeordnet sind. Ebenso werden Tulpen und Rosen, wie sie auf holländischen Tuchen und Porzellanen zu finden sind, dargestellt. In der Regel werden zwei oder mehr Stücke zu einer Decke oder einem *sarung* zusammengenäht, wobei — vor allem auf Sawu

Oben: Beim Abbinden des Kettfadens vor dem Färben. Rechts: *ikat*-Stoff von der Insel Sawu westlich von Timor.

— auf eine ungerade Zahl der Streifen geachtet wird.

Die *ikats* auf Roti ähneln denen von Sawu, doch zeigen sie anstelle von Längsstreifen das indische *patola*-Muster: an jedem Ende sind Felder von achtzackigen Sternen oder Blumen mit gestreiften Rändern und Bändern von Dreiecken (*tumpal*).

Gewebt werden die *ikats* auf einem einfachen Webstuhl, bei dem die Kettfädenspannung durch einen um den Rücken führenden Riemen erreicht wird, während der Garnabstand durch einen Bambuskamm reguliert wird.

Schußfäden- und Doppel-ikats

Derartige *ikats* findet man nur vereinzelt und es wird angenommen, daß die Technik wohl aus Indien stammt. Indonesische Schußfäden-*ikats* zeichnen sich durch die Verwendung von Seidengarn für die durch Abbinden gefärbten Schußfäden aus. Seidenraupenzucht war vermutlich schon lange aus China eingeführt worden, doch erst als islamische Händler indische Seiden-*ikats* verkauften, begannen die Indonesier, eigene Seiden herzustellen.

Schußfäden-*ikats* tauchen vor allem in den islamischen Handelsgegenden der Küsten auf, wie in Palembang, Gresik, Ujung Pandang und in der Provinz Riau. Aber auch auf Bali findet man sie. Diejenigen aus Palembang und von Bangka sind außergewöhnlich anspruchsvoll, in kräftigen Rot-, Blau- und Gelbtönen gehalten, wobei die Schußfäden oftmals noch mit Goldfaden durchwirkt sind. Indische, javanische und chinesische Motive, manchmal gleichzeitig verwendet, spiegeln die Weltoffenheit dieser Handelshäfen wieder. Weniger wertvolle Exemplare werden heute noch in der Nähe von Palembang produziert und an Festtagen oder zu Hochzeiten getragen.

Tenganan Pageringsingan im Osten Balis ist weltweit einer der drei Orte (außer Indien und Japan), wo die fabelhaften Doppel-*ikats* hergestellt werden. Sowohl Kett- als auch Schußfäden werden durch Abbinden gefärbt. Diese *geringsing* sind mit Indigo und Mengkudu-Wurzeln gefärbt; so entsteht ein rotes Muster auf cremefarbenem Hintergrund. Hervorzuheben ist das *geringsing wayang kebo* mit seinen symmetrischen *wayang*-Figuren um einen vierzackigen Stern.

Auf ganz Bali wird das *geringsing*-Tuch bei allen wichtigen Zeremonien verwendet, auch beim Zähnefeilen und bei den Leichenverbrennungen. Es hatte einst den Ruf, vor bösen Einflüssen (wörtlich heißt ,,geringsing" ,,ohne Krankheit") zu schützen; doch anscheinend glauben die Bewohner Tenganans heute nicht mehr so recht daran.

Überhaupt ist Tenganan ein fesselnder Ort, was daher rühren mag, daß es eines der wenigen *Bali Aga*-Dörfer (eigentlich ,,nicht-Hindu") auf der Insel ist. Entweder stammt das *geringsing*-Tuch aus sehr alten, vorhinduistischen Zeiten, oder aber die Herstellung ist von Tabus umgeben, die nur die *Bali Aga* geringschätzen.

Als nach dem 14. Jahrhundert islamische (und später europäische) Kaufleute Indonesien mit indischen Stoffen überschwemmten, scheint dies dort eine Umwälzung der Stofferzeugung in Gang gesetzt zu haben. Importe indischer Webereien hatte es vermutlich

schon seit Jahrhunderten für die Aristokratie gegeben, das Ausmaß dieses Handels und seine Auswirkungen auf den einheimischen Textilgebrauch waren jedoch ohne Beispiel.

Seit alters her war der Besitz von Baumwoll- und Seidenstoffen dem indonesischen Adel vorbehalten. Die Herstellung der *ikats* aus diesen Materialien ist sehr zeitaufwendig, arbeitsintensiv und damit so teuer, daß nur Herrscher und Adel die Mittel besaßen, diese Erzeugnisse zu bezahlen.

Eine Veränderung trat hier durch den Gewürzhandel ein. Die Händler hatten entdeckt, daß sie für indische Baumwoll- und Seidenstoffe Gewürze eintauschen konnten, die in anderen Winkeln der Erde mit Gold aufgewogen wurden. Die indonesische Bevölkerung auf der anderen Seite stellte fest, daß sie für leicht zu sammelnde Nelken, Pfefferschoten, Muskatnüsse und aromatische Hölzer Textilien von hoher Qualität erwerben konnte: ein Vorteil, der begreiflicherweise nicht ungenutzt blieb.

Einmal auf den Geschmack gekommen, begann man selbst Stoffe für den Hausgebrauch herzustellen, insbesondere einfache Baumwollwebereien wie den *sarung,* der heute überall in Indonesien und von der Mehrzahl der Bevölkerung getragen wird. Im Verhältnis zu den groben Erzeugnissen aus Rinde und geflochtenen Pflanzenfasern stellten die einfachen, meist gestreiften oder karierten Baumwollstoffe einen bedeutenden Fortschritt dar.

Sie werden heute in oder in der Nähe der großen Handelszentren aus der islamischen Zeit (Nordküste Javas, Nord- und Ostküste Sumatras und Südküste Sulawesis) hergestellt und sind unter einer Vielzahl von Namen bekannt. Man findet sie aber auch in Zentraljava (den gestreiften *lurik*) und im Minangkabau-Gebiet des westlichen Zentralsumatras.

Die Umwälzung durch indische Stoffe weitete sich auch auf wertvolle oder gar magische Produkte aus. Das indische *patola,* ein Doppel-*ikat* aus Seide, wurde zum meistimitierten Erzeugnis Indonesiens. Es wurde in das rituelle Leben von vielen Bevölkerungsgruppen integriert und fand Eingang an vielen Höfen. In Java wurde es als *cinde* bekannt.

Im Vergleich zu den mehr dunkelroten-, -braunen und -blauen Farben der einheimischen *ikats* müssen die leuchtenden, schimmernden Farben der *patolas* ungewöhnlich gewirkt haben.

Als um 1800 die Importe nachließen, bemühten sich mehr und mehr indonesische Weber, Nachbildungen aus Baumwolle und Seide herzustellen. Heute ist das achtstrahlige Blumendessin überall zu sehen.

Das *songket* ist ein weiteres Produkt des blühenden Handels mit der islamischen Welt; das weinrote, mit Silber- und Goldfäden durchwirkte Tuch stammt ebenfalls aus Indien.

Die berühmtesten *songkets* stammen aus Palembang: ein geometrisches Muster aus glitzernden Goldfäden bedeckt oft das ganze leuchtend-rote Tuch. Während beim üblichen Weben Kett- und Schußfäden regelmäßig alternieren, „fließen" die metallischen Schußfäden über und unter mehreren Kettfäden gleichzeitig hindurch. Die Kettfäden werden zu einzelnen Abschnitten abgezählt, bevor mit Hilfe eines Schiffchens, genannt *lidi,* die Schußfäden durchgeführt werden. Ursprünglich waren die Garne aus echtem Gold, heute jedoch ist es nur noch Glitter; echte Goldfäden werden nur noch für besondere Stücke verwendet.

Für silberdurchwirkte weinrote *songkets* sind die Minangkabau Westsumatras bekannt. Auf Bali wird eine ganze Bandbreite von *songkets* hergestellt, angefangen von einfachen *sarungs* mit kleinen geometrischen Silber- oder Goldmustern bis hin zu ausschweifenden Festtagsgewändern, die Gold- und Silberzeichnungen auf purpurnem, grünem, gelbem und blauem Seidengrund aufweisen. Auch balinesische Tier- und Wayangfiguren zieren *songkets* und vor einigen Jahren hat ein italienischer Modeschöpfer rauschgoldgestreifte *songket*-Webereien aus Baumwolle für eine Disco-Kollektion verwendet.

Links: Stoff aus Timor mit den charakteristischen Farben. Rechts: *geringsing*-Stoff aus Tenganan, in Bali gilt er als heilig.

Batiken sind ein wesentlicher Bestandteil heutiger javanischer Kultur. Dennoch ist die Batikherstellung, wie wir sie kennen, vermutlich nicht sehr alt. Fachleute streiten sich darüber, ob sie aus Indien stammt oder sich unabhängig auf Java entwickelte. Ein Vorläufer könnte das *kain simbut* aus Westjava sein, bei dem Reispaste als Farbabweiser auf den Stoff gestrichen wird. Andere meinen, daß das knüpfgefärbte *kain kembangan* letztlich zur Verwendung von Wachs und Harzen als Farbabweiser führte. Zwar hat man Bezeichnungen für verschiedene Batikmotive in der javanischen Literatur bis ins 12. Jahrhundert zurückverfolgt, doch tauchen die Begriffe *batik* und *tulis* (auf Stoffmuster bezogen) in den javanischen Aufzeichnungen erst während der islamischen Epoche auf, als indische Kaufleute bereits Handel im Archipel trieben.

Einig sind sich jedoch alle, daß javanische Batik bei weitem die vortrefflichste auf dieser Erde ist. Einer der Gründe ist, daß bereits früh, wahrscheinlich im 17. oder 18. Jahrhundert, ein als *canting* bekanntes Werkzeug zur Verfügung stand. Hierbei handelt es sich um einen Stift, mit dem das Wachs auf den Stoff aufgetragen und sehr feine Muster gezeichnet werden konnten. Hinzu kamen eine ausgefeilte Technik zur Wachs- und Harzmischung, zur Farbenbereitung und -fixierung, sowie der ganze Fundus an ausgearbeiteten Motiven. Die nötigen festgewebten, feinen Stoffe wurden bis vor kurzem importiert.

Die Batik-Herstellung

Batik wird außer auf Java auch auf anderen Inseln — Sumatra, Sulawesi und Bali zum Beispiel — hergestellt, aber keine kann sich mit der javanesischen vergleichen. Dies aus dem einfachen Grund, daß schöne Batik nur mit viel Geduld entsteht. Zunächst muß auf den weißen Baumwoll- oder Seidenstoff ein Rohentwurf aufgetragen werden. Alle Flächen, die keine Farbe annehmen sollen, müssen mit Wachs bedeckt werden. Je nach Muster kann das hunderte Stunden sorgfältiger Arbeit bedeuten. Anschließend wird der Stoff in eine Farblösung gegeben und getrocknet. Bei der Verwendung von Naturfarben waren lange, wiederholte Eintauchvorgänge erforderlich und ein einziger Färbegang konnte Monate dauern. Für jeden weiteren Färbevorgang muß der Stoff wieder

Verschiedene Stoffmuster. Links: Zwei Entwürfe aus Zentraljava mit *ceplok*-Motiv und *garuda*-Motiv. Rechts: Zwei Muster aus Nordjava mit den typischen leuchtenden Farben.

ent- und entsprechend gewachst werden. Entweder man kocht dafür das gesamte Wachs aus und trägt wieder neues auf, oder aber man kratzt das Wachs nur von bestimmten Flächen ab und trägt neues auf andere auf. Dies wird so oft wiederholt, bis die gewünschte Anzahl Farben erzielt ist.

Allgemein nimmt man an, daß die Batikkunst ihren Höhepunkt um die Jahrhundertwende erreichte. Für diese These gibt es mehrere Erklärungen: die Bevölkerung Javas war sprunghaft angestiegen und so gab es genügend billige Arbeitskräfte; die Nachfrage war durch reiche javanische, chinesische, arabische und holländische Stadtbewohner groß; die Versorgung mit feinen, importierten Seiden- und Baumwollstoffen war gesichert; die Zahl der begabten Künstler war groß.

Drachen und Wolken

Damals zählte man über 1000 verschiedene Muster und über 20 regionale Stilformen — in Zentraljava (Yogya und Solo) und entlang der Nordküste (Indramayu, Cirebon, Tegal, Pekalongan, Demak, Kudus, Rembang, Lasem, Tuban, Gresik, Madura). In Zentraljava war die Batikherstellung eine Domäne adliger Damen, während an der Küste chinesische, arabische und sogar indo-holländische Kunsthandwerker tätig waren.

Es bestanden erhebliche Unterschiede in der Farb- und Musteranwendung. In Zentraljava waren einige Motive ausschließlich für Mitglieder des Hofes und des Adels reserviert. Darunter zum Beispiel *kawung* (große Ovale, angeordnet wie ein vierblättriges Kleeblatt), das *ceplok* (ein von der ursprünglichen indischen *patola* abgeleitetes achtstrahliges Blumenmotiv), die *sawat-* oder *garuda*-Schwingen (des mythischen hinduistischen Vogels) sowie das *parang rusak barong*-Motiv („zerschlagenes Schwert").

Vorwiegend kamen Indigo und *soga* (ein aus Baumrinde gewonnes Braun) in vielen verschiedenen Schattierungen zur Anwendung. Oft wurden den ausgeklügelten Farbrezepten Substanzen wie Palmzucker, Bananen oder Hühnerfleisch zugegeben.

An der Nordküste waren Gelb, Malven- und Ockerfarben, Grün und ein blasses Blau beliebter, und die Motive wiesen chinesische, europäische und islamische Einflüsse auf. Auf allen Batiken des Hofes von Cirebon ist ein chinesisches Wolkenmotiv zu sehen, das mystische Energien symbolisiert. Wie ein überirdischer Sturm wirkt das *mega mendung* („bedrohliche Regenwolken"), das in

Schattierungen von Grün, Rosa, Rot oder Blau leuchtet. Chinesische Drachen und Phönixe geben sich mit hinduistischen *nagas*, Elefanten und europäischen Löwen ein Stelldichein.

Am beliebtesten jedoch waren Motive europäischen Ursprungs: Blumensträuße oder elegante langbeinige Störche und Reiher.

Weniger bekannt sind die verwandten Färbemethoden *plangi* und *tritik*. Beides sind Knüpffärbetechniken und dem *ikat* ähnlich, nur daß hier der Stoff *nach* dem Weben eingefärbt wird. Bei *plangi* wird ein Stoffabschnitt mit farbabweisenden Fasern abgebunden, wodurch kreisförmige Muster entstehen. Bei *tritik* wird der Stoff bestickt, um geradlinige Muster zu erzielen. Beide Techniken werden oft mit Batik kombiniert. Früher

verwendete man Seidenstoffe auf denen mit Gelb, Indigo und Burgunderfarben regenbogenartige Effekte erzielt wurden. Tänzer an den Höfen Zentraljavas tragen solche Tücher.

Um die Jahrhundertwende trug nahezu jeder Einwohner Javas irgend ein Batiktuch. Frauen häufiger als Männer, weil man ein Batiktuch für den *sarung* und *kebaya* brauchte, während Männer in wichtigen Positionen europäische Kleider trugen. Zu Hause aber schlüpften alle in einen bequemen Baumwoll-*sarung*. Das Aufkommen des *batik cap* (mit einem Wachsstempel — *cap* — hergestellte Batik) belebte die Batikindustrie in den 90er Jahren des letzten Jahrhunderts, da sich nun auch einfache Bauern diese größere Massenware leisten konnten. Batik wurde von Java auch auf andere Inseln exportiert, auch nach Singapur und Malaysia, wo sie von den chinesischen und malaiischen Frauen noch heute getragen wird.

Trends

Seit dem Zweiten Weltkrieg hat die Batikindustrie mehrere Rückschläge erlitten. Während der japanischen Besetzung waren importierte Baumwollbatiste nicht erhältlich, was einen vollständigen Produktionsstop zur Folge hatte. Auf Grund des andauernden Mangels dieses Schlüsselrohstoffes während der 50er Jahre, verbesserte sich die Situation geringfügig. Während der 60er und 70er Jahre entstand eine schnell wachsende Textilindustrie, die zwar ausreichend Stoffe zur Batikherstellung lieferte, aber auch billige synthetische und bedruckte Massenware. Diese Wettbewerbssituation hatte für die *batik cap*-Manufaktur katastrophale Auswirkungen und gefährdet nun ernsthaft ihre Existenz. Tausende von Handwerkern sind seitdem ohne Arbeit.

Besser ist es den feineren *batik tulis* ergangen; für das Zweimetertuch zahlt man zwischen 20 und 100 US-$. Allerdings wird seit kurzem in Jakarta eine Batikimitation im Seidensiebdruckverfahren hergestellt, die von der echten Batik praktisch nicht zu unterscheiden ist und nur einen Bruchteil kostet. Auch scheint Batik bei den jungen Indonesiern außer Mode zu kommen. Sie bevorzugen westliche Kleidung und bügelfreie Polyestererzeugnisse. Der einzige Lichtblick auf der Batikszene ist die Tatsache, daß feine *tulis* in der Modebranche Jakartas eine Rolle spielen, und daß *batik cap* — Stoffe aus Baumwolle und Kunstseide — nach Europa, Australien und Amerika exportiert werden. Doch zweifellos wird die Batik-Herstellung nie wieder die überragende Bedeutung erreichen, die sie vor dem Zweiten Weltkrieg hatte.

Links: Javanische Batikfabrik. Rechts: Batik ist heute in anspruchsvollen Modekreisen anerkannt. Indonesische und westliche Designer experimentieren damit.

KURZFÜHRER

Karten

Preisangaben

Mit wenigen Ausnahmen sind die Preise in diesem Kurzführer in US-Dollar (US-$) angegeben. Durch die ständige Abwertung der Landeswährung entstehen große Preisschwankungen. Die Preise, die in US-$ angegeben sind, haben sich als relativ stabil erwiesen. Dennoch sollten alle Zahlenangaben in diesem Führer lediglich als Orientierung dienen. Unsere Umrechnungen basieren auf dem Wechelkurs von Mitte 1985, als der Dollar annähernd 1100 Rp. wert war.

Fahr- und Flugpläne

Fahr- und Flugpläne ändern sich laufend. Die hier aufgeführten Pläne sollten in erster Linie auf die Reiserouten und die Anzahl der Verbindungen hinweisen. Die genauen Abfahrts- und Ankunftszeiten müssen beim Ticketkauf erfragt werden.

Anreise

Mit dem Schiff

Sollten Geld und Zeit bei Ihnen keine Rolle spielen, könnten Sie sich eine Schiffsreise nach Indonesien gönnen. Sie können aber auch das kombinierte Angebot wahrnehmen und Bali oder eine der Hafenstädte anfliegen, dort die Sonne und das Meer genießen und mit dem Schiff die Heimreise antreten (oder umgekehrt). Wer es vornehm haben möchte, kann im Luxusschiff reisen: Er bucht die 14tägige Kreuzfahrt zu den Inseln Indonesiens, die die *Pearl of Scandinavia* unter der Regie von Mansfield Travel in Singapur (Tel: 732 0088) antritt. Singapur ist Ausgangs- und Zielhafen dieser Kreuzfahrt, die nach Penang, Belawan, Sibolga, Nias, Jakarta, Padang Bay, Bali und Surabaya führt. Harpers Travel (in Singapur Tel: 250 8118) bietet die *Coral Princess* zur Fahrt von Hong Kong nach Bali, Jakarta, Penang und Phuket an (nur im Winter). Per Frachtschiff kann man von Europa aus bis Penang (Malaysia) oder Singapur reisen (Polish Ocean Line, Ost-West-Str. 59, 2000 Hamburg 11).

In Singapur kann man sich, um Geld zu sparen, vom Finger Pier an der Prince Edward Road mit dem Motorboot nach Tanjung Pinang übersetzen lassen, wo die *KM Tampomas,* das Flaggschiff der staatlichen indonesischen Pelni Lines, zu ihrer wöchentlichen Fahrt nach Medan bzw. Jakarta ablegt. Im November 1984 wurde der Betrieb vorübergehend eingestellt. Wie es derzeit steht, erfährt man in den Reisebüros.

Gute Schiffsverbindungen bestehen nach Tanjung Pinang (nur vormittags ab 8 Uhr). Die genauen Abfahrtszeiten und die Fahrkarten bekommt man am Finger Pier. Die 5- bis 6stündige Fahrt kostet etwa 30 US-$, das Schnellboot 35 US-$. Die Intra Express Pte. Ltd. neben dem Garuda-Schalter im Einkaufszentrum Goldhill (Tel: 2540914) verkauft ebenfalls Karten. Es empfiehlt sich, in Singapur zwei Tage vor der Abfahrt der *Tampomas* abzulegen und einige Zeit auf Tanjung Pinang zu verbringen. Jeden Samstag um 17 Uhr Ortszeit fährt die *Tampomas* nach Jakarta ab. German Asian Travels (Straits Trading Building, 14. Stock, 9 Battery Road, Singapur, Tel: 5335466) bietet zum selben Preis eine Pauschalreise ab Singapur an: Übersetzen von Singapur, Boot-Transfer von Tanjung Pinang zur *K.M. Tampomas* sowie Unterkunft an Bord. Speisen und Getränke sind an Bord erhältlich. Da die Preise gesalzen sind, deckt man sich am besten vorher mit Lebensmitteln ein. Die zweitägige Durchquerung der Java-See an Bord eines überfüllten Schiffes mit primitiven sanitären Einrichtungen ist ein „unvergeßliches" Erlebnis und nur abgehärteten Naturen zu empfehlen. Montags um 5 Uhr legt das Schiff im Hafen Tanjung Priok in Jakarta an und ist bereits um 6 Uhr für die Rückreise startklar. Kabinenplätze muß man zwei bis drei Wochen im voraus buchen, Plätze an Deck sind auch kurzfristig zu haben.

Mehrere andere große Gesellschaften setzen große und kleine Schiffe in den Hunderten von Häfen Indonesiens ein. Es sind meistens Frachtschiffe, die nur wenige Passagiere mitnehmen. Die Fahrpreise erfährt man beim Hafenmeister. Billiger wird es manchmal, wenn man sich direkt an den Kapitän wendet und bei ihm bezahlt.

Mit dem Flugzeug

Wer mit dem Flugzeug nach Indonesien reist, wird entweder am neuen internationalen Flughafen Sukarno-Hatta in Cengkareng, 20 km westlich von Jakarta, oder am Flughafen Ngurah Rai bei Denpasar auf der Nachbarinsel Bali (mit Anschlußflügen nach Yogyakarta) indonesischen Boden betreten. Auf internationale Flüge wird eine Flughafensteuer von 6000 Rp. erhoben. Der Flughafen Halim wird nur noch bei Staatsbesuchen und bei offiziellen Anlässen angeflogen. Eine neue Schnellstraße verbindet Cengkareng mit Jakarta; solange die Eisenbahnverbindung noch nicht hergestellt ist, verkehren Linienbusse nach Gambir, das einen eigenen Bahnhof hat und nur wenige Autominuten vom Stadtzentrum entfernt ist.

Die Mehrzahl der Besucher kommt über Singapur nach Jakarta. Garuda sowie Singapore Airlines bieten 5 bis 8 tägliche Flüge von Singapur nach Jakarta an, die zwischen 170 und 190 US-$ kosten. Es gibt Ferientarife („excursion fare"); so ist der Flug Singapur — Bali mit Zwischenlandungen in Jakarta und Yogyakarta für knapp 300 US-$ zu haben.

Reiseinformationen

Reisepapiere

Alle Indonesien-Reisenden müssen im Besitz eines gültigen Reisepasses sein und bei der Ankunft ein Rückreise-Ticket vorweisen.

Für Reisende aus folgenden 28 Ländern wurde die Visumspflicht aufgehoben (das gilt aber nur für Aufenthalte von bis zu zwei Monaten):

Australien	Japan
Belgien	Kanada
Brunei	Luxemburg
Bundesrepublik Deutschland	Norwegen
	Österreich
Dänemark	Philippinen
Finnland	Schweden
Frankreich	Schweiz
Griechenland	Singapur
Großbritannien	Spanien
Irland	Südkorea
Island	Thailand
Italien	USA

Ein- und Ausreisen kann man nur über die Flug- oder Seehäfen von Jakarta, Bali, Medan, Manado, Biak, Ambon, Batam und zusätzlich nur über den Hafen Surabaya und den Flughafen Pekanbaru.

In allen anderen Hafenorten muß man ein Visum vorlegen. Delegierte, die an einer den Behörden gemeldeten Konferenz teilnehmen, brauchen kein Visum.

Die Bürger der Staaten, die oben nicht aufgelistet sind, bekommen bei den Botschaften und Konsulaten Indonesiens ein Touristenvisum.

Das Geschäftsvisum wird für fünf Wochen ausgestellt und kann auf Antrag von den Einwanderungsbehörden verlängert werden.

Surat jalan: Ein *surat jalan* ist eine Bescheinigung der Polizei, die den Besuch bestimmter Stätten ermöglicht. Ein solches Papier sollte man auf den abgelegenen Inseln mit sich führen; in Java braucht man es allenfalls am Ijen-Plateau (siehe Kurzführer ,,Ostjava"). In Zweifelsfällen wendet man sich an ein Reisebüro. In Jakarta bekommt man ein *surat jalan* binnen ein, zwei Stunden beim Polizeihauptquartier.

Auskünfte

Zuständig für Europa ist das Indonesische Fremdenverkehrsamt in Frankfurt (Wisenhüttenplatz 26, Tel: 069/233677.

Gesundheitsvorsorge, Impfungen

Gelbfieberimpfung wird nur verlangt, wenn man in den sechs Tagen vor der Einreise in einem Infektionsgebiet war. Empfehlenswert sind Impfungen gegen Typhus und Paratyphus, Cholera, Malariaprophylaxe und Hepatitisschutz.

Wer längere Zeit in Indonesien bleiben möchte und vor allem außerhalb der großen Städte lebt, sollte sich zum Schutz gegen Hepatitis Gamaglobulinspritzen geben lassen. Die Infektionsgefahr wird dadurch in jedem Fall geringer. Gegen Durchfallprobleme schützt man sich durch eine tägliche Dosis von Doxycycline, ein Antiobiotikum zur Vermeidung der ,,traveller diarrhea", das man sich vom Hausarzt verschreiben läßt. Bei den ersten Anzeichen von Magenbeschwerden trinke man heißen Tee und übe Geduld. Es ist normal, wenn der Magen auf Veränderungen der Kost und des Klimas reagiert. Lomotil und Imodium sollten in der Reiseapotheke genauso wenig fehlen wie ein Mittel zur Malariaprophylaxe, das jedoch gegen alle Arten von Malaria wirksam sein muß. Unlängst stieß man auf einen Malaria-Erreger, der gegen Chloroquin, das handelsübliche Malariaprophylaktikum, resistent war. Am besten, Sie lassen sich von Ihrem Hausarzt beraten.

Wasser sollte grundsätzlich nur abgekocht bzw. entkeimt getrunken werden (gilt auch für Brunnenwasser und Eiswürfel in Getränken). Zehn Minuten kochen lassen gilt als ausreichend. Jod (Globolin) und Chlor (Halazon) sind ebenfalls geeignet, Wasser trinkbar zu machen. Obst sollte nur sorgfältig geschält gegessen werden; rohes Gemüse unbedingt meiden.

Gegen die starke Sonneneinstrahlung in Indonesien empfiehlt sich eine Kopfbedeckung. Sonnenschutzmittel sind teuer; man sollte sie daher mitbringen.

Währung und Geldumtausch

Mitte 1985 kostete der US-$ etwa 1100 indonesische Rupien (Rp.). Wer länger als einen Monat in Indonesien zu bleiben gedenkt, sollte keine größeren Summen eintauschen.

Geldumtausch: Devisen als Bargeld oder Reiseschecks wechselt man am besten in großen Banken und Hotels in Landeswährung um. In den Hotels sind die Wechselkurse etwas ungünstiger. Außer einer begrenzten Zahl autorisierter Wechselstuben operieren illegale Geldwechsler, auf deren Dienste man verzichten sollte. Die Banken in kleineren Orten haben nicht von allen Währungen Banknoten vorrätig, weshalb man in den großen Städten umtauschen sollte. Bei der Ausreise können *rupiah* in ausländische Währungen getauscht werden.

Reiseschecks werden in großen Hotels, Banken und einigen Geschäften als Zahlungsmittel akzeptiert. Selbst in den Städten vergeht viel Zeit, bis man sie gewechselt hat, in Kleinstädten ist es ganz unmöglich. Zu empfehlen sind US-$-Reiseschecks. Kreditkarten kann man beim Aufenthalt in großen Hotels verwenden. Die internationalen Fluggesellschaften, einige große Restaurants und Kunstgeschäfte akzeptieren sie als Zahlungsmittel.

Verkehrsmittel

Inlandsflüge

Für denjenigen, der es sich leisten kann, ist in Indonesien das Flugzeug das beste Fortbewegungsmittel. Garuda, die nationale Fluglinie, bedient Inlands- wie Auslandsrouten. Als einzige Gesellschaft setzt Garuda im Inlandverkehr Düsenmaschinen ein. Mehrmals werden von Jakarta die wichtigen Provinzstädte angeflogen. Bali, Medan, Ujung Pandang, Manado, Balikpapan und andere Ziele sind mehrmals täglich per Flugzeug zu erreichen. Pendelverkehr gibt es nach Surabaya, Semarang, Bandung und Bandar Lampung.

Merpati bietet Linienflüge in 100 indonesische Orte an. Besonders attraktiv sind die ,,Pionierflüge" in entlegene Gebiete, die von anderen Gesellschaften nicht bedient werden. Merpati konzentriert sich auf den ostindonesischen Raum, auf die kleinen Inseln und Flugplätze im Inneren von Sulawesi, Kalimantan und Irian Jaya. Neben Garuda und Merpati operieren mehrere private Gesellschaften mit Linien- und Charterflügen. Bouraq, Mandala und Sempati bieten Linienflüge an. Die Anzahl der Flüge und die Flugpreise sind unten aufgelistet. Die Preise sind vom Stand Juli 1985. Adressen von Fluglinien sind in den Abschnitten über einzelne Regionen angegeben. Die Abflugsteuer beträgt je nach Flughafen zwischen 500 und 2000 Rp.

Garuda bietet den **,,Visit Indonesia Air Pass"** an, mit dem man mehrere Flüge zu verschiedenen Zielen auf einmal bezahlen kann:

Visit 1: Flüge zwischen fünf Städten Ihrer Wahl innerhalb von zehn Tagen. Preis 300 US-$.
Visit 2: Flüge zwischen zehn Städten Ihrer Wahl innerhalb von zwanzig Tagen. Preis: 400 US-$.

Visit 3: Flüge zwischen 33 Städten Ihrer Wahl innerhalb von 60 Tagen. Preis: 500 US-$.

Diese Pässe werden nur von Garuda ausgestellt und sind in Japan, Australien, Neuseeland, Europa und den Vereinigten Staaten erhältlich. In Singapur bekommt man sie *nicht.* Die Abflugsteuer müssen auch ,,Visit Indonesia-"Reisende entrichten.

Wer dagegen den indonesischen Archipel bereist, braucht diesen Flugschein. Für relativ wenig Geld kann man damit Reiseziele zwischen Banda Aceh in Nordsumatra und Jayapura in Irian Jaya ansteuern. Darüber hinaus kann man statt mit dem Schiff per Flugzeug von Insel zu Insel vorwärtskommen. Der ,,Visit Indonesia Air Pass" erweist sich in Nusa Tenggara als besonders nützlich; man kann eine Reiseroute über Sumba, Sumbawa, Flores und Timor planen und nach Osten zu den Molukken weiterreisen.

Mit oder ohne Visit-Indonesia-Ticket wird man innerhalb Indonesiens irgendwann fliegen müssen. **Garuda, Merpati** und **Bouraq,** die wichtigsten Gesellschaften, bedienen ein ganzes Labyrinth von Reisezielen. Die Reiseinformationen in den Abschnitten zu einzelnen Regionen enthalten eine Auswahl von Flügen, die besonders sinnvoll sein könnten. Die Preise sind in US-$ angegeben und als grobe Richtschnur zu verstehen, denn oft werden die Preise kurzfristig geändert. Das Schwergewicht liegt auf Flügen, die Sie zu den im Reiseteil aufgeführten Orten und Plätzen bringen. Wer oft das Verkehrsmittel Flugzeug in Anspruch nimmt, sollte sich den Flugplan und die aktuelle Preisliste der jeweiligen Gesellschaft aushändigen lassen. Sie können sich unendlich viele Reiserouten zusammenstellen.

- **Garuda Indonesian Airways,** Head Office, Jalan Ir. H. Juanda 15, Jakarta, Tel: 370709.
- **Merpati Nusantara Airlines,** Jalan Angkasa 2, Jakarta, Tel: 411650.
- **Bouraq Indonesia Airlines,** Jalan Angkasa 1-3, Jakarta, Tel: 655170.

Inlandsschiffsverkehr

Innerhalb Indonesiens gibt es eine Anzahl von Schiffsreisen, eine abenteuerliche und erstaunlich preisgünstige Art, die Inselwelt kennenzulernen. Vor allem zwei Schiffe verdienen Beachtung (keines ist ein ,,Kreuzfahrtschiff"), weil die Tarife in der Economy-class eine Verlockung für jeden Reisenden darstellen, der den indonesischen Archipel ausgiebig bereisen möchte.

Die *KM Kerinci* befährt die Strecke Padang (Westküste Sumatras) bis Jakarta und weiter bis Ujung Pandang (Sulawesi). Jeden Montag legt sie um 22 Uhr in Padang ab und erreicht Tanjung Priok (Jakarta) dienstags um 16 Uhr. Die zweite Etappe führt nach Ujung Pandang, wo das Schiff am Donnerstag um 13 Uhr eintrifft. In Ujung Pandang wird ,,gewendet", und um 18 Uhr desselben Tages beginnt die Rückfahrt nach Jakarta, wo man nach 42stündiger Fahrt samstags um 10 Uhr eintrifft. Zur letzten Etappe der Rundreise nach Padang liegt das Schiff um 21 Uhr ab und kommt montags um 6 Uhr in Padang an.

Auch die *KM Kambuna* bricht zu einer weiten und langen Reise auf. Ausgangshafen ist Belawan (Medan); folgende Häfen werden angesteuert: Tanjung Priok (Jakarta), Surabaya, Ujung Pandang, Balikpapan, Bitung (Manado, Nordsulawesi), Balikpapan, Ujung Pandang, Tanjung Priok und Belawan. Die Rundreise dauert insgesamt zwei Wochen, wobei man den einen oder anderen Zwischenaufenthalt einplanen dürfte.

Die unten aufgeführten Fahrpreise* entsprechen dem Stand von Januar 1985. Die *KM Rinjani,* ein weiteres Schiff, fährt bis Bau Bau (einer Insel vor Südost Sulawese) und weiter bis Ambon und Sorong.

von **Tanjung Priok** nach	1. Kl.	2. Kl.	3. Kl.	4. Kl.	Economy
Padang	4	39	31	25	21
Belawan (Medan)	72	59	47	39	31
Surabaya	34	27	23	18	15
Ujung Pandang	71	58	46	39	31
Balikpapan	74	60	49	40	34
Bitung (Manado)	132	108	86	71	58
Bau Bau	85	70	56	47	39
Ambon	115	94	75	62	51
Sorong	140	113	91	75	62

* Die Fahrpreise sind in US-$ angegeben; Umrechnungsgrundlage: 1 US-$ = 1100 Rp.

Die *Kerinci* und die *Kambuna* gehören der staatlichen PELNI-Schiffahrtsgesellschaft, deren Büro in Jakarta in der Jalon Angkasa 18, Tel: 417569 bzw. 415428 ist.

Sprache

,,Einheit in der Vielfalt"

Der indonesische Leitsatz *Bhinneka Tunggal Ika* (,,Einheit in der Vielfalt") entfaltet seinen Sinn am nachhaltigsten auf dem Gebiet der Landessprachen. Über 250 verschiedene Sprachen und Dialekte werden auf dem Archipel gesprochen, und zugleich kommt, wer die Nationalsprache *Bahasa Indonesia* beherrscht, im äußersten Norden Sumatras genauso zurecht wie auf den Inseln vor Irian Jaya.

Bahasa Indonesia ist eine alte und zugleich neue Sprache. Es basiert auf dem Malaiischen, das viele Jahrhunderte die *lingua franca* in Südostasien gewesen ist. In den letzten Jahrzehnten hat es sich stark verändert, um den Bedürfnissen einer modernen Nation zu entsprechen.

In Indonesien gibt es viele sprachliche Wendungen, mit denen die Menschen einander Respekt zollen. Einen älteren Mann spricht man als *bapak* bzw. *pak* (Vater), eine ältere Frau als *ibu* (Mutter) an; selbst gegenüber jüngeren Leuten, die offensichtlich eine hohe Stellung innehaben, ist diese Anredeform angemessen. *Bung* (auf Westjava) und *mas* (in Zentral- und Ostjava) bedeutet etwa soviel wie ,,Bruder"; so redet man Gleichaltrige und Menschen, mit denen man noch nicht sehr vertraut ist, an (Hotelangestellte, Taxifahrer, Reiseführer, Kellner).

Reisen auf Java

Die einzelnen Teile der Insel weisen große Unterschiede auf. Zu Verwaltungszwecken unterscheidet man grob zwischen Zentral-, West- und Ostjava, doch innerhalb dieser geographischen Einheiten trifft man auf große Unterschiede der Sprache, des Brauchtums und der Kost.

Die Gebiete um die alten Hauptstädte Yogya, Solo und Cirebon u.a. haben auf kulturellem Gebiet mehr zu bieten als andere Teile der Insel. Das Flachland ist meist dichter besiedelt (und heißer!) als das Hochland.

Außerdem sollte man folgendes beachten:

- Die Ferienorte in den Bergen Javas sind erfrischend kühl und landschaftlich reizvoll gelegen — jede größere Stadt hat einen in ihrer Nähe.
- Die einzigen erschlossenen Touristenstrände liegen in Westjava.
- Kunsthandwerkliches, antike Tempel, Paläste, Tänze und Wayang-Schattenspiele findet man am ehesten im zentraljavanischen Gebiet um Yogyakarta/Surakarta.
- Java besitzt mehrere Nationalparks und Naturschutzgebiete, teilweise mit Übernachtungsmöglichkeiten (siehe Teil IV: „Die Tierwelt Indonesiens").
- Die Nordküste ist für die *Batik*-Textilien (Cirebon und Pekalongan) und die Teakholzschnitzereien (Jepara) bekannt.
- Bandung ist das Zentrum der sundanesischen Kultur — die *angklung*-Musik und die *wayang-golek*-Schattenspiele gehören dazu. In der Nähe erheben sich mehrere Vulkane.
- Ostjava verfügt über abgelegene, bis zu 1000 Jahre alte Tempelruinen und die wohl spektakulärste Naturerscheinung der Insel — das Innere des Mt. Bromo.

Eine zweiwöchige Indonesien-Pauschalreise umfaßt meist nur Jakarta, Yogyakarta und Bali. Besucher mit etwas mehr Zeit hängen meist ein paar Tage in Bandung, Yogya und Solo an, bevor sie nach Bali übersetzen.

Nur wenige unternehmungslustige Reisende mit schmalem Geldbeutel begeben sich auch zur Nordküste und in das östliche Gebirge um Malang und Bromo.

Nicht einmal zu manchen Reiseveranstaltern ist vorgedrungen, daß sich in den letzten Jahren einiges verändert hat. Der innerindonesische Tourismus hat sich manche neue Gebiete, vor allem die Bergregionen und die Strände im Umkreis der großen Städte, erschlossen. Das heißt, neue Straßen führen in neue, modern eingerichtete Ferienzentren.

Die meisten mittelgroßen Städte können inzwischen immerhin ein komfortables Hotel vorweisen, was das Reisen in bisher unbekanntere Gegenden Javas attraktiver macht.

BIMA EXPRESS TRAIN
(Jakarta — Yogyakarta — Solo — Surabaya)
1./2. Klasse, klimatisiert, Schlafwagen

	tägl. ↓	tägl. ↑	1. Klasse Preis in US-$	2. Klasse Preis in US-$
Jakarta (Kota Station)	16.00	8.20		
Cirebon	19.50	4.24	25,00	20,50
Yogyakarta	1.40	22.00	25,00	20,50
Solo (Balapan Station)	3.33	20.36	26,00	22,00
Surabaya (Gubeng Station)	9.30	16.00	33,00	26,50

MUTIARA UTARA EXPRESS TRAIN
(Jakarta — Cirebon — Semarang — Surabaya)
1./2. Klasse, klimatisiert, Schlafwagen

	tägl. ↓	tägl. ↑	1. Klasse Preis in US-$	2. Klasse Preis in US-$
Jakarta (Kota Station)	16.30	7.45		
Cirebon	20.20	3.40	17,50	13,30
Tegal	21.45	2.20	17,50	17,50
Pekalongan	23.03	1.17	17,50	17,50
Semarang (Tawang Station)	1.15	22.56	17,50	13,30
Surabaya (Pasar Turi Station)	8.00	16.30	22,00	15,30

Um sich in den folgenden Flugplänen zurechtzufinden, sollte man die Java-Karte in Teil III sorgfältig studieren. Noch besser, Sie besorgen sich in einer Buchhandlung eine Java-Karte, falten sie auseinander und machen sich mit den geographischen Besonderheiten Javas vertraut. Obwohl die Entfernungen nicht sehr groß sind (die Insel ist nur 1100 km lang), muß man davon ausgehen, daß die Straßen im allgemeinen zwar in gutem Zustand, jedoch auch stark befahren sind und man lange unterwegs ist.

Fährpläne und -preise der Buslinien konnten aus Platzgründen hier nicht aufgenommen werden. Es genügt zu wissen, daß sämtliche Städte durch ein dichtes Netz von Linienbussen verbunden sind und daß das Reisen mit dem Bus billig ist. Kleinbusse (sie heißen nach dem Mitsubishi-Modell „Colt") bzw. auf Holländisch *oplet* („heranwinken") stehen in den kleineren Ortschaften und Dörfern als zusätzliches Verkehrsmittel zur Verfügung.

Wenn Sie wissen, wie lange Sie auf Java bleiben möchten, können Sie festlegen, was Sie auf jeden Fall besichtigen möchten. Dabei wird es nicht ohne Kompromisse abgehen. Man könnte ohne weiteres zwei Wochen beim Bergsteigen und Wandern in Westjava oder noch länger mit der Besichtigung von Tempeln und anderen historischen Stätten um Yogya verbringen.

Sollte man sich für Java aber nur wenig Zeit gönnen, empfiehlt es sich, gleich direkt nach Yogyakarta zu fahren und von da aus nach Bali überzusetzen. Ein zweiwöchiger Java-Aufenthalt ermöglicht auch einen Abstecher nach Bandung und vielleicht auch zur Nordküste, wenn man unterwegs von Jakarta nach Yogya und Solo (oder umgekehrt) ist.

Im folgenden haben wir zusammengestellt, was für und wider die einzelnen Verkehrsmittel auf Java spricht.

Flugzeug: Die bei weitem schnellste und einfachste Möglichkeit, die Inseln zu bereisen. Täglich mehrere Flüge. Von Jakarta nach Yogyakarta fliegt man eine halbe Stunde, während der Bus 10 bis 12 Stunden unterwegs ist. Das Flugticket kostet oft das Zwei- und Dreifache einer Erste-Klasse-Bahnfahrt und bis zu zehnmal mehr als die Busfahrt.

Route	Abfahrt	Ankunft	Tage	Preis in US-$, einfach, economy
JKT — BDO				
Garuda	7.30	8.05	tägl.	26,00
	10.30	11.05	tägl.	
	12.30	13.05	tägl.	
Merpati	6.30	7.00	Sa	21,00
	16.00	16.30	Mi, Fr, So	
Bouraq	14.45	15.15	tägl.	21,00
JKT — JOG				
Garuda	6.30	7.30	tägl.	48,00
	8.30	9.30	Sa, So	
	10.00	11.00	tägl.	
	12.00	13.00	Sa, So	
	13.30	14.30	tägl.	
JKT — SUB				
Garuda	stündl. zwischen 7.00 und 18.00 (alle 75 Min.)		tägl.	70,00
Merpati	5.00	6.30	tägl.	58,00
Bouraq	14.45	17.10	tägl.	58,00
JKT — SRG				
Garuda	6.40	7.40	tägl.	44,00
	8.40	9.40	tägl.	
	10.30	11.30	tägl.	
	12.40	13.40	tägl.	
	13.40	14.40	tägl.	
	14.40	15.40	tägl.	
	15.40	16.40	tägl.	
JKT — SOC				
Garuda	7.50	8.10	tägl.	48,00
	11.15	12.20	So	
	13.05	14.10	tägl.	
JKT — CBN				
Merpati	7.10	8.00	tägl.	27,00
	14.00	14.50	tägl.	
JOG — SUB				
Merpati	7.00	8.10	tägl.	24,00
SRG — SUB				
Garuda	8.30	9.15	tägl.	27,00
	16.30	17.15	tägl.	
BDO — JOG				
Bouraq	7.30	8.35	Di, Do, So	37,00
BDO — SUB				
Garuda	12.00	13.30	tägl.	95,00
Bouraq	15.40	17.10	tägl.	55,00

CITY CODE: JKT-Jakarta; BDO-Bandung; JOG-Yogyakarta; SUB-Surabaya; SRG-Semarang; SOC-Solo (Surakarta); CBN-Circhon.

Inter-City-Züge: Sind recht bequem, wenn auch etwas langsam. Die erste Klasse ist klimatisiert; im Speisewagen kann man ein passables Menü bekommen (meist gibt es ein Gericht, z.B. Huhn mit Reis und eingelegtem Gemüse sowie Tee). Die Züge sind zwar aus Deutschland importiert, jedoch nicht so pünktlich wie dort. Da zwischen vielen großen Städten nur eine eingleisige Verbindung besteht, kommt es oft zu stundenlangen Verspätungen: Wenn ein Zug aufgehalten wird, verspäten sich auch alle anderen.

Überland-Busse: Im allgemeinen schneller, pünktlicher und billiger als die Züge. Die meisten Indonesier durchqueren Java im Bus für 10 US $. Die Überlandstrecken werden nachts von Expreßbussen gefahren, die am späten Nachmittag in den großen Städten am jeweiligen Ende der Insel abfahren, in Zentraljava weitere Fahrgäste aufnehmen und morgens am anderen Ende der Insel ankommen. Es geht eng zu, denn in einer Reihe sind sechs Sitzplätze angebracht. Manche Busse bieten Klimaanlage und Videofilme. Die Busfahrer lenken das Fahrzeug im allgemeinen sehr rücksichtslos und verursachen zahlreiche Unfälle. Also nichts für jemanden mit schwachen Nerven.

Da Busse und Züge auf langen Strecken in der (kühlen) Nacht fahren, sieht man während der Fahrt nicht viel von der Landschaft.

Mietwagen: Ohne den obligatorischen Fahrer kann man auf Java immer noch kein Auto mieten. Die zusätzliche Ausgabe ist jedoch minimal. Autos sind hoch besteuert und teuer, was sich in den Mietwagenpreisen niederschlägt (50 US-$ pro Tag sind üblich); ein ramponiertes Taxi oder auch ältere Fahrzeuge werden manchmal schon für 20 US-$ angeboten.

Gemietete Kleinbusse („Colt"): Mit Fahrer kosten sie pro Tag zwischen 20 und 30 US-$ und sind daher das bequemste und zweckmäßigste Verkehrsmittel. Bei Überlandfahrten bezahlt man lediglich die Verpflegung des Fahrers (pro Tag etwa 100 US-$) sowie einen Teil oder auch das gesamte Benzin. Immerhin läßt sich mit dem Kleinbus eine Gruppe von vier, fünf Leuten über Bandung nach Yogyakarta und eine Woche lang für 250 US-$ durch Java transportieren; dasselbe würde ein Flug kosten. Die Hotels in Jakarta und Yogyakarta helfen Ihnen, einen „Colt" zu mieten. Das kann eine zeitraubende Prozedur sein; es sollte alles vertraglich geregelt sein, auch die Summe, die dem Fahrer täglich für Unterkunft und Verpflegung zusteht. Die wenigsten Fahrer sprechen englisch; eventuelle Sprachkenntnisse sollte man mit einem Zuschlag honorieren. Sollte der Fahrer die Heimreise allein antreten, muß man die Mietwagengebühr für einen Tag und eine Tankfüllung extra einkalkulieren.

Jakarta

Viele Sehenswürdigkeiten von Jakarta sind zwar ein „Muß", doch sollte man sich nicht zu viel vornehmen. Zwei sehenswerte Stätten bzw. Stadtteile pro Tag sind genug. In der Mittagszeit sollte man wegen der Hitze ruhen oder ein Bad nehmen. Frühmorgens sollte man sein Besichtigungsprogramm und die Einkäufe erledigen, mittags im Hotel bleiben und am späten Nachmittag, wenn es kühler geworden ist und die Straßen ruhiger sind, wieder ausgehen.

Erste Orientierung

Der **Medan Merdeka** („Freiheitsplatz") im Zentrum Jakartas ist ein großer Paradeplatz mit dem Nationaldenkmal in seiner Mitte. Die Hauptverkehrsader nach Norden ist die Jl. Gajah Mada/Jl. Hayam Wuruk, zwei Einbahnstraßen, die durch einen Kanal getrennt sind. Es ist ein älterer Stadtteil mit zahlreichen Geschäften und meist hoffnungslos verstopften Straßen, die am Abend wie ausgestorben sind. Am Nordausgang dieser Verkehrsader liegen die alte Kolonialstadt und der alte Hafen, bedeutende Sehenswürdigkeiten Jakartas. Im Osten breitet sich an der Küste das Vergnügungsviertel Ancol sowie der Hafen Tanjung Priok aus.

Die „Hauptstraße" Jakartas ist nun die **Jl. Thamrin/Jl. Jendral Sudirman**, die den Medan Merdeka mit Kebayoran Baru, der neuen Trabantenstadt, verbindet. Viele internationale Hotels, Ämter, Theater, Restaurants und Nachtklubs stehen an dieser Straße. Östlich der Jl. Thamrin kommt man in die Wohnviertel **Menteng, Cikini** und **Gondangdi** mit luxuriösen Villen und baumbestandenen Straßen. Die **Jl. Imam Bonjol/Jl. Diponegoro** mit einigen der schönsten Villen Jakartas, die einen kleinen Abstecher im Wagen oder zu Fuß lohnen, heißt die „Embassy Row"; hier findet man auch viele Geschäfte, Boutiquen und Restaurants, ebenso Jakartas Kunstzentrum, TIM.

Ankunft und Abreise

Jakarta verfügt über fünf große Bahnhöfe, einen Flughafen und drei Intercity-Busbahnhöfe. Bei der Buchung einer Busreise erfährt man, an welchem „Bus Terminal" man zusteigen muß.

Mit dem Flugzeug: Alle Flüge von und nach Jakarta werden jetzt über den neuen internationalen Flughafen in Cengkareng, 20 km westlich des Stadtzentrums, abgewickelt. Eine neue Schnellstraße verbindet Cengkareng mit dem westlichen Stadtrand Jakartas, doch durch den starken Verkehr kann die Fahrt zum Hotel bis zu einer Stunde dauern. Zum normalen Fahrpreis kommen nun auch die Mautgebühr für die Schnellstraße (US-$ 2.50 einfach) und ein Taxizuschlag von 3 US-$, so daß der Transfer mittlerweile 12 bis 15 US-$ kostet.

Die bequemen, klimatisierten *Damri*-Flughafenbusse sind eine echte Alternative. Sie kosten nur 2 US-$ und fahren einige strategisch wichtige Punkte in der Stadt an (Gambir Train Station, den alten Flughafen Kemayoran, Blok M in Kebayoran u.a.). Von dort kann man ein Taxi zum Hotel nehmen. Diese cremefarbenen Busse können überall vor dem Terminal angehalten werden. Sie haben allerdings keinen regelmäßigen Fahrplan, und sie beenden den Betrieb um 20.00 Uhr.

Mit dem Schiff: Alle Ozeanschiffe legen im Hafen **Tanjung Priok** an, 10 km nordöstlich der Stadt. Mit dem Taxi erreicht man die Stadt in etwa einer halben Stunde für 6 US-$.

Mit der Bahn: Nur in zwei der fünf großen Bahnhöfe Jakartas werden Intercity-Züge erster Klasse abgefertigt. Ab der **Kota Station** im Norden fahren die Züge nach Zentral- und Ostjava, während die Züge nach Bandung und Bongor von der **Gambir Station** an der Ostseite des Medan Merdeka abfahren.

Die Fahrkarten kauft man einen Tag vor der Fahrt beim Carnation-Reisebüro, Ecke Jl. Kebon Sirih und Jl. Menteng Raya (Jl. Menteng Raya 24, Jakarta Pusat, Tel: 344027, 356728 und Jl. Kyai Maja 53, Kebayoran Baru, Tel: 713943) oder am Tag der Reise am Kartenschalter des Bahnhofs. Zur Kota Station braucht man in der Hauptverkehrszeit eine Stunde. Die meisten Züge gehen am Nachmittag; die Parahiangan-Züge nach Bandung fahren viermal täglich.

- **Gambir Station,** Jl. Merdeka Timur, Tel: 348612, 342777.
- **Jakarta Kota Station,** Jl. Station 1, Tel: 278515, 277275.

JAKARTA

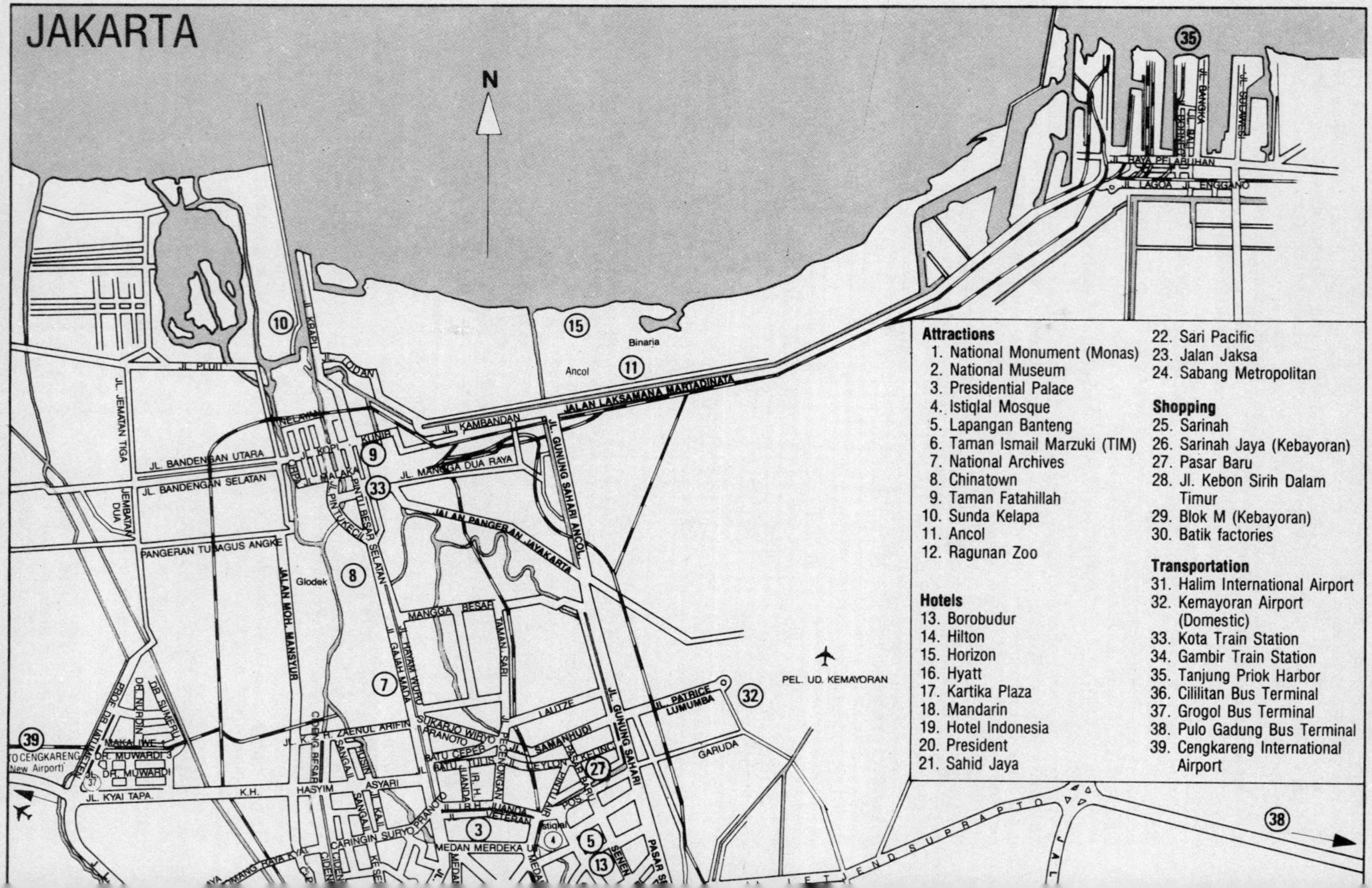

Attractions
1. National Monument (Monas)
2. National Museum
3. Presidential Palace
4. Istiqlal Mosque
5. Lapangan Banteng
6. Taman Ismail Marzuki (TIM)
7. National Archives
8. Chinatown
9. Taman Fatahillah
10. Sunda Kelapa
11. Ancol
12. Ragunan Zoo

Hotels
13. Borobudur
14. Hilton
15. Horizon
16. Hyatt
17. Kartika Plaza
18. Mandarin
19. Hotel Indonesia
20. President
21. Sahid Jaya
22. Sari Pacific
23. Jalan Jaksa
24. Sabang Metropolitan

Shopping
25. Sarinah
26. Sarinah Jaya (Kebayoran)
27. Pasar Baru
28. Jl. Kebon Sirih Dalam Timur
29. Blok M (Kebayoran)
30. Batik factories

Transportation
31. Halim International Airport
32. Kemayoran Airport (Domestic)
33. Kota Train Station
34. Gambir Train Station
35. Tanjung Priok Harbor
36. Cililitan Bus Terminal
37. Grogol Bus Terminal
38. Pulo Gadung Bus Terminal
39. Cengkareng International Airport

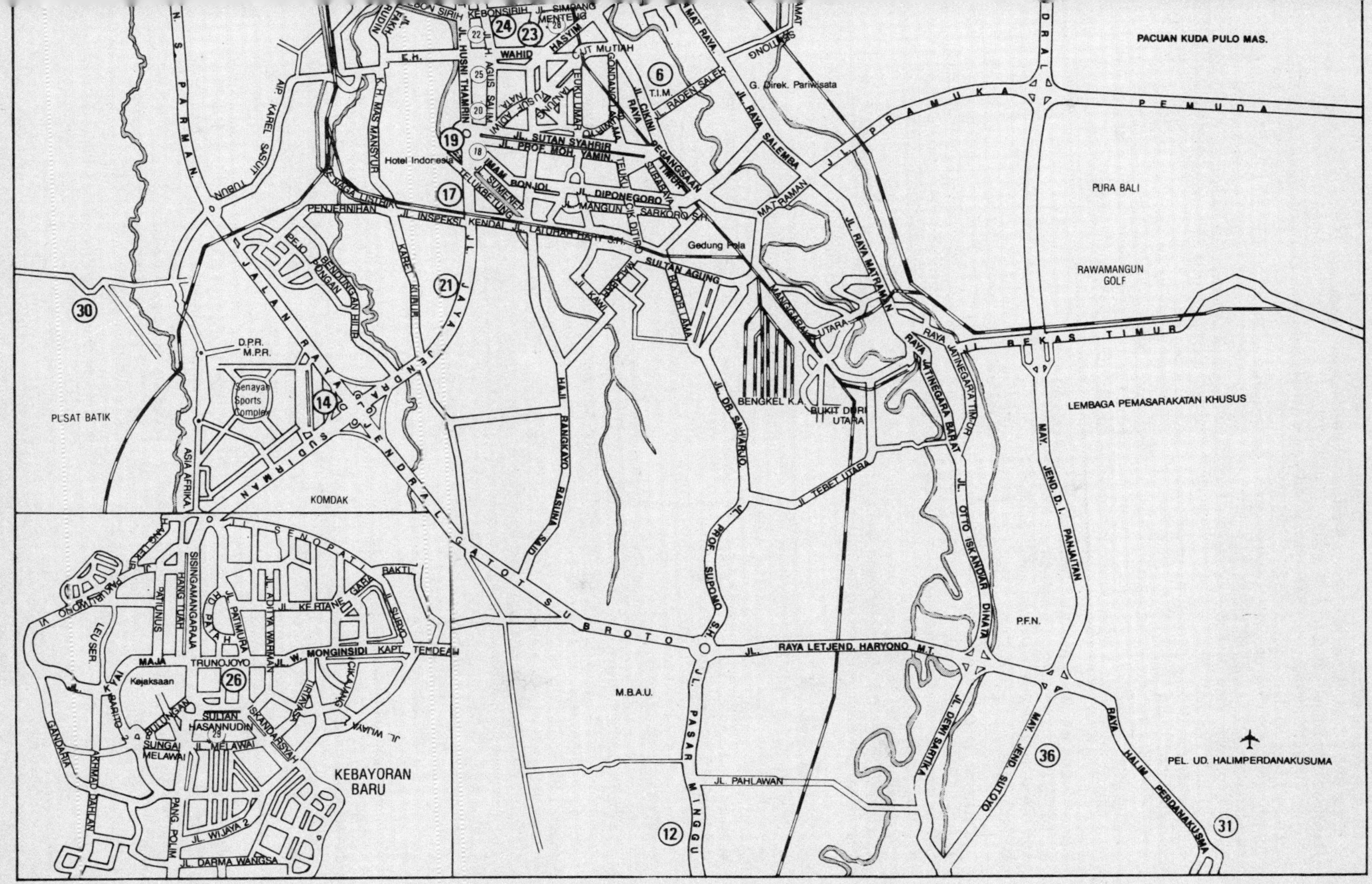
PACUAN KUDA PULO MAS.
PEMUDA
JL. PRAMUKA
PURA BALI
RAWAMANGUN GOLF
JL. BEKAS TIMUR
LEMBAGA PEMASARAKATAN KHUSUS
MAY. JEND. D.I. PANJAITAN
P.F.N.
PEL. UD. HALIMPERDANAKUSUMA
RAYA HALIM PERDANAKUSMA
MAY. JEND. SUTOYO
JL. DEWI SARTIKA
JL. OTTO ISKANDIAR DINATA
RAYA JATINEGARA TIMUR
RAYA JATINEGARA BARAT
JL. RAYA MATRAMAN
MATRAMAN
MANGGARAI UTARA
BENGKEL K.A.
BUKIT DURI UTARA
JL. TEBET UTARA
JL. RAYA LETJEND. HARYONO M.T.
JL. PASAR MINGGU
JL. PAHLAWAN
M.B.A.U.
JL. PROF. SUPOMO S.H.
JL. DR SAHARJO
GATOT SUBROTO
HAJI RANGKAYO RASUNA SAID
JL. RAYA SALEMBA
G. Direk. Pariwisata
JL. RADEN SALEH
T.I.M.
JL. CIKINI RAYA
PEGANGSAAN TIMUR
SURABAYA
GONDANGDIA LAMA
TEUKU UMAR
CUT MUTIAH
HASYIM
WAHID
JL. SIMPANG MENTENG
KEBONSIRIH
JL. H. AGUS SALIM
JL. HUSNI THAMRIN
JL. SUTAN SYAHRIR
JL. PROF. MOH. YAMIN
TANJUNG
IMAM BONJOL
JL. DIPONEGORO
JL. MANGUN SARKORO S.H.
TEUKU CIK DITIRO
JL. SUMENEP
TELUKBETUNG
Hotel Indonesia
JL. LATUHARHARY S.H.
Gedung Pola
SULTAN AGUNG
BOGOR LAMA
MALABAR
JL. KAWI
JL. INSPEKSI KENDAL
PENJERNIHAN
NAGA LISTRIK
K.H. MAS MANSYUR
E.H.
JL. FAKH. RUDIN
KEBON SIRIH
KAREL KUBUR
JL. JAYA
JENDRAL SUDIRMAN
BENDUNGAN HILIR
PEJOMPONGAN
JALAN RAYA
Senayan Sports Complex
D.P.R. M.P.R.
ASIA AFRIKA.
KOMDAK
N. S. PARMAN.
AIP. KAREL SASUIT TUBUN
PUSAT BATIK
JL. SENOPATI
BAKTI
GARUT
JL. SUBYO
JL. KERTANEGARA
JL. ADITYA WARMAN
JL. PATIMURA
HD PATAH
SISINGAMANGARAJA
HANG TUAH
PATIUNUS
HANG LEKIR
PAKUBUWONO VI
LEUSER.
MAJA
TRUNOJOYO
JL. W. MONGINSIDI
KAPT. TENDEAN
CIKAJANG
TIRTAYASA
ISKANDARSYAH
JL. WIJAYA I
Kejaksaan
KYAI
BARITO
BULUNGAN
SULTAN HASANNUDIN
JL. MELAWAI
SUNGAI MELAWAI
KEBAYORAN BARU
GANDARIA
AKHMAD DAHLAN
PANG. POLIM
JL. WIJAYA 2
JL. DARMA WANGSA
6
12
14
17
18
19
20
21
22
23
24
25
26
28
29
30
31
36

Mit dem Bus: Es gibt drei Busbahnhöfe für Busse in den Süden, den Westen bzw. Osten Jakartas. Die Busse nach Sumatra und Javas Westküste fahren vom **Grogol Terminal** (Tel: 592274) am westlichen Stadtrand ab. Die Busse nach Bandung, Bogor und anderen Städten des Südens stehen am **Cililitan Terminal** (Tel: 884554) hinter dem Flughafen Halim. Am **Pulo Gadung Terminal** (Tel: 881763), dort, wo die Jl. Bakasi Timur Raya in die Jl. Perintis Kemerdekaan mündet, werden die Busse nach Zentral- und Ostjava abgefertigt. Städtische Busse verkehren zwischen diesen Busbahnhöfen und dem Stadtzentrum. Die Taxifahrt macht vom Stadtzentrum etwa 4 US-$. In die Intercity-Busse kann man auch an deren Standplätzen im Zentrum zusteigen. Wenn man weiß, wann und wo genau abgefahren wird, kann man sich die Fahrt vom Zentrum zum jeweiligen Ausgangsbahnhof sparen.

Kleinbusse/Intercity-Taxis: Die beste Möglichkeit, nach Bogor, Bandung oder Cirebon zu gelangen. Kostet etwa soviel wie die Bahnfahrt und etwas mehr als der klimatisierte Bus. Man wird abgeholt und am Hotel etc. abgesetzt. In entferntere Orte verkehren sie nicht. Im Hotel sollte man zwei Tage im voraus einen Platz reservieren lassen.

- **„4848“ Intercity-Taxi,** Jl. Prapatan 34, Tel: 348048, 364488, 364448.
- **Media,** Jl. Kebon Sirih 32, Tel: 345348.
- **Parahyangan,** Jl. Wahid Hasyim 13, Tel: 353434.
- **Metro,** Jl. Kopi 2C, Tel: 672827, 674585.
- **Perkasa,** Jl. Merdeka Barat 18, Tel: 354497.

Stadtverkehr in Jakarta

Taxis: Die zweckmäßigste Art, sich in der Stadt fortzubewegen. Für den ersten Kilometer bezahlt man jetzt 400 Rp. bzw. rund 0,40 US-$, für jeden weiteren 190 Rp. Fahrten innerhalb der Stadt kosten meist 2—5 US-$. An jedem Hotel ist ein Taxistandplatz. An den Hauptstraßen kann man ein Taxi heranwinken. President und Bluebird sind die größten und zuverlässigsten Taxi-Unternehmen. Funktaxis kann man telefonisch bestellen. Das Taxameter sollte beim Einsteigen eingeschaltet sein und während der ganzen Fahrt laufen. Manche Taxifahrer bieten den Touristen Rundfahrten an. Wenn man sich viel vorgenommen hat, lohnt sich das Mieten eines Taxis auf Stundenbasis. Trinkgelder sind unüblich, doch die Fahrer haben selten Kleingeld, so daß es sich anbietet, beim Bezahlen auf 500 Rp. aufzurunden.

Mietwagen: Avis, Hertz und President Taxi sowie alle großen Hotels bieten sie stunden- bzw. tageweise für Fahrten in der Stadt an. Überlandfahrten werden anders bezahlt. Z.B. bezahlt man für die Fahrt nach Bogor und zurück (knapp 160 km) rund 25 US-$ und den Satz für drei bis vier Stunden.

- **Avis Car Rental,** Jl. Diponegoro 25, Tel: 349206, 351849.
- **Bluebird Taxi,** Jl. Garuda 88, Tel: 356527, 344937.
- **Hertz Car Rental,** Tel: 370108.
- **President Taxi,** Jl. D/7 Pekan Raya, Tel: 352634.
- **Steady Safe Taxi,** Jl. Gondangdia Lama 22.

Städtische Busse: Einheitspreis 100 Rp., meist jedoch überfüllt und nicht ungefährlich, da die Fahrer an den Haltestellen nicht immer zum Stehen kommen. Vorsicht, Taschendiebe! Im Hotel erfahren Sie, welche Buslinien wohin fahren. Auch eine Karte, in der die Strecken und Buslinien verzeichnet sind, existiert; erhältlich (nicht immer) beim **Tourist Information Centre** im **Jakarta Theatre Building** an der Jl. Thamrin.

Hotels

Seit den 60er Jahren hat sich auf diesem Gebiet in Jakarta einiges getan. Das Hotel Indonesia, das Japan im Rahmen der Reparationszahlungen errichtete, war damals das einzige Hotel internationalen Standards. Von den Vorkriegshotels stehen noch das Transaera und das Royal; sie haben ihr „koloniales“ Flair jedoch eingebüßt.

Luxushotels (ab 100 US-$)

Jakarta besitzt drei Fünf-Sterne-Hotels, und ein viertes wird bald fertiggestellt. Zwei verfügen über ausgedehnte Garten- und Sportanlagen: das **Borodur Intercontinental** und das **Jakarta Hilton.** Neben großen Schwimmbädern, Tennisplätzen, Squashplätzen, Sauna, Jogging-Wegen und großen Grünanlagen stehen Diskotheken und europäische sowie asiatische Restaurants zur Verfügung. Das **Mandarin,** ein modernes „City“-Hotel, rühmt sich seiner zentralen Lage und versucht, sich durch überdurchschnittlichen Service und eine ausgezeichnete Küche hervorzutun.

- **Borobudur Inter-Continental** (866 Zimmer), Jl. Lapangan Banteng Selatan, P.O.Box 329, Jakarta, Tel: 370108, Tlx: 44150 BDO JKT.
- **Jakarta Hilton International** (396 Zimmer), Jl. Jendral Gatot Subroto, P.O. Box 3315, Jakarta, Tel: 587981, 583051, Tlx: JKT 46345-46673-46698 HILTON JAKARTA.
- **Jakarta Mandarin** (504 Zimmer), Jl. M.H. Thamrin, P.O. Box 3392, Jakarta, Tel: 321307, Tlx: MANDAJKT 45755.

Erste Klasse (60 bis 100 US-$)

Rund ein Dutzend Hotels sind unter „First Class“ einzustufen. Das **Sari Pacific** ist zentral gelegen; sein Coffee Shop und seine Delikatessen haben einen guten Namen. Das **Hyatt** hat ein ausgezeichnetes französisches Restaurant, während die Restaurants des **Horizon** und des **Sahid Jaya** auf Meeresfrüchte spezialisiert sind. Das **President Hotel** unter japanischer Regie mit mehreren japanischen Restaurants sowie das ehrwürdige **Hotel Indonesia** mit hervorragendem Supper Club mit Unterhaltungsprogramm und Swimmingpool gehören in diese Kategorie.

- **Horison Hotel** (350 Zimmer), Jl. Pantai Indah, Taman Impian Jaya Ancol, P.O.Box 3340, Jakarta, Tel: 680008, Tlx: 42824 HORIZ.

- **Hotel Indonesia** (666 Zimmer), Jl. M.H. Thamrin, P.O. Box 54, Jakarta, Tel: 32008, 322008.
- **Hyatt Aryaduta** (250 Zimmer), Jl. Prapatan 44-46, P.O. Box 3287, Jakarta, Tel: 376008, Tlx: 46220 HYATT JAKARTA.
- **Kartika Chandra** (200 Zimmer), Jl. Gatot Subroto, Tel: 510808, 511008, Tlx: 45843 KACHA IA, 46470 KACHA JKT.
- **President Hotel** (354 Zimmer), Jl. M.H. Thamrin 59, Tel: 320508, Tlx: 46724 PREHOIA
- **Sahid Jaya Hotel** (514 Zimmer), Jl. Jenderal Sudirman 86, P.O. Box 41, Jakarta, Tel: 584151, Tlx: 46331 SAHID JKT.
- **Sari Pacific Hotel** (500 Zimmer), Jl. M.H. Thamrin, P.O. Box 63138, Jakarta, Tel: 323707, Tlx: HTISARIIA 44514.

Mittlere Preisklasse (20 bis 60 US-$)

Von den Hotels der mittleren Kategorie sind das **Transaera**, das **Sabang Metropolitan**, das **Monas** und das **Asoka** (alle ab 35 US-$ das Doppelzimmer) am zentralsten gelegen. Das **Transaera** ist besonders ruhig, die Zimmer sind geräumig; das **Monas** ist für guten Service bekannt. Das **Sabang Metropolitan** ist für Geschäftsleute günstig gelegen.

In Kebayoran Baru hat man die Wahl zwischen **Kemang** und **Kebayoran Inn,** zwei ruhigen, preisgünstigen Häusern mit vielen Stammgästen. Das **Interhouse,** zentral im Geschäftsviertel von Kebayoran, Blok M, gelegen, kleinere, saubere, klimatisierte Hotels wie das **Menteng Hotel** oder das **Marco Polo** in Menteng (eine Übernachtung ca. 25 US-$) sind in diese Kategorie einzureihen.

- **Asoka Hotel** (83 Zimmer), Jl. M.H. Thamrin 28-30, P.O. Box 3076, Jakarta, Tel: 322908, Tlx: ASOKA JKT 4432.
- **City Hotel** (196 Zimmer), Jl. Medan Glodok, P.O. Box 1575, Jakarta, Tel: 627008, Tlx: CTHOTELJKT 41138.
- **Garden Hotel** (100 Zimmer), Jl. Kemang Raya, P.O. Box 41, Kebayoran Baru, Jakarta, Tel: 715808, Tlx: 47166 ADIGJKT.
- **Interhouse Hotel** (133 Zimmer), Jl. Melawai Raya 18-20, P.O. Box 128, Kebayoran Baru, Jakarta, Tel: 716408, Tlx: BAMBANG 471811A.
- **Jayakarta Tower** (435 Zimmer), Jl. Hayam Wuruk 126, Jakarta, Tel: 624408, Tlx: 41113 JAHOTELIA.
- **Kartika Plaza** (331 Zimmer), Jl. M.H.Thamrin 10, P.O. Box 2081, Jakarta, Tel: 321008, Tlx: 45843 KACHA IA, 46470 KACHA JKT.
- **Kebayoran Inn** (61 Zimmer), Jl. Senayan 57, Kebayoran Baru, Jakarta, Tel: 716208.
- **Kemang Hotel** (100 Zimmer), Jl. Kemang Raya, P.O. Box 163, Kebayoran Baru, Jakarta, Tel: 793208, Tlx: 47145 JKT.
- **Marco Polo Hotel** (181 Zimmer), Jl. Teuku Cik Ditro 19, Jakarta, Tel: 375409.
- **Menteng I** (82 Zimmer), Jl. Gondangdia Lama, Jakarta, Tel: 352508.
- **Menteng II** (70 Zimmer), Jl. Cikini Raya 105, Jakarta, Tel: 326312, 325543, 326329.
- **Monas Hotel** (50 Zimmer), Jl. Merdeka Barat 21, Jakarta, Tel: 375208.
- **Orchid Palace** (85 Zimmer), Jl. Letjen S. Parman, Slipi, P.O. Box 2791, Jakarta, Tel: 593115, 596911, Tlx: 46631 OPHIA.
- **Putri Duyung Cottages** (102 Hütten), Taman Impian Jaya Ancol, Jakarta, Tel: 680611, 680108, Tlx: TIJAJKT.
- **Sabang Metropolitan** (157 Zimmer), Jl. H.A. Salim 11, P.O. Box 2725, Jakarta, Tel: 354031, 357621, Tlx: 445555 SAGANGIA.
- **Transaera Hotel** (50 Zimmer), Jl. Merdeka Timur 16, P.O. Box 3380, Jakarta, Tel: 351373, 359336, 357059.
- **Wisata International** (165 Zimmer), Jl. M.H. Thamrin, P.O. Box 2457, Jakarta, Tel: 320308, 320408, Tlx: 46787 WISATA IA.
- **Wisma Bumi Asih Guesthouse,** Jl. Solo 4, Menteng, Jakarta, Tel.: 350839.

Preiswerte Hotels (unter 20 US-$)

Indonesien-Reisende mit schmalem Geldbeutel treffen sich meist an der Jalan Jaksa No. 5 (im **Wisma Delima**) oder in einer der anderen Herbergen an dieser Staße. Das neue **Borneo Hostel** um die Ecke und das **Pondok Soedibyo** derselben Preisklasse (3 bis 5 US-$ die Übernachtung) sind etwas sauberer. Mit 10 US-$ etwas teurer kommt das **Bali International** in der Nähe, und bereits für 18 US-$ bekommt man ein Doppelzimmer mit Ventilator und Frühstück im **Royal.** Ein klimatisiertes Zimmer im **Srivijaya** kostet auch nicht viel mehr.

- **Bali International** (31 Zimmer), Jl. K.H. Wahid Hasyim 116, Tel: 345058.
- **Borneo Hostel,** Jl. Kebun Sirih Barat Dalam 35, Jakarta, Tel: 320095.
- **Pondok Soedibyo,** Jl. Kebon Sirih 23, Jakarta.
- **Royal Hotel,** Jl. Juanda 14, Jakarta, Tel: 362598, 348894, 357068.
- **Srivijaya Hotel,** Jl. Veteran 1, Jakarta, Tel: 370409.
- **Wisma Delima,** Jl. Jaksa 5.
- **Wisma Esther,** Matraman Raya 113.

Essengehen in Jakarta

Die Restaurants Jakartas sind, gemessen an indonesischen Maßstäben, teuer (man bezahlt das Zwei- und Dreifache dessen, was in der Provinz verlangt wird). Manch einer hat sich auf der Suche nach dem besonders feinen *soto* oder *sata* in einem der obskuren Esensstände an der Straße *(warun)* den Magen und damit eine Woche seines Urlaubs verdorben.

Es kommt vor, daß man in einem sauberen Restaurant für 2 US-$ gut essen kann und daß man für 5 US-$ ein ausgezeichnetes indonesisches oder chinesisches Essen aufgetischt bekommt. Mit Ausnahme der europäischen Spezialitätenrestaurants bezahlt man selbst in den besten Restaurants durchschnittlich nicht mehr als 10 US-$ pro Person. Besonders die Fischgerichte sind in Jakarta ein heißer Tip.

Indonesische Küche

Die indonesische Küche wird wohl fast jeder Neuankömmling in Jakarta ausprobieren, allein um zu sehen, was ihm während der Ausflüge auf die Inseln später erwartet.

Beginnen wir mit der Südspitze Sumatras und essen als erstes im **Sinar Medan** an der Jl. Sabang. Spezialitäten aus der Provinz Aceh kommen wie in Padang auf vielen kleinen Tellern kalt auf den Tisch, sollen jedoch sehr fein gewürzt und abwechslungsreicher im Geschmack sein als dort.

Die Padang-Küche ist am besten vertreten im **Roda** und im **Sari Bundo.** 10 bis 15 gut gewürzte Gerichte werden dem Gast vorgesetzt, der nur das bezahlt, was er ißt. Von der Atmosphäre her ist das (etwas teurere) **The Pepper Pot** zu empfehlen.

Die javanische Küche stellt sich in vier Varianten vor: sudanesisch (westjavanisch), zentraljavanisch, ostjavanisch und maduresisch. Im äußerst beliebten **Sari Kuring** bekommt man den ausgezeichneten gegrillen Karpfen *(ikan mas bakar)* auf sundanesisch, Huhn vom Grill *(ayam bakar),* Garnelen *(udang pancet),* gebratenen Tintenfisch *(cumi-cumi bakar)* und einen Salat aus frischem Gemüse mit Krabbenpaste und Chilisoße *(lalap/ sambal cobek).* Hier erhält man überhaupt den besten Fisch der Stadt und dazu ein herrlich erfrischendes Gurken-Limonen-Getränk.

Von den Gerichten aus Zentraljava sind das Brathuhn und *gudeg* hervorzuheben. Die javanischen Hühner haben freien Auslauf und daher ein festeres Fleisch als die Produkte der Massentierhaltung in Europa. Auf Java wird das Huhn zunächst mehrere Stunden in einem Gewürz- und Kokoscremesud gekocht, anschließend bei hoher Temperatur kurz gebraten, damit es außen knusprig wird. Die bekanntesten Huhngerichte Jakartas werden im **Ayam Bulungan** und im **Ayam Goreng Mbok Berek** serviert, die beide in Kebayoran liegen.

Gudeg, die Spezialität aus Yogyakarta, setzt sich aus jungen Jackfrüchten, die in Kokoscreme und Gewürzen gekocht werden, zusammen, die mit in Chilisoße gekochter Büffelhaut, Hühnerfleisch, Eiern und Soße aufgetischt werden. Das beste *gudeg* wird in einem Ableger des Yogya-Restaurants **Bu Tjitro's** gekocht.

Ostjava und Madura sind für ihre guten Suppen und das *sate* bekannt. Man probiere einmal im **Pondok Jawa Timur** das *soto madura* (scharfe Hühnerbrühe mit Nudeln oder Reis). Geflügelbzw. Hammel-*Sate* (Fleischspieße vom Rost) schmecken im **Senayan Satay House** am besten, das gleich drei Filialen in der Stadt hat.

- **Angin Mamiri** (makassaresisch), Jl. K.H. Hasyim Ashari 49, Roxy, Tel: 377241.
- **Ayam Bulungan** (Huhn auf Javanisch), Jl. Bulungan I No. 64, Kebayoran Baru, Tel: 772005.
- **Ayam Goreng Mbok Berek** (Huhn auf Javanisch), Jl. Panglima Polim Raya No. 93, Tel: 770652.
- **Fatahillah,** Jl. Fatahillah 14, Tel: 673842.
- **Gudeg Bu Tjitro,** Jl. Cikajang 80, Blok Q2 Kebayoran Baru, Tel: 713202.
- **Gudeg Bu Tjitro,** Jl. Senen Raya 25A, Tel: 371197.
- **Happy** (makassaresisch), Jl. Mangga Besar Raya 4C, Tel: 632144.
- **Jawa Timur** (ostjavanisch), Jl. Jenderal A. Yani 67, Tel: 884197.
- **Marunda Restaurant,** Hotel Wisata International, Tel: 320408, 320308.
- **Natrabu Restaurant** (Padang), Jl. H. Agus Salim 29A, Tel: 371709.
- **The Pepper Pot** (Padang und javanisch), 18. Stock, Wisma Metropolitan, Jl. Jendral Sudirman, Tel: 584736.
- **Pondok Jawa Timur** (ostjavanisch), Jl. Prapanca Raya, Kebayoran.
- **Ratu Sari** (sundanesisch), Glodok Plaza, Jl. Pinangsia Raya, Tel: 625999, 627701.
- **Roda** (Padang), Jl. Matraman Raya 65-67, Tel: 882879.
- **Sari Bundo** (Padang), Jl. Ir. H. Juanda 27, Tel: 358343.
- **Sari Kuring** (sundanesische Fischgerichte), Jl.Batu Ceper No. 55A, Tel: 341542.
- **Senayan Satay House,** Jl. Pakubuwono VI/No. 6, Kebayoran Baru, Tel: 715821.
- **Senayan Satay House,** Jl. Kebon Sirih 31A, Tel: 326238.
- **Senayan Satáy House,** Jl. Tanah Abang II/No. 76, Tel: 347270.
- **Sinar Medan** (Aceh-Küche), Jl. H.A. Salim (Sabang).
- **Tamalatea** (makassaresisch), Jl. Krekot I/No. 40G, Pasar Baru, Tel: 363477.
- **Tinoor Asli** (menadonesisch), Jl. Gondangdia Lama 33A.

Fischrestaurants

Früher bekam man Fisch entweder in Tanjung Priok, am Hafen also, oder an der Jalan Pecenongan an Verkaufsständen. Beliebt sind diese Plätze noch immer, doch sind die Preise so gestiegen, daß man den Fisch im Restaurant auch nicht teurer, jedoch in angenehmerer Umgebung verzehrt. Das **Yun Njan** ist am berühmtesten. Wen das viele Plastik und die Hektik nicht stören, kann sich an den garantiert frischen Krabben, gegrillt oder gekocht, an Garnelen, Tintenfischen etc. erfreuen. In der Nähe steht das **Sanur** mit einer ganzen Palette chinesischer Spezialitäten. Das obenerwähnte **Sari Kuring,** nicht weit vom Yun Njan, ist ein weiteres ausgezeichnetes Fischrestaurant. Etwas teurer ist das **Mirasari Restaurant** im Sahid Jaya Hotel. Auch das **Hotel Horison** betreibt direkt am Meer ein reizendes Fischrestaurant.

- **Perahu Bugis,** Horison Hotel, Ancol, Tel: 680008.
- **Mirasari Restaurant,** Sahid Jaya Hotel, Jl. Jendral Sudirman 86, Tel: 584151, 583981.
- **Sanur,** Jl. Ir. H. Juanda III/No. 31.
- **Sari Kuring,** Jl. Batu Ceper No. 55A, Tel: 341542.
- **Yun Njan,** Jl. Batu Ceper 69, Tel: 364063, 364434.

Chinesische Küche

Die China-Restaurants in Jakarta halten den Vergleich mit der Küche Singapurs, Hong Kongs oder Taiwans nicht aus, sind jedoch besser als die meisten chinesischen Restaurants in Europa. Am ausladendsten kann man im **Cahaya Kota,** im **Istana Naga** und im **Ekaria** dinieren. Die nordchinesisch-mongolische Küche ist vertreten im **Barbeque Restaurant,** Blok M, Kebayoran. Die Sichuan-Küche bietet allein das sündteure, aber ausgezeichnete **Spice Garden** im Mandarin Hotel.

Wer in Chinatown oder Kota ist, oder wer Appetit auf einen kleinen Lunch hat, probiere eine Terrine chinesischer Nudeln mit eingelegtem Gemüse und Rindfleischbällchen *(mee bakso)*. Das größte Nudelrestaurant in Chinatown ist das **Bakmi Gajah Mada.**

- **Bakmit Gajah Mada,** Jl. Gajah Mada 92.
- **Bakmi Gajah Mada,** Jl. Melawai IV/25, Blok M, Kebayoran Baru.
- **Cahaya Kota,** Jl. Wahid Hasyim 9, Tel: 356331, 354862, 353015.
- **Ekaria** (Yit Lok Yun), Jl. Hayam Wuruk (Pasar Lindeteves Bldg.), Tel: 621083, 626397.
- **Istana Naga,** Jl. Gatot Subroto (Kav. 12, Case Building), Tel: 583081, 583087, 583089.
- **Spice Garden Restaurant** (Sichuan-Küche), Jakarta Mandarin Hotel.

Europäische Küche

Wer auch in Jakarta auf die europäische Küche nicht verzichten mag, könnte auch wegen des kolonialen Ambiente im hervorragenden **Oasis Restaurant,** einer umgebauten Villa von 1900, die holländische Küche probieren. Die Spezialitäten des Hauses sind *shishkabob* („flammendes Schwert") und die traditionelle *rijsttafel* („Reistafel"), die aus 20 Gängen besteht und von 16 attraktiven jungen Damen aufgetischt wird. Die *rijsttafel* ist auch die Spezialität im **Club Noordwijk** mit nostalgischer *tempo doeloe*-Atmosphäre und etwas weniger royaler Umgebung. Preiswerter ißt man im **Arts und Curios Restaurant** und Art Shop in günstiger Lage beim TIM, dem Zentrum der darstellenden Künste.

Die französische Küche mit indonesischem Einschlag ist in Rima Melati's **Le Petit Bistro** zu Hause. Eingeweihte zieht es eher hierher als in die eleganten französischen Restaurants im Mandarin und im Hyatt Hotel, wo sowohl die traditionelle als auch die neue Küche (Nouvelle Cuisine) vertreten ist. Im **Sari Pacific Coffee Shop** trifft man sich zum Frühstück und Brunch, vor allem wegen des Brotes und der Croissants, die in Jakarta nirgends besser schmecken. Für einen wohlschmeckenden englischen Lunch oder eine Pizza empfehlen sich **George & Dragon** hinter dem Hotel Indonesia oder das **Jaya Pub.** Die Freunde eines guten Steaks seien auf **The Ponderosa, The Raffles Tavern** im Ratu Plaza — oder auf **La Bodega Grill & Bar** verwiesen, obwohl letzteres etwas abgelegen ist.

Natürlich bekommt man in den Coffee-Shops der Hotels sowohl Frühstück als auch Lunch, unter denen der **Java Room** im Hotel Indonesia äußerst beliebt ist.

Außerdem sei verwiesen auf das italienische Restaurant **(Rugantino),** ein deutsches Restaurant **(Old Heidelberg),** ein Schweizer Fondue-Restaurant **(The Swiss Inn)** und ein schottisches Gasthaus **(The Thistle),** die allesamt etwas enttäuschen; offenbar sind Leute mit Heimweh bereit, auch überhöhte Preise zu bezahlen, wenn sie beim Essen an zu Hause erinnert werden. **The Green Pub** heißt ein mexikanisches Lokal mit Country-Rock bzw. Jazzmusik und durchschnittlicher Küche.

- **Art und Curio Restaurant** (holländ.), Jl. Kebon Binatang III/8A, Cikini, Tel: 322879.
- **Brasserie Le Parisien** (franz.), Aryaduta Haytt Hotel, Jl. Prapatan 44, Tel: 376008 ext. 141.
- **Club Norrdwijk** (holländ.), Jl. Ir. H. Juanda 5A, Tel: 353909.
- **The Club Room** (französisch), Jakarta Mandarin, Tel: 371208.
- **George & Dragon Pub & Restaurant** (englisch), Jl. Telukbetung 32, Tel: 345625.
- **Green Pub** (mexikanisch), Jakarta Theatre Bldg., Jl. M.H. Thamrin, Tel: 359332, 325808.
- **Java Coffee Shop,** Hotel Indonesia, Tel: 320008.
- **Jaya Pub** (Sandwiches, Suppen), Jaya Bldg., Jl. M.H.Thamrin 12, Tel: 327508 ext. 255.
- **Jayakarta Grill,** Sari Pacific Hotel, Jl. M.H. Thamrin 6, Tel: 359141 ext. 1481.
- **La Bodega** (kontinental), Caringan Shopping Centre, Cilandak, Tel: 767798.
- **Le Bistro** (französisch), Jl. K.H. Wahid Hasyim 75, Tel: 347475.
- **Oasis Restaurant** (kontinental), Jl. Raden Saleh 47, Tel: 326397, 327818.
- **Old Heidelberg** (deutsch), Prince Theatre, Jl. Jendral Sudirman 3-4, Tel: 586683.
- **The Ponderosa** (Steaks), Widjoyo Centre, Jl. Jend. Sudirman 57, Tel: 587731 ext. 251.
- **Raffles Tavern** (englisch), Ratu Plaza, 3rd Floor, Tel: 711894.
- **Rugantino** (italienisch), Jl. Melawai Raya 28, Tel: 714727.
- **The Stable** (Steaks), 4. Stock, Wisma Hayam Wuruk, Jl. Hayam Wuruk, Tel: 360200.
- **The Swiss Inn,** Arthaloka Building, Jl. Jenderal Sudirman 2, Tel: 583280.
- **The Thistle Bar & Restaurant** (schottisch), Wisma Metropolitan, 18. Stock, Jl. Jenderal Sudirman, Tel: 584736.

Asiatische Küche

Die Handvoll **japanischer, koreanischer, indischer** und **Thai-Restaurants** soll nicht zu kurz kommen. Die großen japanischen Ketten sind vertreten mit dem **Ginza Benkay** (President Hotel), **Okoh** (Horison Hotel) und **Keio** (Borobudur Inter Continental), wobei das standardisierte Mobiliar, die Lebensmittel, Köche und Preise jeweils mitgeliefert werden. Ein kleines japanisches Lokal ragt deshalb heraus, weil es das älteste Jakartas ist und den heimischen Fisch auf köstliche Weise zubereiten kann: das **Kikugawa** in einem umgebauten Haus unweit des TIM. Ordentlich sind die koreanischen Restaurants der Stadt, allesamt im Besitz von Koreanern. Schließlich noch: **Omar Khayyam** (nordindische Gerichte) und **Ayothaya Thai** (Thai-Küche).

- **Ayothaya Thai,** Jl. Ir. Juanda 35A, Tel: 350921.
- **Furusatu** (japanisch), Sari Pacific Hotel, Jl. M.H. Thamrin, Tel: 323707.
- **Ginza Benkay** (japanisch), President Hotel, Jl. M.H. Thamrin, Tel: 320508.
- **Jakarta Okoh** (japanisch), Horison Hotel, Tel: 680008 App. 111, 129.

● **Jakarta New Hama** (japanisch), 4.Stock, Ratu Plaza, Jl. Jenderal Sudirman, Tel: 711895, 711333.
● **Jakarta Nippon Kan** (japanisch), Jakarta Hilton, Tel: 586111 ext. 627, 628.
● **Keio** (japanisch), Borobudur Intercontinental Hotel, Tel: 357511 ext. 2358.
● **Kikugawa** (japanisch), Jl. Kebon Binatang III/No. 3, Tel: 341808.
● **Korean International**, Jl. Melawai VI/No. 3 (Blok M), Kebayoran, Tel: 713776.
● **Mitsuyo** (japanisch), Jl. Raden Saleh 44.
● **Omar Khayyam** (indisch), Jl. Antara 5-7, Tel: 357705, 356719.
● **Shima** (japanisch), 17th floor, Hyaat Aryaduta Hotel, Tel: 376008.
● **Yamazato** (japanisch), Hotel Indonesia, Tel: 320008 ext. 176.

Einkaufen

Jakarta gilt nicht gerade als Einkaufsparadies. Importwaren sind hoch besteuert, und die heimischen Produkte sind zwar billig, aber von geringerer Qualität. Was sich zu kaufen lohnt, sind kunsthandwerkliche Produkte, Antiquitäten und — mit Ausnahmen — Kassetten mit Raubaufnahmen, aber auch modische Kleidung aus heimischer Produktion.

Batik

Batik Keris mit Ausstellungsräumen im Sarinah hat in Jakarta die größte *Batik*-Auswahl, besonders an Meterware und preisgünstigen *kain*. **Danar Hadi** spezialisiert sich auf die feineren *tulis*-Gewebe sowie Fertighemden und Kleider. Die staatliche **Government Batik Cooperative (GKBI)** enttäuscht, da lediglich zentraljavanische Batiken mittlerer Qualität erhältlich sind. Der Kenner wird im Geschäft des Modedesigners **Iwaan Tirta** vorbeischauen. Der bekannteste Batik-Maler ist **Amri** aus Yogya. Von den kleineren Modeboutiquen seien erwähnt **Srikandi** und mehrere Geschäfte an der Jl. Palatehan I (Blok M, Kebayoran) sowie im **Hilton Bazaar.** Im Gebiet um Palmerah kann man beim Batiken zusehen. Wenden Sie sich an die Betriebe Berdikari oder Hayadi.

● **Amri Gallery**, Jl. Utan Kayu 66E.
● **Batik Berdikari,** Jl. Masjid Pal VII, Palmerah Barat, Tel: 542814, 582814.
● **Batik Hayadi,** Jl. Palmerah Utara 46, Tel: 540656, 540584.
● **Batik Keris,** Sarinah Jaya Department Store, Kebayoran Baru.
● **Batik Semar,** Jl. Tomang Raya 54, Tel: 593514.
● **Danar Hadi,** Jl. Raden Saleh 1A, Tel: 342390, 343712.
● **GKBI,** Indonesian Government Batik Cooperative, Jl. Jendral Sudirman 28, Tel: 581022.
● **Iwan Tirta,** Jl. Panarukan 25, Tel: 349122.
● **Iwan Tirta,** Borobodur Intercontinental Hotel, Geschäftsarkade.
● **Maison Young,** Jl. Palatehan I/39B, Kebayoran Baru.
● **Royal Batik Shop,** Jl. Palatehan I/41, Tel: 773599.
● **Srikandi,** Jl. Melawai VI/6A, Tel: 775604.
● **Srikandi,** Jl. Cikini Raya 90, Tel: 35446.
● **Intisari,** Jl. Melawai V/8, Blok M Kebayoran Baru.

Kunsthandwerk

Mit Ausnahme von Rattanmöbeln und etwas Batik entsteht es außerhalb Jakartas. Dennoch sind die heimischen Produkte alle zu haben, und zwar so günstig, daß sie lediglich beim Erzeuger selbst noch billiger sind. Die erste Adresse für Kunsthandwerkliches aller Art ist das **Handicraft Centre** im Kaufhaus Sarinah Jaya in Kebayoran, wo man vom Korb bis zum Rohrsessel einschließlich Ledersandalen alles erhält. Bilder, Schnitzereien, *wayang*-Puppen und andere „Kunst"-Gegenstände sollte man auf dem **Art Market** (Pasar Seni) in Ancol begutachten. Hier kann man stundenlang flanieren, den Handwerkern bei der Arbeit zusehen und mit ihnen ins Gespräch kommen. Der **Indonesian Bazaar** im Hilton besteht aus einer Anzahl Boutiquen, die Batik, Schmuck und *wayang*-Puppen führen. Viele der Antiquitäten- und Kunstgeschäfte an der Jl. Kebon Sirih Timur Dalam, der Jl. Majapahit und der Jl. Palatehan (Kebayoran) verkaufen auch Kunsthandwerkliches. Einige wenige Geschäfte wie der **Irian Art and Gift Shop** ist auf Stammesprodukte und primitive Kunst spezialisiert (Namen und Adressen der Geschäfte folgen weiter unten).

Antiquitäten und Raritäten

Sie sind überall in der Stadt erhältlich, vor allem jedoch an der **Jl. Kebon Sirih Timur Dalam,** wo eine Anzahl winziger Läden mit Namen wie **Bali, Bima, Djody** und **Nasrun** alte Möbel, Webarbeiten, Masken, Puppen und Porzellan auf Lager haben. Im **Johan Art** führt man eine Riesenauswahl an altem chinesischem Porzellan; späterer Umtausch ist möglich — eine Seltenheit in Jakarta. Im weiteren Verlauf der Jl. Wahid Hasyim steht **The Banka Tin Shop,** wo vor allem Zinnwaren angeboten werden. Weitere Geschäfte findet man an der Jl. Haji Agus Salim (Jl. Sabang). Alle genannten Antiquitätengeschäfte sind vom Sarinah bzw. vom Sari Pacific Hotel bequem zu Fuß zu erreichen.

Hier eine Auswahl der zahlreichen Antiquitäten- und Kunstgeschäfte in anderen Stadtteilen:

● **Der Antiquitätenmarkt** (antique market) an der Jl. Surabaya unweit der Embassy Row (Jl. Diponegoro) besteht aus etwa 20 Ständen. Porzellan, Puppen, Ziegel, Messing- und Silber-Antiquitäten, manches neu, doch auf alt gemacht, ist ausgebreitet. Nicht weit ist es zu Alex Papadimitriou und dem Srirupa Shop, die wahre Schätze an alten holländischen Möbeln gelagert haben. Drei Geschäfte haben sich seit den Tagen der Holländer an der Jl. Majapahit gehalten: **Arjuna, Garuda** und **Lee Cheong,** die Qualitätsware führen — Schmuck, Möbel, Masken, Puppen etc.

● Die neuen Boutiquen, Galerien und Studios an der **Jl. Palatehan I.** in Kebayoran (Djelita, Maison Young, Urip, Pura, Pigura, Royal, Tony's und Oet's) wenden sich an das ausländische Publikum und das wohlhabende Jakarta. Das neue Kaufhaus Sarinah Jaya steht nebenan, und das Aldiron Plaza/Blok M ist zu Fuß leicht zu erreichen.

- **Alex Papadimitriou** (Antiquitäten), Jl. Pasuruan 3.
- **Ardjuna Craft Shop,** Jl. Majapahit 16A.
- **Bali Art & Curio,** Jl. Kebon Sirih Timur Dalam 42.
- **Bandung Art Shop,** Jl. Pasar Baru 18C.
- **Bangka Tin Shop,** Jl. Wahid Hasyim 178.
- **Bima Arts & Curios,** Jl. Kebon Sirih Timur Dalam 257.
- **Djelita Art Shop,** Jl. Palatehan I/37.
- **Djody Art & Curio,** Jl. Kebon Sirih Timur Dalam 2.
- **Garuda,** Jl. Majapahit 12.
- **Irian Art and Gift Shop,** Jl. Pasar Baru 16A, Tel: 343422.
- **Johan Art,** Jl. Wahid Hasyim 80.
- **Johan Art Curios,** Jl. H. Agus Salim 59A.
- **Lee Cheong,** Jl. Majapahit 32.
- **Lindungan Store,** Jl. H. Agus Salim 48.
- **Made Handicraft,** Jl. Pegangsaan Timur 2.
- **Magasin L'Art,** Jl. Cikini Raya 71.
- **Majapahit Arts & Curios,** Jl. Melawai III/4, Blok M, Kebayoran Baru.
- **Naini's Fine Arts,** Jl. Palatehan I/20, Kebayoran Baru.
- **Pigura Art & Gift Shop,** Jl. Palatehan I/41, Kebayoran Baru, Tel: 773599.
- **Ramayana,** Jl. Ir. H. Juanda 14A.
- **Srirupa Shop,** Jl. Pekalongan 16.
- **Tony's Gallery,** Jl. Palatehan I/31, Kebayoran Baru.
- **Urip Store,** Jl. Palatehan I/40, Kebayoran Baru.

Schmuck

Es gibt in Jakarta viele Juweliere, die Gold- und Silberschmuck aus eigener Herstellung anbieten. Die Preise liegen höher als in Kota Gede (Yogyakarta) und Bali, doch die Qualität und die künstlerische Gestaltung ist weit besser — besonders, wenn Sie an indonesischen Edelsteinen interessiert sind: an Diamanten aus Borneo, purpurnen Amethysten, Naturperlen und an dem unlängst entdeckten westjavanischen schwarzen Opal. Auch Ketten, Filigran- und getriebene Arbeiten sind hier zu haben. Die Arbeitskraft ist billig, die Verarbeitung kann gut sein. Vor dem Kauf sollte man sich nach den Gold- und Silberpreisen erkundigen, um auszurechnen, was für Verarbeitung und künstlerische Gestaltung verlangt wird.

- **Jay's Jewellery,** Jakarta Mandarin Hotel, Tel: 371208 App. 3781.
- **Joyce Spiro,** Sari Pacific Hotel, Tel: 323707.
- **Judith Tumbelaka,** Jl. H.A. Salim 94, Tel: 348252.
- **Linda Spiro,** Borobudur Intercontinental, Tel: 370108 App. 2121.
- **F. Spiro Jewellers,** Jakarta Hilton Hotel, Tel: 587441 App. 618.
- **Kevin's Jewellery,** Jakarta Hilton Hotel.
- **Olislaeger Jewellers,** Jl. Ir.H. Juanda 11, Tel: 341850.
- **Pelangi Jewellery,** Jl. Jakarta Hilton Hotel, Tel: 587981.
- **Pelangi Opal & Jewellery Centre,** Jl. R.S. Fatmawati 42, Cilandak, Tel: 7601523.
- **Sesotya,** Sahid Jaya Hotel.
- **Sri Sadono,** Hotel Indonesia.

Indonesische Malerei

Man unterscheidet grob drei Kategorien: traditionelle und moderne Bilder sowie Kitschposter. In der **Harris Art Gallery** stellen moderne Künstler aus, die **Oet's Gallery** präsentiert alle paar Wochen das Werk eines anderen Künstlers. Manche Künstler haben ihre eigene Galerie, z.B. **Adam Lay.** In den Tageszeitungen steht, welche Ausstellungen indonesischer Kunst im TIM bzw. in den Kulturzentren ausländischer Botschaften gerade zu sehen sind. Alte balinesische Malereien führen auch die Antiquitätengeschäfte. Kitsch ist konzentriert im **Taman Suropati** an der Embassy Row zu sehen. Der **Art Market** in Ancol präsentiert u.a. auch Künstler, denen man bei der Arbeit zusehen kann und die Sie auf Wunsch porträtieren. Auf dem Gehsteig vor dem Hauptpostamt an der Jl. Veteran können Sie ein Schnellporträt anfertigen lassen.

- **Adam's Gallery,** Sari Pacific Shopping Arcade.
- **Harris Art Gallery,** Jl. Cipete 41, Kebayoran Baru, Tel: 766660.
- **Oet's Gallery,** Jl. Palatehan I/33, Kebayoran Baru.

Kassetten

In Jakarta bietet sich die beste Möglichkeit, Nachschub für Ihren Walkman zu besorgen. Hunderte von Titeln mit der neuesten Popmusik und klassischen Titeln sind in den Kassetten-Supermärkten auf Lager, wobei illegal aufgenommene Markenkassetten überwiegen (Maxwell, BASF und TDK). Eine 90-Minuten-Kassette mit Popmusik kostet nur 1,50 US-$, klassische und legal aufgenommene indonesische Musik kaum mehr. In den besten Geschäften darf sich der Kunde Kassetten aus dem Regal holen und abhören. Da solche Geschäfte im allgemeinen klimatisiert sind, verbringt dort mancher Tourist bei guter Unterhaltung die heißen Mittagsstunden. Zu empfehlen sind die Geschäfte an der Jl. Haji Agus Salim (insbesondere **Duta Suara** — Nr. 26A). Auch nicht schlecht sind **Duta Irama** und **Aquarius** am Aldiron Plaza, Blok M (Nr. 38, Erdgeschoß und Nr. 4—6, zweiter Stock).

Einkaufszentren

Gehen Sie einfach einmal in die großen Geschäftsstraßen und Einkaufszentren Jakartas, um das Warenangebot zu begutachten und Menschen zu beobachten. Die beste Zeit dafür ist der frühe Abend, wenn es abgekühlt ist. Der **Pasar Baru** („Neuer Markt") sowie das elegantere **Blok M** in Kebayoran sind die besten Adressen. Durch einen Besuch im klimatisierten **Gajah Mada Plaza** oder dem **Ratu Plaza** kann man sich auch der Mittagshitze entziehen.

- **Aldiron Plaza,** Blok M, Kebayoran Baru.
- **Gajah Mada Plaza,** Jl. Gajah Mada, zehn Etagen mit klimatisierten Geschäften und Restaurants.
- **Glodok Shopping Centre,** sechs Etagen, im Herzen von Jakartas Chinesenviertel.
- **Glodok Plaza,** Jl. Pinangsia, fünf Etagen mit klimatisierten Geschäften.
- **Hayam Wuruk Plaza,** Jl. Hayam Wuruk.
- **Pasar Baru,** mehrere Straßenzüge mit Ladengeschäften, wo alles und jedes zu haben ist.
- **Ratu Plaza,** Jl. Jenderal Sudirman, Senayan, eines der neuesten und hellsten Geschäftszentren mit Klimaanlage, Supermarkt, Buchhandlung, vielen Geschäften mit Computern, Restaurants und einem Kino.
- **Sarinah Department Store,** Kebayoran Baru.

Nachtleben und Unterhaltung

Im Gegensatz zu anderen indonesischen Städten gehen in Jakarta am späten Abend die Lichter noch nicht aus; ein weiterer Grund für eine Ruhepause in der Mittagshitze. Frisch gestärkt geht man, wenn es abgekühlt hat, am Abend aus.

Kulturelles in jeder Form bietet in jedem Fall das **Taman Ismail Marzuki** (TIM), Jakartas Zentrum für Kultur und Theater. Im TIM finden *wayung-kulit-* und *wayang-orang*-Veranstaltungen statt, treten Gesangsgruppen auf, finden Dichterlesungen statt, werden modernes und traditionelles Theater, Ballett, moderne Tänze, klassischer und moderner Jazz aufgeführt. Das genaue Programm entnehmen Sie bitte den Tageszeitungen.

Demjenigen, der nicht vorhat, nach Zentraljava zu reisen, empfiehlt sich der Besuch einer *wayang-orang*-Aufführung im **Bharata Theatre** an der Jl. Pasar Senen 15. Das überaus dankbare Publikum besteht im Gegensatz zu Aufführungen in Yogya und Solo fast nur aus Javanesen. In der Provinz wird meist schlechter gespielt, denn dort sitzen mehr Touristen als Einheimische im Publikum. Das allein spricht dafür, *wayang orang* in Jakarta zu sehen. Gespielt wird allabendlich irgendwann zwischen 20 und 23 Uhr.

Sollten Sie ein Freund des volkstümlichen Theaters sein, besuchen Sie einmal das **Theater Miss Tjihtjih** an der Jl. Stasion Angke in einem bescheidenen Vorort im Westen der Stadt. Es ist ein ziemlich düsterer, schäbiger Saal, und wer nicht Sundanesisch spricht, versteht kein Wort. Die Zuschauer scheinen an der Darbietung populärer Stoffe ihre helle Freude zu haben.

Drei- oder viermal die Woche finden auf dem Gelände des **Art Market** (Pasar Seni) in Ancol irgendwelche Aufführungen im Freien statt; daneben kann man in aller Ruhe durch die Pavillons schlendern und das Angebot an Kunsthandwerk und Bildern begutachten, mit den Künstlern reden und in einem Straßencafé eine schmackhafte Suppe, einen Hamburger oder ein Nudelgericht zu sich nehmen. Ancol liegt rund 10 km vom Stadtzentrum (das Taxi kostet etwa 3 US-$). Im Hotel bzw. im Tourist Information Office erfährt man das genaue Programm.

Um ein Lustspiel bzw. eine moderne Posse auf indonesisch zu erleben und dabei den Dialogen (natürlich nicht) folgen zu können, sollten Sie ins **Sri Mulat** im Jugendzentrum (Taman Ria Remaja) in Slipi gehen. Zunächst kommen da aufgetakelte und unfreiwillig komisch wirkende Sänger auf die Bühne. Nach dieser farcenhaften Ouvertüre geht es über zwei Akte recht ausgelassen zu. Geboten wird eine Mischform: *keto-prak,* die populäre javanische Theaterform, fließt ein. Meist treten javanesische Aristokraten und Dienstpersonal in absurden Situationen auf, oder aber eine Familie ausgefallen gekleideter Transvestiten betritt die Bühne. Jeden Donnerstag ist Dracula-Tag. Dracula wird dabei von einem Mann, der als Frau verkleidet ist, gespielt.

Zum Programm dieser Repertoirebühnen kommen die Veranstaltungen der großen Hotels und der ausländischen Botschaften. Das Hilton und das Borobudur sind kulturell besonders aktiv, während die französische, britische, holländische, amerikanische, australische und deutsche Botschaft in ihren Kulturzentren Ausstellungen, und Filme zeigen sowie Gastspielreisen und Vorträge organisieren.

- **Alliance Française** (franz. Kulturzentrum), Jl. Salemba Raya 25.
- **The British Council,** Jl. Jenderal Sudirman 57, Tel: 5874411.
- **Erasmus Huis** (holländ. Kulturzentrum), Jl. Menteng Raya 25.
- **Goethe Institut,** Jl. Matraman Raya 23, Tel: 882798.
- **Indones.-Amerikanische Freundschaftsgesellschaft,** Jl. Pramuka Kav. 30, Tel: 881241, 883536, 883867.
- **Italienisches Kulturzentrum,** Jl. Diponegoro 45.
- **Japanisches Kulturzentrum,** Jl. Cemara 1.

Radio Republik Indonesia (RRI) sendet aus seinem Jakarta-Studio an der Jl. Medan Merdeka Barat Live-Aufführungen alter indonesischer Musik, klassische Musik sowie *wayang*-Vorstellungen mit Studio-Publikum. Im Hotel bzw. telefonisch bei RRI erfahren Sie, ob und wo Karten dafür zu haben sind. In mehreren Restaurants treten Musikgruppen auf; beliebt sind die Batak-Spieler im Restaurant Oasis (siehe unter „Restaurants"). Sonntags wird in **Taman Mini,** im Süden Jakartas, von Gruppen aus den 27 Provinzen Indonesiens gespielt und musiziert. Ebenfalls am Sonntagvormittag findet im Wayang-Museum um 10 Uhr eine kurze Schattenspielaufführung statt.

Nächtliche Vergnügungen im Stil westlicher Großstädte sind auch in Jakarta im Übermaß geboten. Vor zehn Jahren erfaßte die Diskowelle die Stadt. Ihr verdanken die Klubs ihre Existenz, in denen sich am Wochenende die modisch herausgeputzte Schickeria Jakartas ein Stelldichein gibt. Zwei Hotel-Etablissements sind es, die seit einiger Zeit die Szene beherrschen: **Pitstop** im Sari Pacific und der **Oriental Club** im Hilton. Für das Gedeck bezahlt man 10 bis 15 US-$, die Getränke sind teuer, doch Geld spielt beim Stammpublikum offenbar keine Rolle. Man läßt sich in eine Phantasiewelt aus Plüsch, Beleuchtungseffekten und dröhnender Musik entführen. Sandalen, Jeans und T-Shirts sind hier natürlich fehl am Platze.

Im **Tanamur** trifft sich in lockerer Atmosphäre

(außerdem nicht so teuer) ein vorwiegend ausländisches Publikum (Jl. Tanah Abang Timur 14). Der alteingesessene Rock Club hat etwas Patina angesetzt, doch die Musik ist gut, das Licht gedämpft, niemand schert sich um die Kleidung der Gäste. Das **Bali International,** Jl. Wahid Hasyim 116, hat jetzt auch eine Diskothek, in der vorwiegend ausländische Touristen und einheimische Motorradfans verkehren.

Das **Jaya Pub,** eine lebendige Musikkneipe (Pianobar mit Gesang), liegt an der Jl. Thamrin, Rima Melati's **Le Petit Bistro** sowie **George & Dragon** an der Jl. Telukbetung (hinter dem Hotel Indonesia).

Bekannte Ausländerkneipen sind die **Hotmen Bar** (Menteng Hotel), **Tankard** (Kebayoran Theatre Blok M) und **The Club** (Jl. Hasanuddin 52, Blok M, Kebayoran). Das **Green Pub** im Jakarta Theatre bietet passablen Country Rock oder Jazzbands. Die beliebtesten „girlie"-Bars mit Massagesalon sind an der Jl. Blora (**Aloha, Shinta, Paradise**) oder man geht in die **Columbus Bar** (Hotel Marco Polo). In den Bars der Hotels Mandarin und Hyatt treten Jazzmusiker auf, im **Nirwana Room** des Hotels Indonesia australische und europäische Entertainer.

Etwas Ausgefallenes wäre der Besuch einer chinesischen Kleinkunstbühne am Jl. Gajah Mada/ Hayam Wuruk: Blue Ocean, Sky Room, Paramount oder Tropicana. Sie lassen dort zum festlichen Essen Gesangstars aus Taiwan für die Freunde der *cukong*-Edelschnulzen auftreten.

Zu guter Letzt: Zweit- und drittrangige italienische und amerikanische Filme (die meisten auf Englisch mit indonesischen Untertiteln) sind auch in Jakarta zu sehen. Wo und wann, erfährt man aus den Tageszeitungen.

Fluggesellschaften (Inland) in Jakarta

Bouraq Indonesian Airline, Jalan Patrice Lumumba 1, Tel: 354395, 357640, 357940.

Garuda Indonesian Airways (GIA), Jalan Ir.H. Juanda 15 (Zentrale), Tel: 370709; **Kemayoran Airport,** Tel: 410808; Halim Perdanakusuma Airport, Tel: 884156; Wisma Nusantara Building, Jalan M.H. Thamrin, Tel: 373909; Hotel Borobudur Inter-Continental, Tel: 359901 App. 2116, 2117.

Mandala Airlines, Jalan Veteran 1/34, Tel: 368107 (5 Anschlüsse).

Merpati Nusantara Airlines (MNA), Jalan Patrice Lumumba 2, Tel: 314608, 413672; Kemayoran Airport, Tel: 3480131, 348038.

Pelita Air Service, Jalan Abdul Muis 52, Tel: 357389.

Sempati Air Transport, Jalan Merdeka Timur 7, Tel: 348760, 37911.

Diplomatische Vertretungen in Jakarta

Australien, Jalan M.H. Thamrin 15, Jakarta Pusat, Tel: 350511 (10 Anschlüsse).

Bundesrepublik Deutschland, Jalan M.H. Thamrin 1, Jakarta Pusat, Tel: 323908 (5 Anschlüsse).

Burma, Jalan H. Agus Salim 109, Jakarta Pusat, Tel: 340440, 347204.

Dänemark, Jalan Abdul Muis 34, Jakarta Pusat, Tel: 346615.

Finnland, Jalan Dr. Kusuma Atmaja SH. 15-A, Jakarta Pusat, Tel: 346686, 345871.

Frankreich, Jalan M.H. Thamrin 20, Jakarta Pusat, Tel: 357311, 3478771, 347872, 360572.

Großbritannien, Jalan M.H. Thamrin 75, Jakarta Pusat, Tel: 341091, 341098.

Indien, Jalan Kebon Sirih 44, Jakarta Pusat, Tel: 342815, 365554.

Italien, Jalan Diponegoro 45, Jakarta Pusat, Tel: 348339, 347907.

Japan, Jalan M.H. Thamrin 24, Jakarta Pusat, Tel: 324308, 324948, 325140, 325268.

Kanada, Wisma Metropolitan 5. Stock, Jalan Jend. Sudirman Kav. 29, Jakarta Pusat, P.O. Box 52/JKT, Tel: 584030, 584039.

Korea, Jalan Jenderal Gatot Subroto, Jakarta Selatan, Tel: 512309 (4 Anschlüsse).

Malaysia, Jalan Imam Bonjol 17, Jakarta Pusat, Tel: 354945, 346770, 348243, 350176.

Neuseeland, Jalan Diponegoro 41, Jakarta Pusat, Tel: 357924, 359796.

Niederlande, Jalan H.R. Rasuna Said Kav. 5-3, Tel: 511515, 361808.

Norwegen, Jalan Padalarang 4, Jakarta Pusat, Tel: 354556.

Österreich, Jalan Diponegoro 44, Jakarta Pusat, Tel: 345811, 348568.

Papua-Neuguinea, Wisma Metropolitan 4. Stock, Jalan Jenderal Sudirman Kav. 29, Jakarta Pusat, Tel: 584604, 584605.

Philippinen, Jalan Imam Bonjol 6-8, Jakarta Pusat, Tel: 343745, 348917, 349986, 351917

Saudi-Arabien, Jalan Imam Bonjol 3 Pav., Jakarta Pusat, Tel: 346342, 346343, 359838.

Schweden, Jalan Taman Cutmutiah 12, Jakarta Pusat, Tel: 349121, 346953.

Schweiz, Jalan Latuharhary SH. 23, Jakarta Pusat, Tel: 347921, 347922.

Singapur, Jalan Proklamasi 23, Jakarta Pusat, Tel: 346046, 342885.

Spanien, Wisma Kosgoro 14. Stock, Jalan M.H. Thamrin 15, Jakarta Pusat, Tel: 325996, 321808, App. 362, 322869, 322872.

Thailand, Jalan Imam Bonjol 74, Jakarta Pusat, Tel: 349180, 343762, 348221.

UdSSR, Jalan M.H. Thamrin 13, Jakarta Pusat, Tel: 351263, 351477, 342552.

USA, Jalan Medan Merdeka Selatan 5, Jakarta Pusat, Tel: 340001.

Apotheken in Jakarta

Titi Murni, Jl. Kramat Raya 128; Tel: 343647.

Raden Saleh, Jl. Raden Saleh 2; Tel: 353807, 378063, 322309.

Mampang, Jl. Teuku Cik Ditoro 56; Tel: 351446.

Menteng, Jl. Dr. Sam Ratulangi 6; Tel: 347240.

Mahakam, Jl. Mahakam 1/6, Kebayoran Baru; Tel: 717108.

Melawai, Jl. Melawai Raya 191; Tel: 716109.

Prima, Jl. Let. Jen. S. Parman 19; Tel: 541282, 543870.

Gs. Wijaya, Tanjung Duren Timur VI/212.

Glodok, Glodok Building 2nd Fl.; Tel: 271272.

Kimia Farma, Jl. Majapahit 18; Tel: 346844.

„TAUSEND INSELN“ (PULAU SERIBU)

Drei Gruppen von Inseln, die zu dieser Kette von 600 Inseln in der Java-See nördlich von Jakarta gehören, werden häufig angesteuert: Die winzigen Inseln 3 bis 5 km nördlich der Stadt, unmittelbar an der Küste: u.a. Pulau Onrust, Pulau Kelor, Pulau Kahyangan, Pulau Bidadari (oder Pulau Sakit) und Pulau Damar.

Pulau Onrust diente früher als Trockendock für die gesamte Asienflotte der VOC. 1770 ließ Captain Cook hier sein Schiff *HMS Endeavour* reparieren und lobte die Stemmer und Zimmerleute als die besten im Osten. Es stehen noch einige Häuser aus früherer Zeit, eine Befestigungsanlage wird vom Denkmalschutz als historisches Bauwerk restauriert.

Auf den benachbarten **Pulau Kelor** und **Pulau Kahyangan** sind die Ruinen einer holländischen Festung zu sehen. **Pulau Bidadari** („Himmlische Nympheninsel“) diente einst als Leprakolonie, und auf **Pulau Damar** („Fackelinsel“) stehen ein mächtiger Leuchtturm, der bei Nacht den Flugzeugen als Orientierung dient, sowie die Überreste eines Hauses von 1685, das Gouverneur Camhuijs, einer der wenigen VOC-Führer, dem intellektuelle Ambitionen nachgesagt werden, im japanischen Stil errichten ließ.

Pulau Puteri („Prinzen-Insel“) und **Pulau Melinjo** liegen 100 km von Jakarta entfernt und wurden zu Tauch- und Wassersportzentren ausgebaut. Auf Pulau Puteri stehen 25 luxuriöse, klimatisierte Bungalows und Wohnhütten, die zwischen 60 und 170 US-$ (plus 21 % Steuer und Bedienungszuschlag) die Nacht kosten. Außerhalb der Hauptsaison ist es um 25 % billiger. Die Nachbarinsel Pulau Melinjo verfügt über ein sogenanntes „Taucherlager“ — schlichte Strohhütten mit Toiletten, Trinkwasseranschluß, Duschen, Grillplatz und Stühlen, zu mieten für 42 US-$ die Nacht (mehrere Betten); Essen, Bettwäsche und Kochutensilien sind mitzubringen.

Das größte Plus dieser beiden Inseln ist das kristallklare Wasser mit den spektakulären Korallenriffen, vielen bunten Tropenfischen und anderem Meeresgetier. Auf Pulau Puteri kann man eine Tauchausrüstung mieten und etwas zu essen bekommen; am Abend ist auch etwas geboten; auf Pulau Melinjo ist man auf sich allein gestellt; die Einheimischen sind über Funk mit der Hauptinsel verbunden.

Die über einen Meter langen schwarzen Eidechsen auf diesen Inseln sind harmlos. Ohne Schuhe sollte man auf keinen Fall herumgehen und sich vor den messerscharfen Korallen im Wasser hüten. Es gibt auch Seeigel und giftige Teufelsfische (offene Wunden eitern in den Tropen sehr schnell). Insektenschutzmittel nicht vergessen.

Schließlich der Hinweis auf das Vogelschutzgebiet auf **Pulau Rambut** („Haarinsel“), das auf zwei winzigen Inseln westlich Jakartas, etwa 15 km vor der Küste, eingerichtet wurde. Zwischen März und Juli brüten hier zahlreiche Meeresvögel. Auch große Reiher-, Storchen- und Kormorankolonien halten sich im Schutzgebiet auf. Zwei Chalets können über die Ranger des Reservats gemietet werden.

An den Wochenenden sind viele der „Tausend Inseln“ überlaufen; das gilt nicht für die Monate November bis März, wenn der starke Nordwest-Monsun am Nachmittag Regenwolken heranführt und die Rückfahrt im Boot zum Abenteuer macht. In den regenlosen Sommermonaten Mai bis September macht ein solcher Inselausflug bestimmt Spaß.

Anreise

Am Schiffshafen Jaya Ancol Marina innerhalb des ausgedehnten Vergnügungspark Ancols („Dreamland“) in Jakarta werden Motorboote vermietet. Bis Pulau Onrust und den anderen Inseln vor der Küste sind es nur 20 bis 30 Minuten Fahrt, so daß man getrost einen erholsamen Tagesausflug auf eine der Inseln planen kann. Bis Pulau Rambut ist es von Ancol etwa eine Stunde. Die Fahrt nach Pulau Puteri bzw. Pulau Melinjo dauert drei Stunden und kostet hin und zurück 50 US-$ pro Person. Die Besitzer der Bungalows bieten ab Jakarta für 120 US-$ einen Hin- und Rückflug zu diesen Inseln an.

Die Linienfähre legt um 8 Uhr am Sanggar Bahari Pier von Tanjung Priok ab und läuft mehrere der näher gelegenen Inseln (Onrust etc.) an. Die Rückfahrt ist am Nachmittag. Zu den entfernteren Inseln (Pulau Puteri, Pulau Genteng und Opak Besar) kann man mit dem Boot ab Kartika Bahari Pier fahren.

Unterkunft

Den Aufenthalt auf Pulau Puteri bzw. Pulau Melinjo bucht man im voraus im Reisebüro oder direkt bei:

- **P.T. Pulau Seribu Paradise,** Jakarta Theatre Building, Jl. M.H. Thamrin, Jakarta, Tel: 359333, 359334, Tlx: DARMA JKT 44122.

Sollte man Ihnen um jeden Preis einen Luxusbungalow vermieten wollen, erklären Sie, daß Sie im „Taucherlager“ auf Pulau Melinjo übernachten wollen. Es gibt im übrigen auf Nachbarinseln weitere „Camps“, in denen man sich tage- oder wochenweise einmieten kann. Das Reisebüro bucht auch die Fahrt mit Boot oder Flugzeug für Sie.

BANTEN UND DIE WESTKÜSTE

Der Ausflug zur dünn besiedelten Westküste Javas ist durch die (teilweise) Fertigstellung der Schnellstraße Jakarta — Merak einfacher geworden. Die Brandung und der Sand sind zwar nicht so schön wie auf Bali oder in Pelabuhan Ratu, doch dafür entschädigen ein Besuch der Ruinen und Baudenkmäler in Banten, der aktive Vulkan Anak Krakatau und das Ujung Kulon Nature Reserve reichlich. Wenn irgend möglich, fährt man unter der Woche; da ist die Westküste nicht so überlaufen und die Hotels (z.B. Carita Beach) bieten ermäßigte Tarife an.

Sehenswertes in Banten

Von Serang, 90 km westlich Jakartas, sind es 10 km bis Banten. Etwa 2 km vor dem Dorf sieht man rechter Hand das Grabmal des zweiten Sultans von Banten, Maulana Yusup, der etwa 1590 starb. Etwas weiter liegen linker Hand die Ruinen des **Istana Kaibon,** des Palastes der Königin Aisyah, der Mutter des letzten Sultans von Banten.

Wenn man eine schmale Brücke überquert hat und auf einem Feldweg nach links abbiegt, erreicht man nach 1 km den alten Stadtplatz von Banten. Die Ruinen des **Surasowan Palace** breiten sich an der Südseite des Platzes aus, die renovierte **Große Moschee** steht im Westen.

Banten hatte einmal eine dicke Stadtmauer, die den befestigten Palast mit dem Stadtplatz als Zentrum umschloß. Um ihn breiteten sich ein großer Markt und die Stadtviertel der Malaiien, Chinesen, Gujarati, Abessinier und Annamesen aus. Den Palast hat man freigelegt und stieß dabei auf ein 4 km langes System aus Terrakotta-Röhren und zwei Filterbecken, das den versunkenen Königspalast mit dem Tasik Ardi, einem Stausee mit Lustgarten etwa 1 km südwestlich, verband.

Nordwestlich des Platzes stehen die Ruinen des **Fort Speelwijk,** das die Holländer 1682 bauten und 1685 und 1731 erweiterten.

Westlich der Befestigungsanlage führt eine Asphaltstraße zum rotgelben **Wan-De Yuan,** einem der ältesten und größten chinesischen Tempel auf Java. Kuanyin (Avolokitesvara), die Göttin der Mildtätigkeit, besitzt hier mit mehreren anderen Gottheiten einen Schrein; unablässig strömen die Gläubigen mit Weihrauchkerzen herbei und lassen sich von den berühmten Wahrsage-Stäbchen die Zukunft deuten.

Anreise

Die Ruinen von Banten liegen etwas abseits der Hauptstraße; es empfiehlt sich, das Taxi zu nehmen. Die Fahrt Jakarta — Banten dürfte etwa 50 US-$ kosten und den größten Teil eines Tages in Anspruch nehmen (Mietwagenfirmen und Taxiunternehmen siehe Abschnitt „Jakarta"; Sie können auch im Hotel nachfragen oder mit einem ortskundigen Taxifahrer auf eigene Faust hinfahren). Die Busse Richtung Banten fahren vom Busbahnhof Grogol Terminal in Jakarta ab. Alle Busse nach Merak, Labuan bzw. Sumatra kommen durch Serang (Fahrpreis etwa 0,85 US-$) und halten in der Ortsmitte. An der Abzweigung der Straße nach Norden wartet man dann in Serang, bis ein Kleinbus nach Banten kommt, der die Fahrgäste für rund 100 Rp. zum Dorf bringt. Ab Tanah Abang Station in Jakarta verkehrt auch ein Zug nach Serang.

Die Fahrt im Taxi oder im Mietwagen bis zu den Stränden von Anyer und Carita an der Westküste dauert runde vier Stunden und kostet ungefähr 60 US-$. Der gemietete Kleinbus („Colt") ist billiger (etwa 30 US-$) und kann mehr Fahrgäste aufnehmen. (Im Hotel ist man Ihnen behilflich, wenn Sie ein Fahrzeug brauchen.) Wie immer Sie fahren, Sie können den Abstecher nach Banten einplanen; das sollte beim Aushandeln des Fahrpreises angegeben werden.

Ab Grogol Terminal in Jakarta verkehren stündlich Linienbusse nach Labuan an der Westküste (Fahrzeit runde fünf Stunden über Serang und Pandeglang; Preis: 2 US-$). Ab Labuan bietet sich die Fahrt im „Colt" die Küste entlang zu den Stränden an. Man bezahlt je nach Fahrtziel zwischen 20 und 50 Cent dafür. Als Alternative kommt der (langsame) Zug ab Tanah Abang Station in Jakarta in Frage, der bis Cilegon durchfährt. Hier steigt man in den Colt-Bus um und läßt sich nach Süden bringen. Für den Besuch des Nationalparks Ujung Kulon braucht man eine Genehmigung, die von den PPA-Büros in Bogor (Department of National Conservation — siehe unten bei Ujung Kulon) ausgestellt wird.

Sie können aber auch gleich das Jakarta-Büro eines großen Hotels an der Westküste anrufen und den Ausflug insgesamt planen lassen. Das Hotel kümmert sich nämlich auch um den Transport (am Ende bezahlt man etwas mehr dafür, als wenn man auf eigene Faust organisiert), allerdings nur, wenn man auch die Übernachtung bucht. Die Reisebüros bieten ebenfalls Rundfahrten nach Ujung Kulon, Krakatau und zur Westküste an (man wende sich z.B. an Vayatour, Jl. Batu Tulis 38, Jakarta, Tel: 365008, 377339).

Unterkunft

Serang ist ein ziemlich kleiner Ort und hat lediglich einige *losmen* zu bieten. Wer besser unterkommen möchte, muß nach Cilegon, Merak oder an die Strände der Westküste ausweichen.

Das **Krakatau Guest House** steht jedermann offen. Die Übernachtung in einem klimatisierten Bungalow kostet etwa 20 US-$; der motelähnliche Betrieb ist schon etwas schäbig, dafür eben preisgünstig. Das **Merak Beach Motel,** direkt am Wasser neben dem Fährhafen Bakauhuni an der Nordwestspitze der Insel, ist sauber. Man verlangt für die Übernachtung im klimatisierten Zimmer (Steuer und Service inbegriffen) 25 bis 30 US-$.

Von den Unterkünften an der südlichen Westküste ist das **Anyer Beach Motel** am komfortabelsten. Saubere kleine Betonbungalows stehen in einem Garten mit Bäumen an einem breiten Privatstrand. Die Übernachtung kostet, zuzüglich 21 % Steuern und Bedienung, zwischen 30 und 80 US-$.

Noch etwas weiter südlich stehen im Umkreis von Carta die **Selat Sunda Wisata Cottages,** ein kleiner, leicht rustikaler Ferienhauskomplex mit mehreren klimatisierten Bungalows direkt am Meer (35 US-$), sowie das größere **Carita Krakatau Beach Hotel** (36 US-$ plus 21 % Steuer und Bedienungszuschlag).

● **Anyer Beach Motel** (30 Zimmer), Jl. Raya Karang Bolong, Anyer, Serang Banten, Jakarta, Tel:

367594, 367838 App. Anyer 196, 197, 198. Buchung: Gedung Patra, Jl. Jendral Gatot Subroto, Kav. 32—34, Jakarta, Tel: 510322.

• **Carita Krakatau Beach Hotel** (150 Zimmer), Carita, Labuan, Pandeglang, Westjava. Jakarta-Büro: Hotel Menteng (über dem Supermarkt Hero), Jl. Gondangdia Lama 28, Tel: 330846, 325208 App. 5, P.O. Box 4507, Jakarta.

• **Guest House Krakatau Steel,** Kompleks P.T. Krakatau Steel, Kota Baja, Cilegon, Banten, Westjava.

• **Merak Beach Hotel** (30 Zimmer), Jl. Raya Merak, Banten, Westjava, Tel: 15, Jakarta Tel: 367838, Merak 164.

• **Selat Sunda Wisata Cottage,** Cibenda, Carita Beach, Labuan, Banten, Westjava. Jakarta-Büro: Jl. Panglima Polim Raya 21, Kebayoran Baru, Tel: 714683.

KRAKATAU

In Labuan sind Boote zu mieten, mit denen man zu den vier unbewohnten Inseln der Krakatau-Gruppe übersetzen kann. Preis: ab 60 US-$ für das kleine Fischerboot, bis 200 US-$ für ein Motorboot, das bis zu 10 Personen aufnimmt. Entweder über eines der genannten Hotels oder direkt am Hafen kann man sich ein Boot besorgen, Lunchpaket und Erfrischungsgetränke einpacken, denn es ist heiß, und auf den Inseln gibt es kein Wasser! Die Bootsfahrt dauert jeweils fünf Stunden; um Zeit für die Erkundung der Inseln zu haben, sollte man früh aufbrechen.

In den meisten Fällen wird die Ostseite des Anak Krakatau angesteuert. Nach dem Aufstieg zum ersten Gebirgszug hat man einen schönen Blick in den rauchenden Krater des Vulkans und über die drei anderen Inseln: Sertung im Westen, Small Krakatau im Osten und Big Krakatau im Süden. Von November bis März sollte man diesen Ausflug wegen des hohen Wellengangs nicht machen.

UJUNG KULON NATIONAL PARK

Als Lektüre ist Hoogerwerfs Standardwerk über die Tier- und Pflanzenwelt in Ujung Kulon zu empfehlen — zu beziehen über den Verlag E.J. Brill in Leiden. Das Directorate-General of Tourism in Jakarta (staatl. Tourismus-Behörde) offeriert eine ebenfalls sehr informative Broschüre über Ujung Kulon. Vayatour (Jl. Batu Tulis 38, Jakarta, Tel: 365008, 377339) bietet zum Preis von 375 US-$ eine dreitägige Tiefseeangeltour mit allen Schikanen an.

Als erstes besorgt man sich in der Hauptverwaltung von PPA (staatl. Naturschutzbehörde) in der Jl. Juanda Nr. 9 in Bogor, links vom Botanischen Garten (Kebon Raya), die Genehmigung. Den Paß nicht vergessen und morgens hingehen (8 bis 12 Uhr). Man muß Formulare ausfüllen und eine Gebühr entrichten. Sorgen Sie dafür, daß in Ihrer Anwesenheit das PPA-Büro in Labuan angerufen und für die Dauer Ihres Aufenthalts im Park ein Gästebungalow freigehalten wird.

Vor dem Ausflug nach Ujung Kulon muß man sich mit Lebensmitteln eindecken. Die Bungalows im Park sind mit Bettwäsche und Kochutensilien ausgestattet, selbst ein Koch ist da, Lebensmittel aber nicht. Fliegennetz (für 3 US-$ in jedem Haushaltswarenladen erhältlich) sowie Insektenschutzmittel sind ein Muß. Sie könnten zusätzlich ihre eigene Bettwäsche, ein Verbandskästchen und, falls Sie die zweitägige Wanderung an der Süd-und Westküste machen wollen, etwas Campinggeschirr mitnehmen. In den Geschäften Labuans bekommt man das Wichtigste (Dosen, Getränke, Reis), in Jakarta ist die Auswahl natürlich größer.

In Labuan (siehe „Strände an der Westküste") geht man als erstes ins PPA-Büro und legt die Genehmigung vor, bevor man Boot und Bungalow mietet. Es empfiehlt sich, im voraus sämtliche Ausgaben festzulegen, auch die Bedienungsgelder für Köche, Führer und Parkverwalter. Wenn das unter staatlicher Regie laufende Boot nicht zur Verfügung steht, mietet man mit Hilfe der PPA-Beamten ein Fischerboot. Pro Wegstrecke muß mit 100 US-$ gerechnet werden; lassen Sie sich zu einer fest vereinbarten Zeit abholen. Sollten Sie bei der Rückfahrt einen Abstecher über Krakatau einlegen wollen, um den Vulkankrater zu sehen, sollten Sie es von vornherein sagen. Falls das Boot frühzeitig genug nach Labuan zurückkehrt, könnten Sie noch das Boot nach Ujung Kolon erreichen; andernfalls müssen Sie in einem Hotel im nahe gelegenen Carita Beach im Norden übernachten.

Bungalows für die Gäste des Parks stehen auf zwei kleinen Inseln. **Handeleum** liegt etwas näher an Labuan (fünf Stunden) und verfügt über einen älteren, zweistöckigen Bungalow für acht Personen. **Peucang** (sieben Stunden) besitzt zwei neuere Wohnkabinen für insgesamt 16 Personen mit einem geräumigen Vorraum. Auf beiden Inseln begegnet man Waranen, wilden Hirschen und langschwänzigen Makaken (Affen). Selbst auf den Inseln lohnen sich also Streifzüge. Das Dienstpersonal wohnt bei den Bungalows, und für Fahrten flußaufwärts und über die Meerengen stehen kleine Motorboote zur Verfügung. Bei PPA in Labun sollte man im voraus klären, ob der Treibstoff mitzubringen ist. Wenn ja, muß man sich in Labuan mit ein paar Fünf-Liter-Kanistern eindecken.

BOGOR

Erstaunlich wenige ausländische Touristen besuchen trotz der guten Verkehrsverbindungen von Jakarta aus Bogor. Wenn man die Orchideenhäuser und die Bibliothek am Eingang des Botanischen Gartens einmal gesehen und in den wunderschönen illustrierten Botanikwälzern geschmökert hat, bedauert man, nicht schon früher hierhergekommen zu sein.

In Bogor steht übrigens auch eine der wenigen verbliebenen *gamelan*-Gießereien (Ul. Pancasan

17) Javas, wohl die letzte im Westen der Insel; der Name des Gongschmieds ist Pak Sukarna. Vom Ortszentrum geht man nach links zur Jl. Empang und biegt an der nächsten Kreuzung nach rechts ab. Überquert man die Brücke, sieht man bald Zimmerleute bei der Arbeit. Sie stellen die Gußformen für die Instrumente her. Die Gießerei ist dann auf der anderen Seite der Straße.

Anreise

Ein Taxifahrer, der Sie für 25 US-$ nach Bogor und zurück nach Jakarta bringt, findet sich leicht. Er wartet, bis Sie in Ruhe (etwa zwei Stunden) den Botanischen Garten angesehen haben. Wer mehr Zeit braucht, sollte sich gleich für einen Tag einen „Colt" mieten.

In kurzen Abständen fahren am Busbahnhof Cililitan Terminal im Süden Jakartas Busse nach Bogor ab. Die Busse mit dem Schild „Jl. Tol Jagorawi — Bogor" sind am schnellsten (eine Stunde) und am billigsten (0,60 US-$). Sie halten am Ciawi Terminal im Süden des Ortes. Ab hier verkehren Kleinbusse für 100 Rp. nach Bogor.

Jabotabek (JAkarta — BOgor — TAnggerang — BEKasi) heißt der Pendelzug nach Bogor (billiger und langsamer als der Bus). Zusteigen kann man an den Bahnhöfen Gambir, Pegangsaan und Mangarai in Jakarta.

Unterkunft

Das **Hotel Salak** (54 Zimmer), ein alter Kolonialbau, gegenüber dem Sommerpalast des Präsidenten (Jl. H. Juanda 8, Bogor, Tel: 22091) ist zwar etwas schäbig geworden, bietet inzwischen aber auch für 30 US-$ einige klimatisierte Zimmer an.

PUNCAK PASS / CIBODAS / CIPANAS

An der Straßengabelung in Ciawi, 10 km hinter Bogor, kann man entweder nach Süden durch Sukabumi (mit einer Abzweigung zu den faszinierenden schwarzen Sandstränden von Pelabuhan Ratu) oder aber nach Osten über den Puncak Pa zum Ferienort Cipanas. In Cianjur treffen sich die beiden Straßen wieder zur Weiterfahrt nach Bandung.

Der Puncak Pass und Cipanas liegen in einer reizvollen Umgebung. An schönen Tagen hat man einen herrlichen Rundblick auf die benachbarten Täler und Berge. In der trockenen Jahreszeit (von Mai bis September) ist das Bergklima besonders angenehm.

Der Botanische Garten in Cibodas lohnt ebenfalls einen Besuch (siehe Teil III).

Anreise

Die Gebühr für Mietwagen bzw. Taxi zum Puncak Pass oder nach Cipanas beträgt etwa 50 US-$; von Jakarta sind es zwei Stunden Fahrt. Die Überland-Taxis („4848") nach Bandung nehmen diesen Weg und bieten die Mitfahrt für 6 US-$ pro Person an. Die Busfahrt ab dem Cililitan Terminal kostet etwa 1,20 US-$, ab Ciawit-Terminal außerhalb Bogors 0,60 US-$.

Unterkunft

Im Gebiet von Puncak und Cipanas stehen zahlreiche gute Hotels, eines direkt über dem Steilhang unterhalb des Passes. Wer in der Gruppe reist oder länger bleiben möchte, kommt mit einem eigenen Bungalow besser weg (zwischen 20 und 100 US-$ die Nacht). Am besten, man geht durch den Ort und fragt da nach, wo es einem gefallen könnte. Unter der Woche ist fast alles frei. Besonders günstig ist die neue Jugendherberge unterhalb des Botanischen Gartens von Cibodas (2 US-$ die Nacht).

- **Bukit Indah** (41 Zimmer), Jl. Raya 116, Ciloto, Cianjur, Tel: 49..
- **Bukit Raya,** (92 Zimmer), Jl. Raya 219, Cipanas, Cianjur, Tel: 2505..
- **Evergreen** (101 Zimmer), Jl. Raya, Puncak, Tugu, Bogor, Tel: 4075..
- **Puncak Pass Hotel** (45 Zimmer), Jl. Raya Puncak, Sindanglaya, Cianjur, Tel: 2503, 2504..
- **Sanggabuana** (29 Zimmer), Jl. Raya 4-6, Cipanas, Cianjur, Tel: 2227, 2696..
- **Sindanglaya** (22 Zimmer), Jl. Raya 43, Pasekon, Cianjur, Tel: 2116..
- **Tunas Kembang** (66 Zimmer), Jl. Raya, Cipanas SDL, Cianjur, Tel: 2719..
- **USSU International** (180 Zimmer), Jl. Raya, Cisarua, Bogor, 4499 Gadog..
- **Wisma Remaja Youth Hotel,** Kebon Raya Cibodas, Pacet, Cianjur.

PELABUHAN RATU

Kilometerweit erstrecken sich die herrlichen Strände schwarzen Sandes. Vorsicht beim Baden: Die Unterströmung ist gefährlich, und der Meeresgrund fällt plötzlich steil ab. Am Morgen begutachtet man auf dem Fischmarkt den nächtlichen Fang: riesige Garnelen, Thunfische und andere Tiere, die sehr billig zu haben sind. In einem der kleinen Restaurants kann man sich „seinen" Fisch zubereiten lassen und dazu süße Chilisoße und Reis bestellen.

Anreise

Aufgrund der ausgezeichneten Straßen ist man mit dem Auto schon in vier Stunden in Pelabuhan Ratu. Taxi bzw. Mietwagen kosten rund 60 US-$, wobei man klären muß, wann und wo die Rückfahrt beginnt. Die Busse nach Sukabumi, die am Cililitan- oder Ciawi Terminal abfahren, halten an der Kreuzung in Cibadak. Mit dem „Colt" geht es dann weiter nach Pelabuhan Ratu hinunter.

Unterkunft

Das Hotel **Bayu Amrta** vermietet für 10 US-$ die Nacht kleine Zimmer mit Meeresblick und bietet einen Bungalow mit sechs Schlafplätzen für nur 20 US-$ an. Das Haus ist renovierungsbedürftig, der Strand vorzüglich, ebenso der Fisch. Das Hotel **Karangsari** gegenüber kostet etwa ebensoviel, ist etwas sauberer, dafür ohne Meeresblick. Auch das **Samudra Beach Hotel** (erste Klasse) bietet für die 35 US-$-Übernachtung im Doppelzimmer zuzüglich 21 % Steuer und Bedienungszuschlag nicht überwältigend viel. Näher zum Ort ist das **Pontok Dewata** gelegen; es hat kleine, klimatisierte Bungalows am Meer für 23 US-$ und größere mit zwei Schlafzimmern (vier Betten) für 45 US-$, inklusive Steuer etc.

- **Bayu Amrta** (12 Zimmer), Pelabuhan Ratu, Sukabumi..
- **Karangsari**, Pelabuhan Ratu, Sukabumi..
- **Pondok Dewata Seaside Cottage** (14 Zimmer). Pelabuhan Ratu, Sukabumi, Tel: 22. In Jakarta: Tel: 772426 (Buchung)..
- **Samudra Beach Hotel** (106 Zimmer), Sangkawayana, Pelabuhan Ratu, Sukabumi, Tel: 23. In Jakarta kann man über das Hotel Indonesia buchen. Tel: 322008, App. 171. Tlx: 46347 HI JKT, 44233 HIPA JKT.

BANDUNG

Die Meinungen über Bandung sind geteilt — ist es eine reizende alte Kolonialstadt mit kühlem Bergklima, die Hauptstadt der sundanesischen Kultur, oder eine hektische Industriemetropole, die man besser meidet? Zweifellos hat Bandung durch die Industrialisierung viel von seinem natürlichen Reiz verloren. Hatte die Stadt vor dem Krieg 150 000 Einwohner, so sind es heute 1,5 Mio. Doch ein bißchen vom kolonialen Charme ist geblieben, und auch auf künstlerischem Gebiet tut sich einiges.

Anreise

Die Flugverbindungen (Bouraq, Merpati und Garuda) von und nach Jakarta (siehe Seite 326) sind gut. Da die Strecke kurz und die Berglandschaft zwischen beiden Städten spektakulär ist, ist sie fast zu schade zum Fliegen.

Die Einheimischen nehmen den Bus oder den Zug. Der Parahiangan Express braucht ab Jakarta etwas über drei Stunden. Das Ticket erster Klasse kostet 6 US-$, die zweite Klasse nur 4,50 US-$. Ab Gambir Station fahren täglich vier Züge nach Bandung ab (5.30, 10.15, 15.15 und 18.45 Uhr). Die Rückfahrtzeiten liegen ähnlich.

Das zweitschnellste Verkehrsmittel ist das Kollektivtaxi („4848" oder eine andere Firma, siehe unter Jakarta, „Ankunft/Abreise"), das vier Stunden unterwegs ist und etwa soviel wie die Bahnfahrt kostet. Die Expreßbusse brauchen wegen der Haltestellen etwas länger. Die Fahrt im klimatisierten Expreß-Bus kostet nur 3,50 US-$, Normalbusse noch weniger. Die Fahrzeuge nach Bandung fahren ab Cililitan Terminal im Süden der Stadt.

Information

Der **Tourist Information Kiosk** an Jl. Asia-Afrika in der Nord-Ost-Ecke des Stadtplatzes (*alun-alun*) informiert über Bandung und verteilt einen vervielfältigten Stadtplan. Studenten stehen bereit, den Besucher durch Bandung zu begleiten und die günstigsten Verkehrsmittel ausfindig zu machen. Verlangen Sie Soenardhie Yogantara oder rufen Sie Tel: 71724 an.

Jedes am Ende dieses Abschnitts aufgelistete Reisebüro bietet zum erschwinglichen Preis Stadtrundfahrten mit Auto und englisch sprechendem Führer an.

Stadtverkehr

Die Taxis in Bandung besitzen keine Taxameter. Im Hotel oder direkt bei einer der unten aufgeführten Firmen bestellt man sich stundenweise für eine bestimmte Fahrt oder für einen ganzen Tag ein Fahrzeug. Wer mindestens zwei Stunden bucht, bezahlt innerhalb der Stadt 2 bis 3 US-$ die Stunde. Für Fahrten in die Umgebung empfiehlt sich der geräumigere und billigere Kleinbus, der mit Benzin und Fahrer bereits für 30 US-$ pro Tag zu haben ist.

Im Hotel oder am Tourist Information Kiosk berät man den Besucher über geeignete Busse.

Unterkunft

Das einzige Hotel internationalen Standards in Bandung ist das **Panghegar** (das Doppelzimmer ab 45 US-$, plus 21 % Steuer und Bedienung). Das **Savoy Homann** (35 US-$ plus 21 %) ist voller Liebreiz und bietet ähnliches.

Viele Hotels in Bandung fallen unter die mittlere Kategorie; zu den kleinen Gästehäusern in alten holländischen Villen zählen das **Soeti** und das **Kwik's** (beide 20 US-$ für das Doppelzimmer).

Das neuere **Sangkuriang Guesthouse** (30 US-$ plus 21 % die Nacht) ist ein angenehmes Haus in einem Wohnviertel oberhalb des Universitätsgeländes. Das **Hotel Istana** ist sauber und preisgünstig (25 US-$ plus 21 % das Doppelzimmer) und hat zudem ein ausgezeichnetes Restaurant. Das **Hotel Trio** hat makellos saubere Zimmer, ausgezeichneten Service, reichhaltiges Frühstück, kostenlosen Transport vom und zum Flughafen bzw. Bahnhof, Kaffee und Tee, soviel man will, und das alles für 30 US-$ am Tag. (Leider ist das Hotel meist voll belegt.)

Außerdem stehen einige gute *losmen* zur Verfügung; die billigen Hotels im Bahnhofsbereich sind dagegen ziemlich schmuddelig. Die Jugendherberge **Wisma Gelanggang** ist zum Preis von 1,50 US-$ die Nacht nicht schlecht. Für 12 US-$ bekommt man im **Hotel Dago** bzw. im **Hotel Lugina** ein passables Zimmer.

Erste Klasse (über 35 US-$)

- **Kumala Panghegar** (65 Zimmer), Jl. Asia-Afrika 140, P.O. Box 507, Bandung, Tel: 52141-2, Tlx: 28276 PANGHEGAR BD.
- **New Naripan** (20 Zimmer), Jl. Naripan 31-33, Bandung, Tel: 51167, 59383, Tlx: 28274 SA BD.

• **Panghegar Hotel** (123 Zimmer), Jl. Merdeka 2, P.O. Box 506, Bandung, Tel: 57751, 57584, Tlx: 28276 PANGHEGAR BD.
• **Patra Jasa Motel** (33 Zimmer), Jl. Ir. H. Juanda 132, Bandung, Tel: 81644, 82590.
• **Savoy Homann** (100 Zimmer), Jl. Asia-Afrika 112, P.O. Box 9, Bandung, Tel: 58091-4, Tlx: 28425 HOMANN BD.

Mittlere Preisklasse (15 bis 30 US-$)

• **Arjuna Plaza Hotel** (30 Zimmer), Jl. Ciumbuleuit 128, P.O. Box 171, Bandung, Tel: 81328, 84742.
• **Braga Hotel** (68 Zimmer), Jl. Braga 8, Tel: 51685.
• **Bumi Asih** (27 Zimmer), Jl. Cilamaya, Bandung, Tel: 50419.
• **Cisitu's International Sangkuriang Guesthouse** (44 Zimmer), Jl. Cisitu (Jl. Sangkuriang) 45 B, Bandung, Tel: 82420, 82285-6, 84707.
• **Grand Hotel Preanger** (63 Zimmer), Jl. Asia-Afrika 81, P.O. Box 124, Bandung, Tel: 58061-3.
• **Istana Hotel** (34 Zimmer), Jl. Lembang 22-24, Bandung, Tel: 57240, 58240.
• **Kwik's Guesthouse** (3 Zimmer, 2 Suiten mit Küche), Jl. Dipati Ukur 42, Bandung, Tel: 81858.
• **Lugina Hotel,** Jl. Jendral Sudirman 526, Bandung, Tel: 52057.
• **Pakunegara Hotel** (36 Zimmer), Jl. Merdeka 56, Bandung, Tel: 58037.
• **Soeti Guesthouse** (15 Zimmer), Jl. Sumatra 52-54, Bandung, Tel: 51686.
• **Trio** (89 Zimmer), Jl. Gardujati 55-61, Bandung, Tel: 58056, 61505-9.

Billige Unterkünfte (unter 15 US-$)

• **Brawijaya,** Jl. Pungkur 28, Bandung, Tel: 50673.
• **Dago,** Jl. Ir. H. Juanda 21, Bandung, Tel: 58696.
• **Gania Plaza,** Jl. Bungsu 30, Bandung, Tel: 56557.
• **International,** Jl. Veteran 32, Bandung.
• **Melati Baru,** Jl. Kebonjati 24, Bandung, Tel: 56409.
• **Sahara,** Jl. Otto Iskandardinata 3, Bandung, Tel: 51684.
• **Wisma Gelanggang Generasi Muda** (100 Betten), Jl. Merdeka 64, Bandung, Tel: 50155.

Restaurants

Tizi's (Jl. Hegarmanak 14), hoch oben beim Institute of Technologie (ITB) an Jl. Ir. H. Juanda wird von der Frau eines ehemaligen indonesischen Botschafters in Deutschland geführt; dort kann man auch im Garten essen; die deutschen Spezialitäten, das ausgezeichnete Brot und das Süßgebäck sind hervorzuheben. Das **Sukarasa** (Jl. Tamblong 52, Tel: 56968) ist ein feines, teures Lokal; gekocht wird nach französischem Vorbild. Der **Coffee Shop** gegenüber dem Hotel Kumala Panghegar an der Jl. Asia-Afrika hat bei Europäern einen guten Ruf.

Braga Permai (Jl. Braga 58, Tel: 50519) heißt das populäre Straßencafé, in dem man Eis, Kuchen, Joghurt, Sandwiches und Reisgerichte bekommt. Und das **Dago Teahouse** sollte sich keiner in Bandung entgehen lassen: Am Ende der Jl. Ir. H. Juanda biegt man links ab und folgt einer Straße durch das Gelände der Christlichen Universität, die in den Parkplatz des Teehauses mündet (schöner Blick auf die Stadt).

Das sundanesische Gartenrestaurant **Babakan Siliwangi,** inmitten grüner Reisfelder und großer Fischteiche unterhalb des ITB-Campus (Jl. Siliwangi 7, Tel: 81394), lockt die Feinschmecker Bandungs an. Sämtliche Köstlichkeiten der sundanesischen Küche (gegrillter Karpfen — *ikan mas bakar;* Huhn vom Rost in süßer Sojasauce — *ayam panggang;* Fisch mit Kokosnuß und Gewürzen in Bananenblätter — *ikan mas pepes* und die saure Gemüsesuppe — *sayur asem*) kommen auf den Tisch des Hauses. **Bale Kambang,** Jl. Bungur 2 und **Ponyo,** Jl. Malabar, heißen zwei weitere sundanesische Restaurants.

Die bekanntesten chinesischen Restaurants sind das **Queen** (Jl. Dalem Kaum 53 A — unweit des *alun-alun*), das **Tjoan Kie** (Jl. Jenderal Sudirman 46) sowie das **Restaurant Trio** (Jl. Gardujati 56-61, im Hotel Trio).

Einkäufe

Körbe und Matten (sie werden in Tasikmalaya im Osten Bandungs gewoben) sind günstig zu haben; außerdem *angklung*-Instrumente aus Bambus, *wayang golek*-Puppen (alte und neue, wobei die meisten neuen „alt" werden, wenn man sie über den Küchenherd hängt) sowie Kassetten. Hochwertige Keramik (auch Imitationen chinesischer Antiquitäten) entsteht in Plered, einem Dorf im Norden, und wird in Bandung verkauft. Lederschuhe kann man sich sehr billig beim Schuster machen lassen. Außerdem leben zahlreiche begabte junge Künstler in Bandung.

Die größten Andenkengeschäfte und viele Buchhandlungen liegen an der Jalan Braga. *Wayang golek*-Puppen gibt es bei E. Sukatma Muda. Einen Satz *angklung*-Instrumente bekommt man bei Pak Ujdo's Saung Angklung, wo auch oftmals nachmittags Vorführungen stattfinden.

Wer sich für Keramik interessiert, sollte einmal am Vormittag zur Balai Penelitian Keramik (Ceramic Research Office), Jl. A. Yani 390 hinübergehen. Hier kann er verfolgen, wie ein Keramiker arbeitet. Ein Textilinstitut ist im selben Gebäude untergebracht.

Büros der Fluggesellschaften (Bandung)

• **Garuda Indonesian Airways,** Jl. Asia-Afrika 73-75, Tel: 51497.
• **Bouraq Airlines,** Grand Hotel Preanger Arcade, Jl. Asia-Afrika 81, Tel: 58061-3.
• **Merpati Nusantara Airlines,** Jl. Lembong 5, Tel: 57474.
• **Merpati Nusantara Airlines,** Jl. Halimun 15, Tel: 50794.

Sundanesische Kunst

Die Sundanesen besitzen eine eigenständige Literatur (insbesondere gesungene Verse), ihre Musik, das *wayang golek*-Puppenspiel sowie die bekannten Tänze.

Wayang Golek (*golek* heißt ,,rund“) sind aus Holz geschnitzte, bemalte und mit alten Gewändern bekleidete Puppen.

Eine *wayang golek*-Aufführung ist jeden Samstagabend ab 21 Uhr im Yayasan Pusat Kebudayan (dem städtischen Kulturzentrum Bandungs; Jl. Naripan 7-9, nur ein paar Häuser von Jl. Braga) geboten; oft dauert sie bis 4 Uhr morgens. Im Kulturzentrum finden auch regelmäßig *jaipongan*-Tanzabende statt; dabei fordern die zierlichen Tänzerinnen (sie sitzen auf einer Seite des Saals und tragen das traditionelle Brautkleid der Sundanesen, *sarung kebaya*), die Männer im Saale, die normal gekleidet sind und auf der anderen Seite sitzen, zum Tanz auf. Am Ausgang entrichten dann die Männer bei der Kassiererin, die beobachtet, wer mit wem getanzt hat, ihren Obolus. *Jaipongan* gibt es auch allabendlich im Sanggar Tari Purwa Setra, Jl. Otto Iskandardinata 541 A.

Angklung-Musik (Bambusrohrinstrumente) erklingt nachmittags gegen 15.30 Uhr in Pak Ujo's Saung Angklung im äußersten Osten der Stadt (Jl. Padasuka 118, Tel: 71714). Hier wird *angklung* unterrichtet (auch Seminare finden statt); auf Wunsch werden auch *wayang golek*- oder Tanzvorführungen geboten. Was wann los ist, kann man telefonisch erfragen.

In den Bergen um Bandung

Der Vulkan Tangkuban Prahu, die Thermalquellen von Lembang und der Wasserfall in Maribaya liegen kaum eine Stunde nördlich von Bandung. Mit dem Mietwagen oder dem ,,Colt“ kann man einen schönen Tagesausflug machen. Für Übernachtungen stehen einige Hotels zur Verfügung. Das im kolonialen Pavillonstil gehaltene **Grand Hotel** in Lembang (Jl. Raya 228, Lembang, Tel: 82393) bietet ein geräumiges Doppelzimmer mit Frühstück (die ramponierten Tennisplätze und das Schwimmbecken darf man mitbenutzen) für nur 12 bis 20 US-$ an. Das **Panorama Panghegar** ist ein Luxushotel zwischen Lembang und dem Tangkuban Prahu (Reiten, Tennisplätze, großes Schwimmbad in zauberhaft schöner Umgebung, 60 Zimmer). Vom Hotel Panghegar in Bandung aus kann man Zimmer im voraus buchen.

Das Hochland südlich von Bandung ist (siehe Teil III des Buches) noch reizvoller. Wer sich dafür interessiert und Zeit für Ausflüge in die Berge erübrigen kann, sollte sich das Buch **BANDUNG AND BEYOND** von Richard und Shila Bennett besorgen (über Bandung Man, Jl. Cihampelas 120; Preis 7 US-$). Das schmale Bändchen enthält zahlreiche detaillierte Wegbeschreibungen und Angaben über Sehenswürdigkeiten in den Bergen.

Javas Nordküste

CIREBON

Cirebon (sprich ,,Tschir-i-bon“) ist in letzter Zeit etwas mehr ins Rampenlicht gerückt; die Historiker entdeckten seine reiche Vergangenheit, die Künstler wissen, daß Theater und Kunsthandwerk in Cirebon eine lange Tradition haben. Einige unserer Autoren haben an einer Studie über Geschichte und Kultur Cirebons mitgewirkt, die als Buch erschien und allen Java-Besuchern zu empfehlen ist (Titel: ,,CERBON“; Sinar Harapan/-Mitra Budaya: Jakarta, 1982), erhältlich in nahezu allen Buchhandlungen Jakartas (Preis 6 US-$). Die Geschichte Cirebons, seine Baudenkmäler, die Musik, Malerei, Theater, Küche und die Batik werden vorgestellt.

Anreise

Von Jakarta sind es rund vier Stunden Autofahrt (260 km), von Bandung aus nur drei Stunden. Zweimal die Woche kann man von Jakarta aus fliegen (siehe Seite 326). Bequemer ist die Fahrt mit der Bahn oder dem Kleinbus.

Zwei **Züge erster Klasse** sind an der Küstenstrecke Jakarta-Cirebon eingesetzt. Um bis Cirebon eine Platzkarte zu bekommen, muß der Fahrgast den Preis bis Yogya entrichten. Der Birma-Express fährt täglich um 16 Uhr ab Kotan Station und ist um 19.43 Uhr in Cirebon (Fahrpreis bis Yogya: 25 US-$). Der Mutiara-Express (16.30 Uhr ab Kota, Ankunft in Cirebon 19.45 Uhr) kostet 17,50 US-$ einfach (Fahrpreis bis Semarang).

Auch zwei nichtklimatisierte **Züge zweiter Klasse** verkehren nach Cirebon. Der Gunung Jati fährt zweimal täglich (Abfahrt 7 bzw. 14.27 Uhr ab Pasar Senen Station) und kommt etwa fünf Stunden später in Cirebon an. Der abendliche Senja Utama fährt um 18.15 Uhr ab Gambir Station und erreicht Cirebon um 21.50 Uhr. Die einfache Fahrt kostet 7,50 US-$ (entspricht dem Fahrpreis bis Yogya).

Die Fahrt im neunsitzigen ,,Colt“-Kleinbus dürfte bequemer sein. In Jakarta wird der Fahrgast abgeholt und etwa vier Stunden später am Hotel in Cirebon abgesetzt. Gefahren wird täglich zwischen 6 und 16 Uhr im Abstand von einer Stunde. Die einfache Fahrt kostet rund 6 US-$. Manche Fahrzeuge sind sogar klimatisiert. Ein, zwei Tage im voraus sollte Ihr Hotel die Mitfahrt buchen (etwa bei **Libra Express**). Auch zwischen Bandung und Cirebon verkehren Kleinbusse; die Weiterfahrt über Pekalongan nach Semarang ist möglich. Von und nach Semarang muß man in Yogya umsteigen.

Zahlreiche Überland-Busse in Richtung Osten fahren am späten Nachmittag in Jakarta ab (zwischen 15 und 17 Uhr am Pulo Gadung Terminal). Sie brauchen bis Cirebon runde vier Stunden. (3 US-$ die einfache Fahrt.) Ab Cicaheum Terminal in Bandung gehen Busse nach Cirebon am frühen Abend (von 18 bis 20 Uhr) ab (Fahrzeit: zwei Stunden, Fahrpreis: etwa 1,50 US-$).

Stadterkundung

Man kann alles Sehenswerte in Cirebon bequem zu Fuß erreichen. Für 300 Rp. kann man sich auch ein Pedicab (*becak*) mieten. Für die Fahrt nach Gua Sunyaragi, Trusmi und Gunung Jati bestellt Ihr Hotel einen ,,Colt“, der pro Tag 20 bis 25 US-

$ kostet. Sie können aber auch in einen regulären Kleinbus in diese Richtung einsteigen.

Unterkunft

Das altehrwürdige **Grand Hotel** ist immer noch erste Wahl; die Zimmerpreise sind gestaffelt; die klimatisierte Präsidenten-Suite kostet 50 US-$, das kleine Zimmer mit Ventilator im Rückgebäude lediglich 7,50 US-$. Das **Patra Jasa Motel** ist moderner, aber auch schäbiger eingerichtet und verlangt zwischen 30 und 70 US-$ die Nacht. Ähnliches gilt für **Omega** und **Cirebon Plaza.**

Billige Unterkünfte findet man allemal an der Jl. Siliwangi im Bahnhofsbereich und weiter unten nach dem Grand Hotel (3 bis 7 US-$ die Übernachtung): **Hotel Baru, Hotel Familie, Hotel Semarang, Hotel Damai,** etc. Um die Ecke steht am Kanal an der Jl. Kalibaru das **Hotel Asia.**

Der Pertamina Cirebon Country Club (Ciperna) liegt am Berg hinter dem Flugplatz, 11 km von Cirebon an der Straße nach Kuningan, und besitzt ein 50 m-Schwimmbecken sowie einen 18-Loch-Golfplatz. Bungalows mit schöner Aussicht auf die Küste sind für 7 US-$ die Nacht zu mieten.

Erste Klasse (über 20 US-$)

- **Cirebon Plaza Hotel** (34 Zimmer), Jl. Kartini 46, Cirebon, Tel: 2061-3.
- **Grand Hotel** (66 Zimmer), Jl. Siliwangi 98, Cirebon, Tel: 2014-5, 2286-7.
- **Omega Hotel** (64 Zimmer), Jl. Tuparev 20, Cirebon, Tel: 3072-3.
- **Patra Jasa Motel** (55 Zimmer), Jl. Tuparev 11, P.O. Box 68, Cirebon, Tel: 3792-3, 3005-6, 3442.

Mittlere und untere Preisklasse (20 US-$)

- **Hotel Asia,** Jl. Kalibaru Selatan 33, Cirebon, Tel: 2183.
- **Hotel Baru,** Jl. Siliwangi 159, Cirebon, Tel: 2196.
- **Hotel Cordova,** Jl. Siliwangi 75-77, Cirebon, Tel: 4677.
- **Hotel Damai,** Jl. Siliwangi 130, Cirebon, Tel: 3045.
- **Hotel Familie,** Jl. Siliwangi 76, Cirebon, Tel: 2324.
- **Hotel Priangan,** Jl. Siliwangi 122, Cirebon, Tel: 2929.
- **Hotel Semarang,** Jl. Siliwangi 132, Cirebon, Tel: 3231.

Restaurants

In Cirebon ißt man ausgezeichneten Fisch (wörtlich heißt Cirebon „Garnelenfluß"). Die beste Adresse am Ort ist das Restaurant **Maxim** (Jl. Bahagia 45-7, Tel: 2679, 3185 — etwas abseits der Straße unweit des chinesischen Tempels Thay Kak Sie). Die riesigen Krabben und Garnelen sind herrlich frisch und unglaublich preisgünstig. Man bekommt auch ausgezeichnete chinesische Gerichte.

Die scharf gewürzte Padang-Küche präsentiert das **Sinar Budi** (Jl. Karang Getas 20, Tel: 3846) nicht weit vom Grand Hotel, wo man auch gute, frische Obstsäfte serviert. Die heimische Spezialität *nasi lengko* (Reis mit gebratenem *tempe, tahu,* Gemüse und *sambal*) im **Kotyor** gegenüber (Jl. Karang Getas 9, Tel: 4343) ist gerade das richtige für eine bescheidene Mittagsmahlzeit.

Frühstück und Abendessen im westlichen Stil servieren zuverlässig die Coffee Shops des **Grand Hotel** bzw. des **Patra Jasa.** Um sich von der Hitze im *kraton* oder in der Moschee zu erfrischen, könnte man im klimatisierten **Corner Restaurant** (Jl. Pasuketan 31, Tel: 4375) etwas Kaltes trinken und einen (westlichen) Imbiß zu sich nehmen.

Einkäufe

Wenn Sie *batik* erstehen möchten, raten wir dringend zum Besuch von **Ibu Masina's** Studio in Trusmi, 12 km westlich von Cirebon, unweit der Straße nach Bandung; ein kleines Schild verweist auf den Seitenweg in Weru, zu dem man nach rechts von der Hauptstraße abbiegt — es ist dann nur noch 1 km zum Fertigungsbetrieb und Ausstellungsraum. Masina bemüht sich um Muster, die früher am Hof von Cirebon verwendet wurden. Chinesische, javanische, indische, islamische und europäische Motive sind verarbeitet.

Topeng-Masken aus Cirebon sind bei Pak Kandeg in Suranenggala Lor, rund 5 km nördlich von Cirebon an der Straße nach Gunung Jati, zu sehen. Ein Colt-Bus vor dem Grand Hotel fährt auf dieser Strecke.

Topeng-Masken und Glasmalereien (auch arabische Kalligraphie) stellt man in den Dörfern Palimanan und Gegesik nordwestlich Cirebons her. Hier wird auch noch das traditionelle Theater und das Trance-Ritual *sintren* gepflegt.

PEKALONGAN

Nach Pekalongan sind es von Cirebon aus mit Bus oder „Colt" drei bis vier, von Semarang aus zwei Stunden. Man erkundet die Stadt zu Fuß oder im *becak*.

Unterkunft

Das **Hotel Nirwana** beim Busbahnhof ist die erste Adresse. Die klimatisierten Zimmer kosten 25 bis 35 US-$ die Nacht (Swimmingpool). Zentraler liegt das **Hayam Wuruk** direkt an der Hauptstraße, für das Doppelzimmer mit Frühstück bezahlt man nur 15 bis 20 US-$. Das Hayam Wuruk bietet auch angenehme Doppelzimmer mit Ventilator für 10,50 US-$ (für Einzelpersonen 8 US-$) an — inkl. Frühstück, Steuer und Bedienung. Gegenüber dem Bahnhof sind am Westrand der Stadt auch billigere Unterkünfte zu finden: **Istana, Gajah Mada** und **Ramayana.**

- **Istana Hotel** (33 Zimmer), Jl. Gajah Mada 23-25, Pekalongan, Tel: 61581.
- **Gajah Mada,** Jl. Gajah Mada 11 A, Pekalongan.

● **Hayam Wuruk** (56 Zimmer), Jl. Hayam Wuruk 152-158, Pekalongan, Tel: 41823, 21405.
● **Nirwana Hotel** (56 Zimmer), Jl. Dr. Wahidin 11, Pekalongan, Tel: 41691, 41446.
● **Ramayana,** Jl. Gajah Mada 9, Pekalongan, Tel: 21043.

Restaurants

Hier ist die chinesische Küche am besten. Man gehe ins **Remaja** (Jl. Dr. Cipto 20, Tel: 21019) oder ins **Serba Ada** (Jl. Hayam Wuruk 125). Brot, Eis und Snacks schmecken vorzüglich in der Bäckerei **Purimas,** Jl. Hayam Wuruk. Eine Cafeteria steht unweit des *alun-alun.*

Batik-Geschäfte

In den Geschäften an Jl. Hayam Wuruk und Jl. Hasanuddin ist eine gute Auswahl an Geweben und Mustern zu haben; daneben sollte man die folgenden Werkstätten beachten:

Tobal Batik, Jl. Teratai 24, Klego (Tel: 61885), arbeitet für den Export: viele der Strandkleider und Hemden in den Boutiquen Kaliforniens und Australiens werden hier gefärbt und genäht. Da für Großkunden gearbeitet wird, findet normalerweise kein Einzelverkauf statt. Manchmal ist man aber froh, wenn man Restbestände an Besucher verkaufen kann.

Dasselbe gilt für **Ahmad Yahya** (Jl. Pesindon 221, Tel: 41413). Sie nehmen den kleinen Weg neben dem Restaurant Sederhana bei der Brücke an Jl. Hayam Wuruk). Seine Kreationen werden seit Jahren in New York angeboten und zieren Jackie Onassis's Bad sowie das Schlafzimmer Farah Fawcett-Majors'.

Achmaid Said, Jl. Bandung 53, hat ebenfalls einen guten Namen im Ausland; die kühnen, hellbunten *cap*-Stoffe werden unter dem Etikett „Zaky" vertrieben.

Salim Alaydrus (Jl. H. Agus Salim 31, Tel: 41175) präsentiert Stücke mit Blumenmustern und oft auch alte Materialien.

Hochwertige handgemachte *tulis*-Arbeiten bekommt man bei **Jane Hendromartono,** Jl. Blimbing 36, Tel: 1003, zu Gesicht. Ihre glänzenden Kreationen sind im Textile Museum in Washington und in vielen Privatsammlungen in der ganzen Welt zu sehen. Meist sind einige *sarungs* und *kains* für 25 bis 100 US-$ neben gebatikten chinesischen Altartüchern und verschiedenen, weniger kostspieligen *batik caps* vorrätig.

Der wohl berühmteste Batiker in Pekalongan ist **Oey Soe Tjoen,** der berechtigt ist, viele Muster der legendären Eliza van Zuylen herzustellen, deren Arbeiten aus den 20er und 30er Jahren von eifrigen Sammlern in Holland und New York für Tausende von Dollars gehandelt werden. Oey Soe Tjoens Frau und ihr Sohn führen das Geschäft in ihrer Atelierwohnung in Kedungwuni, 9 km südlich von Pekalongan (Jl. Raya 104, Kedungwuni), weiter. Sie liegt 200 m vor der Polizeistation auf der linken Straßenseite.

SEMARANG

Anreise

Der klimatisierte Expreßzug Mutara Utara, der um 16.30 Uhr ab Kota Station fährt, kommt um 1.15 Uhr in Semarang an (Fahrpreis 17,50 US-$). Garuda bietet täglich acht Pendelflüge von Jakarta an, die keine Vorausbuchung erfordern. Auch Mandala-Maschinen fliegen täglich von Jakarta nach Semarang und zurück; Bouraq bedient die Strecken Semarang-Kalimantan und Semarang-Sulawesi.

Von Bandung verkehren lediglich Busse, während sich ab Cirebon, Pekalongan, Yogya bzw. Solo der bequemere und auch günstigere Überland-„Colt"-Bus anbietet.

Unterkunft

Das beste Hotel Semarangs heißt **Patra Jasa** und liegt auf einer Anhöhe in Candi Baru mit Blick über die Stadt (das Doppelzimmer kostet 35 bis 60 US-$ plus 21 % Steuer und Bedienungszuschlag). Das alte **Candi Baru Hotel** liegt näher zur Stadt, doch auch in den Bergen; es bietet geräumige Zimmer mit guter Aussicht für weniger Geld (17 bis 28 US-$ das Doppelzimmer; 40 US-$ für eine riesige Hotelsuite); noch günstiger ist das **Green Guest House** in der Nähe, denn seine klimatisierten Doppelzimmer kosten (inkl. Frühstück und Service) zwischen 14 und 18 US-$.

Im Zentrum der Stadt ist das beste Hotel **Metro Grand Park** (Doppelzimmer für 35 bis 45 US-$ plus 21 % Zuschlag). Die alte holländische Pension **Dibya Puri** liegt auf der anderen Seite einer verkehrsreichen Kreuzung (25 US-$ das klimatisierte Doppelzimmer). Das Haus hat allerdings schon bessere Tage gesehen. Das **Queen Hotel** um die Ecke an der Jl. Gajah Mada ist jünger und im Preis etwa gleich.

Die günstigsten Übernachtungsmöglichkeiten bieten die Hotels an Jl. Imam Bonjol im Bahnhofsviertel, z.B. **Dewa Asia, Tanjung** und **Singapore,** alle in der Kategorie von 5 bis 10 US-$ die Nacht. Das **Nan Yon Hotel** im Zentrum des Chinesenviertels verlangt für seine sauberen Zimmer mit Frühstück ganze 4,50 US-$; klimatisierte Zimmer kosten inkl. Steuer und Bedienung 14 US-$ die Nacht.

Erste Klasse (ab 35 US-$)

● **Metro Grand Park** (80 Zimmer), Jl. H. Agus Salim 2-4, Semarang, Tel: 27371-7, Tlx: 22332 MH DIRGA SM.
● **Patra Jasa Hotel** (72 Zimmer), Jl. Sisingamangaraja, P.O. Box 8, Semarang, Tel: 314441-7, Tlx: 22286 PATRA SM.
● **Siranda Hotel** (61 Zimmer), Jl. Diponegoro 1, Semarang, Tel: 313271-5.
● **Sky Garden Motel** (64 Zimmer), Jl. Setiabudi, Grogol, Semarang, Tel: 312733-6.

Mittlere Preisklasse (15 bis 35 US-$)

● **Candi Baru** (23 Zimmer), Jl. Rinjani 21, Semarang, Tel: 312981-2, 315272.

- **Candi Indah** (31 Zimmer), Jl. Dr. Wahidin 122, Semarang, Tel: 312515, 315356.
- **Dibya Puri Hotel** (72 Zimmer), Jl. Pemuda 11, P.O. Box 562, Semarang, Tel: 27821.
- **Green Guesthouse** (20 Zimmer), Jl. Kesambi 7, Candi Baru, Semarang, Tel: 312528, 312787, 312642-3.
- **Merbaru Hotel** (46 Zimmer), Jl. Pemuda 122, Semarang, Tel: 27491.
- **Queen Hotel** (24 Zimmer), Jl. Gajah Mada 44, Semarang, Tel: 27063.
- **Telomoyo Hotel** (66 Zimmer), Jl. Gajah Mada 138, Semarang, Tel: 25436-9k.

Billige Hotels (unter 15 US-$)

- **Grand** (25 Zimmer), Jl. Plampitan 39, Semarang, Tel: 21739.
- **Islam** (23 Zimmer), Jl. Pemuda 8, Semarang, Tel: 20538.
- **Dewa Asia** (21 Zimmer), Jl. Imam Bonjol 1, Semarang, Tel: 22547.
- **Nan Yon/Nendrayakti** (41 Zimmer), Jl. Gang Pinggir 68, Semarang, Tel: 22538.
- **Rama Losmen** (16 Zimmer), Jl. Plampitan 37, Semarang, Tel: 288951.
- **Singapore** (27 Zimmer), Jl. Imam Bonjol 12, Semarang, Tel: 23757.
- **Tanjung** (15 Zimmer), Jl. Tanjung 9-11, Semarang, Tel: 22612.

Restaurants

Der Ort ist für seine China-Restaurants berühmt. An erster Stelle dürfte das **Pringgading** stehen (Jl. Pringgding 54, Tel: 288973, 27219, 27364), auch wenn das **Gajah Mada** (Jl. Gajah Mada 43, Tel: 23753) etwas zentraler liegt. Ebenfalls an der Jl. Gajah Mada gelegen ist der **Kompleks Warna Sari**, der aus einer Gruppe chinesischer und indonesischer Freiluftrestaurants besteht. An der **Gang Lombok** im Chinesenviertel in Nachbarschaft des Tempels Thay Kak Sie stehen eine Reihe recht ordentlicher Restaurants.

Am späten Abend bauen sie auf beiden Seiten der **Jalan Depok** ihre Essenstände auf — *die* Gelegenheit, Fisch sehr günstig zu erstehen: Garnelen vom Grill und gedünstete Krabben, aber auch Huhn vom Rost sowie manch andere Gerichte.

Fisch und Huhn vom Grill auf sundanesische Art präsentiert das **Lembur Kuring** an der Jl. Gajah Mada; *sate* gibt es gegenüber im **Sate Ponorogo** (Jl. Gajah Mada 107, Tel: 20637).

Das originellste Restaurant am Platze ist aber **Toko Oen** (Jl. Pemuda 52, Tel: 21683) — ein Relikt aus der Kolonialzeit mit *Paprika-Schnitzel, Uitsmijter Roastbeef* und *Biefstuk Compleet* auf der Speisenkarte. Die Eisspezialitäten (*Vruchten Sorbet, Cassata* und *Oen's Symphoni*) sowie die Kuchen, das Süßgebäck und die chinesischen Gerichte sind auch nicht zu verachten.

Unterhaltung

Semarang ist eine theaterfreudige Stadt; allabendlich kommen an drei Stätten die volkstümlichen *wayang orang* und *ketoprak* zur Aufführung (es gibt mehr Ensembles als in jeder anderen Stadt auf Java!).

- **Ngesti Pandowo**, Jl. Pemuda 116..
- **Sri Wanito**, Jl. Dr. Dipto.
- **Wahyu Budoyo**, Kompleks Tegal Wareng, Jl. Srivijaya.

Im Osten Semarangs

Für die Fahrt zu einigen Orten im Osten Semarangs — **Demak** mit seiner berühmten Moschee aus dem 16. Jahrhundert; **Kudus** mit seinen alten Teakholz-Schnitzereien, der markanten alten Moschee mit einem javanisch-hinduistischen Minarett und der *kretek*-Zigarettenfabrik; **Jepara** mit seinen holzverarbeitenden Betrieben sowie **Rembang** und **Lasem** mit schönen chinesischen Tempeln (*klenteng*) — nimmt man entweder am zentralen Busbahnhof Semarangs den „Colt"-Kleinbus (Ecke Jl. M.T. Haryono und Jl. H. Agus Salim), oder aber man fährt mit einem Linienbus vom gegenüberliegenden Bus-Bahnhof in Richtung Osten.

Unterkunft

Hotels erster Klasse sucht man hier vergebens, doch das **Notosari** in Kudus ist ordentlich geführt. Bei Fahrten nach Rembang und Lasem sollte man in Pati übernachten. Ein staatliches „Resthouse" (Pesanggrahan) steht in Colo, 6 km oberhalb Kudus, an den Hängen des Mt. Muria.

- **Air Mancur**, Jl. Pemuda 70, Kudus.
- **Anna**, Jl. Jenderal Sudirman 36, Pati.
- **Duta Wisata**, Jl. Sunan Muria 194, Kudus.
- **Kurnia**, Jl. Tondonegoro 12, Pati.
- **Menno Jaya Inn**, Jl. Diponegoro 40/B, Jepara, Tel: 143.
- **Mulia**, Jl. Kol. Sunandar 17, Pati, Tel: 2118.
- **Notosari**, Jl. Kepodang 17, Kudus, Tel: 21245.
- **Pati**, Jl. Jenderal Sudirman 60, Pati.
- **Pesanggrahan Colo/Gunung Muria**, Jl. Sunan Muria, Colo, Kudus, Tel: 557 Kudus.

VON SEMARANG NACH YOGYA

Diese reizvolle, etwa zweistündige Fahrt durch die schmale „Hüfte" Javas könnte man auf halbem Wege im Ferienort **Bandungan** in den Bergen unterbrechen und die 10 km von hier gelegenen Tempel von **Gedung Sanga** besichtigen. Vor allem frühmorgens, wenn die Sonne aufgeht, bieten sie einen herrlichen Anblick. Am Ende des Bergpfads hinter dem Tempelbereich sprudeln Thermalquellen, also Badekleidung und Handtuch nicht vergessen.

Anreise

Am Verkehrsschild mitten in Ambarawa biegt man nach rechts ab, oder man steigt hier vom Bus in den Kleinbus um und erreicht Bandungan 7 km oberhalb Ambarawas.

Unterkunft

Am oberen Ende der Straße in Bandungan stehen zahlreiche Hotels. **Wina** und **Gaya** haben die meisten Zimmer. Überall kann man für 20 US-$ übernachten, vielfach kosten die Zimmer auch unter 10 US-$. Die beste Adresse ist das **Rawa Pening Hotel** — oben am Berg geht es nach links ab; etwa 1 km außerhalb Bandungans gelangt man zu der Kolonialvilla mit Bungalows. Eine Übernachtung kostet im Bungalow 20—25 US-$, im Doppelzimmer 12 US-$.

Yogyakarta

Es ist einige Jahre her, da tauchte Yogyakarta aus dem Schatten der überlaufenen Touristeninsel Bali auf und war plötzlich mehr als eine Zwischenstation auf dem ,,Weg ins Paradies''. Immer mehr Touristen sehen in den majestätischen Tempeln und Palästen Yogyakartas, in seinem Kunsthandwerk und seinem Musik- und Tanzleben ein Gegengewicht zum Angebot Balis. Viele Touristen, die beides kennengelernt haben, ziehen inzwischen die alte Sultansstadt vor.

Ein bescheidener Aufschwung des Touristengeschäfts überrollte daher die alte javanische Gerichtsstadt: es gibt mehr und bessere Hotels, neue Restaurants, Führungen und andere Dienstleistungen; die regionale Tourismusbehörde fördert seit 1974 das kulturelle Veranstaltungsprogramm. Die von der UNESCO getragene Restauration Borobudurs wurde rechtzeitig zur Wiedereröffnung dieser 1200 Jahre alten Tempelanlage durch Präsident Suharto am 23. Februar 1983 abgeschlossen. In Borobudur und in Prambanan werden Freizeitparks angelegt, die 1985 schätzungsweise 2 Mio. Urlauber (größtenteil Indonesier) aufnehmen werden.

Anreise

Die meisten ausländischen Yogya-Besucher fliegen mit einer Garuda-Maschine von Jakartas internationalem Flughafen. Ausländische Besucher können ohne langen Zwischenaufenthalt in Jakarta mit einer der zahlreichen Maschinen nach Yogya weiterfliegen.

Der **Bima Express** (erste Klasse), der nachts auf der Strecke Jakarta-Yogyakarta-Surabaya verkehrt, führt die bequemsten klimatisierten Schlafwagenabteile Javas. Jedes kleine Abteil hat zwei Schlafplätze, Waschbecken und Tisch. Der Zeitplan ist dagegen alles andere als ideal: Der Bima verläßt Jakarata (Kota Station) um 16.00 Uhr und trifft um 2.05 Uhr in Yogya ein, d.h. man sieht unterwegs nicht viel und wird aus dem Schlaf gerissen. Die einfache Fahrt ist mit 25 US-$ (das sind etwa 50 % eines Flugtickets) nicht gerade billig. Der **Senja Utama** und der **Senja Yogya,** zwei Züge zweiter Klasse, sind erheblich billiger (8 US-$), dafür noch langsamer, nicht klimatisiert.

Die Überland-Busse fahren stets in der Nacht. Zwischen Jakarta und Yogyakarta sind sie etwa neun Stunden unterwegs (Fahrpreis 10 US-$). Von Bandung sind es nur sechs Stunden (6 US-$). Die Fahrt in Mercedes-Bussen ist teurer.

Von Semarang, Solo oder einer anderen nahegelegenen Stadt läßt man sich am besten im Kleinbus nach Yogya bringen. Das kostet ab Solo 1,20 US-$, ab Semarang 2,50 US-$.

Stadtführung

In Teil III wurde die **Jalan Malioboro** bereits als Yogyas Hauptstraße beschrieben. Sie verläuft von der Vordertreppe des **Kraton** (Sultanspalast) von Nord nach Süd zum Tugu-Monument, das in der Mitte der Kreuzung von Jl. Jenderal Sudirman und Jl. Diponegoro steht. Ein Blick auf die Karte zeigt, daß die nördliche Hälfte der Jl. Malioboro inzwischen Jalan Mangkubumi, der südliche Abschnitt Jl. Jenderal Ahmad Yani heißt. Bahngleise teilen die Hauptstraße in zwei Teile, und hier steht auch der **Bahnhof.** Der **Busbahnhof** für die Überlandbusse liegt in der südöstlichen Ecke der Stadt an der Jl. Veteran; allerdings besteht zu den meisten Expreß-Bussen an der Jl. Sosrowijayan, gleich bei der Jl. Malioboro, Zusteigemöglichkeit.

Die ,,Colt''-Büros in Yogyakarta befinden sich an der Jl. Diponegoro, gleich links vom Tugu-Monument.

Jalan Pasar Kembang heißt eine kleine Straße mit billigen Hotels und Geschäften, hier war einst Yogyas Rotlicht-Distrikt, den man ,,gesäubert'' und für ausländische Billig-Urlauber hergerichtet hat. An der **Jalan Sosrowijayan** und in Seitenstraßen im Süden der Stadt sind billige Quartiere zu haben.

Die etwas feineren Wohnviertel um Yogyakarta liegen östlich der Jl. Malioboro/Mangkubumi auf der anderen Flußseite. Etwa 1,5 km sind es von dort zur **Gajah Mada University.** Die Verbindungsstraße **Jalan Solo** hat sich zum Geschäftsviertel entwickelt. Auf beiden Seiten stehen Läden, Restaurants und Hotels — eine zweite Jl. Malioboro und vor allem wegen der Fotospezialgeschäfte eine Ergänzung zu dieser Hauptgeschäftsstraße. Das **Ambarrukmo Palace Hotel** sowie der **Adisusipto Airport** liegen mehrere Kilometer vor der Stadt an der Verlängerung dieser Straße.

Verkehrsmittel

Miettaxis und **Kleinbusse** sind infolge des Touristenstroms teurer geworden. Die Fahrer halten sich an festgelegte Tarife, von denen nur manche nach längerem Feilschen abgehen. In jedem Fall muß der Fahrgast den Fahrpreis im voraus aushandeln.

Die meisten Hotels, auch die billigen Pensionen an Jl. Prawirotaman, sorgen dafür, daß ihre Gäste (nach Voranmeldung) vom Flughafen abgeholt werden. Ein Anruf vor dem Abflug in Jakarta genügt.

Für die Fahrt vom Flughafen zur Stadt werden jetzt 5 US-$ verlangt. Wer nicht viel Gepäck hat, kann zu Fuß zur Hauptstraße vorgehen und einen vorbeifahrenden Kleinbus heranwinken (links, wenn man herauskommt), der den Fahrgast für 200 Rp., umgerechnet 20 Cent, in die Stadt bringt. Für Stadtrundfahrten verlangt der Taxifahrer pro Stunde 3,50 US-$ (bei mindestens zwei Stunden). Bei Überlandfahrten gilt das folgende Tarifsystem:

- Borobudur (hin und zurück) 84 km: 15,50 US-$
- Prambanan (hin und zurück) 32 km: 12,50 US-$
- Surakarta (hin und zurück) 130 km: 22,50 US-$
- Dieng Plateau (hin und zurück) 180 km: 45 US-$
- Surabaya (einfache Fahrt) 327 km: 75 US-$
- Bandung (einfache Fahrt) 425 km: 125 US-$
- Jakarta (einfache Fahrt) 600 km: 160 US-$
- Bali (einfache Fahrt) 720 km: 190 US-$

Ein Taxi (für bis zu vier Personen) bzw. einen Kleinbus bestellt jedes Hotel, jedes Reisebüro sowie das Tourist Information Office jederzeit für Sie. Sie können aber auch zum Taxistand östlich des General Post Office an der Jl. Senopati gehen und versuchen, für eines der älteren Fahrzeuge einen günstigeren Tarif auszuhandeln.

Das **Pedicab** (becak) eignet sich für kurze Entfernungen innerhalb. Die Einheimischen benützen dieses Verkehrsmittel überall. Die *becak*-Fahrer sind darauf gekommen, daß Touristen viel Geld haben und fordern horrende Fahrpreise. Auch wenn der Fahrgast die Tarife kennt, gehen manche nicht von ihren Forderungen ab. Das Feilschen um eine günstige *becak*-Fahrt ist eine Kunst für sich, die Ausländern doppelt schwerfallen muß. Wer erfolgreich feilscht, sollte ein breites Lächeln aufsetzen, wenn ihm der erste (völlig überhöhte) Preis genannt wird und sein Gegenangebot nennen. Dann sollte er einfach weggehen; ist sein Angebot akzeptabel, wird der Fahrer einwilligen und ihn zurückrufen.

Unter den Fahrern, die sich im Bereich der Jl. Malioboro und dem Kraton bewegen, sprechen einige gebrochen englisch; unternehmungslustige englisch sprechende junge Leute haben sich ebenfalls aufs *becak*-Fahren verlegt und hoffen, mit Stadtführungen gutes Geld zu machen. Das ist keine schlechte Sache, wenn man nicht mehr als ein paar Dollar für eine Vormittags- bzw. Nachmittagstour bezahlt. Viele wollen den Fahrgast zum Einkaufen in bestimmten Geschäften animieren, um die Provision zu kassieren.

Im innerstädtischen Verkehr sind auf acht festgelegten Routen helle, orangefarbene Mercedes-**Busse** eingesetzt, die bis 20 Uhr fahren. Zusätzlich verkehrt eine ganze Flotte kleinerer **Mikro-Busse** auf anderen Rundstrecken. Jeder Fahrgast bezahlt 100 Rp. Hier ein paar der interessanten Strecken:

- **Gegen den Uhrzeigersinn um die Stadt (Campus)** wird das nordöstliche Stadtviertel bedient; die Jl. Malioboro hinunter, über Jl. Senopati und Jl. Sultan Agung nach Osten, über Jl. Dr. Sutomo zur Jl. Jenderal Sudirman; ein kleiner Abstecher über Jl. Cik Ditiro führt zur Universität; dann geht es wieder die Jl. Mangkubumi/Malioboro hinunter. Empfiehlt sich für die Fahrt zur Universität zum ASTI und zur Jl. Solo.
- **Im Uhrzeigersinn** verläuft eine Strecke im Westen der Stadt, über Jl. Bhayangkara zur Jl. Diponegoro und zurück auf Jl. Mangkubumi/-Malioboro, bis es auf der Jl. K.H. Ahmad Dahlan nach Westen geht.
- Für die Fahrt auf der Jl. Malioboro zum Kraton bzw. dem Taman Sari nimmt man die **Ngasem-Linie,** die um den *alun-alun* zur Jl. Ngasem hinunterführt.
- Von Malioboro zur Südostecke der Stadt nimmt man **Pojok Beteng.**

Nach Borobodur bzw. Prambanan oder Parangtritis mit öffentlichen Verkehrsmitteln zu gelangen, fällt nicht schwer, wenn man den Stadtplan studiert und sich erkundigt, wo die Busse und Kleinbusse jeweils halten. Die Menschen sind meist sehr hilfsbereit und erklären, wo Sie aus- einbzw. umsteigen müssen, auch wenn Sie kein Englisch können. Im Hotel oder im Tourist Information Office sollte man sich vergewissern, daß man die richtige Route und das geeignete Transportmittel ausgesucht hat.

Schließlich steht noch der **Andang-** bzw. **Dokar-**Ponywagen für Überlandfahrten auf Nebenstraßen zur Verfügung — eine beschauliche, gemächliche Möglichkeit, nach Kota Gede oder gar nach Imogiri oder Parangtritis zu kommen. Für Fahrten auf Hauptverkehrsstraßen sind sie absolut nicht zu empfehlen. Nach Kota Gede bezahlt man (einfach) 500 Rp., nach Imogiri und Parangtritis 2000 Rp. Für Hin- und Rückfahrt sind mindestens zwei Stunden einzuplanen. Dokars stehen östlich des Postamts an Jl. Senopati oder an Seitenstraßen am Stadtrand, da sie für die Fahrt zur Stadt von den Dorfbewohnern gerne benutzt werden.

Rundfahrten/Reisebüros

Die organisierte Stadtrundfahrt ist immer noch die bequemste Art, die Stadt zu besichtigen, obwohl es nicht jedermanns Sache ist, mit unbekannten Leuten eine große Busfahrt zu unternehmen. Für die Rundfahrt auf eigene Faust mietet man ein Auto (20 bis 30 US-$) und engagiert einen Führer (10 bis 20 US-$ pro Tag) über ein Reisebüro bzw. das Tourist Information Office. **Intan Pelangi** u.a. Veranstalter bieten täglich Busrundfahrten (*wayang*-Aufführung, Taman Sari, dem Kraton, einem Batik-Betrieb, Borobudur, Dieng Plateau und Prambahan) für 7 US-$ an. Einzelheiten erfährt man im Tourist Information Office (Jl. Malioboro 16) oder im Hotel.

- **Bunda Mulya Utama,** Jl. Mangkubumi 105, Yogyakarta, Tel: 3644.
- **Intan Pelangi,** Jl. Malioboro 18, Yogyakarta, Tel: 3644.
- **Intrastour,** Jl. Malioboro 183, Yogyakarta, Tel: 86972.
- **Natrabu,** Ambarrukmo Hotel Arcade, Jl. Adisucipto, Yogyakarta, Tel: 88488.
- **Nitour,** Jl. K.H.A. Dahlan, Yogyakarta, Tel: 3165, 3450.
- **Pacto,** Jl. Malioboro 72, Yogyakarta, Tel: 88195, 2113-4.

YOGYAKARTA

1. Kraton Ngayogyakarta
2. Taman Sari (Water Castle)
3. Pasar Ngasem Bird Market
4. Batik Painter's Colony
5. Agastya Art Institute
6. Tirtodipuran Batik Factories
7. Diponegoro Monument
8. Dalem Pujokusuman (Mardawa Budoyo Dance School)
9. Sasono Suko (THR — Ramayana Ballet)
10. Sono Budoyo Museum
11. Post Office
12. Batik Research Institute
13. Benteng Budaya National Art Museum (Fort Vredeburgh)
14. Tourist Information Centre
15. Pasar Beringan (Central Market)
16. Garuda Airways Office
17. Asri Fine Arts Academy
18. Asti Dance Academy
19. Gajah Mada University
20. Bus Station
21. Immigration Office
22. Telephone Office
23. Bank Negara Indonesia
24. Affandi's Gallery
25. Railway Station
26. Gembiraloka Zoo
27. Ambarrukmo Palace Hotel
28. Garuda Hotel
29. Mutiara Hotel
30. Guest Houses (Jl. Prawirotaman)

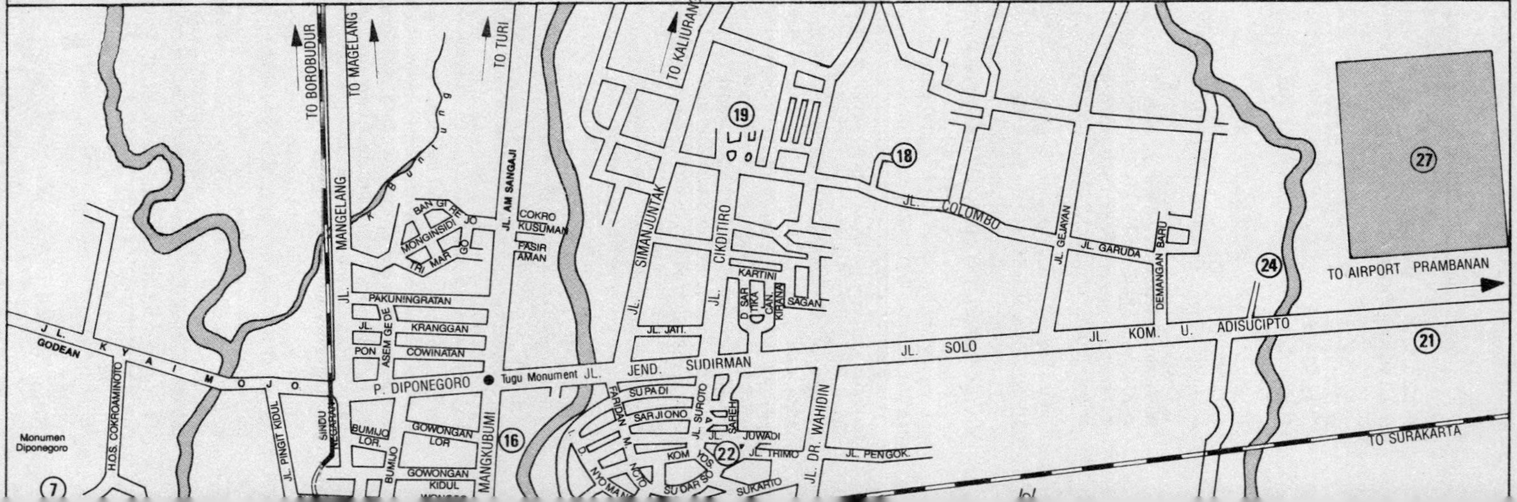

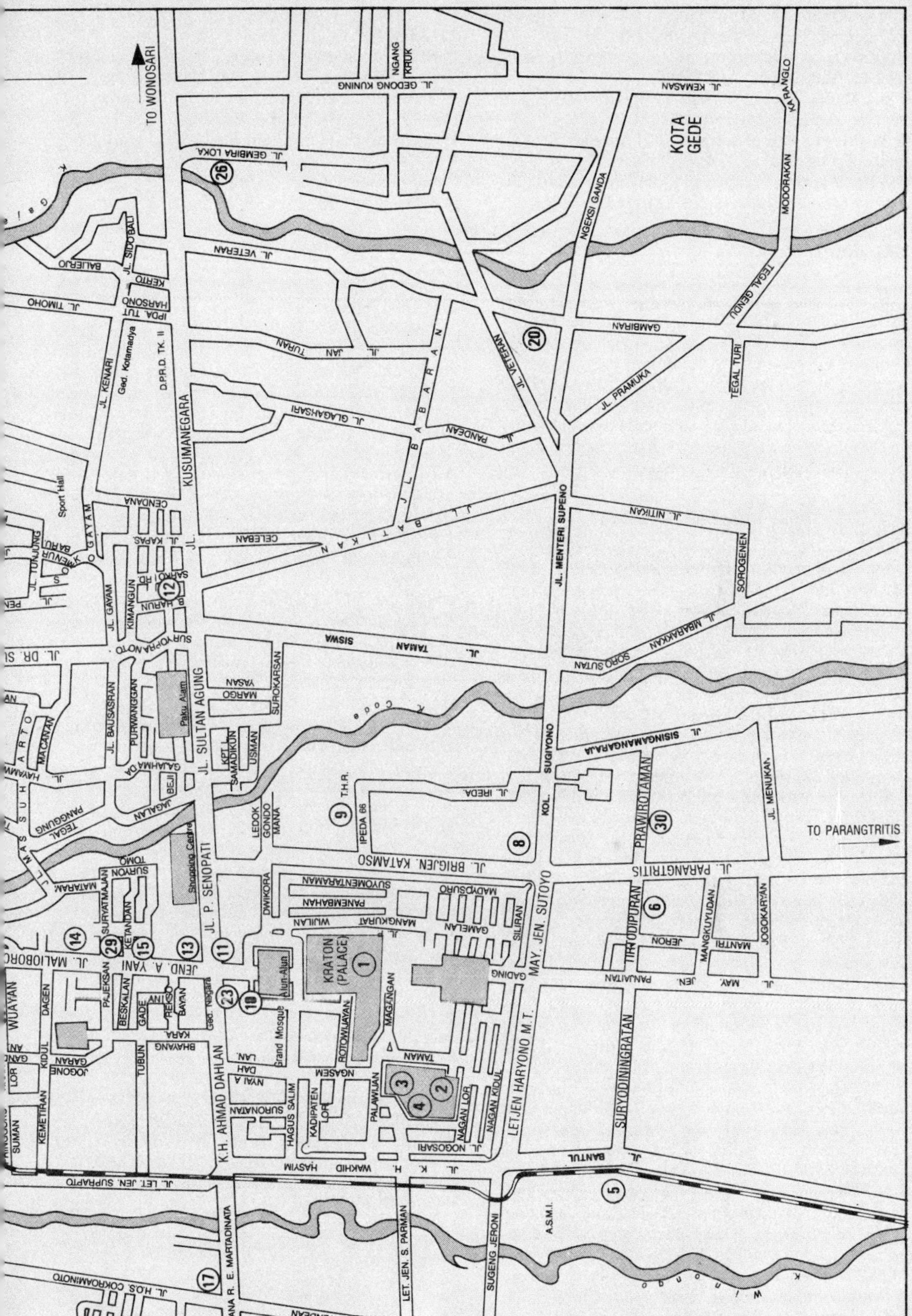
TO WONOSARI
TO PARANGTRITIS
KOTA GEDE
JL. GEDONG KUNING
NGANG KRUK
JL. KEMASAN
KARANGLO
MODORAKAN
JL. GEMBIRA LOKA
NGEKSI GANDA
JL. VETERAN
JL. SIDOBALI
BALIERJO
KERTO
HARSONO
IPDA. TUT
JL. TIMOHO
TEGAL GENDU
GAMBIRAN
TEGAL TURI
JL. PRAMUKA
JL. JAN TURAN
JL. BABARAN
JL. GLAGAHSARI
JL. PANDEAN
JL. KENARI
Ged. Kotamadya
D.P.R.D. TK. II
KUSUMANEGARA
Sport Hall
CENDANA
JL. KAPAS
CELEBAN
JL. BATIKAN
JL. NITIKAN
JL. MENTERI SUPENO
SOROGENEN
JL. MBARAKKAN
SORO SUTAN
JL. TAMAN SISWA
JL. GAYAM
KIMANGUN
SARKO I RD.
B. HARUN
SURYOPRANOTO
JL. TUNJUNG
MENUR BARU
JL. DR. SU
Paku Alam
BAUSASRAN
PURWANGGAN
GAJAHMADA
YASAN
MARGO
SUROKARSAN
JL. SULTAN AGUNG
KPT. I. SAMADIKUN
USMAN
BEJI
JAGALAN
JL. SISINGAMANGARAJA
SUGIYONO
KOL.
JL. IREDA
JL. MENUKAN
PRAWIROTAMAN
T.H.R.
IPEDA 66
LEDOK GONDO MANA
TEGAL PANGGUNG
JL. MAS SUHARTO
MACANAN
Shopping Centre
JL. P. SENOPATI
TOMO
SURYONO
MATARAM
SURYATMAJAN
KETANDAN
JL. MALIOBORO
JEND. A. YANI
JL. BRIGJEN. KATAMSO
JL. PARANGTRITIS
SUYOMENTARAMAN
PANEMBAHAN
DWIKORA
WIJILAN
MANGKURAT
MADYOSURO
GAMELAN
SILIRAN
KRATON (PALACE)
Alun-Alun
Grand Mosque
MAGANGAN
GADING
MAY. JEN. SUTOYO
TIRTODIPURAN
JERON
MANGKUYUDAN
MANTRI
JOGOKARYAN
JL. MAY. JEN. PANJAITAN
PAJEKSAN
BESKALAN
GADE
ANI
REKSO
BAYAN
KARA
Ged. Nagara
DAGEN
WUAYAN
BHAYANG
TUBUN
K.H. AHMAD DAHLAN
LAN. DAH
NYAI A
NGASEM
ROTOWIJAYAN
TAMAN
PALAWIJAN
KADIPATEN LOR
HAGUS SALIM
SURONATAN
NAGAN LOR
NAGAN KIDUL
LETJEN HARYONO M.T.
SURYODININGRATAN
JL. NOGOSARI
JL. K. H. WAKHID HASYIM
JL. BANTUL
JOGONEGARAN
KIDUL
KEMETIRAN
LOR
SUMAN
JL. LET. JEN. SUPRAPTO
JL. LAKSAMANA R. E. MARTADINATA
WATES
LET. JEN. S. PARMAN
SUGENG JERONI
A.S.M.I.
K. Winongo
K. Code
K. Gajah
JL. H.O.S. COKROAMINOTO
KAPT. P. TENDEAN
JL. BUGISAN
PATANG PULUHAN
1
2
3
4
5
6
8
9
11
12
13
14
15
17
18
20
23
26
29
30

• **Royal Holding,** Ambarrukmo Hotel Arcade, Jl. Adisucipto, Yogykarta, Tel: 88488.
• **Satriavi,** Ambarrukmo Hotel Arcade, Jl. Adisucipto, Yogykarta, Tel: 88488.
• **Sri Rama** Tours, Wisma LPP, Jl. Demangan Baru 8, Yogyakarta, Tel: 88480.
• **Vayatour,** Ambarrukmo Hotel Arcade, Jl. Adisucipto, Yogyakarta, Tel: 88488 ext. 121.
• **Vista Express,** Ambarrukmo Hotel Arcade, Jl. Adisucipto, Yogyakarta, Tel: 88488 ext. 719.

Unterkunft

Yogya bietet jedermann eine passende Herberge, von der 350 US-$-Präsidentensuite im Ambarrukmo bis zum 1 US-$-Nachtquartier im ,,Home Sweet Homestay" an der Gang Sosrowijayan I. Sie können sich auch die Adresse einer englisch oder holländisch sprechenden Familie geben lassen (im Reisebüro Indraloka), und im Haus einer javanischen Familie die heimische Kost und die Gastfreundschaft der Javaner genießen.

Erste Klasse (ab 35 US-$)

Das **Ambarrukmo Hotel** (vier Sterne), Anfang der 60er Jahre von japanischen Firmen gebaut, ist noch immer Yogyas einziges Hotel des internationalen Standards. Die Zimmer kosten 65 US-$ und mehr (zuzüglich 21 % Steuer und Bedienung). Symbolträchtig steht es auf dem Grund des einstigen *pesanggrahan* (,,Rest House") des Königshofes im Osten der Stadt, wo Gäste des Hofes unterkamen. Manche der alten Gebäude des Komplexes stehen noch, z.B. das elegante *pendapa* und die *dalem agung* (Zeremonienkammern).

Das alte **Hotel Garuda** (35 bis 50 US-$ die Nacht) an der Jl. Malioboro wurde um ein siebenstöckiges Rückgebäude erweitert; die geräumigen kolonialen Suiten hat man modernisiert (riesige Räume und Badezimmer, hohe Wände und überdachte Balkone mit Blick auf einen großen Innenhof). Während der indonesischen Revolution (1946-49) waren im Hotel mehrere Ministerien untergebracht.

Das neuere **Mutiara Hotel** liegt nur zehn Minuten zu Fuß vom Kraton und dem Museum entfernt. Die Preise entsprechen etwa denen des Hotels Garuda. Ein motelähnliches ,,Cottage"-Hotel ist **Sahid Garden.** Das im javanischen Stil geführte Haus gehört einer Aristokratenfamilie aus Surakarta (Zimmer ab 45 US-$ plus 21 % Steuer).

Was den Service und das wohlgepflegte Hotelanwesen betrifft, ist das **Puri Arthas** kaum zu überbieten (35 US-$ die Nacht). Das nahegelegene **Sri Manganti** und das **Sriwedari** (gegenüber dem Ambarrukmo) stehen preislich auf derselben Stufe. Alle diese Hotels besitzen einen Swimmingpool und einen ruhigen Garten, sind von der Jl. Malioboro aus aber nicht zu Fuß zu erreichen.

• **Ambarrukmo Palace Hotel** (240 Zimmer), Jl. Adisucipto, P.O. Box 10, Yogyakarta, Tel: 88488, 88984, Tlx: APH YOGYA 12511.
• **Hotel Garuda,** Jl. Malioboro 72, Yogyakarta, Tel: 2113-4.
• **Mutiara Hotel** (170 Zimmer), Jl. Malioboro 18, P.O. Box 87, Yogyakarta, Tel: 3272, 4530-1, Tlx: 25155 MTH YK.
• **Puri Artha** (60 Zimmer), Jl. Cendrawasih 9, Yogyakarta, Tel: 5934-5, Tlx: 25147 ARTHA YK.
• **Sriwedari** (70 Zimmer), Jl. Adisucipto, P.O. Box 93, Yogyakarta, Tel: 88288.
• **Sri Manganti** (46 Zimmer), Jl. Urip Sumoharjo, P.O. Box 46, Yogyakarta, Tel: 2881.
• **Sahid Garden** (64 Zimmer), Jl. Babarsari, Yogyakarta, Tel: 3697.

Mittlere Preisklasse (15 bis 35 US-$)

Der obenerwähnte **Indraloka Homestay Service,** den Mrs. B. Moerdiyono gründete, verlangt momentan 21 US-$ plus 21 % Steuer- und Bedienungszuschlag für das Doppelzimmer mit Frühstück. Das Mittag- und Abendessen in der Familie sind für weitere 6 US-$ zu haben. Meistens sind es Akademikerfamilien, die ein Zimmer (mit Ventilator) zur Verfügung stellen, das westlichem Standard entspricht. Mrs. Moerdiyono organisiert Ausflugsfahrten durch Java und nach Bali, wobei sie für Übernachtungen jeweils Gastfamilien ihres Indraloka-Netzes anbietet. Alles Weitere teilt Ihnen Mrs. Moerdiyono auf Anfrage schriftlich mit.

Das **Arjuna Plaza** und das **New Batik Palace** liegen zentral an der Jl. Mangkubumi (Doppelzimmer 25 bis 30 US-$ plus 21 % Steuer). Das **Gajah Mada Guesthouse** mit klimatisierten Doppelzimmern für 24 US-$ ist ein ruhiges Haus auf dem Universitätsgelände im Norden der Stadt. Mrs. Sardjito, die Witwe des ersten Rektors der Gajah-Mada-Universität, vermietet einige Zimmer ihres vornehmen Hauses an der Jl. Cik Ditiro gegenüber dem Indraloka-Büro.

Zahlreiche kleinere Hotels und Pensionen stehen an der **Jalan Prawirotaman** im Süden Yogyas. Einige verfügen über klimatisierte Zimmer für 15 bis 25 US-$ (plus 21 % Steuer) mit Frühstück. Namentlich seien erwähnt **Airlangga** und **Duta.**

• **Airlangga** (25 Zimmer), Jl. Prawirotaman 4, Yogyakarta, Tel: 3344.
• **Arjuna Plaza** (25 Zimmer), Jl. Mangkubumi 48, Yogyakarta, Tel: 3036, 86862.
• **Batik Palace Hotel** (26 Zimmer), Jl. Pasar Kembang 29, P.O. Box 115, Yogyakarta, Tel: 2149.
• **Duta Guest House** (15 Zimmer), Jl. Prawirotaman 20, Yogyakarta, Tel: 5219.
• **Indraloka Homestay** (40 Zimmer), Jl. Cik Ditiro 14, Yogyakarta, Tel: 0274, 3614.
• **Koba Cottages** (48 Zimmer), Jl. Babarsari 1, Tambakbayan Baru, Yogyakarta, Tel: 3697.
• **Gajah Mada Guest House** (20 Zimmer), Jl. Bulaksumur, Kampus Universitas Gajah Mada, Yogyakarta, Tel: 88461, 88688, App. 625.
• **New Batik Palace Hotel** (22 Zimmer), Jl. Mangkubumi 46, Yogyakarta, Tel: 2149.
• **Wisma LPP,** Jl. Demangang Baru 8, Yogyakarta, Tel: 88380.

Preiswerte Hotels (unter 15 US-$)

Die Pensionen an der **Jalan Prawirotaman** (umgebaute Privathäuser) sind meist ruhig, sauber und komfortabel. Für 7,50 US-$ kann man hier bereits ein Zimmer mit Frühstück (inkl. Steuer und Bedienung) bekommen. Die meisten Preise variieren meist zwischen 10 und 12 US-$, ein klimatisiertes Doppelzimmer ist ab 15 US-$ zu haben.

Die vielen kleinen Hotels im Bereich **Jalan Pasar Kembang** (oder auch an der Jl. Sorowijayan und den kleinen Straßen dazwischen) liegen zentral und sind noch billiger, doch die Gegend ist nicht allzu einladend. Zahlreiche Häuser bieten hier für 3 bis 5 US-$ (teils darunter) Zimmer an. Das **Kota** am Ende der Jl. Pasar Kembang sei als sehr sauberes Hotel hervorgehoben.

- **Asia Afrika,** Jl. Pasar Kembang 25, Yogyakarta, Tel: 4489.
- **Agung Guest House,** Jl. Prawirotaman 68, Yogyakarta, Tel: 2715.
- **Aziatic Hotel,** Jl. Sosrowijayan 6, Yogyakarta.
- **Kota Hotel,** Jl. Gandekan Lor 79, Yogyakarta.
- **Pura Jenggala Guest House,** Jl. Cendrawasih 2, Yogyakarta, Tel: 2238, 88509.
- **Ratna Hotel,** Jl. Pasar Kembang 17 A, Yogyakarta, Tel: 2654.
- **Rose Guest House,** Jl. Prawirotaman 22, Yogyakarta, Tel: 2715.
- **Srivijaya Guest House,** Jl. Prawirotaman 7, Yogyakarta, Tel: 2387.

Restaurants

Das **Nyonya Suhartis** (oder auch Ayam Goreng ,,Mbok Berek" nach den Frauen, die das berühmte Brathühnchenrezept kreierten) ist ein Wallfahrtsort für alle Liebhaber gebratenen Hühnerfleisches auf Java (inzwischen gar aus aller Welt) geworden. Das Restaurant liegt 7 km östlich von Yogya an der Straße zum Flughafen (nicht weit vom Ambarrukmo auf derselben Straßenseite). Das Rezept gilt als eines der bestgehüteten kulinarischen Geheimnisse Indonesiens — das Huhn wird zunächst gekocht, mit Gewürzen und Kokosnuß bestreut, knusprig gebraten und zu einer süßen Chilisoße und Reis serviert. Besonders gut schmecken dazu die scharfen *petai*-Bohnen und rohes Kraut. Die Einheimischen stehen Schlange nach diesem Huhngericht, und viele nehmen eine extra Portion für ihre Freunde mit nach Hause.

Wer auf Nasi Padang schwört, pilgert zum **Sinar Budi Restaurant** an der Jl. Mangkubumi 41, rund 500 m nördlich der Bahnlinie auf der linken Seite. Hammelhirn *opor,* Rind-*rendang* und *gulai ayam* (Huhncurry) werden enorm flink aufgetischt. Besonders schmackhaft sind die Kartoffelchips (*kentang goreng*).

Die Spezialität der Yogya-Küche ist *gudeg,* eine Kombination aus in jungen Jackfrüchten (*nangka muda*) gekochtem Reis, einem Stück Hühnerfleisch, Ei, Kokoskremsoße und einer scharfen Soße mit gekochter Büffelhaut (*sambal kulit*). Das beste *gudeg* in Yogya serviert man im **Juminten** an der Jl. Asem Gede 22, Kranggan 69, nördlich der Jl. Diponegoro. Gutes *gudeg* bekommen Sie auch im **Bu Citro's** gegenüber dem Flughafeneingang an der Jl. Adisucipto. Auch in den meisten anderen Restaurants steht *gudeg* auf der Speisenkarte; ausgezeichnet schmeckt es z.B. gleich nördlich des Taman Sari auf der Ostseite der Jl. Ngasem.

Die westliche Küche hat nicht nur in den großen Hotels Einzug in Yogya gehalten. Das **Legian Garden Restaurant** ist für seine ausgezeichneten Steaks und Koteletts, den sautierten Fisch, die Avokado-Fisch-Cocktails, das Joghurt sowie die Mais- und Krabbensuppe bekannt. Der weithin sichtbare Eingang ist um die Ecke an der Jl. Malioboro/Jl. Perwakilan 9 (Tel: 87985). Das Legian Garden hat auf der Südseite der Jl. Solo mit **The Rose** ein zweites Restaurant eröffnet, das dieselbe Speisenkarte und Preise, aber mehr Atmosphäre hat. Für entsprechend höhere Preise bietet das **Gita Buana** klimatisierte Räume und gedämpftes Licht: einmal an der Jl. Diponegoro 52 A und dann an der Jl. Adisucipto 169 beim Hotel Ambarrukmo. Das **French Grill** im Hotel Arjuna Plaza (Jl. Mangkubumi 48) ist ebenfalls gut; hier werden außerdem allabendlich Puppen- und Tanzvorführungen geboten.

Zu beiden Seiten der Jl. Malioboro bemühen sich zahlreiche Restaurants um das jugendliche touristische Publikum. Geboten wird überall das Kuta-Beach-Menü aus Fruchtsäften, Yoghurt, Sandwiches, vegetarischen Tellergerichten, Desserts, Eis und westlichem Essen, daneben jede Menge chinesischer und indonesischer Spezialitäten.

Wer wenig Geld hat, geht zu Supirman's (bei Ausländern als **Superman's** bekannt) an der Gang Sosrowijayan I, einem schmalen Weg parallel zur Jl. Malioboro zwischen Jl. Pasar Kembang und Jl. Sosrowijayan.

Nicht ganz so billig, dafür aber besser ist **Mama's Gado-Gado** an der Jl. Pasar Kembang hinter dem Bahnhof. Mama gibt sich allabendlich mit einer königlichen italienischen Pasta die Ehre. Auch Papa schaut gelegentlich vorbei, versorgt seine Singvögel und sammelt das Brot ein. Die einheimischen Insider lassen sich *nasi campur,* einen Fruchtsalat, und ein kühles Bier schmecken; das Lokal ist oft überfüllt. Als Frühstück zu empfehlen: französischer Toast, Bananen-Pfannkuchen mit Honig, frische Obstsäfte und Kaffee mit frischer Milch.

Von den feinen chinesischen Restaurants der Stadt ist das **Tiong San** (Jl. Gandekan 29, eine Straße westlich der Jl. Malioboro) bei einheimischen Chinesen am beliebtesten. Das **Moro Senang,** Jl. Solo 55 (an der Nordseite neben dem Supermarkt Miroto) ist auch sehr gut. Den besten Fisch und wohl auch das beste chinesische Essen überhaupt bekommen Sie im **Sintawang,** Jl. Magelang 9.

Einkaufen

Yogyakarta genießt zwar den Ruf eines ,,Einkaufsparadieses". Wer jedoch genau hinsieht, wird das meiste, was angeboten ist, als Ramsch entlarven. Alles ist extrem billig, weshalb wohl nur die Touristen zugreifen. Halten Sie nach dem wenigen, was an guter Qualität vorhanden ist, Ausschau, und Sie werden es nicht bereuen.

Batik

Zu einer Stadtrundfahrt gehört die Besichtigung eines Batikbetriebes in der Gegend der **Jalan**

Tirtodipuran im Süden Yogyas. Man kann beim Batiken zuschauen und wird dann in den Verkaufsraum geschleust. *Tulis*-Arbeiten werden kaum angeboten, das meiste hier wird nach dem schnelleren Kupferstempel-Verfahren (*batik cap*) hergestellt. Das Angebot an Meterware ist ordentlich; Batiken, die auf schwere Baumwollstoffe aufgedruckt sind, eignen sich als Vorhang- und Bezugsstoffe für Polstermöbel.

- **Batik Gurda,** Jl. Parangtritis 77 B, Yogyakarta, Tel: 5474.
- **Batik Plentong,** Jl. Tirtodipuran 28, Yogyakarta, Tel: 2777.
- **Rara Djonggrang,** Jl. Tirtodipuran 6 A, Yogyakarta, Tel: 2209.
- **Sumiharjo,** Jl. Mandkuyudan 15 A, Yogyakarta, Tel: 3061.
- **Surya Kencana,** Jl. Ngadinegaran MD VII/98, Yogyakarta, Tel: 3798.
- **Tjokrosoeharto,** Jl. Panembahan 58, Yogyakarta, Tel: 3208.
- **Winotosastro,** Jl. Tirtodipuran 34, Yogyakarta, Tel: 2218.

Die hochwertigen traditionellen *batik tulis* sind bei **Toko Terang Bulan** (Jl. Ahmad Yani 76) neben dem Central Market erhältlich. Die Preise sind festgelegt und angemessen hoch. Die Auswahl ist nirgends in Zentraljava größer.

Im übrigen sollte man die Boutiquen der bekannteren *Batik*-Künstler der Stadt aufsuchen. Meistens bieten sie *Batik*-Gemälde und -Meterware an. Manche halten auch einwöchige Einführungskurse in die *Batik* ab. Hier einige der bekannteren Namen: **Kuswadji, Amri, Sapto Hudoyo** und **Bambang Oetoro.** Der Tänzer **Bagon Kussudiardjo** und der berühmte expressionistische Maler **Affandi** zeigen auch gebatikte Bilder, zu sehen im Haus der Batik-Malerei in **Taman Sari,** vor allem in der **Gallery Lod** am Westausgang des *kampung.*

- **Affandi Gallery,** am Fluß bei Jl. Solo, vor dem Ambarrukmo Hotel.
- **Agus,** Jl. Taman Siswa Mg. III/102, Yogyakarta.
- **Amri Gallery,** Jl. Gampingan 67, Yogyakarta, Tel: 5135.
- **Bagong Kussudiardjo,** Jl. Singasaren 9, bei Jl. Wates, Yogyakarta.
- **Bambang Oetoro,** Jl. Taman Siswa 55, Yogyakarta, Tel: 2147.
- **Gallery Lod,** Taman Sari, Yogyakarta.
- **Kuswadji K.,** Jl. Alun-Alun Utara, Pojok Barat Daya, Yogyakarta, Tel: 4995.
- **Sapto Hudoyo,** Jl. Solo Km 9, Maguwo, Yogyakarta, Tel: 87443.

Silber

Kota Gede, südwestlich von Yogya, ist ein Zentrum der Silberverarbeitung. Neben den großen Werkstätten **M.D. Silver** und **Tom's Silver** gibt es eine Anzahl kleinerer Betriebe, wo man (ohne Kaufzwang) zusehen kann, wie das Silber gehämmert, geklopft, erhitzt, gereinigt und poliert wird. Geschickte Finger gestalten feinste Filigranarbeiten; die Ambosse dröhnen, bis einem die Ohren schmerzen. Sachte fällt der Hammer und läßt elegante Repousse-Arbeiten entstehen.

Fühlen Sie sich nicht gezwungen, zu kaufen, was gerade ausgestellt ist. In jeder Silberschmiede macht man gerne Spezialanfertigungen, wenn man ein Muster oder eine Zeichnung vorlegt. In den meisten Fällen wird genau nach Gewicht und Grad des Silbers abgerechnet, es sei denn, es handelt sich um außergewöhnlich schwierige Muster bzw. Vorlagen. Sonderbestellungen gibt man außer bei den beiden großen Silberschmieden am besten im Atelier **Tan Jam An** in Yogya (nördlich des Tugu-Monuments auf der rechten Seite) auf.

- **MD Silver,** Jl. Keboan, Kota Gede, Yogyakarta, Tel: 2063.
- **Sri Moeljo's Silver,** Jl. Mentri Supeno UH XII/1, Yogyakarta, Tel: 88042.
- **Tan Jam An,** Jl. Mas Sangaji 2, Yogyakarta.
- **Tjokrosoeharto,** Jl. Panembahan 58, Yogyakarta, Tel: 3208.
- **Tom's Silver,** Jl. Kota Gede 3-1 A, Kota Gede, Yogyakarta, Tel: 3070, 2818.

Lederwaren

Die Qualität der braungelben, handgemachten Koffer, Aktenmappen, Hand- und Brieftaschen, Sandalen, Gürtel und Geldbeutel aus Büffelleder wird zwar nach und nach besser, doch ist das Material leider nach wie vor nach einem groben Verfahren gegerbt; feines, weiches Leder findet man hier noch nicht. Außerdem: Die Metallteile sind oft schlampig angebracht.

Zu den besseren Geschäften an der Jl. Malioboro zählt **Toko Setia.** Etwas qualitätvollere Ware führen **Kusuma** bzw. **Moeljosoehardjo** (Nähe Taman Sari).

Aus Büffelleder sind auch die **Wayang Kulit-Puppen** gemacht; das dünne, durchsichtige *kulit,* das dabei verwendet wird, ist überhaupt nicht gegerbt und verdient eher die Bezeichnung ,,Pergament''. Die hochwertigsten Puppen finden Sie bei **Ledjar** und **Swasthigita.**

- **Aris handicraft,** Jl. Kauman 14, Yogyakarta.
- **B.S. Store,** Jl. Ngasem 10, Yogyakarta.
- **Budi Murni,** Jl. Muja-muju 21, Yogyakarta.
- **Kusuma,** Jl. Kauman 50, Yogyakarta.
- **Ledjar,** Jl. Mataram DN I/370, Yogyakarta.
- **Moeljosoehardjo's,** Jl. Taman Sari 37 B, Yogyakarta, Tel: 2873.
- **Swasthigita,** Jl. Ngadinegaran MD 7/50, Yogyakarta, Tel: 4346.
- **Toko Setia,** Jl. Malioboro 79, Yogyakarta.
- **Toko Setia,** Jl. Malioboro 165, Yogyakarta.

Antiquitäten und Raritäten

Die besten Jagdgründe stellen die zahlreichen Läden an Jl. Malioboro (**Edi Store** und **Naga** sind die besten) sowie ein weiteres Geschäft hinter den Bahngleisen an der Jl. Mangkubumi (**Jul Shop**) dar. Auch an den Straßen südlich und westlich des Kraton und in den kleinen Läden beim Ambarrukmo Palace Hotel könnte man sein Glück versuchen. In den meisten Batik-Geschäften werden auch Antiquitäten angeboten. Wertvolle Ware führt **Ardianto,** aber auch die ausgezeichnete neue Kunstgalerie an der Jl. Pramuka.

Was vielen Touristen besonders ins Auge fällt, sind die geschnitzten und vergoldeten Schatullen für Kräutermedizin oder die buntfarbigen *loro blunyo,* sitzende Hochzeitspaar-Figuren, die früher die Zeremonienkammer eines javanischen Aristokratenhaushalts zierten. Eine Handvoll Kupfermünzen mit den VOC-Insignien der holländischen Ostindiengesellschaft können zu einer reizvollen Dekoration zusammengestellt werden; sehr fein gearbeitete alte holländische und chinesische Teakholzmöbel verschiedenster Machart sind erhältlich, Hochzeitsbetten mit Seitenwänden und Baldachin, vergoldete Verkleidungen, Tische mit Marmorplatte, geflochtene Stühle, massive Schatullen und allerhand reizvoller Tand. Dann sind da die *naga*-umkränzten Stände mit *gamelan*-Instrumenten, Bronze-Statuetten, die Durga, Nandi, Shiva, Ganesa, Agastya, Buddha und unzählige andere *bodhisattvas* darstellen, derbe *wayang klitik*-Figuren und altes, weißblaues Ming-Porzellan aus Annam und aus China. Vieles ist im Solo billiger und leichter zu bekommen.

- **Antiques Art Shop,** Jl. Kota Gede, Yogyakarta.
- **Ardianto,** Jl. Pejaksan 21, Yogyakarta.
- **Arjuna Art Shop,** Jl. Solo 110, Yogyakarta.
- **Asmopawiro,** Jl. Let Jendral Haryono 20, Yogyakarta.
- **Edi Store,** Jl. Malioboro 13 A, Yogyakarta, Tel: 2997.
- **Ganeda Art Shop,** Jl. Abdul Rahman 69, Yogyakarta.
- **Hastirin Store,** Jl. Malioboro 99, Yogyakarta.
- **Jul Shop,** Jl. Mangkubumi 29, Yogyakarta, Tel: 2157.
- **Ken Dedes,** Jl. Sultan Agung, Yogyakarta.
- **La Gallerie,** Jl. Kota Gede, Kota Gede, Yogyakarta.
- **Mahadewa Art Shop,** Jl. Taman Garuda, Yogyakarta.
- **Pusaka Art Shop,** Jl. Taman Garuda 22, Yogyakarta.
- **Seni Jaya Art Shop,** Jl. Taman Garuda 11, Yogyakarta.
- **Sidomukti Art Shop,** Jl. Taman Kampung III/103 A, Yogyakarta.
- **The Ancient Arts,** Jl. Tirtodipuran 30, Yogyakarta.

Gemälde

Affandi, der ,,große alte Mann" der indonesischen Malerei, unterhält an der Jl. Solo, mit Blick über den Fluß, ein großes Atelier mit Galerie. Dem Ruhm folgte das große Geld: unter 1000 US-$, was international gesehen, noch immer einen Gelegenheitskauf darstellen würde, ist kein Bild des Meisters mehr zu haben. 1973 ernannte man Affandi zum ,,Maler laureatus"; er durfte danach unter seinem eierförmigen Betongewölbe ein Privatmuseum einrichten (das erste seiner Art in Indonesien). Die früheren (und feineren) Werke Affandis stehen leider nicht zum Verkauf. Die Werke anderer Künstler, darunter seiner Tochter **Kartika,** sind ebenfalls ausgestellt.

Um sich ein Urteil über die moderne Kunstszene des Landes zu bilden, könnte man Yogyas **Academy of Fine Arts (ASRI)** an der Jl. Gampingan aufsuchen. Sie gilt als eine der besten Kunstakademien des Landes.

Masken und Holzpuppen

Die hochwertigen Arbeiten eines der wenigen verbliebenen Kunsthandwerker, der noch heute für die Schauspieler und *dalangs,* nicht für Touristen, schnitzt, sind bei **Pak Warno Waskito** zu sehen. Der freundliche alte Herr betreibt sein Handwerk seit über 50 Jahren. Schulen hat er nie besucht.

Pak Warno wohnt ziemlich abgelegen. Bei Kilometer 7,6 der Straße Yogya-Bantul im Süden geht es rechts ab, nach 300 m ist es links das erste Haus. Der Weg ist ausgeschildert.

Keramik

Auf der Rückfahrt von Pak Warno biegt man bei Kilometer 6,5 nach links ab und fährt etwa 1 km auf einer Seitenstraße. Wenn Sie ein Bewunderer der keck bemalten ,,piggy banks" in Elefanten-, Hahnen-, Fabeltier- bzw. Reitpferdgestalt sind, auf die man in Yogya vor allem um Pasar Ngasem stößt: in **Kasongan** können Sie verfolgen, wie sie von Hand geformt, am offenen Feuer gebrannt und dann mit gravitätischem Schwung bemalt werden, fast wie in Mexiko. Bald in jeder Familie kann hier jemand töpfern. Wer bereit ist, bis zu zehn Tagen zu warten, kann sich etwas anfertigen lassen.

Musik und Theater in Yogya

Man unterscheidet zwischen Aufführungen speziell für Touristen und solchen, die von und für die Einheimischen gespielt werden.

Vorführungen für Touristen müssen keineswegs weniger authentisch oder irgendwie schlechter sein, obwohl manchmal dem ausländischen Publikum gekürzte Versionen oder nur Auszüge präsentiert werden.

Ihr größter Mangel ist das fehlende javanische Publikum, das wie die Spieler selbst Bestandteil einer Aufführung ist, vor allem auf Java. Sie sollten daher versuchen, einem *kampung*-Schattenspiel oder einem Tanzdrama irgendwo auf dem Lande beizuwohnen. Man muß Glück haben, den richtigen Zeitpunkt zu erwischen. Aktuelle Veranstaltungshinweise bekommt man im **Tourist Information Office** (Jl. Malioboro 16) und in den Reisebüros.

Gamelan

Alle Tänze und Schattenspiele werden von einem Gamelan-Orchester untermalt; darüber hinaus erklingt *gamelan*-Musik überall in Yogya.

- Wie bereits erwähnt, empfiehlt es sich, jeweils am Montag- und Mittwochvormittag den **Kraton-Gamelan-Proben** beizuwohnen.
- Konzerte finden auch im **Pakualaman** an der Jl. Sultan Agung statt (an jedem fünften Sonntag um 10 Uhr. Eintritt frei).
- Sollten Sie tatsächlich alle einschlägigen Aufführungen verpaßt haben, dann können Sie immer

noch im Hotel Ambarrukmo Palace dem *gamelan*-Ensemble zuhören, das dort täglich von 10.30 bis 12.30 Uhr sowie von 15.30 bis 17.30 Uhr auftritt (Eintritt frei).

Wayang Kulit

Diese künstlerische Ausdrucksform hat seit je das Denken und Fühlen der Javaner am nachhaltigsten beeinflußt. Es wundert daher nicht, daß immer wieder Ausländer vom Schattenspieler fasziniert sind, obwohl sie von den Dialogen nichts verstehen, und daß es eine umfangreiche Literatur auf holländisch und englisch zum Thema gibt. Gespielt wird stets während der Nacht; eine Aufführung beginnt um 21 Uhr und dauert bis zum Morgengrauen.

Das **Agastya Art Institute** (Jl. Gedong Kiwo MD III/237), eine private *dalang*-(Vorführ)-Schule, bietet täglich außer samstags um 15 und 17 Uhr für 3 US-$ Eintritt Ausschnitte für ein touristisches Publikum.

Ähnliche Aufführungen zeigt das **Ambar Budaya** im Zentrum des Kunsthandwerks, gegenüber dem Hotel Ambarrukmo Palace, montags, mittwochs und freitags von 9.30 bis 10.30 Uhr.

An jedem zweiten Samstag des Monats überträgt Radio Republik Indonesia live eine Aufführung aus dem Pavillon südlich des Kraton, dem **Sasono Hinggil Dwi Abad.** Es ist das Beste, was im Veranstaltungsprogramm zu finden ist. Beginn: 21 Uhr (kein Eintritt).

Gelegentlich wird auch in der **Habiranda Dalang School** im Pracimasono auf der Nordostseite des *alun-alun* am Abend geübt und geprobt: außer donnerstags und sonntags jeweils um 19 und 22 Uhr (bei freiem Eintritt). *Wayang kulit* zum Abendessen im klimatisierten Restaurant ist die neueste Errungenschaft, zu sehen im French Grill im **Arjuna Plaza Hotel** (Jl. Mangkubumi 48) jeweils am Dienstag- und Sonntagabend um 19 Uhr.

Wayang Golek

Hier wird mit dreidimensionalen runden Figuren gespielt, die in Westjava beliebter als in Zentraljava sind. Die Bewegungen, Stimmen und Inszenierungen, selbst ein Großteil der Dialoge, ähneln denen des *wayang kulit.*

Das **Reisebüro Nitour** veranstaltet täglich außer sonntags Aufführungen von *wayang-golek*-Ausschnitten (von 10 bis 12 Uhr in den Büroräumen Jl. Ahmad Dahlan 71).

Das **Agastya Art Institute** (Jl. Gedong Kiwo MD III/237, eine private *dalang*-Schule südwestlich von Taman Sari, hat samstags zwischen 15 und 17 Uhr kurze „Probe"-Aufführungen angesetzt.

Wayang golek beim Dinner bietet wiederum das Restaurant French Grill im **Arjuna Plaza Hotel** (Jl. Mangkubumi 48), jeden Donnerstag um 19 Uhr.

Javanischer Tanz

Die **Kraton Dancers** proben öffentlich jeden Sonntag von 10.30 bis 12 Uhr (Eintritt 0,50 US-$).

Die Mardawa Budaya School, eine der besten in Yogya, bringt ein breites Repertoire von Tänzen in einer aristokratischen **pendapa, Dalem Pujokusuman,** Jl. Brig. Jend. Katamso 45, auf die Bühne (montags, mittwochs, freitags von 20 bis 22 Uhr; Eintritt 3 US-$).

Wer seinen Urlaub zwischen Mai und Oktober hier verbringt (z.Z. des Vollmond), der sollte sich natürlich das **Ramayana-Ballett** in Prambanan nicht entgehen lassen. Geboten wird von Tausenden von Tänzern ein *sendratari* ohne jeden Dialog. Sämtliche Reisebüros und das Tourist Information Office organisieren Busfahrten nach Prambanan und besorgen die Eintrittskarten (4 US-$). Die Fahrt kostet rund 11 US-$.

Wer beim Zusehen gleichzeitig speisen möchte, sei auf die abendliche „cultural show" im **Ambarrukmo Palace Hotel** verwiesen.

Die hier aufgeführten Vorführungen sind allesamt ausgezeichnet. Um sich ein Bild von der Ausbildung der javanischen Tänzer zu machen, kann man tagsüber einige der Schulen aufsuchen, die meist in schöner Umgebung angesiedelt sind (in ehemaligen Villen der Königsfamilie).

- **Krido Bekso Wirama,** Dalem Tejokusuman, Jl. K.H. Wahid Hasyim. Erste Tanzschule Javas außerhalb des Kraton.
- **Siswo Among Bekso,** Dalem Poerwodiningratan, Jl. Kadipaten Kidul 46. Hier finden häufig Vorführungen der Schüler statt.
- **Mardawa Budaya,** Jl. Brig. Jen. Katamso 45. Vorführungen für Touristen.
- **Pamulangan Beksa Ngayoyakarta.**
- **Bagong Kussudiarjo,** Jl. Singosaren 9, bei Jl. Wates. Der bekannteste „moderne" Tänzer und Choreograph Javas. Er gehörte zu den Künstlern, die in den 50er Jahren die neue Form des Kunst-Tanz-Dramas entwickelten. Noch heute ein vitaler Lehrer, Schriftsteller und Choreograph.
- **Indonesische Tanzakademie (ASTI).** Dies ist eine der drei staatlichen Grundschulen, an denen die vielversprechendsten jungen Tänzer aus Yogya und Umgebung zusammengezogen werden. Diese Schule sollte man aufsuchen (Jl. Colombo, s. Karte), da hier mit neuen Formen besonders schöpferisch gearbeitet wird.

Wayang Orang/Ketoprak

Zu guter Letzt sei auf die Aufführungen einer volkstümlichen Version des höfischen Tanzdramas verwiesen, die jeden Abend im **Taman Hiburan Rakyat (THR),** im „People's Amusement Park" an der Jl. Brig. Jen. Katamso, für 0,50 US-$ geboten ist. Das **Arjuna Plaza Hotel** (Jl. Mangkubumi 48) hat in das Unterhaltungsprogramm des Restaurants French Grill am Donnerstag abend auch eine *wayang orang*-Aufführung für Touristen aufgenommen (19 Uhr).

AUSFLÜGE VON YOGYA

Neben den allgemein bekannten Tempelanlagen von **Borobudur** und **Prambanan** gibt es zahlreiche weniger bekannte, doch ebenso faszinierende

Tempel, die von Yogyakarta aus leicht zu erreichen sind. Dazu gehören die Baudenkmäler des **Dieng Plateau,** die **Gedung Sanga-**Gruppe sowie eine Anzahl von Stätten um Prambanan: **Sewu, Plaosan, Ratu Boko, Kalasan, Sari** und **Sambisari.**

Das Gebiet um Yogya hat jedoch nicht allein Tempel zu bieten, denn eine Stunde vor der Stadt erstrecken sich bereits die ausgedehnten schwarzen Sandstrände an der Südküste bei **Parangtritis.** Unterwegs könnte man am idyllisch gelegenen Bergfriedhof der javanischen Rajas in **Imogiri** oder in Kota Gede, der alten Stadt der Silberschmiede, einem heutigen Vorort von Yogya, eine Pause einlegen.

Der Hitze entgeht man am schnellsten durch eine Spritztour zum Ferienort **Kaliurang** am Mt. Marapi. Wer auf den Gipfel dieses aktiven Vulkans steigt, hat einen herrlichen Rundblick über Zentraljava. Das macht man am besten am frühen Morgen von Selo aus.

Das Dieng Plateau

Der Tagesausflug auf die vulkanische Hochfläche des Dieng Plateau (von *di-hyang* für „Ort des Geistes"), rund 100 km bzw. drei Stunden nordwestlich von Borobudur, ist eine Reise auf eine 2000 m hohe, in Nebelschwaden und Rätsel gehüllte Bergfeste. Der letzte Teil des Anstiegs von **Wonosobo** zur Hochebene ist eng und windungsreich.

Daß hier oben Dämonen, Geister und zornige Giganten hausen sollen, erscheint durchaus glaubhaft; graue Nebelschleier umhüllen die umliegenden Bergrücken. Rätselhaft sind auch die Tempelbauten, vermutlich aus dem 8. Jahrhundert; das früheste schriftlich überlieferte Datum ist das Jahr 809. Immerhin steht fest, daß nicht die buddhistischen Sailendras sie bauten, sondern Shiva-Verehrer; es könnten Nachfahren der Sanjayas gewesen sein, die als Vasallen der Sailendras über Teile Zentraljavas herrschten und diese schließlich vertrieben. Acht kleine Steintempel hat man teilweise wiederaufgebaut. Die Grundmauern anderer Tempel stehen im Umkreis; die Überbleibsel mehrerer *pendopos* (Pavillons) aus Holz deuten darauf hin, daß früher ein Palast oder ein Kloster hier stand.

Die Hauptgruppe der Tempel trägt nun die Namen der Helden und Heldinnen des Mahabharata; Arjuna, Puntadewa, Srikandi und Sembadra stehen in Begleitung ihres geduckten, ungelenken Dieners Semar inmitten eines flachen Feldes. Das Umfeld scheint fester Grund zu sein, ist jedoch größtenteils Sumpfgebiet. Vor 1000 Jahren hat man es mit Hilfe von Tunnels, die durch die Berge gegraben wurden und zu denen man vom Nordende des Feldes aus Zugang hat, trockengelegt.

Der eigentliche Grund, der das abgelegene Gebiet als heilige Stätte geeignet erscheinen ließ, waren die beschauliche landschaftliche Umgebung und die heftigen Vulkanausbrüche. Wer auf dem hölzernen Weg um **Telaga Warna** („Vielfarbiger See") und **Telaga Pengilon** („Spiegelsee") geht, wird von der ruhigen Schönheit der Stätte entzückt sein. Die Bergkuppen und Täler, sie könnten einer chinesischen Malerei als Vorlage dienen, verbergen kleine Grotten, noch heute beliebte Stätten der Meditation. Hinter den Seen deuten nie endende Schwaden heißen Dampfes und Schwefelgases auf einen tiefen Riß in der Erde.

Anreise

Das Miettaxi oder der Kleinbus für ein bis acht Personen nach Dieng kostet für die Hin- und Rückfahrt 45 US-$ (Tagesausflüge: siehe „Anreise" bei Yogya). Die Überlandbusse verkehren zwischen Yogya und Wonosobo (Abfahrt am Busbahnhof an der Jl. Veteran und bei den „Colt"-Büros an der Jl. Diponegoro). Von dort läßt man sich von einem heimischen „Colt" nach Dieng hinauffahren. Intan Pelangi (siehe Yogya: „Rundfahrten/Reisebüros") bietet eine geführte Tagestour nach Dieng und Borobudur für 12 US-$ pro Person an. Die Abfahrtszeiten erfährt man beim Reisebüro oder im Hotel. Das Tourist Information Office, Jl. Malioboro 16, weiß mehr zum Thema Ausflüge.

Unterkunft

Direkt auf der zentralen Hochfläche mit Blick auf die Tempel stehen einige *losmen* sowie ein Restaurant, wo man für wenige Dollar übernachten kann. Warme Kleidung nicht vergessen. Bessere Unterkünfte gibt es in Wonosobo, allerdings kein Hotel erster Klasse.

In der Umgebung Prambanans

Sewu und **Plaosan** heißen zwei buddhistische *candi*-Komplexe in der Nähe. *Sewu* (die „tausend Tempel"), etwa 1 km nördlich Prambanans, besteht aus einem hohen Hauptbau, der von 240 kleinen Schreinen umgeben ist. Er wurde wohl kurz vor Prambanan (d.h. um 850) fertig und kommt letzterem an Feinheit gleich. Der Haupttempel, der jetzt wiederhergerichtet wird, weist eine ungewöhnliche Galerie auf, die man durch ummauerte Tore erreicht, an denen Nischen im maurischen Stil aufgereiht sind. Die Mauern der kleineren Schreine sind zusammengefallen und geben den Blick auf eine stattliche Menge buddhistischer Statuen frei.

Das etwa 1 km östlich Sewus gelegene Plaosan bestand ursprünglich aus zwei großen, rechteckigen Tempeln, die von einer Anzahl kleiner Schreine und fester *Stupas* umgeben ist. Beide Tempel waren zweistöckig, hatten drei Räume mit Fenstern, die schöne kleine Buddha-Figuren und *bodhisattvas* sowie Reliefs aufwiesen; sie stellen entweder Spender, Priester oder Pilger dar — einer trägt eine hohe Kopfbedeckung und sieht einem Ägypter ähnlich. Diese Tempelanlage kann auch aus der Mitte des 9. Jahrhunderts stammen.

Die Ruinen von **Candi Ratu Boko** stehen 1,6 km südlich des Dorfes Prambanan auf einem Bergrücken. Von Prambanan folgt man der Einbahnstraße und biegt anstatt nach rechts in Richtung Yogya nach links ab und sieht das ganze Tal vor sich ausgebreitet liegen. Eine steile Treppe führt auf die Hochebene links der Straße, gegenüber einer Kilometerangabe auf einem Stein („Yogya 18 km"); auch eine neue Straße führt von hinten bis ganz zum Tempel hinauf. In der Morgen- und Abenddämmerung sind Tempel und Tal in goldenes Licht getaucht.

Ratu Boko war wahrscheinlich ein befestigter Palast, der unter dem letzten der buddhistischen Sailendras gebaut und später von den hinduistischen Erbauern Prambanans übernommen wurde.

An der Hauptstraße, die zurück nach Yogyakarta führt, stehen drei weitere Tempel. **Candi Sari,** in hübscher Lage zwischen Bananenstauden und Kokospalmen (nördlich der Straße, 3 km von Prambanan), ist, darin den Tempeln von Plaosan ähnlich, ein buddhistischer Tempel mit zwei Etagen, Fenstern und mehreren Kammern im Inneren. Candi Sari diente wohl als Kloster und besticht durch die 36 himmlischen Wesen — tanzende Nymphen, Musiker, Drachenkönige — sowie durch die reiche Dach-Ornamentik. Ein Sailendra-Bau wohl aus dem 8. Jahrhundert.

Candi Kalasan ist von der Straße westlich von Sari zu sehen — ein weiteres buddhistisches Heiligtum, mit dessen Bau wohl bereits 778 begonnen wurde. Sein hervorstechendstes Merkmal ist ein riesiger, ausgeschmückter *kala-makara*-Kopf über dem südlichen Eingang.

Als letztes wollen wir **Sambisari** besichtigen, ein kleines *candi,* das erst 1966 in einem Reisfeld entdeckt und aus 5 m Tiefe ausgegraben wurde. (Hinter dem 10,2-Kilometerstein biegt man nach Norden ab.) Viele der Tempelreliefs wirken seltsam unvollendet, weshalb gemutmaßt wird, daß die Stätte vor ihrer Fertigstellung bei einem Vulkanausbruch verschüttet wurde. Vielleicht war es derselbe Ausbruch, der auch Borobudur unter Lava begrub und die Mataram-Könige aus Zentraljava vertrieb.

Anreise

Sämtliche Tempel kann man an einem Tag besichtigen — zusammen mit dem Hauptkomplex Loro Jonggrang in Prambanan. Am besten, es findet sich eine Gruppe, die für etwa 20 US-$ für zehn Stunden einen Kleinbus mietet. Die Hotels sind dabei behilflich. Bitte beachten: Vor der Fahrt sollten die Orte, die besichtigt werden sollen, sowie die geplante Dauer der Fahrt festgelegt werden. Auf der Rückfahrt könnte man bei Nyonya Suharti einkehren und das berühmte gebratene Huhn des Hauses (siehe „Restaurants" bei Yogya) genießen.

Kota Gede

Südöstlich von Yogya kommen wir nach **Kota Gede** und seinen berühmten Silberschmieden (siehe Yogya — „Einkaufen"). Der Ort wurde um 1579 von Senopati, dem berühmten Gründer der neuen bzw. zweiten Mataram-Dynastie, gegründet, aus der alle zentraljavanischen Politiker unserer Zeit abstammen. Kota Gede ist also weit älter als Yogya selbst, Senopati liegt auf einem kleinen

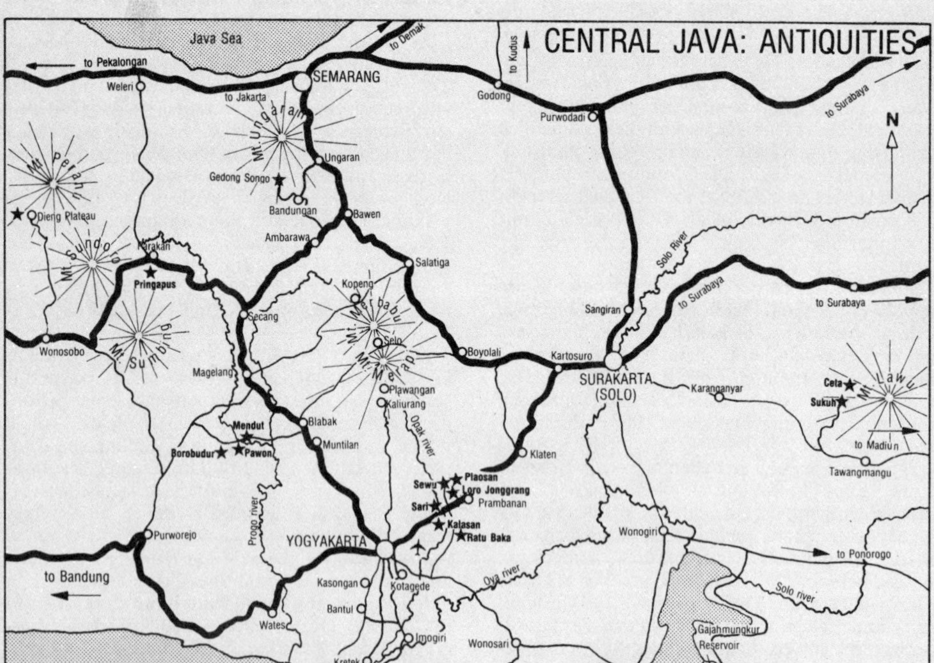

moosüberwachsenen Friedhof, kaum 500 m vom Central Market der Stadt, begraben. Ein breiter Pfad und zwei mächtige Banyanbäume kündigen einen abgeschlossenen Hof an. Ein schmaler Weg durchquert ihn, bis wir zu einer alten Moschee und einer Vielzahl kleinerer Höfe und verzierter Eingänge kommen.

Inmitten dieses heiteren Labyrinths liegt der winzige, hochummauerte Friedhof. Blumen, Weihrauch, Zigarren und andere Opfergaben sind auf den abgetretenen Stufen vor der großen, von der Witterung gezeichneten Tür verstreut, die zu Senopatis Grab führt, das nur montags von 10 bis 13 Uhr und freitags von 13.30 bis 16.30 Uhr zu besichtigen ist.

In der Lichtung außerhalb des Friedhofs steht ein kleines gekalktes Gebäude mit einem großen polierten schwarzen Felsbrocken von der Größe eines Doppelbettes. Man weiß nicht, ob es eine Hinrichtungsstätte oder Senopatis Thron war. Eine holländische Inschrift ist zu sehen. Der Stein gilt als ein mit magischen Kräften ausgestattetes *pusaka* (ererbtes Besitzstück). Daneben liegen drei große gelbe Steinbälle, mit denen man angeblich jonglierte. Wahrscheinlicher klingt die These, daß es sich um antike, vorislamische ,,Ahnensteine" handelt.

Die Königsgräber von Imogiri

Ein weiteres glänzendes Zeugnis aus Yogyas Geschichte ist in **Imogiri,** 20 km südlich an einer schmalen Straße, zu sehen.

Imogiri besitzt die Aura einer alten Ortschaft. Kurz hinter dem Dorf mündet die Straße auf einen winzigen Platz mit einem einzigen *warung* und einem alten *pendopo.* Über einen breiten Weg, der durch eine Allee führt, gelangt man zum Ausgangspunkt des Aufstiegs zu den Königsgräbern.

Der berühmte Sultan Agung wurde 1645 als erster Herrscher auf einem kleinen Felsvorsprung begraben. Seitdem wurden fast alle Fürsten des Hauses Mataram und der nachfolgenden Königsfamilien von Yogyakarta und Surakarta in Imogiri zur letzten Ruhe gebettet.

Der Besuch der altehrwürdigen Stätte gilt vielen Javanern als eine Art Wallfahrt; in der Tat ist der Aufstieg über die 345 abgetretenen Stufen eine beachtliche Selbstkasteiung.

Die Gräber sind in drei großen Höfen am Ende eines Treppenaufgangs angeordnet: Vorne die der Mataram, links die der Susuhunan von Solo, rechts die der Sultane von Yogya. Jeder große Hof umschließt kleinere Höfe mit den Gedenksteinen und Gräbern der Fürsten. Der Zutritt zu den kleineren Höfen und die Besichtigung der Gräber ist lediglich montags und freitags nach den Mittagsgebeten für kurze Zeit gestattet. Die Besucher müssen die offizielle Kleidung des javanischen Hofes tragen. Man kann sie gegen eine geringe Gebühr an Ort und Stelle ausleihen.

Obwohl Vor- und Innenhöfe die übrige Zeit verschlossen sind, kann man immer auf den langen hochummauerten Umgängen an der Vorderseite eines jeden Komplexes herumgehen. An den Enden der vorderen Galerie führt ein Torweg durch die Mauern zu einem Weg, auf dem man zum eigentlichen Gipfel gelangt. Geöffnet: Montags von 10 bis 13 Uhr, freitags von 13.30 bis 16.30 Uhr.

Parangtritis

Die Küste bei **Parangtritis** war bereits in vorhinduistischer Zeit Schauplatz eines Fruchtbarkeitskultes, der dann symbolisch von Sultan Agung und dessen Nachfolgern weiter gepflegt wurde. Die Legende erzählt, daß Senopati oder auch Sultan Agung selbst Raden Loro Kidul, die ,,Königin des Südlichen Ozeans", heiratete (in Wirklichkeit und nicht in der Phantasie), deren Herrschaftsbereich, auch ,,Todesregion" genannt, unter dem Indischen Ozean lag. In ritueller Form wird dieser Heirat an den Höfen Zentraljavas noch heute gedacht. In Solo wird am Jahrestag der Verehelichung des *susuhunan* ein spezieller Tanz, der *Bedoyo ketawang,* aufgeführt; bis vor einiger Zeit durften nur der *susuhunan* und ausgewählte Adlige der Aufführung beiwohnen. Der Tanz stellt in symbolischer Form des Herrschers Hochzeit mit Raden Loro Kidul dar. Yogya ist der Schauplatz der *Labuhan*-Zeremonie, bei der heilige Haare und Nagelstücke zusammen mit *melati*-Blumen verteilt werden, die im Laufe des Jahres bei den königlichen *pusakas* geopfert wurden. An den Hängen von Gunung Merati und Gunung Lawu sowie an der Küste von Parangtritis finden dazu Rituale statt.

Raden Loro Kidul, die ,,Königin des Südlichen Ozeans", mag zwar die Frau des Königs sein; das ändert aber nichts an ihrem Hang zur Bösartigkeit. Wer an der rauhen Südküste ins Wasser geht, betritt praktisch unerlaubt ihr Territorium; viele mußten dafür schon ihr Leben lassen.

Wie dem auch sei — die starke Strömung und der hohe Wellengang machen das Baden vor Javas Südküste fast überall zum gefährlichen Abenteuer. Bei Parangtritis bedeuten die spitzen Felsen und Wanderdünen grauen Sandes an der Küste eine zusätzliche Gefahr.

Anreise

Um von Yogya direkt nach Parangtritis zu gelangen, steigt man an der Jl. Parangtritis, Ecke Jl. Jenderal Sutoyo, in einen Kleinbus ein. Bis zum Fluß in Kretek kostet die Fahrt 200 Rp. Auf der anderen Seite der Brücke steht entweder ein Ponywagen oder ein Motorrad für die Fahrt zum Strand zur Verfügung. Oder aber Sie mieten gleich den ,,Colt" für 20 US-$ am Tag und nehmen die Nebenstrecke über Imogiri. In Parangtritis kann man günstig übernachten (Losmen) und essen.

Kaliurang

23 km nördlich von Yogya gelegen, bietet der Ort zahlreiche Pensionen, zwei Schwimmbäder, ei-

nige Hirsche aus Bogor und den 2,5 km langen Spazierweg zum Overseer Point. Die Witterung ist unberechenbar; der strahlend blaue Himmel kann sich in kurzer Zeit mit Wolken überziehen.

Beim Gipfel des Plawangan überquert der Weg einen schmalen Bergrücken, an dessen steilen Hängen Bäume stehen und hellrote und gelbe Wandelröschen blühen.

Mount Merapi

Bei klarem Wetter ist der **Gunung Merapi** in seiner vollen Pracht zu sehen. In der seismologischen Station Plawangans beobachten die Vulkanforscher mit Ferngläsern und Seismographen monatelang jede Regung am Krater, bevor sie zum Gunung Kelud, zum Ijen oder zu einem anderen Berg weiterziehen, denn die Erde kommt in Indonesien nie zur Ruhe. Der Merapi ist der lebhafteste unter den Vulkanen der Insel — und der gefährlichste: Ende 1973 kam es zu einer Reihe kleinerer Lavaausbrüche und den (größeren Schaden stiftenden) *lahar*-Ausflüssen aus Wasser, Schlamm und Asche; der letzte größere Ausbruch war 1954.

Im Westen des Berges befindet sich ein zweiter Beobachtungspunkt. Eine kleine, gut (auf englisch) ausgeschilderte Seitenstraße biegt, 23 km nach Yogya, von der Hauptstraße nach Muntilan ab, und wenn man in langsamer Fahrt Tunnels aus Bambusstauden und Pinien durchquert hat, sieht man den Westhang des Vulkans, der aufgrund der wiederholten Lavaausbrüche ein entstelltes, schrundiges Aussehen hat.

Am Kraterrand des Merapi zu stehen, aus 2900 m Höhe ins Tal hinunterzublicken, ist wohl das aufregendste Bergerlebnis auf Java. Der Bromo in Ostjava zieht noch mehr Besucher an, da er bequemer zu erreichen ist.

Surakarta (Solo)

In einer Stunde ist man von Yogya aus bequem in Surakarta bzw. Solo. Auf den ersten Blick hat die flach und ungeordnet ausgebreitete Stadt noch weniger als ihre Nachbarstadt ein königliches Aussehen. Ihre Reize zu entdecken, erfordert Geduld. Der Susuhunan (Herrscher) über Solo war der einzige Javaner, dem die Holländer ihren Respekt nicht versagten. Sein Palast sei eine Enklave gewesen, in der die Gesetze und Traditionen Javas strikt befolgt wurden.

Weil die javanische Tradition in Solo hochgehalten wurde, machte sie eine andere Entwicklung durch als Yogya — ruhiger, zurückhaltender, feiner, ohne die jugendliche, revolutionäre Strömung. So wenigstens sehen die Solonesen sich und ihre Stadt. Rein äußerlich wirkt Solo verschlafener, kleiner, weniger verkehrsreich und von weniger Touristen besucht.

Anreise

Am einfachsten ist es, in Yogya einen Platz im Expreß-,,Colt" in einem der Reisebüros auf der Jl. Diponegoro, westlich des Tugu-Monuments, zu buchen (1,20 US-$). Die ,,Colts" fahren den ganzen Tag alle halbe Stunde. Die Hälfte zahlen Sie, wenn Sie auf der Jl. Sudirman bzw. Jl. Solo in Yogya einen Bus oder Minibus nach Osten heranwinken. Das dauert aber länger, und man sitzt auf engstem Raum neben anderen Fahrgästen.

Das Taxi bzw. der Kleinbus für bis zu sieben Personen kostet ab Yogya (einfach) 17,50 US-$, hin und zurück (am selben Tag) 22,50 US-$.

Auf dem Flugplatz Solos landen zwei- bis dreimal täglich Flugzeuge aus Jakarta und Surabaya. Die Yogya-Züge halten auch in Solo (siehe Seite 325).

Erste Orientierung

Jalan Slamet Riyadi, ein breiter Ost-West-Boulevard, die Verlängerung der Fernstraße aus Yogya in die Stadt, ist die Hauptader Solos. Im Osten ist sie von einem Tugu-Denkmal begrenzt; vor den nördlichen Toren führt sie auf den *alunalun* (Stadtplatz) und das Kraton-Gelände. Das Hauptpostamt, andere Amtsgebäude, Banken, die Telefonzentrale und der Zentralmarkt (Pasar Gede) liegen im Umkreis (siehe Karte). Die Hotels, Restaurants und Geschäfte an bzw. bei Jl. Slamet Riyadi sind zu Fuß leicht zu erreichen; die meisten Sehenswürdigkeiten sind um die beiden Paläste **Kasusuhunan** und **Mangkunegaran** angesiedelt. Parallel zur Slamet Riyadi (eine Straße weiter südlich) verläuft die Hauptgeschäftsstraße **Jalan Yos Sudarso;** eben da bucht man den Platz im ,,Colt" für die Rückfahrt nach Yogya. An der Jl. Veteran im Süden der Stadt unterhalten die meisten Busgesellschaften eine Niederlassung, ebenso im neuen **Bus Terminal** unweit des City-,,bypass" (Jl. Parman/Tendean/Haryono) im Norden der Stadt.

Stadtverkehr

Fast alles kann man zu Fuß machen. Auch hier sind *becaks* im Einsatz (siehe Yogya-Abschnitt mit Hinweisen zum Aushandeln der *becak*-Fahrpreise). Hier bezahlt man etwa dasselbe; für 500 Rp. kann man sich normalerweise etwa 1,5 km weit durchs Stadtzentrum fahren lassen, und mit etwas Übung im Umgang mit den Fahrern wird man auch schon für 200 Rp. umhergefahren.

Unterkunft

Erste Klasse (ab 20 US-$)

Das beste Hotel der Stadt ist das **Kusuma Sahid Prince** mit sehr komfortablen Doppelzimmern von 24 US-$ bis zu den 200 US-$ für eine ,,Indraloka Suite" (zuzüglich 21 % Steuer und Bedienungszuschlag). Im großen Swimmingpool des Hotels können für 1,50 US-$ auch Nichthotelgäste baden. Das **Mangkunegaran Palace Hotel** liegt ganz in der Nähe (auch hier kostet die Übernachtung ab 24 US-$). Zur selben Kategorie zählen noch **Cakra** und **Solo Inn.** Sie liegen jedoch an der lauten Jl. Slamet Riyadi, haben kleinere Zimmer und keine Swimmingpools. Das **Sahid Sala** ist etwas älter

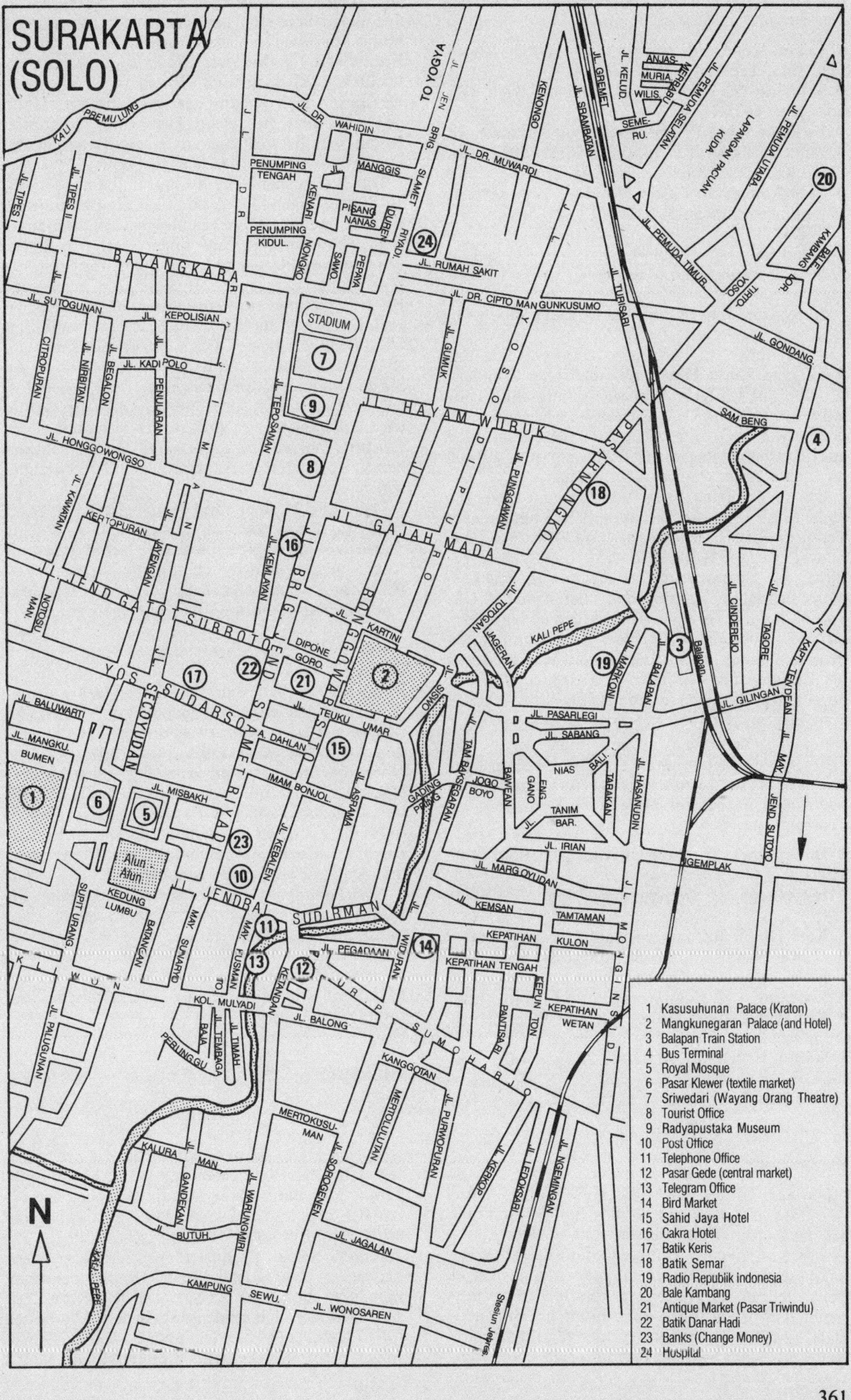
SURAKARTA
(SOLO)
KALI PREMULUNG
TO YOGYA
JL. DR. WAHIDIN
JL. JEN. BRIG. SLAMET RIYADI
JL. DR. MUWARDI
KENONGO
JL. SRAMBATAN
JL. GREMET
JL. KELUD
ANJAS
MURIA
WILIS
SEME-RU
MERBABU
JL. PEMUDA SELATAN
LAPANGAN PACUAN KUDA
JL. PEMUDA UTARA
JL. PEMUDA TIMUR
BALE KAMBANG
JL. TIPES I
JL. TIPES II
PENUMPING TENGAH
PENUMPING KIDUL.
MANGGIS
KENARI
PISANG
NANAS
DUREN
NONGKO
SAWO
PEPAYA
JL. RUMAH SAKIT
JL. BAYANGKARA
JL. SUTOGUNAN
JL. KEPOLISIAN
JL. DR. CIPTO MANGUNKUSUMO
JL. TURISARI
TIRTO YOSO
BOR.
JL. GONDANG
STADIUM
CITROPURAN
NIRBITAN
JL. BEGALON
JL. KADIPOLO
PENULARAN
JL. TEPOSANAN
JL. GUMUK
JL. HAYAM WURUK
SAM BENG
JL. HONGGOWONGSO
JL. KAWATAN
KERTOPURAN
JAYENGAN
JL. KEMLAYAN
JL. GAJAH MADA
JL. PUNGGAWAN
JL. PASAR NONGKO
JL. JEND GATOT SUBROTO
NOTOSUMAN
JL. BRIG. JEND. SLAMET RIYADI
JL. RONGGOWARSITO
JL. KARTINI
DIPONEGORO
JL. TOTOGAN
JAGERAN
KALI PEPE
JL. MARKONI
JL. BALAPAN
Balapan
JL. CINDEREJO
JL. TAGORE
JL. KAPT. TENDEAN
JL. GILINGAN
JL. YOS SUDARSO
JL. SECOYUDAN
JL. BALUWARTI
JL. MANGKUBUMEN
JL. TEUKU UMAR
A. DAHLAN
OMSIS
JL. PASARLEGI
JL. SABANG
NIAS
BALI
ENG. GANO
TAM BAKSEGARAN
JOGO BOYO
BAWEAN
TARAKAN
TANIM BAR.
JL. HASANUDIN
JL. MAY. JEND. SUTOYO
JL. MISBAKH
IMAM BONJOL
JL. ASRAMA
GADING PRING
JL. IRIAN
GEMPLAK
Alun Alun
JL. KEBALEN
JL. MARGOYUDAN
SUPIT URANG
KEDUNG LUMBU
BATANGAN
MAY. SUNARYO
JL. JENDRAL SUDIRMAN
KEMSAN
TAMTAMAN
JL. MONGINSIDI
MAY. KUSMAN TO.
JL. PEGADAAN
JL. WIDURAN
KEPATIHAN
KULON
KEPATIHAN TENGAH
KEPATIHAN WETAN
KETANDAN
JL. UR. P. SUMOHARJO
KEPUNTON
PANTISARI
KLIWON
KOL. MULYADI
JL. BALONG
JL. PALUGUNAN
PERUNGGU
BAJA
JL. TEMBAGA
JL. TIMAH
KANGGOTAN
MERTOKUSUMAN
MERTOLULUTAN
JL. PURWOPURAN
JL. KERKOP
JL. LEDOKSARI
JL. NGEMINGAN
KALURAMAN
GANDEKAN
JL. WARUNGMIRI
JL. SOROGENEN
JL. BUTUH
JL. JAGALAN
KAMPUNG SEWU
JL. WONOSAREN
KALI PEPE
Stasiun Jebres
N
1 Kasusuhunan Palace (Kraton)
2 Mangkunegaran Palace (and Hotel)
3 Balapan Train Station
4 Bus Terminal
5 Royal Mosque
6 Pasar Klewer (textile market)
7 Sriwedari (Wayang Orang Theatre)
8 Tourist Office
9 Radyapustaka Museum
10 Post Office
11 Telephone Office
12 Pasar Gede (central market)
13 Telegram Office
14 Bird Market
15 Sahid Jaya Hotel
16 Cakra Hotel
17 Batik Keris
18 Batik Semar
19 Radio Republik Indonesia
20 Bale Kambang
21 Antique Market (Pasar Triwindu)
22 Batik Danar Hadi
23 Banks (Change Money)
24 Hospital

und billiger (20 US-$ für das klimatisierte Doppelzimmer, plus 21 % Zuschlag).

- **Cakra Hotel** (50 Zimmer), Jl. Slamet Riyadi 171, Solo, Tel: 5847, 7000.
- **Solo Inn** (32 Zimmer), Jl. Slamet Riyadi 318, Solo, Tel: 6075-7.
- **Kusuma Sahid Prince Hotel** (100 Zimmer), Jl. Asrama 22, Solo, Tel: 6356-8, 6901-2, 7022, Tlx: 22274 KSPH SOLO.
- **Mangkunegaran Palace Hotel** (48 Zimmer), Jl. Mangkunegaran, Solo, Tel: 5683, 2226, Tlx: HIPA JKT 44233.
- **Sahid Sala** (40 Zimmer), Jl. Gajah Mada 104, Solo, Tel: 3889, 5889.

Mittlere und untere Preisklasse (unter 20 US-$)

In der mittleren Preisklasse empfiehlt sich das **Ramayana Guest House** mit mehreren Zimmern für 12 bis 22 US-$ die Nacht (geräumig, mit Ventilator und Frühstück). Das Haus ist sehr sauber, jedoch etwas abgelegen. Mehrere andere Pensionen aus derselben Kategorie (z.B. **Sarangan** und **Putri Ayu**) sind kaum weniger komfortabel.

Das neue **Indah Jaya** in Bahnhofsnähe bietet für 15,50 US-$ (plus 21 %) immerhin Klimaanlage, Teppichboden, Farbfernseher und Frühstück. Das zentral gelegene **Hotel Trio** wird von Chinesen geführt; ein kleines, sauberes Zimmer im Rückgebäude unweit des Pasar Gede ist bereits für 10 US-$ zu haben. Im vorderen Teil werden einige ältere, große Zimmer mit drei bis vier Betten zum selben Preis angeboten. Das neu gestaltete **Mawar Melati** hat Zimmer mit Ventilator und eigenem Bad für nur 8 US-$, dazu einige Zimmer für ganze 3 US-$.

Im **Mawardi** (auch als „The Westerners" bekannt) in Kemlayan kommt man schon für 1,50 US-$ die Nacht unter. Die *becak*-Fahrer kennen dieses Haus. Wenn es belegt ist, versuche man sein Glück im **Mawar Melati**, im **Koto** bzw. im **Central.**

- **Dana Hotel,** Jl. Slamet Riyadi 232, Solo, Tel: 3890.
- **Indah Jaya,** Jl. Srambatan 13, Solo, Tel: 5444, 7445.
- **Kota Hotel,** Jl. Slamet Riyadi 113, Tel: 2841.
- **Mawar Melati,** Jl. Imam Bonjol 44, Solo, Tel: 6434.
- **Mawardi's,** Jl. Kemlayan Kidul 11, Solo.
- **Ramayana Guest House,** Jl. Dr. Wahidin 15, Solo, Tel: 2841.
- **Seribu Hotel,** Jl. Marconi 28 A, Solo, Tel: 3525.
- **Trio Hotel,** Jl. Urip Sumarharjo 33, Solo, Tel: 2847.

Restaurants

Das **Sari** an der Südseite der Jl. Slamet Riyadi (Nr. 351) gilt allgemein als das beste Restaurant auf Java; vom Stadtzentrum sind es etwa 3 km. Die Spezialitäten des Hauses sind *nasi liwet* (etwas Solonesisches: in Kokoscreme gekochter garnierter Reis), gebratenes Huhn und verschiedene *pepes*-Arten (Garnelen, Pilze oder Fisch im Bananenblatt, gewürzt und gedünstet oder gegrillt serviert. Näher zur Stadt liegt das ebenfalls sehr gute, originelle **Timlo Solo,** Jl. Urip Sumoharjo 106. Außer den ausgezeichneten Tagesmenüs gibt es natürlich Huhn auf Javanisch, *pecel* (gekochtes Gemüse in Erdnußsoße), sowie *nasi kuning* (in Gelbwurz gekochter Reis) dazu *tahu, tempe* und Kokosnuß. Das beste nach javanischer Art gebratene Huhn bekommt man im neuen **Tojoyo** (Jl. Kepunton Kulon 77). Es wird hier als einziges Gericht des Hauses von 18 bis 21 Uhr aufgetischt.

Das beste chinesische Restaurant ist das **Orient,** Jl. Slamet Riyadi 337 A (ein paar Häuser vom Sari). Die Speisekarte verzeichnet ein Rindfleischgericht, Schweinefleisch süß-sauer, Fisch (einen ganzen *gurame*), Mais- und Krebs- (bzw. Haifischflossen)-Suppe, chinesische Broccoli mit schwarzen Bohnen (*kailan tausi*); die Spezialität des Kochs: Huhn, gekocht, mit Knoblauch, Zwiebel- und Ingwersoße (*ayam rebus*). Das **Centrum** (Jl. Kratonan 151) liegt zentraler und ist auch sehr gut — lassen Sie den Manager für Sie bestellen. Die Krabbenrollen (*sosis kepiting*), in Butter gebratenene Garnelen (*Udang goreng mentega*), der Fisch mit gesalzenem Gemüse (*ikan sayur asin*) und die gebratenen Krebsscheren (*kepit kepiting*) sind hervorzuheben.

Das beste Hühner- und Hammelsate der Stadt gibt's im **Ramayana,** Jl. Ronggowarsito 2 (eine Straße vor dem Hotel Kusuma Sahid gelegen). Auch ausgezeichnete chinesische Spezialitäten (*kangkong* — gebratenen Spinat, knusprig gebratene Tauben — *burung dara goreng*) werden serviert.

Für eine leichte Mittagsmahlzeit empfiehlt sich das **Segar Ayem** an der Jl. Secoyudan, gegenüber Pasar Klewer (dem zentralen Batik-Markt) unweit des Kraton. Zu einigen schlichten javanischen Gerichten wie *gado gado, pecel* und *nasi rames* werden köstliche, eisgekühlte Fruchtsäfte serviert. Oder aber man probiert eines der vielen chinesischen Nudelgerichte zum kühlen Bier oder Fruchtsaft im **Bakso Taman Sari** an der Jl. Gatot Subroto (42C), zwischen Secoyudan und Slamet Riyadi. Auch im **Miroso,** Jl. Imam Bonjol 10, versteht man sich auf gute Nudelgerichte.

Nasi Padang ißt man am besten im **Andalas,** Jl. Ronggowarsito, gegenüber dem Eingang zum Mankunegaran Palace Hotel.

Schließlich sei auf das süße Kokosgebäck verwiesen, das die kleinen Wagen an der Jl. Slamet Riyadi am Abend anbieten — die heimische Spezialität heißt *serabi.*

Einkäufe

Batik

In Solo, der „Batik-Stadt", sind die drei größten Batik-Betriebe beheimatet: **Batik Keris, Batik Semar** und **Batik Danar Hadi.** Besuchen Sie die Ausstellungsräume. Danar Hadi führt *kain*- und *batik*-Hemden guter Qualität schon für 10 bis 20 US-$. Semar produziert für Großabnehmer; bedruckte *Batik*-Kleider und Hemden bekommt man hier schon für 2 US-$. Die Arbeiten von Keris sind zwischen den beiden angesiedelt. Die besten *tulis*-Produkte in Solo sieht man bei Ibu Bei Siswosugiarto (die Marke heißt **Sidumulyo**) im Süden der Stadt. Die meisten Stücke kosten zwischen 40 und 120 US-$. **K.R.T. Hardjonegoro,** einer der besten Batik-Designer Javas, hat hier seinen Fertigungsbetrieb, verkauft seine Ware jedoch vor allem in Jakartas Geschäften. Trotzdem könnte man mal vorbeischauen. Eine Riesenauswahl ist im **Pasar Klewer** geboten. In den Seitenstraßen hinter der Großen Moschee sind einige gute Betriebe angesiedelt.

- **Batik Danar Hadi,** Jl. Slamet Riyadi, Solo.
- **Batik Keris,** Jl. Yos Sudarso 37, Solo.
- **Batik Semar** (Ausstellungsraum), Jl. Pasar Nongko 132, Solo.
- **Batik Semar** (Zweigbetrieb), Jl. Slamet Riyadi 76, Solo.
- **K.R.T. Hardjonegoro,** Jl. Kratonan 101, Solo.
- **Sidomulyo** (Ibu Bei Siswosugiarto), Jl. Dawung Wetan R.T. 53/54, Solo.

Antiquitäten

Gehen Sie zuerst zum **Pasar Triwindu**-Markt, um sich einen Überblick über die Angebote und Preise zu verschaffen. 1983 waren alte Messing-Öllampen je nach Größe und Ornamentik für 15 bis 50 US-$ zu haben (das Glas ist ein teurer Bestandteil, da nur wenige alte Lampen ganz intakt geblieben sind). Ein Rundtisch mit Marmorplatte und vier Stühlen kostete bis zu 175 US-$ (50 US-$ weniger ohne Marmor, das hier knapp, im Westen jedoch leicht erhältlich ist). Für ein chinesisches Hochzeitsbett bezahlte man, wenn die vergoldete Blättereinfassung in Ordnung war, 1000 US-$.

Viele Verkäufer und Händler haben bei sich zu Hause wertvolle Möbel und andere Kostbarkeiten stehen, oder sie können den Interessenten zu Werkstätten am Ort führen, in denen Antiquitäten hergerichtet werden. Anschließend probieren Sie Ihr Glück in den etablierten Geschäften an Slamet Riyadi und Ruip Sumarharjo, wo alle möglichen Schätze lagern. Vor Fälschungen ist man hier einigermaßen sicher. Dennoch gilt: Augen auf und hart verhandeln!

- **Eka Hartono,** Jl. Dawung Tengah 11/38, Solo.
- **Mertojo „Sing Pellet",** Jl. Kepatihan 31, Solo.
- **Mirah Delima,** Jl. Kemasan RT XI, Solo.
- **Parto Art,** Jl. Slamet Riyadi 103, Solo.
- **Singo Widodo,** Jl. Ruip Sumarharjo 117, Solo.
- **Trisno Batik & Art Shop,** Jl. Bayangkara 2, Solo.

Keris

Wenn Sie einen alten *Keris*-Dolch erstehen wollen, gehen Sie zu Pak Suranto Atmosaputro, der an der Universität Englisch unterrichtet und gegenüber den RRI-Rundfunkstudios wohnt (Jl. Kestalan III/21). Er ist Mitglied der „Keris Lover's Association" von Solo und hat stets einige Stücke aus seinen Beständen zu verkaufen, oder aber er treibt in kurzer Zeit ein paar Dolche auf. Sie kosten zwischen 30 und 200 US-$; gute Exemplare sind durchaus für 75 bis 100 US-$ zu haben. Sonntags kann man mit Pak nach Komplang im Norden Solos fahren und zusehen, wie neue *keris* geschmiedet und geschnitzt werden (im Haus von Ki Lurah Wignyosukadgo).

Wayang-Puppen

Anerkanntes Zentrum der Herstelung von *wawang kulit*-Figuren ist auf Java das Dorf **Manyaran,** 35 km südwestlich von Solo (mit dem „Colt" bis Wonogiri, dann umsteigen nach Manyaran). Das Dorfoberhaupt **Pak Sukar Hadiprayitno** managt die Handwerker des Dorfes und verkauft ihre Figuren zu akzeptablen, festen Preisen. Kleinere Figuren kosten ungefähr 10 bis 15 US-$, die großen *funungan* 50 US-$ (solche mit Gold-Blatt 100 US-$). Pak wohnt in Kampung Kepuhsari, Manyaran.

Auch die Werkstatt des **Pak Parto** in Pajang Kampung Sogaten, RT 27, RK IV, westlich von Solo (auf der Hauptstraße fährt man von der Stadt 4 km, biegt dann auf eine Erdstraße nach links ab und fragt jemand nach dem Meister). Unter seiner Regie stellen Handwerker aus Manyaran sehr schöne Figuren zu gleichen Preisen wie dort her. Oder aber Sie wenden sich direkt an die *dalang dalang;* die meisten Vorführer machen nämlich in ihrer Freizeit die Figuren selbst. **Pak Soetrisno** stammt von einer bekannten Hof-*dalang*-Familie ab und lehrt nun *wayang kulit* an der **ASKI** (da er eine Zeitlang in den USA war, spricht er gut Englisch). Telefonisch ist er nur über die Universität (Tel: 5260) zu erreichen. Der Meister hat meist einige schöne Figuren anzubieten (7,50 bis 25 US-$).

Der berühmteste *dalang* Javas heißt **Pak Anom Suroto** und wohnt in einer kleinen Seitenstraße der Jl. Slamet Riyadi, zwischen dem Geschäft Danar Hadi und dem Hotel Cakra. Jeder weiß hier, wo der Meister wohnt, der gelegentlich Figuren zu verkaufen hat.

Gamelan-Instrumente

Wer daran interessiert ist, ein komplettes Sortiment oder ein einzelnes *gamelan*-Instrument zu kaufen oder auch nur zu verfolgen, wie diese Metallophone aus Bronze gegossen und geschmiedet werden, wobei Handblasebalg, Teakholzkohle und primitive Werkzeuge verwendet werden, sucht **Pak Tentrem Sarwanto** und seine *gamelan*-Werkstätte auf. Der Familienbetrieb liefert seit vielen Generationen *gamelan*-Instrumente an den Hof. (Jl. Ngepung RT 2/RK 1, Semanggi, Solo.)

Tanz-Requisiten

Wie wär's mit einem Kopfputz mit Gold-Flitter, einem vergoldeten Armreif, bemalten oder unbemalten *topeng*-Masken, bunten Handschuhen und passenden Trikots, die für Tanzaufführungen benötigt werden? In Solo findet man das alles bei **Toko Bedoyo** an der Jl. Hayam Wuruk, Ecke Jl. Ronggowarsito. Dieser beliefert die Tanztheater und erst seit letzter Zeit wissen auch Touristen von seinem Betrieb, der im Rückgebäude des Trisni Art Shop an der Jl. Bayangkara untergebracht ist.

Musik, Tanz, Theater

Taman Sriwedari an der Jl. Slamet Riyadi rühmt sich der fortgeschrittensten *wayang orang*-Truppe auf Java.

Im **Taman Hiburan Bale Kambang**-Vergnügungspark im Nordwesten der Stadt treten zwei Theatergruppen auf: Das populäre Sri Mulat bringt Lustspiele auf die Bühne, etwa den „Big, Big Dracula" und den „Commercial Gigolo". Das **Ketoprak** verlegt sich auf etwas ernsthafteres Volkstheater und spielt alte Geschichten und Legenden. Zum Park gehören einige Gartenrestaurants sowie ein Billard- und ein Filmsaal. Die Aufführungen beginnen jeweils um 20 Uhr (außer sonntags, da ist Matinee um 10 Uhr).

Ausflüge

Östlich Solos erhebt sich das 3265 m hohe Massiv des **Mount Lawu. Candi Sukuh** (910 m) an der Westflanke des Lawu, halten viele für Javas einzigen Tempel mit erotischen Reliefs. Der Tempel lohnt wegen der herrlichen Aussicht auf das Tal des Solo River den Besuch.

Etwa 600 m höher und einige Kilometer weiter östlich steht **Candi Ceta,** wohl aus derselben Zeit wie der Sukuh-Tempel. Seine Bima-Figuren und die zahlreichen Terrassen liegen hinter dem Dorf Kemuning und sind auf einer Asphaltstraße (Vorsicht, Schlaglöcher!) zu erreichen.

Ostjava

SURABAYA

Anreise

Surabaya wird von allen indonesischen Großstädten aus angeflogen (bis jetzt keine internationalen Flüge); der **Garuda**-Airbus von Jakarta fliegt für 90 US-$ (einfach) im Stundentakt. Viele Flugzeuge zu den Inseln im Norden und Osten landen hier zwischen.

Eine stattliche Zahl von Expreßzügen und Bussen laufen Surabaya an. Die Anschlüsse sind sehr gut. (Verbindungen nach Bali siehe Bali, „Anreise".)

Erste Orientierung

Jalan Tunjungan/Basuki Rachmat gilt allgemein als die Hauptstraße; sie verläuft von Nord nach Süd parallel zum Fluß mitten durch die Stadt.

Es gibt drei Bahnhöfe: **Pasar Turi, Semut** (auch **Kota** genannt) und **Gubeng.** Letztgenannter liegt den Hotels am nächsten. Der **Joyoboyo Bus Terminal** liegt im Süden der Stadt beim Zoo, rund 2 km südlich der Jl. Tunjungan. Der **Juanda Airport** liegt weitere 15 km im Süden an der Straße nach Malang und Tretes. (Sollten Sie die Berge ansteuern, brauchen Sie gar nicht erst in die Stadt hineinzufahren.) Die Bus-Agenturen (z.B. **Elteha**) sind im Bereich der Jl. Basuki Rachmat angesiedelt (in Seitenstraßen wie Embong Sawo).

Im **Tourist Information Office** an der Jl. Pemuda 118 hält man viele Prospekte und den nützlichen „Calendar of Events" (Veranstaltungskalender) für Sie bereit; aus ihm erfährt man, daß auf Madura (August/September) alle zwei Wochen Ochsenrennen ausgetragen werden und das Ramayana-Ballett von Juni bis November in Pandaan auftritt.

Verkehrsmittel

In der Dreimillionenstadt laufen noch keine Taxis mit Taxameter. Die Fahrzeuge werden stundenweise vermietet (bei mindestens zwei Stunden 3 bis 4 US-$ die Stunde). Die Fahrt vom Flughafen zur Stadt kostet 5 US-$.

Die öffentlichen Busse und Kleinbusse (*bemos*) sind allgegenwärtig. Im Busbahnhof **Joyoboyo** vor dem Zoo sind sie stationiert. Die für Sie wichtigen Linien verlaufen in Nordsüdrichtung zwischen Joyoboyo und der Altstadt durch das Hotelviertel im Zentrum: Jembatan Merah („Red Bridge")-Tunjungan-Joyoboyo und Jembatan Merah-Diponegoro-Joyoboyo. Fahrpreis 100 Rp. Im Hotel informiert man Sie über andere Verbindungen.

Rundfahrten/Reisebüros

Die Reisebüros organisieren Gruppenrundfahrten mit Führer im Miettaxi bzw. Kleinbus. **Turi Express** bietet Ausflüge zum Bromo und zu den Tempeln Ostjavas an. Das **Tourist Information Office** (Jl. Pemuda 118) kann sogar speziell für Ihre Gruppe Ochsenrennen und Trancetänze ansetzen.

Unterkunft

Erste Klasse (ab 35 US-$)

Das einzige Vier-Sterne-Hotel am Ort ist das neue **Hyatt Bumi** (ab 75 US-$, plus 21 % Zuschlag). Das neue **Simpang,** Jl. Tunjungan, Ecke Jl. Pemuda, berechnet für die Übernachtung 64 US-$ (plus 21 %). **Mirama** und **Ramayana** südlich davon liegen zwischen 50 und 60 US-$ (plus 21 %), **Elmi** und **Garden** in der näheren Umgebung verlangen etwas niedrigere Zimmerpreise. Das ältere **Majapahit Hotel** an der Jl. Tanjungan (das alte „Oranje" — 1910 erbaut) ist als Schauplatz des „Flaggenzwischenfalls", der die revolutionäre Schlacht von Surabaya auslöste, so etwas wie ein geschichtsträchtiger Bau. Zimmer mit Klimaanlage 40 US-$, ohne 24 US-$ (plus 21 %).

- **Elmi Hotel** (74 Zimmer, Jl. Panglima Sudirman 42-44 Surabaya, Tel: 47150-8, 45291, Tlx: 31431.
- **Garden Hotel** (100 Zimmer), Jl. Pemuda 21, Surabaya, Tel: 470000-9, Tlx: 31428 GARDEN HOTEL.
- **Hyatt Bumi Surabaya** (268 Zimmer), Jl. Basuki Rachmat, Surabaya, Tel: 470875, 470503, Tlx: 31391 HYATT BUMI.
- **Majapahit Hotel** (105 Zimmer), Jl. Tunjungan 65, P.O. Box 199, Surabaya, Tel: 43351-5, 42018, 43599, Tlx: 31363.

• **Mirama Hotel** (105 Zimmer), Jl. Raya Darmo 68-72, P.O. Box 232, Surabaya, Tel: 69501-9, Tlx: 31485.
• **New Grand Park** (103 Zimmer), Jl. Samudra 3-5, Surabaya, Tel: 270004-8, 314288, Tlx: 31486.
• **Patra Jasa Motel** (63 Zimmer), Jl. Gunung Sari, Surabaya, Tel: 68681-3.
• **Ramayana Hotel** (100 Zimmer), Jl. Jenderal Basuki Rachmat 67-69, Surabaya, Tel: 45395-6, 41746-7, 46321, Tlx: 31202.
• **Simpang Hotel** (128 Zimmer), Jl. Pemuda 1-3, P.O. Box 36, Surabaya, Tel: 42219, 42220-5, 42151-9, Tlx: 31607.

Mittlere und untere Preisklasse (unter 35 US-$)

Es gibt keine Pensionen. Das Beste in der 30 US-$-Klasse ist das **Garden** (siehe oben); für 22 US-$ gibt es im Majapahit ein Zimmer ohne Klimaanlage (siehe oben). Das **Sarkies** gegenüber ist ebenfalls ein älteres Haus im Besitz des Majapahit, das klimatisierte Zimmer für 25 bis 30 US-$ anbietet. Das neuere **Royal** und das **Olympic** verlangen 20 US-$ für die Übernachtung.

Billigurlauber zieht es zum **Bamboe Denn/Transito Inn** (die Schlafstelle kostet hier 10 US-$, das Einzelzimmer 2 US-$ und das Doppelzimmer 3 US-$). Man erfährt hier viel über Java und bekommt ein günstiges Frühstück sowie Snacks. Etwas teurer lebt sich's im **Wisma Ganeca** bei der Gubeng Station.

• **Bamboe Denn/Transito Inn**, Jl. Pemuda 19, Surabaya, Tel: 40333.
• **Cendana Hotel** (23 Zimmer), Jl. K.B.P. Duryat 6, Surabaya, Tel: 42251-2.
• **Lasmana Hotel** (27 Zimmer), Jl. Bintoro 16, Surabaya, Tel: 67152.
• **Olympic Hotel** (22 Zimmer), J. Urip Sumoharjo 65-67, Surabaya, Tel: 43215-6.
• **Pregolan Hotel** (25 Zimmer), Jl. Pregolan 11-15, Surabaya, Tel: 41251-2.
• **Royal Hotel**, Jl. Panglima Sudirman 68, Surabaya, Tel: 43547-8.
• **Sarkies Hotel** (51 Zimmer), Jl. Embong Malang 7-11, Surabaya, Tel: 44514, 43080, 40494, 40167.
• **Wisma Ganeca**, Jl. Sumatra 34 A, Surabaya.

Restaurants

In Surabaya bekommt man gutes chinesisches Essen. Das **Garden** (Jl. Pemuda 21) ist auf Dim Sum (Hong-Kong-Art) spezialisiert. Wer festlich dinieren möchte, geht ins **Mandarin** (Jl. Genteng Kali 93) oder ins **Phoenix** (Jl. Genteng Kali 15), die beide am Fluß liegen. Auch das **Hoover** im Einkaufszentrum Wijaya (2. Etage) sowie das **Oriental**, Jl. Ade Irma Suryani 37, kommen in Frage. Preisgünstiger ißt man im Chinesenviertel: im **Kiet Wan Kie**, Jl. Kembang Jepun 51, sowie im winzigen Restaurant gegenüber dem New Grand Park Hotel an der Jl. Samudra (ausgezeichnet ist hier der Fisch!).

Fischgerichte serviert in erster Linie das **Miami Seafood Restaurant** an der Jl. Urip Sumoharjo 34.

Das bekannteste indonesische Restaurant ist das **Bibi & Baba** an der Jl. Tunjungan 76. Das neue **Taman Sari Indah**, Jl. Taman Apsari 5, gegenüber dem Standbild des Joko Dolog (neben dem Postamt), ist ebenfalls sehr gut und sauber und serviert *pepes* und *sate*.

Einkäufe

Kameras, Kassettenrecorder und tragbare elektronische Geräte sollen hier genauso billig wie in Singapur sein. Näheres im Einkaufszentrum an der Jl. Tunjungan oder im neuen Einkaufszentrum Wijaya.

Im Bereich Hyatt (Jl. Basuki Rachmat) sind die Antiquitäten- und Raritätengeschäfte konzentriert. Ebenso an der Jl. Tunjungan (**Kundadas**, Nr. 97 und **Sarinah**, Nr. 7). Weitere Geschäfte an der Jl. Raya Darmo (**Rochim**, Nr. 27 und **Bangun**, Nr. 5).

Batik und handgemachte Baumwolltextilien bekommt man am ehesten im Bereich der Moschee Sunan Ampel, inmitten des Araberviertels.

Unterhaltung

Allabendlich werden in den beiden Theatern des **People's Amusement Park** (Taman Hiburan Rakyat, Jl. Kusuma Bangsa) *wayang orang-*, *ludruk-* und *ketoprak*-Vorführungen geboten. Ein verrücktes Possenstück mit einer Transvestitengruppe steht ebenfalls auf dem Programm. Gespielt wird etwa ab 20 Uhr. Die Eintrittskarten sind billig.

Von Juni bis November kommen an jedem ersten und dritten Samstag des Monats im riesigen Freilufttheater **Candra Wilwatikta** in Pandaan, 45 km südlich von Surabaya an der Straße nach Malang, klassische javanische Sendratari-Tanzdramen zur Aufführung.

Das Tourist Information Office ist in der Lage, innerhalb von drei Tagen eine Aufführung des *kuda kepang* (Spielpferdetänze)-Trancetanzes für Sie auf die Beine zu stellen.

Ochsenrennen finden inzwischen einmal im Monat im neuen Stadion in **Bangkalan**, direkt an der Straße von Madura, statt. Wann genau, weiß das Tourist Information Office.

Im übrigen sei auf die zahlreichen Kinos von Surabaya verwiesen; außerdem bieten die meisten großen Hotels Live-Musik oder ein Unterhaltungsprogramm. (Filmprogramm in der Lokalzeitung.)

TRETES

Anreise

Auf einer sehr guten Straße ist es von Surabaya aus eine Stunde Fahrt. In **Pandaan** zweigt man ab, dann sind es noch 20 km bis zu diesem großen Ferienort in den Bergen. Nur etwa 20 US-$ kostet die Fahrt im Taxi bzw. im gemieteten Kleinbus. Man kann aber auch in Surabaya in jeden Bus oder Kleinbus nach Malang (Süden) einsteigen und an der Kreuzung in Pandaan aussteigen (man bezahlt dafür lediglich 200 bis 300 Rp.) Mit dem „Colt" geht es für 200 Rp. vollends nach Tretes hinauf.

Unterkunft

Das beste Hotel am Platz ist das **Natour Bath,** wo das Doppelzimmer ab 45 US-$ (plus 21 %) kostet. Das Wasser des Swimmingpool ist kristallklar. Auch das **Dirgahaya Indah** (Zimmer für etwa 20 US-$) hat einen Swimmingpool. Man kann allerdings für 20 US-$ auch gleich einen ganzen Bungalow mit zwei und mehr Schlafzimmern mieten. Ein luxuriöses Ferienhäuschen ist schon für 50 US-$ pro Tag zu haben; einfach durch Tretes gehen und etwas Geeignetes suchen; unter der Woche ist fast alles frei.

● **Dirgahaya Indah** (12 Zimmer), Jl. Ijen 5, Tretes, Tel: (0343)81932.
● **Natour Bath Hotel** (50 Zimmer), Jl. Pesanggrahan 2, Tretes, Tel: (0343) 81161, 81718.
● **Pelita,** Jl. Wilis 19-21, Tel: (0343) 81802.
● **Tanjung Grand Park** (62 Zimmer), Jl. Wilis 7, Tretes, Tel: (0343) 81102, 81173.
● **Tretes Raya,** Jl. Malabar 166, Tretes, Tel: (0343) 81902.

MALANG

Im Gegensatz zu den meisten Städten auf Java, die um eine bolzengerade, langweilige, topfebene Hauptstraße gebaut sind, erstreckt sich Malang an sanften Hügeln und Wasserläufen an den Ufern des Brantan-Flusses und hat seine ruhigen Seitenstraßen. Immer wieder eröffnet sich ein unerwarteter Ausblick.

Die alten Züge dritter Klasse verkehren noch von Surabaya nach Malang; die neue Fernstraße zwischen Surabaya und Malang ist nicht nur schneller, sondern auch bequemer: der Expreßbus bringt Sie für 2 US-$ ins Ortszentrum von Malang. Über Ihr Hotel können Sie die Mitfahrt buchen. Vom Busbahnhof Joyoboyo fahren für 1 US-$ Linienbusse nach Malang.

Das alte koloniale **YMCA** bietet riesige, blitzsaubere Zimmer mit heißem Wasser und Ventilator für nur 14 US-$ (inkl. Steuer, Bedienung und Frühstück). Sehr angenehm, wenn auch etwas teurer, ist das **Splendid Inn:** eine geräumige Pension mit Gartenanlage. Zimmer mit Klimaanlage kosten 20 bis 25 US-$ (mit Steuer, Bedienung und Frühstück). Das alte **Pelangi** mit Blick auf den Stadtplatz besitzt viele große Zimmer für 10 bis 18 US-$ und im hinteren Teil einige billigere (7 US-$ mit Steuer und Bedienung). Ganz billig kann man im **Bamboe Denn** (2 US-$) übernachten. Teilnehmer der Englischkurse an der Sprachenschule übernachten hier umsonst.

● **Bamboe Denn/Transito Inn,** Jl. Semeru 35, Malang, Tel: 24859.
● **Pelangi Hotel** (73 Zimmer), Jl. Merdeka Selatan, Malang, Tel: 27456-7.
● **Santoso,** Jl. K.H. Agus Salim 24, Malang, Tel: 23889.
● **Splendid Inn** (21 Zimmer), Jl. Majapahit 2-4, Malang, Tel: 23860.
● **YMCA,** Jl. Basuki Rachmat 68-76, Malang, Tel: 23605.

Restaurants

Gegenüber dem **YMCA** ist im **Minang Jaya,** Jl. Basuki Rachmat 22, die Padang-Küche gut vertreten. Das **Oen's** an Jl. Basuki Rachmat 5, ein altes koloniales Haus, hat holländische Spezialitäten wie *wienerschnitsel, broodjes* und *uitsijters* zu bieten. Steaks und Eis können im neuen Eissalon **La Vanda,** Jl. Semeru 49, genossen werden, chinesisches Essen im **New Hong Kong,** Jl. Arif Rahman Hakim.

Einkäufe

Die Antiquitätenläden stehen an der Jl. Basuki Rachmat. Versuchen Sie auch auf dem **Pasar Besar** Ihr Glück (zweite Etage links hinten). Sie könnten da echte holländische Gläser, Tabletts und Silberwaren entdecken.

BATU/SELECTA

Oberhalb Malangs liegt, 23 km im Westen, der Bergort **Batu** und in seiner Nachbarschaft der koloniale Ferienort **Selecta.** Im Umkreis entstanden mehrere neue Motels mit Swimmingpool, so der **Songgorti**-Komplex an der Hauptstraße hinter Batu. Das ältere Selecta mit seinen holländischen Bungalows hat sich gut gehalten. Eine große Suite ist für nur 15 US-$ zu haben.

● **Asida** (40 Zimmer), Jl. Panglima Sudirman 99, Batu, Malang, Tel: 259.
● **Batu Hotel,** Jl. Hasanuddin 4, Batu, Malang, Tel: 77, 234.
● **Libra Bungalows,** Jl. Konto 4, Batu, Malang, Tel: 64.
● **Palem** (29 Zimmer), Jl. Trunojoyo 26, Batu, Malang, Tel: 177.
● **Palem Sari** (22 Zimmer), Jl. Raya Punten, Batu, Malang, Tel: 219.
● **Purnama** (37 Zimmer), Jl. Raya Selecta, Batu, Malang, Tel: 195.
● **Santoso II,** Jl. Tulungrejo, Batu, Malang, Tel: 25.
● **Selecta Hotel & Pool,** Jl. Tulungrejo, Batu, Malang, Tel: 25.
● **Songgoriti Hotel,** Jl. Songgoriti, Batu, Malang, Tel: 126.

AUF NEBENSTRECKEN NACH BALI

Die folgenden Ausflüge sind sowohl bei der Anfahrt nach als auch von Bali selbst aus zu machen.

● **Bromo:** erreicht man am besten auf der 20 km langen Straße, die in Tongas, westlich von Probolinggo, von der Fernstraße an der Nordküste abzweigt und über Sukapura nach **Ngadisari** führt. Diese Strecke ist von zahlreichen „Colts" befahren, in die man an der Tongas-Abzweigung zusteigt (Fahrpreis bis Ngadisari etwa 0,30 US-$). Ab hier geht es auf Kopfsteinpflaster 3 km bis **Cemara Lawang** auf den Rand des Kraters; für diese

Straße braucht jeder, der im eigenen Wagen kommt, eine Sondererlaubnis der Polizei in Ngadisari. Die öffentlichen Verkehrsmittel fahren nur bis zum Parkplatz in Ngadisari; das letzte steile Stück legt man dann entweder zu Fuß oder auf dem Rücken eines Pony zurück. Man sollte vor Sonnenuntergang oben sein. Von Surabaya zum Kraterrand sind es runde fünf Stunden, von Tretes aus etwas weniger.

Das **Bromo Permai Hotel** in Cemara Lawang verfügt über 30 Betten und hat meistens etwas frei. Buchen kann man in Probolinggo (Jl. Raya Panglima Sudirman 237-242, Tel: 21510, 21983); empfiehlt sich für die Touristensaison, wenn Zimmer gefragt sind. Diese sind sehr bescheiden und kosten 4 bis 10 US-$ die Nacht; manche haben kein eigenes Bad. Das Restaurant serviert außer Tee, Kaffee, Bier, Eiern und Toast auch einige Reisgerichte. Nachts können die Temperaturen unter den Gefrierpunkt sinken. Das Hotel stellt nur eine dünne Decke; außer warmer Kleidung sollte man zusätzliche Decken mitbringen.

Mieten Sie ein Pony für den zweistündigen Weg in den Krater hinein und durch das berühmte „Sandmeer" zum Fuße des Bromo. Von hier führen Stufen zum Rand dieses Vulkans im Vulkan, so daß man einen Blick in den dampfenden, schwefeligen Schlund des Bromo werfen kann. Die Pferdeführer schlagen vor, um 3 Uhr aufzustehen und zum Sonnenaufgang zum Bromo hinüberzureiten; Sie sind dann um 9 Uhr vor der großen Hitze wieder zurück. Dieser Ritt durch Kälte und Wind bei Dunkelheit lohnt wegen des Sonnenaufgangs, den man vom Kraterrand beim Hotel ohnehin besser erleben kann, die Mühe nicht. Besser, man frühstückt in Ruhe im Hotel, geht dann zum Bromo hinunter (Wasser mitnehmen, denn es wird wirklich heiß). Das Pony kostet hin und zurück 3 bis 5 US-$.

Vom Bromo kann man auch durch das Sandmeer nach Süden zum Dorf **Rano Pani** (rund 20 km) und von da nach **Rano Kumbolo** (weitere 12 km) gehen und dann auf den Mt. Semuru, mit 3676 m Javas höchsten Berg, steigen. Diese Tour erfordert gute Ausrüstung und stabile körperliche Verfassung. Drei schöne Bergseen schmiegen sich inmitten grüner Wiesen und Pinienwälder in das Hochlandmassiv. Von Rano Pani aus kann man Richtung Westen über **Ngadas** und **Gubung Klakah** absteigen; über Tumpang geht es dann mit dem Wagen nach Malang zurück.

● **Banyuwangi:** Dies ist die Hauptstadt des ostjavanischen Regentschaftsgebiets Banyuwangi, nur 7 km südlich der Anlegestelle der Fähre Java-Bali in Ketapang — dem Ausgangspunkt für Fahrten nach Ijen, Meru Betiri (Sukamade) und zur Halbinsel Blambangan. In und um den Ort gibt es zahlreiche Hotels; das **Manyar,** ein Zwei-Sterne-Hotel, liegt am Fährhafen von Ketapang. Auch oben in den Bergen in **Kaliklatak,** 15 km westlich von Banyuwangi, kann man übernachten (siehe unten).

Das örtliche **Tourist Information Office** an der Jl. Diponegoro 2 (Tel: 41761) erklärt Ihnen gerne, wie Sie am besten zu den unten aufgeführten Orten kommen. Das **Nitour-Büro,** Jl. Raya 43 C, bietet in verschiedenen Preislagen Rundfahrten an.

Ijen-Plateau: Höhepunkt einer Fahrt hierher ist der Anblick des phantastischen blaugrünen Sees im **Ijen-Krater** nordwestlich von Banyuwangi. Am See steigen dampfende Fumarolen auf; hier wird hellgelber Schwefel gewonnen und von den Arbeitern in 60 kg schweren Körben auf einem steilen Pfad zum Verarbeitungsbetrieb in **Jambu,** 17 km weit den Berg hinunter geschleppt. Für Auf- und Abstieg sind jeweils sieben Stunden zu veranschlagen. In Jambu kann man sich ein Pferd mieten; mit einem Schlafsack läßt man Sie in **Ungkup-Ungkup** bei den Vulkanforschern (rund eine Stunde unterhalb des Kraters) übernachten (nachts wird es bitter kalt).

● **Banyuuwangi Selatan Reserve:** Die Hauptattraktion sind die 3 bis 6 m hohen Wellen, die sich von Mai bis Juli an der Westküste der schmalen Halbinsel Blambangan brechen. Surfer haben sich einige schlichte Hütten gebaut, um die Wellen von **Plengkung,** das zu den besten Surfstränden der Welt gehören soll, nutzen zu können. Drei Wege fürhen in dieses „Surferlager": In Bali mietet man ein Boot, für das (einfache Fahrt) stolze 100 US-$ zu berappen sind; oder man fährt mit dem Auto zum Fischerdorf **Grajagan** an der Südküste vor Plengkung und setzt mit einem gemieteten Fischerboot durch die Grajagan Bay über. Grajagan liegt 52 km von Banyuwangi entfernt und wird von *bemos* (über Benculuk und Puwoharjo) angefahren. Die dritte und schwierigste Anfahrt ist die mit dem Motorrad oder dem Jeep direkt ins Schutzgebiet bis **Pancur.** Die letzten 10 km zum Lager muß man zu Fuß gehen. Pancur ist 60 km von Banyuwangi entfernt; man erreicht es über Muncar und Tegallimo.

● **Meru Betiri Reserve:** Dies ist Javas faszinierendstes Schutzgebiet (allenfalls noch von Ujung Kulon zu übertreffen). Über **Pesanggaran,** ein Dorf 68 km südwestlich Banyuwangis, erreicht man es (in Genteng, 35 km westlich von Banyuwangi, biegt man nach Süden hin ab). Von Pesenggaran führt ein Weg (tiefe Fahrspuren) nach Westen in das Schutzgebiet. Es geht über wackelige Brücken und durch mehrere Flüsse. In **Rajegwesi** steht eine kleine Pension (sechs Schlafplätze), für die man sich im PPA-Büro in Banyuwangi voranmelden sollte.

Von Rajegwesi fährt man noch einmal 11 km zur Kaffeeplantage **Sukamade Baru,** in dessen Pension 30 Personen unterkommen. Von hier sind es mehrere Kilometer bis **Pantai Penyu** („Schildkröten-Strand"); in der Nacht kommen die bis zu 200 kg schweren grünen und lederfarbenen Weibchen und legen am Strand ihre Eier ab.

Bali

Als Gast auf Bali sollte man nichts unversucht lassen, das Lebensgefühl der Balinesen zu respektieren und ihre Kultur zu achten.

Preise sind in jedem Fall im voraus auszuhandeln, da man andernfalls die später geforderten bezahlen muß. Ohne ernsthafte Kaufabsicht sollte man nicht über Preise reden.

Auch bei der Kleidung gilt: Sie genießen als Ausländer einen Sonderstatus. Wer mit Löchern in der Kleidung oder ostentativ im „Eingeborenen-Look" herumläuft oder die Oberschenkel nicht bedeckt hält, fällt unangenehm auf.

Alle Wertsachen verbergen, am besten sicher verschlossen halten. Die Balinesen sind ein stolzes Volk; in Versuchung geführt zu werden, kränkt, verdächtigt zu werden, beleidigt sie.

Beim Betreten eines Tempels sollte man immer eine Tempelschärpe tragen und dem Wächter eine symbolische Eintrittsgebühr geben.

Anreise

Mit dem Flugzeug

Balis internationaler Flughafen Ngurah Rai, 11 km von Denpasar, wird mehrmals täglich von Jakarta, Yogyakarta, Surabaya und einigen anderen indonesischen Städten aus angeflogen.

Von Sydney, Melbourne, Perth und Darwin in Australien (Qantas und Garuda) kann man mehrmals die Woche direkt nach Bali fliegen. Nur Garuda fliegt von Europa und Singapur nach Bali (Zwischenlandung in Jakarta). Die anderen Fluglinien steuern nur Jakarta an; mit Garuda Airways kommt man dann nach Bali weiter.

Vom Flughafen Cengkareng in Jakarta gehen den ganzen Tag Maschinen nach Bali. Bis 18 Uhr bekommt man jederzeit einen Anschlußflug. Siehe folgenden Flugplan:

Route	Abflug	Ankunft	Tage	Preis in US-$, einfach, economy
JKT — DPS				
Garuda	06.00	07.30	tägl.	83
	10.00	11.30	tägl.	
	15.00	16.30	tägl.	
	19.30	21.00	tägl.	
JOG — DPS				
Garuda	08.20	09.35	tägl.	45
	12.05	13.20	tägl.	
	16.00	17.15	tägl.	
SUB — DPS				
Garuda	07.00	07.50	tägl.	34
	14.00	14.50	tägl.	
	17.30	18.20	tägl.	
Merpati	06.10	07.20	Di Fr So	29
	10.00	11.10	Di Mi Fr Sa So	
Bouraq	06.00	07.05	Mo Di Do Fr Sa	29
	06.10	07.15	Mo Mi Do So	

CITY CODE: JKT-Jakarta; DPS-Denpasar; JOG-Yogyakarta; SUB-Surabaya.

Mit dem Zug

Von Jakarta, Bandung oder Yogyakarta fährt man bis Surabaya (siehe dort unter „Anreise") und steigt dort in den Mutiara Timur um, einen nichtklimatisierten Zug nach Banyuwangi an Javas Ostspitze. Ab Gubeng Station in Surabaya fährt er jeweils um 11 und 21.30 Uhr ab. Die Fahrt zweiter Klasse kostet 3,50 US-$, dritter Klasse bis Banyuwangi (acht Stunden) 2,50 US-$. Von hier setzt der Bus mit der Fähre nach Bali über, bis Denpasar braucht man weitere vier Stunden (Fahrpreis 1 US-$).

Mit dem Bus

Da die Straßen ausgebaut wurden, kommt man mit dem Bus jetzt schneller voran als im Zug. Die Busfahrt von Surabaya (mit Klimaanlage) nach Denpasar dauert 10 bis 12 Stunden und kostet etwa 8 US-$, Normalbusse 5 US-$. Ab Yogya (15 bis 16 Stunden) bezahlt man 9 bis 12 US-$.

Verkehrsmittel auf Bali

Die Straßen auf Bali sind dazu da, die Dorfgötter zum Meer zu begleiten, sie dienen Totenverbrennungs-Prozessionen, sind der Aufmarschplatz für den sonntäglichen Tempelbesuch und Tanzbühne für den *barong*-Tanz. Hinzu kommt ein immer dichteres Verkehrsaufkommen; in den letzten zwanzig Jahren hat es drastisch zugenommen.

Letztendlich hat derjenige am meisten von Bali, der abseits der Hauptstraßen die Insel durchwandert. Er sieht mehr und sein Balibild verändert sich mit der Zeit grundlegend.

Taxis: Die Taxifahrt vom Flughafen kostet zwischen 3 US-$ (zum nahegelegenen Kuta Beach) und 10 US-$ (nach Ubud). Die Fahrt nach Sanur, Denpasar und Nusa Dua kostet zwischen 5 und 7 US-$.

In jedem Hotel (und vor dem Hyatt) kann man ein Taxi oder einen Kleinbus mieten, allerdings nur mit Fahrer und/oder englisch sprechendem Führer. Für die Stunde bezahlt man 2 bis 4 US-$ (Minimum von 2 Stunden) bzw. 30 bis 40 US-$ pro Tag; klimatisierte und neuere Fahrzeuge sowie längere Strecken sind teurer.

Mietwagen

Wer auf eigene Faust reisen möchte, sollte sich in Kuta, Sanur oder Denpasar ein Selbstfahrer-Auto mieten (internationaler Führerschein erforderlich). Die gängigsten Modelle, die dafür angeboten werden, sind ramponierte **VW-Safaria** (30 US-$ pro Tag, 180 US-$ die Woche und 240 US-$ für zehn Tage); neuere Suzuki-Jimnys (manche mit Klimaanlage) sind für etwas mehr Geld auch zu haben (35 bis 40 US-$). Den Treibstoff und eine Zusatzversicherung bezahlt der Kunde.

Motorrad

Praktisch und preisgünstig. Der Verkehr ist sehr dicht, die Unfallgefahr auf Bali sehr hoch. Alljährlich kommen mehrere Touristen bei Motorradunfällen ums Leben, viele andere werden verletzt. Sollten Sie dennoch ein Motorrad mieten, dann fahren Sie auf jeden Fall langsam und defensiv.

Der Preis für das Miet-Motorrad muß jeweils an Ort und Stelle ausgehandelt werden. Üblich sind für 100- oder 125-ccm-Maschinen 3 bis 6 US-$ am

Tag, bzw. 20 bis 30 US-$ die Woche (im voraus zu bezahlen). Dazu kommt der Treibstoff. Jedes Hotel wird Ihnen bei der Buchung behilflich sein.

Ihr internationaler Führerschein muß belegen, daß Sie berechtigt sind, ein Motorrad zu fahren. Wenn nicht, müssen Sie einen Vormittag bei der Polizei in Denpasar opfern (siehe Karte), um sich das für einen Monat gültige ,,Temporary Permit" zu holen. Es kostet inkl. der Fahrprüfung 4 US-$. Paß und drei Paßbilder, den Führerschein des Heimatlandes (bzw. eine ärztliche Bescheinigung, daß Sie imstande sind, ein Fahrzeug zu führen) nicht vergessen.

Rundfahrten/Reisebüros

Zahlreiche Reisebüros bieten Tagestouren mit gutinformierten mehrsprachigen Reiseführern an. Die Halbtagestour nach Ubud oder Sangeh/Mengwi kostet 6 bis 7 US-$, mit 15 bis 20 US-$ muß man für die ganztägige Insel-Rundfahrt nach Kintamani oder Besakih, einschließlich des Barong-Tanzes in Batubulan, eines Mittagessens und mehrerer Zwischenaufenthalte in Geschäften und Tempeln, rechnen.

Sie können auch auf eigene Faust im klimatisierten Mietwagen mit Fahrer/Führer aufbrechen; Sie verfügen dann frei über Ihre Zeit und entscheiden selbst, was Sie wie lange sehen und besichtigen möchten. Kostenpunkt: 30 bis 60 US-$ pro Tag. Für Anspruchsvolle empfehlen sich die etablierten Agenturen **BIL** und **Pacto. Perama** und viele andere Reisebüros in Kuta bieten preiswerte Gruppenrundfahrten in Kleinbussen an.

- **Bali Holiday**, Tanjung Bungkak, Denpasar, Tel: 24000.
- **Bali Indonesia Ltd.**, Hotel Tanjung, Denpasar, Tel: 22634.
- **Ida's Tour**, Ida Beach Inn, Kuta, Tel: 8781 ext. 44.
- **Natour**, Jl. Veteran 1, Denpasar, Tel: 24161, 22619, 22408.
- **Natrabu**, Jl. Patimura 31, Denpasar, Tel: 24074.
- **Nitour**, Jl. Veteran 3, Denpasar, Tel: 22849, 22593.
- **Pacto**, Jl. Sanur, Sanur, Tel: 8247-8.
- **Udaya Tour**, Indra Building 2. Stock, Jl. Gajah Mada, Denpasar, Tel: 8192.

Öffentliche Busse

Das ,,pick-up"-System (man winkt die Fahrzeuge heran) mit *bemos* sowie der Busverkehr auf der Insel klappen gut und sind billig. Für 2 US-$ kann man quer durch die Insel fahren. Außerdem sind die meisten *bemos* auf Balis Straßen auch für eine spezielle Fahrt oder für einen ganzen Tag zu mieten. Sie erklären dem Fahrer, wohin Sie wollen und handeln den Fahrpreis aus. In den meisten Fällen kommt man mit 25 bis 30 US-$ am Tag aus (so viel verdienen die Fahrer auch, wenn sie durch die Insel fahren und auf Aufforderung Fahrgäste aufnehmen).

In Denpasar gibt es vier Bus/*bemo*-Bahnhöfe jeweils für den Süden, Westen, Norden und Osten der Stadt.

Tegal Terminal (Südwesten von Denpasar)
Kuta Rp. 200
Airport (Tuban) Rp. 250
Nusa Dua Rp. 400
Ubung Terminal (Nordwesten von Denpasar)
Gilimanuk Rp. 1650
Singaraja Rp. 1050
Sangeh Rp. 350
Mengwi Rp. 200
Tabanan Rp. 200
Tanah Lot Rp. 300
Kereneno Terminal (Osten von Denpasar)
Sanur Rp. 200
Ubud Rp. 250
Kintamani Rp. 1200
Klungkung Rp. 600
Bangli Rp. 600
Suci Terminal (Zentrum von Denpasar)
Benoa Harbour Rp. 200

Übrigens können Sie statt mit dem Taxi auch im *bemo* vom Flughafen zu Ihrem Hotel in Kuta oder Denpasar kommen (für 100 bzw. 250 Rp.). Gehen Sie einfach zur Durchgangsstraße vor, und winken Sie ein Fahrzeug heran. Die **Überland-Busse** warten im Suci Terminal an der Jl. Hasanuddin, wo auch die Busgesellschaften vertreten sind.

Einkäufe

In den Hunderten von Boutiquen und Verkaufsständen an der Straße, bei Tausenden von Handwerkern, Künstlern, Holzschnitzern, Näherinnen, Malern etc. können Bali-Touristen alles kaufen, was das Herz begehrt.

Holzschnitzereien

Gute Arbeiten findet man garantiert in den Läden an den Hauptstraßen von **Mas** (besonders bekannt sind Ida Bagus Tilems Kunstgalerie und Museum). Auch in den Dörfern **Pujung** (hinter Tegalalong nördlich Ubuds), **Batuan** und **Jati** lohnt sich die Suche. Alle heimischen Hölzer, das butterfarbene Jackbaumholz wie das billige gesprenkelte Kokospalmholz werden hier zu kühnen Figuren verarbeitet, die überall auf der Insel nachgeahmt werden. Die balinesischen Meister verarbeiten auch die von anderen Inseln importierten Hölzer (Hibiskus, braunes javanisches Teak- und schwarzes Ebenholz von Sulawesi). Alte Arbeiten, die einst vergoldete Tempelpavillons und Königspaläste zierten, finden Sie in einigen Geschäften in **Kuta, Sanur** und an der Hauptstraße von **Klungkung.**

Gemälde

Ubud und die umliegenden Dörfer **Pengosekan, Penestanan, Sanggingan, Peliatan, Mas** und **Batuan** bilden das Zentrum der Malerei auf Bali. Die berühmte **Neka Gallery & Museum** und das **Puri Lukisan Museum** in Ubud vermitteln dem Besucher einen Eindruck von der Vielfalt der Stilrichtungen und der Kunstfertigkeit der besten Maler. Im Anschluß besuchen Sie dann die anderen Galerien dieses Gebietes: **Gallery Munut, Gallery Agung** und die Galerie der **Künstlergemeinschaft von Pengosekan.** Jede Malschule Balis ist hier vertreten; auch die Leinwandmalereien junger Künstler, die Feste und Tänze abbilden, sind hier zu sehen.

Die hochwertigen Werke findet man in den Atelierwohnungen der bekannten Künstler, die in Ubud leben: **Antonio Blanco, Hans Snel, Wayan Rendi, Arie Smit** sowie die Arbeiten des verstorbenen **I Gusti Nyoman Lempad.** In Batuan könnten Sie **Mokoh** und **I Made Budi** aufsuchen.

Die traditionellen astrologischen Kalender und *ider-ider*-Malereien (die 30 cm breiten und 5 m langen Baumwollbänder werden bei Tempelzeremonien an den Dachtraufen der Schreine aufgehängt) bekommt man in **Kamasan,** südlich von Klungkung, zu sehen.

Steinmetzarbeiten

In Batubulan sind die Steinmetze beheimatet, die traditionsgemäß den weißen Sandstein bearbeiten. **Wayan Cemul** aus Ubud, ein international anerkannter Meister, hat das Haus voller eigenwilliger, herrlicher Figuren.

Textilien

Gebatikte Kleidungsstücke führen die zahlreichen Boutiquen von **Kuta Beach.** Brokatstoffe, die wie Lamé glänzen, sowie die einfacheren, handgewebten *sarung*-Tuche gibt es in jedem Dorf zu kaufen. **Gianyar** ist die Heimat der Handwebstühle, doch haben auch **Blayu, Sideman, Mengwi, Batuan, Gelgel, Tengganan** und **Ubud** ihre eigenen Webverfahren entwickelt.

Gold und Silber

Metallarbeiten entstehen vor allem in **Celuk** und **Kamasan,** wo man Ornamente aller Art kaufen kann. Von **Kuta** stammen viele Gold- und Silberarbeiten. Balinesischen Schmuck nach alten Mustern führen die Geschäfte an der Jl. Sulawesi und der Jl. Kartini in **Denpasar.**

Kunsthandwerk

Bambusgeräte, *wayang kulit*-Figuren und Zierrat aus Kokosschalen und Teakholz liegen in den Andenkengeschäften aus. Knochenschnitzereien sind zu guten Preisen in **Tampaksiring** zu haben, während Strohhüte und Körbe die Spezialität der Frauen von **Bedulu** und **Bona** sind. Diese Körbe ersteht man auf dem **Sukawati**-Markt und an den Ständen gegenüber der **Goa Gajah.** Auf dem Markt von **Klungkung** stößt man auch auf schöngearbeitete alte Stücke.

Das **Handicraft Centre** (Sanggraha Karya Hasta) in Tohpati, Denpasar, besitzt eine schöne Auswahl an Kunsthandwerk von Bali und anderen indonesischen Inseln (u.a. Körbe und Webarbeiten). Geöffnet täglich außer montags von 8 bis 17 Uhr.

Der Morgenmarkt in **Pasar Badung** in Denpasar hat ganze Budenstraßen, wo man Korallen und auch Körbe jeder Form und Größe erstehen kann.

Antiquitäten

In den Geschäftsarkaden der großen Hotels bekommen Sie exquisite Ware (zu exquisiten Preisen). In **Kuta** bieten Anang und der East West Artshop die beste Auswahl an Antiquitäten und Werken primitiver Kunst.

In **Denpasar** stehen an der Jl. Gajah Mada, am Ende des Stadtplatzes, mehrere Antiquitätengeschäfte, ebenso an Jl. Arjuna, Jl. Dresna, Jl. Veteran und Jl. Gianyar. In **Sanur** stehen diese Läden an der Jl. Sanur.

Zahlreiche an das Kerta Gosa in **Klungkung** angrenzende Antiquitätenläden führen chinesische Porzellan-Raritäten, alte Malereien aus Kamasan im *wayang*-Stil, alten Schmuck und balinesische Webarbeiten zu angemessenen Preisen. **Singaraja** besitzt einige der besten Antiquitätengeschäfte in Bali.

Keramik

In **Pejaten** im Bezirk Tabanan, rund 20 km westlich von Denpasar, entstehen ungewöhnliche Keramikwaren. Aus Terrakotta formen die Handwerker interessante Gestalten mit verschränkten Gliedern und grotesken Körpern, wie sie es seit Generationen gewohnt sind. Die schöne glasierte Keramik kommt aus Batu Jimbar, **Sanur.**

Theater und Tanz

Um die balinesischen Tänze, das *wayang-kulit*-Schattenspiel und das *gamelan*-Orchester kennenzulernen, wohnt man am besten einem Tempelfest auf dem Lande bei. Fast täglich findet irgendwo ein solches Fest statt. Wo, erfährt man im Hotel oder aus dem **Bali Post Calendar,** den es überall zu kaufen gibt. Unten sind die Namen der Dörfer aufgeführt, in denen normalerweise solche Zeremonien und Feste stattfinden.

An verschiedenen zentralen Orten der Insel finden auch öffentliche Aufführungen statt. Einige der besten Tänzer und Musiker Balis treten bei solchen Veranstaltungen auf; für sie sind sie eine willkommene Einnahmequelle.

Kecak-Tanz

- **Ayoda Pura,** Tanjung Bungkak
- **Banjar Taman,** Sanur
- **Banjar Legian Kelod**
- **Bona,** Gianyar
- **Abian Kapas Art Centre**

Ramayana-Ballett

- **Ayoda Pura,** Tanjung Bungkak
- **Pemecutan Palace Hotel**
- **Banjar Pengaretan,** Kuta
- **Indra Prasta,** Kuta

Barong-Tanz

- **Banjar Seminiyak,** Legian
- **Saha Dewa,** Batubulan

Legong-Tanz

- **Puri Agung,** Peliatan
- **Ayoda Pura,** Tanjung Bungkak
- **Pemecutan Palace Hotel,** Denpasar
- **Indra Prasta,** Kuta

Wayang Kulit

- **Pemecutan Palace Hotel,** Denpasar

Trance-Tanz/Feuergeher

- **Bona,** Gianyar
- **Bali Hyatt Hotel,** Sanur
- **Hotel Bali Beach,** Sanur
- **Bali Seaside Cottage,** Sanur
- **Nusa Dua Hotel,** Nusa Dua
- **Sanur Beach Hotel,** Sanur

Nachtleben

Was das Nachtleben betrifft, geht es auf der **Sanur**-Seite recht zahm zu. In einigen großen Hotels wie dem Bali Beach treten Musikgruppen auf. Der Supper Club **Bali Hai** des Hotels bietet Entertainer „direkt aus Las Vegas" auf, das Bali Hyatt hat eine luxuriöse Diskothek, im **Matahari** tritt die Sängerin Juliana aus London auf. Das **Karya Restaurant,** das **Purnama Terrace** (im Bali Hyatt) und das **Kul Kul Restaurant** (für den Froschtanz Plätze reservieren lassen!) bieten das beste Dinner plus Showprogramm unter dem Himmel von Sanur. Im **Nusa Dua Hotel** sollte man in der Ramayana-Nacht in einer der Opernlogen, die um die Freiluftbühne angeordnet sind, zu Abend speisen.

Auf der **Kuta**-Seite sind die Rhythmen heißer, die Musik und das Publikum lauter und zahlreicher. Das einst verschlafene Dorf kommt nun nicht mehr zur Ruhe. Eine Reihe von Kneipen an der Jl. Legian und der Jl. Buni Sari bleiben so lange auf, wie Kundschaft da ist. **Casablanca** und **The Pub** z.B. servieren das Bintang-Bier eiskalt in vorgekühlten Krügen — ein Hochgenuß für Biertrinker.

Auch einige Diskos in Kuta machen bis zum Morgengrauen durch; danach gehen viele Leute zum Strand, um den Sonnenaufgang zu erleben. Die **Sand Bar** an der Jl. Legian, wo sich Scharen Australier unter das heimische Publikum mischen, ist immer gut besucht. Wer schon in Legian ist, sollte auch im **Rum Jungle** vorbeischauen — einer von Weinranken und Kletterpflanzen überwachsenen Tanzbühne. **Chez Gado-Gado** weiter unterhalb in Seminyak ist Samstag abends Treffpunkt der tanzlustigen jungen Leute.

Sport

Auf Bali wurden zwei **Golfplätze** angelegt. Das Hotel Bali Beach hat eine kleine 9-Loch-Anlage; gegen eine Gebühr hat jedermann Zutritt. Ein ernsthafter Golfer dürfte jedoch den **Bali Handara Country Club** in Bedugul aufsuchen. Peter Thomson entwarf diesen wohl einzigen Golfplatz der Welt innerhalb eines Vulkans. Am Wochenende verlangt man für einen Tag stolze 45 US-$, unter der Woche 30 US-$ Benutzungsgebühr.

Gegen 1,50 bis 5 US-$ Eintritt können Nicht-Hotel-Gäste in den Swimmingpools der meisten Hotels ein Bad nehmen.

Die **Wassersportarten** Surfen, Tauchen, Mit-dem-Speer-Fischen und Tiefseeangeln sind in Bali auf dem Vormarsch. Die kleine Insel **Nusa Lembongan** direkt vor Sanur ist das Eldorada der Surfer und Taucher geworden. Gruppenarrangements und Safari-Ausflüge (Ausrüstung und Lehrkräfte werden bei Bedarf gestellt) sind im Angebot der Reiseveranstalter. Die Fahrt zum Riff vor Sanur inkl. Tauchausrüstung ist für ganze 20 US-$ zu haben (bei einer Fünfergruppe), eine individuelle Tauchtour kostet 40 US-$. Nyoman bei **Bali Aquatic Sports** in Kuta (in der Bar La Barong) weiß Bescheid. Andere Veranstalter in Kuta sind: **Gloria Maris** (Jl. Airport) und **Nusa Lembongan Tours** (im Restaurant Happy).

Den besten Surfstrand finden Sie in **Uluwatu** an der Ostseite der Halbinsel Bukit (Süden).

Für den Notfall

Im Notfall wählt man die Nummer **118** der **Ambulanz.** Jedes balinesische Dorf verfügt über eine **Puskesmas**-Krankenstation. In ernsteren Fällen sollte man den Hotelarzt oder ein öffentliches Krankenhaus in Denpasar aufsuchen.

Apotheken (Apotik)

Die meisten sind von 8 bis 18 Uhr geöffnet. Welche Apotheke gerade Nacht- oder Sonntagsdienst hat, erfährt man aus der *Bali Post* oder im Hotel.

Fluggesellschaften

- **Bouraq,** Jl. Kamboja 45, Denpasar, Tel: 22252.
- **Cathay Pacific,** Hotel Bali Beach, Sanur, Tel: 8576.
- **Garuda,** Jl. Melati 61, Denpasar, Tel: 22028.
- **Merpati,** Jl. Melati 57, Denpasar, Tel: 22864.
- **Qantas,** Hotel Bali Beach, Sanur, Tel: 8511.
- **Sempati,** Hotel Bali Beach, Sanur, Tel: 8511.
- **Thai International,** Hotel Bali Beach, Sanur, Tel: 8511.

SANUR

In Sanur kann man einen angenehm ruhigen Urlaub verbringen; das Publikum ist internationaler als in Kuta, aber weniger kosmopolitsch und weniger hektisch. Seit etwa 1920 kommen ausländische Touristen nach Sanur; man weiß, was man seinen Gästen schuldig ist: erstklassigen Service. Die reizvollen Tempel von Sanur sollten Sie während der *odalan*-Zeremonien (alle sieben Monate) aufsuchen.

Unterkunft

Bei der Wahl des Hotels erlebt man in Sanur mit seinen zahlreichen erstklassigen Häusern selten einen Reinfall. Sie haben die Wahl zwischen dem Komfort und Luxus eines Vier-Sterne-Hotels, deren es drei gibt: **Bali Beach, Bali Hyatt** und **Sanur Beach,** und der Ruhe und persönlichen Atmosphäre eines eigenen Bungalows am Meer (ein Drittel billiger als die Luxushotels). Für die Hochsaison (Juli bis September und Dezember bis Januar) sollte man Zimmer vorbestellen. Zu den hier aufgeführten Preisen pro Nacht kommt jeweils ein

Steuer- und Bedienungszuschlag von 21 %. A/c (aircondition) bedeutet: mit Klimaanlage.

Erste Klasse (ab 35 US-$)

Gemessen an seiner Größe, bietet das Luxushotel **Bali Hyatt** seinen Gästen erstaunlich großzügige Räumlichkeiten, Sand-Tennisplätze sowie hängende Gärten. Das ehrwürdige **Hotel Bali Beach** (Anfang der 60er Jahre von japanischen Firmen erbaut), hat eher das Aussehen eines alten Miami-Beach-Luxushotels — ein zehnstöckiger Betonblock am Meer mit Golfplatz, Kegelbahnen und zwei Swimmingpools.

Das letzte der drei Vier-Sterne-Häuser, das kleinere **Sanur Beach Hotel** (im Besitz von Garuda Airways), ist das freundlichste unter den Großhotels von Sanur.

Die Ferienhäuser des **Tanjung Sari Hotel** sind bei Sanurs Stammgästen erste Wahl. Es war die erste Strandbungalow-Anlage und ist auch heute noch ein charmantes, gutgeführtes Ferienzentrum. Seine neueste Errungenschaft ist der Nachtklub Rumours; hier wird Backgammon gespielt, und man zeigt Filme.

Das **Segara Village** verdient wegen seiner sympathisch indonesischen Atmosphäre Erwähnung. **La Taverna** wird für seine italienischen Balinesia und seine reizvolle Pizzeria am Strand gerühmt. Das **Wisma Baruna,** kleinstes und ältestes der Erste-Klasse-Hotels, strahlt Gemütlichkeit aus; das Frühstück und der Pavillon mit Blick über die Lagune sind traumhaft.

• **Alit's Beach Bungalow** (98 Zimmer), Jl. Raya Sanur, P.O. Box 102, Denpasar, Tel: 8567, Tlx: 35165 BALICTOT. Am Nordausgang des Strands. Ferienhäuschen in einem Garten an einer kleinen Straße; am Strand buntbemalte Segelboote. A/c und Warmwasser. 35 bis 37 US-$.

• **Bali Hyatt Hotel** (387 Zimmer), Sanur, P.O. Box 392, Denpasar, Tel: 8271-7, Tlx: 35127. A/c, Zimmer und Suiten mit Meeresblick. Mehrere Restaurants, Swimmingpool, Diskothek, Tagungsräume, breiter Strand. 72 bis 400 US-$.

• **Bali Seaside Cottages** (111 Zimmer), Jl. Segara, Sanur, P.O. Box 217, Denpasar. Anbau des Hotel Bali Beach. Strandbungalows mit A/c, Warmwasser und Teppichboden. Swimmingpool und Coffee Shop (Service rund um die Uhr). 40 bis 65 US-$.

• **Bali Sankur Besakih Bungalows** (50 Zimmer), Jl. Tanjungsari, Sanur, Denpasar, Tel: 8423-4, Tlx: 35178. Direkt am Strand. Gehört zur Kette der „Bali Sanur Bungalows", die in den 70er Jahren mehrere bankrotte Hotels aufkaufte. Jedes Haus hat seinen besonderen Charakter bewahrt. Sämtliche Bungalows mit A/c und Warmwasser. 40 bis 45 US-$.

• **Bali Sanur Penida View Bungalows** (44 Zimmer), Jl. Bali Hyatt, Sanur, Denpasar, Tel: 8425-6, Tlx: 35178. Am Strand direkt neben dem Bali Hyatt. Alle Zimmer mit A/c und Warmwasser. 45 bis 100 US-$.

• **Bali Sanur Puri Dalem Bungalows** (44 Zimmer), Jl. Raya Sanur, P.O. Box 306, Denpasar, Tel: 8421-2, Tlx: 35187. An der Hauptstraße nach Denpasar, fünf Minuten vom Strand. Alle Bungalows mit A/c und Warmwasser. 32 bis 45 US-$.

• **Gazebo Beach Cottages** (60 Zimmer), Jl. Tanjungsari, Sanur, P.O. Box 134, Denpasar, Tel: 8300. Eigener Strand mit kühlen zweistöckigen Bungalows in einem Garten, alle mit A/c und Warmwasser, 35 bis 45 US-$.

• **Hotel Bali Beach Intercontinental** (605 Zimmer), Sanur, P.O. Box 275, Denpasar, Tel: 8511-7, Tlx: 35133, 35129. Älteres zehnstöckiges Intercontinental-Hotel mit neuem Flügel (zwei Etagen). Eigener Strand, zwei Swimmingpools, vier Restaurants. Alle Zimmer mit A/c, Teppichboden, Warmwasser. 58 bis 180 US-$.

• **Hotel Sanur Beach** (310 Zimmer), Sanur, P.O. Box 279, Denpasar, Tel: 8011-5, Tlx: 35135. Um Bungalows erweitert. Alle mit A/c und Warmwasser. 55 bis 120 US-$.

• **La Taverna Bungalows** (44 Zimmer), Jl. Tanjungsari, Sanur, Denpasar, Tel: 8497. Eigener Strand und vornehm eingerichtete Zimmer mit A/c und Warmwasser; Swimmingpool, Pizzeria und Bar am Strand. 50 bis 85 US-$.

• **Respati Beach Bungalows** (25 Zimmer), Sanur, P.O. Box 223, Denpasar, Tel: 8427. Ferienhäuser in einem Garten am Strand. 32 bis 40 US-$.

• **Santrian Beach Hotel** (80 Zimmer), Jl. Tanjungsari, Sanur, P.O. Box 55, Denpasar, Tel: 8181-3. Strandbungalows am Meer in einem weitläufigen Garten. 36 bis 40 US-$.

• **Segara Village Hotel** (85 Zimmer), Jl. Segara, Sanur, P.O. Box 91, Denpasar, Tel: 8407-8, 8021-2, Tlx: 35134. Markante zweistöckige Ferienhäuser 20 m vom Strand, alle mit A/c und Warmwasser. Swimmingpool und Tennisplätze 42 bis 65 US-$.

• **Sindhu Beach Hotel** (50 Zimmer), Jl. Sindhu, Sanur, P.O. Box 181, Denpasar, Tel: 8351-2, Tlx: 35166. Bungalow-Hotel am Strand mit A/c und Warmwasser. 39 bis 65 US-$.

• **Tanjung Sari Hotel** (24 Zimmer), Jl. Tanjungsari, Sanur, P.O. Box 25, Denpasar, Tel: 8441, Tlx: 35257 TANSARI. Helle, stilvolle Räume; Bungalows am Meer, reizender Garten. Die Übernachtung kostet zwischen 65 und 170 US-$.

• **Wisma Baruna** (10 Zimmer), Jl. Sindhu, Sanur, Denpasar, Tel: 8546. Die Appartements gehen auf einen breiten Rasen hinaus, der zum Meer reicht. Alle Räume mit A/c und Warmwasser. 40 bis 80 Us-$.

Mittlere Preisklasse (15 bis 35 US-$)

Die **Bali Sanur Bungalows** am oberen Ende der Skala sind zu empfehlen. Alle anderen Strandbungalow-Komplexe aus dieser Kategorie sind von ausgezeichneter Qualität und meist recht angenehm. Sie unterscheiden sich nach Häusern mit oder ohne Klimaanlage (die Räume am unteren Ende der Skala haben aber einen Ventilator).

- **Abian Irama Inn,** Jl. Tanjungsari, Sanur, Denpasar. Zehn Minuten vom Strand. Einige Zimmer mit A/c. 15 bis 36 US-$.

- **Bali Sanur Irama Bungalows** (23 Zimmer), Jl. Tanjungsari, Sanur Denpasar, Tel: 8423-4, Tlx: 35178. Direkt am Strand. Das preiswerteste Haus der Gruppe „Bali Sanur Bungalows". Alle mit A/c und Warmwasser. 30 bis 35 US-$.

- **Diwangkara Beach Hotel** (36 Zimmer), Jl. Pantai Sanur, Sanur, P.O. Box 120, Denpasar, Tel: 8577, 8412. Die Bungalows stehen in einem abgetrennten Anwesen hinter dem Le-Mayeur-Museum am Nordende des Strandstreifens. Einige haben A/c und Warmwasserversorgung. Swimmingpool. Eine Minute zum Strand. 23 bis 35 US-$.

- **Hotel Ramayana,** Jl. Tanjungsari, Sanur, Denpasar, Tel: 664359. Fünf Minuten vom Strand. 16 US-$ mit Ventilator, 20 US-$ mit A/c und 25 US-$ für den eigenen Bungalow.

- **Laghawa Beach Inn** (25 Zimmer), Jl. Tanjungsari, Sanur, Denpasar, Tel: 8494, 8214. Ferienhäuser mit A/c und Warmwasser in einem Garten. Fünf Minuten vom Strand. Bei Übernachtungspreisen von 20 bis 35 US-$ sein Geld wert.

- **Mars Hotel** (14 Zimmer), Jl. Raya Sanur, Sanur, Denpasar, P.O. Box 95, Denpasar. Fünf Minuten vom Strand. Bungalows in einem Garten mit A/c und Warmwasser. 24 US-$.

- **Narmada Bali Inn** (17 Zimmer), Jl. Sindhu, Sanur, P.O. Box 119, Denpasar, Tel: 8054. Bungalows in ruhigem Garten zwei Minuten vom Strand. A/c und Warmwasser. 28 bis 30 US-$ die Nacht.

- **Puri Mas Hotel** (16 Zimmer), Jl. Raya Sanur, Tanjung Bungkak, Denpasar. 3,5 km von Sanur Beach (an der Hauptstraße nach Denpasar). Einfache Unterkunft in einer Bungalow-Anlage. Einige mit A/c und Warmwasser. 22 bis 30 US-$.

- **Werdha Pura** (14 Zimmer), Jl. Tanjungsari, Sanur, P.O. Box 24, Denpasar. Staatliche Ferienhauskolonie am Strand mit A/c und Warmwasser. 22 bis 32 US-$.

Billige Unterkünfte (unter 15 US-$)

Das billigste Zimmer in Sanur kostet 7 US-$. Das **Tourist Beach Inn,** kaum 100 m vom Strand entfernt, ist hervorzuheben. Drei Bungalowkomplexe gegenüber dem Postamt — **Sanur Inda, Taman Sari** und **Hotel Rani** — sind geräumiger, dafür weiter vom Strand entfernt. Das **Taman Agung** mit seinen gepflegten Grünanlagen ist von den billigen Hotels das angenehmste. Wer ein gutes, billiges Quartier sucht, sollte sich jedoch zuerst in Kuta umsehen.

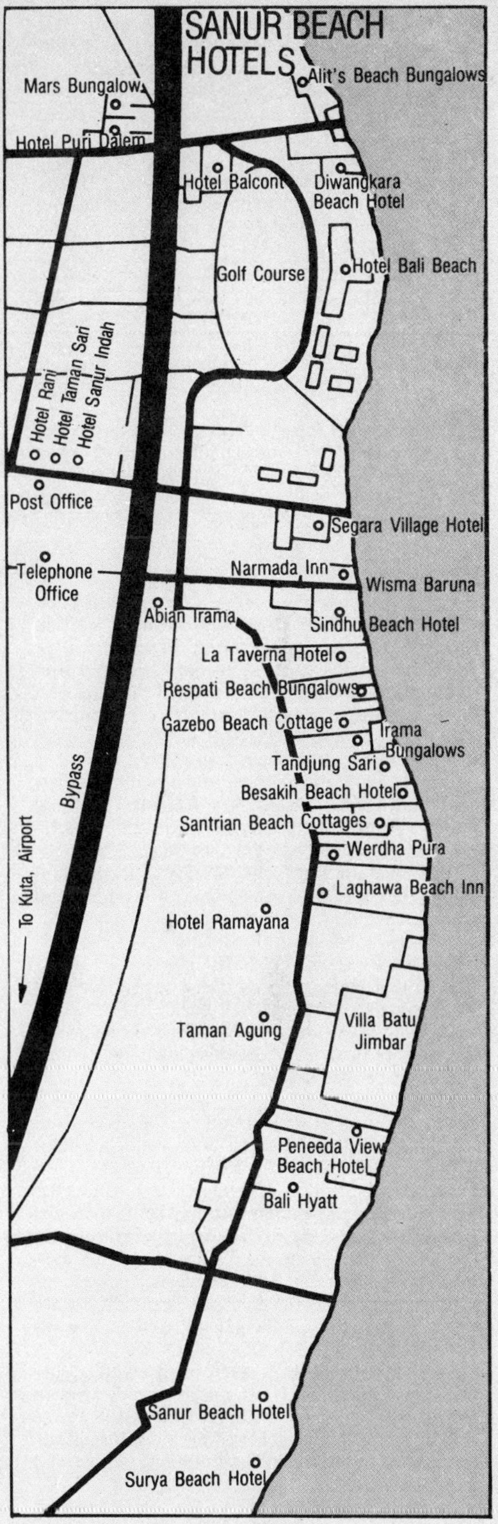

• **Hotel Rani,** Jl. Segara, Sanur, Denpasar. Gegenüber dem Postamt, zehn Minuten vom Strand. 7 bis 15 US-$, inkl. Steuer und Bedienung.

• **Hotel Sanur Indah,** Jl. Segara, Sanur, Denpasar. Mehrere Zimmer im *losmen*-Stil sowie teurere Bungalows, zehn Minuten vom Strand. 7 bis 15 US-$, alles inklusive.

• **Hotel Taman Sari,** Jl. Segara, Sanur, Denpasar. Neben dem letztgenannten, mit Unterkünften etwa derselben Güteklasse. 7 bis 15 US-$, inkl. Steuer und Bedienung.

• **Tamun Agung Beach Inn** (20 Zimmer), Jl. Tanjungsari, Sanur, Denpasar, Tel: 8549, 8006. Sehr angenehme Zimmer (*losmen*-Stil) mit Blick auf eine gepflegte Gartenanlage. Fünf Minuten zum Strand. Weder A/c noch Warmwasser. 8 bis 15 US-$, inkl. Frühstück, Steuer und Bedienungsgeld.

• **Tourist Beach Inn** (10 Zimmer), Jl. Segara, Sanur, P.O. Box 42, Denpasar, Tel: 8418. Zimmer im *losmen*-Stil um einen zentralen Innenhof. In Strandnähe und sehr ruhig. 8 bis 12 US-$, mit Frühstück und allen Zuschlägen.

Restaurants

Das **Tanjung Sari Hotel Restaurant** ist weithin berühmt für seine indonesische *rijsttafel* und die gehobene Atmosphäre. Ein *tingkling*-Orchester (Bambusinstrumente) ist die ideale Begleitung zum Abendessen, das im Speisesaal (viele Antiquitäten) am Strand serviert wird. Die neue Speisekarte des Restaurants hat einen etwas kreativeren „nouveau-Bali"-Anstrich, und die berühmte Bar, ein Werk des australischen Künstlers Donald Friend, ist ein überhöhter Pavillon mit Meeresblick.

Im **Kuri Putih** (im Hotel Bali Sanur Irama Bungalows) hat der Chefkoch Nyoman Sana aus Ubud seine Küche nach Sanur verfrachtet. Probieren Sie die Spezialitäten vom Rost und dazu die verlockenden Beilagen vom Salat-Büfett.

Si Pino's Home of Fine Food gegenüber dem Haupteingang des Hotel Bali Beach ist von Sanur nicht mehr wegzudenken. Mr. Pino ist nicht nur Balis bester Boxtrainer, sondern auch einer seiner phantasievollsten Köche.

Das **Kul Kul Restaurant** unweit des Hyatt mit seiner eleganten Bar serviert gute westliche, indonesische und chinesische Küche in seinem hübschen Gartenpavillon. Für den Tanzabend (Batuans berühmte Froschtanzgruppe) sollte man sich Plätze reservieren lassen. Das **Swastika Gardens** in der Nähe ist bei denen, die die Preise in den Hotelrestaurants überhöht finden, beliebt. Es wird ordentlich gekocht, und die Speisekarte ist so abwechslungsreich, daß für jeden Geschmack etwas dabei ist.

Spezialität des **Telaga Naga** (dem Hyatt gegenüber), ein vornehmes Haus, das in einen See hinein gebaut wurde, ist die Sichuan-Küche; die Preise sind akzeptabel. Empfehlenswert: „Huhn mit getrockneten Chilischoten", die Riesengarnelen und die Entengerichte.

In der **Trattoria Da Marco,** in der Reno und Diddit Marco seit 15 Jahren ihre Gäste verwöhnen, bekommt man ausgezeichneten gegrillten Fisch, Spaghetti carbonara und die wohl besten Steaks auf ganz Bali.

La Taverna gehört zu einer asiatischen Kette italienischer Restaurants. Am Strand werden im Freien z.B. importierter Käse, französische Pfeffersteaks, Fisch und Pizza aus einem echten Pizzaofen serviert.

Die heimische Küche lernt man für wenig Geld im **Beach Market** (Jl. Segara, direkt am Strand) kennen. Das kleine Gartenrestaurant ist im Besitz des Bürgermeisters von Sanur. Zum Lunch (*sate, nasi goreng,* frischgebratener Fisch) oder zum Abendessen (gegrillter Hummer) sehr zu empfehlen. Es gibt auch köstliche balinesische Desserts. Die Preise sind unschlagbar.

Das alte **Swastika I** (gegenüber La Taverna) bietet ein beachtliches *nasi campur,* gute Fruchtsäfte und eine Anzahl balinesischer Gerichte zu „balinesischen" Preisen. Das Rumah Makan Mini serviert gute, preiswerte Gerichte. Das letzte *warung* (Mak Beng's) auf der linken Seite der Jl. Raya Sanur (nördlich des Bali Beach) hat phantastischen Fisch vom Grill.

Die javanische Küche präsentiert **Adi's Restaurant** am Renon-Kreisel (an der Abzweigung nach Denpasar) — etwas abgelegen, doch die Anfahrt lohnt sich. Schließlich: **Meme Disco** steht (mit ihrem Schildkröten-Sate von 16 bis 20 Uhr) vor der Polizeistation von Sanur. Obwohl der World Wildlife Fund eine Kampagne gegen das Abschlachten der Schildkröten geführt hat, ist die Nachfrage nach dem kulinarischen Leckerbissen ungebrochen.

Segeln

Die einheimischen Outrigger-Kanus (*jukung*) mit den hellbunten Bir-Bintang-Segeln vor der Küste von Sanur werden offensichtlich nicht mehr für den Fischfang eingesetzt, seitdem die Touristen sie für Segeltouren um die Lagune mieten wollen. Die Fischer haben sich zu einer Kooperative zusammengeschlossen und ihre Preise vereinheitlicht. (8 US-$ kostet die Runde durch die Lagune.)

KUTA BEACH

Das heutige Kuta gleicht der Carnaby Street der 60er Jahre: chaotisch, lärmerfüllt, drogenverseucht und dennoch — ein herrlicher Tummelplatz. Zunächst waren es der breite Strand und der Wellengang, welche die Touristen nach Kuta zogen. Die Strandpromenade ist nach wie vor die beste Balis, inzwischen ist sie aber übersät mit Hunderten von Hotels, Restaurants, Bars, Boutiquen, Reisebüros, Antiquitätenläden, Auto- und Fahrradverleihs, Banken, Kassettengeschäften und: Touristen über Touristen. Zwar sind viele Spitzenhotels entstanden, der 5-km-Streifen von Kuta Beach gehört aber immer noch den Leuten, die im Urlaub für wenig Geld mittendrin sein möchten. In Legian, am Ende des Strandes, kann man noch einen ruhigeren Urlaub verbringen.

Unterkunft

Bungalows, Strandhotels und Pensionen (*losmen*) gibt es in Kuta Beach so zahlreich, daß man sie unmöglich vollständig auflisten kann. Das ist auch gar nicht nötig. Halten Sie die Augen offen, und Sie werden unter der reichen Auswahl vor allem preisgünstiger Unterkünfte bestimmt etwas Geeignetes finden. Vorbestellen sollte man sein Zimmer in den großen Hotels während der Hauptsaison.

Erste Klasse (ab 35 US-$)

Bali Oberoi und **Pertamina Cottages** sind die beiden Luxushotels von Kuta. Das Restaurant des Oberoi ist erstklassig, das Frühstück *al fresco* im Oberoi traumhaft. Das Pertamina Cottage besitzt Tennisplätze und Tagungsräume.

Mehrere erstklassige Bungalowkomplexe mit Komfort, wie **Kuta Beach Palace, Kuta Beach Hotel** und **Kartika Plaza,** stehen zur Auswahl. Das **Legian Beach Hotel** verlangt für Zimmer mit Klimaanlage am Strand unter 40 US-$. *Die Preise verstehen sich alle ohne den obligatorischen 21-%-Zuschlag.*

- **Bali Oberoi** (75 Zimmer), Kayu Aya, P.O. Box 351, Kuta, Tel: 25581-5, Tlx: 35125 OBHOTEL DPR. Abseits vom Trubel am Ende des Strands. Geschmackvolle klimatisierte Strandbungalows. Schöne Gartenanlage, großer Swimmingpool. 70 bis 250 US-$.
- **Beach Hotel Kartika Plaza** (120 Zimmer), Kuta Beach, P.O. Box 84, Denpasar, Tel: 22454, 25081-5. Zimmer zum Strand und Bungalows in großem Garten. Alle mit A/c und Warmwasser. Swimmingpool. 40 bis 84 US-$.
- **Kuta Beach Club** (83 Zimmer), Jl. Bakungsari, P.O. Box 226, Kuta, Tel: 25056, Tlx: 35138 KUTA CLUB. Hotel im Bungalowstil, 150 m vom Strand. Mit A/c oder Ventilator und Warmwasser. Swimmingpool. 38 bis 75 US-$.
- **Kuta Beach Palace** (107 Zimmer), Legian, Kuta, Tel: 25858, Tlx: 35234. Großes, neues Firstclass-Hotel in Legian mit dreistöckigem Flügel. Zimmer mit A/c, Warmwasser und Meeresblick. Swimmingpool. 42 bis 85 US-$.
- **Legian Beach Hotel** (110 Zimmer), Jl. Melasti, Legian, P.O. Box 308, Denpasar, Tel: 26811-2, Tlx: 35104. Direkt am Strand mitten in Legian. Gute Leistungen für 36 bis 38 US-$ die Nacht.
- **Pertamina Cottages** (156 Zimmer), Kuta Beach, P.O, Box 121, Kuta, Tel: 23061, Tlx: 35131. Mehrere Restaurants, Festsäle, Tagungsräume, Tennisplätze und Swimmingpool. Alle Zimmer mit A/c, Teppichboden und Warmwasser. 68 bis 620 US-$.
- **Natour's Kuta Beach Hotel** (32 Zimmer), Jl. Pantai Kuta, P.O, Box 393, Kuta, Tel: 25791. Das 1959 eröffnete Haus ist Kutas ältestes, geräumigstes Hotel in zentraler Lage. Ruhige Bungalows und Zimmer um einen Innenhofgarten am Meer. A/c und Warmwasser. 48 bis 62 US-$.

Mittlere Preisklasse (15 bis 35 US-$)

Sollten Sie ohne Klimaanlage auskommen, haben Sie die Auswahl unter vielen schönen Ferienbungalows für 20 bis 30 US-$. **Poppies Cottages** ist eines der meistgebuchten Häuser, und das **Yasa Samudra** liegt direkt am Strand von Kuta.

Sollten Sie länger bleiben wollen und auf Ruhe Wert legen, empfehlen sich **Legian Sunset Beach, Blue Ocean** (beide in Legian) sowie **Nova Nova** (weiter unterhalb in Seminyak). Hier bekommen Sie für 10 bis 15 US-$ die Nacht einen Bungalow; die Wochentarife sind noch günstiger.

- **Kuta Cottages** (40 Zimmer), Jl. Bakungsari, P.O. Box 300, Kuta, Tel: 24100. Kleine Bungalows mit Ventilator unweit des Strandes. 15 bis 25 US-$.
- **Sunset Beach Hotel** (16 Zimmer), Legian, Kuta, P.O. Box 346, Denpasar, Tel: 6721, App. 60. Direkt am Strand. 24 bis 51 US-$.
- **Mandara Cottages** (27 Zimmer), Jl. Padma, Legian, Kuta, Tel: 25785. Bungalows, 100 m vom Strand. Einige mit Klimaanlage. 22 bis 35 US-$.
- **Poppies Cottages** (24 Zimmer), Poppies Gang, Kuta, Tel: 23059. 300 m zum Strand. 24 US-$.
- **Ramayana Seaside Cottages** (45 Zimmer), Jl. Bakungsari, Kuta, P.O, Box 334, Denpasar, Tel: 6781-5, Tlx: 35149. 150 m vom Strand. Einige Zimmer mit Klimaanlage, viele mit Ventilator. 21 bis 36 US-$.
- **Yasa Samudra** (34 Zimmer), Jl. Pantai Kuta, Kuta, P.O. Box 53, Denpasar, Tel: 25305. Einzelbungalows am Strand mitten in Kuta. Das Restaurant wird seines frischen Fisches wegen gerühmt. 27 bis 30 US-$.

Preisgünstige Unterkünfte (unter 15 US-$)

Im Bereich Legian-Kuta kann man sich in mehr als 300 *losmen* für 2 bis 10 US-$ die Nacht einquartieren. Bereits am Flughafen und am Busbahnhof werden dem Bali-Touristen solche Billigquartiere angeboten. Es empfiehlt sich jedoch, sich zunächst umzusehen und dann dort, wo es einem gefällt, ein Zimmer zu mieten.

Unter 3 US-$ bekommt man bereits ein schlichtes Zimmer mit Bett, Gemeinschaftsdusche und WC außerhalb des Hauses. Für 5 bis 6 US-$ hat man seine eigene Toilette und ein etwas weniger schmuckloses Zimmer. Für 10 US-$ findet man oben in Legian schon einen Bungalow mit Stromanschluß und Ventilator.

Restaurants

Jeden Tag scheint in Kuta ein neues Restaurant eröffnet zu werden. Von kleinen Ständen am Strand, wo man einen Fruchtsalat oder ein Joghurt bekommt, bis zu großen chinesischen und französischen Restaurants ist alles vertreten. Die Qualität der einzelnen Lokale schwankt, da die Köche häufig wechseln. Wir beschränken uns daher auf einige der eingeführten, wo man fast immer auf seine Kosten kommt. Ansonsten muß man sich vor Ort nach Restaurants erkundigen, die gerade „in" sind.

Made's Warung, Jl. Pantai, früher ein Essensstand an der Hauptstraße eines verschlafenen Fischerdorfes, hat sich in ein Café Voltaire des „Saint Tropez des Ostens" verwandelt. Das Essen ist Spitze: Spareribs, Thai-Salat, Schnecken,

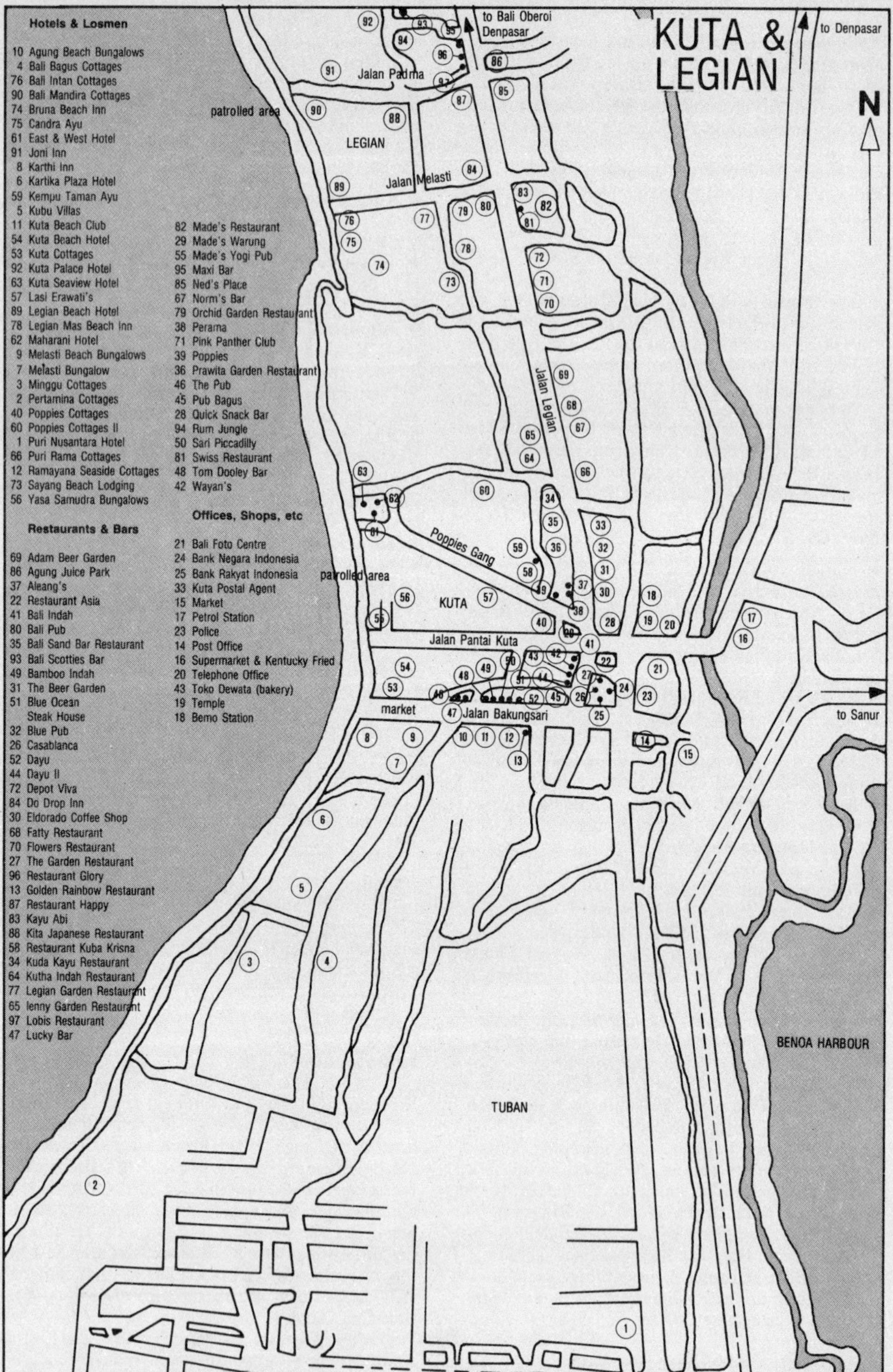
KUTA & LEGIAN
N
Hotels & Losmen
10 Agung Beach Bungalows
4 Bali Bagus Cottages
76 Bali Intan Cottages
90 Bali Mandira Cottages
74 Bruna Beach Inn
75 Candra Ayu
61 East & West Hotel
91 Joni Inn
8 Karthi Inn
6 Kartika Plaza Hotel
59 Kempu Taman Ayu
5 Kubu Villas
11 Kuta Beach Club
54 Kuta Beach Hotel
53 Kuta Cottages
92 Kuta Palace Hotel
63 Kuta Seaview Hotel
57 Lasi Erawati's
89 Legian Beach Hotel
78 Legian Mas Beach Inn
62 Maharani Hotel
9 Melasti Beach Bungalows
7 Melasti Bungalow
3 Minggu Cottages
2 Pertamina Cottages
40 Poppies Cottages
60 Poppies Cottages II
1 Puri Nusantara Hotel
66 Puri Rama Cottages
12 Ramayana Seaside Cottages
73 Sayang Beach Lodging
56 Yasa Samudra Bungalows
Restaurants & Bars
69 Adam Beer Garden
86 Agung Juice Park
37 Aleang's
22 Restaurant Asia
41 Bali Indah
80 Bali Pub
35 Bali Sand Bar Restaurant
93 Bali Scotties Bar
49 Bamboo Indah
31 The Beer Garden
51 Blue Ocean Steak House
32 Blue Pub
26 Casablanca
52 Dayu
44 Dayu II
72 Depot Viva
84 Do Drop Inn
30 Eldorado Coffee Shop
68 Fatty Restaurant
70 Flowers Restaurant
27 The Garden Restaurant
96 Restaurant Glory
13 Golden Rainbow Restaurant
87 Restaurant Happy
83 Kayu Abi
88 Kita Japanese Restaurant
58 Restaurant Kuba Krisna
34 Kuda Kayu Restaurant
64 Kutha Indah Restaurant
77 Legian Garden Restaurant
65 lenny Garden Restaurant
97 Lobis Restaurant
47 Lucky Bar
82 Made's Restaurant
29 Made's Warung
55 Made's Yogi Pub
95 Maxi Bar
85 Ned's Place
67 Norm's Bar
79 Orchid Garden Restaurant
38 Perama
71 Pink Panther Club
39 Poppies
36 Prawita Garden Restaurant
46 The Pub
45 Pub Bagus
28 Quick Snack Bar
94 Rum Jungle
50 Sari Piccadilly
81 Swiss Restaurant
48 Tom Dooley Bar
42 Wayan's
Offices, Shops, etc
21 Bali Foto Centre
24 Bank Negara Indonesia
25 Bank Rakyat Indonesia
33 Kuta Postal Agent
15 Market
17 Petrol Station
23 Police
14 Post Office
16 Supermarket & Kentucky Fried
20 Telephone Office
43 Toko Dewata (bakery)
19 Temple
18 Bemo Station
to Bali Oberoi
Denpasar
to Denpasar
Jalan Padma
patrolled area
LEGIAN
Jalan Melasti
Jalan Legian
Poppies Gang
patrolled area
KUTA
Jalan Pantai Kuta
market
Jalan Bakungsari
to Sanur
BENOA HARBOUR
TUBAN
Ngurah Rai International Airport
to Nusa Dua
International Terminal
Domestic Terminal
to Ulu Watu

Schildkrötensteaks, das selbstgemachte Eis, Mousse au Chocolat, der Cappucino, die frischgepreßten Orangen- und Karottensäfte und vor allem das Frühstück!

Poppies (liegt an einem Seitenweg) gehört ebenfalls zum ,,Inventar" in Kuta. Die Avocado-Fischsalate, Pasteten, Tacos, Hummer vom Grill, die Steaks, Shishkabob und die großen Mixed Drinks füllen dieses Gartenidyll in der Hochsaison bis auf den letzten Platz. Früh genug hingehen!

Bali Indah and Lenny's sind zwei Spitzen-China-Restaurants. Probieren Sie die Krabben in Schwarze-Bohnen-Soße im Bali Indah. Frischen Hummer oder gebratene Thunfischsteaks bekommt man im **Yasa Samudra Hotel** (am Ende der Jl. Pantai Kuta) unter dem Sternenhimmel am Meer serviert.

Das Strandcafé des Hotels **Blue Ocean** (Legian) ist für ein gutes Frühstück und seine Mittagsmahlzeiten bekannt. **La Marmite** (auch **Chez Gado-Gado**) serviert in einem lauschigen Garten am Strand die balinesische Nouvelle Cuisine. Samstags ist nach dem Dinner Disco-Time!

Das Restaurant **Kura Kura** im Hotel Bali Oberoi, einige Kilometer hinter Legian, empfiehlt sich ebenfalls für einen romantischen Samstagabend auf der Terrasse bei Musik. Die Pfefferente und der Hummer vom Grill schmecken hier besonders gut.

Im **Shima**, Balis einzigem guten japanischen Restaurant (im Hotel Pertamina Cottages in Tuban), präsentieren die beiden japanischen Chefköche die ganze Bandbreite der Küche ihres Heimatlandes.

NUSA DUA

Nusa Dua, der Neuling unter den Ferienzentren, hat es aufgrund seiner Abgeschiedenheit schwer. Die neuen Hotels tragen dem dadurch Rechnung, daß sie alles, was das Herz eines Urlaubers begehrt, auf engstem Raum bieten möchten. In Nusas Randbezirken werden Restaurants und Andenkengeschäfte aufgemacht; es entsteht ein zweites Sanur. Einstweilen jedoch ist Nusa Dua noch ein ruhiger Fleck.

Das renovierte **Hotel Bualu** bietet seinen Gästen vielerlei Wassersportmöglichkeiten, üppiggrüne Gartenanlagen und romantische Pferdewagenfahrten (*dokar*) auf der ,,Hotel row". Das brandneue **Nusa Dua Beach Hotel** ist vom Feinsten: Es sieht aus wie ein balinesischer Palast und hat einen Health Club, Squashplätze, drei Restaurants und eine Diskothek.

Die Adressen der elf 1985 eröffneten neuen Luxushotels konnten wir in diesen Führer noch nicht aufnehmen. Hotels der mittleren und unteren Preisklasse sind keine zu verzeichnen.

• **Hotel Bualu** (50 Zimmer), Nusa Dua, Tel: 71310, 71320, Tlx: 35231 BUALU. Tropischer Garten. Swimmingpool und luxuriöse Zimmer, 100 m vom Strand. Man kann segeln, tauchen und surfen. 45 bis 85 US-$.

• **Hotel Nusa Dua** (450 Zimmer), Nusa Dua, Tel: 71210, Tlx. 35206. Übertrifft an Großartigkeit selbst die kühnsten Träume der balinesischen Rajas von einst. Riesiger Swimmingpool, drei Restaurants, Squash- und Tennisplätze, Health Club, Diskothek, großer Strand. Zimmer und Suiten von 65 bis 500 US-$.

Denpasar

Unterkunft

Wer unbedingt in Denpasar übernachten muß, sei auf das alte **Bali Hotel** an der Jl. Veteran oder auf das **Pemecutan Palace Hotel** verwiesen. Das Bali Hotel entstand Anfang der 30er Jahre und war die koloniale Oase auf Bali. Die *rijstafel* schmeckt noch immer, und der Hof mit Swimmingpool hat seine Reize.

Daneben gibt es zahlreiche Häuser, in denen die Übernachtung zwischen 3 und 20 US-$ kostet. Viele stehen an der Jl. Diponegoro um das **Hotel Denpasar.** Ausländische Gäste steigen gerne im **Adyasa** und im **Two Brothers Inn** ab.

• **Adyasa** (20 Zimmer), Jl. Nakula 23, Denpasar, Tel: 2679; die Zimmer sind nach *losmen*-Art um einen Garten gruppiert. 4 bis 8 US-$ mit Frühstück.

• **Hotel Denpasar** (78 Zimmer), Jl. Diponegoro 103, P.O. Box 111, Denpasar, Tel: 26336, 26363. Die Hälfte der Zimmer hat A/c und Warmwasser. Reisegruppen aus Java steigen hier mit Vorliebe ab. 6 bis 30 US-$.

• **Hotel Permecutan Palace** (44 Zimmer), Jl. Thamrin 2, Denpasar, Tel: 23491. Das Hotel nimmt einen Teil des ausgedehnten Badung-Palastes ein. Einige Zimmer mit A/c und Warmwasser. 15 bis 24 US-$.

• **Natour's Bali Hotel** (71 Zimmer), Jl. Veteran 2, P.O. Box 3, Denpasar, Tel: 25681-5. Zentral gelegen, nur eine Straße vom Stadtplatz und Verkehrsknotenpunkt. Bar und Restaurant gut. Viele Zimmer mit A/c und Warmwasser. 20 bis 40 US-$.

• **Two Brothers Inn**, Jl. Imam Bonjol, Gang VII/5, Denpasar. Freundliches *losmen* für wenig Geld. In der Nähe des *bemo*-Bahnhofs Tegal. 2 bis 3 US-$.

Restaurants

Die besten chinesischen und indonesischen Restaurants auf Bali finden sich in Denpasar. Wer auf der Durchreise ist oder in der Stadt etwas zu erledigen hat, sollte unbedingt hier essen gehen.

Ein beliebtes kleines Straßenrestaurant, halb versteckt hinter Topfpalmen an der Jl. Gajah Mada, in der Nähe der Banken, ist das **Puri Selera,** wo man gutes chinesisches Essen bekommt, u.a. Spargel- und Krebssuppe sowie Froschschenkel und Schweinefleisch süß-sauer.

Am besten schmeckt es noch auf dem Nachtmarkt an der Jl. Gajah Mada, wo aus Küchen auf Rädern Satay vom Rost, gebratener Reis, Nudelsuppe und heiße Getränke serviert werden.

Das **Rumah Makan Betty** an der Jl. Kartini präsentiert die heimische Kost. Die Speisekarte verzeichnet (nicht ganz so scharfe) javanische und

DENPASAR

1. Bus Station (Gilimanuk Singaraja Surabaya)
2. Petrol Station
3. Hospital
4. KOKAR, Conservatory of Performing Arts
5. Bank Indonesia
6. Police
7. Stadium
8. Garuda & Merpati Airline Offices
9. Radio Station
10. Telephone, Telegram & Telex Office
11. Market, Bus Station (Amlapura, Bangli, Klungkung, Ubud)
12. Abian Kapas Art Centre
13. Cinema
14. Shopping Centre, Night Market
15. Market
16. Traffic Police
17. Shopping Centre
18. Puputan Square
19. Museum Bali
20. Cinema
21. Taxi, Bus Tickets, Night Market
22. Bemo Station to Kuta
23. Cinema
24. Army Hospital
25. Petrol Station
26. Police
27. Governor's Office
28. General Post Office
29. Hospital
30. Immigration
31. Tourist Information
32. University
33. Bali Hotel
34. Puri Pemecutan Hotel

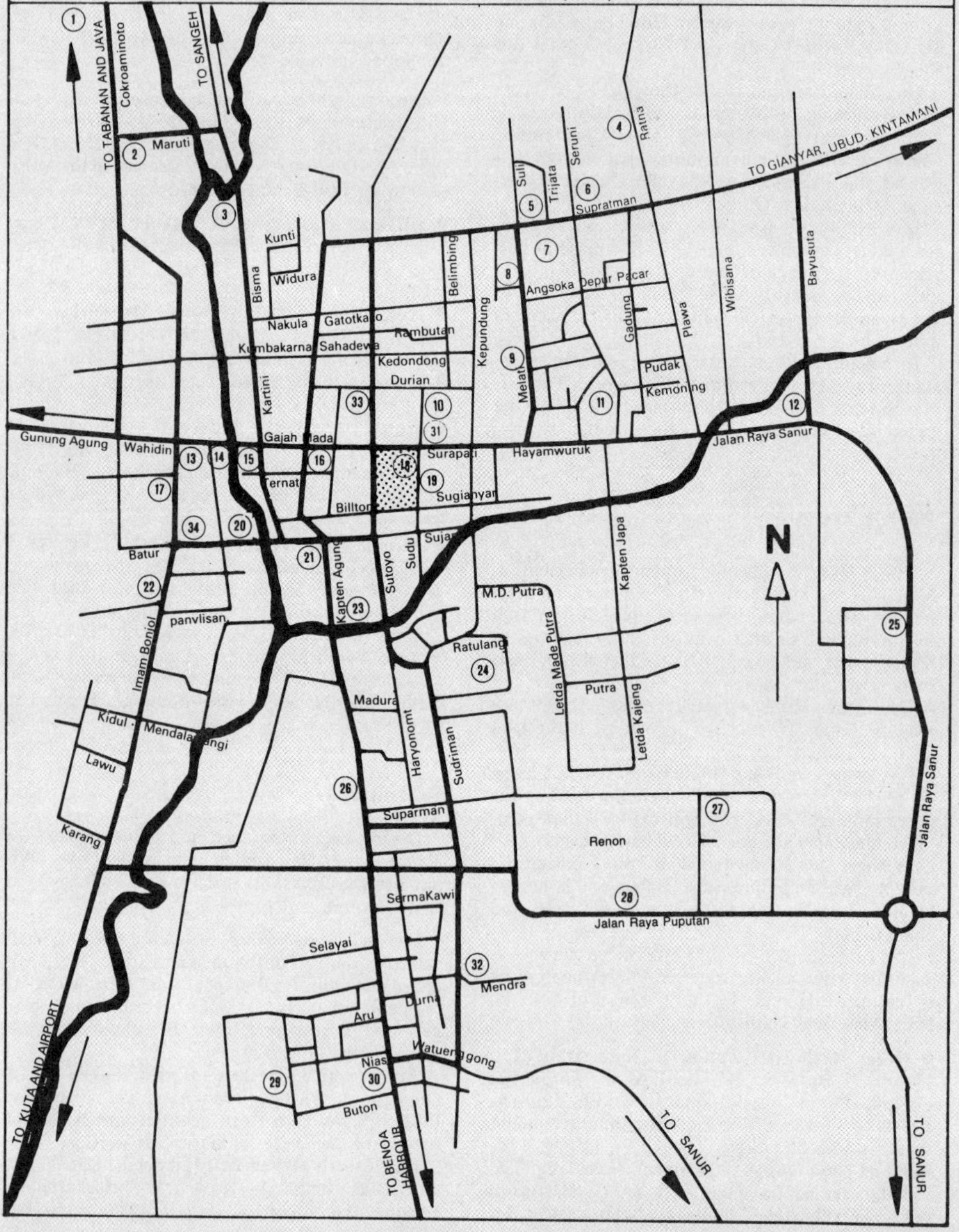

chinesische Gerichte. Das *tahu goreng kentang* (Bohnenquark und Kartoffelcurry), *bubr ayam* (Reisbrei mit Huhn) und das *nasi campur* des Hauses sollten Sie versuchen.

Das beliebteste balinesische Restaurant ist jedoch das **Rumah Makan Wardani** in Tapakgangsul, ein einfaches Speiselokal, das die traditionelle balinesische Kost auf den Tisch bringt (nur tagsüber). Alle möglichen indonesischen Geflügelgerichte — Suppen, Hühnerschenkel, Leber-*sate*, Curryhuhn — bietet das **Restaurant Kartini** schräg gegenüber dem Kino Indra, unweit der Ölpumpe.

Das **Gajah Mada Restaurant** bei der Ampel an der Jl. Gajah Mada führt vorzügliche javanische Gerichte. Das *ayam lontong* und die Currys entzücken jeden Gourmet.

UBUD

Unterkunft

Die Hotels in Ubud lassen den modernen Luxus der meisten internationalen Häuser vermissen; sie besitzen jedoch einen eigentümlichen Charme, den es anderswo nicht gibt.

- **Hotel Menara** gegenüber dem Kunstmuseum Ubuds: neun Zimmer mit schlichtem Mobiliar für 2 bis 3 US-$. Frühstück oder auch sämtliche Mahlzeiten können in diesen Preisen inbegriffen sein.
- **Hotel Mutiara,** kleine, gepflegte Zimmer um einen Innenhof mit Speisepavillon. Sechs Zimmer für 8 bis 13 US-$, inkl. der Mahlzeiten.
- **Hotel Puri Saren.** Hier lebt der Cokorda Agung, das Oberhaupt von Ubuds königlicher Familie. Die Bungalows an einem Hof und im Garten sind mit Antiquitäten aus Bali bestückt. 14 Bungalows zum Preis von 15 bis 24 US-$ (inkl. Mahlzeiten).
- **Hotel Tjampuhan.** Bungalows mit Swimmingpool in schöner Lage an einem grünen Hügel über dem Zusammenfluß zweier Flüsse. 26 Zimmer für 7 US-$, einschließlich Essen.
- **Hotel Uboed** (balinesisches Haus). Ruhige Bungalows um einen sauber gefegten Hof. 18 Zimmer für 5 bis 10 US-$.
- **Losmen Mustika.** Pension an der Hauptstraße, 200 m vom Dorfzentrum. Sehr einfach; billiges Mobiliar. Man ißt wie im *losmen* im Freien und schläft drinnen. Fünf Zimmer zu 1,50 US-$ die Nacht; Kaffee oder Tee bekommt man umsonst.
- **Puri Saraswati.** Neuerrichtete Bungalows auf einer Wiese, die an Ubuds alten Tempel und Seegarten grenzt. Sechs Bungalows zu 8 bis 25 US-$, mit Frühstück und Tee.
- **Ananda Cottages.** Neues Hotel mit zehn Bungalows. Im Preis von 15 bis 20 US-$ ist das Frühstück enthalten.
- **Hans Snel's Bungalows.** Fünf Wohnhütten im Privatgarten des Künstlers. 20 bis 30 US-$ (inkl. Frühstück).

Restaurants

Die Küche ist, wie das Dorf selbst, balinesisch bescheiden; gegessen wird meist in einem Gartenpavillon. Hackfleisch am Spieß auf balinesisch mit weißem Reis und einer Reihe von Fisch-, Fleisch- und Gemüsegerichten bietet das **Hotel Tjampuhan** auf seiner Tageskarte.

Kleine Zwischenmahlzeiten erhält man an der Snackbar vor dem **Hotel Munara.** Im **Hotel Uboed** und im **Puri Sarawati Hotel** kocht man auf Wunsch der Gäste einheimisches Essen.

Am Fuße der Tjampuhan-Brücke steht **Murni's Warung** mit einem Werbeplakat, das die besten Hamburger weit und breit verheißt. Zu Recht! Traumhaft sind auch der Obstsalat und das Joghurt. Murni versteht sich auf ausgezeichnetes chinesisches und westliches Essen zu akzeptablen Preisen.

Das **Café Lotus** im Puri Saraswati Hotel, im Zentrum von Ubud, ist auf westliche und balinesische Köstlichkeiten spezialisiert: Nudelgerichte, Salate, Omelettes und cremigen Cappucino.

Lombok

Wem der Touristentrubel auf Bali zuviel wird, der kann sich nach Lombok zurückziehen. Wer aber für Bali nur wenige Tage Zeit hat, möge sich Lombok für die nächste Reise aufsparen. Sollten Sie einen Monat auf Bali verbracht und Interesse an anderen Inseln haben, empfiehlt sich wegen der kurzen Distanz Lombok.

Drei Tage reichen für die wichtigsten Sehenswürdigkeiten Lomboks, die alle im Umkreis von einer Autostunde von der alten Hauptstadt Cakranegara liegen. Wer in den Riffen bei Gili Air tauchen oder auf den Gipfel des Mount Rinjani steigen möchte, sollte eine Woche dafür einkalkulieren.

Anreise

Route	Abflug	Ankunft	Tage	Preis in US-$, einfach, economy
DPS — AMI				
Merpati	08.15	09.45	tägl.	15
	10.20	11.50	tägl.	
Bouraq	07.45	09.10	Mo Mi Do Sa	15
AMI — DPS				
Merpati	10.15	09.45	tägl.	15
	14.40	14.50	Mo Mi Sa	
	15.20	14.50	Di Do Fr So	
Bouraq	12.05	11.30	Mo Di Do So	15

CITY CODE: DPS-Denpasar; AMI-Mataram.

Sie haben die Wahl zwischen dem 20-Minuten-Flug von Balis Flughafen Ngurah Rai zum Flugplatz Selaparang auf Lombok (der einfachste Flug mit Merpati kostet ganze 15 US-$ — Flugplan siehe oben) und der gemütlichen Überfahrt mit dem modernen Fährschiff, das zwischen Padang Bai an

Balis Ostküste und der Hafenstadt Lembar an Lomboks Westküste verkehrt. Die sechsstündige Überfahrt mit Blick auf die majestätischen Vulkane Balis und Lomboks wiegt die Nachteile der langen An- und Abfahrt zu und von den Schiffshäfen auf.

Die Fähre legt zweimal täglich (8.30 und 13.30 Uhr) von Padang Bai (Bali) nach Lembar (Lombok) ab. Von Sanur oder Kuta fährt man bis Padang Bai im eigenen Wagen zwei Stunden, mit öffentlichen Verkehrsmitteln drei Stunden oder mehr. Das bedeutet früh aufbrechen oder die Nacht vor der Überfahrt in einem Strandbungalow in Candi Dasa, kaum 20 Minuten vor Padang Bai, verbringen.

Die Fahrt erster Klasse auf der Fähre kostet einfach 4 US-$, 3 bzw. 2,25 US-$ kostet sie in der zweiten bzw. dritten Klasse. Fürs Übersetzen eines Motorrads bezahlt man 3,50 US-$ und für Autos stolze 45 US-$. Die Snackbar der Fähre führt *nasi rawon,* Limonaden, Bier, Kaffee und Tee. Händler im Hafen bieten vor der Abfahrt der Fähre Reiseproviant an.

Die Fähre von Lembar nach Padang Bai legt um 9 bzw. um 14 Uhr ab. Warum die Rückfahrt um 5 % teurer ist als die Hinfahrt, ist ein Geheimnis.

Erste Orientierung

Der Hafen Lembar ist etwa 20 km von Mataram entfernt. Der Flugplatz Selaparang liegt in Mataram selbst. Zu den Hotels im Stadtbereich sind es daher höchstens 3 km. Das Linienmotorboot nach Alas auf Sumbawa fährt täglich im Hafen Labuhan Lombok auf der Ostseite Lomboks ab. Eine Hauptstraße von Ampenan nach Labuhan Lombok (76 km) führt mitten über die Insel.

Im Bereich Ampenan-Mataram-Cakranegra sind die wichtigsten Betriebe, Geschäfte und Behörden angesiedelt. Über das West Nusa Tenggara Regional Tourist Office (DIPARDA), Jl. Langko 70, Ampenan, Tel: 21866 und 21730, kann man sich Prospekte und Karten der Insel besorgen. Über kulturelle Aktivitäten erfährt man nicht viel.

Die Damen sollten sich dessen bewußt sein, daß unbedeckte Oberschenkel und tiefausgeschnittene Kleider bei der islamischen Mehrheit Lomboks verpönt sind (gilt insbesondere für die Orte im Osten und Süden der Insel, wo die überzeugtesten Moslems leben). Außerhalb der größeren Ortschaften sollten Frauen nicht allein reisen; Belästigungen sind schon vorgekommen. Bei entsprechender Kleidung dürfte es aber keine Probleme geben.

Verkehrsmittel

Das Fahren mit öffentlichen Verkehrsmitteln ist auf Lombok nicht schwierig, erfordert aber Geduld. Taxis und Kleinbusse (*bemos*) kann man überall mieten; man braucht sie, um auf eigene Faust auch abgelegene Orte aufsuchen zu können. Wenn man aus Bali kein Motorrad mitgebracht hat, könnte man in Ampenan und Mataram für 4 bis 6 US-$ am Tag eines mieten. Erkundigen Sie sich im Hotel oder in den Motorradgeschäften da-

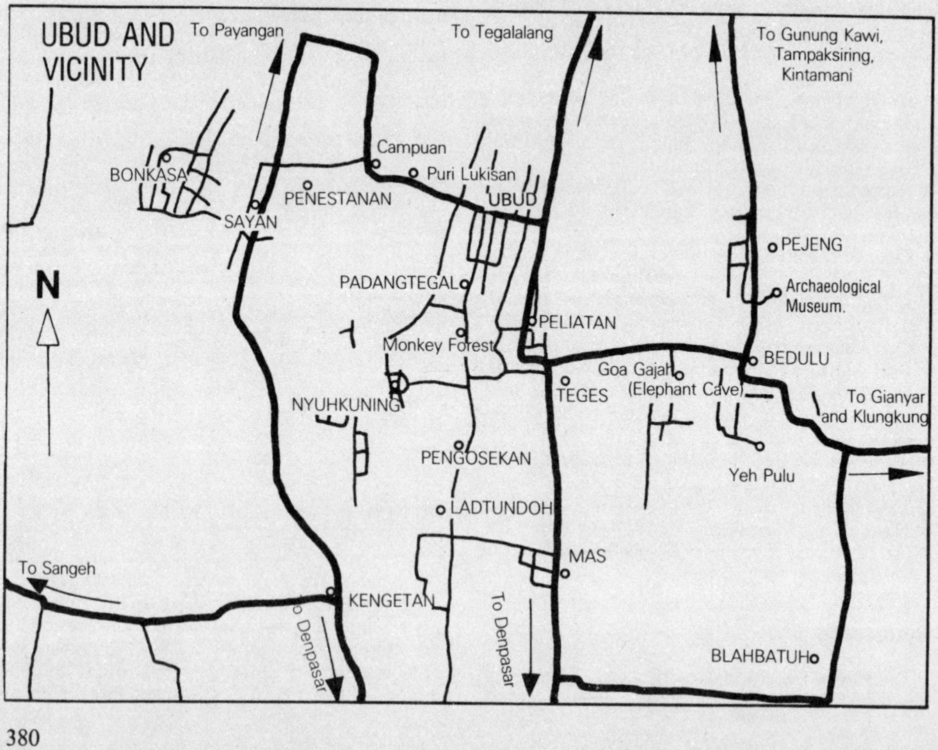

nach (internationaler oder indonesischer Führerschein erforderlich).

Der Flugplatz Selaparang liegt mitten in Mataram; die Taxifahrt zu einem der Hotels im Bereich Ampenan-Mataram-Cakranegara kostet nicht mehr als 3 US-$ (diesen Preis kann man sogar noch herunterhandeln). Die großen Hotels holen ihre Gäste ab — einfach anrufen oder sich an die Hotelvertretung im Flughafen wenden. Nach Suranadi muß man mit 7 US-$, nach Tetebatu mit bis zu 10 US-$ für das Taxi rechnen. Je nach Reiseroute liegt der Preis für ein Miettaxi pro Tag zwischen 20 und 30 US-$. Das Hotel übernimmt die Buchung, oder man mietet es gleich am Flughafen. Versuchen Sie, einen Fahrer zu bekommen, der englisch spricht. Die Lombok-Taxis sind betagte Karossen, die auf Bali aus dem Verkehr gezogen wurden.

Das Netz öffentlicher Busse und *bemos* erfaßt sämtliche Ortschaften der Insel. Das *bemo*-Ticket für die Fahrt vom Hafen Lembar nach Mataram wird an der Snackbar der Fähre verkauft (0,75 US-$). Der zentrale *bemo*- und Bus-Terminal befindet sich östlich von Cakranegara an der Kreuzung in Sweta. Dort hängt auch ein Schild mit den offiziellen Fahrpreisen:

Ampenan — Sweta	Rp. 100
Lembar — Sweta	Rp. 500
Sweta — Narmada	Rp. 100
Narmada — Suranadi	Rp. 150
Sweta — Praya (Zentrallombok)	Rp. 500
Sweta — Pemenang (Nordwestküste)	Rp. 500
Sweta — Bayan (Nordlombok)	Rp. 1250
Sweta — Labuhan Lombok (Ostlombok)	Rp. 1250

Die Tagesmiete für das *bemo* beträgt zwischen 15 und 20 US-$; man kann damit überall auf der Insel fahren. Da die *bemos* langsam und unbequem sind, zahlt man lieber mehr und hat dann ein Taxi (am besten mit englischsprechendem Fahrer).

Fluggesellschaften und Reisebüros

Lombok-Rundfahrten organisiert z.B. die Agentur Rita Tours; genausogut kann man am Flughafen nach einem Fahrer mit Englischkenntnissen Ausschau halten und mit ihm einen Tag lang über die Insel fahren (für bis zu 30 US-$). Die Expedition auf den Mt. Rinjani inkl. Lebensmitteln, Zelt, Schlafsack und Bergführer (alles zusammen für 75 US-$) organisiert Mr. Batabura von Wisma Tigura, Jl. Koperasi, Ampenan. Die meisten Fluggesellschaften und Reisebüros residieren dicht beieinander an der Hauptstraße (Jl. Langko) in Ampenan.

- **Bouraq Airways,** Jl. Langko, Ampenan, Tel: 22670.
- **Garuda Airways,** Jl. Langko, Ampenan, Tel: 23762.
- **Maju Gembira Tours & Travels,** Jl. Langko, Ampenan, Tel: 23621.
- **Merpati Nusantara Airlines,** Jl. Langko, Ampenan, Tel: 21757.
- **Rita Tours & Travel,** Jl. Cempaka 29A, Mataram, Tel: 23998.
- **Swastika Tours & Travel,** Jl. Langko, Ampenan, Tel: 21037.

Unterkunft

Hoch oben in den Bergen von Westlombok, nur 30 Autominuten vom Flughafen entfernt, steht das alte **Hotel Suranadi** aus kolonialer Zeit. Das Hotel grenzt an den Suranadi-Tempel und liegt inmitten eines Naturschutzgebietes. Die Aussicht ist herrlich, die Abende sind angenehm kühl. Die Wohnhütten liegen um ein Schwimmbecken, das von einer Quelle gespeist ist, und um Tennisplätze herum gruppiert. Das Terrassenrestaurant serviert ausgezeichnete chinesische Küche (die Preise sind gesalzen). Die Auswahl an Zimmern reicht von der Unterkunft zu 7 US-$ (Einzelzimmer mit Außentoilette) bis zum Bungalow für 30 US-$ mit Klimaanlage. In einem *lomen* in der Nähe kann man für 4 US-$ übernachten.

Die Korallenriffe vor Lomboks Nordwestküste gehören zu den aufregendsten der Welt. Die Wassersportenthusiasten lassen sich im **Samsaka Beach Hotel** in Meniting, 5 km nördlich von Ampenan, nieder und fahren tagsüber zu den Stränden von Pantai Sira und Pantai Pemenang oder auf die Insel Gili Air (vom Hafen Bangkal setzt man mit dem Motorboot oder einer einheimischen Segel-*prahu* für 3 US-$ zu diesen Inseln über).

Zimmer bekommt man in Sasaka Beach schon für 10 US-$; der Bungalow mit Klimaanlage ist für 25 US-$ (plus 21 % Zuschlag) zu haben. Bei einem längeren Aufenthalt werden großzügige Rabatte gewährt. Privatpensionen für 3,50 US-$ die Nacht gibt es am Strand von Sira und auf Gili Air (einschließlich etwas dürftiger Mahlzeiten). Moskitonetz nicht vergessen!

Das **Wisma Melati** in Ampenan ist das beste Hotel der Insel. Zimmer mit Klimaanlage gibt es von 18 bis 30 US-$ (Steuer, Bedienung und Frühstück inbegriffen). Das **Hotel Selaparang** in Cakranegara ist auch sehr angenehm und liegt nicht weit von den Tempeln und Märkten von Cakra. Zimmer mit Ventilator kosten 7 US-$, mit Klimaanlage, Warmwasser und TV ab 17 US-$. Beide Hotels unterhalten jeweils ein Restaurant und holen ihre Gäste am Flugplatz ab (von Bali aus bzw. nach der Landung in Lombok anrufen). Gleich gegenüber vom Flugplatz Selaparang bietet das **Hotel Mataram** klimatisierte Zimmer für lediglich 14 US-$ (inkl. Frühstück und Zuschlägen) an.

Der reizvolle Bergferienort **Tetebatu** (Wisma Soejono) wurde unlängst um einige Bungalows erweitert, die eine schlichte Alternative zum Hotel Suranadi darstellen: für ein Doppelzimmer werden 7,50 US-$ verlangt.

Air Buka, das man über Kempang Kering in Zentrallombok erreicht, ist ein weiterer preiswerter Thermalferienort mit Bungalows in den Bergen. Über die ganze Insel verstreut, finden sich *losmen* und Pensionen.

Mittlere Preisklasse (15 bis 35 US-$)

- **Hotel Mataram** (18 Zimmer), Jl. Selaparang, Cakranegara, Tel: 23411, 23415.

• **Sasaka Beach Hotel** (24 Zimmer), Jl. Meniting, Ampenan, Tel: 22711.
• **Selaparang Hotel** (19 Zimmer), Jl. Selaparang 40-42, Cakranegara, Tel: 22670, 23235.
• **Suranadi Hotel,** Suranadi, Narmada, Tel: 23686.
• **Wisma Melati** (22 Zimmer), Jl. Langko 80, Ampenan, Tel: 23780.

Preiswerte Unterkünfte (unter 15 US-$)

• **Air Buka Homestay,** Air Buka.
• **Hotel Kertayoga,** Jl. Selaparang 82, Mataram. 7 bis 12 US-$, mit Ventilator, eigenem Bad, Frühstück.
• **Hotel Pusaka** (48 Zimmer), Jl. S. Hasannudin 23, Cakranegara, Tel: 23119. 5 US-$, mit Ventilator, eigenem Bad. Zentrale Lage.
• **Hotel Tigamas,** Kampung Melayu Tengah, bei Jl. Pabean, Ampenan. 1,50 US-$ pro Nacht.
• **Losmen Pabean,** Jl. Pabean 146, Ampenan. An der Hauptstraße, direkt am Wasser; gegenüber mehrere Restaurants. Beliebt bei Billigurlaubern. 2,50 US-$ die Nacht.
• **Wisma Soejono,** Tete Batu. Mehrere Bungalows für 7,50 US-$.
• **Wisma Triguna,** Jl. Koperasi, Ampenan. Neues *losmen* in Flughafennähe. 3 US-$ für ein geräumiges Zimmer mit eingebautem Bad.

Restaurants

Das balinesische Spanferkel *babi guling,* wie es in Lombok zubereitet wird, sucht auf Bali selbst seinesgleichen. Über Ihr Hotel oder Ihren Fahrer läßt sich ein *gabi guling*-Festmahl organisieren (möglichst in einem der großen Höfe eines Wohnhauses auf Lombok). *Tuak* (Palmwein) paßt zum Schweinefleisch am besten, und auch ein Volkstanz läßt sich dazu arrangieren.

In Cakranegara, wo die meisten Restaurants an der Jl. Selaparang stehen, repräsentieren das **Asia** und das **Harum** die chinesische Küche. Das **Minang** bietet *nasi Padang,* **Istimewa** und **Hari Ini** *ayam pelicing.* Die westliche Küche pflegt man im **Hotel Selaparang.**

Das **Hotel Suranadi** (in Suranadi) und das **Wisma Soejono** (in Tete Batu) sind für schmackhaften frischen Fisch aus dem hauseigenen Teich bekannt. Man könnte das Mittagessen im Ort mit einem Bad verbinden.

Die alteingesessenen chinesischen Restaurants an der Jl. Pabean in Ampenan (**Tjirebon** und **Pebean**) sind gut und preiswert. Das Tjirebon serviert kühles Bier und Steaks mit Pommes frites (den Salat meide man besser!).

Manche arabischen Restaurants in Mataram bieten sowohl jemenitische als auch Lombok-Gerichte an. Das **Taliwang** an der Hauptstraße (Jl. Pejanggik) ist auf *ayam pelicing* (scharfes Curryhuhn á la Lombok) spezialisiert. Das **Garden House Restaurant** in der Nähe führt indonesische und chinesische Spezialitäten.

Einkäufe

Stoffe und Gewebe traditioneller Machart bekommt man hier am günstigsten. In den Dörfern können Sie zusehen, wie die Fäden gewoben und gefärbt werden: **Sukarare** (für *tenun Lombok*), **Pujung** (für *kain lambung*), **Purbasari** (für *kain Purbasari*) und **Balimurti** (für das heilige *beberut*-Tuch). In **Labuhan Lombok** an der Ostküste werden schöne Decken hergestellt.

Die besten modernen Gewebe entstehen in Cakranegara. Viele italienische Schneider, die auf Bali leben, kaufen bei Pak Abdullah von **C.V. Rinjani** (beim Hotel Selaparang an der Jl. Selaparang) ihre Stoffe. Hin und wieder sind in Pak Abdullahs Lager Reste von Stoffballen vorrätig, die einer der Meister zurückließ. Die Seiden-*sarungs* und die dazupassenden *selendang*-Schals genießen unter den Stoffkennern Balis und Jakartas guten Ruf. Die Weberei **Selamat Ryadi** im Araberviertel an der Jl. Ukir Kawi (ein Block nördlich und einer westlich des Wasserschlosses Pura Mayura) ist eine weitere Quelle ausgezeichneter Tuche. Der Betrieb **Balimurti** stellt Gewebe im traditionellen Stil von Purbasari her.

Die Bambuskörbe aus Lombok sind fein und stabil gearbeitet. Wichtige Produktionsstätten sind die Dörfer **Kotaraja** und **Loyok.** Keramiktöpfe und elegante Tonwaren werden hier ebenfalls geformt. Auf dem Hauptmarkt beim *bemo*- und Bus-Terminal in **Sweta** bzw. auf dem **Cakranegara Market** im Westen des Pura Meru sind diese Arbeiten erhältlich.

Das Antiquitätengeschäft **Sudirman's** liegt in einer Seitenstraße der Jl. Pabean in Ampanan (fragen Sie gegenüber des *bemo*-Bahnhofs nach dem Weg). Geschäftstüchtige Händler preisen ihre Waren auch über das Hoteltelefon an. Sie führen chinesisches Porzellan, Webarbeiten und antike Schnitzereien. Sie sollten konsequent, aber mit Nonchalance um den Preis handeln und nie Ungeduld oder Eile zeigen.

Einige Betriebe auf Lombok haben sich darauf verlegt, Flaschenverschlüsse, Holzlöffel und geschnitzte Behälter für Flüssigkeiten herzustellen. Es sind ausgezeichnete Reproduktionen alter Stücke darunter. Das meiste ist jedoch künstlich auf alt zurechtgetrimmt.

Die 6 km lange Hauptstraße durch das Zentrum Ampenans, Matarams und Cakranegaras (Jl. Langko/Pejanggik/Selaparang) ist eine einzige Laden- und Geschäftsstraße.

BESTEIGUNG DES MT. RINJANI

Lomboks zentrales Gebirge, das sich um das Massiv des Mt. Rinjani (mit 3726 m Indonesiens zweithöchster Berg) erstreckt, ist wegen der klimatischen Schwankungen und des unwirtlichen Geländes nur dünn besiedelt. Bis auf 2000 m Höhe ist der Berg von dichtem Dschungel und von Wäldern bedeckt; weiter oberhalb gedeihen lediglich noch Pinien und Sträucher. Der gewaltige Kraterrand des Vulkans, über den die Winde hinwegfegen, ist kahl. Morgens kann man von hier bis nach Bali bzw. nach Sumbawa sehen. Den Aufstieg muß man für die trockene Jahreszeit planen, denn nur dann kann man die herrliche Fernsicht frühmorgens genießen. Kurz nach 10 Uhr ist der Gipfel bereits in Nebel gehüllt.

Im Innern des Kraters breitet sich ein großer See, Segura Anak („Kind des Meeres") aus. Der steile Abstieg ins Kraterinnere ist nicht ungefährlich und nur von einer einzigen Stelle von der Nordseite aus möglich. Nichts für ängstliche Naturen!

Da die Temperaturen in Gipfelnähe nachts unter den Gefrierpunkt absinken können, muß man sich warm anziehen. Für den Aufstieg werden außerdem benötigt: Zelt, Stiefel bzw. kräftige Halbschuhe, Schlafsack, Wasserbehälter, Kochutensilien und Lebensmittel für vier Tage (Reis, Dosenfleisch, Biskuits, Brot, Instantnudeln, Kaffee, Tee, Zucker, Gewürze, Schokolade und Obst). In Ampenan bei Mr. Batubara im Wisma Triguna Hotel an der Jl. Koperasi kann man für etwa 15 US-$ die Campingausrüstung mieten. Die Kochutensilien leiht man sich unterwegs in den Dörfern, wo man auch Bergführer und Träger anheuern kann. Lebensmittel besorgt man sich am besten vor Antritt der Wanderung (auch für den Führer einkaufen).

Zwei Hauptwege führen zum Rand des Kraters. Für viele beginnt der Aufstieg im Bergdorf **Sapit** im Osten, zu dem man mit dem *bemo* von der Hauptstraße bei **Pringgabaya** aus hinauffahren kann (etwa drei Stunden und 1,25 US-$ ab Bahnhof Sweta). In Sapit beginnt der fünfstündige leichte Aufstieg zu den Dörfern **Sembulan Bumbung** und **Sembulan Lawang.** Das Dorfoberhaupt von Sembulan Lawang teilt den Führer und die Träger für den Weg zum Gipfel zu.

Dann geht es weiter zum Basislager unterhalb des Kraters, wo man noch einmal übernachtet, um den einstündigen Schlußaufstieg frühmorgens bei klarer Sicht machen zu können. Abstieg entweder über Sembulan Lawang und Sapit oder zur Nordküste nach Bayan.

Kürzer und leichter ist der Aufstieg von **Bayan,** das mit dem Bus über die Küstenstraße im Nordwesten zu erreichen ist (ab Sweta drei Stunden; Fahrpreis 1,25 US-$). Von Bayan bis zum Ende der Straße in **Batu Kok** kommt man evtl. per Anhalter im Lkw. Der Lehrer Pak Guru Bakti teilt hier Führer und Träger zu. Wer am Vormittag in Batu Kok ankommt, könnte sich dann noch auf den Weg zum Krater machen, andernfalls übernachtet man bei Pak Bakti. Der sechsstündige Aufstieg führt am alten Sasak-Dorf **Senaro** vorbei zu einem Basislager unterhalb des Kraterrandes. Hier schlägt man sein Zelt auf und geht frühmorgens auf den Gipfel. Entweder kehrt man gleich zurück, oder man geht in den Krater hinein und übernachtet am Kratersee, nicht ohne vorher an den heißen Quellen die müden Muskeln entspannt zu haben. Der Rückweg vom Kraterinnern bis Batu Kok nimmt volle 12 Stunden in Anspruch; daher sollte, wer kein eigenes Fahrzeug hat, in Batu Kok eine weitere Übernachtung einplanen, da der letzte Bus nach Sweta bereits um 18 Uhr in Bayan abfährt.

Nusa Tenggara

Bevor jemand nach Sumbawa und auf die Inseln im Osten fährt, sollte er sich ein Grundwissen über Indonesien aneignen und von einer gewissen Abenteuerlust getrieben sein. Abgesehen davon muß er bereit sein, allerlei Unannehmlichkeiten in Kauf zu nehmen, wenn auch in den letzten Jahren die Verkehrsverbindungen auf und zwischen den Inseln besser geworden sind.

Nur in den Bezirkshauptstädten gibt es Hotels und *losmen.* Die Hotels in **Mataram** (Lombok) und **Kupang** (Westtimor) bieten zu günstigen Preisen nahezu internationalen Hotelstandard. In anderen Bezirksstädten entstehen gerade klimatisierte Hotels der 15- bis 25-US-$-Kategorie. In manchem *losmen* kann man noch immer für 1 bis 3 US-$ übernachten. Sobald man die geschlossenen Ortschaften verläßt, ist man auf die Gastfreundschaft der Inselbewohner angewiesen.

Konservative und unauffällige Kleidung ist wegen der orthodoxen Moslems für Nusa Tenggara dringend anzuraten. Frauen sollten Schultern und Oberschenkel bedeckt halten.

Die Bank Negara Indonesia nimmt lediglich US-$-Reiseschecks in Zahlung. Andere Währungen umtauschen zu wollen, ist zwecklos. Am besten, Sie nehmen von Bali bzw. von Lombok soviel Bares mit, wie Sie unterwegs ausgeben wollen. Banken und Behörden sind von 8 bis 13 Uhr geöffnet. Freitags, dem wöchentlichen Ruhetag der Moslems, sind sämtliche Schalter bereits um 11 Uhr geschlossen.

Anreise und Verkehrsmittel auf der Insel

- **Flugzeug:** Die meisten *kapupaten* (Bezirkshauptstädte) werden ein- oder mehrmals täglich angeflogen. Im folgenden ist die offizielle Liste mit den Flügen nach und von Nusa Tenggara abgedruckt.

Route	Abfahrt	Ankunft	Tage	Preis in US-$, einfach, economy
AMI — SWQ				
Merpati	12.20	13.00	Mo Mi Sa	23
AMI — BMU				
Bouraq	09.30	10.25	Mo Mi Do So	37
Merpati	09.45	10.45	Di Do Fr Sa So	
DPS — BMU				
Merpati	07.00	09.00	Mi	53
	10.30	13.20	Di Do Fr So	
	07.50	10.45	Di Do Fr Sa So	
	via AMI			
Bouraq	07.45	10.25	Mo Mi Do So	52
	via AMI			
DPS — DIL				
Garuda	08.30	12.35	tägl.	104

Route	Abfahrt	Ankunft	Tage	Preis in US-$, einfach, economy
DPS — KOE				
Garuda	08.30	11.10	tägl.	85
	09.00	11.40	tägl.	
Bouraq	07.35 via MOF	12.05	Mo Do Fr	76
	07.35 via WGP	11.50	Di Sa	
DPS — MOF				
Merpati	07.35	11.05	Di Sa	
	10.35	13.50	Do	
Bouraq	07.35	10.55	Mo Do Fr	73
DPS — WGP				
Bouraq	07.35	10.20	Di Sa	68
Merpati	07.35	10.25	Mi Fr So	
	07.30 via TMC	11.30	Di Do	
DPS — RTG				
Merpati	07.00 via BMU-/LBJ	11.30	Mi	79
DPS — LBJ				
Merpati	08.00 via AMI-/SWQ	12.15	Sa	
KOE — BJW				
Merpati	07.00 via ENE	09.15	So	43
KOE — DPS				
Merpati	10.00 via WGP-/TMC	14.00	Do	
MOF — KOE				
Bouraq	11.15	12.05	Mo Do Fr	29
Merpati	08.35	09.40	Fr	
WGP — KOE				
Bouraq	10.40	11.50	Di Sa	49
Merpati	14.00	15.30	Mi Fr So	
	12.00	13.35	Di Do	
	13.10	14.45	Sa	
DPS — SWQ				
Merpati	10.20 via AMI	13.00	Mo Mi Sa	35
	08.00 via AMI	10.25	Fr Sa	

CITY CODE: AMI-Mataram; SWQ-Sumbawa Besar; JKT-Jakarta; WGP-Waingapu; BMU-Bima; DPS-Denpasar; DIL-Dili; KOE-Kupang; MOF-Maumere; RTG-Ruteng; LBJ-Labuhan Bajo; BJW-Bajawa; ENE-Ende; TMC-Tambolaka; LKA-Larantuka.

• **Straßen:** Das Straßennetz auf den Inseln verbindet die *kabupaten* untereinander. Viele Straßen sind zwar in letzter Zeit ausgebaut worden, doch bleibt auf diesem Gebiet noch eine Menge zu tun. Am schlechtesten sind die Straßen auf Flores. Busse und *bemos* sind stets überfüllt, aber billig.

• **Schiffsverkehr:** Auch mit Fracht-/Passagier-Booten kann man in Indonesien vorwärtskommen. Eigentlich sind für Passagiere nur Deckplätze vorgesehen; vielleicht ist aber die eine oder andere Mannschaftskabine frei. Von **Larantuka** (Flores) weiter nach Osten ist man ganz auf solche Schiffe angewiesen. Unter Zeitdruck darf man da nicht stehen. Zwischen den größeren Inseln verkehren Fährschiffe.

SUMBAWA

Anreise

• **Schiff und Straße:** Manche Sumbawa-Besucher kommen mit der Fähre auf die Insel, die täglich um 8, 9 und 10 Uhr von **Labuhanlombok** (Lombok) nach **Alas** (Westsumbawa) verkehren. Die dreistündige Fahrt kostet rund 3 US-$. In Alas stehen *bemos* für die dreistündige Fahrt nach Sumbawa Besar oder für die Neunstundenfahrt nach Bima bereit. Fahrpreise: 2 US-$ bis Sumbawa Besar, 8 US-$ bis Bima.

• **Flugzeug: Merpati** fliegt jeden Sonntag von Denpasar über Ampenan (Lombok) mit einer Twin-Otter-Maschine nach Sumbawa Besar, jeweils freitags von Denpasar nach Bima mit Anschlußflügen nach Labuhan Bajo und Ruteng (Flores). Weitere Flüge ab Denpasar (alle über Ampenan) gehen freitags und samstags. Der einfache Flug nach Sumbawa Besar kostet etwa 34 US-$.

Bouraq-Maschinen fliegen für etwa 52 US-$ montags, mittwochs, donnerstags und sonntags nach Sumbawa, **Garuda** bedient diese Strecke jeweils mittwochs und samstags.

Alles weitere erfahren Sie am Flughafen Ngurah Rai auf Bali bzw. in den Büros der Fluggesellschaften in Denpasar (Merpati, Jl. Melati 57, Tel: 22864; Bouraq, Jl. Kamboja 45, Tel: 2252; Garuda, Jl. Melati 61). Beim Studium der Flugzeiten ist zu beachten, daß für Lombok und für alle Orte weiter östlich die Uhr um eine Stunde vorgestellt werden muß (vor Balizeit).

Sumbawa Besar

Unterkunft

Die Auswahl an *losmen* ist groß.

• **Hotel Suci** (Jl. Hasanuddin 57, Tel: 21589) mit 18 Zimmern zu je etwa 4 US-$.

• **Losman Saudara** (Jl. Hasanuddin, Tel: 21528) in derselben Preisklasse.

• **Hotel Tambora** (Jl. Kabayon, Tel: 21555), das bei weitem beste Haus am Platz. 14 Zimmer zu je 7 US-$ (inkl. Steuer und Bedienungszuschlag) sowie acht Doppelzimmer mit A/c zu je 13 US-$. Zwölf weitere Zimmer werden für nur 3 US-$ die Nacht vermietet.

Restaurants

Im **Aneka Rasa** kocht man chinesische und einheimische Gerichte; dazu wird Bintang-, Anker- oder San-Miguel-Bier serviert. Zur Auswahl stehen ferner ein paar Coffee Shops und kleine Restaurants.

Bima

Unterkunft

Das neue **Hotel Sangiang** ist eindeutig das beste Haus. Unterkünfte mit Klimaanlage gibt es bereits für 20 US-$, mit Ventilator sind sie um die Hälfte billiger. Alle Zimmer sind mit modernen Bädern mit Wanne, Dusche und westlichen Toiletten (eine Seltenheit hier) ausgestattet. Indonesische und westliche Gerichte werden geboten. Das Sangiang liegt gleich beim früheren Sultanspalast um die Ecke.

- **Lilo Graha,** Jl. Belakang Bioskop, Tel: 740; vier Zimmer mit eingebauten WC und Bad für 5 US-$. Die anderen Zimmer teilen sich Waschraum und Toilette und kosten 4,50 US-$. Man bekommt hier gekühltes Bier (und keine Eiswürfel ins Bier wie in anderen Restaurants).

- **Hotel Ariani,** Jl. Menginsidi 5, Tel: 514; 4 US-$.

Daneben stehen eine Vielzahl noch billigerer *losmen* zur Auswahl.

Restaurants

Im **Rumah Makan Anda** in der Nähe des Kinos bekommt man chinesische und indonesische Gerichte; das Restaurant ist für seine köstlichen Panzerkrebse bekannt.

KOMODO

Anreise

- **Zu Wasser und zu Land:** Komodo läßt sich auf verschiedenen Wegen ansteuern. Reisebüros in Jakarta, Bali, selbst in Lombok, können Einzel- und Gruppenreisen zusammenstellen. Die staatlichen Touristenbüros wissen, welche Agenturen spezielle Komodo-Angebote haben. Die Preise richten sich nach Dauer des Aufenthaltes und der Größe der Gruppe. Solche Pauschalreisen haben auf jeden Fall ihren Preis.

Auf eigene Faust von Bali aus durchs Land zu reisen, ist inzwischen weit einfacher; viel Zeit braucht man aber allemal noch dafür.

Mit der Fähre und im Bus fahren Sie über Lombok und Sumbawa bis Sape, einem Hafen an Sumbawas Ostküste.

In Sape kann man die dritte Fähre besteigen und die Fahrt bis Labuhan Bajo an der Westküste von Flores fortsetzen. Linienschiffe legen jeweils montags, mittwochs und samstags in Sape ab; die Rückreise von Labuhan Bajo ist für Dienstag, Donnerstag und Sonntag angesetzt. Die einfache Fahrt kostet 6,50 US-$. Nur die Samstags- und Sonntagsschiffe laufen auch Komodo an. 2 US-$ bezahlt man für Labuhan Bajo — Komodo, 4,50 US-$ für die Strecke Sape — Komodo. Die Dauer der Überfahrt ist je nach Windverhältnissen und Seegang unterschiedlich; für die Sape — Komodo-Strecke sind rund acht, für Komodo — Labuhan

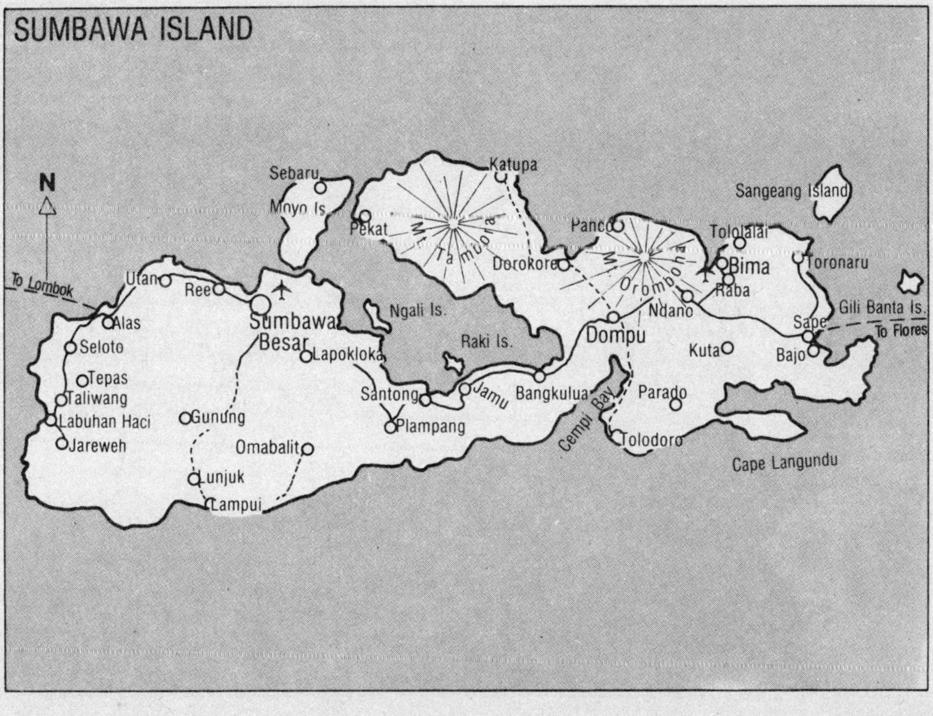

Bajo ca. drei Stunden zu veranschlagen. Die Fähre legt montags und mittwochs um 9 Uhr, samstags jedoch um 8 Uhr in Sape ab. Die Rückfahrt ab Labuhan Bajo ist montags und mittwochs für 9 Uhr, sonntags für 8 Uhr angesetzt. Das Fährschiff geht vor Komodo vor Anker; mit dem Boot wird man gegen eine kleine Gebühr zur Insel gebracht. Wollen mehr als 15 Personen in Komodo an Land, geht die Fähre zu einem Aufpreis von 25 US-$ pro Person auch in Komodo vor Anker. Solche Einzelheiten sollte man möglichst erst kurz vor Fahrtantritt überprüfen, da die Fahrzeiten immer wieder geändert werden. Bevor man die Fähre besteigt, sollte man sich beim Kapitän vergewissern, daß das Schiff auch wirklich Komodo anläuft.

Wer sich ein Boot mietet (möglich sowohl in Sape als auch in Labuhan Bajo), umgeht damit einige Probleme, die feste Fahrpläne bei Linienschiffen aufwerfen könnten. Da sich die Landestelle für Komodo auf der Ostseite der Insel befindet, liegt sie weit näher an Labuhan Bajo (etwa 50 km) als an Sape (120 km). Das Meer ist überdies zwischen Sape und Komodo weit rauher als im Osten. Von Sape aus muß man für die Hin- und Rückfahrt mit 250 US-$ für das Mietboot rechnen. Von Labuhan Bajo aus kann man ein Boot bereits für 75 US-$ mieten. Je nach Zustand des Bootes und Ihrem Verhandlungsgeschick können Sie auch erheblich billiger dabei wegkommen. Wenn Sie das Boot mieten, müssen Sie die Zeit für Hin- und Rückfahrt einkalkulieren.

Die Strömung ist in diesen Breiten ziemlich stark, doch die Bootseigner sind vorsichtige Leute. An die von ihnen festgelegten Abfahrtszeiten sollte man sich genau halten, da sie nach den Gezeiten und der Strömung berechnet werden.

• **Kombinierte Reisen im Flugzeug, mit der Fähre und im Mietboot:** Wer zeitlich nicht gebunden ist, sollte getrost seine Reiseroute dem Zufall überlassen. Wenn das bei Ihnen nicht der Fall ist, könnten Sie unter einer der drei folgenden Routen auswählen:

1. Am schnellsten geht es, wenn Sie freitags von **Bali** nach **Bima** (Sumbawa) fliegen und gleich nach Sape weiterfahren, um die Samstagsfähre zu erreichen. Für den Fall, daß Sie keine volle Woche auf Komodo bleiben möchten, müssen Sie mit der Fähre am nächsten Tag abfahren, um am Sonntag nachmittag nach Sape zurückzukehren. Mit dem Montagsflugzeug gelangt man dann von Bima nach Denpasar zurück.

2. Wollen Sie mehr Zeit für Komodo haben, fliegen Sie freitags von **Bali** nach **Labuhan Bajo**, warten dort auf die Sonntagsfähre nach Komodo und kehren den folgenden Samstag nach Labuhan Bajo oder einen Tag darauf nach Sape zurück. Es bleiben Ihnen also sechs Tage für die Insel.

3. Eine Kombination aus Fliegen und Fahren im Mietboot ist wohl die beste Lösung. Da der Flug von Bali nach Labuhan Bajo nur wenig mehr als der nach Bima kostet, empfiehlt sich für die kurze Überfahrt nach Komodo das Mietboot. (Wie gesagt, am billigsten sind die Boote in Labuhan Bajo.) Also: freitags Flug nach Labuhan Bajo, mit dem Mietboot am Nachmittag nach Komodo, Rückfahrt Sonntag vormittag zum 11.25-Uhr-Flug nach Bali. Sie haben mehr Zeit für Komodo, wenn

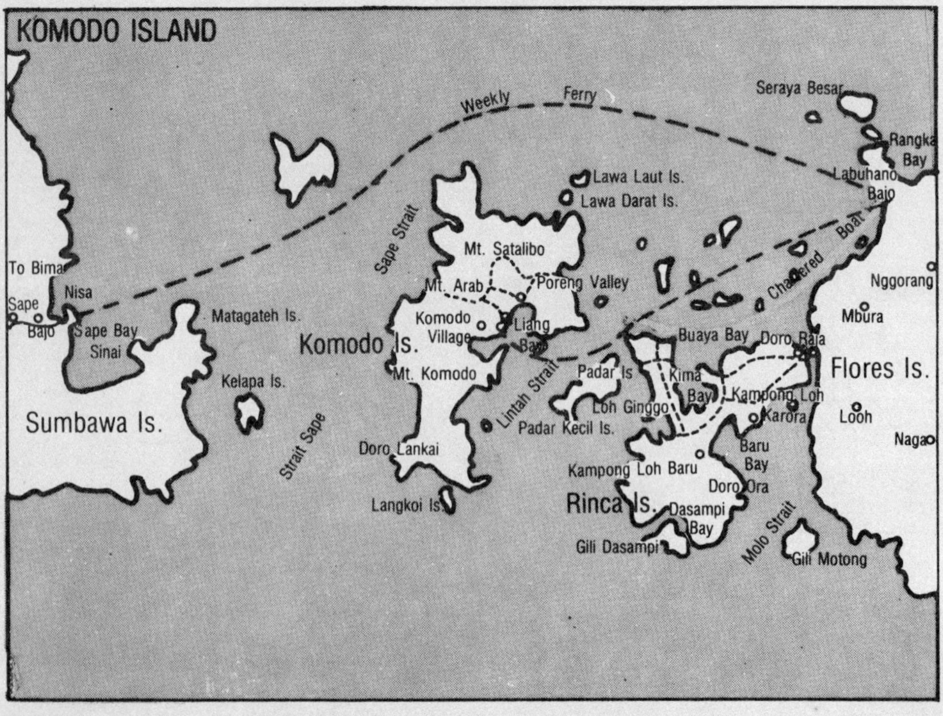

Sie sonntags nach Labuhan Bajo und den folgenden Freitag nach Bali zurückfliegen.

Nach der Ankunft in Sape bzw. in Labuhan Bajo muß man sich im PPA-Büro (indonesische staatliche Naturschutzbehörde) melden. Man wird dann telefonisch im PPA-Camp auf Komodo angemeldet und kann somit sicher sein, daß dort ein Bett frei und etwas zu essen vorrätig sein wird.

Unterkunft

Die Anlage von PPA auf Komodo besteht aus mehreren Wohnhütten mit insgesamt 80 Schlafplätzen. Jede Hütte verfügt über zwei Waschräume mit Toiletten. Für die Übernachtung bezahlt man 4 US-$. Zu essen gibt es billige Reis- und Fischgerichte.

Wenn Sie sich bereits bei PPA in Labuhan Bajo oder Sape angemeldet haben, gehen Sie nach der Ankunft auf Komodo ins PPA-Büro in Loho Liang, wo Sie sich eintragen und eine Gebühr von 1 US-$ bezahlen. Wer das PPA-Gelände verläßt, muß von einem Führer begleitet werden (auf drei Gäste kommt ein Führer), für den pro Tag 2,50 US-$ zu entrichten sind.

SUMBA

Anreise und Verkehrsmittel auf der Insel

- **Flugzeug: Merpati** und **Bouraq** bieten fünf Flüge pro Woche zwischen Bali und Waingapu an (Dienstag, Mittwoch, Freitag, Samstag und Sonntag). Dienstags und samstags setzt Merpati von Bali nach Tamboloka (etwa 42 km von Waikabubak) Twin-Otters-Maschinen (18 Sitzplätze) ein. Zweimals die Woche geht ein Flugzeug von Tambolaka nach Waingapu und zurück. Der einfache Flug Denpasar—Waingapu kostet rund 68 US-$.
- **Mit dem Schiff:** Westsumba besitzt in Waikelo an der Nordküste einen kleinen Hafen (50 km von Waikabubak entfernt). Ostsumba hat den besseren und häufiger angelaufenen Hafen Waingapu. Hin und wieder liegen in diesen beiden Häfen Frachtboote, die Fahrgäste an Bord nehmen. Die größeren Schiffe der staatlichen Perintis-Linie legen auf ihrem Weg von und nach Surabaya zweimal monatlich — viermal monatlich die von Kupang (Timor) — in diesen beiden Häfen an. Die Passagiere schlafen an Deck. Fahrpreis von Waikelo nach Kupang (Timor): etwa 15 US-$. Die Schiffe laufen weitere Häfen benachbarter Inseln an; wer zeitlich nicht gebunden ist, kann auf diese Weise verschiedene Inseln kennenlernen.
- **Auf der Insel:** Die Straße, die die beiden Bezirkshauptstädte Waikabubak und Waingapu verbindet, ist 137 km lang. Fünf Stunden sind die beiden Busse, die pro Tag für 2,50 US-$ verkehren, unterwegs. Die kleineren, durch weitgehend unbefestigte Straßen verbundenen Kleinstädte und Dörfer werden von *bemos* bedient.

Sehenswürdigkeiten

Viele traditionelle Feierlichkeiten, die alle mit der Huldigung von Geistern zu tun haben, finden zwischen Juli und Oktober statt. Da werden *adat*-Häuser errichtet, Begräbnisse abgehalten, bei denen Hunderte von Schweinen, Wasserbüffeln, Pferden und Hunden geopfert werden.

Weitere Feste sind die *pajura*-Boxkämpfe, die Neujahrsfeste im Oktober und November sowie die Pferderennen und rituellen Tänze am 17. August, dem Nationalfeiertag Indonesiens. Pak Mude, der Leiter des Kulturamtes von Waikabubak (Kepala Seksi Kebudayaan), weiß alles über kulturelle Veranstaltungen und kann Führer vermitteln.

Einkauf von Stoffen und Geweben

Ganz oben auf der Einkaufsliste der Sumbabesucher stehen stets die traditionellen Stoffe und Gewebe. Da viel minderwertige Ware im Umlauf ist, sollte man sorgfältig auswählen. Sanfte Linienführung ist ein Zeichen guter Qualität. Auch die Feinheit der Muster ist ein wichtiges Kriterium. Man achte darauf, ob die Farben rein geblieben sind oder sich vermischt haben (weist das Stoffmuster weiße Stellen auf, dann sollten die Farben scharf und rein sein).

Beim Aushandeln der Preise sollte man beharrlich sein. Manchmal beträgt der Kaufpreis nur noch ein Drittel der ursprünglich geforderten Summe. *Hinggis* werden meist paarweise — einer als Umhang, der andere als Schal — angeboten. Billige Massenware bekommt man schon für 10 US-$; bis zu 100 US-$ bezahlt man für das handgewebte Meisterstück. In Prailiu und Mangli (vor Waingapu) arbeiten viele Webereien.

Waikabubak

Unterkunft

- **Hotel Rakuta,** Jl. Veteran. Von Heroe Nugroho geführt, ist es das beste Haus am Ort. Waschraum und Toilette für je zwei Zimmer. Doppelzimmer (mit Mahlzeiten) sind für etwa 15 US-$ pro Tag zu haben.
- **Losmen Pelita:** 14 Zimmer mit zwei, drei und vier Schlafplätzen. Keine Innentoiletten und Waschräume. Übernachtung: 2,50 US-$, Vollpension: 5 US-$.
- **Wisma Pemuda:** Von den fünf Zimmern sind zwei mit sauberen, modernen Waschraum/Toiletten ausgestattet. Die anderen drei teilen sich ein Bad plus Toilette. (3,50 US-$ für erstere, 2,50 US-$ für letztere.) Ein Essen kann man für 1 US-$ bekommen.

Waingapu

Unterkunft

- **Elim Hotel,** Jl. Ahmad Yani 35, Tel: 32 bzw. 162. 18 Zimmer mit eigenem Bad und Toilette. Pro Person zwischen 3 und 8 US-$. Mahlzeiten erhältlich.

- **Surabaya Hotel,** Jl. Eltari, Tel: 125. 17 Zimmer zwischen 4 und 8 US-$ pro Person.
- **Sandalwood Hotel,** Jl. Matawai, Tel: 117. Das beste Haus am Ort. Alle 13 Zimmer mit eigenem Bad und Toilette. Etwa 7 US-$ pro Person.

Restaurants

Nicht nur in den Hotels, sondern auch im **Rawajali**, im **Feni** (Jl. Tribrata), im **Jakarta** (Jl. Ahmad Yani) und in anderen Restaurants bekommt man gutes Essen.

FLORES

Anreise und Verkehrsmittel auf der Insel

- **Flugzeug:** Die Zahl der Flugverbindungen zwischen den größeren Orten wächst; Labuhan Bajo, Ruteng, Bajawa, Ende, Maumere und Larantuka besitzen eine Landebahn. **Merpati** fliegt alle genannten Orte an, während **Bouraq** und **Garuda** nur Maumere bedienen.

Merpati fliegt von Denpasar über Bima (Sumbawa) und Labuhan Bato (Flores) mittwochs nach Ruteng und am selben Tag wieder zurück. Samstags geht eine Maschine von Denpasar über Ampenan (Lombok) und Sumbawa Besar (Sumbawa) nach Labuhan Bajo und am selben Tag wieder zurück. Bajawa, Ende, Maumere und Larantuka gehören zu einem Kurzstreckenflugnetz. So geht dienstags und freitags ein Flugzeug von Bima (Sumbawa) über Bajawa und Ende nach Kupang (Timor).

Es folgt eine kurze Liste mit Flugverbindungen von und nach Flores:

- **Ruteng:** fünf Twin-Otter-Flüge pro Woche von Denpasar. Flüge nach Ende.
- **Bajawa:** zwei wöchentliche Twin-Otter-Flüge nach Ende.
- **Ende:** vier wöchentliche Flüge nach Kupang (Timor) und ebenso viele nach Denpasar. Eine Maschine in der Woche geht nach Waingapu (Sumba).
- **Maumere:** Flugverbindungen nach Denpasar, Ende, Ujung Pandang (Sulawesi).
- **Larantuka:** drei Flüge die Woche nach Kupang (Timor).
- **Straßenverkehr:** Von allen größeren Inseln Nusa Tenggaras hat Flores aufgrund des felsigen Terrains die schlechtesten Straßen. Die Berge und 14 aktive Vulkane geben den Straßenbauern manche Nuß zu knacken. Zwar kann man mit öffentlichen Verkehrsmitteln Flores in West-Ost-Richtung ganz durchqueren, doch sind diese 667 km eine Art masochistischer Marathonstrecke, für die man leicht vier bis fünf Tage braucht, da nachts selten gefahren wird. Während der Regenzeit (November bis Mai) können die Hauptstraßen mehrere Tage lang unpassierbar sein.
- **Schiffsverkehr:** In Larantukas Hafen liegen die Boote, mit denen man alle Inseln östlich von Flo-

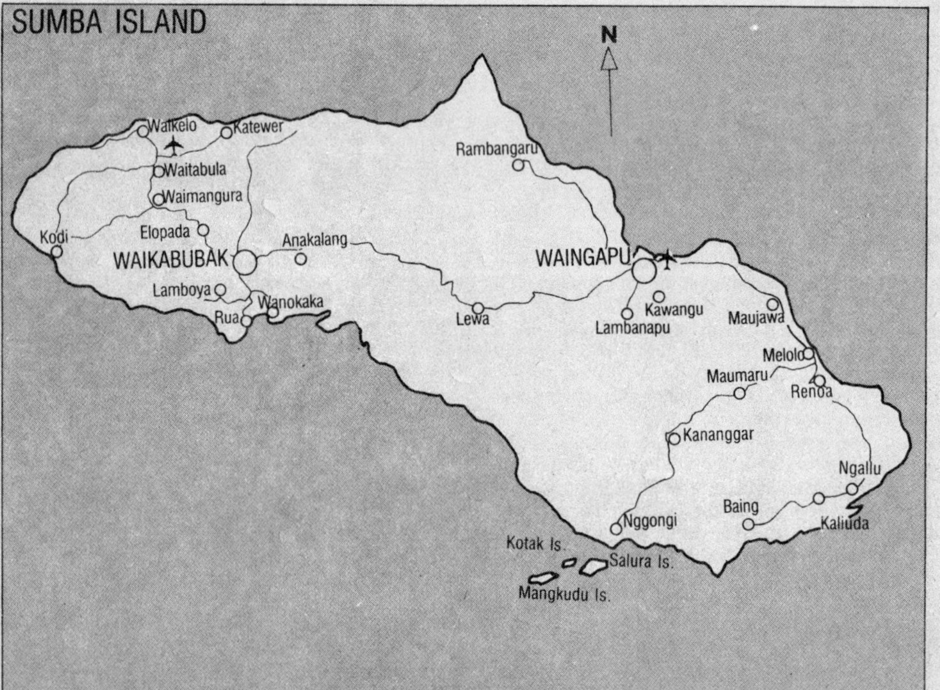

res ansteuern kann. Da reger Schiffsverkehr herrscht, fällt es nicht schwer, von hier aus irgendeine Passage zu bekommen.

Labuhan Bajo

Unterkunft

In den drei folgenden *losmen* sollten Sie als erstes versuchen, unterzukommen: **Mutiahara** (sieben Zimmer), **Makmur** (sieben Zimmer) und **Komodo Jaya** (vier Zimmer).

Ruteng

Unterkunft

- **Wisma Sindha.** Liegt zentral und hat 20 Zimmer.
- **Wisma Agung.** 15 Zimmer zu 7 bis 12 US-$.
- **Losmen Karya.** Fünf Zimmer zu 2 US-$ pro Person.

Ende

Unterkunft

Hier einige kleinere Hotels mit etwa zehn Zimmern:

- **Wisma Flores,** Jl. Jend Sudirman 18.
- **Karya,** Jl. Pelabuhan.
- **Solafide,** Jl. Onekore.
- **Wisma Melati,** Jl. Wolowona.
- **Wisma Amica,** Jl. Garuda. Sechs Zimmer zu je 6 US-$.
- **Losmen Marga Utama,** Jl. Kelimutu. Sechs Zimmer zu je 6 US-$.

Restaurants

Das **Depot Ende** und das **Aneka** sind zwei Restaurants, in denen man gut indonesisch und chinesisch essen kann.

Maumere

Unterkunft

- **Sea World Club Waiawara.** Elf Bungalows zu jeweils etwa 30 US-$ einschließlich der Mahlzeiten.
- **Losmen Beng Goan.** 27 Zimmer zu je 6 bis 7 US-$.
- **Losmen Flora.** Vier Zimmer zu je 7 US-$.
- **Losmen Bogor.** Zehn Zimmer zu je 3 US-$.

Larantuka

Unterkunft

- **Hotel Tresna,** Jl. Yos Sudarso. Elf Zimmer. 3 bis 6 US-$ pro Person.
- **Losmen Rullis,** Jl. Yos Sudarso. Acht Zimmer. 6 bis 7 US-$ pro Person, einschließlich Mahlzeiten.
- **Losmen Kurnia.** Sechs Zimmer. 3 US-$ pro Person.

Sumatra

Anreise und Verkehrsmittel auf Sumatra

- **Mit dem Flugzeug:** Medan und Palembang sind internationale Flughäfen mit Linienflügen von Singapur und Malaysia. Wer seine Indonesienreise auf Sumatra beginnen will, wird Medan anfliegen. **Garuda** und **Malaysian Airlines System** bieten täglich günstige Flüge von Penang nach Medan an.

Padang ist das Tor nach Westsumatra. Mehrmals täglich landen Garuda-Maschinen aus Jakarta, und wenigstens ein Flugzeug pro Tag kommt aus Medan. Tägliche Flugverbindungen bestehen auch zwischen Singapur und Padang (über Pekanbaru und Palembang), womit auch Padang an das internationale Flugnetz angeschlossen ist.

Route	Abfahrt	Ankunft	Tage	Preis in US-$, einfach, economy
JKT — MES				
Garuda	06.45	08.55	tägl.	127
	08.45	10.55	tägl.	
	12.45	14.55	tägl.	
	16.45	18.55	tägl.	
Merpati	07.00	09.55	Mo Di Sa So	108
	07.00	10.30	Mi Do Fr	
JKT — PDG				
Garuda	06.30	08.05	tägl.	91
	07.35	10.40	tägl.	
	11.05	12.40	tägl.	
	14.00	15.35	tägl.	
JKT — PLM				
Garuda	07.35	08.30	tägl.	50
	10.00	10.55	tägl.	
	13.35	14.30	tägl.	
	16.00	16.55	tägl.	
	17.00	17.55	tägl.	
Merpati	07.00	09.35	tägl.	82
MES — PDG				
Garuda	13.25	14.30	tägl.	58
MES — PLM				
Garuda	13.25	16.20	tägl.	96
PDG — PLM				
Garuda	15.10	16.20	tägl.	58
TNJ — PDG				
Merpati	10.05	15.40	Mo Mi Fr	49

CITY CODE: JKT-Jakarta; MES-Medan; PDG-Padang; PLM-Palembang; TNJ Tanjung Pinang.

Busverbindungen auf Sumatra

Strecke	Entfernung in km
Medan — Bukittinggi	728
Medan — Bukittinggi — Padang	819
Medan — Bukittinggi — Pekanbaru	949
Padang — Bukittinggi — Pekanbaru	312
Bukittinggi — Pekanbaru	221
Padang — Pekanbaru — Dumai	498
Padang — Bukittinggi — Padangsidempuan — Sibolga	470
Bukittinggi — Sibolga — Tarutung — Prabat	552

Bus fahren ist auf Sumatra billig: Für die Strecke Bukittinggi — Pekanbaru bezahlt man etwas mehr als 2 US-$, für die Strecke Medan — Bukittinggi — Pekanbaru weniger als 10 US-$.

• **Mit der Bahn:** Auf Sumatra verkehren drei voneinander unabhängige Eisenbahnen. In Nordsumatra kann man von Medan nach Norden bis Banda Aceh und nach Süden bis Rantauprapat fahren, in Westsumatra besteht zwischen Padang und seinem Hafen Teluk Bayur eine Bahnverbindung nach Padangpanjang und von dort nach Bukittinggi und Payakumbuh im Norden sowie nach Solok und Lunt im Süden. In Südsumatra kann man ab Tanjung Karang bis Perabumulih im Norden, Palembang im Osten und Lubuklinggau im Westen fahren.

• **Mit dem Schiff:** Mit der Fähre kann man vom Hafen Merak an der Nordwestspitze Javas nach Panjang bei Telukbetung an der Südwestspitze Sumatras übersetzen. Die Fahrt auf einem neuen Schiff dauert 4 1/2 Stunden. Krakatau, die berüchtigte Vulkaninsel, ist bei schönem Wetter von der Fähre aus zu erkennen.

In Sibolga schifft man sich nach Nias ein; die 16-Stunden-Fahrt kostet 5 US-$.

PELNI-Schiffe verkehren zwischen Medan und Jakarta sowie zwischen Padang und Jakarta.

• **Straßenverkehr:** Der Trans-Sumatra Highway, die zentrale Ader des Fernstraßensystems auf Sumatra, wurde nach jahrzehntelangen Arbeiten fertiggestellt. Diese gute Straße von Telukbetung im Süden nach Banda Aceh im Norden verkürzt die Fahrzeiten zu den am Weg liegenden Ortschaften erheblich. Es gibt andere Straßen (ausgenommen die Gebiete um Medan und den Lake Toba sowie um Padang — Bukittinggi), die in schlechtem Zustand sind. In der Regenzeit sind manche Nebenstrecken ganz unpassierbar; wenn es trocken ist, braucht man hier Allradantrieb.

MEDAN

Unterkunft

Erste Klasse (ab 30 US-$)

• **Danau Toba International,** Jalan Imam Bonjol 7, Tel: 327000. 45 bis 55 US-$ für Einzel-, 50 bis 60 US-$ für Doppelzimmer.

• **Garuda Plaza Hotel,** Jalan Sisingamangaraja 18, Tel: 326255. Zimmer zwischen 30 und 40 US-$.

• **Polonia,** Jalan Jend. Sudirman 14-18, Tel: 325300 (10 Anschlüsse), Zimmer zwischen 30 und 45 US-$.

Mittlere und billige Unterkünfte (unter 30 US-$)

• **Dirga Surya,** Jalan Imam Bonjol 6, Tel: 321244 oder 325660. Zimmer bis 30 US-$.

• **Garuda Hotel,** Jalan Sisingamangaraja 27, Tel: 22775. Zimmer bis 20 US-$.

• **Garuda Motel,** Jalan Sisingamangaraja 7, Tel: 22760 oder 51203. Zimmer bis 20 US-$.

• **Pardede International,** Jalan Ir. H. Juanda 14, Tel: 323866. Zimmer bis 25 US-$.

• **Angkasa,** Jalan Sutomo 1, Tel: 321244. Zimmer bis 15 US-$.

• **Wayat,** Jalan Asia 44, Tel: 27575 oder 321683. Zimmer bis 9 US-$.

• **Natour's Hotel Granada,** Jalan Jend. A. Yani VI/I, Tel: 326211, 326799 oder 326344. Zimmer bis 18 US-$.

• **Sumatra,** Jalan Sisingamangaraja 21, Tel: 24973. Zimmer bis 12 US-$.

Restaurants

In Medan ißt man gut. Das **Tip Top Restaurant** ist repräsentativ für die Padang-Küche, bietet Hammelhirn mit Curry und ein traumhaftes Eisdessert. Das **Garuda-Restaurant** an der Jalan Pemuda serviert zu seinen ausgezeichneten Padang-Gerichten köstliche Fruchtsäfte.

Am späten Abend empfehlen sich die Essensstände an der **Selat Panjang,** einer Gasse hinter der Jalat Pandu, mit chinesischem Essen, Satay und Fruchtsäften. Auch am Schwimmbecken an der Jalan Sisingamangaraja kann man im Freien essen; hier gibt es besonders gute *satays*.

In Medan erhält man vor allem in den Monaten August und September an den Obstständen die köstlichen Durians zu unglaublich niedrigen Preisen.

• **Bali Plaza,** Jalan Kumango 1A, Tel: 321164 oder 27757. Chinesisch.

• **Café Demarati,** Jalan Gator Subroto, Tel: 29141. Europäisch.

• **De'Bour,** Hotel Dharma Deli, Jalan Balai Kota 2, Tel: 22210 oder 327011. Indonesisch, europäisch, chinesisch, japanisch, Fischgerichte.

• **De'Plaza,** Hotel Garuda Plaza, Jalan Sisingamangaraja 18, Tel: 326255 oder 326256. Indonesisch, europäisch, chinesisch.

• **Fuji Japanese,** Hotel Danau Toba Inn, Jalan Imam Bonjol 17, Tel: 22700 App. 149. Japanisch.

• **Garuda,** Jalan Pemuda 20 C.D., Tel: 327692. Indonesisch, europäisch, chinesisch.

• **Hawa Mandarin,** Jalan Mangkubumi 18. Indonesisch, europäisch.

Das **Mohammed Shariff,** Jalan Bandung 30, ist ebenfalls ein gutes Padang-Restaurant, allerdings meist voll und etwas laut. Ein ausgezeichnetes, billiges indisches Restaurant ist das **Tajmahal** an der Jalan Mesjid. In **Lynn's Bar** (Jl. Jend. A. Yani) und **Liandanis Restaurant** (Jl. Let. Jend. Suprato 3C) bekommt man gutes westliches Essen.

Einkäufe

Medan ist eine Stadt des Handels, auf deren Märkten Kunsthandwerk aus ganz Sumatra und aus Java angeboten wird. Die Antiquitätengeschäfte haben schöne, günstige Sachen. Hier einige Adressen von Geschäften mit Kunst und Kunsthandwerk:

- **Borobodur,** Jalan Jend. A. Yani. Batak-Stoffe, Masken und Plastiken.
- **Arafah Art Shop,** Jalan Jend. A. Yani 56. Malereien und Schnitzereien.
- **Asli Art Shop,** Jalan Jend. A. Yani 62. Malereien und Schnitzereien.
- **Rufino Art Shop,** Jalan Jend. A. Yani 64. Malereien und Schnitzereien.
- **Selatan Art Shop,** Jalan Jend. A. Yani 44. Malereien.

An der Jalan Jend. A. Yani stehen auch einige Andenkengeschäfte, die Kunstgegenstände verkaufen.

Batik wird am Pasar Ikan Lama an der Jalan Perniagaan zwischen Jalan Yani und den Bahngleisen angeboten. Auch die meisten Andenkenläden an der Jalan Jend. A. Yani und einige Geschäfte an der Jalan Arifin verkaufen Batiken. Manche Geschäfte führen Meterware, andere fertige Kleidung.

- **Batik Keris,** Jalan Arifin 200.
- **Danar Hadi,** Jalan Arifin 131-133.
- **Batik Semar,** Jalan Jend. A. Yani 128.
- **Seni Batik Indonesia** in Gedung Perisai, Jalan Pemuda 7.
- **Iwan Tirta,** Jalan Sriwijaya Ujung Utara 1.
- **Tiara Boutique,** Jalan Prof.Yamin 20 C.

BANDA ACEH

Busverbindungen

Die Banda Aceh-**Expreßbusse** verkehren zwischen Medan und der nördlichsten Stadt Sumatras: numerierte verstellbare Sitze, Ventilator, Nonstop Filmprogramme (*kung-fu*-Streifen und indonesische Rockgruppen) sind geboten.

Nach Blangkeseren — Kutacane — Takingon — Bireuen sowie von Sigli nach Aceh sind ebenfalls Busse eingesetzt. Die Abfahrt ist frühmorgens, die Ankunft am Nachmittag.

Unterkunft

- **Aceh,** Jalan Mohammed Jaim 1, Tel: 2263. Zimmer zwischen 5 und 11 US-$.
- **Aceh Barat,** Jalan Sibolga 17, Tel: 3278. Zimmer zwischen 3 und 7 US-$.
- **Ladang,** Jalan Nasional 9, Tel: 2268. Zimmer zwischen 3 und 7 US-$.
- **Masda,** Jalan K. Anwar 12. Zimmer zwischen 2 und 11 US-$.
- **Medan,** Jalan Jend. A. Yani 9, Tel: 22636 oder 21501. Zimmer zwischen 6 und 13 US-$.
- **Prapat,** Jalan Jend. A. Yani 11, Tel: 2779. Zimmer unter 4 US-$.

Restaurants

Die Restaurants in Aceh verdienen deshalb Interesse, weil sie nicht nur Padang-Gerichte anbieten. Zu allen Mahlzeiten wird gedünsteter Reis serviert, u.a.: Fisch (*ikan panggang*), Papayablütensalat (*sambal bunga kates*), gekochte Eier in Spinat (*sayur bayam*). Doppelt gekochter schwarzer Reis (*pulot hitam dua masak*) ist eine beliebte Süßspeise, oder aber Tee mit Honig, Ingwer und Kondensmilch (*serbat*). Die Batak-Restaurants in Kutacane servieren Hunde-Curry (*cicang anjing*) und Palmwein (*tuak*). Guten Kaffee bekommt man überall in Aceh: *kopi tok* ist bitterer Kaffee, Kaffee mit Milch heißt *kopi susu,* Kaffee mit halbrohem Ei (*telur setengah malang*) gibt es zum Frühstück.

- **Aroma Restaurant,** Jalan Palembang. Chinesisch.
- **Asia Baru,** Jalan Gutmeuda. Aceh-Gerichte.
- **Eka Daroy Coffee Shop,** Hotel Eka Daroy, Jalan Mata Ie. Chinesisch, indonesisch, europäisch.

Einkäufe

In Aceh könnte man einen *rencong* (traditioneller Aceh-Dolch) und feinen Filigranschmuck kaufen. *Rencong*-Dolche für bis zu 100 US-$ (für ein schönes Elfenbeinexemplar) kauft man am besten auf dem Markt. Ein Geschäft an der Jalan Kartini führt holländische und Aceh-Antiquitäten für Sammler und Liebhaber.

In der ganzen Provinz Aceh werden Stoffe verschiedener Machart hergestellt; die einzelnen Orte haben besondere *kain adat*- bzw. *opo adat*-Muster.

Museen

- **Museum der Architektur** im Junongan, Jalan Teuku Umar.
- **Rumah Kuno Awe,** Jalan Mansur Sjah. Kunsthandwerks- und Geschichtsmuseum.

BRASTAGI

Unterkunft

- **Rudang,** Jalan Sempurna, Tel: 43. 6 US-$ das Einzel-, 8 US-$ das Doppelzimmer.
- **Bukit Kubu,** Jalan Sempurna 2. Zimmer von 9 bis 15 US-$.

PRAPAT

Unterkunft

- **Natour Hotel Prapat,** Jalan Marihat 1, Tel: 41012 oder 41018. Zimmer von 10 bis 20 US-$.
- **Astari Hotel,** Jalan P. Samosir, Tel: 41219 oder 41725. Zimmer für 20 bis 28 US-$, Bungalow: 56 US-$.
- **Danau Toba International,** Jalan P. Samosir 17, Tel: 41583 oder 41719. Zimmer von 13 bis 16 US-$.

● **Danau Toba Prapat,** Jalan P. Samosir 19, Tel: 49. 13 bis 15 US-$ für Einzel-, 15 bis 17 US-$ für Doppelzimmer.
● **Patrajasa Prapat Hotel,** Jalan Prapat, Tel: 41796. 14 bis 25 US-$ für Einzel-, 20 bis 34 US-$ für Doppelzimmer.
● **Mimpin Tua,** Jalan Talun Sungkit 9. Zimmer unter 9 US-$.

Restaurants

● **Tara Bunga Hotel.** Chinesisch, indonesisch, europäisch.
● **Restaurant Asia.** Chinesisch.

LAKE TOBA

Unterkunft

● **Pulo Tao Cottage.** 20 bis 30 US-$ das Einzel-, 24 bis 30 US-$ das Doppelzimmer.
● **Toledo Inn.** 10 US-$ das Einzel-, 12 US-$ das Doppelzimmer.

Auf der Halbinsel Samosir bieten einige *losmen* Zimmer an, u.a. **Tuk Tuk** (Zimmer für 5 bis 7 US-$), **Carolina** (unter 3 US-$), **Krista Ace, Bernard Ace** und **Gordin Ace** (alle unter 4 US-$). In Tomok können Sie im **Edison Ace** für 1 US-$ übernachten, zum selben Preis auch im **Rohandy Ace.**

Batak-Kunsthandwerk

Nachdem seit 15 Jahren Touristen Sumatra bevölkern, sind in den Bezirken Toba und Karo fast keine echten Antiquitäten mehr aufzutreiben. Die nachgemachten Batak-Kalender und die Zauberbeutel aus Büffelhorn sind doch eher etwas dürftig. Noch am ehesten könnte man in Medan auf eine echte Antiquität stoßen (bei **Toko Bali** in der Jaland Jend. Yani 68 oder im **Indonesian Art Shop** in derselben Straße). Manche Geschäftsleute veranstalten ,,Antiquitäten-Safaris" mit Touristen. Die Preise sind hoch. Noch immer erhältlich sind gutes chinesisches Porzellan und holländische Silbermünzen. Ein großartiger, wenn auch makabrer Fund wäre ein geschnitzter Zauberstab aus Tungkat. Die echten Stäbe enthalten eine Phiole mit dem Blut eines geopferten Kindes. Ihnen schrieb man eine so große Zauberkraft zu, daß bis zu 1000 US-$ dafür verlangt wurden. Die echten Batak-Geisterfiguren sind noch zu sehen; die kleinen Batak-Häuser sind moderner Machart. Webarbeiten und *kain ulos* bekommt man günstig, wenn man hartnäckig genug feilscht.

BUKITTINGGI

Unterkunft

● **Denai,** Jalan Rivai 26, Tel: 21460. Zimmer von 5 bis 8 US-$.
● **Lima's,** Jalan Kesenhatan 34, Tel: 22641. Zimmer von 2 bis 9 US-$.
● **Minang,** Jalan Panorama 20A, Tel: 21220 oder 22638. Zimmer bis zu 13 US-$.
● **Surya,** Jalan A. Karim 7, Tel: 2585. Zimmer unter 2 US-$.
● **Yani,** Jalan Jend. A. Yani 101, Tel: 22740. Zimmer unter 4 US-$.
● **Yogya,** Jalan M. Yamin S.H. 43. Zimmer unter 5 US-$.
● **Dymen's International,** Jalan Nawawi 1-5, Tel: 23781, 22702, 21015.
● **Bentung,** Jalan Bentung 1, Tel: 22596 oder 21115. Zimmer von 4 bis 12 US-$.

Restaurants

● **ACC,** Muka Jam Gudam, Tel: 21631. Indonesisch.
● **Dymen's Hotel Restaurant,** Jalan Nawawi. Indonesisch, europäisch, chinesisch.
● **Ria Sari,** Ngarai Sianok Shopping Centre, Jalan Jend. Sudirman 1, Tel: 21503. Indonesisch.
● **Selamat,** Jalan Jend. A. Yani 19, Tel: 22959. Indonesisch.
● **Simpang Raya,** Muka Jam Gadang, Tel: 22585. Indonesisch.

Einkäufe

Die beiden Etagen des **Pasar Atas** und des **Pasar Bawah** (oberer und unterer Markt) in Bukittinggi, durch eine Rolltreppe miteinander verbunden, sind stets überfüllt und platzen an den Markttagen (Mittwoch und Samstag) aus allen Nähten. Neben den Lebensmitteln sind hier Silberarbeiten aus Kota Gadang, Stickereien aus Silungkang und Messingwaren erhältlich.

● **Aisah Chalik,** Jalan Cindur Mato 94. Bilder, Schnitzereien, *batik, songket*-Stoffe, Stickereien, Korbwaren, Silber, Artikel aus Kokosnußschalen und Bambus.
● **Antique Shop,** Jalan Jend. A. Yani 2, Tel: 22557. Bilder, Plastik, *batik, songket*-Stoffe, Silber.
● **Basrida,** Jalan Yos Sudarso 2. Schnitzkunst, Silber, *batik,* Stickereien und Korbwaren.
● **H. Muchtar Is,** Jalan Minangkabau 90. Plastik, Schnitzereien, *batik,* Elfenbein- und Bambusarbeiten.
● **Nuraini,** Jalan Minangkabau 25. Bilder, *batik, songket*-Stoffe, Korbwaren, Silber.
● **Tiga Putra,** Jalan Minangkabau 19. Schnitzereien, Stickwaren, Korbwaren, Silber, Artikel aus Kokosnußschalen und Bambus.

PADANG

Unterkunft

● **Jakarta,** Jalan Blk. Olo 55, Tel: 23331. Zimmer unter 6 US-$.
● **Minang International,** Jalan Diponegoro 17, Tel: 21719. Zimmer unter 4 US-$.

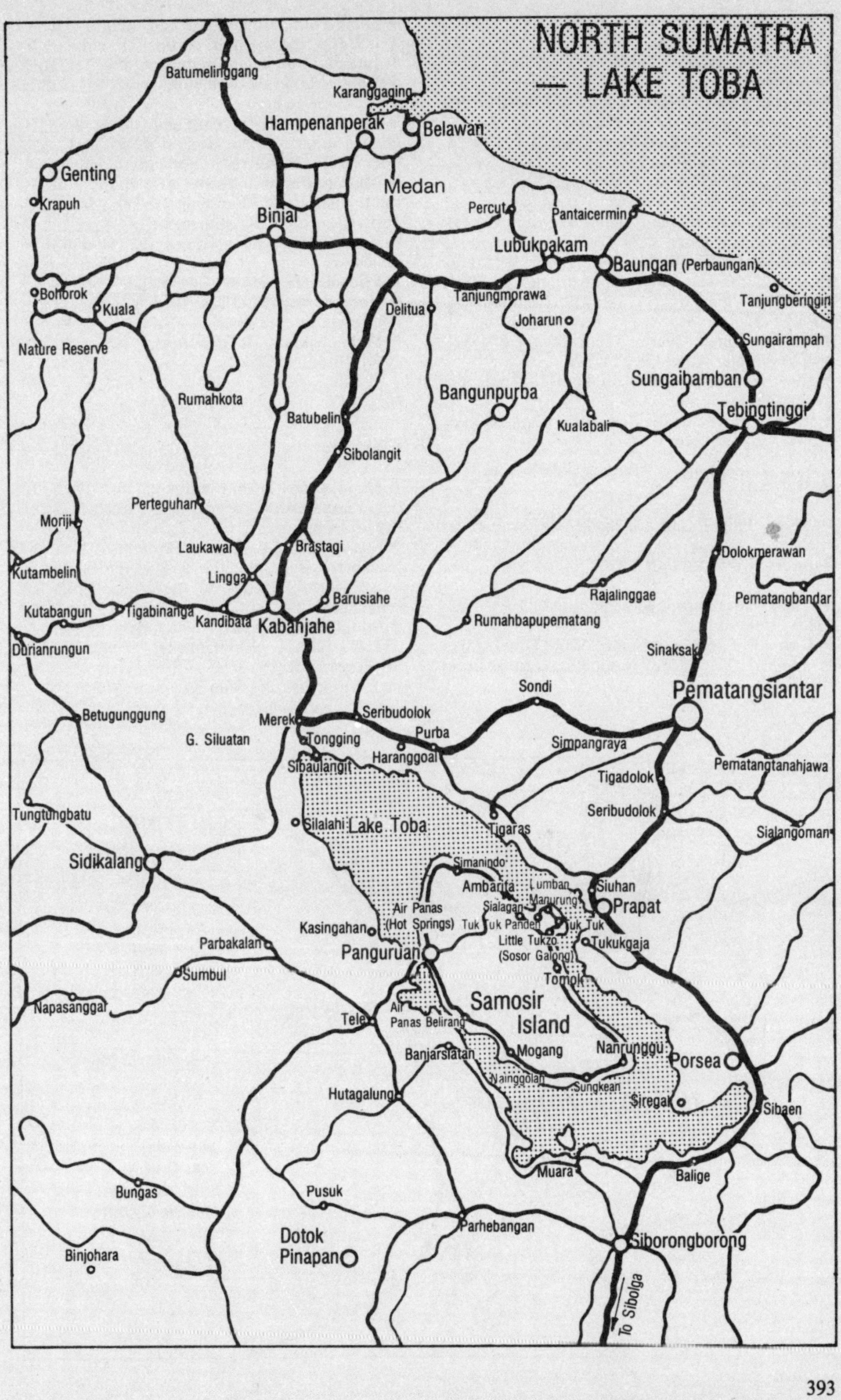
NORTH SUMATRA — LAKE TOBA
Batumelinggang
Karanggaging
Hampenanperak
Belawan
Genting
Krapuh
Medan
Binjai
Percut
Pantaicermin
Lubukpakam
Baungan (Perbaungan)
Bohorok
Kuala
Tanjungmorawa
Delitua
Tanjungberingin
Joharun
Sungairampah
Nature Reserve
Sungaibamban
Bangunpurba
Rumahkota
Batubelin
Tebingtinggi
Kualabali
Sibolangit
Perteguhan
Moriji
Dolokmerawan
Laukawar
Brastagi
Kutambelin
Lingga
Rajalinggae
Barusiahe
Pematangbandar
Kutabangun
Tigabinanga
Kandibata
Kabanjahe
Rumahbapupematang
Durianrungun
Sinaksak
Sondi
Pematangsiantar
Betugunggung
Merek
Seribudolok
Purba
G. Siluatan
Tongging
Simpangraya
Haranggoal
Sibaulangit
Pematangtanahjawa
Tigadolok
Seribudolok
Tungtungbatu
Silalahi
Lake Toba
Tigaras
Sialangoman
Sidikalang
Simanindo
Ambarita
Lumban Manurung
Siuhan
Sialagan
Prapat
Air Panas (Hot Springs)
Tuk Tuk Pandeh
Tuk Tuk
Kasingahan
Little Tukzo (Sosor Galong)
Tukukgaja
Parbakalan
Panguruan
Tomok
Sumbul
Samosir Island
Napasanggar
Tele
Air Panas Belirang
Mogang
Nanrunggu
Porsea
Banjarsiatan
Nainggolan
Sungkean
Hutagalung
Siregal
Sibaen
Muara
Balige
Bungas
Pusuk
Parhebangan
Dotok Pinapan
Siborongborong
Binjohara
To Sibolga

● **Pangeran's Hotel,** Jalan Dobi 3, Tel: 26233. Zimmer unter 20 US-$.
● **Tiga-Tiga,** Jalan Pemuda 31, Tel: 22633. Zimmer unter 4 US-$.
● **Yaayan's Sari,** Wisma, Jalan Sudirman 9, Tel: 23555. Zimmer von 12 bis 22 US-$.
● **Benyamin,** Jalan Bgd. Azis Chan, Tel: 222324. Zimmer unter 5 US-$.
● **Bouganville,** Wisma, Jalan Bgd. Azis Chan 2, Zimmer von 5 bis 13 US-$.
● **Femina,** Wisma, Jalan Bgd. Azis Chan 15, Tel: 21950. Zimmer unter 8 US-$.
● **Mariani International,** Jalan Bundo Kandung 35, Tel: 22020 oder 22634. Zimmer unter 13 US-$.
● **Adilla,** Jalan Damar 2, Tel: 23962. Zimmer unter 9 US-$.
● **Natour Hotel Muara,** Jalan Gereja 34, Tel: 25600. Zimmer von 9 bis 22 US-$.
● **New Kartika,** Jalan Gurun 40, Tel: 23621 oder 25376. Zimmer unter 8 US-$.
● **Padang Hotel,** Jalan Bgd. Azis Chan 28, Tel: 22563. Zimmer unter 8 US-$.

Restaurants

● **Alima,** Jalan Pasarbaru 29, Tel: 21794. Indonesisch.
● **Bopet Irama,** Jalan Prof. M. Yamin, Tel: 22425.
● **Chan's Restaurant,** Jalan Pondok 94, Tel: 22131. Chinesisch.
● **Grand Bar and Restaurant,** Grand Hotel, Jalan Pondok 84, Tel: 22088. Indonesisch, europäisch, chinesisch.
● **Hang Tuan,** Hotel Hangtuah, Jalan Pemuda 1, Tel: 26556. Indonesisch, europäisch, chinesisch.
● **Imambonjol,** Jalan Imam Bonjol 9, Tel: 26153.
● **King's,** Jalan Pondok 86B, Tel: 21701. Indonesisch, chinesisch.
● **Macudum's Restauraant and Coffee Shop,** Hotel Macudum, Jalan Hiligoo 43-45, Tel: 22333 oder 23997. Indonesisch, europäisch, chinesisch.
● **Mariani Restaurant and Coffe Shop,** Hotel Mariani, Jalan Bundo Kandung 35, Tel: 25466. Indonesisch, europäisch, chinesisch.
● **New Kartika,** Jalan Gurun 40, Tel: 23621. Indonesisch.
● **Phoenix,** Tel: 21304. Europäisch, chinesisch.
● **Roda Baru,** Jalan Pasar Raya 6, Tel: 22814. Indonesisch.
● **Serba Nikmat,** Jalan H. Agus Salim 20, Tel: 26210. Indonesisch.

Einkäufe

● **H. Mochtar,** Jalan Pondok 85, Tel: 25615. Bilder, Plastik, Schnitzkunst, *batik,* Korbwaren, Silber und Bambus.
● **Silungkang,** Jalan Imam Bonjol 6A, Kompleks Nusantara Building, Tel: 26426. Bilder, Plastik, *batik,* Korbwaren, Silber, Artikel aus Kokosnußschalen und Bambus.
● **Songket Silungkang,** Jalan Imam Bonjol, Tel: 23711. Bilder, Schnitzmuster, *songket*-Stoffe, Stickereien, Korbwaren, Silber, Artikel aus Kokosnußschalen und Bambus.

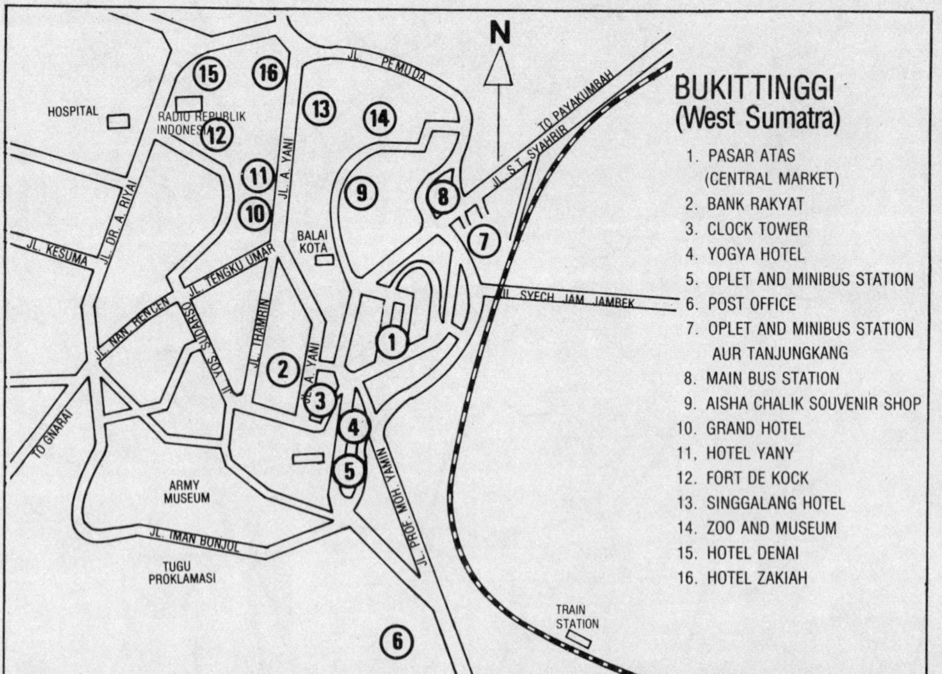

- **Toko Sartika,** Jalan Jend. Sudirman 5, Tel: 22101.
- **Abu Nawas,** Airport Tabing.
- **Toko Batik Arjuna,** Jalan Pasar Raya, Tel: 23253.
- **Toko Dewi,** Jalan Pasar Raya, Complex Toko Bertingkat.
- **Toko Ramona,** Jalan Pasar Raya, Complex Toko Bertingkat.
- **Antique and Souvenir Shop,** Toko Atom Shopping Centre 6A, Tel: 26426.
- **Batik Semar,** Jalan Hiligoo, Tel: 21215.

KUNST UND KUNSTHANDWERK IN WESTSUMATRA

Westsumatra ist für das schöne, handgewebte *songket*-Tuch und die feinen Stickereien, für die Silberarbeiten und Holzschnitzereien berühmt. In einigen Gemeinden gibt es Webereien, die schönsten Arbeiten entstehen aber in **Silungkang,** einer kleinen Ortschaft im Agam-Hochland, wo man die hellbunten Seiden-*songket*-Sarungs, -Schals und -Kopfbedeckungen — alles reichlich mit Gold durchwirkt — fertigt. Sehr bekannt und oft besucht ist deshalb auch **Pandai Sikat** bei Padangpanjang an der Hauptstraße von Padang nach Bukittinggi. Die von den Frauen in Heimarbeit gemachten *sarungs* mit den dazupassenden Schals nehmen pro Satz eine Arbeitszeit von mehreren Wochen, ja Monaten in Anspruch. Die Silberschmiede und Holzschnitzer von Pandai Sikat sowie die Arbeiten der Silberschmiede von **Kota Gadang** sind beachtlich.

In **Sungaipur** (20 Minuten von Bukittinggi) arbeiten noch einige Eisenschmiede.

PALEMBANG

Unterkunft

- **Asiana,** Jalan Sudirman 45E. Zimmer unter 4 US-$.
- **Dharma Agung,** Jalan H. Barlian (km 7). Zimmer bis 9 US-$.
- **Jakarta,** Jalan Sayangan 763, Tel: 21737. Zimmer bis 7 US-$.
- **Kenanga Inn,** Jalan Bukit Kecil 76, Tel: 23491. Zimmer bis 8 US-$, Doppelzimmer 12 bis 13 US-$.
- **Leparadis,** Jalan Kapten A. Rivali 257, Tel: 260707. Zimmer 15 bis 30 US-$.

Restaurants

- **City Bar and Restaurant,** Jalan Jend. Sudirman 589, Makmur Store, 3. Stock, Tel: 26710. Indonesisch, europäisch, chinesisch.
- **Coffee House Maxim,** Jalan Jend. Sudirman 304, Tel. 26635. Indonesisch.
- **Mandala,** Jalan Veteran 86-88, Tel: 23614. Indonesisch, europäisch, japanisch, chinesisch.
- **Musi,** Jalan Merdeka 252, Tel: 22107. Indonesisch, europäisch, chinesisch.
- **Sanjaya,** Jalan Kapten A. Rivai 6193, Tel: 20272 oder 20634. Indonesisch, europäisch, chinesisch.

PEKANBARU

Unterkunft

- **Asmar,** Jalan K.H. Agus Salim 57. Zimmer unter 3 US-$.
- **Bunda,** Wisma, Jalan Prof. Moh. Yamin SH 104, Tel: 21728 oder 21175. Zimmer unter 8 US-$.
- **Dharma Utama,** Jalan Sisingaangaraja 2. Zimmer unter 8 US-$.
- **Kelabang Sakti,** Jalan Diponegoro 53. Zimmer unter 7 US-$.

Restaurants

- **Anom,** Jalan Gatot Subroto 3, Tel: 22636. Indonesisch.
- **Caloca,** Jalan Diponegoro 26, Tel: 22986. Indonesisch, europäisch.
- **Gelas Mas Restaurant,** Jalan H. Sulaiman, Tel: 22092. Europäisch, chinesisch.
- **Medan,** Jalan Ir. Juanda 28, Tel: 23770. Indonesisch, chinesisch.
- **Rempah Sari,** Jalan Jend. A. Yani 80. Indonesisch.
- **Selamat,** Jalan Jend. A. Yani 82, Tel: 21081. Indonesisch.
- **Tedja Restaurant,** Jalan Kampar 34, Tel: 23316. Indonesisch.
- **Tin Tin,** Jalan Tangkubanperahu. Indonesisch.
- **Tri Ariga Baru,** Jalan Jend. Sudirman 91. Indonesisch.

TELUKBETUNG

Unterkunft

- **New Jakarta Hotel,** Jalan Belanak 28. Zimmer unter 9 US-$.
- **Pasific,** Jalan Yos Sudarso, Tel: 42218 oder 42334. Zimmer von 5 bis 14 US-$.
- **Shintana,** Jalan Selat Berhala 95, Tel: 42941. Zimmer unter 2 US-$.
- **Sriwijaya,** Jalan Kalimantan 30, Tel: 41046 oder 41284. Zimmer unter 9 US-$.

Restaurants

- **Grand Park Coffee Shop,** Jalan Dr. Susilo 1A, Tel: 42550. Europäisch, chinesisch.
- **Hongkong,** Jalan Pangkalpinang 30, Tel: 53473. Chinesisch.
- **Pasific Hotel,** Jalan Yos Sudarso 58, Tel: 42218. Indonesisch, europäisch.

RIAU-ARCHIPEL

Nach **Tanjung Pinang** kommt man mit dem Schiff von Jakarta, Pekanbura, Palembang und Singapur. Von Tanjung Pinang sind die benachbarten Inseln gut zu erreichen. Für die Fahrt zur **Pulau Penyengat** und zum **Snake River** sowie zu einigen Stränden der Umgebung empfiehlt es sich, am hölzernen Kai eine *prahu* zu mieten (pro Tag etwa 20 US-$).

Die German Asian Travels aus Singapur bieten Zweitagestouren nach Tanjung Pinang mit Ausflügen zur Pulau Penyengat und in andere Gebiete an.

Puglau Batam ist von Singapur aus gut zu erreichen. Kürzlich wurde ein Country Club eröffnet, an einigen Stränden sollen Hotels gebaut werden. 50 US-$ kostet die Hin- und Rückfahrt von Singapur. Die indonesische Botschaft stellt speziell für diese Reise nach Pulau Batam ein Visum aus.

Kalimantan

Anreise und Verkehrsmittel auf der Insel

- **Mit dem Flugzeug:** Der wichtigste Flugplatz für den Verkehr nach und auf Kalimantan ist **Balikpapan. Garuda** setzt täglich vier Maschinen ein, mittwochs, freitags und sonntags geht ein zusätzlicher Morgenflug. Zwei Flüge am Tag werden von Surabaya angeboten (der einfache Flug in der Economy-Klasse kostet 82 US-$).

Merpati fliegt für 63 US-$ von Jakarta nach Pontianak, und **Bouraq**-Maschinen fliegen zweimal am Tag Banjarmasin und dreimal Balikpapan an — ebenfalls von Jakarta aus.

Jeweils am Freitag und am Sonntag startet eine **Bouraq**-Maschine von Denpasar (Bali) nach Balikpapan. Bouraq hat auch einen täglichen Flug von Ujung Pandang (Sulawesi) eingerichtet.

Vom Flugplatz Sepinggan in Balikpapan kostet die Taxifahrt in den Ort 5 US-$. Günstiger fährt, wer an der Flughafenzufahrt für 1 US-$ ein Motorradtaxi oder einen alten Morris Minor für 2 US-$ herbeiwinkt.

Nachfolgend eine Liste der Flugverbindungen:

Route	Abfahrt	Ankunft	Tage	Preis in US-$, einfach, economy
JKT — BDJ				
Garuda	06.05	08.40	tägl.	91
	12.45	15.20	tägl.	
Bouraq	07.30	11.55	tägl.	78
JKT — BPN				
Garuda	07.15	10.20	tägl.	117
	09.15	12.20	tägl.	
	11.15	14.20	tägl.	
	13.15	16.20	tägl.	
Bouraq	05.30	09.25	tägl.	105
	06.00	11.10	tägl.	
	07.30	13.25	tägl.	
JKT — PNK				
Garuda	07.10	09.30	tägl.	74
	09.00	11.20	tägl.	
	13.00	15.20	tägl.	
Merpati	05.30	08.40	tägl.	63
BDJ — BPN				
Garuda	10.40	11.30	Mi Fr So	42
Bouraq	09.55	10.55	tägl.	38
	10.05	11.10	tägl.	
	10.30	11.40	Mo Mi Fr Sa	
	12.20	13.25	tägl.	
BPN — SRI				
Merpati	10.05	10.40	Mo Di Do Sa	21
	11.45	12.20	Di Fr So	
Bouraq	11.00	11.35	tägl.	25
SUB — BDJ				
Garuda	06.30	08.30	tägl.	55
	14.15	16.15	tägl.	
Bouraq	06.00	08.30	tägl.	46
	07.00	09.20	tägl.	
	13.45	15.15	tägl.	
SUB — BPN				
Garuda	06.00	08.30	tägl.	82
	13.00	15.30	tägl.	
Bouraq	06.30	09.45	tägl.	73
	08.00	11.20	Di Fr	
	10.00	13.15	tägl.	

CITY CODE: JKT-Jakarta; BDJ-Banjarmasin; BPN-Balikpapan; SRI-Samarinda; PNK-Pontianak; SUB-Surabaya.

Innerhalb Kalimantans bieten Garuda, Bouraq und Merpati Direktflüge zwischen Balikpapan und Banjarmasin, Samarinda, Bontang, Tarakan und Pontianak an. Flugzeuge der Ölgesellschaften (z.B. Pertamina) sowie Charterflugzeuge verkehren zu denselben Orten und zu vielen weiteren kleinen Landeplätzen auf der Insel; wenn Plätze frei sind, nimmt man gegen Bezahlung Touristen mit. Fliegen kann hier teuer kommen: ,,space-available"-Flüge (man wartet, bis ein Platz angeboten wird) von Balikpapan nach Bontang kosten etwa 16 US-$. Der Flugdienst der Missionare bietet für Flüge von Samarinda ins Inselinnere zuweilen Plätze an.

- **Schiffsverkehr:** Die staatliche Schiffahrtsgesellschaft, deren Schiffe von Insel zu Insel fahren, läuft Balikpapan an (Fahrpläne und Preise siehe Seite 324). Da die Schiffe vorher noch in Surabaya und in Ujung Pandang anlegen, ist die Anreise mit dem Schiff nur sinnvoll, wenn man nicht nur Kalimantan ansteuert.
- **Binnenschiffahrt:** Von Banjarmasin kann man auf dem Barito nach Norden fahren. In ein paar Wochen könnte man den Fluß in voller Länge erkunden. Boote kann man flußaufwärts bis Mauratewe mieten. Von dort geht es im Kanu zum Oberlauf des Flusses. Ein langer Fußmarsch nach Norden (wenn man die Straße benützt, kann man evtl. etwas abkürzen) führt durch Sumpfgebiete nach Intu und schließlich nach Longiram am Mahakam. Nach Longiram ist es von Samarinda eine relativ kurze Fahrt. Von der kleinen Landebahn et-

was flußabwärts startet vielleicht bald ein Flugzeug des Flugdienstes der Missionare nach Samarinda und nimmt Sie mit. Eine etwas abenteuerliche Reise nach Longiram ist die Bootsfahrt den Mahakam hinauf bis zu den Dayak-Dörfern Longbangun, Longpakah, Longnawan und Longbawan.

● **Schnellboote:** Abfahrt täglich um 6 Uhr in Samarinda, fünf Stunden darauf Ankunft in Bontang. Fahrpreis: 5 US-$. Das Boot in die Gegenrichtung fährt gleichzeitig ab und kostet genausoviel. Die Wassertaxis brauchen für dieselbe Strecke etwa doppelt so lang. Schnellboote verkehren auch von Samarinda nach Lokh Tuan (und umgekehrt) in vier Stunden. In einer P.T. Kayu Mas-Agentur erfahren Sie weitere Einzelheiten.

● **Straßenverkehr:** Der im Bau befindliche **Trans-Kalimantan Highway** verläuft von Batakan südlich von Banjarmasin durch Balikpapan bis Samarinda und wird bald bis Bontang und schließlich Tarakan weitergeführt. Öffentliche Überlandbusse verbinden Banjarmasin, Balikpapan und Samarinda. Für die Fahrt von Balikpapan nach Samarinda bezahlt man weniger als 2 US-$.

Eine ordentliche Straße wurde von Pontianak nach Norden angelegt, die sich beim Dorf Seipenyu gabelt. Nach Norden führt diese Straße an die Grenze zu Sarawak (Malaysia) heran und kommt durch ein Gebiet, das für seine ausgezeichneten handgewebten Tuche bekannt ist. Die Abzweigung nach rechts führt geradewegs nach Bodok im Osten. Ab hier entscheidet das Wetter darüber, ob Sie noch sehr weit kommen.

PONTIANAK

Unterkunft

● **Orient**, Jalan Tanjung Pura, Tel: 2650. Einzelzimmer zwischen 7 und 18 US-$.
● **Pondok Kapuas Permai Cottages,** Jalan Gajah Mada, Tel: 4374. Cottage 20 US-$.
● **Pondianak City Hotel,** Jalan Pak Kasih, Tel: 2496. 16 US-$ für Einzel-, 11 bis 18 US-$ für Doppelzimmer.

Restaurants

· **City Hotel Restaurant,** Jalan Kasih 448, Tel: 438. Indonesisch, chinesisch.
● **Hawai,** Jalan Tanjung Pura 33. Indonesisch, chinesisch.
● **Kapuas Room,** Dharma Hotel, Jalan Imam Bonjol 555, Tel: 759. Indonesisch, chinesisch.
● **Lembur Kuring,** Jalan Ir. H. Juanda 32. Indonesisch.
● **Orient Hotel Restaurant,** Orient Hotel Tanjung Pura, Tel: 2650. Indonesisch, chinesisch.
● **Pagi Sore,** Komplek Kapuas Indah, 2. Etage. Indonesisch.
● **Paradisio,** Jalan Tanjung Pura 6, Tel: 428. Chinesisch.
● **Tahiti,** Jalan Imam Bonjol 567-569. Indonesisch, europäisch, chinesisch, japanisch.

BANJARMASIN

Unterkunft

(EZ = Einzelzimmer, DZ = Doppelzimmer)

● **Anda,** Jalan Letjen R. Soeprapto, Tel: 2006. EZ 5 US-$, DZ 7 bis 9 US-$.
● **Banua,** Jalan Brigjen Katamso 8, Tel: 3215.EZ 6 bis 9 US-$, DZ 8 bis 11 US-$.
● **Maramim,** Jalan Lambung Mangkurat 32, Tel: 4958 oder 4835. EZ 22 US-$, DZ 30 US-$.
● **Metro,** Jalan Mayjen Sutoyo 102, Tel: 2427. EZ 6 bis 9 US-$, DZ 7 bis 10 US-$.
● **Perdana,** Jalan Brigjen Katamso 5, Tel: 3276. EZ 6 bis 9 US-$, DZ 8 bis 10 US-$.
● **Rahmat,** Jalan A. Yani 9, Tel: 4322 oder 4429. EZ 4 bis 6 US-$, DZ 5 bis 11 US-$.
● **Sabrina,** Jalan Bank Rakyat 21, Tel: 4442 oder 4721. EZ 5 bis 8 US-$, DZ 9 bis 12 US-$.
● **SAS,** Jalan Kacapiring Besar 2, Tel: 3054 oder 4759. EZ 4 bis 8 US-$, DZ 6 bis 9 US-$.
● **Sewarga,** Jalan Cempaka 1, Tel: 3690. EZ 10 bis 14 US-$.
● **New River City,** Jalan R.E. Martadinata 3, Tel: 2983. EZ 9 US-$, DZ 13 US-$.
● **Ritta City,** Jalan R. Soeprapto 11, Tel: 4785 oder 2423. EZ 5 bis 14 US-$, DZ 7 bis 18 US-$.
● **Sempaga,** Jalan Mayjen Sutoyo S. 292, Tel: 2480 oder 2753. EZ 3 bis 16 US-$, DZ 17 US-$.
● **Loktabat,** Jalan Jend. A. Yani (33,5 km), Tel: 84. EZ 12 US-$, DZ 13 US-$.
● **Kl Damang,** Jalan Haryono M.T. 4, Tel: 2334. EZ 9 bis 15 US-$, DZ 14 bis 21 US-$.

BALIKPAPAN

Unterkunft

Balikpapans (und Kalimantans) erstes Fünf-Sterne-Hotel ist das neue **Hotel Bena Kutai,** das dem Konzern Beaufort International gehört. Es ist ein Luxushotel mit allen Annehmlichkeiten; auch die Preise stimmen: am Wochenende (Freitag bis Sonntag) sind Doppelzimmer (alles inkl.) für 35 US-$ zu haben; unter der Woche gelten nur wenig höhere Preise. P.O. Box 200, Jalan Antasari, Balikpapan, Tel: 21804 oder 21813.

Weitere Hotels in Balikpapan:

● **Grand Park Hotel,** Jalan Pangeran Antasari, Tel: 22942, Bad, Warmwasser, A/c. EZ 36 US-$.
● **Hotel Bahtera,** Jalan Gajah Mada SK1/47, Tel: 22563. EZ 7 US-$, DZ 14 US-$.
● **Hotel Balikpapan,** Jalan Garuda 2, Tel: 21490. DZ 16 US-$.
● **Blue Sky,** Jalan Letjen Lenderal Soeprapto 1, Tel: 22267. EZ 8 US-$, DZ 9 US-$.
● **Benakutai,** Jalan P. Antasari, Tel: 21804 oder 21813. EZ 65 bis 75 US-$, DZ 75 bis 85 US-$.
● **Budiman,** Jalan Pangeran Antasari, Tel: 581. EZ 9 bis 10 US-$, DZ 10 bis 11 US-$.
● **Klatim,** Jalan Kampung Baru Tengah. EZ 3 US-$, DZ 5 US-$.

- **Piersa,** Jalan Gunung Bakaran. EZ 14 US-$, DZ 16 US-$.
- **Puri Kencana,** Jalan Gajah Mada 14. EZ 8 US-$, DZ 9 US-$.
- **Mirama,** Jalan Mayjen Sutoyo, Tel: 22960 oder 22961. Für Zimmer allen Standards: 18 bis 50 US-$.
- **Patra,** Jalan Yos Sudarso, Tel: 46. DZ 15 bis 16 US-$, Bungalows 25 US-$ die Nacht.
- **Tirta Plaza,** Jalan D.I. Panjaitan, Tel: 22324 oder 22364. EZ 10 US-$, DZ 11 US-$, Bungalows 14 US-$.

Restaurants

- **Bahtera Restaurant and Bar,** Hotel Bahtera, Jalan Gajah Mada 1/47. Indonesisch, europäisch, chinesisch.
- **Mirama,** Hotel Mirama, Jalan Letjen Soetoyo, Tel: 561 oder 562. Indonesisch, europäisch, chinesisch.
- **Rainbow Coffee Shop and Restaurant,** Blue Sky Hotel, Jalan Letjen Soeprapto 1, Tel: 2324. Europäisch, chinesisch.
- **Tenggarong,** Hotel Balikpapan, Jalan Garuda 2. Indonesisch, europäisch, chinesisch.

SAMARINDA

Unterkunft

- **Hotel Andhika,** Jalan H. Agus Salim R.T.V. 37, Tel: 22358. DZ 15 US-$.
- **Holiday Inn,** Jalan Pelabuhan 29-33 und Jalan Darmaga 18-20, Tel: 21185, 21124 oder 22413. Eigenes Bad, Warmwasser, A/c, Farbfernseher, Radio. Restaurant, Coffee Shop, Bar, Friseursalon, Billardsaal.
- **Hotel Jakarta I,** Jalan Jend. Sudirman 57, Tel: 22624.
- **Hotel Jakarta II,** Jalan Dewi Sartika, Tel: 22965 oder 23895.
- **Mesra International Hotel,** 1 Jalan Pahlawan, Tel: 21011 oder 21397. Bad, Warmwasser, A/c, Farbfernseher, Radio, Zimmertelefon. Coffee Shop, Bar, Swimmingpool. 29 bis 37 US-$ das Einzel-, 44 bis 85 US-$ das Doppelzimmer.
- **Sewarga Indah Hotel,** Jalan Jend. Sudirman 43, Tel: 22066, A/c, Farbfernseher mit Videofilmen, Radio, Zimmertelefon. Restaurant, Coffee Shop, Bar.
- **Lamin Indah,** Jalan Bhayangkara. EZ 14 US-$, DZ 16 US-$.

Restaurants

- **Banjar,** Jalan Diponegoro 25, Tel: 1586. Indonesisch.
- **Gumarang,** Jalan Veteran, Tel: 717. Indonesisch.
- **Lezat Baru,** Jalan Mulawarman 34. Chinesisch.
- **Mesra,** Hotel Mesra, Jalan Pahlawan 1, Tel: 2903. Indonesisch, europäisch.
- **Puncak Indah,** Lamin Indah Hotel, Jalan Bayangkara 57, Tel: 588. Chinesisch.

TARAKAN

Unterkunft

- **Hotel Bahtera,** Jalan Sulawesi 1, Tel: 298, Bad Warmwasser, A/c. Coffee Shop, Bar, Diskothek.
- **Hotel Wisata,** Jalan Jend. Sudirman 46, Tel: 221. 5 US-$ das Einzel-, 9 US-$ das Doppelzimmer.
- **Tarakan Plaza,** Jalan Yos Sudarso, Tel: 501, 502 oder 503. 32 US-$ das Einzel-, 40 US-$ das Doppelzimmer.

KUTAI NATIONAL PARK UND MAHAKAM RIVER

Abgesehen davon, daß ein Besuch des Nationalparks sehr empfehlenswert ist, lohnt allein schon die Anfahrt — ein kleines Abenteuer für sich.

Hier einige Einzelheiten:

- **Meeres- und Flußschiffahrt:** Mit dem Schiff kommt man von **Samarinda** aus zum Osten des Schutzgebietes.

Das reguläre Wassertaxi fährt in 18 Stunden nach **Bontang** und **Sengatta.**

Schnellboote dagegen (mit Innen- und Außenbordmotor) brauchen von Lokh Tuan bis Samarinda weniger als vier Stunden. Die Flüsse Santan und Sengatta sind schiffbar — letzterer bis nach **Mentoko.** Ab hier behindern Stromschnellen, vor allem bei niedrigem Wasserstand, die Weiterfahrt erheblich. Die Fahrt im Schnellboot von Bontang zu den Gebäuden der University of Washington am Sengatta dauert 3 1/2 Stunden. Am besten geeignet sind die motorisierten Langboote, *ketinting* genannt. Man kommt damit zwar langsam, aber gleichmäßig voran und ist gegen Hindernisse unter Wasser besser geschützt. Vorteilhaft wirkt sich aus, daß der Motor weniger empfindlich als der Zweitakter-Außenbordmotor ist.

Sedulang im Westen erreicht man von Samarinda aus im Schnellboot an einem Tag. Wenn der Fluß genug Wasser führt, ist das Schiff von Sedulang in vier Stunden in Klampa, ansonsten dauert die Fahrt viel länger.

- **Mit dem Flugzeug:** Flugverbindungen bestehen zwischen Balikpapan und Samarinda. Gegen Bezahlung nehmen die Flugzeuge von P.N. Pertamina Passagiere von Balikpapan zu einem der drei Landeplätze der Gesellschaft mit. Landebahnen sind in Tanjung Santan, Bontang und Sengatta. Die Ölfirmen gestatten auch Charterflugzeugen die Landung.

- **Straßenverkehr:** Einige Straßen führen zum und durch das Schutzgebiet. Die neue Fernstraße zwischen **Balikpapan** und **Samarinda** wurde 1977 fertiggestellt; sie soll ausgebaut und dem Trans-Kalimantan Highway von Banjarmasin nach Tarakan, nördlich von Samarinda, angegliedert werden.

Diese Fernstraße ist bis **Muara Badak** fertig und soll 1986 bis Bontang weitergeführt werden. Im Süden des Schutzgebietes wurden von P.T. Kayu Mas auf 50 km Länge Waldwege angelegt. Eine von P.T. Sylvaduta von Sengatta aus gebaute Straße verbindet sich bei km 42 mit der Kayu-Mas-Straße und verläuft bis km 76 nach Westen.

Im Umkreis des Sengatta wurde von Pertamina aus ein Straßenenetz angelegt, das sich 16 km nach Süden und dann nach Osten zur Küste erstreckt. Mehrere aufgelassene Straßen sind mit dem Jeep noch befahrbar. Bei trockenem Wetter kommt man so von Sengatta in drei Tagen bis **Teluk Kaba.**

KUNSTHANDWERK DER DAYAK

Die Kultur der Dayak steht im Mittelpunkt des Interesses, wenn von Kunst und Kunsthandwerk die Rede ist. Die fließenden geometrischen Muster, die sie für die Darstellung des Lebens im Dschungel verwenden, zeigen einen entwickelten Sinn für Strukturen und chinesische sowie hinduistische Einflüsse.

Ikat (siehe Abschnitt ,,Indonesische Stoffe") ist die gängige Technik des Webens, bei der ursprünglich Rindenfasern, echte Pflanzen- und Erdfarben verwendet wurden, die heute zunehmend durch industriell gefertigte Garne und Farben ersetzt werden. Die Dayak-Tuche sind so gut wie die berühmten *ikat* der Sumban.

Mehr als jede andere Minderheit Indonesiens sind die Dayak für ihre Perlenstickereien berühmt. Tausende von winzigen Glasperlen zieren Geldbörsen, Tabaksbeutel, Schwertscheiden, Kinderwagen, Korbdeckel, Borten, Mützen und Kopfbänder. Sehr bekannt sind die gelbschwarzen Perlenstickereien der Punan.

Auch die schönen Körbe der Dayak in einer großen Auswahl an zweifarbigen Mustern sind erhältlich.

Während die männlichen Dayak eher Holz schnitzen und Metall bearbeiten, verlegen sich die Dayak-Frauen aufs Flechten, Weben, auf die Perlenstickerei und das Tätowieren.

Sulawesi

Anreise und Verkehrsmittel auf der Insel

Mit dem Flugzeug: Garuda fliegt von Jakarta aus dreimal am Tag Ujung Pandang an (Abflug um 5, 8.30 bzw. 13 Uhr). Der Flug dauert 2 Stunden. In der Economy-Klasse kostet der einfache Flug 124 US-$. **Merpati** fliegt an drei Tagen in der Woche über Surabaya (etwa 15 % billiger).

Auch viele der abgelegenen Orte werden angeflogen. Garuda bedient Kendari, Manado und Palu, Merpati fliegt Gorontalo und Manado an. **Bouraq** legt auf dem Weg von Ujung Pandang in Palu und Gorontalo Zwischenlandungen ein. Die Preise variieren: Während Garuda für den Economy-Flug von Ujung Pandang nach Manado 91 US-$ verlangt, kostet er bei Merpati und Bouraq jeweils 77 US-$.

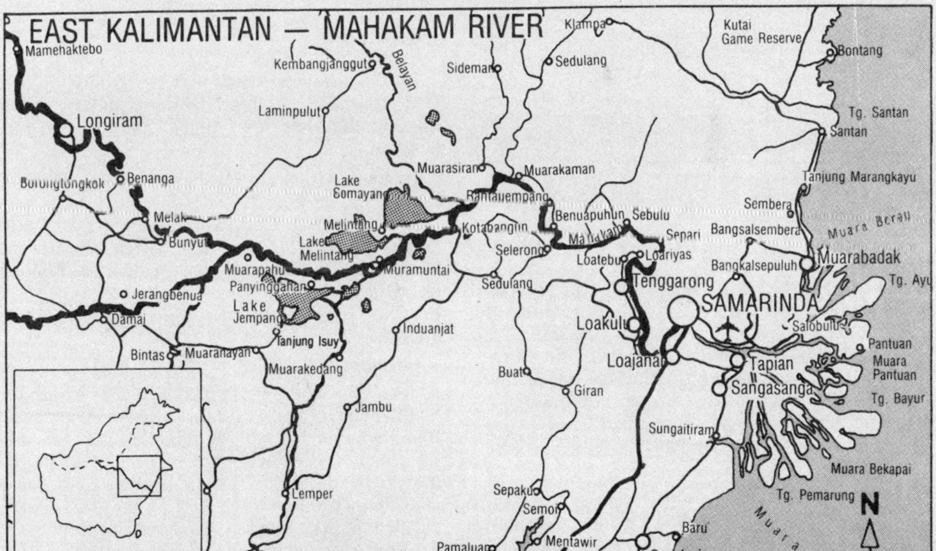

Vom Flugplatz Manado (in Mapanget) fährt man eine halbe Stunde bis zur Stadt. Auch Busse bedienen diese Strecke, die durch Kokospalmenhaine und an einem Fluß vorbeiführt (keine Linienbusse). Die Fahrt im *bemo* in die Stadt kostet 6 US-$; wenn mehrere Leute zusammen ein Taxi nehmen, wird es billiger.

Route	Abfahrt	Ankunft	Tage	Preis in US-$, einfach, economy
JKT — UPG				
Garuda	05.00	08.15	tägl.	124
	08.30	11.45	tägl.	
	13.00	16.15	tägl.	
Merpati	05.00 via SUB	10.00	Mi	106
	05.00 via SUB	10.35	Mo Sa	
DPS — UPG				
Garuda	06.15	08.25	tägl.	58
BPN — PLW				
Bouraq	11.50	12.55	tägl.	42
	13.50	14.35		
UPG — MDC				
Garuda	11.50	13.25	tägl.	91
Bouraq	07.15	15.45	tägl.	77
	09.00	13.35	Mo Mi Fr	
UPG — PLW				
Garuda	07.00	08.05	Di Do Sa So	53
	13.35	14.40	tägl.	
Bouraq	07.15	08.50	tägl.	45
	09.00	10.40	Mo Mi Fr	
UPG — KDI				
Garuda	10.30	11.20	tägl.	41

CITY CODE: JKT-Jakarta; UPG-Ujung Pandang; DPS-Denpasar; MDC-Manado; PLW-Palu; GTO-Gorontalo; KDI-Kendari; BPN-Balikpapan.

• **Mit dem Schiff:** Die staatliche PELNI Line setzt ihre Passagierschiffe überall im Archipel ein. Auf der letzten Etappe ihrer Kreuzfahrten werden auch Sulawesi und Kalimantan angesteuert. In Surabaya sticht ein Passagierschiff in See, das Ujung Pandang, Balikpapan (den Hafen von Kalimantan) und Bitung (den Hafen Manados im Nordosten Sulawesis) anläuft und auf derselben Strecke zurückfährt.

Die Kabinenplätze sind billig; der einzige Faktor, der daher zählt, ist die Zeit. Welche Möglichkeiten das Reisen mit den staatlichen Linienschiffen Ihnen eröffnet, überprüfen Sie am besten bei einem Besuch der Zentrale der Schifffahrtsgesellschaft in Jakarta:

PT PELNI, Jalan Angkasa 18, Tel: 471569 oder 415428.

Restaurants

Sulawesi bietet eine gute Küche zu maßvollen Preisen. Vor allem die Minahassan sind Feinschmecker. Das „Nationalgericht" heißt *tinutuan*: das ist ein Reisbrei, der mit verschiedenen Gemüsen, Kürbisstücken und Maisschrot gekocht und zum Salzfisch und zu einer sehr scharfen Chilisoße gegessen wird.

Bakpiah, ein kräftiger Kloß mit einer Fleisch-, Eier- und Gemüsefüllung, wird gern verzehrt. Ein Salat, *dabu-dabu,* der aus frischen sauren Tomaten, Gurken, Zwiebeln, Chilischoten und Zitronensaft zubereitet wird, fehlt übrigens bei keiner Mahlzeit.

Das Frühstück, nach dem holländischen *smokkelen* (d.h. „essen") *smokol* genannt, besteht aus gekochten Bananen, *bolu*-Kuchen und Kaffee. *Kacang* heißt ein beliebtes Getränk — gekochte rote Bohnen werden mit einem Schuß flüssigen Schokoladensirups, etwas Kondensmilch und einigen Eisstückchen vermischt. Es erfrischt, ist nahrhaft und kräftigend zugleich.

Die Minahassan haben sich eine Reihe ungewöhnlicher Gerichte einfallen lassen, z.B. Flughunde vom Spieß, Feldmäuse und Schlangen (Liebhaber vergleichen sie mit dem Aal). Das Höchste aber ist den Minahassan das Hundefleisch, das mit scharfen Gewürzen und Paprika gegart wird.

All diese „Spezialitäten" der lokalen Küche dürften für europäische Gaumen aber höchstwahrscheinlich wenig attraktiv sein ...!

UJUNG PANDANG

Unterkunft

Im Gegensatz zu vielen anderen großen Städten Ostindonesiens ist Ujung Pandang ein Ort, in dem man durchaus ein, zwei angenehme Tage verbringen kann.

In einem Hotel am Hafen nimmt man Quartier und kann von dort aus alles Sehenswerte und die besten Restaurants zu Fuß erreichen. Das **Pantai Losari Indah** (Jl. Pasar Ikan 8) hat Zimmer mit Klimaanlage ab 18 US-$. Das schlichtere **Benteng** (Jl. Ujung Pandang 9) — direkt gegenüber dem Fort Rotterdam — offeriert seine Zimmer für etwa 8 US-$.

Für Billigurlauber kommt allenfalls das **Hotel Alaska** (Jl. Saddang 52) in Frage. Das **Pasangrahan Beach Hotel,** ein 50 Jahre alter weißverputzter Bau am äußeren Ende der Jalan Somba Opu, bietet seinen Gästen wohl am meisten. Die Räume sind klein, die Betten schmal und wackelig, doch alle Zimmer haben einen Balkon mit Meeresblick, auf dem man das üppige, im Preis eingeschlossene Frühstück genießen kann.

Das **Ramayana** (Jl. Gunung Bawakaraeng 12), an der Straße zum Flughafen gelegen, verlangt zwar relativ hohe Zimmerpreise; dafür liegt das Liman-Expreß-Büro, in dem man die Fahrkarte nach Rantepao kaufen kann, direkt gegenüber. Das

Reisebüro Ramayana im Hotel ist auf Rundfahrten ins Toraja-Land spezialisiert.

Grand und **Victoria** sind zwei weitere Innenstadthotels.

- **Alaska Hotel,** Jalan S. Saddang 52, Tel: 7138. Einzelzimmer 2 US-$, Doppelzimmer 4 US-$.
- **Benteng,** Jalan Ujung Pandang 9, Tel: 22172. Einzelzimmer 6 US-$, Doppelzimmer 7 US-$.
- **Pantai Losari Indah,** Jalan Pasar Ikan 8, Tel: 4363 oder 6303. Einzelzimmer 18 US-$, Doppelzimmer 20 US-$.
- **Karuwisi Indah,** Jalan Urip Soemohardjo 10, Tel: 28101. Einzelzimmer 7 bis 9 US-$.
- **Pessanggrahan Beach Hotel,** Jalan Somba Opu 279, Tel: 4218 oder 7615. Einzelzimmer 6 bis 9 US-$, Doppelzimmer 10 bis 13 US-$.
- **Ramayana.** Jalan Gunung Bawakaraeng 12, Tel: 22165. Einzelzimmer 6 bis 16 US-$, Doppelzimmer 6 bis 20 US-$.
- **Rian Tira,** Jalan Ranggong 5, Tel: 4133. Einzelzimmer 4 bis 7 US-$, Doppelzimmer 7 bis 11 US-$.
- **Widhana Hotel,** Jalan Botolempangan 53, Tel: 21393 oder 22499. Einzelzimmer 14 bis 16 US-$, Doppelzimmer 19 bis 23 US-$.
- **Zeds Hotel,** Jalan Urip Soemohardjo 45, Tel: 5725. Einzelzimmer 12 US-$, Doppelzimmer 15 US-$.
- **Grand Hotel,** Jalan Jend. Sudirman 24, Tel: 21428. Zimmer bis zu 70 US-$.

Dasjenige Hotel, das den größten Luxus von allen auf Sulawesi entfaltet, ist das Makassar Golden Hotel: für das Einzelzimmer verlangt man 44 US-$, für die ,,Ferienhaus"-Suite 110 US-$.

Restaurants

Das seefahrende Volk der Makassar versteht sich darauf, mit einfachen Mitteln herrliche Fischgerichte hervorzuzaubern. An erster Stelle steht dabei *ikan Bakar,* der rote Schnappbarsch (Seebarsch), der über offenem Feuer gegrillt und mit Reis und scharfem Sambal serviert wird.

Gut schmeckt es auf einer Holzbank in einem *warung* am Hafen, dem ,,Stelldichein" der Bug, aber auch in den etwas vornehmeren Räumen des **Asia Baru Restaurant** an der Jalan Salahutu 2. Restaurants, in denen gemischt chinesisch, indonesisch und europäisch gekocht wird, sind das **Himan** an der Jalan Jampea 2, das **Bamboo Den** oberhalb des Marktes (Jalan G. Latimojong) und das **Sea View**, Jl. Panghibur.

Wer keinen Fisch mag, der probiere Soto Makassar, eine dicke, nahrhafte Suppe, die aus verschiedenen Stücken Wasserbüffelfleisches gekocht wird. Am besten, man ißt sie am Nachmittag, und zwar im **Soto Daeng** (unweit des Kinos Istana) oder an einem *warung* irgenwo in der Stadt.

- **Bamboo Den,** Jalan G. Latimojong, Tel: 33228.
  Indonesische, europäische und chinesische Gerichte zur Auswahl.
- **Dunia Baru,** Jalan Timor Timur 71, Tel: 5161.
  Indonesische und chinesische Gerichte zur Auswahl.
- **Happy Building,** Jalan Sulawesi, Tel: 22947.
  Indonesische, europäische und chinesische Gerichte zur Auswahl.
- **Hilman,** Jalan Jampea 2, Tel: 7895.
  Indonesische, europäische und chinesische Gerichte zur Auswahl.
- **Idaman,** Jalan Timor 56, Tel: 3041.
  Indonesische und chinesische sowie Fischgerichte zur Auswahl.
- **Maranu,** Jalan Pasar Ikan 52.
  Indonesische, europäische und chinesische Gerichte zur Auswahl.
- **Raodah,** Jalan Khairil Anwar 28.
  Indonesische, europäische und chinesische Gerichte zur Auswahl.
- **Sea View,** Jalan Panghibur, Tel: 22668.
  Indonesische, europäische und chinesische Gerichte zur Auswahl.
- **Widhana,** Jalan Batu Lempengan 53.
  Indonesische, europäische und chinesische Gerichte zur Auswahl.

Die Einheimischen essen gerne in den folgenden drei Restaurants:

- **Sop Pangkep,** Jalan Andalas (bei der Kirche gelegen).
- **Kios Melati,** Jalan Veteran.
- **Wisma Ria,** Jalan Pasar Ikan.
  Indonesische, europäische und chinesische Gerichte zur Auswahl.

Verkehrsmittel

Merpati fliegt zwar täglich nach Rantepao im Toraja-Land; Einheimische sind aber überwiegend der Meinung, daß nach wie vor die neunstündige Fahrt im **Liman-Express-Bus** eine lohnende Sache ist. An der Jl. Laiya im Zentrum oder am Hotel Ramayana fährt morgens und abends jeweils ein Bus ab.

Für andere Fahrten in Südsulawesi empfiehlt sich das Gemeinschaftstaxi, **C.V. Taxis,** Jl. Durian 2, sowie **MPS,** Jl. Martadinata 142, setzen in kurzen Abständen Fahrzeuge in Orte an der Südküste und nach Watampone, der Fährhafen für den Südosten Sulawesis, ein.

- **C.V. Omega,** Jalan Hati Murni, Tel: 82679.
- **Liman Express,** Jalan Laiya 25, Tel: 5851.

Fluggesellschaften

- **Garuda Indonesian Airways,** Jalan Slamet Riyadi 6, Tel: 22804, 22705 oder 7746.
- **Merpati Nusantara Airlines,** Jalan G. Bawakaraeng 109, Tel: 4114 oder 4118.
- **Bouraq Indonesia Airlines,** Jalan Pattimura 5, Tel: 5906.
- **Mandala Airlines,** Jalan Seram 62, Jalan Hasanuddin 29, Tel: 7765.

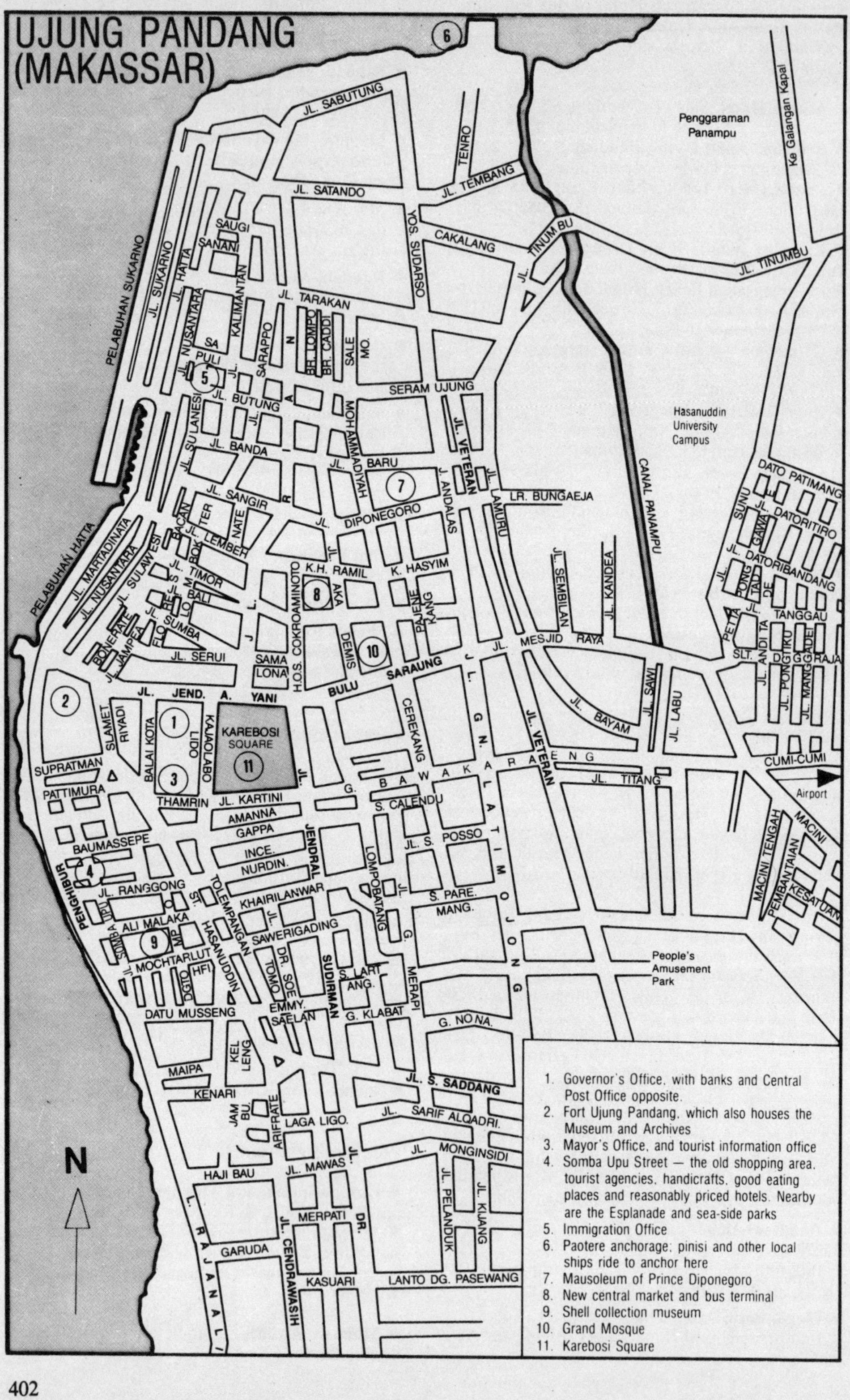
UJUNG PANDANG
(MAKASSAR)
Penggaraman Panampu
Ke Galangan Kapal
JL. SABUTUNG
TENRO
JL. TEMBANG
JL. SATANDO
YOS. SUDARSO
CAKALANG
JL. TINUMBU
JL. TINUMBU
SAUGI
SANANI
PELABUHAN SUKARNO
JL. SUKARNO
JL. HATTA
JL. NUSANTARA
KALIMANTAN
JL. TARAKAN
SARAPPO
BR. LOMPO
BR. CADDI
SALE
MO.
SA
PULI
SERAM UJUNG
JL. BUTUNG
JL. SU LANESI
JL. BANDA
MOHAMMADIYAH
JL. VETERAN
Hasanuddin University Campus
CANAL PANAMPU
JL. BARU
J. ANDALAS
LR. BUNGAEJA
LAMURU
DATO PATIMANG
SUNU
JL. DATORITIRO
JL. DATORIBANDANG
JL. SANGIR
JL. DIPONEGORO
JL. LEMBEH
PELABUHAN HATTA
JL. MARTADINATA
JL. NUSANTARA
JL. SULAWESI
JL. TIMOR
K.H. RAMIL
K. HASYIM
JL. SEMBILAN
JL. KANDEA
JL. BALI
JL. SUMBA
JL. SERUI
JL. JAMPEA
BONERATE
H.O.S. COKROAMINOTO
DEMIS
PAJENE KANG
JL. MESJID RAYA
TANGGAU
SAMA LONA
BULU SARAUNG
JL. JEND. A. YANI
KAREBOSI SQUARE
SLAMET RIYADI
BALAI KOTA
LIDO
KAJAOLABO
CEREKANG
JL. G. LATIMOJONG
JL. BAYAM
JL. SAWI
JL. LABU
SUPRATMAN
PATTIMURA
THAMRIN
JL. KARTINI
G. BAWAKARAENG
JL. TITANG
CUMI-CUMI
Airport
AMANNA GAPPA
S. CALENDU
INCE. NURDIN.
BAUMASSEPE
JL. S. POSSO
LOMPOBATANG
MACINI
MACINI TENGAH
PEMBANTAIAN
KESATUAN
PENGHIBUR
JL. RANGGONG
TOLEMPANGAN
KHAIRILANWAR
S. PARE. MANG.
ALI MALAKA
SOMBA UPU
HASANUDDIN
SAWERIGADING
JENDRAL SUDIRMAN
MOCHTARLUT
DR. SOE TOMO
S. LARI ANG.
MERAPI
People's Amusement Park
DATU MUSSENG
EMMY. SAELAN
G. KLABAT
G. NONA.
MAIPA
KEL LENG
JL. S. SADDANG
KENARI
JAM BU.
ARIFRATE
LAGA LIGO.
JL. SARIF ALQADRI.
JL. MONGINSIDI
HAJI BAU
JL. MAWAS.
JL. PELANDUK
JL. KIJANG
MERPATI
DR.
JL. RAJAWALI
GARUDA
JL. CENDRAWASIH
KASUARI
LANTO DG. PASEWANG
N
1. Governor's Office, with banks and Central Post Office opposite.
2. Fort Ujung Pandang, which also houses the Museum and Archives
3. Mayor's Office, and tourist information office
4. Somba Upu Street — the old shopping area, tourist agencies, handicrafts, good eating places and reasonably priced hotels. Nearby are the Esplanade and sea-side parks
5. Immigration Office
6. Paotere anchorage; pinisi and other local ships ride to anchor here
7. Mausoleum of Prince Diponegoro
8. New central market and bus terminal
9. Shell collection museum
10. Grand Mosque
11. Karebosi Square

Schiffahrtslinie

- **PELNI,** Jalan Martadinata, Tel: 6967.

Kunsthandwerk

- **Art Shop,** Jalan Somba Opu 20. Indonesische Plastik, Schnitzereien, Batiken, *sarungs*, Korb- und Lederwaren.
- **Asdar Art Shop,** Jalan Somba Opu 199. Bilder, Plastiken, Schnitzereien, Seiden-*sarungs*, Korbwaren und Silber.
- **Cony Karya,** Jalan Pasar Ikan 26. Bilder, Plastiken, Schnitzereien, Porzellan, Schalen von Meeresweichtieren und Silber.
- **Kanebo Art Shop,** Jalan Pattimura 27. Bilder, Plastiken und Schalen von Meerestieren.
- **Mutiara Art Shop,** Jalan Somba Opu 117A. Plastiken, Schnitzereien, *sarungs,* Schalen von Meeresweichtieren und Tierhäute.
- **Paleori Art Shop,** Jalan Somba Opu 108. Bilder, Toraja-Webarbeiten und Bambus.

PARE-PARE

Unterkunft

- **Gandaria Hotel,** Jalan Bau Massepe 171, Tel: 21093. Zimmer von 3 bis 10 US-$.
- **Karika,** Jalan Lompobattang 110. Alle Zimmer 15 US-$.
- **Roxi,** Jalan Baso Dg. Patompo. Zimmer unter 3 US-$.
- **Hotel Siswa,** Stadtzentrum. 9 US-$ pro Person.
- **Hotel Bima,** Jalan Usman Isah 25. 9 US-$ pro Person.

Restaurants

- **Angin Mamiri,** Jalan Pinggir Laut. Indonesisch, chinesisch.
- **Sampurna,** Jalan Bau Massepe. Indonesisch, chinesisch.
- **Asia,** Jalan Baso Dg. Tompo. Indonesisch.
- **Klos Nirwana,** Jalan Bau Massepe 122. Indonesisch.

RANTEPAO UND MAKALE (TANA TORAJA)

Verkehrsmittel

Die meisten Sehenswürdigkeiten liegen nahe bei Rantepao und sind mit örtlichen Verkehrsmitteln und zu Fuß zu erreichen. Ein altes Motorrad kann man für 10 US-$, einen Jeep für annähernd 40 US-$ am Tag mieten. In den Monaten August bis Oktober, während der Begräbnissaison, werden vielfach Sammeltransporte organisiert.

Für längere Ausflüge zu den entfernteren Dörfern sind feste Bergschuhe und warme Kleidung sowie ein Führer erforderlich. Dieser trägt auch Ihr Gepäck, was vor allem ungeübte Bergwanderer zu schätzen wissen. Selbst wenn man Ihnen in Rantepao sagt, Sie sollen Tauschgeschäfte machen — die Zeiten sind vorbei! Auch im Dorf will man heute Bargeld sehen. Der *Kepala Desa* (Dorfoberhaupt) verhilft dem Gast zu einem Nachtquartier. Gegebenfalls besorgt Ihnen das auch der Führer.

Zu einer Bergwanderung von Rantepao aus gehört eine Exkursion durch mehrere Dörfer, die zum Ausgangspunkt zurückführt. Die längste und interessanteste Tour jedoch bringt Sie ins 60 km entfernte Mamasa, wo es noch keinen Tourismus gibt.

Der Marsch nach Mamasa beginnt in Bituang. Für die Anfahrt von Makale aus braucht das *bemo* vier Stunden; der Weg ist eine bedeutende Handelsroute der Toraja und Mamasa. Bis Mamasa braucht man bis zu vier Tage. In **Losmen Mini** können Sie sich auf die abenteuerliche 90-km-Fahrt nach Polewali innerlich vorbereiten.

Unterkunft

- **Indra,** Jalan Pasar 63, Rantepao. Zimmer unter 7 US-$.
- **Marlin,** Jalan Pahlawan, Rantepao. Zimmer unter 8 US-$.
- **Nirmala,** Jalan Pahlawan 118, Rantepao, Tel: 60. Zimmer unter 6 US-$.
- **Tana Bua,** Jalan Abdul Gani 43, Rantepao, Tel: 61. Zimmer unter 9 US-$.
- **Toraja Cottage,** Jalan Paku Balasara, Rantepao, Tel: 84146. Einzelzimmer 21 bis 25 US-$, Doppelzimmer 25 bis 28 US-$.
- **Misiliana,** Jalan Pao, Rantepao, Tel: 56. 13 US-$ für Einzel-, 15 US-$ für Doppelzimmer.
- **Barana,** Mendetek, Makale. 14 US-$ für Einzel-, 16 US-$ für Doppelzimmer.
- **Batupapan,** Makale. 6 US-$ das Einzel-, 9 US-$ das Doppelzimmer.

Restaurants

- **Marlin,** Jalan Pahlawan 30C, Rantepao. Indonesisch, europäisch.
- **Misiliana,** Jalan Pahlawan 5, Rantepao. Indonesisch, europäisch, chinesisch.
- **Sedia,** Jalan Irawan, Rantepao. Indonesisch, europäisch, chinesisch.

KENDARI

Anreise

- **Mit dem Flugzeug: Garuda** fliegt einmal am Tag von Ujung Pandang nach Kendari, während mehrere Merpati-Maschinen in der Woche Kendari und Bau-Bau anfliegen. Die Flugpläne von Merpati können sich kurzfristig ändern.
- **Schiffsverkehr:** Täglich um 9 Uhr legt in Bone (Wantapone) eine Fähre ab, die am frühen Morgen des folgenden Tages in Kolaka ankommt. Am günstigsten ist die Übernachtung an Deck auf einem gemieteten Feldbett. Vom Hafen aus fahren Taxis direkt nach Kendari (von der Anlegestelle

zum Standplatz ist es etwa 1 km), die man im *becak* zurücklegt (um den Fahrpreis hart verhandeln).

Sie könnten auch mit dem PELNI-Schiff fahren, das einmal die Woche seine Fahrt nach **Ambon** in Bau-Bau unterbricht. Am Nachmittag geht in Kendari das Fährschiff nach Raha und Bau-Bau ab (vier Schlafkojen pro Kabine); Ankunft in Raha gegen Mitternacht, in Bau-Bau um 3 Uhr.

Unterkunft

Da es in Kendari nur eine größere Straße gibt, dürfte sich auch der Ortsfremde zurechtfinden. Das beste Hotel ist das **Kendari Beach;** andere Hotels stehen an der Hauptstraße in Richtung Hafen. Namentlich seien **Arnim's Hotel,** Jl. Jend. A. Yani, und **Wisma Andika** erwähnt.

- **Armin's Hotel,** Jaland Jend. A. Yani 55, Tel: 21615. EZ 12 US-$, DZ 17 US-$.

- **Hamdamin,** Jalan Jend. S. Parman 62, Tel: 21516. Zimmer unter 5 US-$.

- **Wisma Andika,** Jalan Jend. A. Yani, Tel: 21651. EZ 7 US-$, DZ 9 bis 14 US-$.
- **Wisma Wolio,** Jalan Sultan Hasanuddin 62, Tel: 21484. EZ 5 US-$, DZ 6,50 US-$.
- **Kendari Beach,** Jalan Sultan Hasanuddin 44. Zimmer bis zu 40 US-$.

PALU

Unterkunft

- **Angkasa Raya,** Jalan Danau Poso. Zimmer unter 20 US-$.
- **Astoria,** Jalan S. Parman. EZ 6 US-$, DZ 10 US-$.
- **Buana,** Jalan R.A. Kartini 6, Tel: 21476. EZ 3 US-$, DZ 6 US-$.
- **Fahmil,** Jalan Jend. A. Yani I. EZ 3 US-$, DZ 6 US-$.
- **Garuda,** Jalan Hasanuddin 33, Tel: 48. Zimmer unter 3 US-$.
- **Kanado,** Jalan M.T. Haryono. Zimmer unter 6 US-$.
- **Latimojong II,** Jalan Gaja Mada. Zimmer unter 3 US-$.
- **Palu Beach Grand Park Hotel,** Jalan Raden Saleh 22, Tel: 21126 oder 21326. Zimmer 25 bis 30 US-$.
- **Wisata,** Jalan S. Parman 39, Tel: 379. EZ 8 US-$, DZ 16 US-$.

Restaurants

- **Dunia Baru,** Jalan Danau Lindu 14, Tel: 21371.
- **Restaurant Marannu,** Jalan Setia Budi 11, Tel: 21068.

Reisebüros

- **Aksa Utama,** Jalan Yos Sudaro Poso 10.
- **Ateka Sakti,** Jalan Jend. Sudirman 11, Tel: 21995.
- **Bemagy Travel,** Palu Beach Hotel, Jalan Raden Saleh, Tel: 21226.

MANADO

Unterkunft

- **Kota,** Jalan Yos Sudarso, Tel: 3251. EZ 3 US-$, DZ 6 US-$.
- **Minahasa,** Jalan Sam Ratulangi, Tel: 2059 oder 2559. EZ 8 US-$, DZ 10 US-$.
- **Mini Cakalele,** Jalan Korengkeng 40, Tel: 52942. EZ 8 US-$, DZ 11 US-$.
- **Mitysilna,** Jalan Sarupung, Tel: 3445. DZ 11 US-$.
- **New Garden Hotel,** Jalan Rike Atas, Tel: 52688 oder 21476. EZ 13 US-$, DZ 15 US-$.
- **Sartum Wisma,** Jalan Brigien Katamso, Tel: 3375. EZ 5 US-$, DZ 8 US-$.
- **Tentram,** Jalan Serapung, Tel: 3127. Zimmer unter 3 US-$.
- **Yepindra,** Jalan Sam Ratulangi 37, Tel: 4049. EZ 9 US-$, DZ 11 US-$.
- **Kawanua City Hotel,** Jalan Sam Ratulangi 1, Tel: 52222. EZ 23 US-$, DZ 25 US-$.
- **Angkasa Raya,** Jalan Kol. Soegiono 12, Tel: 2039. DZ 14 US-$.
- **New Queen Hotel,** Jalan Wakeke 12-14, Tel: 4440. EZ 10 US-$, DZ 15 US-$.
- **Wenang/Marannu City Hotel,** Jalan Bathseda 25, Tel: 2663. EZ 13 US-$, DZ 15 US-$.

Restaurants

- **Cakalong,** Kawanua City Hotel, Jalan Sam Ratulangi 1, Tel: 3771. Indonesisch, europäisch, chinesisch.

- **Dua Raya,** Jalan P. Tenoban 46, Tel: 2236. Chinesisch.
- **Jit Hien,** Jalan Panjaitan 35. Chinesisch.
- **Miami,** Jalan Yos Sudarso 73, Tel: 3236. Indonesisch, europäisch, chinesisch.
- **Lupa Lelah Club,** Jalan Letjen Soeprapto, Tel: 3314. Indonesisch, europäisch, chinesisch, japanisch.

Molukken

Anreise und Verkehrsmittel auf den Inseln

- **Mit dem Flugzeug: Garuda, Merpati, Bouraq** und **Mandala** bieten nach Ambon und Ternate Linienflüge an. Ambon wird von Jakarta, Surabaya und Denpasar angeflogen (täglich einmal direkt und zweimal täglich über Ujung Pandang).

Merpati fliegt von den genannten Städten Ternate an — allerdings mit Zwischenaufenthalt über Nacht in Manado. Bouraq bietet einen Direktflug von Jakarta nach Ternate mit Zwischenlandungen in Balikpapan, Palu, Gorontalo und Manado an.

Linienmaschinen von Merpati fliegen von Ternate aus auch kleinere Orte auf Halmahera und Bachan an, von Ambon aus nach Ceram, Banda und in Städte der südöstlichen Molukken. Zwischen Ambon und Ternate wurde ein Pendeldienst eingerichtet.

Der Flugplatz Ambon liegt auf einer Halbinsel, 32 km vor der Stadt. Da Taxis teuer sind, empfiehlt es sich, eines mit mehreren Personen zu teilen. Sie können sich auch im eleganten Schnellboot nach Ambon bringen lassen.

Route	Abfahrt	Ankunft	Tage	Preis in US-$, einfach, economy
JKT — AMQ				
Garuda	05.00	12.00	tägl.	177
	06.00	12.55	tägl.	
DPS — AMQ				
Garuda	06.15	12.00	tägl.	123
	via UPG			
	08.30	12.55	tägl.	
SUB — AMQ				
Garuda	06.05	12.20	Mo Mi Do	
			Sa	152
	via UPG		So	
	06.05	12.00		
	via UPG		Di Fr	
	07.00	13.10		
	via UPG		tägl.	
UPG — AMQ				
Garuda	09.20	12.00	tägl.	85
MDC — TTE				
Bouraq	14.10	16.15	Mo Mi Fr	
			Sa	36
AMQ — NDA				
Merpati	08.00	08.55	Mi Sa	39
AMQ — TTE				
Merpati	10.45	13.50	So	58
	via MAL			

CITY CODE: JKT-Jakarta; AMQ-Ambon; DPS-Denpasar; UPG-Ujung Pandang; TTE-Ternate; MDC-Manado; NDA-Bandaneira.

● **Schiff:** Seit je das wichtigste Transport- und Verkehrsmittel. Noch heute sind im Waren- und Lebensmitteltransport über große Entfernungen Segelschiffe eingesetzt. Die Händler kreuzen mit ihren Schaluppen von Dorf zu Dorf und bieten ihre Waren an. Wichtigster Hafen der Molukken ist der Hochseehafen von Ambon. Außer den großen Handelsschiffen aus der ganzen Provinz legen indonesische Schiffe in Halong und Thunfischfänger in Galala an.

An der Ostküste der Insel Ambon machen in Tulehu Schnellboote und andere Motorschiffe Station, die Orte auf Ceram, den Lease-Inseln und auf Banda anlaufen.

Beim *Syahbandar* (Hafenmeister) von Ambon bzw. bei PT Pelni erkundigt man sich nach Schiffen nach Banda und Ternate. Ein Pelni Perintis-Boot verkehrt zweimal im Monat (versuchsweise) zu den Inseln Maluku Tenggara. Es ist 15 Tage bis Leti unterwegs. Zeit spart, wer mit Merpati bis Banda oder Kai fliegt und dort an Bord geht. Vielleicht erklärt sich ein Fischer auf Lethi bereit, Sie nach Osttimor überzusetzen, nachdem die Insel für den Tourismus freigegeben wurde.

Im Hafen von Ternate liegen Motorboote sowie Segelboote mit Motor vor Anker, mit denen man die umliegenden Inseln bis Morotai, Tobelo und Patani an der Ostküste Haimaneras sowie Gebe und Bachan ansteuern kann.

● **Straßen:** *bemos* sind auf den wichtigsten Straßen auf den Molukken eingesetzt. In Ambon und Ternate sind die Standplätze im Stadtzentrum in der Nähe der Einkaufszentren. In entlegeneren Gegenden sollte, wer etwas Interessantes entdeckt hat, auch mal eine Strecke zu Fuß gehen. Zwischen den Dörfern an der Küste ist es ein leichtes, sich mit einem *prahu* fortzubewegen.

Restaurants

Daß die Bewohner der Molukken ein einfaches Leben führen, spiegelt sich in dem wider, was ihre Küche hervorbringt: Im Süden ist das Grundnahrungsmittel Sago, dazu gibt es Süßkartoffeln und Maniok; der Fisch liefert die Proteine. Fleisch und Geflügel sind den Festtagen vorbehalten. Kanari, eine der Mandel ähnliche Nuß, wird zu einer Soße für *gado-gado*-Salate verarbeitet. Im Norden ißt man gerne den gelben Reis mit Curry oder Sate.

Arabisch-chinesische Familien kochen abwechslungsreicher und essen mehr Fleisch. Die eurasischen Molukken mögen Gerichte, die aus Holland stammen, die Rote-Bohnen-Suppe mit Schweinefüßen z.B. oder den Fisch mit weißer Soße. Selten geht man zum Essen aus. Die neuen Essensstände und Restaurants werden vor allem von den ausländischen Arbeitskräften frequentiert.

Unterkunft

Ambon und Ternate bieten ihren Gästen zahlreiche pseudomoderne Hotels, *wisma* (Familienhotels) und *losmen* (Pensionen). Bis zu 30 US-$ kostet ein Tag im Hotel, bis zu 15 US-$ (inkl. Mahlzeiten) im *wisma;* weniger noch im *losmen,* wo man ohne eigene Toilette auskommen muß.

Sobald Sie sich weiter ins Land hineinwagen, müssen Sie sich vor Ort nach Übernachtungsmöglichkeiten erkundigen. Sollten Sie etwa in einer Mission unterkommen, ist eine ,,Spende" die angemessene Art, Dankbarkeit zu bekunden.

AMBON

● **Hotel Abdulali,** Jalan Sultan Baabullah, Tel: 2796. EZ 16 US-$, DZ 25 US-$.

● **Hotel Amboina,** Jalan Kapten Ulupaha Nr. 5A, Tel: 41725. EZ 20 US-$, DZ 26 US $.

- **Hotel Beta,** Jalan Wim Reuwaru, Tel: 3463. EZ 6 US-$, DZ 11 US-$.
- **Hotel Cendrawasih,** Jalan Tulukabessy, Tel: 2487. EZ 22 US-$, DZ 30 US-$.
- **Hotel Eleonoor.** EZ 7 US-$.
- **Hotel Mutiara,** Jalan Raya Pattimura, Tel: 3075 oder 3076. EZ 22 US-$, DZ 30 US-$.
- **Hotel Reflany,** Jalan Wim Reuwaru, Tel: 41692. EZ 6 US-$, DZ 12 US-$.

Billige Zimmer findet man in Ambon in den einfachen Hotels und *losmen* im Bereich des Lehrer-Colleges, z.B. im **Silalou,** Jl. Sedapmalam 41. Der Markt und die Merpati- und Garuda-Büros liegen nicht weit von hier.

TERNATE

- **Hotel Andara Baru,** Jalan Ketilang 49. EZ 9 US-$.
- **Hotel Chrysan,** Jalan Jend. A. Yani, Tel: 377 oder 210. EZ 11 US-$, DZ 22 US-$.
- **Hotel Indah,** Jalan Busoiri 3, Tel: 217. DZ 16 US-$.

Irian Jaya

Touristen, die die Insel Irian Jaya bereisen wollen, *müssen* ein Empfehlungsschreiben und eine Genehmigung (*surat jalan*) besitzen, die der *bupati* (Provinzgouverneur) in Jayapura ausstellt. Wer in einem als „sensitive" („unsicher") eingestuften Gebiet ohne das Legitimationspapier angetroffen wird, muß auf eigene Kosten nach Jayapura zurück. Aktuelle Informationen über die Lage auf Irian Jaya bekommt man bei:

The Tourist Development Board of Irian Jaya, P.O. Box 499, Jayapura, Irian Jaya;

Irian Jaya Promotion Board, Jalan Suwirjo 43, Jakarta, Tel: 353579.

Fahrten nach Irian Jaya vermitteln die Reisebüros **Tunas Indonesia** und **Pacto.**

Anreise und Verkehrsmittel auf der Insel

- **Mit dem Flugzeug: Garuda** fliegt mindestens einmal täglich von Jakarta nach Jayapura; Zusteigemöglichkeiten in Ujung Pandang, Biak und Sorong. Das Flugzeug startet um 5 Uhr in der Hauptstadt und landet um 15.35 Uhr (manchmal auch um 17 Uhr) in Jayapura. Der Flug kostet 240 US-$. **Merpati** fliegt ebenfalls von Jakarta über Surabaya und Ujung Pandung nach Biak (mit zwei wöchentlichen Anschlußflügen nach Jayapura). Das Flugzeug fliegt um 17 Uhr in Biak ab und kommt um 19.15 Uhr in Jayapura an (Flugpreis 220 US-$).

Ab Jayapura und Biak hat Merpati zu den folgenden Orten Twin-Otter-Flüge angesetzt: Sorong, Manokwari, Serui und Nabire an der Nordküste; Fakfak, Kaimena, Kokenau, Timika und

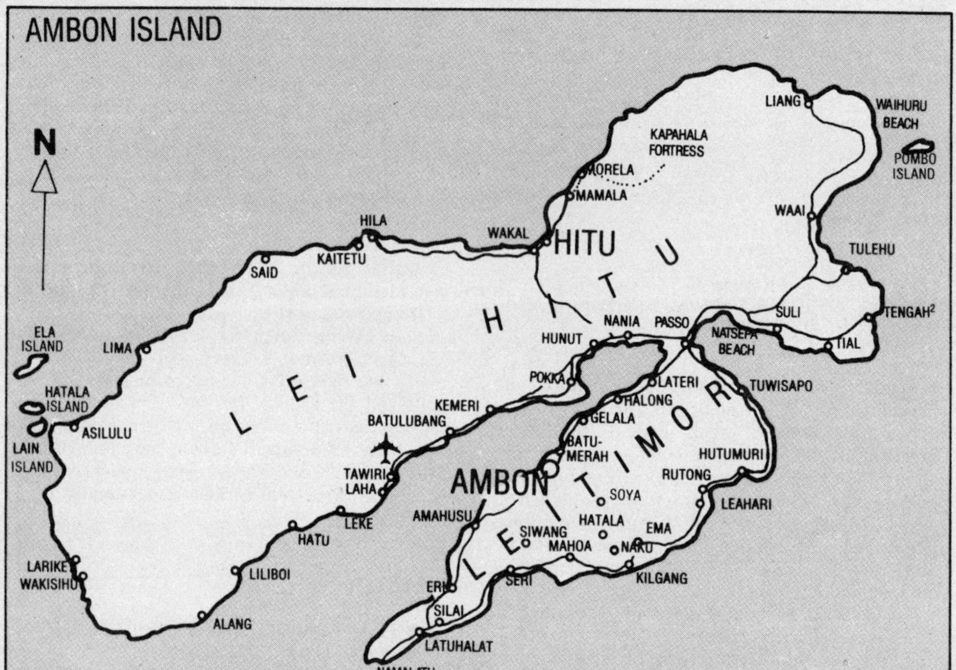

Merauke an der Südküste sowie nach Enarotali und Wamena im Hochland. Der Flug Jayapura—Wamena dauert etwa eine Stunde und kostet 29 US-$.

Daneben fliegen die Maschinen der Missionen überall im Hochland und in den Küstengebieten abgelegene Siedlungen an. Vier Missionsgruppen haben ihre Maschinen auf dem Flugplatz Sentani (34 km vor Jayapura) stationiert: Missionary Aviation Fellowship (MAF); Christian and Missionary Alliance (CAMA); Seventh Day Adventists sowie Cenderawasih University's Summer Institute of Linguistics.

MAF ist mit 27 Flugzeugen, zwei Hubschraubern und 30 Piloten die bei weitem größte Missionsgesellschaft mit sieben Hauptniederlassungen in Jayapura, Wamena, Nabire, Manokwari, Yaosakor, Bokondini und Mulia.

Weitere Missionsgesellschaften auf Irian Jaya sind:

Australian Baptist Mission (ABMS), Asian Pacific Christian Mission (APCM), Regions Beyond Missionary Alliance (RBMU), The Evangelical Alliance Mission (TEAM) sowie die Unevangelised Fields Mission (UFM).

Bevor man irgendwelche Reisepläne schmiedet, sollte man sich mit einer oder mehreren dieser Organisationen in Verbindung setzen und herausfinden, welche Möglichkeiten es gibt. Es kann durchaus sein, daß Sie in eine der abgelegensten Gegenden von Irian Jaya mitfliegen können. Ein bißchen Eigeninitiative und Abenteuerlust sollte man allerdings dafür mitbringen.

Route	Abfahrt	Ankunft	Tage	Preis in US-$, einfach, economy
AMQ — DJJ				
Garuda	12.30 via SOQ	17.00	Mo Mi Do Sa	130
JKT — DJJ				
Garuda	05.00 via UPG /BIK	15.35	tägl.	279
	05.00 via UPG /SOQ	17.00	Mo Mi Do Sa	
JKT — BKI				
Garuda	05.00 via UPG	13.20	tägl.	275
	05.00 via UPG /SOQ	17.00	Mo Mi Do Sa	
Merpati	05.00 via SUB /UPG	15.30	Mi	234
JKT — SOQ				
Garuda	05.00	13.30	tägl.	202
UPG — DJJ				
Garuda	09.20 via SOQ	17.00	Mo Mi Do Sa	213
	09.30 via BIK	15.35	tägl.	
DJJ — MKQ				
Garuda	07.10	08.25	Mo Mi Do Sa	73
DJJ — WMX				
Merpati	08.30	09.30	Di Mi Sa	29
	11.40	12.40	Mo Fr	
	09.20	10.25	Mi	
BKI — DJJ				
Garuda	14.30	15.35	tägl.	49
	14.00	16.35	Di Fr	
	15.55	17.00	Mo Mi Do Sa	
Merpati	06.30	08.35	Di So	42
AMQ — FKQ				
Merpati	08.30	10.30	Di So	70

CITY CODE: AMQ-Ambon; DJJ-Jayapura; JKT-Jakarta; BKI-Biak; UPG-Ujung Pandang; MKQ-Merauke; WMX-Wamena; FKQ-Fakfak; SOQ-Sorong.

- **Mit dem Schiff:** Der Versuch, umsonst von einem Küstendampfer mitgenommen zu werden, könnte sich lohnen. Die Ölgesellschaften lassen sich nämlich durch Schiffe versorgen. Agats ist der größte Hafen an der Südküste. Manche Schiffe nehmen Fahrgäste auf, verlangen dafür aber etwas. Was das Reisen mit einem PELNI-Schiff betrifft, sollte man sich bereits in Jakarta nach Fahrplänen und Preisen erkundigen. Jede Reise mit dem Schiff gen Osten führt über die Molukken. Wenn man außer Irian Jaya kein anderes Reiseziel hat, empfiehlt sich aber auf jeden Fall der Luftweg.

Einkaufen

Die Nachfrage nach Asmat-Schnitzereien ist im Laufe der Jahre gestiegen. Typisch für Asmat-Produkte sind die schlichten Farben (rote Erdfarbe, Schwarz und Weiß). Das UNO-Projekt (siehe Seite 275) zum Schutz der Handwerker hat den Status und das Ansehen der Meisterschnitzer wiederhergestellt. Sie sind heute als Lehrer angestellt.

Sollten Sie Arbeiten der Asmat erwerben wollen, wenden Sie sich an das **Asmat Handicraft Project** in Dinas Perindustriaan, Kotakpos 294, Jayapura. Ein weiterer offizieller Vertrieb ist an der **Jalan Batu Karang** außerhalb von Jayapura (an der Hauptstraße nach Hamadi). Das Geschäft **Cama** verkauft diese Arbeiten ebenso wie der Souvenirladen am Flugplatz Sentani.

Streifzüge mit Führer

Ungeachtet der staatlichen ,,Siedlungsprogramme" leben in abgelegenen Teilen Irian Jayas immer noch Tausende von Stammesgruppen in völliger Abgeschiedenheit. Die Anthropologie-Fakultät der Cenderawasih-Universität, Jalan Sentani Abepura (20 km vor der Stadt), vermittelt gegen 14 bis 18 US-$ am Tag Führer für Ausflüge. (In Wamena bezahlt man nur 9 bis 14 US-$.)

JAYAPURA

Unterkunft

- **Hotel Dafonsoro**, Jalan Percetakan, Negara Jayapura, A/c. Doppelzimmer 22 US-$.
- **Hotel Triton,** Jalan Jend. A. Yani, A/C. Doppelzimmer 22 US-$.

- **Losmen Asia.** Jalan Pasar Sentral. 11 US-$.
- **Losmen Lawu,** Dok VII, A/c. 14 bis 22 US-$.
- **Losmen Sederhana,** Dekat Sarinah, A/c. 14 bis 22 US-$.
- **Mess GKI,** Jalan Yos Sudarso. 11 US-$.

Billiger als in Jayapura kann man in Sentani (32 km im Inselinnern) übernachten.

Restaurants

In Jayapura leben viele Bugi; *ikan Bakar* ist daher das beliebteste Gericht. In der Gasse hinter der Import-Export Bank beim *bemo*-Standplatz bekommt man an den *warung*-Ständen *ikan akar* und *sate.*

Empfohlen werden die Restaurants **Cahaya,** Jalan Jend. A. Yani, und **Hawaii,** Dekat Sarinah. Beide kochen europäisch und asiatisch.

WAMENA

Unterkunft

- **Cottage Pertamina.** 14 US-$ pro Person.
- **Hotel Negara.** 12 US-$ pro Person.

Das **Nayak Hotel** (26 US-$ das Doppelzimmer) gegenüber dem Airport Terminal ist, was Zimmer und Essen betrifft, erste Wahl. Außerhalb Wamenas wird jedes Dorfoberhaupt für 500 Rp. Gäste im Gemeinde-„honnay" unterbringen. Über Zigaretten oder andere kleine Geschenke freut sich der Gastgeber. Manche Missionen stellen ein Bett bereit. In der Unterkunft der Indonesier, die im Dorf arbeiten, sind Sie ebenfalls willkommen.

Literaturhinweise

Deutschsprachig

Geschichte, Geographie und Länderkunde

Indonesien, Stuttgart und Tübingen, 1984.

Krause, Karla. *Weiße Experten nicht gefragt,* Reinbek.

Röll, Werner. *Indonesien* (Entwicklungsprobleme), Stuttgart.

Schlereth, Einar. *Länderkunde Indonesiens,* Berlin.

Uhlig, Helmut. *Bali,* Berlin und München.

Kunst und Kultur

Die Religionen Indonesiens, Stuttgart.

Spitzing, Günter. *Das indonesische Schattenspiel,* Köln.

Küche

Bader, Louise. *Rund um die Reistafel,* München.

Owen, Sri. *Die indonesische Küche,* München.

Allgemeines

Berninghausen, Jutta; Kerstan, Birgit. *Die Töchter Kartinis,* Berlin 1984.

Baum, Vicky. *Liebe und Tod auf Bali,* Köln, 1984.

Conrad, Joseph. *Almayers Wahn,* Frankfurt.

Conrad, Joseph. *Der Verdammte der Inseln,* Frankfurt.

Conrad, Joseph. *Lord Jim,* Zürich.

Conrad, Joseph. *Sieg,* Frankfurt.

Indonesische Märchen, Hanau und Köln.

Laube, Horst. *Zwischen den Flüssen,* Frankfurt, 1982.

Rhodius, H. *Reichtum und Schönheit des Lebens: Walter Spies, Maler und Musiker auf Bali,* Den Haag.

Studienkreis für Tourismus. *Sympathiemagazin Indonesien,* Starnberg.

Uhlig, Helmut. *Indonesien hat viele Gesichter,* Berlin.

Wickert, Jürgen. *Der Berg im Koffer,* Frankfurt 1982.

Englischsprachig

Geschichte

Boxer, C.R. *Jan Compagnie in War and Peace (1602-1799).* Heinemann: Hong Kong, 1979.

The Dutch Seaborne Empire 1600-1800. Hutchinson: London.

The Portuguese Seaborne Empire 1415-1825. Hutchinson: London, 1969.

Day, Clive. *The Policy and Administration of the Dutch in Java.* Oxford: Kuala Lumpur, 1966.

Hall, D.G.E. *A History of Southeast Asia.* MacMillan: London, 1977.

Hanna, Willard A. *Bali Profile: People, Events, Circumstances 1901-1976.*

Indonesian Banda. ISHI: Philadelphia, 1978.

Pigeaud, T.G. Th. und De Graaf, H.J. *Islamic States in Java 1500-1700.* Martinus Nijhoff: the Hague, 1976.

Reid, Anthony. *Indonesian National Revolution 1945-50.* Longman: Hawthorn, 1974.

Ricklefs, M.C. *Jogjakarta Under Sultan Mangkubumi 1749-1792, a History of the Division of Java.* Oxford: London, 1974.

A History of Modern Indonesia. MacMillan: London, 1981.

Schnitger, F.M. *Forgotten Kingdoms in Sumatra.* E.J. Brill: Leiden, 1939.

Van Heekeren, H.R. *The Stone Age of Indonesia.* Martinus Nijhoff: The Hague, 1972.

Van Leur, J.C. *Indonesian Trade and Society.* W. van Hoeve: Bandung, 1960.

Geographie und Naturgeschichte

Dobby, E.H.B. *Southeast Asia.* London, 1966.

Directorate-General of Tourism. *Indonesia: National Parks & Nature Reserves.* Jakarta, n.d.

Fisher, C.A. *Southeast Asia: A Social, Economic and Political Geography.* Methuen: London, 1964.

Wallace, Alfred Russel. *The Malay Archipelago: The Land of the Orang-utan and the Bird of Paradise.* Reprint, Graham Brash: Singapor 1983.

Religion und Gesellschaft

Belo, Jane. *Trance in Bali.* Columbia University Press: New York, 1960.

Covarrubias, Miguel. *Island of Bali.* Alfred A. Knopf: New York, 1937. Oxford: Kuala Lumpur, reprint 1984.

Fox, J.J. *Indonesia: the Making of a Culture.* Australian National University: Canberra, 1980.

Geertz, Clifford. *Negara, the Theatre State in Nineteenth-Century Bali.* Princeton University Press: Princeton, 1980.

The Religion of Java. Free Press: Glencoe, 1960.

Goris, R. *Bali: Cults and Customs.* Jakarta. Kennedy, Raymond. *Bibliography of Indonesian Peoples and Cultures.* HRAF: New Haven, 1974 (2nd revised ed.).

McVey, Ruth (ed.) *Indonesia: Its People, Its Society, Its Culture.* HRAF Press: New Haven, 1963.

Mulder, Niels. *Mysticism & Everyday Life in Contemporary Java.* Singapore University Press: Singapore, 1978.

Kunst

Becker, Judith. *Traditional Music in Modern Java, Gamelan in an Changing Society.* University Press of Hawaii: Honolulu, 1980.

Brandon, James. *On Thrones of Gold: Three Javanese Shadow Plays.* Harvard University Press: Cambridge, 1967.

Elliot, Inger McCabe. *Batik, Fabled Cloth of Java.* Clarkson N. Potter: New York, 1984.

Fischer, Joseph (ed.) *Threads of Tradition, Textiles of Indonesia and Sarawak.* University of California: Berkeley, 1979.

Gittinger, Mattiebelle. *Splendid Symbols: Textiles and Tradition in Indonesia.* The Textile Museum: Washington D.C., 1979.

Holt, Claire. *Art in Indonesia: Continuities and Change.* Cornell University Press: New York, 1967.

Kempers, A.J. Bernet. *Ageless Borobudur.* Servire/Wassenaar, 1976.

Ancient Indonesian Art. Harvard University Press: Cambridge, 1959.

Monumental Bali: Introduction to Balines Archaeology and Guide to the Monuments. Van Goor Zonen: The Hague, 1977.

Kunst, Jaap. *Music in Java.* Martinus Nijhoff: The Hague, (3rd ed.) 1973, 2 vol.

Soedarsono. *Dances in Indonesia.* Gunung Agung: Jakarta, 1974.

Tirtaamidjaja, N. *Batik: Pattern and Motif.* Djambatan: Jakarta, 1966.

Bildnachweis

	Art/Photo Credits
3	Eric M. Oey
5	Archives of the Royal Tropical Institute, Amsterdam
6	Eric M. Oey
8/9	Dallas & John Heaton
10/11	Kal Muller
12/13	Max Lawrence
14/15	Hans Hoefer
16	Apa Archives
17	Eric M. Oey
18	Archives of the Royal Tropical Institute, Amsterdam
19	Eric M. Oey
20	Hans Hoefer
22	Apa Archives
23	Frederic Lontcho
24	Eric M. Oey
25	Hans Hoefer
26	Apa Archives
27	Apa Archives
28	Frank Castle
29	Frank Castle
30	Eric M. Oey
31	Hans Hoefer
32	Apa Archives
33L	Apa Archives
33R	Apa Archives
34	Hans Hoefer
35L	Apa Archives
35R	Apa Archives
36	Apa Archives
37	Jakarta History Museum
38L	Frank Castle
38R	Frank Castle
39	Archives of the Royal Tropical Institute, Amsterdam
41	Archives of the Royal Tropical Institute, Amsterdam
42/43	Indonesian Department of Information
44	Apa Archives
45	Archives of the Royal Tropical Institute, Amsterdam
46L	Indonesian Department of Information
46R	Indonesian Department of Information
47	Indonesian Department of Information
48	Archives of the Royal Tropical Institute, Amsterdam
49	Indonesian Department of Information
50	Indonesian Department of Information
51	Indonesian Department of Information
52	Kal Muller
53	Indonesian Department of Information
54	Hans Hoefer
55	Hans Hoefer
56/57	Alain Compost
58	Hans Hoefer
59	Hans Hoefer
60	Hans Hoefer
61	Frank Castle
62	Alain Compost
63L	Alain Compost
63R	Apa Photo Agency
64	Kal Muller
65L	Kal Muller
65R	Hans Hoefer
66/67	Peter Bruechman
68L	Alain Compost
68R	Alain Compost
69L	Kal Muller
69R	Hans Hoefer
70L	Hans Hoefer
70R	Hans Hoefer
71L	Eric M. Oey
71R	Kal Muller
72L	Kal Muller
72R	Cesare Galli
73L	Cesare Galli
73R	Susan Pierres
75	Hans Hoefer
76/77	Hans Hoefer
78	Eric M. Oey
79	Kal Muller
80	Kal Muller
81	Alain Compost
82	Peter Bruechman
83	Peter Bruechman
84L	Kal Muller
84R	Hans Hoefer
85	Cesare Galli
86/87	Eric M. Oey
88	Hans Hoefer
92	Ian Lloyd
93	Koes
94	Frank Castle
95	Hans Hoefer
96	Hans Hoefer
97	Eric M. Oey
98	Kal Muller
99	Hans Hoefer
100	Eric M. Oey
101	Eric M. Oey
104	Eric M. Oey
105	Hans Hoefer
106	Hans Hoefer
107	Hans Hoefer
108	Hans Hoefer
109	Hans Hoefer
110	Hans Hoefer
111	Hans Hoefer
113	Eric M. Oey
114	Eric M. Oey
115	Hans Hoefer
116/7	Eric M. Oey
118	Archives of the Royal Tropical Institute, Amsterdam
119	Photo Institut
120	Hans Hoefer
121	Hans Hoefer
122	Kal Muller
123	Max Lawrence
124L	Eric M. Oey
124R	Eric M. Oey
125	Eric M. Oey
126	Alain Compost
127	G.P. Reichelt
128	Hans Hoefer
129	Eric M. Oey
130	Hans Hoefer
131	Eric M. Oey
132	Eric M. Oey
133	Hans Hoefer
134	Hans Hoefer
135	Hans Hoefer
136	Eric M. Oey
137	Eric M. Oey
138	Eric M. Oey
139	Eric M. Oey
140	Piero Fantini
141	Hans Hoefer
142/3	Kal Muller
144	Koes — Bali
145	Hans Hoefer
146	Hans Hoefer
147	Kal Muller
150	Ian Lloyd

151	Ian Lloyd
152	Ingo Jezierski
153	Hans Hoefer
154	Max Lawrence
155	Kal Muller
156	Hans Hoefer
157	Hans Hoefer
158	Hans Hoefer
159	Dallas & John Heaton
160	Hans Hoefer
161	Hans Hoefer
162L	Hans Hoefer
162R	Hans Hoefer
163	Hans Hoefer
164	Hans Hoefer
165	Hans Hoefer
166	Hans Hoefer
167	Adrian Seaforth
168	Hans Hoefer
169	Kal Muller
170	Hans Hoefer
171	Hans Hoefer
172	Koes — Bali
173	Hans Hoefer
174	Peter Bruechman
175	Kal Muller
177L	Peter Bruechman
177R	Kal Muller
178	Kal Muller
179	Peter Bruechman
180/1	Christiana Carvalho
184	Apa Photo Agency
185	Apa Archives
186	Kal Muller
187	Peter Bruechman
188	Kal Muller
189L	Peter Bruechman
189R	Peter Bruechman
190	Kal Muller
191	Kal Muller
192	Peter Bruechman
194	Peter Bruechman
195L	Kal Muller
195R	Kal Muller
196	Kal Muller
197	Kal Muller
198	Kal Muller
200	Manfred Gottschalk
202	Archives of the Royal Tropical Institute, Amsterdam
203	Kal Muller
204	Kal Muller
206	Peter Bruechman
207	Kal Muller
208	Kal Muller
209	Kal Muller
210	Kal Muller
211	Kal Muller
212	Peter Bruechman
214	Kal Muller
215	Kal Muller
216	Peter Bruechman
218	Peter Bruechman
219	Frederic Lontcho
220	Hans Hoefer
222	Alain Compost
223	Michel Vatin
224/5	Hans Hoefer
226	Frank Castle
227	Hans Hoefer
228	Hans Hoefer
229	Hans Hoefer
231	Apa Phot Agency
232	Hans Hoefer
233	Hans Hoefer
234	Hans Hoefer
235	Hans Hoefer
236	Hans Hoefer
237	Peter Bruechman
238	Hans Hoefer
239	Hans Hoefer
240	Apa Photo Agency
243	Peter Bruechmann
244	Peter Bruechman
247	Max Lawrence
248	Peter Bruechman
249	Peter Bruechman
250	Peter Bruechman
251	Peter Bruechman
252	Peter Bruechman
253	Peter Bruechman
255	Peter Bruechman
256	Peter Bruechman
257	Peter Bruechman
258/9	Apa Archives
260	Peter Bruechman
261	Peter Bruechman
262	Peter Bruechman
263	Peter Bruechman
265	Peter Bruechman
267	Kal Muller
268	Apa Archives
269	Apa Photo Agency
272	Tony Hillhouse
273	Christiana Carvalho
275	Christiana Carvalho
276	Tony Hillhouse
278/9	Hans Hoefer
280/1	Max Lawrence
282	Alain Compost
283	Hans Hoefer
284L	Alain Compost
284R	Alain Compost
285	Alain Compost
286	Alain Compost
287	Alain Compost
289	Alain Compost
290/1	Archives of the Royal Tropical Institute, Amsterdam
292	Eric M. Oey
293	Eric M. Oey
294	Archives of the Royal Tropical Institute, Amsterdam
295	Hans Hoefer
296	Eric M. Oey
297	Eric M. Oey
298	Bill Wassman
299	Archives of the Royal Tropical Institute, Amsterdam
300	Archives of the Royal Tropical Institute, Amsterdam
301	Eric M. Oey
302	Eric M. Oey
303	Archives of the Royal Tropical Institute, Amsterdam
304	Eric M. Oey
305	Eric M. Oey
306/7	Peter Bruechman
308	Kal Muller
309	Eric M. Oey
310	Archives of the Royal Tropical Institute, Amsterdam
311L	Archives of the Royal Tropical Institute, Amsterdam
311R	Kal Muller
312	Kal Muller
313	From the Gary Gartenberg collection
314	Eric M. Oey
315	Eric M. Oey
316L	Iwan Tirta
316R	Iwan Tirta
317L	Iwan Tirta
317R	Iwan Tirta
318	Eric M. Oey
319	Iwan Tirta
320	Hans Hoefer

(Fortsetzung der Einleitung)

In den sechs Monaten der Arbeiten am Kurzführer stand uns **Patricia Chin** vom Indonesischen Fremdenverkehrsbüro in Singapur hilfreich zur Seite, indem sie bereitwillig allen Anfragen nachging und ihrerseits die Resultate unserer Nachforschungen nach Indonesien übermittelte.

In den Jahren nach 1970 konnte die **Apa Photo Agency**, parallel zur Ausweitung der Aktivitäten des Verlags, ihre Bestände erheblich aufstocken. Allein 15 000 Fotos aus und über Indonesien stehen in den Regalen der Apa Photo Agency. Dieses einzigartige Fotoarchiv wird von vielen Interessenten genutzt, und auch der Indonesien-Führer konnte mit diesem Material ausgestattet werden.

Man mag darüber streiten, ob man im Rahmen eines Buches dem indonesischen Archipel jemals gerecht werden kann. Muß ein Reiseführer, der den Besucher durch diese komplexe, ausgedehnte Inselwelt führen möchte, nicht immer unvollkommen bleiben? Diejenigen, die an diesem Buch gearbeitet haben, sind der Hoffnung, daß es der zunehmenden Zahl von Indonesien-Reisenden zu neuen Einsichten verhelfen und sie dazu erziehen kann, einem Land, dessen Kultur und dessen Menschen unsere Achtung verdienen, mit größerer Sympathie und einem besseren Verständnis zu begegnen.

Der *Apa Guide Indonesien* ist das Ergebnis eines immer dichter werdenden Netzes aus Erfahrung, Ermutigung und Unterstützung, das wir seit dem Erscheinen der Bücher über Bali und Java knüpfen konnten. Wir können unmöglich alle diejenigen aufführen, die direkt oder indirekt mit ihrer Arbeit zum Gelingen dieses Buches beigetragen haben. Unser besonderer Dank gilt jedoch **Jopp Ave,** dem Generaldirektor der Tourismusbehörde in Jakarta sowie **Sri Murthi,** dem Leiter der Werbeabteilung derselben Organisation.

Herzlich danken möchten wir auch Adji Damais, David Bourchier, Melanie Hahn, Suranto und R. Surtisno.

Nelles-Verlag

Register